JN409758

100대 한글 문화유산 — **83**
(재)한국어세계화재단

구운몽

장효현 지음

신구문화사

발간사

21세기는 흔히 정보화 시대, 인터넷 시대라고 합니다. 정보는 내용이고 인터넷은 그것이 오가는 통로이지만 빠를수록 좋다는 점에서 공통적이라 할 수 있습니다. 21세기 들어 우리 사회는 점점 더 빠르게 변화하고 있으며, 이 같은 세태를 반영하듯 새로운 말들도 예전에 비해 훨씬 많이 만들어지고 있습니다. 이러한 분위기에서 요즘은 국어의 역사에 대한 사람들의 관심도 적어지는 것 같습니다. 그러나 국어는 우리 민족 문화의 근간이고, 역사의 전승 도구라는 점에서 관심을 새롭게 해야 한다고 생각합니다.

한국어세계화재단에서는 2003년부터 문화관광부의 지원을 받아 우리 선조들이 남기신 국어 고전 자료 중 역사적, 문화적, 학술적 가치가 높은 중요 자료 100종을 선정하여 일반인들이 이해하기 쉽도록 해설하는 사업을 해 왔습니다. 선정된 자료들은 주로 문자·언어 관련서, 유학서, 종교서, 역학서, 기술서, 문학서, 생활사 자료 등 영역별로 중요하다고 선정된 문헌들입니다. 이 자료들을 후세까지 영구히 보존하고 일반 대중에게도 널리 읽힐 수 있게 하려면 하루빨리 이들을 디지털화하는 작업과 함께 해당 분야 전문가들에게 의뢰하여 역주·해설하는 작업을 병행해야 합니다. 그러한 작업의 결과가 이제 책자로도 출판되어 나오게 되었습니다. 따라서 독자들은 온라인으로도 원전은 물론 역주와 해설을 함께 볼 수 있으며, 그것을 인쇄된 책으로도 접할 수 있게 된 것입니다.

그동안 다른 기관에서도 국어 고전 자료에 대한 많은 책들을 발간해 왔으나 일반인들이 쉽게 접근하기 어려운 경우가 많았습니다. 이번에 재단에서 출판하는 책들은 국어 전공자가 아닌 일반인이나 중・고등학생들도 큰 어려움 없이 읽을 수 있도록 쉽게 설명하고 해제를 붙였습니다.

우리는 이 책들이 해외에도 널리 보급되어 재외 동포는 물론 한국어나 한국학에 관심을 가지고 있는 외국인들이 한국을 이해하고 한국어에 더욱 높은 관심과 애정을 가질 수 있게 되기를 기대합니다. 특히 최근 한류 등을 통하여 모처럼 일고 있는 한국에 대한 관심이 더욱 확산되고 지속되도록 하기 위해서는 실제로 한국어를 배우고 한국학을 전공하려는 재외 동포나 외국인이 많이 나와야 할 것입니다. 이른바 "100대 한글 문화유산 정비 사업"의 일환으로 이루어지는 이들 책자의 발간이 안으로는 선조들이 남기신 소중한 문화유산을 후손들이 쉽게 접할 수 있도록 하고, 밖으로는 한국어의 세계화에도 기여할 수 있을 것이라 확신하며 이러한 사업에 기꺼이 뜻을 같이하고 땀 흘려 주신 필자들께 깊은 감사의 말씀을 드립니다.

재단에서는 앞으로도 국어 고전 자료뿐만 아니라 현대의 주요 국어 자료들도 세계화하기 위한 다양한 사업들을 계획할 것입니다. 아무쪼록 이러한 노력이 국내외에서 더 많은 사람들이 한국어에 관심을 가질 수 있도록 하는 데 좋은 계기가 되기를 바랍니다. 마지막으로 이러한 사업을 수행할 수 있도록 지원해 주신 문화관광부와 국립국어원에 감사드립니다.

2008년 1월 20일

한국어세계화재단 이사장　정순훈

머리말

「구운몽」은 우리의 고전문학 유산 가운데에 가장 널리 알려진 작품의 하나이며, 문학적으로 가장 뛰어난 작품의 하나이다.

17세기 후반의 작가 김만중은 자신의 문학적 역량을 다하여 독특한 구조와 심오한 사상, 그리고 섬세한 디테일을 담은 작품 「구운몽」을 창작하였다. 「구운몽」이 나타난 이후 소설사에서 그보다 더 광범위한 영향을 끼친 작품은 찾을 수 없다.

「구운몽」의 작가 김만중은 사상적으로 불교・도교에도 깊은 관심을 가졌으며, 산수・음률・천문・지리뿐 아니라 패관소설까지 섭렵한 박학다식한 인물이었다.

그는 문학관에 있어서 사대부의 한문학만 인정하는 편견을 거부하고, 우리말로 된 문학을 존중하여 한글시가와 민요의 가치를 발견하고 손수 한글로 소설을 창작하기까지 하였다.

그가 지은 소설은 현재 「구운몽」과 「사씨남정기」만 확인되고 있으나, 그가 당대에 많은 소설을 한글로 지었다고 하므로 그의 작품이 앞으로 더 확인될 가능성도 있는 것이다.

「구운몽」에 대한 번역 및 주석서는 그동안 여러 종류가 나온 바 있다. 한글본을 대상으로 한 것도 있고, 한문본을 대상으로 한 것도 있다.

본서에서는 한글본인 서울대본을 대본으로 하여 주석과 번역 작업을 수행하였다. 서울대본 「구운몽」은 한글본 가운데에 가장 오래된 것으로 보이나, 김만중의 원작은 아니며, 한문본인 강전섭본(노존 B본)의 국역본이 아닌가 여겨진다. 본서에서는 한문본인 강전섭본과의 대조를 통해 교주(校註)의 정확성을 기하고자 하였다.

「구운몽」의 뛰어난 작품성과 문학사에 끼친 영향을 헤아려, '100대 한글 문화유산' 가운데에 「구운몽」이 포함된 것으로 생각된다.

본서에서는 번역과 주석에 있어 일반인이나 중·고등학생들도 어려움 없이 읽을 수 있도록 쉽게 설명하고자 하였다. 본서가 국내뿐 아니라 해외에도 적극적으로 보급되어, 해외에서 한국어나 한국학에 관심을 가진 분들이 한국어를 이해하고 한국문학에 관심을 가지는 데에 도움이 되기를 기대한다.

2007년 12월

장 효 현

차 례

제1장 구운몽 해제

「구운몽」을 지은 이는 김만중(金萬重 : 1637~1692)이다. 김만중은 자가 중숙(重叔)이고 호가 서포(西浦)이며 시호가 문효공(文孝公)이다. 선조와 광해군 시대에 활약했던 예학의 대가 김장생(金長生)의 증손자이며, 정축호란(丁丑胡亂) 때에 남한산성의 굴욕을 참지 못해 강화도에서 자결한 김익겸(金益兼)의 아들이다. 또한 광성부원군(光城府院君) 김만기(金萬基)의 동생으로서 숙종의 초비 인경왕후(仁敬王后)의 숙부에 해당한다.

김만중은 부친이 세상을 떠난 지 한 달 후에 유복자로 태어나 어머니 윤씨(尹氏)의 슬하에서 자랐는데, 윤씨는 드물게 보는 현인으로서 생활이 궁색한 중에서도 만기·만중 형제의 교육에 온 힘을 기울여, 그들을 위한 책이 있으면 값의 높고 낫음을 묻지 않고 짜고 있던 피륙을 잘라서까지 사 들였다 하며, 이웃에 사는 홍문관 서리(書吏)를 통하여 책을 빌려 손수 필사하여 가르쳤고, 소학·사략·당시 등을 직접 가르쳤다고 한다. 어머니에 대한 김만중의 효심이 지극하였던 것을 이재(李縡)의 「삼관기(三官記)」나 김춘택(金春澤)의 「서포유사별록(西浦遺事別錄)」에서 확인할 수 있으며, 김만중이 유배지에서 지은 일련의 사친시(思親詩)에서도 엿볼 수 있다.

김만중은 16세 되던 해에 진사 시험에 합격하고, 29세 되던 해에 정시(庭試) 갑과(甲科)에 장원으로 합격해 벼슬길에 오른다. 그러나 38세 되던 해인 현종 15년(1674)에 2차 예송(禮訟)에서 남인(南人)이 승리하고 서인(西人)이 패배함에 따라 금성(金城)으로 유배를 간다. 44세 되던 숙종 6년(1680)에 이른바 경신대출척(庚申大黜斥)으로 서인이 다시 집권하게 되었으나, 51세 되던 해인 숙종 13년(1687)에 장숙빈(張淑嬪) 일가를 둘러싼 언사(言事)의 일로 선천(宣川)으로 유배를 간다. 1년 뒤 영의정 김수흥(金壽興)의 도움으로 유배에서 풀렸으나, 다시 숙종 15년(1689)의 기사환국(己巳換局)으로 남인이 승리하면서 절도위리안치(絶島圍籬安置)의 형을 받고 남해로 유배를 간다. 이듬해에 노모 윤씨가 세상을 떠나고 그 2년 후인 숙종 18년(1692)에 김만중은 56세를 일기로 세상을 떠나게 된다.

김만중은 사상적으로 불교・도교에도 깊은 관심을 보였으며 때로는 성리학을 비판하기도 하였다. 김창흡(金昌翕)은 김만중이 구류(九流)의 여러 방기(方技)에 능통했고, 산수・음률・천문・지리 등에서 뿐 아니라, 도교・불교에 대한 출입이 자유로웠고, 패관소설에까지 꿰뚫은 박학다식한 인물임을 말한 바 있거니와, 그의 박학다식은 『서포만필(西浦漫筆)』을 통해 충분히 엿볼 수 있다.

김만중은 문학적으로 뛰어난 성과를 남겼지만, 문학관에 있어서도 당대의 사대부로서 매우 진전된 면모를 보여 주고 있다. 사대부의 한문학만 인정하는 편견을 거부하고, 우리말로 된 문학을 존중하는 민족문학론의 입장을 견지하여, 국문시가와 민요의 가치를 발견하고 국문으로 소설을 창작하기까지 하였다. 이항복(李恒福)의 시조 「철령숙운사(鐵嶺宿雲詞)」를 논평하는 가운데, 광해군이 후정(後庭)에서 궁녀가 「철령숙운사」를 부르는 것을 듣고 눈물을 흘린 일을 들어 시조의 효용을 주시한 바 있고, 고려속요 「쌍화점」을 이끌어 와 「서포악부」를 짓기도 했다. 이에서 나아가 정철(鄭澈)의 가사를 논평하는 가운데 「관동별곡」과 전후 「미인곡」을 '동방의 이소(離騷)'라고 극찬하면서, 각 나라 말이 서로 다르지만 능히 천지와 귀신을 감동시킬 수 있음은 중화(中華) 뿐이 아닌데 지금 우리 시문의 경우 제 나라 말을 버리고 중화의 말을 사용하고 있으나 이는 앵무(鸚鵡)가 사람의 말을 흉내내는 것과 같다고 하고, 차라리 시골의 나무하고 물 긷는 아이들의 민요가 비록 비루하다 하겠지만, 참 값에 있어서는 학사대부(學士大夫)의 시부(詩賦)와 함께 논할 수 없다고 하여, 국문시가의 중요성을 십분 인정하는 민족문학론의 입장을 나타내 보이고 있다.

김만중이 지은 장시 「단천절부시(端川節婦詩)」는 그의 소설 창작과 관련하여 주목되는 작품이다. 함경도 출신 기생 일선(逸仙)이 잠시 사랑을 나누다가 서울로 떠난 낭군을 그리며, 안찰사의 수청을 들라는 태수의 명을 거역하고 도망쳐 서울로 낭군을 찾아 갔으나 이미 낭군은 죽고 없었다는 애틋한 실화를 형상화한 서사시이다.

「구운몽」의 저작에 대하여 이규경(李圭景)의 『오주연문장전산고(五洲衍文長箋散藁)』 '소설변증설'에 보면, "세상에 전하기를 서포가 귀양살이할 때 그 어머니의 쓸쓸함을 달래기 위해 하룻밤 사이에 지었다"라고 되어 있다. 하룻밤 사이에 지었다는 기록은 신빙할 수 없지만, 김만중이 그의 어머니를 위로하기 위해 「구운몽」을 지었음을 짐작할 수 있다. 「구운몽」의 저작 시기에 대해서는 선천 유배시 저작설과 남해 유배시 저작설이 있어 왔으나, 천리대본(天理大本) 『서포연보(西浦年譜)』에 의거할 때 선천(宣川) 유배 시절에 저작된 것임이 확실시된다.

「구운몽」은 16회 장회로 이루어진 장편소설로서, 독특한 환몽(幻夢)구조로 이루어져 있다. 환몽구조는 인도의 「시라나비구(尸羅那比丘)」, 중국 당대(唐代)의 전기(傳奇)인 「침중기(枕中記)」, 「앵도청의(櫻桃靑衣)」, 「남가태수전(南柯太守傳)」 등에서, 그리고 우리의 문학사에서는 『삼국유사』 소재의 「조신(調信)」과 조선 전기 이래 성행하였던 몽유록(夢遊錄) 유형의 작품에 사용되었던 구성법인데, 김만중은 이러한 구성법을 받아들이면서 자신의 높은 수준의 문학적 기교를 구사하여 섬세하고 탁월한 짜임새의 하나의 작품을 이루어냈다.

「구운몽」의 줄거리는 대략 다음과 같다.

중국 당나라 때에 서역으로부터 불교를 전하려 온 육관대사(六觀大師)가 남악 형산 연화봉에 법당을 짓고 불법을 베푼다. 이때에 동정호의 용왕도 법회에 참석하니, 육관대사는 제자인 성진(性眞)을 용왕에게 보내어 사례한다. 용왕의 후한 대접을 받고 돌아오던 성진은 형산의 위부인이 육관대사의 법회에 참석케 했던 팔선녀와 석교(石橋)에서 마주쳐 잠시 희롱의 말을 나눈다. 선방(禪房)에 돌아온 성진은 팔선녀로부터 느끼게 된 정념이 실마리가 되어 불가(佛家)의 적막고담(寂寞枯淡)에 회의를 느끼고, 속세의 부귀공명을 희구하는 번민에 빠진다. 이에 육관대사에 의해 팔선녀와 함께 풍도옥(酆都獄) 염왕(閻王)에게 끌려가 인간 세계로 추방되어 윤회를 겪는다.

성진은 회남도 수주현에 사는 양처사의 아들 양소유(楊少游)로, 팔선녀는 각기 진채봉(秦彩鳳)·계섬월(桂蟾月)·적경홍(狄驚鴻)·정경패(鄭瓊貝)·가춘운(賈春雲)·이소화(李簫和)·심요연(沈裊烟)·백릉파(白凌波)로 태어난다. 양처사가 신선이 되어 집을 떠난 후, 양소유는 어머니 유씨(柳氏) 슬하에서 자라나 15세가 되자 과거를 보기 위해 서울로 향한다. 도중 화주 화음현에 이르러 진어사(秦御史)의 딸 진채봉과 눈이 마주쳐 마음을 허락하고 진채봉의 유모를 통해 다음날 만나기로 약속하는데, 그날 밤 구사량(仇士良)의 난으로 인해 양소유는 남전산으로 피난해 그곳에서 도사로부터 음률을 배우고 방서(方書)를 얻지만, 산에서 내려오니 진채봉은 종적을 알 수 없었다. 이듬해에 다시 과거를 보러 서울로 올라가던 양소유는 낙양 천진교의 시회(詩會)에 참석하였다가 기생 계섬월과 인연을 맺는다. 장안에 당도한 양소유는 어머니의 표형(表兄)인 자청관(紫淸觀) 두련사(杜鍊師)의 주선으로, 거문고를 탄다는 구실로 여관(女冠)으로 변장하여 정사도(鄭司徒)의 딸인 정경패(鄭瓊貝)를 만나고, 과거에 급제한 후 정사도의 사위로 정해진다. 정경패는 시비인 가춘운을 선녀처럼 꾸며 양소유를 유혹케 하여 두 사람이 인연을 맺도록 한다.

이때 하북의 세 절도사가 스스로 왕으로 칭하며 난을 일으켜 그 중 연왕(燕王)이 불복하거늘, 양소유가 나아가 효유하여 굴복시킨다. 돌아오는 길에 한단(邯鄲) 땅에서 계섬월과 만나 운우의 정을 나누는데, 깨어 보니 계섬월과 친구 사이인 하북의 명기 적경홍으로서, 양소유는 이 두 여자와 후일을 기약하고 상경하여 예부상서 겸 한림학사가 된다. 진채봉은 서울로 잡혀와 궁녀가 되어 있는데, 황제가 베푼 잔치 자리에서 양소유가 궁녀들의 부채에 시를 써 주매 자신의 시를 함께 적어 간직하고 슬퍼한다. 궁녀들의 부채를 보다가 진채봉과 양소유의 관계를 알게 된 황제는 이를 용서한다. 양소유는 어느 날 밤 황제의 누이인 난양공주 이소화의 퉁소소리에 화답한 것이 인연이 되어 부마로 간택되지만, 정경패와의 혼약을 이유로 거절하다가 옥에 갇힌다. 그때 토번왕이 침범해 오자 양소유는 대원수가 되어 출전하여 승승장구하며, 진중에서 토번왕이 보낸 여자자객 심요연과 인연을 맺는다. 양소유는 백룡담에서 동정호 용왕의 딸인 백릉파를 만나 그녀를 핍박하는 남해 용왕의 아들을 물리치고 그녀와도 인연을 맺는다. 그동안 난양공주는 정경패를 비밀리에 만나 보고 그 인물에 감복되어 태후께 간하여 정경패를 양녀로 삼게 해 제1공주인 영양공주(英陽公主)로 삼는다.

토번왕을 물리치고 돌아온 양소유는 대승상과 위국공(魏國公)에 봉하여지고, 영양공주와 난양공주와 혼인을 하고 진채봉을 잉첩으로 삼는다. 양소유는 고향으로 돌아와 노모를 서울로 모시고 오다가 낙양에 들러 계섬월과 적경홍을 데리고 오며, 심요연과 백능파도 양소유에게 찾아온다. 이로써 양소유는 2처 6첩을 거느리고 일가 화락한 가운데 부귀와 영화를 마음껏 누린다. 어느 날 생일을 맞아 종남산 취미궁에 올라가 여덟 미인과 가무를 즐기던 양소유는 역대 영웅들의 황폐한 무덤을 보고 문득 인생의 무상함을 느끼고 비회에 잠긴다. 이에 아홉 사람이 인생의 무상과 허무를 논하며 장차 불도를 닦아 영생을 구하고자 할 때, 육관대사가 찾아와 문답하는 가운데 긴 꿈에서 비로소 깨어난다. 육관대사의 「금강경」의 설법을 통해 깨달음을 얻고 팔선녀와 함께 불도를 닦아 극락세계로 돌아간다.

「구운몽」은 사상적으로 볼 때에 『금강경(金剛經)』의 공(空)사상에 입각한 작품이다. 「구운몽」은 줄거리가 전개되는 전체의 과정에서, 등장인물의 인식의 전환을 통한 세 번에 걸친 부정(否定)을 차례로 보여 준다. '불가의 적막고담(寂寞枯淡)'을 회의하고 '속세의 부귀공명'을 희구하는 첫 번째의 부정, '속세의 부귀공명'을 회의하고 '불가의 세계'를 다시 희구하는 두 번째의 부정이 성진에 의해 이루어진 데 대하여, 어느 한 편의 세계를 부정하면서 다른 한 편의 세계를 긍정하는 이 같은 성진의 세계인식의 태도를 부정하는, 육관대사에 의한 궁극적인 부정이 이루어진다. 진정한 깨달음이란 두 세계를 모두 '긍정'하는 가운데, 그 두 세계를 관류하는 이치에 대하여 얻어지는 깨달음이라는 것이다.

한편, 성진이 겪는 꿈속의 세계인 양소유로서의 일생은 곧 사대부의 출장입상과 가문 창달의 이상이 구현되는 과정으로서, 이러한 줄거리는 이후 18・19세기에 성행하게 되는 가문소설과 18세기 후반 이래 대중적 호응을 얻으며 상당한 인기를 얻어 쏟아져 나오게 되는 일련의 영웅소설에 지속적으로 나타나게 된다. 「구운몽」은 일본으로 건너가 메이지시대에 고미야마(小宮山天香)에 의하여 「무겐(夢幻)」으로 번안되기도 하였다.

김만중의 후손 김춘택의 언급에 따르면, 「사씨남정기」 등 '파다(頗多)'한 국문소설을 지었다고 하나, 현재 남아 있는 작품은 「사씨남정기」와 「구운몽」이 있을 뿐이다. 그런데 「구운몽」의 원작 표기에 대해서는 학계에 국문저작설과 한문저작설이 맞서 있다.

본서에서는 국문본인 서울대본 「구운몽」을 대본으로 하여 주석과 번역 작업을 수행하였다. 서울대본 「구운몽」은 국문본 가운데에 가장 오래

된 것으로 보이나, 김만중의 원작은 아니며, 한문본인 강전섭본(노존 B본)의 국역본이 아닌가 여겨진다. 서울대본「구운몽」은 일찍이 정병욱·이승욱에 의한 교주본(校註本)이 나온 바 있으나(보성문화사, 1972), 곳곳에 오류가 나타난다. 본서에서는 한문본인 강전섭본과의 대조를 통해 교주(校註)의 오류를 바로잡았다.

【참고문헌】

정규복,『구운몽연구』, 고려대출판부, 1974.
정규복,『구운몽원전의 연구』, 일지사, 1977.
정규복 외 공저,『김만중연구』, 새문사, 1983.
정규복 외 공저,『김만중문학연구』, 국학자료원, 1993.
김병국,「구운몽 저작시기 변증」,『한국학보』51집, 일지사, 1988.
정규복,「구운몽 노존본의 이분화」,『동방학지』59집, 연세대, 1988.
지연숙,「구운몽의 텍스트」,『장편소설과 여와전』, 보고사, 2003.
장효현,「고전소설연구와 원전비평의 문제 - 구운몽을 중심으로」,『고전문학연구의 쟁점적 과제와 전망』, 월인, 2003.

제2장 구운몽 원문 · 주석

제1회

노존ᄉᆞ남악강묘법(老尊師南岳講妙法)
쇼사미[1]셕교봉션녀(小沙彌石橋逢仙女)

텬하의 일흠난 뫼히 다ᄉᆞ시 이시니, 동은 ᄀᆞᆯ온 동악 태산(泰山)[2]이오, 셔ᄂᆞᆫ ᄀᆞᆯ온 셔악 화산(華山)[3]이오, 가온ᄃᆡᄂᆞᆫ ᄀᆞᆯ온 듕악 슝산(崇山)[4]이오, 복은 ᄀᆞᆯ온 븍악 항산(恒山)[5]이오, 남은 ᄀᆞᆯ온 남악 형산(衡山)[6]이니, 이 닐온 오악이라. 오악 듕의 형산이 뉴(類)의 머니, 구의산(九疑山)[7]이 남녁희 잇고 동졍호(洞庭湖)[8] ㅣ 븍의 잇고 상강(湘江)[9] 믈이 삼면의 둘넛고 일흔두 봉 가온ᄃᆡ 다ᄉᆞᆺ 봉이 ᄀᆞ쟝 놉고 놉흐니, 츅농봉[10]과 ᄌᆞ개봉(紫蓋峰)

---

1) 사미(沙彌) : 불도(佛道)를 닦는 어린 중.
2) 태산(泰山) : 산동성(山東省) 태안현(泰安縣) 북쪽에 있는 산.
3) 화산(華山) : 섬서성(陝西省) 화음현(華陰縣)에 있는 산.
4) 숭산(崇山) : 하남성(河南省) 등봉현(登封縣)에 있는 산.
5) 항산(恒山) : 하북성(河北省) 곡양현(曲陽縣) 서북쪽에 있는 산.
6) 형산(衡山) : 호남성(湖南省) 형산현(衡山縣) 서북쪽에 있는 산.
7) 구의산(九疑山) : 호남성(湖南省) 영원현(寧遠縣) 남쪽에 있는 산.
8) 동정호(洞庭湖) : 호남성(湖南省) 북쪽에 있는 호수.
9) 상강(湘江) : 광서성(廣西省) 흥안현(興安縣)에서 발원하여 동정호(洞庭湖)로 흘러 들어가는 큰 강.
10) 츅농봉 : '츅늉봉(祝融峰)'의 오기.

과 텬쥬봉(天柱峰)과 셕뉴봉11)과 년화봉(蓮花峰)이라. 샹ᄒᆡ 구름 속의 드러 쳥명ᄒᆞᆫ 날이 아니면 그곳을 보디 못ᄒᆞᆯ너라.

ᄐᆡ조(太祖)12) ㅣ 홍슈를 다ᄉᆞ리고 형산의 올나 비(碑)를 세워 공덕을 긔록ᄒᆞ니, 하놀글의 구름 뎐ᄌᆞ(篆字)13) ㅣ 이시니 쇼쇼히 완연ᄒᆞ야 진티 아녓고, 진(晉) 시졀 녀션(女仙) 위부인(魏夫人)14)이 도를 어더 하놀 벼술을 ᄒᆞ여 션관옥녀(仙官玉女)를 거ᄂᆞ려 형산을 진정ᄒᆞ야시니 닐온 남악 위부인이라. 녜로브터 오므로 녕(靈)ᄒᆞᆫ 쟈최와 긔이ᄒᆞᆫ 일을 이로 긔록디 못ᄒᆞᆯ너라.

당(唐) 시졀의 셔역 즁이 텬츅국(天竺國)15)으로브터 듕국의 드러와 형산의 빼혀난 줄을 샤랑ᄒᆞ여 년화봉 아릐 초암(草庵)을 짓고 대승법(大乘法)16)을 강논ᄒᆞ여 사ᄅᆞᆷ을 가ᄅᆞ치고 귀신을 졔도ᄒᆞ니, 교화(敎化) ㅣ 크게 힝하여 모다 닐오ᄃᆡ 산 브톄 셰샹의 낫다 ᄒᆞ여, 가음연17) 사ᄅᆞᆷ은 ᄌᆡ믈을 내고 가난ᄒᆞᆫ 사ᄅᆞᆷ은 힘을 드려 큰 졀을 지으니,

절문은 동졍(洞庭) ᄯᅳᆯ히 여럿고
법당 기동은 젹샤회(赤沙湖)18)예 박혓고
오월의 찬 바람은 브텨의 뼈 닝(冷)하고
여섯 때 하놀 풍뉴ᄂᆞᆫ 향노(香爐)의 됴회(朝會)ᄒᆞ니19)

---

11) 셕뉴봉 : '석름봉(石廩峰)'의 오기.

12) 태조(太祖) : 하우씨(夏禹氏)를 말함. 중국 고대 하(夏)나라를 창업한 임금. 임금이 되기 전에 요(堯)·순(舜) 두 임금을 섬겨 홍수를 다스리는 데 큰 공을 세움.

13) 전자(篆字) : 가장 오래된 한자 서체(書體)의 하나.

14) 위부인(魏夫人) : 진(晉)나라 사도(司徒) 위서(魏舒)의 딸로, 신선이 되어 승천하여 남악을 주재하였음.

15) 천축국(天竺國) : 인도(印度)의 옛 이름.

16) 대승법(大乘法) : 대승(大乘)의 불법(佛法). 소승불교가 수행에 의한 개인의 해탈을 가르치는 데 대하여, 대승불교는 이타구제(利他救濟)의 입장에서 인간 전체의 평등과 성불(成佛)을 주장함.

17) 가음연 : 부유한, 재물이 많은.

18) 적사호(赤沙湖) : 호남성(湖南省) 화음현(華容縣)에 있는 호수. 일명 적호(赤湖).

년화봉 도댱(道場)히 거록ᄒᆞ니 남븍의 웃듬이 되엿더라. 이 화샹(和尙)이 샹ᄒᆡ 금강경(金剛經)[20] 일 권을 가져시니 모다 부ᄅᆞ기ᄅᆞᆯ 뉵예황샹[21]이라도 ᄒᆞ고 뉵관대ᄉᆞ(六觀大師)라도 ᄒᆞ더라. 대ᄉᆞ의 문하의 졔ᄌᆞ(弟子) ㅣ 수ᄇᆡᆨ인인ᄃᆡ 계ᄒᆡᆼ(戒行)이 놉고 신통(神通)을 어든 재 삼ᄇᆡᆨ여인이라. 기듕의 뉴로 져믄 졔ᄌᆡ의 일흠은 셩진(性眞)이니 얼골이 ᄇᆡᆨ셜ᄀᆞᆺ고 졍신이 츄슈(秋水)ᄀᆞᆺ고 나히 이십 셰예 삼장경문(三藏經文)[22]을 통(通)티 못ᄒᆞᆯ 거시 업고 총명과 디혜 듕듕(衆中)의 쵸츌(超出)ᄒᆞ니 대ᄉᆡ 크게 즁히 넉여 샹해 뎐도(傳道)ᄒᆞᆯ 그릇ᄉᆞ로 긔ᄃᆡᄒᆞ더라.

대ᄉᆡ ᄆᆡ양 졔ᄌᆞ로 더브러 큰 법(法)을 강논ᄒᆞᆯ 제 동졍(洞庭) 뇽왕(龍王)이 ᄇᆡᆨ의노인(白衣老人)이 되어 법셕(法席)의 참예ᄒᆞ여 경(經)을 듯더니 대ᄉᆡ 일일은 졔ᄌᆞᄃᆞ려 닐오ᄃᆡ,

“동졍 뇽군(龍君)이 여러 번 경(經)을 드ᄅᆞᄃᆡ 일즉 답네ᄅᆞᆯ 못ᄒᆞ야시니, 내 늙고 병 드러 산문(山門)을 나디 아닌지 십 여 년이라. 내 몸은 산문 밧긔 경(輕)히 움즉이디 못ᄒᆞᆯ 거시니 너희 듕 뉘 슈부(水府)의 드러가 날을 ᄃᆡ신ᄒᆞ여 뇽군의게 회샤(回謝)ᄒᆞᆯ고?”

셩진이 가기ᄅᆞᆯ 쳥ᄒᆞ거ᄂᆞᆯ 대ᄉᆡ 깃거 허락ᄒᆞ니 셩진이 가사(袈裟)ᄅᆞᆯ 졍졔히 ᄒᆞ고 뉵환쟝(六環杖)을 잇글고 동졍으로 향ᄒᆞ여 가니라. 셩진이 간 후의 문 ᄃᆡᆨ흰 군ᄉᆡ ᄃᆡᄉᆞ의게 알외되,

“남악 위진군낭낭(魏眞君娘娘)[23]이 시녀(侍女) 여ᄃᆞᆲ 사ᄅᆞᆷ을 보ᄂᆡ여 문

---

19) 두보(杜甫)의 시 번역. ‘寺門高開洞庭野, 殿脚挿入赤沙湖, 五月寒風冷佛骨, 六時天樂朝香爐.’

20) 금강경(金剛經) : 『금강반야바라밀경(金剛般若波羅密經)』의 준말. 불경의 하나로서, 반야(般若) 곧 지혜의 정체를 금강(金剛)의 견실함에 비유하여 해설한 경전.

21) 뉵예황샹 : ‘뉵여화샹(六如和尙)’의 오기.

22) 삼장경문(三藏經文) : 경(經) · 율(律) · 논(論)을 말함. 경(經)은 부처님의 말씀, 율(律)은 계율, 논(論)은 경 · 율을 학자들이 논한 것임.

23) 진군낭랑(眞君娘娘) : 진군은 도교에서 말하는 우주의 주재자. 낭랑은 천녀(天女), 여신, 또는 왕비나 귀족의 아내를 높여 부르는 말.

의 니ᄅᆞ럿ᄂᆞ이다."

대ᄉᆡ,

"들어오라."

ᄒᆞ니 팔션녀(八仙女)ㅣ ᄎᆞ례로 나아와 대ᄉᆞ의 안ᄌᆞᆫ ᄃᆡ롤 세 번 둘너 신션의 곳출 흐튼 후의 위부인 말솜으로 뎐ᄒᆞᄃᆡ,

"샹인(上人)은 뫼 셧녁히 쳐ᄒᆞ고 나는 뫼 동녁히 이셔 긔거와 음식이 서로 졉ᄒᆞ여시ᄃᆡ 텬도[24] 일이 날을 슈고롭게 ᄒᆞ야 나아가 ᄇᆞᆰ은 말솜을 듯디 못ᄒᆞᆯ시 삼가 비ᄌᆞ(婢子) 팔인을 보ᄂᆡ여 대ᄉᆞ 안부롤 뭇고 겸ᄒᆞ여 하ᄂᆞᆯ 곳과 신션의 과실과 칠보문금(七寶紋錦)으로 구구ᄒᆞᆫ 정을 일위ᄂᆞ이다."

인ᄒᆞ여 각각 녕거(領去)ᄒᆞ여 온 화과(花果)와 보패(寶貝)롤 밧드러 드리니, 대시 손조 바다 시쟈(侍子)롤 주어 부텨긔 공양(供養)ᄒᆞ라 ᄒᆞ고 합장ᄒᆞ여 샤례하야 ᄀᆞᆯ오ᄃᆡ,

"노승이 무순 공덕이 잇관ᄃᆡ 샹션(上仙)의 긔렴ᄒᆞ시믈 입으리오."

ᄒᆞ고 팔션녀롤 지비ᄒᆞ여 ᄃᆡ졉ᄒᆞ야 보내니라. 팔인이 거러 산문을 나 서로 의논ᄒᆞᄃᆡ,

"남악 형산은 ᄒᆞᆫ 믈과 ᄒᆞᆫ 언덕도 우리 집 것 아닌 거시 업ᄉᆞᄃᆡ, 이 화샹이 도댱을 연 후로브터 홍구(鴻溝)[25]의 요호 이미 되어ᄂᆞᆫ디라. 년화봉 경개롤 디쳑(咫尺)의 두고 보디 못ᄒᆞ여더니 우리 이제 다힝이 낭낭 명으로 이 ᄶᅡ히 왓더니 히빗치 져므디 아니믈 미쳐 년화봉 우히 옷술 ᄯᅥᆯ치고 폭쳔포(瀑泉布)[26]의 관ᄭᅵᆫ을 ᄲᅵᆺ고 글을 ᄋᆞᆲ고 도라가 궁듕 ᄌᆞ미의게 승유(勝遊)롤 쟈랑ᄂᆡ미 엇디 쾌티 아니ᄒᆞ리오."

---

24) 천조(賤曹) : 자기의 맡은 일을 낮추어서 한 말.

25) 홍구(鴻溝) : 초(楚)나라의 항우(項羽)가 한(漢)나라와 천하를 나눌 때, 홍구 서쪽은 한나라에, 홍구 동쪽은 초나라에 예속시켰던 것으로, 여기서는 경계(境界)가 나누어짐을 뜻함.

26) 폭천포(瀑泉布) : 폭포수(瀑布水).

ᄒᆞ니 모다 닐오ᄃᆡ,

"그 말이 가쟝 올타."

ᄒᆞ고 날호여 거러 절졍의 올나 폭포 근원을 구버 보고 믈줄을 조차 도로 나려 셕교의 다ᄃᆞᄅᆞ니 이때 졍히 츈삼월의 온갖 ᄭᅩᆺ치 골의 ᄀᆞ득ᄒᆞ여시니 블근 안개 ᄶᅵ인ᄃᆞᆺ ᄒᆞ고 새즘ᄉᆡᆼ의 ᄇᆡᆨ 가지 소ᄅᆡ ᄉᆡᆼ황(笙簧)을 쥬(奏)ᄒᆞᄂᆞᆫ ᄃᆞᆺᄒᆞ니 봄긔운이 사ᄅᆞᆷ의 ᄆᆞᄋᆞᆷ을 태탕(駘蕩)킈 ᄒᆞ더라.

팔인이 다리 우ᄒᆡ 안쟈 믈을 구버 보니 여러 골 믈이 교하의 모다 너ᄅᆞᆫ 딩담(澄潭)이 되어 차고 ᄆᆞᆰ그미 광능(廣陵)[27] ᄶᅡ 보ᄇᆡ예 거울을 새로 닷근 ᄃᆞᆺᄒᆞ니 프ᄅᆞᆫ 눈셥과 블근 단쟝이 믈 속의 ᄯᅥ러져 마치 ᄒᆞᆫ 복 쥬방(周昉)[28]의 미인도(美人圖) ᄀᆞᆺ더라. 팔인이 그림재ᄅᆞᆯ 희롱ᄒᆞ며 스ᄉᆞ로 ᄉᆞ랑ᄒᆞ여 능히 ᄯᅥ나지 못ᄒᆞ여 뫼 날이 댱ᄎᆞ 져므ᄂᆞᆫ 줄을 ᄭᆡᄃᆞᆺ디 못ᄒᆞ더라.

이ᄯᅢ 셩진이 믈결을 열고 슈졍궁(水晶宮)의 나아가니 뇽왕이 크게 깃거 친히 궁문 밧긔 나아가 마쟈 상좌의 안치고 진찬(珍饌)을 ᄀᆞᆺ초아 존ᄎᆡ ᄒᆞ여 ᄃᆡ졉ᄒᆞ고 손조 잔 잡아 권ᄒᆞ거ᄂᆞᆯ 셩진이 ᄀᆞᆯ오ᄃᆡ,

"술은 ᄆᆞᄋᆞᆷ을 흐리게 ᄒᆞᄂᆞᆫ 광약(狂藥)이라. 블가(佛家)의 뉴의 큰 경계니 감히 파계(破戒)ᄅᆞᆯ 못ᄒᆞᄂᆞ이다."

용왕이 ᄀᆞᆯ오ᄃᆡ,

"브텨의 오계(五戒)[29]의 술을 셩계ᄒᆞ여ᄂᆞᆫ 줄 ᄂᆡ 엇디 모ᄅᆞ리오마ᄂᆞᆫ 궁듕의 ᄡᅳᄂᆞᆫ 술은 인간 광약과 달나 다만 사ᄅᆞᆷ의 긔운을 화챵킈 ᄒᆞ고 ᄆᆞᄋᆞᆷ이 미란(靡爛)치 아니ᄒᆞᄂᆞ니이다."

셩진이 왕의 괴로이 권ᄒᆞ믈 벙으리왓디[30] 못ᄒᆞ야 년(連)ᄒᆞ여 세 잔을 먹고 뇽왕긔 하딕ᄒᆞ고 바람을 타고 년화봉으로 도라올ᄉᆡ, 뫼 아래 니ᄅᆞ러

27) 광릉(廣陵) : 강소성(江蘇省) 강도현(江都縣)에 있는 지명.
28) 주방(周昉) : 당(唐나라) 때의 유명한 화가.
29) 오계(五戒) : 불가(佛家)에서 지켜야 할 다섯 가지 계율. 불살생(不殺生), 불투도(不偸盜), 불사음(不邪淫), 불망언(不妄言), 불음주(不飮酒).
30) 벙으리왓디 : 거역하지.

는 스스로 씨드릭니 술긔운이 올나 낫치 달호이거늘 므음의 싱각훈딕,

'만일 낫치 븕으면 亽부(師傅)ㅣ 고이히 너겨 칙(責)디 아니흐리오.' 흐고 즉시 닉믈의 나아가 웃옷술 벗고 두 손으로 믈을 우희여 낫출 씻더니 홀연 긔이훈 내 코을 거亽려 향노 긔운도 아니오 화초 향닉도 아니로딕 사름의 골 속의 亽못챠 정신이 진탕흐여 가히 형언치 못홀너라.

셩진이 싱각흐딕,

'이 믈 샹뉴의 므슨 쏫치 픠엿관딕 이런 이향이 믈의 품겻는고.'

다시 의복을 정졔히 흐고 믈을 조차 나려오더니, 이때예 팔션네 오히려 셕교 우희셔 말흐는디라. 졍히 셩진으로 더브러 서로 만나니 셩진이 셕댱(錫杖)을 노코 녜(禮)흐여 골오딕,

"녀보살(女菩薩)아, 빈승(貧僧)은 년화도댱(蓮花道場) 뉵관대亽의 졔즈로서 스싱의 명을 바다 산하의 나갓다가 장춧 졀노 도라가더니 셕교(石橋)ㅣ 심히 좁고 녀보살이 교샹(橋上)의 안쟈시니 亽나희와 계집이 길을 분변티 못흐게 되니 잠간 년보(蓮步)롤 움즉여 길을 빌니과져 흐느이다."

팔션네 답녜흐고 닐오딕,

"우리는 위부인낭낭 시녜러니 부인 명을 니어 대亽(大師)긔 문안흐고 도라가더니 쳡등은 드릭니 '도로의 남즈는 왼녁으로 말믹암고 부녀는 올흔편으로 힝훈다'[31] 흐니 이 다리 심히 좁고 쳡등이 이믜 ㅂ라시니[32] 도인의 말믹암이 심히 맛당티 아니니 쳥컨딕 다룬 길노 힝흐쇼셔."

셩진이 골오딕,

"닉물이 깁고 다룬 다리 업亽니 빈승으로 흐여금 어느 길노 조차라 흐시느뇨?"

션녜 골오딕,

31) 『예기(禮記)』 내칙(內則)의 "道路, 男子由左, 女子由右."에서 인용된 구절.

32) ㅂ라시니 : 벌여(列) 있으니.

"네 달마존쟈(達磨尊者)[33]ᄂᆞᆫ 갈입흘 타고 바다흘 건너다 ᄒᆞ니 화상이 뉵관대ᄉᆞ의게 도롤 비화시면 반ᄃᆞ시 신통(神通)이 이실 거시니 이런 져근 냇믈을 건너디 못ᄒᆞ여 아녀ᄌᆞ과 길을 다토시ᄂᆞ뇨."

셩진이 웃고 ᄃᆡ답ᄒᆞᄃᆡ,

"낭ᄌᆞ(娘子)의 뜻을 보니 힝인의 길 사ᄂᆞᆫ 돈을 밧고져 ᄒᆞ난도다. 가ᄂᆞᆫ 듕의게 어이 금젼(金錢)이 이시리. ᄆᆞᄎᆞᆷ 명쥬(明珠) 여ᄃᆞᆲ 낫치 잇더니 이제 낭ᄌᆞ긔 드려 길을 사고져 ᄒᆞᄂᆞ이다."

손을 드러 도화(桃花) ᄒᆞᆫ 가지롤 썩거 모든 션녀의 알ᄑᆡ 더지니 여ᄃᆞᆲ 봉오리 ᄯᅡᄒᆡ ᄯᅥ러져 화ᄒᆞ여 명쥬(明珠)ㅣ 되거놀 팔인이 각각 주어 손의 쥐고 셩진을 도라 보며 찬연(粲然)이 ᄒᆞᆫ번 웃고 몸을 소소아 바람을 타고 공즁으로 올라가니, 셩진이 셕교 우ᄒᆡ 오래 이셔 션녀의 가ᄂᆞᆫ 곳을 ᄇᆞ라 보더니 구룸 그림재 ᄉᆞ라지고 향긔로온 바람이 진정ᄒᆞ거놀 ᄇᆞ야흐로 셕교롤 ᄯᅥ나 스승을 가 뵈니 늣게야 오믈 뭇거놀 ᄃᆡ답ᄒᆞᄃᆡ,

"농왕이 관ᄃᆡ(款待)ᄒᆞ고 말류(挽留)ᄒᆞ니 능히 ᄯᅥᆯ치고 니러나디 못ᄒᆞᆯ너이다."

대ᄉᆡ,

"물러가 쉬라."

ᄒᆞ서놀 서 잇넌 선방(禪房)의 도라오니 ᄂᆞᆯ이 임의 이두엇디라. 셩진이 여ᄃᆞᆲ 션녀롤 본 후의 정신이 ᄌᆞ못 황홀ᄒᆞ여 ᄆᆞᄋᆞᆷ의 ᄉᆡᆼ각ᄒᆞᄃᆡ,

'남ᄋᆞ(男兒)ㅣ 셰샹의 나 어려서 공ᄆᆡᆼ(孔孟)[34]의 글롤 닑고 자라 요슌(堯舜)[35] ᄀᆞᆺᄐᆞᆫ 님군을 만나, 나면 댱슈(將帥)ㅣ 되고 들면 정승(政丞)이

---

33) 달마존자(達磨尊者) : 남북조 때의 승려. 천축(天竺) 사람으로 양(梁)나라 무제(武帝) 때 금릉(金陵)에 이르러 불교의 이치를 강하고, 뒤에 숭산(崇山) 소림사(少林寺)에 머물러 참선에 힘써, 선종 제1조가 됨. 대통(大通) 원년에 바다를 건너 광주(廣州)에 이르매 무제(武帝)가 맞이하였으나, 뜻이 맞지 않기에 소림사(少林寺)에서 면벽한 지 9년 만에 입적함.

34) 공맹(孔孟) : 공자(孔子)와 맹자(孟子).

35) 요순(堯舜) : 중국 고대의 성군(聖君)인 요(堯)와 순(舜).

되어 비단옷술 입고 옥디(玉帶)롤 씌고 옥궐(玉闕)의 됴회(朝會)ᄒᆞ고 눈의 고은 빗출 보고 귀에 됴흔 소릐롤 듯고 은턱(恩澤)이 빅셩의게 밋고 공명(功名)이 후세의 드리오미 ᄯᅩᄒᆞᆫ 대댱부(大丈夫)의 일이라. 우리 부텨의 법문(法門)은 ᄒᆞᆫ 바리[36] 밥과 ᄒᆞᆫ 병 믈과 두어 권 경문(經文)과 일빅 여돏 낫 염쥬(念珠) 분이라. 도덕이 비록 놉고 아름다오나 젹막ᄒᆞ기 심하도다.'

ᄉᆡᆼ각을 이리ᄒᆞ고 져리ᄒᆞ여 밤이 임의 깁허더니 믄득 눈 알픽 팔션녜 섯거놀 놀라 곳쳐 보니 임의 간곳이 업더라. 셩진이 ᄆᆞ옴의 뉘우쳐 ᄉᆡᆼ각ᄒᆞ디,

'브텨 공부의 뉴로 ᄯᅳᆺ을 바ᄅᆞ게 하미 웃듬 ᄒᆡᆼ실이라. 내 츌가(出家)ᄒᆞ연디 십년의 일죽 반졈 어긔고 구챠ᄒᆞᆫ ᄆᆞ옴을 먹디 아녀더니 이제 이러ᄐᆞ시 념녀롤 그릇ᄒᆞ면 엇디 나의 젼졍(前程)의 ᄒᆡ롭디 아니ᄒᆞ리오.'

향노(香爐)의 젼단(旃檀)[37]을 다시 픠오고 의연이 포단(蒲團)의 안쟈 졍신을 가다듬아 념쥬롤 고로며 일쳔 브텨롤 념(念)ᄒᆞ더니, 홀연 창 밧긔 동ᄌᆞ(童子)ㅣ 브ᄅᆞ디,

"ᄉᆞ형(師兄)은 좀 드러ᄂᆞ냐? ᄉᆞ부(師傅)ㅣ 브ᄅᆞ시ᄂᆞ이다."

셩진이 놀나 ᄉᆡᆼ각ᄒᆞ디,

'깁흔 밤의 날을 브라니 반ᄃᆞ시 연고(緣故)ㅣ 잇도다.'

동ᄌᆞ와 ᄒᆞᆫ가지로 방쟝(方丈)의 나아가니 대ᄉᆡ 모든 졔ᄌᆞ롤 모흐고 등쵹(燈燭)을 낫갓치 혀고 소릐ᄒᆞ여 ᄭᅮ지ᄌᆞ디,

"셩진아, 네 죄롤 아는다."

셩진이 나려 ᄭᅮ러 ᄀᆞᆯ오디,

"쇼직 ᄉᆞ부롤 셤견 지 십년의 일죽 ᄒᆞᆫ 말도 블슌이 ᄒᆞᆫ 젹이 업ᄉᆞ니 진실노 어리고 아득ᄒᆞ여 지은 죄롤 아디 못ᄒᆞᄂᆞ이다."

---

36) 바리 : 바리때. 중의 밥그릇.

37) 전단(旃檀) : '전단(栴檀)'이라고도 하는 단향(檀香).

대시 닐오더,

"즁의 공뷔 세 가지 힝실 이시니 몸과 말솜과 뜻이라. 네 뇽궁의 가 술을 취ᄒᆞ고 셕교의셔 녀ᄌᆞ롤 만나 언어롤 슈작ᄒᆞ고 꼿출 더져 희롱ᄒᆞᆫ 후의 도라와 오히려 미쉭(美色)을 권년(眷戀)ᄒᆞ여 셰샹 부귀롤 흠모ᄒᆞ고 블가(佛家)의 젹막ᄒᆞ믈 염(厭)히 너기니 이ᄂᆞᆫ 세 가지 힝실을 일시의 문허 ᄇᆞ리미라."

셩진이 고두(叩頭)[38]ᄒᆞ고 울며 ᄀᆞᆯ오더,

"스승님아, 셩진이 진실로 죄 잇거니와 쥬계(酒戒)롤 파ᄒᆞ기ᄂᆞᆫ 쥬인이 괴로이 권ᄒᆞ기의 마디 못ᄒᆞ미오, 션녀로 더브러 언어롤 슈작ᄒᆞ기ᄂᆞᆫ 길흘 빌믈 말미아마미니, 각별 부졍(不正)ᄒᆞᆫ 말을 ᄒᆞᆫ 배 업고, 션방의 도라온 후의 일시의 ᄆᆞ옴을 잡디 못ᄒᆞ나 마ᄎᆞᆷ닉 스ᄉᆞ로 뉘웃쳐 뜻을 바ᄅᆞ게 ᄒᆞ여시니, 졔ᄌᆞ 죄 잇거든 ᄉᆞ뷔 달초(撻楚)ᄒᆞ실 분이디 어디 ᄎᆞᆷ아 닉치려 ᄒᆞ시ᄂᆞ니잇가. ᄉᆞ부 우럿ᄌᆞᆸ기롤 부모ᄀᆞᆺ티 ᄒᆞ니 셩진이 십이셰의 부모롤 ᄇᆞ리고 스승님을 조차 머리롤 싹그니 년화도댱이 이곳 셩진의 집이니 날을 어더로 가라 ᄒᆞ시ᄂᆞ니잇가."

대시 닐오더,

"네 스ᄉᆞ로 가고져 ᄒᆞᆯ시 가라 ᄒᆞ미니 네 만일 잇고져 ᄒᆞ면 뉘 능히 가라 ᄒᆞ리오. 네 쏘 닐오더 어더로 가리오 ᄒᆞ니 너의 가고셔 ᄒᆞᄂᆞᆫ 곳이 너의 갈 곳이라."

대시 소ᄅᆡ 질너 ᄀᆞᆯ오더,

"황건녁ᄉᆞ(黃巾力士)ㅣ 어더 잇ᄂᆞ뇨."

홀연 공듕으로셔 신쟝(神將)이 나려와 쳥녕(聽令)ᄒᆞ거ᄂᆞᆯ 대시 분부ᄒᆞ더,

"네 죄인을 녕거(領去)ᄒᆞ여 풍도(酆都)[39]의 가 교부(交付)ᄒᆞ고 오라."

---

38) 고두(叩頭) : 머리를 조아림.

39) 풍도(酆都) : 죽음을 맡은 신인 귀백(鬼伯)이 머무는 곳. 지옥의 하나.

셩진이 이 말을 듯고 눈물을 비ᄀᆞᆺ티 흘녀 울고 머리를 무수히 두ᄃᆞ려 ᄀᆞᆯ오ᄃᆡ,

“ᄉᆞ부는 셩진의 말을 드ᄅᆞ쇼셔. 녯 아란존쟈(阿難尊者)40)ㅣ 챵녀(娼女)의게의 가 ᄌᆞ리를 ᄒᆞᆫ가지로 살을 섯그ᄃᆡ 셕가블(釋迦佛)이 존쟈를 죄 주디 아니ᄒᆞ고 다만 셜법ᄒᆞ여 가ᄅᆞ쳐시니 졔지 비록 죄 이시나 아란존쟈의 비기면 즁(重)티 아닌 ᄃᆞᆺᄒᆞ니 어이 풍도의 가라 ᄒᆞ시ᄂᆞ뇨.”

대ᄉᆡ ᄀᆞᆯ오ᄃᆡ,

“아란존쟈는 요술(妖術)을 졔어(制御)티 못ᄒᆞ여 창녀를 더브러 친근(親近)ᄒᆞ나 ᄆᆞ음은 어ᄌᆞ럽디 아닌디라. 너는 진셰(塵世)의 부귀를 흠모ᄒᆞ는 ᄯᅳᆺ을 ᄂᆡ여시니 어이 ᄒᆞᆫ번 뉸회(輪回)의 괴롭기를 면ᄒᆞ리오.”

셩진이 다만 울고 갈 ᄯᅳᆺ이 업거ᄂᆞᆯ 대ᄉᆡ 위로ᄒᆞ여 ᄀᆞᆯ오ᄃᆡ,

“ᄆᆞ음이 됴치 못ᄒᆞ면 비록 산듕의 이셔도 도를 일우기 어렵고 근본을 잇디 아니면 홍진(紅塵)의 가셔도 도라올 길히 이시니, 네 만일 오고져 ᄒᆞ면 ᄂᆡ 손조 ᄃᆞ려올 거시니 의심 말고 ᄒᆡᆼᄒᆞᆯ디어다.”

셩진이 ᄒᆞᆯ일업셔 블샹(佛像)과 ᄉᆞ부의게 녜비(禮拜)ᄒᆞ고 모든 동문(同門)을 니별ᄒᆞ고 녁ᄉᆞ(力士)와 ᄒᆞᆫ가지로 명ᄉᆞ(冥司)41)의 나아갈ᄉᆡ 유혼관(幽魂關)42)을 들고 망향ᄃᆡ(望鄕臺)43)를 디나 풍도셩(酆都城)의 다ᄃᆞᄅᆞ니 셩문 잡은 귀졸(鬼卒)이 뭇거ᄂᆞᆯ 녁ᄉᆡ,

“뉵관대ᄉᆞ 법지(法旨)로 죄인을 ᄃᆞ려오노라.”

ᄒᆞ니 길흘 여러 주거ᄂᆞᆯ 바로 삼나뎐(森羅殿)44)의 니ᄅᆞ니 염왕(閻王)이 공ᄉᆞ(供辭)ᄒᆞ여 녁ᄉᆞ를 주어 보ᄂᆡ더라.

---

40) 아난존자(阿難尊者) : 석가불(釋迦佛)의 종제(從弟)로서 25년을 수도하여 일체 불법을 전수 받았다 함.

41) 명사(冥司) : 저승.

42) 유혼관(幽魂關) : 유명(幽明)의 지경(地境).

43) 망향대(望鄕臺) : 저승의 귀졸(鬼卒)들이 올라가 이승의 사항을 살펴 저승으로 불러 들인다는 고대(高臺)의 이름.

44) 삼라전(森羅殿) : 염라대왕의 궁전.

셩진이 뎐하의 ᄭᅮ니 염왕이 무ᄅᆞᄃᆡ,

“셩진샹인아, 샹인의 몸이 남악의 이시나 일흠은 임의 지쟝안45) 향안(香案)46) 후의 치부(置簿)ᄒᆞ여시니 불구(不久)의 큰 도롤 어더 놉히 년좌(蓮座)47)의 오ᄅᆞ면 즁ᄉᆡᆼ(衆生)들이 대되48) 은덕을 입을가 ᄒᆞ더니 ᄆᆞᄉᆞ 일노 이 ᄯᅡ히 니ᄅᆞ러ᄂᆞ뇨.”

셩진이 가쟝 참괴(慙愧)ᄒᆞ여 ᄒᆞ다가 왕긔 알외ᄃᆡ,

“셩진이 무샹(無狀)49)ᄒᆞ여 노샹의셔 남악 션녀롤 만나보고 ᄆᆞᄋᆞᆷ의 거리ᄭᅵᆫ 고로 스승의게 득죄ᄒᆞ여 대왕긔 명을 기ᄃᆞ리ᄂᆞ이다.”

염왕이 좌우로 ᄒᆞ여금 디장왕긔 말ᄉᆞᆷ을 올녀 ᄀᆞᆯ오ᄃᆡ,

“남악 뉵관대ᄉᆡ 그 뎨ᄌᆞ 셩진을 보ᄂᆡ여 명ᄉᆞ(冥司)로셔 벌ᄒᆞ라 ᄒᆞ니 여나문 죄인과 다ᄅᆞᆯᄉᆡ 취품(取稟)50)ᄒᆞᄂᆞ이다.”

보살이 ᄃᆡ답ᄒᆞᄃᆡ,

“슈ᄒᆡᆼ(修行)ᄒᆞᄂᆞᆫ 사ᄅᆞᆷ의 오며 가기ᄂᆞᆫ 저의 원(願)ᄃᆡ로 ᄒᆞᆯ 거시니 어이 구ᄐᆞ여 무ᄅᆞ리오.”

염왕이 졍히 셩진의 죄롤 결단ᄒᆞ려 ᄒᆞ더니 두어 귀졸이 드러가 ᄉᆞᆯ오ᄃᆡ,

“황건녁ᄉᆡ ᄯᅩ 뉵관대ᄉᆞ의 녕으로 여ᄃᆞᆲ 죄인을 녕거(領去)ᄒᆞ여 왓ᄂᆞ이다.”

셩진이 ᄎᆞ언(此言)을 듯고 가쟝 놀나더니 염왕이,

“죄인을 블너 드리라.”

ᄒᆞ니 남악 션네 팔인 쳥하(廳下)의 드러 ᄭᅮᆯ서ᄂᆞᆯ 염왕이 무러 ᄀᆞᆯ오ᄃᆡ,

---

45) 지장안 : ‘지장왕(地藏王)’의 오기. 지장보살(地藏菩薩). 석가불의 부탁을 받고, 석가불이 입멸(入滅)한 후부터 미륵불(彌勒佛)이 나타날 때까지 부처 없는 세계, 특히 지옥에 머물러 있으면서 육도(六度)의 중생을 교화하는 보살.

46) 향안(香案) : 향로나 촛대 등을 올려놓는 상.

47) 연좌(蓮座) : 연화좌(蓮花座)의 준말로서, 연꽃 모양을 새긴 불좌(佛座).

48) 대되 : ‘대체로’의 옛말.

49) 무상(無狀) : 아무렇게나 마음대로 행동하는 것. 버릇 없음.

50) 취품(取稟) : 웃사람께 묻는 것.

"남악 녀션아, 션가(仙家)의 무궁ᄒᆞᆫ 경개(景槩) 잇고 무궁ᄒᆞᆫ 쾌락(快樂)이 잇거ᄂᆞᆯ 어이 이 ᄯᅡ히 니ᄅᆞ러나뇨."

팔인이 붓그러오믈 머금고 ᄃᆡ왈,

"쳡등이 위부인 명으로 뉵관대사긔 문안ᄒᆞ러 갓다가 길히셔 쇼화샹(小和尙)을 만나 언어로 슈작ᄒᆞᆫ 일이 잇더니 대시 우리를 ᄇᆞ텨의 됴흔 ᄯᅡ흘 더러이다 ᄒᆞ여 우리 부듕(府中)의 공ᄉᆞ(供辭)ᄒᆞ여 쳡등을 잡아 이리 보ᄂᆡ여 겨시니, 쳡등의 승팀(升沈)과 고락(苦樂)이 오딕 대왕 손의 잇ᄉᆞ오니 ᄇᆞ라옵ᄂᆞ니 대ᄌᆞ대비(大慈大悲)ᄒᆞ샤 됴흔 ᄯᅡ히 환도(還度)ᄒᆞ게 ᄒᆞ쇼셔."

염왕이 ᄉᆞᄌᆞ(使者) 아홉 사람을 불너 각각 비밀이 분부ᄒᆞ여 보내더니, 홀연 뎐 알ᄑᆡ 대풍이 니러나 모든 사ᄅᆞᆷ을 ᄇᆞ러 공듕으로 올나 ᄉᆞ면팔방으로 흐터지니, 셩진이 ᄉᆞᄌᆞ를 조차 ᄇᆞ람의 일니여 표표탕탕(飄飄蕩蕩)ᄒᆞ여 ᄒᆞᆫ 곳의 가 바람이 긋치며 발이 ᄯᅡ히 다핫거ᄂᆞᆯ, 졍신을 출혀 보니 프른 뫼히 네녁흐로 두ᄅᆞ고 시ᄂᆡ믈이 구븨지어 흐ᄅᆞᄂᆞᆫᄃᆡ 대밭와 프른 집이 슈플 ᄉᆞ이의 여라문 인가는 ᄒᆞ더라. ᄉᆞ재 셩진을 인ᄒᆞ여 ᄒᆞᆫ 집의 니ᄅᆞ러 문 밧긔 셔시라 ᄒᆞ고 안으로 드러가거ᄂᆞᆯ 냥구(良久)히 셔셔 드ᄅᆞ니 겻집 사ᄅᆞᆷ이 저희 ᄀᆞᆺ치 말ᄒᆞᄃᆡ,

"양쳐ᄉᆞ(楊處士)의 부쳐(夫妻)ㅣ 오십의 처음으로 잉틱ᄒᆞ니 인간의 드믄 일이러니 님산(臨産)ᄒᆞ연디 오래ᄃᆡ 아희 우룸소릭 업ᄉᆞ니 념녀롭다." ᄒᆞ거ᄂᆞᆯ 셩진이 저를 니ᄅᆞᄂᆞᆫ 말 ᄀᆞᆺᄐᆞ니 ᄎᆞ언(此言)을 드ᄅᆞ니 심듕의 분명이 양쳐ᄉᆞ의 ᄌᆞ식이 되어 날 줄 알고 홀연이 싱각하ᄃᆡ

"ᄂᆡ 임의 인셰의 환도ᄒᆞ게 ᄒᆞ여시니 이에 와도 분명이 졍신만 와실 거시니 육신은 분명이 년화봉의셔 쇼화(燒火)ᄒᆞᄂᆞᆫ도다. ᄂᆡ 나히 졈어 졔ᄌᆞ를 ᄃᆞ리디 못ᄒᆞ여시니 어ᄂᆞ 사ᄅᆞᆷ이 나의 샤리(舍利)를 거두리오."

이쳐럼 싱각ᄒᆞ며 ᄆᆞᄋᆞᆷ이 ᄌᆞ못 쳐챵(悽愴)ᄒᆞ더니 ᄉᆞ재 나와 손 쳐 불너 ᄀᆞᆯ오ᄃᆡ,

"이 ᄯᅡ흔 대당국(大唐國) 회람도(淮南道) 슈(壽)ㅣ ᄯᅡ히오, 이 집은 양쳐ᄉᆞ의 집이니, 쳐ᄉᆞ난 너희 부친이오 쳐ᄉᆞ의 쳐 뉴시(柳氏)ᄂᆞᆫ 너의 모친이니 수히 드러와 길ᄒᆞᆫ ᄣᅢ롤 일치 말라."

셩진이 드러가 보니 쳐식 갈건야복(葛巾野服)으로 당상(堂上)의 안쟈 약화(藥和)[51]롤 겻희 노하시니 향닉 코희 거ᄉᆞ리고 방안희 은은이 녀ᄌᆞ의 신음ᄒᆞᄂᆞᆫ 소릐 나더라.

ᄉᆞ재 지촉ᄒᆞ여 방의 들나 하거늘 셩진이 ᄆᆞᄋᆞᆷ의 의려(疑慮)ᄒᆞ여 머뭇머뭇ᄒᆞ니 ᄉᆞ재 뒤흐로셔 ᄆᆞ이 밀치니 공듕의 업더져 졍신이 아득ᄒᆞ여 텬디 번복(翻覆)ᄒᆞᄂᆞᆫ ᄃᆞᆺ ᄒᆞ거늘 소릐 질너,

"날을 구ᄒᆞ라."

ᄒᆞ더니 소릐 목굼긔 나며 말을 일우디 못ᄒᆞ고 다만 아희 우름소릐롤 ᄒᆞᆯ너라. 은틱[52](ᄌᆞ식 븟드러 나히ᄂᆞᆫ 사ᄅᆞᆷ이라) 하례 왈,

"아긔 우름소릐 크니 쇼낭군(小郎君)이로소이다."

쳐식 약 보ᄋᆞ(甫兒)[53]롤 가지고 드러와 부쳐(夫妻)ㅣ 크게 깃거ᄒᆞ더라.

셩진이 이후ᄂᆞᆫ ᄇᆡ 고프면 울고 울면 젓 먹이니 처음은 ᄆᆞᄋᆞᆷ 속의 남악 년화봉을 잇디 아니ᄒᆞ더니 졈졈 쟈라 부모의 은졍(恩情)을 아니 젼ᄉᆡᆼ(前生) 일은 망연이 잇고 ᄉᆡᆼ각디 못ᄒᆞᆯ너라. 쳐식 ᄋᆞᄌᆞ(兒子)의 골격이 쳥슈(淸秀)ᄒᆞᄆᆞᆯ 보고 머리를 ᄡᅳ다듬아 ᄀᆞᆯᄋᆞ덕.

"이 아희 벅벅이[54] 하ᄂᆞᆯ사ᄅᆞᆷ으로 젹상(謫降)ᄒᆞ어도다."

ᄒᆞ고 일홈을 쇼유(少遊)ㅣ라 ᄒᆞ고 ᄌᆞ롤 쳔니(千里)라 하다. 인간 셰월이 믈 디나ᄃᆞᆺ ᄒᆞ여 쇼유의 나히 십셰 되니 얼골은 옥으로 다ᄉᆞ린 ᄃᆞᆺᄒᆞ고 뉸은 새벽 별 ᄀᆞᆺ고 댱[55]이 크게 일고 디혜 사ᄅᆞᆷ의게 디나니 쳐식 뉴시ᄃᆞ려

---

51) 약화(藥和) : 약방문. 여기서는 약탕관(藥湯罐)의 뜻.

52) 은태 : 자식을 낳게 하는 사람.

53) 보아(甫兒) : 보시기. 김치나 깍두기 따위를 담는 반찬 그릇의 하나. 모양은 사발 같으나 높이가 낮고 크기가 작음.

54) 벅벅이 : 그러하리라고 미루어 헤아려 보건대 틀림없이.

55) 댱 : '문댱(文章)'의 오기.

왈,

"ᄂᆡ 본ᄃᆡ 셰샹 사ᄅᆞᆷ이 아니라. 그ᄃᆡ로 더브러 진셰(塵世)의 인연이 잇ᄂᆞᆫ 고로 오래 이 ᄯᅡ희 머므더니 봉ᄂᆡ(蓬萊)[56] 션ᄌᆞ(仙子)들이 자로 편지ᄒᆞ여 오라 ᄒᆞᄃᆡ 그ᄃᆡ 외로오믈 념녀ᄒᆞ여더니 이제 ᄋᆞᄌᆞ의 영특(英特)ᄒᆞ미 이러ᄐᆞᆺᄒᆞ니 그ᄃᆡ 기리 의지ᄒᆞᆯ 곳을 어더 말년의 영화부귀롤 누릴 거시니 날을 ᄉᆞ렴(思念) 말나."

ᄒᆞ더니 일일은 모든 도인들이 쳐ᄉᆞ의 집의 모다 ᄒᆞᆫ가지로 ᄇᆡᆨ뇽(白龍)과 쳥학(靑鶴)을 타고 깁흔 뫼골[57]노 드러가니 이후로 비록 잇다감 공듕(空中)의 편지롤 붓티니 ᄆᆞᄎᆞᆷᄂᆡ 집의 도라오디 아니ᄒᆞ니라.

제2회

화음현규녀통신(華陰縣閨女通信)
남뎐산도인뎐금(藍田山道人傳琴)

양쳐ᄉᆡ 간 후의 모ᄌᆞ(母子) 냥인이 서로 의지ᄒᆞ여 셰월을 보ᄂᆡ더니 수년이 디난 후 양쇼유의 ᄌᆡ명(才名)이 크게 니러나 본 고을 태슈(太守)ㅣ 신동(神童)으로 됴뎡(朝廷)의 쳔거ᄒᆞᄃᆡ 쇼유 모친 ᄯᅥ나기 어려워 나아가지 아녀더니, 소유 십ᄉᆞ오셰의 니ᄅᆞ러ᄂᆞᆫ 얼골은 반악(潘岳)[58] ᄀᆞᆺ고 긔상은 쳥년(靑蓮)[59] ᄀᆞᆺ고 문쟝 연허(燕許)[60] ᄀᆞᆺ고 시ᄌᆡᄂᆞᆫ 포샤(鮑謝)[61] ᄀᆞᆺ고 필법

---

56) 봉래(蓬萊) : 동해 가운데에 있는 신선이 산다는 삼신산(三神山) 가운데 하나의 산.

57) 뫼골 : 산골짜기.

58) 반악(潘岳) : 진(晉)나라 때 사람으로 자태가 아름다웠다고 함.

59) 청련(靑蓮) : 당(唐)나라의 시인 이백(李白)의 호(號).

60) 연허(燕許) : 당(唐)나라 때의 연국공(燕國公) 장열(張說), 허국공(許國公) 소정(蘇頲)을 아울러 말함.

61) 포사(鮑謝) : 진(晉)나라 때의 시인 포조(鮑照)와 사령운(謝靈運)을 아울러 말함.

은 죵왕(鍾王)62)ᄀᆞᆺ고 졔ᄌᆞᄇᆡᆨ가(諸子百家)63)와 뉵도삼약(六韜三略)64)과 활ᄡᅩ기와 칼ᄡᅳ기ᄅᆞᆯ 졍통티 아닐 거시 업ᄉᆞ니 진실노 여러 ᄃᆡ 슈ᄒᆡᆼ(修行)ᄒᆞᄂᆞᆫ 사ᄅᆞᆷ이라 세샹 쇽쟈(俗子)의 비ᄒᆞᆯ 배 아니러라. 쇼위 ᄒᆞᆯᄂᆞᆫ 모친긔 알외ᄃᆡ,

"부친이 텬샹으로 가실 제 ᄋᆞᄌᆞ로 문호(門戶)ᄅᆞᆯ 맛겨겨시니 이제 집이 가난ᄒᆞ여 모친이 근심ᄒᆞ시니 ᄋᆞᄌᆡ 만일 집 딕흰 개 되여 공명을 구치 아니면 부친이 ᄋᆞᄌᆞᄅᆞᆯ 긔ᄃᆡᄒᆞ시던 ᄯᅳᆺ이 아니로소이다. 이제 경ᄉᆞ(京師)의셔 셜과(設科)ᄒᆞ여 텬하 션비ᄅᆞᆯ 모흔다 ᄒᆞ니 ᄋᆞᄌᆡ 잠간 모친 슬하ᄅᆞᆯ ᄯᅥ나 셧녁흐로 놀녀 ᄒᆞᄂᆞ이다."

뉴시 ᄋᆞᄌᆞ의 지긔(志氣) 녹녹(碌碌)디 아니믈 보고 비록 원노(遠路)의 니별을 념녀ᄒᆞ나 ᄆᆞᄎᆞᆷᄂᆡ 막디 못ᄒᆞ더라.

양ᄉᆡᆼ이 셔동(書童) 일인과 나귀 일필노 모친긔 하딕ᄒᆞ고 여러 날 ᄒᆡᆼᄒᆞ여 화쥬(華州)65) ㅣ 화음현(華陰縣)66) ᄯᅡ희 니ᄅᆞ러 댱안(長安)67)이 졈졈 ᄀᆞᆺ가와 오ᄂᆞᆫ디라. 산쳔 믈식이 심히 화려ᄒᆞ더라. 양ᄉᆡᆼ이 과거(科擧) 긔한이 머러시믈 인ᄒᆞ여 ᄒᆞ로 수십니식 ᄒᆡᆼᄒᆞ여 산슈ᄅᆞᆯ ᄎᆞᆽ고 고젹(古蹟)을 무러 손의 길히 젹막디 아니터니, 먼니 ᄇᆞ라보니 버들슈플이 프ᄅᆞ고 프ᄅᆞ러 ᄂᆞᆫᄃᆡ 져근 누(樓)ㅣ 그 ᄉᆞ이의 비최여 가쟝 유아(幽雅)ᄒᆞ여 뵈거ᄂᆞᆯ 채ᄅᆞᆯ 드리오고 믈68)을 미러 날호여 나아가 버들가지 가ᄂᆞᆯ고 기러 ᄯᅡ희 ᄃᆞ리워 프른 실을 플텨 바람의 븟치ᄂᆞᆫᄃᆞᆺ ᄒᆞ니 십분 귀경ᄒᆞ염즉 ᄒᆞᆫ디라.

---

62) 종왕(鍾王) : 위(魏)나라 때의 서예가인 종요(鍾繇)와 진(晉)나라 때의 서예가인 왕희지(王羲之)를 아울러 말함.

63) 제자백가(諸子百家) : 중국 춘추시대 말기부터 전국시대에 걸친 여러 학파의 총칭.

64) 육도삼략(六韜三略) : 병법(兵法)의 책 이름. 태공망(太公望)의 육도와 황석공(黃石公)의 삼략을 아울러 말함.

65) 화주(華州) : 지금의 섬서성(陝西省)에 있는 주 이름.

66) 화음현(華陰縣) : 지금의 섬서성(陝西省) 관중도(關中道)에 해당됨.

67) 장안(長安) : 섬서성(陝西省)에 있는 한(漢)나라와 당(唐)나라 때의 수도.

68) 믈 : '몰(馬)'의 오기.

양싱이 싱각ᄒᆞ되, '우리 초(楚) ᄯᅡ히 비록 아름다온 남기 만ᄒᆞ나 이런 버들은 보디 아녀노라' ᄒᆞ고 양뉴ᄉᆞ(楊柳詞)롤 지어 읇프니 그 글의 ᄀᆞ와시되,

양뉴쳥여딕(楊柳靑如織)　버들이 프ᄅᆞ러 뵈 ᄧᆞ는 둧ᄒᆞ니
댱됴블화루(長條拂畵樓)　긴 가지 그림 그린 누의 ᄲᅥᆯ첫도다.
원군근징식(願君勤栽植)　원컨되 그되는 브ᄌᆞ런이 심으라.
ᄎᆞ슈최풍뉴(此樹最風流)　이 남기 가쟝 풍뉴로오니라.

양뉴하쳥쳥(楊柳何靑靑)　버들이 ᄌᆞ못 프ᄅᆞ고 프ᄅᆞ니
댱됴불긔영(長條拂綺楹)　긴 가지 빗난 기동의 ᄲᅥᆯ첫도다.
원군막반절[69](願君莫漫折)　원컨되 그되는 브졀업시 ᄶᅥᆨ지 말나.
ᄎᆞ슈최다졍(此樹最多情)　이 남기 가쟝 졍이 만ᄒᆞ니라.

읇는 소릐 ᄆᆞᆰ고 호샹(豪爽)ᄒᆞ야 금셕(金石)의셔 나는 둧ᄒᆞ더라. 봄바람이 거두쳐 뉴샹(樓上)으로 올라가니 누 가온되 옥(玉)ᄀᆞᄐᆞᆫ 사ᄅᆞᆷ이 ᄇᆞ야흐로 봄잠을 드럿다가 글소릐의 ᄭᆡ여 챵을 열고 난간을 의디ᄒᆞ여 두로 ᄇᆞ라보더니, 졍히 양싱으로 더브러 두 눈이 마초이니 구름ᄀᆞᄐᆞᆫ 머리털이 귀밋히 드리웟고 옥ᄎᆞ(玉釵)ㅣ 반만 기우러는되 봄잠이 ᄌᆞᆨ디 못ᄒᆞ여 ᄒᆞ는 양이 쳐연이 슈려(秀麗)ᄒᆞ야 말노 형용ᄒᆞ기 어렵고 그림을 그려도 방블(彷佛)티 못ᄒᆞᆯ너라. 냥인이 서로 보기만ᄒᆞ고 아모 말도 못ᄒᆞ고 잇더니 양싱의 셔동이 ᄯᅡ라와 부ᄅᆞ되,

"낭군아, 셕식(夕食)이 올ᄒᆞ여ᄂᆞ이다."

미인이 문득 챵을 다치니 가만ᄒᆞᆫ 향니 바람의 ᄂᆞ라올 분이라. 양싱이 크게 셔동을 한(恨)ᄒᆞ되 다시 어려온 줄 짐작고 셔동을 조차 오니라.

원간[70] 이 미인의 셩은 진시(秦氏)니 진어ᄉᆞ(秦御史)의 녀ᄌᆞ니 일홈은

69) 반절 : '만절(漫折)'의 오기.
70) 원간 : '워낙'의 옛말.

치봉(彩鳳)이오, 모친이 일즉 죽고 홀노 부친을 뫼셔 시방 빙례(聘禮)ᄒᆞᆫ 듸 업더라.

이때 어싀 경ᄉᆞ(京師)의 가고 쇼져(小姐)ㅣ 홀노 집의 잇더니 쳔만 ᄠᅳᆺ밧긔 양싱을 만나 보고 ᄆᆞᄋᆞᆷ의 싱각ᄒᆞ듸, '녀ᄌᆞ의 댱부(丈夫)롤 조차믄 죵신(終身)의 대ᄉᆞ(大事)ㅣ라, 일싱 영욕(榮辱)과 고락(苦樂)이 돌려시니 문군(文君)[71]은 과부(寡婦)ㅣ라도 오히려 샹여(相如)[72]롤 조차시니 이제 나는 쳐ᄌᆞ(處子)의 몸이니 비록 스ᄉᆞ로 듕인(仲姻)ᄒᆞᄂᆞᆫ 혐의를 피티 아니ᄒᆞ나 부녀의 졀ᄒᆡᆼ(節行)의ᄂᆞᆫ ᄒᆡ롭디 아니ᄒᆞ고 허물며 이 사ᄅᆞᆷ의 셩명과 거쥬롤 아디 못ᄒᆞ니 부친긔 취품(取稟)ᄒᆞ여 졍ᄒᆞᆫ 후 듕ᄆᆡ(仲媒)롤 브리려 ᄒᆞ면 동셔남북의 어듸 가 ᄎᆞ자리오."

급급히 화젼(花箋)을 펴고 두어 줄 글을 ᄡᅥ 봉ᄒᆞ여 유모(乳母)롤 주어 왈,

"이롤 가지고 압 긱졈 듕의 가 나귀 타고 ᄂᆡ 집 누하의 와 양뉴ᄉᆞ(楊柳詞) 읇던 샹공(相公)을 ᄎᆞ자 뎐ᄒᆞ고 나의 인연을 ᄆᆡ쟈 일싱을 의탁ᄒᆞ려 ᄒᆞᄂᆞᆫ 줄을 알게 ᄒᆞ듸, 이ᄂᆞᆫ 나의 죵신대ᄉᆞ(終身大事)ㅣ니 삼가 허수히 말나. 이 션비 얼골의 아ᄅᆞᆷ다오미 옥ᄀᆞᆺᄐᆞ여 듕듕(衆中)의 셧기디 아닐 거시니 네 브듸 친히 보고 편지롤 뎐ᄒᆞ라."

유랑(乳娘)이 ᄀᆞᆯ오듸,

"삼가 쇼져의 명듸로 ᄒᆞ려니와 타일의 노야(老爺)ㅣ 무ᄅᆞ시면 무어시라 ᄒᆞ리잇가."

쇼져 왈,

"이ᄂᆞᆫ 내 당ᄒᆞᆯ 거시니 너ᄂᆞᆫ 념녀 말나."

---

71) 문군(文君) : 탁문군(卓文君). 한(漢)나라의 여류 문인. 사마상여(司馬相如)가 거문고로써 과부인 탁문군을 꾀자 밤중에 집을 나와 사마상여의 집으로 가 아내가 되었음.

72) 상여(相如) : 사마상여(司馬相如). 한(漢)나라 때의 문인. 독서와 거문고를 좋아하였다 함.

유랑이 나가다가 도로 드러와 ᄀᆞᆯ오ᄃᆡ,

"만일 낭군이 취쳐(娶妻)를 ᄒᆞ여거나 뎡혼(定婚)ᄒᆞᆫ ᄃᆡ 이시면 어이ᄒᆞ리잇가."

쇼졔 팀음(沈吟)ᄒᆞ다가 닐오ᄃᆡ.

"블힝하여 취쳐ᄒᆞ여시면 내 남의 둘ᄌᆡ 되기를 혐의티 아니ᄒᆞ거니와, 이 사람이 나히 가쟝 절머 뵈니 실가(室家)ㅣ 업술가 ᄒᆞ노라."

유랑이 ᄀᆡᆨ졈의 가 양뉴사 읇던 샹공을 ᄎᆞᄌᆞ니, 양싱이 ᄆᆞᄎᆞᆷ 졈문 밧긔 나셧다가 나 만흔 부녜 져를 ᄎᆞᄌᆞᆷ을 보고 밧비 무ᄅᆞᄃᆡ,

"양뉴ᄉᆞ 지은 슈ᄌᆡ(秀才)ᄂᆞᆫ 곳 쇼싱(小生)이어니와 노랑(老娘)이 ᄎᆞᄌᆞᆷ은 므ᄉᆞᆫ ᄯᅳᆺ이뇨."

유랑이 양싱의 얼골을 보고 다시 의심이 업서 다만 닐오ᄃᆡ,

"이곳이 말ᄒᆞᆯ 곳이 아니로소이다."

양싱이 유랑을 읍(揖)ᄒᆞ여 ᄀᆡᆨ방(客房)의 안치고 온 ᄯᅳᆺ을 무ᄅᆞᆫᄃᆡ 유랑이 무ᄅᆞᄃᆡ,

"낭군이 양뉴ᄉᆞ를 어ᄃᆡ 가 읇프시니잇가."

양싱이 답왈,

"쇼싱은 먼 ᄯᅡ 사ᄅᆞᆷ이라, 처엄으로 뎨니(帝里)[73]의 와 풍경을 두로 귀경ᄒᆞ더니 큰 길 븍녁 누 알ᄑᆡ 슈양슈플이 극히 아ᄅᆞᆷ답거ᄂᆞᆯ 우연이 글을 읇혓거니와 노랑의 무ᄅᆞᆷ은 엇디ᄒᆞᆫ ᄯᅳᆺ이요."

ᄃᆡ왈,

"낭군 그ᄣᆡ의 누를 보시니잇가."

"쇼싱이 다힝이 ᄆᆞᄎᆞᆷ 신션이 누샹의 강님ᄒᆞᆫ ᄣᆡ를 만나니 고은 빗치 오히려 눈의 잇고 긔이ᄒᆞᆫ 향ᄂᆡ 옷시 품겨ᄂᆞ이다."

유랑이 ᄀᆞᆯ오ᄃᆡ,

"낭군ᄃᆞ려 바로 니ᄅᆞᄂᆞ니 그 집은 우리 진노야(秦老爺) ᄃᆡᆨ이오, 그 녀

---

73) 제리(帝里) : 황제가 다스리는 지경(地境).

ᄌᆞᄂᆞᆫ 우리 집 쇼제라, 이 쇼졔 영민총혜(英敏聰慧)ᄒᆞᄃᆡ 가쟝 디인(知人)ᄒᆞᄂᆞᆫ 명감(明鑑)이 잇더니 낭군을 ᄒᆞᆫ번 보고 믄득 일싱을 의탁고져 ᄒᆞᄃᆡ 어ᄉᆞ노애 경ᄉᆞ의 겨시니 품명(稟命)[74]ᄒᆞ노라 ᄒᆞ면 낭군이 임의 이 ᄯᅡ을 ᄠᅥ날 거시니 대해(大海)의 부평(浮萍)을 어ᄃᆡ 가 ᄎᆞᄌᆞ리오. 이러므로 븟그러오믈 무릅ᄡᅳ고 죵신대ᄉᆞᄅᆞᆯ 위ᄒᆞ여 노신을 보내여 낭군의 셩시(姓氏)와 향관(鄕貫)을 알고 겸ᄒᆞ여 혼취(婚娶) 여부ᄅᆞᆯ 아라 오라 ᄒᆞ시더이다.”

양싱이 ᄎᆞ언(此言)을 듯고 깃븐 빗치 낫치 ᄀᆞ득ᄒᆞ여 샤례 왈,

“양쇼위 쇼져의 쳥안(靑眼)으로 도라보믈 어드니 몸이 맛도록 은덕을 어이 이ᄌᆞ리오. 쇼싱은 초(楚) 사ᄅᆞᆷ이라. 집의 노뫼 겨시니 화쵹(華燭)의 녜ᄂᆞᆫ 냥가 부모긔 알외고 힝ᄒᆞ려니와 혼인 언약은 이제 ᄒᆞᆫ 말노 졍ᄒᆞᄂᆞ니 화산(華山)이 기리 ᄑᆞᄅᆞ럿고 위슈(渭水)[75]ㅣ ᄭᅳᆫ허디디 아녀ᄂᆞ니라.”

유랑이 ᄯᅩᄒᆞᆫ ᄉᆞ매로셔 ᄀᆞ쟝 뎍은 됴회 봉ᄒᆞᆫ 거ᄉᆞᆯ 내여 주거ᄂᆞᆯ, 싱이 ᄲᅧ혀 보니 양ᄂᆔᄉᆞ 일슈(一首)ㅣ라. 그 글의 ᄒᆞ여시ᄃᆡ,

누두죵양뉴(樓頭種楊柳)　　누 알ᄑᆡ 버들을 심거시니
의계낭마듀(擬繫郎馬住)　　낭군의 ᄆᆞᆯ을 ᄆᆡ야 머믈냐 ᄒᆞ더니
여하절쟉편(如何折作鞭)　　엇디ᄒᆞ여 ᄭᅥᆺ거 채ᄅᆞᆯ ᄆᆡᆫᄃᆞ라
최하쟝대노(催下章臺路)　　지촉ᄒᆞ여 쟝ᄃᆡ[76] 길노 나려가뇨.

양싱이 견파(見罷)의 그 글의 쳥신(淸新) 완구ᄒᆞ믈 크게 항복ᄒᆞ여 기려 닐오ᄃᆡ,

“비록 녜 시 잘ᄒᆞ던 왕우승(王右丞)[77]과 최ᄒᆞᆨᄉᆞ(崔學士)ㅣ라도 이에셔

---

74) 품명(稟命) : 명령을 기다림.
75) 위수(渭水) : 감숙성(甘肅省) 위하현(渭河縣) 조소산(鳥蕭山)에서 물줄기가 시작되어 황하(黃河)로 들어가는 강.
76) 장대(章臺) : 전국시대(戰國時代) 진(秦)나라가 세운 궁전의 이름.
77) 왕우승(王右丞) : 당(唐)나라 때의 시인이며 화가인 왕유(王維 : 700~781). 벼슬이 상서우승(尙書右丞)에 이르렀음.

낫디 못ᄒᆞ리로다,"

ᄒᆞ고 즉시 화젼을 ᄯᅥᆯ치고 ᄒᆞᆫ 슈ᄅᆞᆯ 지어 유랑을 주니 그 글의 ᄒᆞ야시ᄃᆡ,

양뉴쳔만ᄉᆞ(楊柳千萬絲)　　버들이 쳔만실이나 ᄒᆞ니
ᄉᆞᄉᆞ결심곡(絲絲結心曲)　　실마다 ᄆᆞᄋᆞᆷ 구비의 미쳤도다.
원ᄌᆞ[78]월하승(願作月下繩)　　원컨ᄃᆡ 월하[79]의 노흘 ᄆᆡᆫᄃᆞ라
계뎐[80]츈쇼식(係定春消息)　　봄 쇼식을 뎐코져 ᄒᆞ노라.

유랑이 바다 몸의 감초고 졈문을 나더니 양ᄉᆡᆼ이 도로 블러 닐오ᄃᆡ,

"쇼져ᄂᆞᆫ 진(秦) 사ᄅᆞᆷ이오 나ᄂᆞᆫ 초(楚)의 이시니 ᄒᆞᆫ번 도라간 후ᄂᆞᆫ 산쳔이 만연(蔓延)ᄒᆞ야 쇼식도 통키 어렵고 허믈며 오ᄂᆞᆯ 이런 어진 듕인(仲姻)이 업ᄉᆞ니 쇼ᄉᆡᆼ의 ᄆᆞᄋᆞᆷ의 마ᄎᆞᆷᄂᆡ 집히ᄂᆞᆫ 곳이 업ᄉᆞ니 오ᄂᆞᆯ밤 ᄃᆞᆯ빗ᄎᆞᆯ 타 가히 시러금 쇼져의 안ᄉᆡᆨ(顔色)을 보랴. 쇼져의 시예 ᄯᅩᄒᆞᆫ 이 ᄯᅳᆺ이 이시니 노랑은 쇼져긔 ᄎᆔ품ᄒᆞ라."

유랑이 가더니 즉시 도로 와 회부ᄒᆞᄃᆡ,

"우리 쇼졔 낭군의 회답ᄒᆞᆫ 글을 보고 십분 감격ᄒᆞ여 ᄒᆞ시며 낭군이 월하의 모드려 ᄒᆞᄂᆞᆫ 줄을 뎐ᄒᆞ니 쇼졔 닐오ᄃᆡ '남녜 혼인 젼의 서로 보미 녜 아닌 줄을 아ᄃᆡ ᄇᆞ야흐로 그 사ᄅᆞᆷ의게 의탁ᄒᆞ려 ᄒᆞ며 어이 그 ᄯᅳᆺ을 슌치 아니리오마ᄂᆞᆫ 밤의 서로 보면 사ᄅᆞᆷ의 의심이 이실 거시오, 부친이 드ᄅᆞ셔도 더옥 그ᄅᆞᆺ 너이실 거시니 밝ᄂᆞᆫ 날노 듕당(中堂)의셔 잠간 보고 언약을 졍ᄒᆞ샤이다.' 하시더이다."

양ᄉᆡᆼ이 차탄ᄒᆞ여 ᄀᆞᆯ오ᄃᆡ,

---

78) 원ᄌᆞ : '원작(願作)'의 오기.
79) 월하(月下) : 월하노인(月下老人). 당나라 때 위고(韋固)가 여행하던 중 달빛 아래 한 노인을 만났는데, 노인은 자루에 기대어 앉아 책을 보면서, 책 속에 적혀 있는 남녀를 자루 안의 빨간 끈(赤繩)으로 한번 묶어 놓으면 인연이 맺어진다고 했다 함.
80) 계뎐 : '계뎡(係定)'의 오기.

"쇼져의 밝은 소견과 정다온 뜻은 쇼ᄉᆡᆼ의 미출 배 아니로소이다."

유랑이 ᄌᆡ삼 당부ᄒᆞ믈 듯고 가니라.

이날 머므러 ᄀᆡᆨ졈의셔 자며 삼월 밤이 괴로이 길믈 한ᄒᆞ더니 새벽역히 홀연 드ᄅᆞ니 쳔만인이 지져괴ᄂᆞᆫ 소ᄅᆡ 믈 ᄭᅳᆯ틋ᄒᆞ여 셔다히로셔 오거ᄂᆞᆯ, 올나 니러나 길히 나가 보니 어ᄌᆞ러온 군마(軍馬)와 피란ᄒᆞᄂᆞᆫ 사ᄅᆞᆷ이 길히 메여 곡셩이 진동ᄒᆞ거ᄂᆞᆯ, 사ᄅᆞᆷᄃᆞ려 무ᄅᆞ니 '경ᄉᆞ(京師)의 변(變)이 나 신ᄎᆡᆨ장군(神策將軍) 구ᄉᆞ량(仇士良)[81]이 황뎨(皇帝)로라 일ᄏᆞᆮ고 텬ᄌᆞ(天子)ㅣ 냥쥐(梁州)[82]로 힝ᄒᆞ시니 관듕(關中)[83]이 크게 어ᄌᆞ러워 난병(亂兵)이 네녁흐로 허여져 인가ᄅᆞᆯ 겁냑(劫掠)ᄒᆞᆫ다' ᄒᆞ거ᄂᆞᆯ 놀나더니, 이윽고 닐오ᄃᆡ, '함곡관(函谷關)[84]을 다다 사ᄅᆞᆷ을 ᄂᆡ지 아니ᄒᆞ고 냥쳔(良賤)을 혜디 아니ᄒᆞ야 츙군(充軍)ᄒᆞᆫ다' ᄒᆞ거ᄂᆞᆯ, 양ᄉᆡᆼ이 대경ᄒᆞ여 급급히 셔동을 ᄃᆞ리고 남뎐산(藍田山)을 ᄇᆞ라며 깁흔 뫼골노 분찬(奔竄)ᄒᆞ여 드러가니 졀뎡(絶頂)의 ᄒᆞᆫ 초옥(草屋)이 이시ᄃᆡ 흰 구ᄅᆞᆷ이 ᄌᆞ옥히 ᄶᅵ이고 학의 우ᄂᆞᆫ 소ᄅᆡ 심히 ᄆᆞᆰ거ᄂᆞᆯ, 벅벅이 놉흔 사ᄅᆞᆷ이 잇ᄂᆞᆫ 줄 알고 셕경(石逕)을 ᄎᆞ자 올라가니 ᄒᆞᆫ 도인(道人)이 안자다가 ᄉᆡᆼ을 보고 닐오ᄃᆡ,

"그ᄃᆡ 필경 피란ᄒᆞᄂᆞᆫ 사ᄅᆞᆷ이로다."

양ᄉᆡᆼ 왈,

"올흐이다."

ᄯᅩ 무ᄅᆞᄃᆡ,

"회람(淮南) 양쳐ᄉᆞ의 녕낭(令郎)이냐. 얼골이 심히 ᄀᆞᆺ다."

ᄉᆡᆼ이 눈믈을 머금고 실샹을 ᄃᆡ답ᄒᆞᆫᄃᆡ 도인이 웃고 닐오ᄃᆡ,

---

81) 구사량(仇士良) : 당(唐)나라 문종(文宗) · 무종(武宗) 때의 장군으로, 권세를 전단하며 포학한 일을 많이 행하였음.

82) 양주(梁洲) : 섬서성(陝西省) 남정현(南鄭縣)에 있음.

83) 관중(關中) : 섬서성 동쪽에 있는 함관(函關)과 서쪽에 있는 농관(隴關) 사이의 평야.

84) 함곡관(函谷關) : 하남성(河南省) 영보현(靈寶縣)에 있는 요충지. 동쪽의 중원(中原)으로부터 서쪽의 관중(關中)으로 통하는 관명(關名).

"존공(尊公)이 날노 더브러 삼월 젼의 ᄌᆞ각봉(紫閣峰)[85]의셔 바독 두고 갓거니와 심히 평안ᄒᆞ니 그ᄃᆡ는 슬허 말나. 그ᄃᆡ 임의 이리 와시니 머므러 자고 명일 길이 트이거든 가미 늣디 아니ᄒᆞ리라."

양싱이 샤례ᄒᆞ고 뫼셔 안져더니, 도인이 벽샹(壁上)의 거문고ᄅᆞᆯ 도라보며 ᄀᆞᆯ오ᄃᆡ,

"능히 ᄯᅩᄒᆞᆫ 이ᄅᆞᆯ ᄒᆞᄂᆞᆫ다."

싱이 피ᄒᆞ여 ᄀᆞᆯ오ᄃᆡ,

"비록 됴화ᄒᆞ나 스싱을 만나디 못ᄒᆞ여 묘쳐(妙處)ᄅᆞᆯ 엇디 못ᄒᆞ여ᄂᆞ이다."

도인이 동ᄌᆞ(童子)ᄅᆞᆯ 블너 거문고ᄅᆞᆯ 가져 타라 ᄒᆞ거ᄂᆞᆯ, 싱이 풍엽숑[86]이란 곡됴ᄅᆞᆯ 쥬(奏)ᄒᆞ니 도인이 웃고 ᄀᆞᆯ오ᄃᆡ,

"손 ᄡᅳᄂᆞᆫ 법이 활동ᄒᆞ여 가히 가ᄅᆞ쳠즉ᄒᆞ도다."

인ᄒᆞ여 거문고ᄅᆞᆯ 옴겨 스ᄉᆞ로 셰샹의 뎐티 못ᄒᆞᆯ 녯 곡됴ᄅᆞᆯ ᄎᆞ례로 쥬ᄒᆞ니, ᄆᆞᆰ고 그윽ᄒᆞ여 셰샹 사ᄅᆞᆷ의 듯디 못ᄒᆞ던 배라. 싱이 음뉼을 됴하ᄒᆞ고 총명이 과인(過人)ᄒᆞᆫ디라. ᄒᆞᆫ번 듯고 일일이 뎐ᄒᆞ니 가쟝 도인이 깃거 ᄯᅩ 벽옥(碧玉) 퉁쇼(洞簫)ᄅᆞᆯ 내여 ᄒᆞᆫ 곡됴ᄅᆞᆯ 브러 싱을 가ᄅᆞ치고 닐오ᄃᆡ,

"디음(知音)을 만나기ᄂᆞᆫ 녯 사ᄅᆞᆷ의 어려워ᄒᆞ던 배라. 이제 거문고와 퉁쇼ᄅᆞᆯ 주ᄂᆞ니 후일의 필연 ᄡᅳᆯ 곳이 이시리라."

싱이 졀ᄒᆞ여 밧고 인ᄒᆞ여 ᄉᆞᆯ오ᄃᆡ,

"쇼ᄌᆞ의 션싱 만나믄 벅벅이 부친의 지교(指敎)ᄒᆞ시미로다. 원컨ᄃᆡ 궤장(几杖)[87]을 뫼셔 뎨ᄌᆞ 되여지이다."

도ᄉᆡ 웃고 닐오ᄃᆡ,

"인간 부귀ᄅᆞᆯ 그ᄃᆡ 면티 못ᄒᆞ리니 어이 능히 노부ᄅᆞᆯ 조차 암혈(巖穴)의

85) 자각봉(紫閣峰) : 섬서성(陜西省) 호현(鄠縣) 동남쪽에 있는 산 이름.
86) 풍엽숑 : '풍입송(風入松)'의 오기. 금곡명(琴曲名).
87) 궤장(几杖) : 작은 책상인 안석(案席)과 지팡이.

깃드리리오. 허믈며 나죵의 도라갈 곳이 이시니 나의 무리 아니라. 비록 그러ᄒᆞ나 은근ᄒᆞᆫ 뜻을 져ᄇᆞ리디 못ᄒᆞ리라."

ᄒᆞ고 ᄑᆡᆼ도(彭祖)[88]의 방셔(方書)[89] ᄒᆞᆫ 권을 ᄂᆡ여 주며 닐오ᄃᆡ,

"이를 닉이면 비록 연년(延年)을 ᄒᆞ디 못ᄒᆞ나 ᄯᅩ 가히 병이 업고 늙기를 믈니치리라."

ᄉᆡᆼ이 다시 졀ᄒᆞ여 밧고 인ᄒᆞ여 므러 ᄀᆞᆯ오ᄃᆡ,

"션ᄉᆡᆼ이 쇼ᄌᆞ를 인간 부귀를 긔약ᄒᆞ실식 인간 일을 뭇ᄌᆞᆸᄂᆞ이다. 쇼ᄌᆡ 화음현(華陰縣) 진시(秦氏) 녀ᄌᆞ를 만나 ᄇᆞ야흐로 의혼(議婚)ᄒᆞ더니 난병(亂兵)의 ᄶᅩᆺ이여[90] 이곳의 와 이시니 아디 못게라. 이 혼ᄉᆞ(婚事)ㅣ 일니잇가."

도ᄉᆡ 대쇼ᄒᆞ고 닐오ᄃᆡ,

"이 혼인 길히 어둡기 밤 ᄀᆞᆺᄐᆞ니 텬긔(天機)를 어이 미리 누셜ᄒᆞ리오. 비록 그러나 그ᄃᆡ 아름다온 인연이 여러 곳의 이시니 모ᄅᆞ미[91] 진녀(秦女)를 일편도이[92] 권년(眷戀)ᄒᆞ디 말디어다."

이날 도인이 뫼셔 셕실의셔 자더니 하늘이 ᄎᆡ 붉디 못ᄒᆞ여셔 도인이 ᄉᆡᆼ을 ᄭᅵ와 닐오ᄃᆡ,

"길이 임의 트엿고 과거(科擧)를 명츈(明春)으로 물녀시니 대부인(大夫人)이 문을 의지ᄒᆞ여 기ᄃᆞ리ᄂᆞ니 ᄲᆞᆯ니 도라갈디이다."

인ᄒᆞ여 노비를 출혀 주거늘, ᄉᆡᆼ이 ᄇᆡᆨᄇᆡ(百拜)ᄒᆞ여 도인의게 샤례ᄒᆞ고 금셔(琴書)를 슈습ᄒᆞ여 뫼흐로 나려오며 도라보니 도인의 집이 간 곳이 업더라.

---

88) 팽조(彭祖) : 중국 상고시대 전설상의 선인(仙人). 요(堯)임금이 팽성(彭城)에 신하로 봉했는데, 우(虞) · 하(夏) · 상(商)에 이르기까지 칠백 세를 살았다 함.

89) 방서(方書) : 점복(占卜) · 성상(星相) · 의술(醫術) 등 방술(方術)을 기록한 책.

90) ᄶᅩᆺ이여 : 깨어져.

91) 모ᄅᆞ미 : 모름지기.

92) 일편도이 : 편벽되게.

ᄉᆡᆼ이 쟉일(昨日)의 산의 드러올 제 버들ᄭᅩᆺ치 지지 아녓더니 ᄒᆞ로 ᄉᆞ이의 믈ᄉᆡᆨ(物色)이 변ᄒᆞ여 바회 ᄉᆞ이의 국화(菊花)ㅣ 만발ᄒᆞ여거ᄂᆞᆯ ᄉᆡᆼ이 고이히 너겨 사ᄅᆞᆷ을 만나 무ᄅᆞ니 임의 팔월(八月)이 되여더라.

젼의 자던 ᄀᆡᆨ졈(客店)을 ᄎᆞ자 오니 병화(兵禍)ᄅᆞᆯ 겻근 후의 인가(人家)ㅣ 쇼조(蕭條)ᄒᆞ여 녯날과 다ᄅᆞ고 과거ᄅᆞᆯ 무러 아니 텬ᄌᆞ(天子)ㅣ 제 병마(兵馬)ᄅᆞᆯ 모화 다ᄉᆞᆺ 달만의 비로소 역적을 평정ᄒᆞ고 과거(科擧)ᄅᆞᆯ 명츈(明春)으로 퇴정(退定)ᄒᆞ여더라.

양ᄉᆡᆼ이 진어ᄉᆞ(秦御史)의 집을 ᄎᆞ자 가니 버들 슈플은 완연(宛然)ᄒᆞᄃᆡ 그림 그린 누(樓)와 분칠ᄒᆞᆫ 담이 블 븟터 문허졋고 네녁 ᄆᆞ을의 ᄃᆞᆰ의 소ᄅᆡ도 업거ᄂᆞᆯ, 냥구(良久)히 버들 가지ᄅᆞᆯ 븟들고 진쇼져(秦小姐)의 양뉴ᄉᆞ(楊柳詞)ᄅᆞᆯ 읇흐며 눈물을 흘니더니 홀일업셔 도로 ᄀᆡᆨ졈(客店)의 가 쥬인ᄃᆞ려 무ᄅᆞᄃᆡ,

"길 건너 진어ᄉᆞ집 사ᄅᆞᆷ이 어ᄃᆡ 갓ᄂᆞ뇨"

쥬인이 ᄎᆞ탄 왈,

"샹공(相公)이 아디 못ᄒᆞᄂᆞᆫ도다. 진어ᄉᆞᄂᆞᆫ 경ᄉᆞ(京師)의 가고 쇼져(小姐)ㅣ 노비(奴婢)ᄅᆞᆯ 거ᄂᆞ려 집의 잇더니, 어ᄉᆞ(御史)ㅣ 역적(逆賊)의 ᄒᆞ인[93] 벼ᄉᆞᆯ을 밧다 ᄒᆞ고 관군(官軍)이 경셩(京城)을 회복ᄒᆞᆫ 후의 어ᄉᆞ(御史)ㅣ 형벌(刑罰)노 죽으니, 쇼져의 몸은 경ᄉᆞ로 잡혀 가니 혹 닐오ᄃᆡ 젹몰(籍沒)[94]ᄒᆞ여 ᄋᆡᆨ정(掖庭)[95]의 드다 ᄒᆞ더니 오ᄂᆞᆯ 아ᄎᆞᆷ의 죄 입은 가쇽(家屬)들이 녕남(嶺南) ᄯᅡ히 노비ᄅᆞᆯ 삼아 이 압흘 만히 디나시니 혹쟈 진쇼져도 그 듕의 드러ᄂᆞᆫ가 ᄒᆞᄂᆞ이다."

양ᄉᆡᆼ이 이 말을 듯고 눈믈이 비 ᄀᆞᆺᄐᆞ여 ᄆᆞᄋᆞᆷ의 ᄉᆡᆼ각하ᄃᆡ, '남뎐산(藍田山) 도인(道人)이 진가(秦家) 혼ᄉᆞ(婚事)ᄅᆞᆯ 어둡기 밤 ᄀᆞᆺ다 ᄒᆞ더니 쇼제

93) ᄒᆞ인 : 하게 한, 하도록 시킨.
94) 적몰(籍沒) : 죄인의 재산을 몰수하고 그 가족을 처벌하는 것.
95) 액정(掖庭) : 대궐 안 또는 궁중.

임의 죽엇기 쉽도다.'

이날 져므도록 방황ᄒᆞ다가 밤의 ᄒᆞᆫ잠을 일우디 못ᄒᆞ고 다시 무롤 곳지 업셔 ᄒᆡᆼ쟝(行裝)을 출혀 슈쥐(壽州)로 도라가니 뉴시(柳氏) 집의 이셔 경ᄉᆞ(京師)ㅣ 요란ᄒᆞ믈 듯고 ᄋᆞᄌᆞ(兒子)ㅣ 죽어시리라 ᄒᆞ다가 셔로 만나 븟들고 울며 ᄌᆡᄉᆡᆼ(再生)ᄒᆞᆫ 사ᄅᆞᆷ ᄀᆞᆺ티 너기더라.

이 ᄒᆡ 진ᄒᆞ고 새ᄒᆡ 봄이 되니 양ᄉᆡᆼ이 다시 경ᄉᆞ(京師)의 나아가 공명(功名)을 구ᄒᆞ려 ᄒᆞ거ᄂᆞᆯ 뉴시 닐오ᄃᆡ,

"샹년(上年)의 갓다가 위ᄐᆡᄒᆞᆫ ᄃᆡ경을 디내고 네 나히 오히려 져머시니 공명은 실노 밧브디 아니ᄒᆞᄃᆡ 이제 너의 ᄒᆡᆼᄒᆞᄆᆞᆯ 말니디 못ᄒᆞᄂᆞᆫ ᄠᅳᆺ디 이시니 네 나히 십뉵셰의 뎡혼(定婚)ᄒᆞᆫ ᄃᆡ 업고 우리 슈쥐 ᄶᅡᄒᆞᆫ 벽누(僻陋)ᄒᆞᆫ 고을이라. 어이 아름다온 쳐녜 너의 ᄇᆡ필 될 ᄌᆡ 이시리오. 나의 표ᄆᆡ(表妹)[96] 일인은 셩은 두시(杜氏)라. 경ᄉᆞ ᄌᆞ쳥관(紫淸觀)의 츌가(出家)ᄒᆞ여 도ᄉᆞ(道士)ㅣ 되어시니 나흘 혜면 오히려 ᄉᆡᆼ존ᄒᆞ여실 ᄃᆞᆺᄒᆞ니 가쟝 유심(有心)ᄒᆞᆫ 사ᄅᆞᆷ이오, 셩듕(城中) ᄌᆡ샹가(宰相家)의 아니 ᄃᆞᆫ닌 ᄃᆡ 업ᄉᆞ니 내 편지ᄅᆞᆯ 보내면 필연 졍셩으로 지로(指路)ᄒᆞᆯ 거시니 이 일은 네 모ᄅᆞ미 뉴의(留意)ᄒᆞ라."

ᄉᆡᆼ이 화음현 진시(秦氏) 녀ᄌᆞ의 말을 ᄒᆞ고 슬픈 빗티 만커ᄂᆞᆯ 뉴시 차탄(嗟嘆)ᄒᆞ여 ᄀᆞᆯ오ᄃᆡ,

"비록 아름다오나 인연(因緣)이 업ᄉᆞ니 죽엇기 쉽고, 사라셔도 만날 길이 업ᄉᆞ니 념녀 ᄭᅳᆫ쳐 ᄇᆞ리고 아ᄅᆞᆷ다온 인연을 ᄆᆡ자 나의 ᄇᆞ라믈 위로ᄒᆞ라."

ᄉᆡᆼ이 졀ᄒᆞ여 명을 밧고 길을 나, 여러 날 ᄒᆡᆼᄒᆞ여 낙양(洛陽)[97]의 니ᄅᆞ러 급ᄒᆞᆫ 비ᄅᆞᆯ 만나 남문(南門) 밧 주뎜(酒店)의 드니 쥬인이 무ᄅᆞᄃᆡ,

---

96) 표매(表妹) : 외사촌 누이동생.

97) 낙양(洛陽) : 지금의 하남성(河南省)에 있는 현명(縣名)으로, 주(周)나라 때의 도읍지.

"샹공이 술을 쟈시려 ᄒᆞᄂᆞ냐."

ᄉᆡᆼ 왈,

"됴흔 술을 가져오라."

쥬인이 술을 가져 오거ᄂᆞᆯ ᄉᆡᆼ이 년(連)ᄒᆞ여 여라문 잔을 거후ᄅᆞ고 닐오ᄃᆡ,

"네 술이 비록 됴흐나 샹품(上品)은 아니로다."

쥬인 왈,

"쇼졈 술은 이도곤[98] 나으니 업ᄉᆞ니 샹공이 만일 샹품쥬ᄅᆞᆯ 구ᄒᆞᆯ진ᄃᆡ 셩듕 텬진교(天津橋) 머리예 쥬루의 ᄑᆞᄂᆞᆫ 낙양츈(洛陽春)이란 술은 ᄒᆞᆫ 말 갑시 십쳔젼(十千錢)이니이다."

양ᄉᆡᆼ이 ᄉᆡᆼ각ᄒᆞᄃᆡ, '낙양은 녜브터 졔왕(帝王)의 도읍이오, 텬하의 번화(繁華)ᄒᆞᆫ ᄯᅡ히라. ᄂᆡ 샹년(上年)의 다ᄅᆞᆫ 길을 취ᄒᆞ여 이 ᄯᅡ 경개ᄅᆞᆯ 보디 못ᄒᆞ여시니 이번은 가히 헛도이 디내디 못ᄒᆞ리라' ᄒᆞ고 술갑슬 혜여 쥬인을 주고 나귀ᄅᆞᆯ 타고 텬딘교로 향ᄒᆞ여 가니라.

제3회

양쳔니쥬루탁계(楊千里酒樓擢桂)
계셤월원피쳔현(桂蟾月鴛被薦賢)

양ᄉᆡᆼ이 낙양(洛陽) 셩듕의 드러가니 번화셩녀(繁華盛麗)ᄒᆞ미 듯던 말과 ᄀᆞᄐᆞ더라. 낙슈(洛水)[99]ᄂᆞᆫ 도셩(都城)을 ᄢᅦ쳐 흰 깁을 편 ᄃᆞᆺᄒᆞ고 텬딘교(天津橋)ᄅᆞᆯ 믈을 걸타 무지게 빗겻ᄂᆞᆫᄃᆡ 블근 박공(牓栱)[100]과 ᄑᆞ른 디

98) 도곤 : 보다

99) 낙수(洛水) : 섬서성(陜西省)을 흐르는 강 이름.

100) 박공(牓栱) : 지붕 끝머리에 '八'자 모양으로 붙여 놓은 두꺼운 널빤지.

애101) 공듕의 니러나 그림재 믈속의 떠러져시니 진실노 텬하의 졔일승디(第一勝地)라. 싱이 졈쥬(店主) 니르던 쥬루(酒樓)ㄴ줄 알고 나귀롤 치텨누 알퓌 나아가니 금안쥰마(金鞍駿馬)ㅣ 길히 메여 십분 여루ᄒᆞ고 누샹(樓上)의 온갖 풍뉴소릐 공듕으로 나려오니 양싱은 하람(河南) 부윤(府尹)이 손을 ᄃᆞ리고 존치ᄒᆞᄂᆞᆫ가 ᄒᆞ여 셔동(書童)으로 ᄒᆞ야금 무ᄅᆞ라 ᄒᆞ니, 셩듕 모든 공ᄌᆞ(公子)ㅣ 일홈난 챵기(娼妓)롤 모화 봄 경을 귀경ᄒᆞ다 ᄒᆞ거놀, 싱이 취흥(醉興)을 씌여 누뎐(樓前)의셔 나귀게 나려 바로 누샹(樓上)의 올나가니 쇼년 십여인이 미녀 수십인을 더브러 섯거 안자 노픈 말ᄒᆞ고 큰 잔을 거후ᄅᆞ고 의관(衣冠)이 션명하고 의긔(意氣) 헌앙(軒昂)ᄒᆞ더라.

양싱의 얼골이 슈미(秀美)ᄒᆞ믈 보고 모다 니러나 읍(揖)ᄒᆞ고 좌(坐)롤 난화 각각 셩명(姓名)을 통ᄒᆞᆫ 후의, 우히 안존 노싱(盧生)이라 ᄒᆞᆯ 재 싱ᄃᆞ려 무ᄅᆞᄃᆡ,

“양싱의 ᄒᆡᆼ식(行色)을 보니 일뎡(一定) 과거 보러 가ᄂᆞᆫ도다.”

싱이 ᄀᆞᆯ오ᄃᆡ,

“진실로 형의 말과 ᄀᆞᆺ다.”

ᄯᅩ 왕싱(王生)이라 ᄒᆞᆯ 재 닐오ᄃᆡ,

“양형(楊兄)이 과거롤 보려 ᄒᆞ면 비록 쳥티 아닌 손이나, 오늘 못고지102)의 참예ᄒᆞ미 ᄯᅩᄒᆞᆫ 해롭디 아니ᄒᆞ다.”

앙싱 왈,

“냥형(兩兄)의 말노 볼쟉시면 졔형(諸兄)의 오늘 못고지 ᄒᆞᆫ갓 비쥬(杯酒)롤 뉴련(留連)ᄒᆞ미 아니라 벅벅이 시샤(詩社)롤 ᄆᆡ쟈 문쟝을 비교ᄒᆞ미라. 쇼졔(小弟) ᄀᆞᄐᆞ니ᄂᆞᆫ 초국(楚國) 미쳔한 션비로 나히 어리고 소견이 좁으니 비록 요힝 향공(鄕貢)103)의 참예ᄒᆞ여시나 졔형(諸兄)의 셩(盛)ᄒᆞᆫ

---

101) 디애 : ‘기와’의 옛말. 디새 → 디애.
102) 못고지 : 모꼬지. 놀이나 잔치 또는 그 밖의 일로 여러 사람이 모이는 일.

못고지의 참예호미 외람(猥濫)홀가 호노라."

제인이 양싱의 언어(言語)ㅣ 공근(恭謹)호믈 보고 쏘 나히 어리믈 업슈이 넉여 웃고 닐오딕,

"우리 각별 시샤(詩社)를 믹쟈미 아니라, 양형의 니른바 문쟝(文章)을 비교혼다 호믄 방블(彷佛)호거니와 형은 임의 미조차[104] 온 사룸이니 시를 지어도 가호고 아니 지어도 가호니 혼가지로 술을 먹을 거시라."

인호여 슌비(巡盃)를 직촉호니 모든 풍뉴(風流) 일시의 쥬(奏)호더니 양싱이 눈을 둘너 모든 챵기(娼妓)를 보니 이십여인이 각각 잡은 거시 이시딕 오딕 일인이 홀노 단정이 안자시니 풍뉴도 아니호고 말도 아니호딕 용모의 념녀(艶麗)호미 진짓 국식(國色)이라, 완연(宛然)이 요딕(瑤臺)[105] 션즈(仙子)ㅣ 하계(下界)예 나려온 둧호더라.

양싱이 졍신이 어즈러워 술잔 잡을 줄을 잊고 그 미인을 즈로 도라 보더니 양싱이 다시금 보니 그 미인의 알퓌 화젼(花箋)의 글쁜 거시 수둑이 빠혓거늘, 싱이 제인(諸人)을 보며 굴오딕,

"져 화젼이 필연 제형(諸兄)의 아름다온 글이라. 가히 혼번 귀경호믈 어드랴."

제인이 밋쳐 답디 못호여서 그 미인이 몸을 니르혀 화젼을 가져 싱의 알퓌 노커늘 싱이 나리[106] 뒤젹여 보니 십여 댱 글이 그 듕의 우렬(優劣)과 싱슉(生熟)이 업디 아니호딕 대되 평평(平平)호여 됴흔 글귀 업거늘, 싱이 가만히 싱각호딕, '낙양(洛陽)의 직스(才士)ㅣ 만타 호더니 일노 블쟉시면 허언(虛言)이로다.'

글을 도로 미인의게 보내고 제인을 향호야 공슈(拱手)호고 굴오딕,

---

103) 향공(鄕貢) : 당(唐)나라 때의 인재를 등용하는 제도의 하나. 학관(學館)을 거치지 않고 주현(州縣)에서 뽑아 올리는 과거제도의 하나.

104) 미조차 : 뒤좇아.

105) 요대(瑤臺) : 달(月)의 다른 이름.

106) 나리 : 내려

“하토(下土) 천훈 션비 샹국(上國) 문풍(文風)을 보디 못ᄒᆞ여더니 졔형의 쥬옥(珠玉)을 귀경ᄒᆞ니 쾌활(快闊)ᄒᆞᆷ믈 어이 다 니ᄅᆞ리오.”

이때 졔인이 다 취ᄒᆞ여ᄂᆞᆫ디라. 흡흡(洽洽)이 대쇼(大笑)ᄒᆞ고 닐오ᄃᆡ,

“양형(楊兄)이 다만 글귀 묘ᄒᆞᆫ 줄만 알고 그 듕의 더옥 묘ᄒᆞᆫ 일이 잇ᄂᆞᆫ 줄은 아디 못ᄒᆞᄂᆞᆫ도다.”

양싱이 ᄀᆞᆯ오ᄃᆡ,

“쇼뎨(小弟) 졔형(諸兄)의 ᄉᆞ랑ᄒᆞᆷ믈 입어 ᄇᆡ쥬(杯酒)간의 망형(亡形)ᄒᆞᄂᆞᆫ 벗이 되어시니 어이 묘ᄒᆞᆫ 일을 쇼뎨ᄃᆞ려 니ᄅᆞ디 아니ᄒᆞᄂᆞ뇨.”

왕싱(王生)이 대쇼ᄒᆞ고 닐오ᄃᆡ,

“형ᄃᆞ려 니로미 해롭디 아니ᄒᆞ다. 우리 낙양은 인ᄌᆡ(人才) 모든 곳이라, ᄌᆞ젼(自前) 과갑(科甲)이 브ᄃᆡ 낙양 사ᄅᆞᆷ이 장원(壯元) 곳 아니면 방안(榜眼)[107] 탐화(探花)[108]ᄅᆞᆯ ᄒᆞᄂᆞᆫ디라. 우리 모든 사ᄅᆞᆷ이 잠간 문ᄌᆞ(文子) 허명(虛名)을 드러시나 스ᄉᆞ로 우렬을 뎡티 못ᄒᆞ더니, 져 낭ᄌᆞ의 일홈은 셤월(蟾月)이오 셩은 계(桂)니 ᄒᆞᆫ갓 ᄌᆞᄉᆡᆨ(姿色)과 가무(歌舞)ㅣ 텬하의 독보ᄒᆞᆯ 분 아니라 고금(古今) 시문(詩文)을 모ᄅᆞᆯ 거시 업고 더욱 글 보ᄂᆞᆫ 눈이 신녕(神靈) ᄀᆞᆺᄐᆞ여, 무릇 난양[109] 션비 과거의 드러 그 지은 글을 보고 입낙(入落)을 뎡ᄒᆞᄃᆡ 그ᄅᆞᆯ 적이 업ᄉᆞ니, 이러므로 우리 무리 각각 시(詩)ᄅᆞᆯ 지어 계경의게 보내여 그 듕의 눈의 드ᄂᆞᆫ 글을 노래 블너 풍뉴(風流)와 마초아 졔인의 우렬을 뎡ᄒᆞ고 허믈며 계경의 셩명(姓名)이 ᄃᆞᆯ 가온ᄃᆡ 계슈(桂樹)ᄅᆞᆯ 응(應)ᄒᆞ여시니 신방(新榜)[110] 쟝원 ᄒᆞᆯ 길죠(吉兆)ㅣ 이시니, 양형은 드러 보라. 이 아니 묘ᄒᆞ냐.”

두싱(杜生)이라 ᄒᆞᆯ 재 ᄀᆞᆯ오ᄃᆡ,

“이 밧긔 더 묘ᄒᆞᆫ 일이 이시니, 계경의 노래 브ᄅᆞᄂᆞᆫ 글 님쟈ᄅᆞᆯ 우리 모

107) 방안(榜眼) : 전시(殿試)의 갑과(甲科)에 둘째로 급제한 사람.
108) 탐화(探花) : 전시(殿試)의 갑과(甲科)에 셋째로 급제한 사람.
109) 난양 : ‘낙양(洛陽)’의 오기.
110) 신방(新榜) : 새로 발표되는 과거(科擧)의 합격자 명단.

든 사롬이 위유[111]ᄒᆞ여 계경의 집으로 보내여 오놀 밤 곳짜온 인연을 일울 거시니 이 아니 묘ᄒᆞᆫ 일가. 양형이 ᄯᅩᄒᆞᆫ 남ᄌᆞ의 몸이라. 흥(興)이 잇거든 일슈 시(詩)롤 지어 우리로 더브러 징형(爭衡)[112]ᄒᆞ디 아니ᄂᆞ뇨."

양싱이 ᄀᆞ로ᄃᆡ,

"졔형의 아롬다온 글이 이런 지 오라니 아디 못게라. 계경이 어ᄂᆞ 글을 노래ᄒᆞ여ᄂᆞ뇨."

왕싱 왈,

"계경이 오히려 묽은 소ᄅᆡ롤 앗기니 ᄉᆡᆼ각건ᄃᆡ 교태(嬌態)ᄒᆞ고 븟그려 ᄒᆞᄂᆞᆫ가 ᄒᆞ노라."

양싱 왈,

"쇼뎨ᄂᆞᆫ 판 밧 사롬이라. 셜ᄉᆞ 일냥슈(一兩首) 짓기롤 ᄒᆞ여 보아시나 어이 감히 졔형(諸兄)으로 더브러 ᄌᆡ조롤 겯우리오."

왕싱이 대언(大言)ᄒᆞ여 ᄀᆞ로ᄃᆡ,

"양싱이 얼골 고은 녀ᄌᆞ ᄀᆞᆺ더니 어이 이리 대댱부(大丈夫)의 ᄠᅳᆺ이 업나뇨. 셩인이 닐오샤ᄃᆡ, '어진 일을 당ᄒᆞ여ᄂᆞᆫ 스싱의게도 ᄉᆞ양치 아니ᄒᆞᆫ다.' ᄒᆞ시고 '그 다토미 군ᄌᆞ(君子)ㅣ라' ᄒᆞ시니, 다만 양형이 지을 ᄌᆡ죄 업술가 두릴지언졍 진실로 ᄌᆡ죄 이시일진ᄃᆡ 어이 ᄒᆞᆫ갓 겸양ᄒᆞ리오."

양싱이 원간[113] 외모로 ᄉᆞ양ᄒᆞᄂᆞᆫ 체ᄒᆞ나 셤낭(蟾娘)의 얼골을 본 후ᄂᆞᆫ 시흥(詩興)을 이긔디 못ᄒᆞᄂᆞᆫ디라. 눈을 드러 보니 제싱이 안ᄌᆞᆫ 겻히 빈 화젼(花箋)이 만히 잇거놀 ᄒᆞᆫ 봉을 ᄲᅢ혀 내여 츄필(抽筆)ᄒᆞ여 삼쟝시(三章詩)롤 ᄡᅳ니 졔인이 그 의ᄉᆞ(意思)ㅣ 민쳡ᄒᆞ고 필셰(筆勢) 비동(飛動)ᄒᆞ믈 보고 십분 경아(驚訝)ᄒᆞ더니 양싱이 븟술 더지고 졔인ᄃᆞ려 니ᄅᆞᄃᆡ,

"본ᄃᆡ 졔형의 가ᄅᆞ치믈 쳥ᄒᆞᆯ 거시로ᄃᆡ 오놀 일은 곳 계경이 시관(試官)

111) 위유 : '위요(圍繞)'의 오기.

112) 쟁형(爭衡) : 서로 지지 않으려고 우열과 경중을 다툼.

113) 원간 : '워낙'의 옛말.

이라. 글 바틸 시긱(時刻)이 디날가 두리노라."

ᄒᆞ고 글을 셤낭의게 보내니 셤월이 츄파(秋波)롤 드러 ᄒᆞᆫ번 나리 보더니 믄득 단판(檀板)[114] ᄒᆞᆫ 소릐의 몱은 노릐롤 ᄲᅢ혀내니 바로 구쇼(九霄)[115]의 올나 여향(餘響)이 공듕의셔 셧도니 진징(秦箏)[116]과 됴슬(趙瑟)[117]이 소릐롤 아이고[118] 좌샹(座上)이 쇄연(洒然)[119]이 낫빗출[120] 곳치더라. 그 시(詩)에 왈,

향딘욕긔모운다(香塵欲起暮雲多)　　향긔로온 씃글이 닐고져 ᄒᆞ고 져믄 구룸이 만흐니
공딕요희일곡가(共待妙嬉一曲歌)　　한가지로 고은 계집의 ᄒᆞᆫ 곡됴 노릐롤 기ᄃᆞ리ᄂᆞᆫ도다.
십이가두츈완만(十二街頭春晼晚)　　열두 거리 우희 봄이 느져시니
양화여셜내수하(楊花如雪奈愁何)　　버들 ᄭᅩᆺ치 눈ᄀᆞᆺᄐᆞ니 근심을 어이 ᄒᆞ리오.

화지슈새[121]옥인장(花枝羞殺玉人粧)　ᄭᅩᆺ가지 옥인의 단쟝을 븟그려ᄒᆞ니
미발셤가구이향(未發纖歌口已香)　　가ᄂᆞᆫ 노릐롤 발티 아냐셔 입의 긔운이 향긔롭도다.
하채양셩혼불관(下蔡襄城渾不關)　　하채[122] 양셩[123]은 다시 거리ᄭᅵ디 아니ᄒᆞ딕
지수난득쳘위댱(只愁難得鐵爲腸)　　다만 쇠 ᄒᆞᆫ 애롤 엇기 어려올가 근심

114) 단판(檀板) : 박자(拍子)를 맞추는 목판.
115) 구소(九霄) : 높은 하늘.
116) 진쟁(秦箏) : 진(秦)나라의 쟁.
117) 조슬(趙瑟) : 조(趙)나라의 거문고.
118) 아이고 : 빼앗기고.
119) 쇄연(灑然) : 놀라는 모습.
120) 낫빗출 : 낯빛을.
121) 슈새 : '슈쇄(羞殺)'의 오기.
122) 하채(下蔡) : 안휘성(安徽省)에 있는 지명으로 춘추시대 초(楚)나라의 성읍.
123) 양성(襄城) : 하남성(河南省)에 있는 지명으로 전국시대 위(魏)나라의 성읍.

ᄒᆞ노라.

긔졍모셜안양줘(旗亭暮雪按凉州)　　긔졍 져믄 눈의 양줘 ᄌᆞᄉᆞ를 브ᄅᆞ니
최시왕낭득의츄(最是王郎得意秋)　　이 가쟝 왕낭의 득의ᄒᆞᆫ ᄯᅢ로다.
쳔고ᄉᆞ문원일ᄆᆡᆨ(千古斯文元一脈)　　쳔고 ᄉᆞ문 원일ᄆᆡᆨᄒᆞ니
막교젼배쳔풍류(莫教前輩擅風流)　　젼ᄇᆡ로 하야금 풍뉴를 젼쥬ᄒᆞ디 말나.

초ᄀᆡᆨ셔유노입진(楚客西遊路入秦)　　초나라 손이 서로 놀ᄆᆡ 길히 진에 드러시니
쥬루ᄂᆡ취낙양츈(酒樓來醉洛陽春)　　술다락의 와 낙양 봄을 취ᄒᆞ여도다.
월듕단계슈단졀(月中丹桂誰斷折)　　달 가온ᄃᆡ 블근 계수를 뉘 몬져 썻글고
금ᄃᆡ문쟝ᄌᆞ유인(今代文章自有人)이라　금ᄃᆡ에 문쟝이 스ᄉᆞ로 사ᄅᆞᆷ이 이시리로다.

졔인이 처음은 양싱이 나히 져므믈 보고 시를 못 지으리라 권ᄒᆞ여 두고, 이에 니ᄅᆞ러는 양싱의 글이 쳥신(淸新) 쥰일(俊逸)ᄒᆞ며 셤낭(蟾娘)의 눈의 들믈 보고 십분 패흥(敗興)ᄒᆞ여 양싱의게 ᄉᆞ양ᄒᆞ기도 어렵고 실신(失信)ᄒᆞ기도 어려워 서로 보며 아모 말도 못ᄒᆞ고 안쟈거놀, 싱이 졔인의 거동을 보고 몸을 니ᄅᆞ혀 하딕ᄒᆞ여 ᄀᆞᆯ오ᄃᆡ,

"쇼뎨 우연이 졔형의 ᄉᆞ랑ᄒᆞ믈 입어 셩ᄒᆞᆫ 못곳지의 참예ᄒᆞ니 다ᄒᆡᆼᄒᆞ믈 어이 니ᄅᆞ리오. 길이 밧바 종일토록 노디 못ᄒᆞ니 다른 날 곡강(曲江)[124] 잔치의 남은 졍을 다ᄒᆞ리이다."

ᄒᆞ고 쳔연(天然)이 나려가니 졔인이 ᄯᅩᄒᆞᆫ 머므ᄅᆞ디 아니ᄒᆞ더라.

싱이 나귀를 타노라 ᄒᆞ니 셤월이 ᄯᅡ라와 싱ᄃᆞ려 닐오ᄃᆡ,

"다리 남녁히 분칠한 담 밧게 잉도화(櫻桃花)ㅣ 셩이 핀 집이 곳 쳡의 집이라. 낭군이 몬져 가 기ᄃᆞ리라."

---

124) 곡강(曲江) : 서성(西城) 장안현(長安縣)에 있는 지명. 당나라 때 서생들이 과거에 급제하면 곡강에서 연회를 베풀었음.

ᄒᆞ고 도로 누로 올나 졔ᄉᆡᆼᄃᆞ려 무ᄅᆞᄃᆡ,

"모든 샹공이 쳡을 더브러 더럽다 아니샤 노ᄅᆡ 곡됴로 오ᄂᆞᆯ 밤 인연을 졈복(占卜)ᄒᆞ여더니 이제 쟝ᄎᆞ 엇디ᄒᆞ리잇가."

졔인이 서로 의논ᄒᆞᄃᆡ, '양가(楊哥)ᄂᆞᆫ 본ᄃᆡ 판 밧 사ᄅᆞᆷ이니 엇디 글노 거리씨리오.' 비록 이리 니ᄅᆞ나 졔인이 각각 셤낭 ᄉᆞ모ᄒᆞᄂᆞᆫ ᄯᅳᆺ을 두어 뎡ᄒᆞᆫ 의논이 업더니 셤월이 ᄀᆞᆯ오ᄃᆡ,

"사ᄅᆞᆷ이 신(信)이 업ᄉᆞ면 가ᄒᆞᆫ 줄을 아디 못거이다. 좌샹(座上)의 챵악(娼樂)이 브족디 아니ᄒᆞ니 졔 샹공은 남은 흥을 다ᄒᆞ쇼셔. 쳡은 ᄆᆞᄎᆞᆷ 병(病)이 발ᄒᆞ여 능히 뫼셔 즐기디 못ᄒᆞᄂᆞ이다."

졔ᄉᆡᆼ이 임의 젼 언약(言約)이 잇ᄂᆞᆫ디라. 능히 말뉴(挽留)ᄒᆞ디 못ᄒᆞ더라.

양ᄉᆡᆼ이 셩남(城南) 쥬졈(酒店)의 가 ᄒᆡᆼ니(行李)[125]ᄅᆞᆯ 옴겨 승셕(乘夕)ᄒᆞ야 셤월의 집을 ᄎᆞ자 가니 임의 도라와 당샹(堂上)의 등쵹(燈燭)을 ᄇᆞᆰ히고 양ᄉᆡᆼ을 기ᄃᆞ리다가 냥인(兩人)이 서로 만나ᄆᆡ 깃븐 ᄯᅳᆺ을 가히 알니러라. 셤월이 옥ᄇᆡ(玉杯)ᄅᆞᆯ ᄀᆞ득 븟고 금노의(金縷衣)[126]란 노ᄅᆡᄅᆞᆯ 블너 술을 권ᄒᆞ니 아릿다온 태도와 브드러온 졍이 사람의 간쟝(肝腸)을 ᄉᆞᆺ출너라. 서로 잇그러 침셕(寢席)의 나아가니 비록 무산(巫山)[127]의 ᄭᅮᆷ과 낙슈(洛水)[128]의 만남도 이에셔 디나디 못ᄒᆞᆯ너라. 밤이 반은 ᄒᆞ니 셤월이 침샹의셔 ᄉᆡᆼᄃᆞ려 닐오ᄃᆡ,

"쳡의 죵신대ᄉᆞ(終身大事)ᄅᆞᆯ 낭군긔 의탁하야시니 낭군은 쳡의 졍ᄉᆞ(情事)ᄅᆞᆯ 드ᄅᆞ쇼서. 쳡은 본ᄃᆡ 소쥬(蘇州)[129] 사람이라. 아비 이 ᄯᅡ희 역

---

125) 행리(行李) : 행장(行裝).

126) 금루의(金縷衣) : 가곡(歌曲)의 명칭.

127) 무산(巫山) : 사천성(四川省) 기주부(夔州府) 무산현(巫山縣)의 동쪽에 있는 산. 초(楚)나라 회왕(懷王)이 고당(高唐)에서 노닐다가 꿈 속에 나타난 무산(巫山)의 신녀(神女)와 동침한 고사가 송옥(宋玉)의 「고당부(高唐賦)」에 실려 있음.

128) 낙수(洛水) : 하남성(河南성)에 있는 냇물 이름. 복희씨(伏犧氏)의 딸로 낙수(洛水)의 여신이 된 복비(宓妃)를 조식(曺植)이 만남.

129) 소주(蘇州) : 춘추시대 오(吳)나라의 지명.

승(驛丞)[130]을 ᄒᆞ여더니 블힝ᄒᆞ야 타향의셔 ᄀᆡᄉᆞ(客死)ᄒᆞ니 집이 가난ᄒᆞ고 고향이 머러 반장(返葬)ᄒᆞᆯ 길이 업셔 계모(繼母)ㅣ 날을 ᄇᆡᆨ금(百金)을 밧고 챵가(娼家)의 파니 욕(辱)을 참고 이에 니ᄅᆞ믄 하ᄂᆞᆯ이 어엿비 너겨 일됴(一朝)의 일을 일워 군ᄌᆞ(君子)ᄅᆞᆯ 만나 텬일(天日)을 볼가 ᄒᆞ미라. 쳡의 집 누(樓) 알픈 쟝안(長安)으로 가ᄂᆞᆫ 큰 길거리라. 거마(車馬)ㅣ 소ᄅᆡ 듀야(晝夜) 긋친 젹이 업ᄉᆞ니 어ᄂᆞ ᄉᆞᄅᆞᆷ이 쳡의 문 밧긔 치ᄅᆞᆯ 나리 치디 아니ᄒᆞ리오. 삼ᄉᆞ년 사이에 사ᄅᆞᆷ 디나기ᄅᆞᆯ 구름ᄀᆞᆺ치 ᄒᆞ여시ᄃᆡ 낭군긔 방블ᄒᆞ니ᄅᆞᆯ 보디 못ᄒᆞ여시니 낭군이 쳡을 더럽다 아닐진ᄃᆡ 낭군의 믈 깃고 밥 짓ᄂᆞᆫ 죵이 되어도 브ᄃᆡ 조출거시니 낭군의 ᄯᅳᆺ이 엇더ᄒᆞ뇨."

양싱이 ᄀᆞᆯ오ᄃᆡ,

"나의 ᄯᅳᆺ이 어이 계경과 다ᄅᆞ리오마ᄂᆞᆫ 다만 ᄂᆡ 몸이 가난ᄒᆞᆫ 슈ᄌᆡ오 당샹(堂上)의 노친(老親)이 겨시니, 계경으로 더브러 ᄒᆡ로(偕老)ᄒᆞ믄 노친의 ᄯᅳᆺ이 어긜ᄃᆞᆺ ᄒᆞ고 쳐쳡(妻妾)을 ᄀᆞ초믄 계경이 즐겨 아닐 거시오, ᄯᅩᄒᆞᆫ 텬하의 구ᄒᆞ여도 계경의 녀군(女君)[131] 될 녀ᄌᆞᄅᆞᆯ 엇기 어려울가 ᄒᆞ노라."

셤월이 ᄀᆞᆯ오ᄃᆡ,

"낭군이 엇진 말솜이니잇가. 이제 텬하 ᄌᆡ인이 낭군 우ᄒᆡ 오로니 업술거시니 신방(新榜) 장원(壯元)은 니ᄅᆞ도 말려니와 승상(丞相) 인슈(印綬)와 대쟝(大將) 절월(節鉞)[132]이 ᄯᅩᄒᆞᆫ 오라디 아닐 거시니 텬하 미인이 뉘 아니 낭군을 좃고져 아니ᄒᆞ리오. 셤월이 일호(一毫)ㅣ나 젼춍(專寵)ᄒᆞᆯ ᄯᅳᆺ을 두리잇가. 오ᄃᆡ 낭군은 놉흔 가문의 어진 부인을 취ᄒᆞᆫ 후의 쳔쳡도 ᄇᆞ리디 마ᄅᆞ쇼셔. 쳥컨ᄃᆡ 오ᄂᆞᆯ노브터 몸을 조히 ᄒᆞ여 명(命)을 기ᄃᆞ리이다."

양싱이 ᄀᆞᆯ오ᄃᆡ,

---

130) 역승(驛丞) : 관용(官用)으로 쓰던 역말을 갈아 타던 역참(驛站)을 관장하는 벼슬.

131) 여군(女君) : 첩이 정실(正室)을 부르는 명칭.

132) 절월(節鉞) : 대장이 지니는 부절(符節)과 부월(斧鉞). '부절'은 수기(手旗). '부월'은 살생권(殺生權)을 상징하는 형구(刑具).

"샹년(上年)의 닉 일즉 닉 화쥐(華州)롤 디날 젹 위연이 진가(秦家) 녀즈롤 만나 보니 용모(容貌)와 진긔(才氣) 맛당이 계경으로 더브러 형뎨 될 거시로딕 그 사롬이 임의 업서시니 날노 ᄒ여금 어딕 가 슉녀(淑女)롤 구ᄒ라 ᄒᄂ뇨."

셤낭 왈,

"낭군의 니ᄅᄂ 배 일정 진어ᄉ(秦御史)의 녀진로다. 어식 이 ᄯ히 벼술 ᄒ니 진낭즈(秦娘子)ㅣ 쳡으로 더브러 가쟝 사랑ᄒ더니이다. 이 낭진 탁문군(卓文君)의 진모(才貌)롤 두어시니 낭군의 유졍(留情)ᄒ미 가치[133] 아니ᄒ거니와, ᄉᆡᆼ각ᄒ여도 허ᄉ(虛事)ㅣ 되여시니 쳥컨딕 다ᄅᆫ 딕 구ᄒ쇼셔."

양싱 왈,

"예브터 졀식(絶色)은 딕(代)마다 나디 못ᄒ여시니 일시의 진녀와 계경과 두 사롬이 이시니 텬디의 졍녕(精靈)ᄒᆫ 긔운이 하마[134] 진(盡)ᄒ여실가 ᄒ노라."

셤낭이 대쇼ᄒ고 닐오딕,

"낭군의 말이 우믈 속 개고리 것도다. 쳡이 아딕 우리 챵기(娼妓) 듕 공논(公論)을 낭군긔 알외리이다. 이제 텬하의 쳥누삼졀(青樓三絶)이란 말이시니, 강남[135] 만옥연(萬玉燕)과 하븍[136] 뎍경홍(狄驚鴻)과 낙양 계셤월이라. 셤월은 곳 쳡이니 쳡이 홀노 요힝 허명(虛名)을 어덧거니와 경홍과 옥연은 당딕(當代)의 졀식이라. 어이 텬하의 미식(美色)이 업ᄉ리라 ᄒ시ᄂ뇨."

싱 왈,

"닉 ᄯᅳᆺ의ᄂᆫ 져 두 사람이 외람(猥濫)이 계경으로 더브러 졔명(齊名)[137]

133) 가치 : '과(過)치'의 오기.
134) 하마 : 이미.
135) 강남(江南) : 장강(長江)의 남쪽 안휘성(安微省)을 말함.
136) 하북(河北) : 황하(黃河)의 북쪽을 말함.
137) 제명(齊名) : 이름을 나란히 함.

ᄒᆞᄂᆞᆫ가 ᄒᆞ노라."

섬낭 왈,

"옥연은 ᄯᅡ히 머러 서로 보디 못ᄒᆞ여시나 남(南)으로셔 오난 사ᄅᆞᆷ이 칭찬티 아니리 업ᄉᆞ니 결단코 허명이 아니오, 경홍은 쳡으로 더브러 형뎨 ᄀᆞᆺᄐᆞᆫ 벗이라. 저의 일싱(一生) 본말(本末)을 낭군긔 알게 ᄒᆞ리이다. 경홍은 패ᄌᆔ(貝州)[138] 냥가(良家) 녀ᄌᆡ라. 부모 일[139] 죽고 아ᄌᆞ미게 의지ᄒᆞ여더니 십ᄉᆞ세에 용모의 미려(美麗)ᄒᆞ미 하븍의 유명ᄒᆞ니 근쳐 사ᄅᆞᆷ이 쳐쳡을 사므려 듕ᄆᆡ(仲媒) 문의 메여더니 경홍이 제 슉모ᄃᆞ려 닐더 대되 물니치라 ᄒᆞᆫᄃᆡ 듕ᄆᆡ파(仲媒婆)ㅣ 경홍ᄃᆞ려 무로ᄃᆡ, '고랑(姑娘)[140]이 동(東)으로 믈니티시고 서(西)로 벙으리와다[141] 아모ᄃᆡ도 허치 아니ᄒᆞ니 엇디ᄒᆞ여야 고랑의 ᄯᅳᆺ의 마ᄌᆞ리오. ᄌᆡ샹(宰相)의 쳡이 되고져 ᄒᆞᄂᆞ냐, 명ᄉᆞ(名士)ᄅᆞᆯ 좃고져 ᄒᆞᄂᆞ냐, 졀도ᄉᆞ(節度使)의 쳡이 되고져 ᄒᆞᄂᆞ냐, 슈ᄌᆡ(秀才)ᄅᆞᆯ 좃고져 ᄒᆞᄂᆞ냐.' 경홍이 대답ᄒᆞᄃᆡ, '만일 진(晉) 시절의 녀기(女妓)ᄅᆞᆯ 잇그던 샤안셕(謝安石)[142] ᄀᆞᆺᄐᆞ면 ᄌᆡ샹의 쳡이 될 거시오, 삼국 젹 곡됴(曲調)ᄅᆞᆯ 도라보던 쥬공근(周公瑾)[143] ᄀᆞᆺᄐᆞ면 쟝슈의 쳡이 될 거시오, 현종됴(玄宗朝)의 ᄎᆔ듕의 쳥평ᄉᆞ(淸平詞)[144] 드리던 니ᄐᆡᄇᆡᆨ(李太白) ᄀᆞᆺᄐᆞ면 명ᄉᆞᄅᆞᆯ 조출 거시오, 한(漢)나라 녹긔금(綠綺琴)[145]으로 봉황곡(鳳凰

---

138) 패주(貝州) : 직예성(直隷省)에 있는 고을 이름.

139) 일 : 일찍.

140) 고랑(姑娘) : 처녀(處女)의 이칭.

141) 벙으리와다 : 거역하여.

142) 사안석(謝安石) : 진(晉)나라의 정치가. 세상에 나아가지 않고 동산(東山)에 은거하면서 기생들과 어울려 지냄. 후에 벼슬이 태보(太保)에 이름.

143) 주공근(周公瑾) : 삼국시대 오(吳)나라 사람 주유(周瑜). 자(字)는 공근(公瑾). 어렸을 때부터 음악에 정통하여 곡조가 틀리면 반드시 알아냈다고 함.

144) 청평사(淸平詞) : 당(唐)나라 현종(玄宗)이 양귀비(楊貴妃)와 흥경궁(興慶宮) 침향정(沈香亭)에서 연회를 열어 모란을 구경하며 놀 때, 이백(李白)이 지어 바친 노래.

145) 녹기금(綠綺琴) : 한(漢)나라의 사마상여가 가지고 있었다는 거문고의 이름.

曲)[146] 타던 ᄉᆞ마샹여(司馬相如) ᄀᆞᆺᄐᆞ면 션비ᄅᆞᆯ 조출 거시니 어이 미리 졍ᄒᆞ리오,' ᄒᆞ니 듕ᄆᆡ파(仲媒婆)ㅣ 대쇼ᄒᆞ고 물너나니이다. 경홍이 스ᄉᆞ로 혜오ᄃᆡ[147], '궁향(窮鄕) 녀ᄌᆞ로셔 스ᄉᆞ로 사ᄅᆞᆷ을 듯보기 어렵다 ᄒᆞ고 오딕 챵녀(娼女)ᄂᆞᆫ 영웅 호걸을 만히 보니 가히 ᄆᆞ음ᄃᆡ로 갈ᄒᆡ리라.' ᄒᆞ여 ᄌᆞ원(自願)ᄒᆞ여 챵가(娼家)의 팔니이니 일이년이 못되여셔 셩명(姓名)이 크게 니러나, 샹년(上年) ᄀᆞ올의 하북(河北) 열두 ᄉᆞ(使)[148]ㅣ 업두[149]의 모다 크게 잔ᄎᆡᄒᆞᆯ 제 경홍이 ᄒᆞᆫ 곡됴 여샹무[150]ᄅᆞᆯ 쥬(奏)ᄒᆞ니 좌듕 미녀 수ᄇᆡᆨ인이 빗치 아이고[151] 잔ᄎᆡ 파ᄒᆞᆫ 후의 ᄒᆞᆯ노 동쟉ᄃᆡ(銅雀臺)[152]예 올나 월ᄉᆡᆨ(月色)을 씌여 ᄇᆡ회(徘徊)ᄒᆞ며 녯 사ᄅᆞᆷ을 됴문(弔問)ᄒᆞ니 보ᄂᆞᆫ 사ᄅᆞᆷ이 다 션녀(仙女)만 넉이니 어이 ᄒᆞᆯ노 규합(閨閤) 듕이라 사ᄅᆞᆷ이 업ᄉᆞ리잇가. 경홍이 일죽 쳡으로 더브러 변쥐(汴州)[153] 샹군ᄉᆞ[154]의 모다 졍회(情懷)ᄅᆞᆯ 의논(議論)ᄒᆞᆯᄉᆡ 피ᄎᆞ 낭인이 아마도 나의 원(願)의 ᄎᆞᆫ 군ᄌᆞ(君子)ᄅᆞᆯ 만나거든 서로 쳔거(薦擧)ᄒᆞ야 ᄒᆞᆫᄃᆡ 사쟈 ᄒᆞ여더니, 쳡은 이제 낭군을 만나 쇼망(所望)이 족ᄒᆞ야시ᄃᆡ 블ᄒᆡᆼᄒᆞ야 경홍이 산동(山東) 졔후(諸侯)의 궁듕(宮中)의 드러시니 비록 부귀(富貴)ᄒᆞ나 져의 원(願)이 아니라."

양ᄉᆡᆼ 왈,

"쳥누 듕의 비록 허다ᄒᆞᆫ 인ᄌᆡ 이시나 규합 듕의ᄂᆞᆫ 업ᄉᆞᆫ가 ᄒᆞ노라."

---

146) 봉횡곡(鳳凰曲) : 사마상여가 탁문군을 꼬여내기 위해 지어 불렀다는 악곡의 이름. 일명 「봉구황곡(鳳求凰曲)」이라 함.

147) 혜오되 : 생각하되.

148) ᄉᆞ(使) : 지사(刺使).

149) 업두 : 업도(鄴都). 하남성(河南省) 임장현(臨漳縣)에 있는 위나라 때 수도의 이름.

150) 여상무 : '예상무(霓裳舞)'의 오기. 당(唐)나라 현종(玄宗)이 신선들의 세계인 월궁(月宮)의 음악을 본떠 만들었다고 하는 곡조.

151) 아이고 : 빼앗기고.

152) 동작대(銅雀臺) : 위(魏)나라의 조조(曹操)의 유언에 따라 조조의 첩과 기인(伎人)을 위해 지은 대(臺)의 이름.

153) 변주(汴州) : 하남성(河南省) 개봉현(開封縣)의 지경.

154) 샹군ᄉᆞ : '상국사(相國寺)'의 오기.

섬낭 왈,

"쳡의 눈으로 본 바는 진실노 낭군만ᄒᆞ니 업ᄉᆞ니 감히 낭군긔 쳔거ᄒᆞ디 못ᄒᆞ거니와 미양 쟝안(長安) 사룸의 말을 드ᄅᆞ면 뎡ᄉᆞ도(鄭司徒)의 녀직 용모와 직덕이 당금(當今) 녀ᄌᆞ 듕 졔일이라 ᄒᆞ니 낭군이 경ᄉᆞ(京師)의 가 모ᄅᆞ미 유의ᄒᆞ여 듯보쇼셔."

이톄로 문답하노라 ᄒᆞ니 날이 임의 붉아더라. 낭인이 니러 소세(梳洗) ᄆᆞᄎᆞ매 섬낭이 싱 ᄃᆞ려 닐오ᄃᆡ,

"이곳이 낭군의 오래 머믈 ᄶᆞ히 아니라. 쟉일(昨日)의 모든 공ᄌᆞ(公子)의 뜻이 ᄌᆞ못 앙앙(怏怏)ᄒᆞ여 ᄒᆞᄂᆞ니 두리건ᄃᆡ 니(利)티 아니미 이실가 ᄒᆞᄂᆞ니 일즉 힝흘디어다. 뎐두(前頭)의 뫼실 날이 만흐니 엇디 구ᄐᆞ여 ᄋᆞ녀ᄌᆞ의 틱(態)를 ᄒᆞ리오."

싱이 샤례ᄒᆞ여 ᄀᆞᆯ오ᄃᆡ,

"가ᄅᆞ치는 말이 금셕(金石) ᄀᆞᄐᆞ니 ᄆᆞ음의 삭이리라."

낭인이 눈믈을 ᄲᅮ리고 손을 난화 가니라.

제4회

초녀도관뎡부디음(俏女道冠鄭府知音)
노ᄉᆞ도금방턱쾌셔(老司徒金榜擇快婿)

양싱이 여러 날 힝ᄒᆞ여 경ᄉᆞ(京師)의 니ᄅᆞ러 이실 곳을 졍ᄒᆞ니 과거(科擧) 날이 오히려 머럿거놀 사룸ᄃᆞ려 ᄌᆞ청관(紫淸觀)을 무ᄅᆞ니 츈명문(春明門) 밧긔라 ᄒᆞ여늘, 싱이 녜단(禮緞)을 ᄀᆞ초아 모친(母親) 표미(表妹) 두년ᄉᆞ(杜鍊師)를 가 보니 나히 늑십세는 ᄒᆞ고 계힝(戒行)이 이셔 ᄌᆞ청관 웃듬 녀관(女冠)이 되엿더라. 싱이 졀ᄒᆞ여 뵈고 뉴시(柳氏)의 셔찰(書札)을 드리니 연ᄉᆞ(鍊師)ㅣ 안부를 뭇고 깃브고 슬허 닐오ᄃᆡ,

"내 녕당(令堂)155) 져져(姐姐)156)ᄌᆞᄅᆞᆯ 니별ᄒᆞ연디 이십년이라. 그 후의 난 사ᄅᆞᆷ이 져러ᄐᆞ시 헌앙(軒昂)ᄒᆞ여시니 인간 셰월이 실노 흐ᄅᆞᄂᆞᆫ 물 ᄀᆞᆺ도다. 내 나이 늙어 번요(煩擾)ᄒᆞᆫ 곳을 염(厭)ᄒᆞ여 요ᄉᆞ이 공동산(崆峒山)157)의 드러 가 신션(神仙)을 ᄎᆞ자려 ᄒᆞ엿더니 져져의 편지 가온ᄃᆡ 내게 의탁ᄒᆞᆫ 말이 이시니 양낭(楊郎)을 위ᄒᆞ여 머믈녀니와 양낭의 풍ᄎᆡ(風采) 신션 ᄀᆞᆺᄐᆞ니 당금(當今) 녀ᄌᆞ 듕의 ᄇᆡ필 될 사ᄅᆞᆷ이 어려울가 ᄒᆞ노라. 그러나 노신(老身)이 죵용(從容)이 ᄉᆡᆼ각ᄒᆞ여 볼 거시니 양낭이 겨ᄅᆞᆯ이 잇거든 다시 오라."
ᄒᆞ더라.

양ᄉᆡᆼ이 과거(科擧)ㅣ 다다라시ᄃᆡ 과업(科業)의 ᄆᆞᄋᆞᆷ이 업셔 수일 후 ᄯᅩ 연ᄉᆞ(鍊師)ᄅᆞᆯ 가 보니 년ᄉᆞ(鍊師)ㅣ ᄀᆞᆯ오ᄃᆡ

"ᄒᆞᆫ 쳐ᄌᆞ(處子) 이시니 ᄌᆡ모(才貌)ᄅᆞᆯ 의논ᄒᆞ면 진짓 양낭(楊郎)의 ᄧᅡᆨ이로ᄃᆡ 다만 문지(門地)158) 너모 놉하 여ᄉᆞᆺ ᄃᆡ 공후(公侯)ㅣ오, 셰ᄃᆡ(世代) 정승(政丞)이라. 양낭이 만일 신방(新榜) 급뎨(及第)ᄅᆞᆯ ᄒᆞ면 이 혼ᄉᆞ(婚事)ᄅᆞᆯ 의논ᄒᆞ려니와 그 젼은 닐너 브졀업ᄉᆞ니 ᄀᆞᆺᄐᆞ여 노신을 ᄌᆞ로 와 보디 말고 과업(科業)을 힘ᄡᅳᆯ지어다."

양ᄉᆡᆼ 왈,

"아마도 엇던 집 녀ᄌᆡ니잇가."

년ᄉᆡ ᄀᆞᆯ오ᄃᆡ,

"츈명문 안 졍ᄉᆞ도(鄭司徒) 집이니 블근 칠 ᄒᆞᆫ 문이 길을 님(臨)ᄒᆞ고 우희 계극(棨戟)159)을 ᄇᆡ셜(排設)ᄒᆞᆫ 거시 그 집이니라."

ᄉᆡᆼ이 심듕의 셤월이 니ᄅᆞ던 녀진줄 알고 가만이 ᄉᆡᆼ각하ᄃᆡ,

---

155) 영당(令堂) : 남의 어머니를 높여 부르는 말.
156) 저저(姐姐) : 상대방 여인을 높여 부르는 말.
157) 공동산(崆峒山) : 감숙성(甘肅省) 평량현(平凉縣) 서쪽에 있는 산.
158) 문지(門地) : 문벌(門閥).
159) 계극(棨戟) : 적흑색(赤黑色)의 비단으로 싼 나무창.

"엇던 녀ᄌᆡ완ᄃᆡ 두 셔울[160] ᄉᆞ이의 이러ᄐᆞ시 일홈을 어더ᄂᆞᆫ고."

무러 ᄀᆞᆯ오ᄃᆡ,

"뎡시 녀ᄌᆞᄅᆞᆯ ᄉᆞ부(師父)ㅣ 일죽 보시니잇가."

년ᄉᆡ 왈,

"어이 보디 못ᄒᆞ여시리오. 뎡쇼져ᄂᆞᆫ 이 하ᄂᆞᆯ 사ᄅᆞᆷ이니 어이 가히 언어로 형용ᄒᆞ리오."

ᄉᆡᆼ 왈

"쇼ᄌᆞ(小子)ㅣ 감히 쟈랑ᄒᆞᆯ 줄이 아니라, 금츈(今春) 과거(科擧)ᄂᆞᆫ 쇼ᄌᆞ의 줌치[161] 가온ᄃᆡ 거시어니와 평ᄉᆡᆼ의 어린[162] 발원(發願)이 이셔 쳐ᄌᆞ(處子)의 얼골을 보디 못ᄒᆞᆫ 후ᄂᆞᆫ 구혼(求婚)을 아니려 ᄒᆞᄂᆞ니 ᄉᆞ부ᄂᆞᆫ ᄌᆞ비(慈悲)ᄒᆞ여 쇼ᄌᆞ로 하여금 ᄒᆞᆫ번 보게 ᄒᆞ쇼셔."

년ᄉᆡ 대쇼ᄒᆞ고 닐오ᄃᆡ,

"ᄌᆡ샹가(宰相家) 쳐ᄌᆞᄅᆞᆯ 어이 서로 볼 니 이시리오. 양낭이 노신의 말이 신실(信實)티 아닌가 의심ᄒᆞᄂᆞ냐."

ᄉᆡᆼ이 ᄀᆞᆯ오ᄃᆡ,

"쇼ᄌᆡ 어이 감히 의심ᄒᆞ리잇고마ᄂᆞᆫ 사ᄅᆞᆷ의 소샹(所尙)이 다 각각 다ᄅᆞ니 ᄉᆞ부의 눈이 어이 마치 쇼ᄌᆞ와 ᄀᆞᆺᄐᆞ리잇고."

년ᄉᆡ 왈,

"이럴 니 업ᄉᆞ니 봉황(鳳凰)과 긔린(麒麟)은 사ᄅᆞᆷ마다 샹셔(祥瑞)ㅣㄴ 줄 알고, 쳥텬 ᄇᆡᆨ일은 사ᄅᆞᆷ마다 쳥명(淸明)ᄒᆞᄆᆞᆯ 우러ᄂᆞ니, 만일 눈 업ᄉᆞᆫ 사ᄅᆞᆷ이 아니면 어이 ᄌᆞ도(子都)[163]의 고은 줄을 모ᄅᆞ리오."

ᄉᆡᆼ이 오히려 쾌치 못ᄒᆞ여 왓더니 이튼날 일작 니러 ᄌᆞ쳥관의 오니 년ᄉᆡ 웃고 닐오ᄃᆡ,

---

160) 두 셔울 : 낙양(洛陽)과 장안(長安)을 가리킴.

161) 줌치 : 주머니.

162) 어린 : 어리석은.

163) 자도(子都) : 옛 미남자의 이름.

"양낭이 일 오니 일정(一定) 연고(緣故)ㅣ 잇도다."

싱이 골오딕,

"뎡쇼져롤 보디 못ᄒᆞ고는 쇼직 ᄆᆞᄎᆞᆷ닉 의심이 이시니 ᄉᆞ부는 우리 모친의 정셩(精誠)으로 의탁ᄒᆞ믈 념(念)ᄒᆞ샤 계교롤 베퍼 아마 일노나 잠간 ᄇᆞ라보게 하쇼셔."

년식 머리롤 흔들고 닐오딕,

"쉽디 아니ᄒᆞ고 쉽디 아니ᄒᆞ고."

이윽이 싱각하다가 닐오딕,

"양낭이 총명이 츌듕(出衆)ᄒᆞ니 아디 못게라. 글 ᄒᆞ는 여가의 음뉼(音律)을 통ᄒᆞᄂᆞ냐."

답 왈,

"쇼직 일즉 긔이ᄒᆞᆫ 사롬을 만나 풍뉴 곡됴롤 뎐ᄒᆞ여 ᄌᆞ못 묘쳐(妙處)롤 아ᄂᆞ이다."

년식 골오딕,

"직샹 집 깁흔 문이 다ᄉᆞᆺ 층이오 화원 담이 두어 길이니 볼 길히 업고 뎡쇼졔 시(詩)롤 외오고 례(禮)롤 닉여 ᄒᆞᆫ번 움즉이고 ᄒᆞᆫ번 긋치기롤 구챠히 아니ᄒᆞ여 도관(道觀)과 니원(尼院)164)의 분향(焚香)ᄒᆞ디 아니ᄒᆞ고 상원일(上元日)165)의 관등(觀燈)ᄒᆞ니 아니ᄒᆞ고 삼월 삼일의 곡강(曲江)166)의 가 노디 아니ᄒᆞ니 밧 사롬이 만날 길히 이시리오. 오딕 ᄒᆞᆫ 일이 이시니 양낭이 즐거 듯디 아닐가 ᄒᆞᄂᆞ리."

싱 왈,

"진실노 뎡쇼져롤 볼 거시면 어이 좃디 아니하리잇가."

년식 골오딕,

164) 이원(尼院) : 여승이 있는 절.

165) 상원일(上元日) : 대보름.

166) 곡강(曲江) : 섬서성(陝西省) 장안현(長安縣)에 있는 지명. 못 가운데 낙유원(樂遊原) 등 명승이 있었으므로 해마다 유객(遊客)이 운집하였음.

"뎡ᄉᆞ도(鄭司徒)ㅣ 요ᄉᆞ이 병을 인ᄒᆞ여 벼ᄉᆞᆯ 아니 단니고 원님(園林)과 죵고(鐘鼓)[167]의 흥(興)을 븟쳣고 ᄉᆞ도 부인 최시(崔氏)ᄂᆞᆫ 셩품이 극히 풍뉴ᄅᆞᆯ 됴히 너기고 쇼졔 나며 텬셩이 영혜(穎慧)ᄒᆞ여 텬하의 일을 모ᄅᆞᆯ 일이 업고 ᄒᆞᄃᆡ 더옥 음뉼(音律)을 졍통ᄒᆞ여 녜 ᄉᆞ양(師襄)[168]과 ᄌᆞ긔(子期)[169]라도 디나니 못ᄒᆞ리니 문희(文姬)[170]의 ᄭᅳᆫ허진 시욹 알기ᄂᆞᆫ 죡히 긔특디 아닌디라. 최부인이 아모 ᄃᆡ나 새 곡됴 ᄒᆞᄂᆞᆫ 사ᄅᆞᆷ이 잇다 ᄒᆞ면 브ᄃᆡ 쳥ᄒᆞ여 쇼져로 ᄒᆞ여곰 그 곡됴의 노픔 ᄂᆞᄌᆞᆷ과 공교(工巧)와 긔슐(奇術)이 ᄒᆞ믈 이로이[171] 평논ᄒᆞ라 ᄒᆞ고 안셕(案席)을 지혀고 드러 젼혀 이일노 노경(老境)을 즐기니 내 ᄯᅳᆺ의ᄂᆞᆫ 양낭이 진실노 음뉼을 통할진ᄃᆡ 거문고 ᄒᆞᆫ 곡됴ᄅᆞᆯ 닉여 두어다가 삼일 후 이월 금음날은 곳 녕보도군[172] 탄일(誕日)이니 뎡부(鄭府)의셔 ᄒᆡ마다 어룬 비ᄌᆞ(婢子)ᄅᆞᆯ 보내여 우리 관듕(觀中)의 향촉(香燭)을 보내ᄂᆞ니 양낭이 이ᄣᅢ에 잠간 녀관의 복식을 ᄒᆞ고 거문고ᄅᆞᆯ 타 졀노 ᄒᆞ여금 듯게 ᄒᆞ면 필연 도라가 부인긔 알욀 거시오, 부인이 드ᄅᆞ면 서로 쳥ᄒᆞ여 볼 ᄃᆞᆺᄒᆞ니 뎡부의 드러간 후 쇼져ᄅᆞᆯ 보며 못 보기ᄂᆞᆫ 인연의 이시니 미리 뎡티 못ᄒᆞ려니와, 이 밧근 다ᄅᆞᆫ 계교(計巧)ㅣ 업고 허믈며 양낭이 얼골이 곱고 입 우희 나ᄅᆞ시[173] 나디 아녀시니 우리 출가(出家)ᄒᆞᆫ 사ᄅᆞᆷ은 귀ᄅᆞᆯ ᄯᅮᆯ디 아니ᄒᆞᆫ 사ᄅᆞᆷ도 이시니 변복(變服)ᄒᆞ기 어렵디 아닐가 ᄒᆞ노라."

양ᄉᆡᆼ이 크게 샤례ᄒᆞ야 닐오ᄃᆡ,

167) 종고(鐘鼓) : 음악.

168) 사양(師襄) : 춘추시대 노(魯)나라의 악관(樂官). 공자가 일찍이 그에게서 북과 거문고를 배웠다고 함.

169) 자기(子期) : 춘추시대 초(楚)나라의 음악가 종자기(鍾子期).

170) 문희(文姬) : 동한(東漢) 사람 채옹(蔡邕)의 딸 채문희(蔡文姬). 음률에 정통했다 함.

171) 이로이 : '족히'의 옛말.

172) 녕보도군 : '영부도군(靈府道君)'의 오기. 중국 고대의 신선의 이름.

173) 나룻 : 수염.

"삼가 명(命)디로 ᄒᆞ리이다."
ᄒᆞ더라.

원간 뎡ᄉᆞ되 다른 녀ᄌᆞ 업고 오딕 쇼져 일인을 기ᄅᆞ더니, 최부인이 히산홀 졔 졍신이 혼곤(昏困)홀 때 보니 ᄒᆞᆫ 션녀(仙女)ㅣ ᄒᆞᆫ 손의 ᄒᆞᆫ 낫 명쥬(明珠)를 가지고 드러오거놀 보아더니 쇼져를 나흐니 아히젹 일흠은 경패(瓊貝)라. 용모와 지덕이 셰상 사름 ᄀᆞᆺ디 아니ᄒᆞ니 비필을 굴히기 어려워 빈혀 ᄭᅩ줄 나히로딕 졍혼(定婚)ᄒᆞᆫ 곳이 업더라.

홀는 부인이 쇼져의 유모(乳母) 젼파(錢婆)롤 블너 닐오딕,

"오놀이 도군(道君) 탄일(誕日)이니 네 향촉을 가지고 ᄌᆞ쳥관(紫淸觀)의 가 ᄃᆞᆫ녀 오딕 의복(衣服) ᄀᆞ음과 차과(茶菓) 실과(實果)롤 녕거(領去)ᄒᆞ여다가 두련ᄉᆞ롤 주라."

젼파(錢婆)ㅣ 교ᄌᆞ(轎子)롤 타고 여러 가지 거술 거ᄂᆞ려 ᄌᆞ쳥관으로 가니 년ᄉᆞ(鍊師)ㅣ 향촉을 바다 삼쳥젼(三淸殿)[174]의 공향[175]ᄒᆞ고 의복과 다과를 ᄯᅩ한 밧고 젼구(錢嫗)롤 디졉ᄒᆞ여 산문(山門) 밧긔 가 보내더니 젼구(錢嫗)ㅣ 장ᄎᆞᆺ 교ᄌᆞ롤 타려 ᄒᆞ다가 문득 드ᄅᆞ니 삼쳥뎐 동녁 월앙[176] 안히셔 거문고 소릭 나딕 가쟝 ᄆᆞᆰ거놀, 방황ᄒᆞ여 ᄎᆞ마 가지 못ᄒᆞ여 귀롤 기우려 오래 드ᄅᆞ니 더옥 묘ᄒᆞᆫ디라. 년ᄉᆞᄃᆞ려 닐오딕,

"내 부인을 뫼셔 유명ᄒᆞ고 잘 타는 거문고롤 만히 느러시닉 이 곡됴롤 듯디 못ᄒᆞ여시니 아디 못게라. 엇던 사름이잇가."

년ᄉᆞ 딕답ᄒᆞ딕,

"수일 젼의 초(楚) 짜흐로셔 나 져믄 녀관(女冠)이 경ᄉᆞ(京師)롤 귀경ᄒᆞ려 이리 와 머믈며 잇다감 거문고롤 타딕 나는 곡됴롤 아디 못ᄒᆞ더니 마마(媽媽)[177]ㅣ 기리니 필연 잘ᄒᆞ는 손시로다."

---

174) 삼청전(三淸殿) : 옛날 신선들이 거처하던 궁전. 옥청(玉淸) · 상청(上淸) · 태청(太淸).
175) 공향 : '공양(供養)'의 오기.
176) 월앙 : '월랑(月廊)'의 오기. 정당(正堂)의 앞 또는 좌우에 있는 긴 복도.

전마(錢媽)ㅣ ᄀᆞᆯ오ᄃᆡ,

"우리 부인이 드ᄅᆞ시면 브ᄅᆞ실 법 이시니 년ᄉᆡ 져 사ᄅᆞᆷ을 말뉴(挽留)ᄒᆞ여 두쇼셔."

ᄌᆡ삼 당부ᄒᆞ고 가더라.

년ᄉᆡ 젼구ᄅᆞᆯ 보내고 양ᄉᆡᆼᄃᆞ려 이 말을 니ᄅᆞ고 괴로이 됴흔 소식을 기ᄃᆞ리더니 이튼날 뎡부의셔 져근 교ᄌᆞ 일승(一乘)과 시비(侍婢) 일인을 보ᄂᆡ여 거문고 타ᄂᆞᆫ 녀ᄌᆞᄅᆞᆯ 쳥하여거ᄂᆞᆯ, 양ᄉᆡᆼ이 녀도ᄉᆞ(女道士)의 건복(巾服)178)으로 거문고ᄅᆞᆯ 안고 나셔니 표연(飄然)이 마구션ᄌᆞ179)와 샤ᄌᆞ연(謝自然)180) ᄀᆞᆺ더라. 뎡부의셔 온 사ᄅᆞᆷ이 칭찬티 아니리 업더라. 양ᄉᆡᆼ이 교ᄌᆞ의 올나 뎡부의 가니, 부인이 당상(堂上)의 안자시니 위의(威儀) 가쟝 단엄(端嚴)ᄒᆞ더라. 양ᄉᆡᆼ이 거문고ᄅᆞᆯ 노코 당하(堂下)의셔 고두(叩頭)ᄒᆞ여 뵌ᄃᆡ, 부인이 당샹의 오ᄅᆞ라 ᄒᆞ여 좌(座)ᄅᆞᆯ 주고 닐너 ᄀᆞᆯ오ᄃᆡ,

"쟉일(昨日)의 집안 비ᄌᆞ(婢子)ㅣ 관듕(觀中)의 갓다가 신션의 풍뉴ᄅᆞᆯ 듯고 와 니ᄅᆞ거ᄂᆞᆯ 한 번 보믈 ᄉᆡᆼ각더니 이제 년ᄉᆞ(鍊師)의 ᄆᆞᆰ은 거동을 샹접(相接)ᄒᆞ니 돈연(頓然)이 더러온 ᄆᆞ음을 ᄉᆞ라지게 ᄒᆞᄂᆞᆫ도다."

양ᄉᆡᆼ이 피셕(避席)ᄒᆞ여 ᄃᆡ답ᄒᆞᄃᆡ,

"빈도(貧道)ᄂᆞᆫ 본ᄃᆡ 오초(吳楚) 사ᄅᆞᆷ이라. 구름 ᄀᆞᆺᄐᆞᆫ ᄌᆞ최 졍쳐 업시 단니더니 쳔(賤)ᄒᆞᆫ ᄌᆞ최ᄅᆞᆯ 인연ᄒᆞ여 부인(夫人)긔 뵈오믈 ᄯᅳᆺ하디 못ᄒᆞ이다."

부인이 닐오ᄃᆡ,

"ᄉᆞ부(師父)의 잡드ᄂᆞᆫ181) 바ᄂᆞᆫ 므ᄉᆞᆫ 곡됴고."

양ᄉᆡᆼ이 ᄃᆡ왈,

"빈도(貧道)ㅣ 일즉 남뎐산(藍田山) 듕의셔 이인(異人)을 만나 여러 가

---

177) 마마(媽媽) : 귀인(貴人)의 경칭.
178) 건복(巾服) : 옷차림.
179) 마구션ᄌᆞ : '마고선자(麻姑仙子)'의 오기. 옛날 선녀의 이름.
180) 사자연(謝自然) : 당(唐)나라 때 여관(女冠)의 이름.
181) 잡드ᄂᆞᆫ : 붙드는. '잡다'·'들다'의 복합동사.

지 곡됴롤 뎐ᄒᆞ야시ᄃᆡ 다 녯 사ᄅᆞᆷ의 소ᄅᆡ라. 금인(今人)의 귀예 맛갓디[182] 못ᄒᆞᆯ가 ᄒᆞᄂᆞ이다."

부인이 시비(侍婢)로 ᄒᆞ야금 양싱의 거문고롤 가져오라 ᄒᆞ여 닐오ᄃᆡ,

"가쟝 됴흔 ᄌᆡ목(材木)이라."

싱이 ᄀᆞᆯ오ᄃᆡ,

"이ᄂᆞᆫ 농문산(龍門山)[183] 우희 벽녁(霹靂)의 ᄡᅥ거진 ᄇᆡᆨ년 묵은 오동(梧桐)이라. 목셩(木性)이 다 진(盡)ᄒᆞ고 견강(堅剛)ᄒᆞ기 금셕(金石) ᄀᆞᄐᆞ니 비록 쳔금(千金)이라도 밧고지 못ᄒᆞ리이다."

이톄로 문답ᄒᆞᄃᆡ 쇼졔 나오디 아니ᄒᆞ니, 양싱이 ᄆᆞᄋᆞᆷ의 급ᄒᆞ여 부인ᄭᅴ ᄉᆞᆯ오ᄃᆡ,

"빈도(貧道)ㅣ 비록 녯 소ᄅᆡ롤 뎐하여시나 스ᄉᆞ로 그른 줄을 아디 못ᄒᆞ더니 ᄌᆞ쳥관(紫淸觀)의셔 듯ᄌᆞ오니 쇼저(小姐)ㅣ 춍명 영혜ᄒᆞ야 디음(知音)ᄒᆞ미 문희(文姬)[184]의게 디나시다 ᄒᆞ오니 원컨ᄃᆡ 쳔ᄒᆞᆫ ᄌᆡ조롤 시험ᄒᆞ여 쇼져의 가ᄅᆞ티시믈 ᄇᆞ라ᄂᆞ이다."

부인이 시비(侍婢)롤 도라보아 쇼져롤 나오라 ᄒᆞ니, 향긔로온 ᄇᆞ람이 패옥(佩玉) 소ᄅᆡ롤 인ᄒᆞ더니 쇼졔 나와 부인 겻ᄐᆞ로 모 ᄡᅥ거 안거ᄂᆞᆯ 싱이 녜ᄒᆞ여 뵈고 눈을 정ᄒᆞ여 보니 눈이 ᄇᆞᄋᆡ고[185] 정신이 요란ᄒᆞ여 가히 측냥(測量)티 못ᄒᆞᆯ너라. 양싱이 안즌ᄃᆡ 멀믈 혐의(嫌疑)로이 너겨 ᄇᆞ인ᄭᅴ 쳥ᄒᆞ여 ᄀᆞᆯ오ᄃᆡ,

"빈되 졍히 쇼져의 가ᄅᆞ치믈 드ᄅᆞ려 ᄒᆞ더니 당샹(堂上)이 너모 널너 드ᄅᆞ시미 ᄌᆞ셔티 못ᄒᆞᆯ가 ᄒᆞᄂᆞ이다."

---

182) 맛갓디 : 맞갖지. 마음이나 입맛에 꼭 맞지.

183) 용문산(龍門山) : 산서성(山西省)과 섬서성(陝西省)의 사이에 있는 산. 거문고를 만드는 오동(梧桐)나무 산지로 유명함.

184) 문희(文姬) : 채문희(蔡文姬). 동한(東漢) 채옹(蔡邕)의 딸로, 이름은 염(琰). 박식하고 음률에 정통했음.

185) ᄇᆞᄋᆡ고 : 부시고.

부인이 시녀ᄅᆞᆯ 명ᄒᆞ여 녀ᄌᆞ의 좌ᄅᆞᆯ 나오라 ᄒᆞ니, 시녜 좌ᄅᆞᆯ 옴겨 부인 겻ᄒᆡ 노흐니 갓가히셔 쇼져 안즌ᄃᆡ 머디 아니ᄒᆞ나 도로혀 엽흘 당ᄒᆞ야 젼의 ᄇᆞ라볼 졔만 못ᄒᆞ니 ᄉᆡᆼ이 ᄋᆡ돌와 ᄒᆞᄃᆡ 감히 다시 쳥티 못ᄒᆞ더라.

시녜 양ᄉᆡᆼ의 알ᄑᆡ 상을 비셜ᄒᆞ고 금노(金爐)[186]의 향을 피워놀 ᄉᆡᆼ이 거문고ᄅᆞᆯ 인(引)ᄒᆞ여 예샹우의(霓裳羽衣)[187]ᄅᆞᆯ 주ᄒᆞ니 쇼졔 기려 ᄀᆞᆯ오ᄃᆡ,

"아름답다, 이 곡됴여. 완연히 텬보(天寶)[188]적 태평 긔상을 보리라. 이 곡됴ᄅᆞᆯ 비록 사ᄅᆞᆷ마다 타나 이톄로 진션진미(盡善盡美)ᄒᆞ믈 보디 못ᄒᆞ여ᄂᆞ이다. 비록 그러나 이ᄂᆞᆫ 셰쇽 소ᄅᆡ니 다ᄅᆞᆫ 곡됴ᄅᆞᆯ 듯고져 ᄒᆞᄂᆞ이다."

양ᄉᆡᆼ이 ᄒᆞᆫ 곡됴ᄅᆞᆯ 타니 쇼졔 ᄀᆞᆯ오ᄃᆡ,

"이 곡되 비록 아름다오나 즐거오ᄃᆡ 음난ᄒᆞ고 슬프미 과ᄒᆞ니 진후쥬(陳後主)[189]의 옥슈후뎡화(玉樹後庭花)[190] ㅣ라. 이ᄂᆞᆫ 망국(亡國)ᄒᆞᄂᆞᆫ 소ᄅᆡ니 다ᄅᆞᆫ 니ᄅᆞᆯ 듯고져 ᄒᆞᄂᆞ이다."

ᄉᆡᆼ이 ᄯᅩ ᄒᆞᆫ 곡됴를 타니 쇼졔 ᄀᆞᆯ오ᄃᆡ,

"아름답다, 이 곡됴여. 깃거ᄒᆞᄂᆞᆫ ᄃᆞᆺᄒᆞ고 감격ᄒᆞᄂᆞᆫ ᄃᆞᆺᄒᆞ고 ᄉᆡᆼ각ᄒᆞᄂᆞᆫ ᄃᆞᆺᄒᆞ니 녜 채문희(蔡文姬) 오랑캐의계 홀니여 아돌을 나핫더니 조죠(曹操)[191] ㅣ 쇽신(贖身)ᄒᆞ여 고향의 도라가니 그 아돌을 니별ᄒᆞ며 호가십팔박(胡笳十八拍)[192]이란 곡됴ᄅᆞᆯ 지으니 이 졍히 그 곡됴로소이다. 소ᄅᆡ 비

---

186) 금로(金爐) : 금칠을 한 향로.

187) 예상우의(霓裳羽衣) : 당(唐)나라 현종(玄宗)이 신선들의 세계인 월궁(月宮)의 음악을 본떠 만들었다고 하는 곡조.

188) 천보(天寶) : 당(唐)나라 현종(玄宗)의 연호.

189) 진후주(陳後主) : 중국 남북조시대 진(陳)나라의 왕. 선제(宣帝)의 아들. 황음무도하여 결국에 수(隋)나라에 멸망됨.

190) 옥수후정화(玉樹後庭花) : 진(陳)나라 후주(後主)가 상신(相臣)들과 함께 주색(酒色)에 빠져 노닐 때에 이루어진 악곡.

191) 조조(曹操) : 중국 삼국시대 위왕조(魏王朝)를 세운 장군. 황건적의 난을 평정하여 두각을 나타내 헌제(獻帝)를 옹립하였으며 스스로는 제위(帝位)에 오르지 않았고, 문학을 사랑하여 이른바 건안문학(建安文學)의 흥륭(興隆)을 가져오게 함.

록 드럼즉ᄒᆞ나 실졀(失節)ᄒᆞᆫ 부인이 가히 붓그러오니 쳥컨ᄃᆡ 다ᄅᆞᆫ 곡됴를 타쇼셔."

양ᄉᆡᆼ이 ᄯᅩ ᄒᆞᆫ 곡됴를 타니 쇼졔 왈,

"이ᄂᆞᆫ 왕쇼군(王昭君)[193]의 츌ᄉᆡ곡(出塞曲)[194]이라. 님군을 권년(眷戀)ᄒᆞ며 고향을 ᄉᆡᆼ각ᄒᆞ고 신셰ᄅᆞᆯ 슬허ᄒᆞ며 화공(畵工)의 공번젓디[195] 아니ᄒᆞ믈 원망ᄒᆞ여 온갓 블평(不平)ᄒᆞᆫ ᄠᅳᆺ이 이 곡됴의 모다시니 비록 아름다오나 오랑캐 겨집의 변방 소리 졍셩(正聲)이 아닌가 ᄒᆞᄂᆞ이다."

ᄉᆡᆼ이 ᄯᅩ ᄒᆞᆫ 곡됴를 타니 쇼졔 낫빗ᄎᆞᆯ 곳치고 ᄀᆞᆯ오ᄃᆡ,

"내 귀에 일즉이 이 소ᄅᆡᄅᆞᆯ 듯디 못ᄒᆞ여더니 ᄉᆞ부ᄂᆞᆫ 진실노 범인(凡人)이 아니로다. 이 곡되 영웅(英雄)이 ᄯᆡᄅᆞᆯ 만나디 아니ᄒᆞ여셔 ᄆᆞ음을 믈외(物外)예 브텨 방탕(放蕩)ᄒᆞᆫ 가온ᄃᆡ 튱의(忠義)예 긔운을 먹음어시니, 이 아니 ᄒᆡ듕산[196]의 광능산(廣陵散)[197]이니잇가. ᄒᆡ강[198]이 화(禍)ᄅᆞᆯ 만나 동녁 져ᄌᆡ의 죽을 졔 ᄒᆡ밧ᄎᆞᆯ 도라보며 ᄒᆞᆫ 곡됴ᄅᆞᆯ 타고 '원효리(袁孝尼) 날 ᄃᆞ려 광능산을 가ᄅᆞ치라 ᄒᆞ거ᄂᆞᆯ 앗겨 뎐티 아녀더이니 이제ᄂᆞᆫ 광능산이 긋쳐디다' ᄒᆞ니 ᄉᆞ부(師父)ㅣ 벅벅이 ᄒᆡ강[199]의 넉ᄉᆞᆯ 보시도다."

---

192) 호가십팔박(胡笳十八拍) : 옛날 채문희가 오랑캐 땅으로 잡혀가 20년을 지내는 동안 아들 둘을 낳았는데 조조(曹操)에 의해 구출되어 나올 때, 자식들과의 이별의 슬픔을 못 이겨 지었다는 악곡.

193) 왕소군(王昭君) : 중국 전한(前漢) 원제(元帝)의 후궁. 원제는 화공(畵工)에게 시켜 궁녀의 모습을 그리게 하였는데, 왕소군은 화공에게 뇌물을 주지 않아 원제에게 총애를 입지 못하였고, 흉노(匈奴)가 미인을 요구할 때에 뽑혀 흉노에게 보내어졌음.

194) 출새곡(出塞曲) : 왕소군이 흉노로 끌려갈 때 시름을 이기지 못하여 지은 악곡.

195) 공번젓디 : 공변되지. 공평하지.

196) 히듕산 : 혜중산(嵇中散). 중국 진(晉)나라 때 죽림칠현(竹林七賢)의 한 사람인 혜강(嵇康). 중산대부(中散大夫)의 벼슬을 받은 바 있어 혜중산으로 불림.

197) 광릉산(光陵散) : 혜강이 일찍이 낙서(洛西)에서 노닐 때 객이 찾아와 거문고를 타 들려 준 악곡의 이름.

198) 히강 : 혜강(嵇康).

양싱이 피셕(避席)ᄒᆞ여 ᄃᆡ답ᄒᆞᄃᆡ,

"쇼져의 영혜(英慧)ᄒᆞ시믄 ᄉᆞ양(師襄)이라도 밋디 못ᄒᆞ리로소이다. 빈도(貧道)ㅣ 스싱의게 드ᄅᆞ니 ᄯᅩᄒᆞᆫ 이톄로 니ᄅᆞ더이다."

싱이 ᄯᅩ ᄒᆞᆫ 곡됴ᄅᆞᆯ 타니 쇼졔 ᄀᆞᆯ오ᄃᆡ,

"아름답다, 이 곡되여. 놉흔 뫼히 아아(峩峩)ᄒᆞ고 흐ᄅᆞᄂᆞᆫ 믈이 양양(洋洋)ᄒᆞ여 신션의 ᄌᆞᆼ젹(蹤迹)이 진셰(塵世)예 ᄲᅱ여나시니 이 아니 ᄇᆡᆨ아(伯牙)[200]의 슈션됴(水仙操)[201]ㅣ니잇가. ᄇᆡᆨ아의 넉시 아름이 이시면 ᄌᆞᆼ지긔(鍾子期)[202] 죽은 줄을 한(恨)티 아닐소이다."

싱이 ᄯᅩ ᄒᆞᆫ 곡됴ᄅᆞᆯ 타니 쇼졔 옷깃ᄉᆞᆯ 여믜고 곳쳐 안쟈 ᄀᆞᆯ오ᄃᆡ,

"셩인(聖人)이 난셰(亂世)ᄅᆞᆯ 당ᄒᆞ여 텬하(天下)ㅣ 황황(遑遑)ᄒᆞ여 ᄇᆡᆨ셩을 건지려 ᄒᆞ니 공션부[203] 곳 아니면 이 곡됴ᄅᆞᆯ 뉘 능히 지으리오. 이 졍히 의란도(倚蘭操)[204]ㅣ로소이다."

양싱이 향노(香爐)의 향을 고텨 퓌오고 다시 ᄒᆞᆫ 곡됴ᄅᆞᆯ 타니 쇼졔 ᄀᆞᆯ오ᄃᆡ,

"의란도ᄂᆞᆫ 비록 대셩인의 텬하ᄅᆞᆯ 건지ᄂᆞᆫ 지극ᄒᆞᆫ 셩덕(盛德)이나 오히려 ᄣᅢᄅᆞᆯ 만나디 못ᄒᆞ여더니 이 곡됴ᄂᆞᆫ 텬디만믈(天地萬物)노 더브러 ᄒᆞᆫ가지로 봄이 되어ᄂᆞᆫ디라. 외외탕탕(巍巍蕩蕩)ᄒᆞ여 가히 일흠ᄒᆞ디 못ᄒᆞᆯ디라. 이 필연 뎨슌(帝舜)의 남훈(南薰)[205]이로소이다. 지극히 놉고 지극히 아

---

199) 히강 : 혜강(嵇康).

200) 백아(伯牙) : 춘추시대 거문고의 명인.

201) 수선조(水仙操) : 백아(伯牙)가 스승 성련(成蓮)을 따라 봉래산에 이르러 성련의 스승으로부터 이룬 악곡의 이름.

202) 종자기(鍾子期) : 춘추시대 백아(伯牙)의 거문고 소리를 유일하게 알아주었다는 명인.

203) 공션부 : '공선보(孔宣父)'의 오기. 공자(孔子)를 당(唐)나라 때 추존하여 '선보(宣父)'라 하였음. '선부'가 아닌 '선보'로 발음함.

204) 의란조(倚蘭操) : 공자(孔子)가 위(衛)나라로부터 노(魯)나라로 돌아와 어느 골짜기에서 향내 나는 난초가 여러 잡초에 끼여 있음을 보고 거문고를 타며 스스로를 향란(香蘭)에 비긴 악곡.

름다오니 이에 디난 소릐 업ᄂᆞᆫ디라. 비록 다ᄅᆞᆫ 곡되 이시나 듯기ᄅᆞᆯ 긋쳐 디이다."

싱이 곳쳐 안쟈 ᄀᆞᆯ오ᄃᆡ,

"빈되 드ᄅᆞ니 풍뉴 곡되 아홉 번 변ᄒᆞ면 하늘 신녕(神靈)이 나린다 ᄒᆞ니 앗가 쥬ᄒᆞᆫ 거시 계유 여ᄃᆞᆲ이니 오히려 ᄒᆞᆫ 곡되 잇ᄂᆞ니이다."

다시 거문고ᄅᆞᆯ 썰쳐 시울을 됴화(調和)ᄒᆞ니 곡되 유향[206]ᄒᆞ고 긔운이 틱탕(駘蕩)ᄒᆞ여 졍뎐(庭前)의 일빅 ᄭᅩᆺ치 봉오리 벙으고 져비와 ᄭᅬᄭᅩ리 ᄡᅡᆼ으로 춤추더니 쇼졔 취미(翠眉)ᄅᆞᆯ ᄂᆞ족이 ᄒᆞ고 츄파(秋波)ᄅᆞᆯ 거두디 아니ᄒᆞ더니 문득 양싱을 두어번 거ᄃᆞᆲ ᄯᅥ보고 옥ᄀᆞᄐᆞᆫ 보죠개에 블근 긔운이 올나 봄술이 취ᄒᆞᆫ돗 ᄒᆞ더니 몸을 니ᄅᆞ혀 안으로 드러가거ᄂᆞᆯ, 싱이 악연(愕然)ᄒᆞ여 거문고ᄅᆞᆯ 밀치고 니러셔서 오래 졍신을 뎡티 못ᄒᆞ더니 부인이 명ᄒᆞ여 안ᄌᆞ라 ᄒᆞ고 무러 ᄀᆞᆯ오ᄃᆡ,

"ᄉᆞ부의 탄 소ᄅᆡᄂᆞᆫ 이 므ᄉᆞᆫ 곡됴고."

싱이 ᄃᆡᄒᆞ여 ᄀᆞᆯ오ᄃᆡ,

"빈되 비록 ᄉᆞ부의게 소ᄅᆡᄅᆞᆯ 뎐ᄒᆞ나 일흠을 뎐티 못ᄒᆞ야시니 졍히 쇼져의 지시ᄒᆞ시믈 ᄇᆞ라ᄂᆞ이다."

쇼졔 오래 나오디 아니ᄒᆞ거ᄂᆞᆯ, 부인이 시녀로 ᄒᆞ여곰 무ᄅᆞ니 ᄃᆡ왈,

"ᄆᆞᄎᆞᆷ 쵹풍(觸風)ᄒᆞ여 긔운이 편티 못ᄒᆞ니 못 나온다."

하더라. 양싱이 쇼졔 아라본가 ᄒᆞ여 ᄆᆞ음의 츅젹(踧踖)[207]ᄒᆞ여 감히 오래 안잣디 못ᄒᆞ여 니러 하딕 왈,

"쇼졔 귀톄 블평ᄒᆞ시다 ᄒᆞ니 빈되 물너가믈 ᄇᆞ라ᄂᆞ이다."

부인이 금빅(金帛)을 닋여 샹 주거ᄂᆞᆯ 밧디 아냐 ᄀᆞᆯ오ᄃᆡ,

"츌가ᄒᆞᆫ 사ᄅᆞᆷ이 우연이 음눌을 잡드나 감히 악공의 뎐두(纏頭)[208]ᄅᆞᆯ 바

205) 남훈 : 남훈곡(南薰曲). 옛날 순(舜) 임금이 오현금(五絃琴)을 만들어 손수 탔다는 악곡.

206) 유향 : '유양(悠洋)'의 오기.

207) 축적(踧踖) : 조심하는 모양. 삼가는 모양.

드리잇가."

고두(叩頭)ᄒᆞ여 하딕ᄒᆞ고 거문고를 ᄢᅵ고 표연(飄然)이 가니라.

부인이 쇼져의 병을 무ᄅᆞ니 임의 됴하ᄂᆞ이다 ᄒᆞ고 자ᄂᆞᆫ 방의 도라가 시녀ᄃᆞ려 무ᄅᆞᄃᆡ,

"츈낭(春娘)의 병은 오늘 엇더ᄒᆞ여ᄂᆞ뇨."

시녜 ᄃᆡ왈,

"병이 나아 쇼져의 듕당의셔 거문고 드ᄅᆞ려 ᄒᆞ시믈 듯고 처음으로 쇼세(梳洗)ᄒᆞᄂᆞ니이다."

원간 츈냥의 셩(姓)은 가시(賈氏)오 본ᄃᆡ 셔쵹(西蜀) 사ᄅᆞᆷ이라. 그 아비 셔울 아젼(衙前)이 되어 뎡ᄉᆞ도(鄭司徒) 집의 공(功)이 만터니 병드러 죽은 후의 그 녀ᄌᆡ 나히 십셰예 의디ᄒᆞᆯ ᄃᆡ 업ᄉᆞ니, ᄉᆞ도 부쳐(夫妻)ㅣ 잔잉이 너겨 부듕(府中)의 두어 쇼져로 더브러 놀게 ᄒᆞ니, 나히 쇼져의게 ᄃᆞᆯ노 아래오, 용모(容貌)ㅣ 슈려ᄒᆞ야 온갓 고은 ᄐᆡ도(態度)ㅣ 가ᄌᆞ니 단졍ᄒᆞ며 존귀ᄒᆞᆯ 샹이 쇼져의게 밋디 못ᄒᆞ나 ᄯᅩᄒᆞᆫ 졀ᄃᆡ가인(絶代佳人)이오, 시귀와 용모와 필법과 녀공(女工)이 공교ᄒᆞ미 쇼져로 더브러 서로 샹하(上下) ᄒᆞᆯ 디라. 쇼졔 ᄉᆞ랑ᄒᆞ기를 동긔(同氣)ᄀᆞᆺ티 ᄒᆞ야 편시(片時)를 ᄯᅥ나디 못ᄒᆞ니 일홈이 비록 노쥬(奴主)ㅣ나 실은 규듕의 붕우(朋友)ㅣ라. 이 녀ᄌᆞ의 일홈을 초운(楚雲)이라 ᄒᆞ더니, 쇼졔 그 ᄐᆡ도(態度)ㅣ 만흐믈 인ᄒᆞ야 한니브(韓吏部)[209]의 글귀로 ᄎᆔᄒᆞ여 일홈을 곳쳐 츈운(春雲)이라 ᄒᆞ니 집안 사ᄅᆞᆷ이 부ᄅᆞ기를 츈낭(春娘)이라 ᄒᆞ더라.

이날 츈낭이 쇼져를 와 보고 닐오ᄃᆡ,

"시녜 닐오ᄃᆡ 거문고 타는 녀관(女冠)이 듕당(中堂)의 와시ᄃᆡ 얼골이 신션 ᄀᆞᆺ고 풍뉴 곡됴를 쇼졔 극히 칭찬ᄒᆞ시더라 ᄒᆞ니 알픈 ᄃᆡ를 잇고 가

208) 전두(纏頭) : 광대・기생・악공 등에게 그 재주를 칭찬하여 사례로 주는 돈이나 물건.

209) 한이부(韓吏部) : 당(唐)나라 때의 문장가 한유(韓愈). 이부시랑(吏部侍郎)을 지냈으므로 '한이부'라 함.

보려 ᄒᆞ더니 어이 그리 수히 가니잇고."

쇼졔 낫빗출 븕히고 닐오ᄃᆡ,

"내 일ᄉᆡᆼ 이 내 몸 앗기기를 옥(玉)ᄀᆞᆺ티 ᄒᆞ여 발ᄌᆞ최 듕문(中門)의 니르디 아니ᄒᆞ고 친쳑이 낫 보기 젹은 줄은 츈낭이 아ᄂᆞᆫ 배라. 일됴(一朝)의 간샤ᄒᆞᆫ 사ᄅᆞᆷ의 쇽으미 되야 반일(半日)을 슈작ᄒᆞ여 ᄡᅵᆺ기 어려온 욕(辱)을 보니 낫출 들고 어이 사ᄅᆞᆷ을 ᄃᆡᄒᆞ리오."

츈낭이 놀나 ᄀᆞᆯ오ᄃᆡ,

"쇼졔야, 이 어인 말ᄉᆞᆷ니잇가."

쇼졔 왈,

"앗가 왓던 녀관이 얼골도 과연 ᄲᅡ혀나고 ᄒᆞᄂᆞᆫ 곡되 다 셰샹의 업ᄉᆞᆫ 곡되로ᄃᆡ 다만……"

ᄒᆞ고 긋치거ᄂᆞᆯ 츈운이 무ᄅᆞᄃᆡ,

"다만 엇더ᄒᆞ더니잇가."

쇼졔 왈,

"이 녀관이 처음은 예샹곡(霓裳曲)을 주(奏)ᄒᆞ고 ᄎᆞᄎᆞ 올녀 뎨슌(帝舜)의 남풍가(南風歌)를 타거ᄂᆞᆯ 내 일일이 평논ᄒᆞ고 계찰(季札)[210]의 말을 인ᄒᆞ여 그만 드러디라 ᄒᆞ니, 졔 닐오ᄃᆡ ᄯᅩᄒᆞᆫ 곡되 잇다 ᄒᆞ고 새 소ᄅᆡ를 주ᄒᆞ니 이ᄂᆞᆫ ᄉᆞ마샹여(司馬相如)의 탁문군(卓文君)을 됴희(調戱)ᄒᆞ던 봉구황(鳳求凰)이라. 내 ᄇᆡ야흐로 유의ᄒᆞ여 보니 용모(容貌) 거지(擧止) 녀ᄌᆞ와 다ᄅᆞ니 벅벅이 간샤ᄒᆞᆫ 사ᄅᆞᆷ이 츈ᄉᆡᆨ(春色)을 엿보려 ᄒᆞ여 변복ᄒᆞ여시니 츈낭이 만일 병이 업더면 벅벅이 처음의 아라시리라. 규듕 쳐ᄌᆞ의 몸으로 뎐하 남ᄌᆞ를 ᄃᆡᄒᆞ여 반일을 언어로 슈쟉ᄒᆞ여시니 어이 이런 일이 이시리오. ᄎᆞᆷ아 모친긔도 이 말을 못ᄒᆞ여시니 츈낭 곳 아니면 이 괴로온 회포

---

210) 계찰(季札) : 춘추시대 오(吳)나라 사람. 음악을 잘하여 노(魯)나라에 부림을 당할 때, 주(周)의 음악을 듣고 보고 열국(列國)의 치란(治亂)과 흥망(興亡)을 알았다 함.

(懷抱)롤 뉘게 베프리오."

츈운이 웃고 골오듸,

"샹여(相如)의 봉황곡(鳳凰曲)을 녀즈는 못ᄒ리잇가. 쇼졔 잔 가온듸 활 그림재롤 보시도다."

쇼졔 왈,

"그러티 아니타. 이 사롬이 곡됴 주ᄒ미 다 곡졀이 이시듸 무심ᄒ고 주홀쟉시면 어이 굿ᄐ여 봉황곡을 믿 우히 타리오. 허믈며 녀즈 듕의도 용뫼 쳥슈(淸秀)ᄒ니도 잇고 댱대(壯大)ᄒ니도 잇거니와 이 사롬처럼 긔운이 호샹(豪爽)ᄒ니는 보디 못ᄒ여ᄂ니 내 뜻의는 시방 과거(科擧) ㅣ 다ᄃ라 ᄉ방 지ᄉ(才士)들이 오로 경ᄉ(京師)의 모다시니 그 듕의 나의 일홈을 그롯 듯고 망녕 져은 의ᄉ롤 너는가 ᄒ노라."

츈운 왈,

"이 사롬이 남자(男子)ㄹ쟉시면 얼골이 임의 아롬답고 긔샹이 호샹ᄒ고 음뉼을 졍통ᄒ믈 가히 그 지죄 업디 아닌 줄을 알니로소이다."

쇼졔 왈,

"진짓 샹여(相如) ㅣ 나 나는 결단ᄒ여 문군(文君)이 되디 아니ᄒ리라."

츈운 왈,

"쇼졔야, 우은 말 마ᄅ쇼셔. 문군은 과부(寡婦) ㅣ 오, 쇼져는 쳐녀(處女) ㅣ 오, 문군은 유의ᄒ여 조찻고 쇼져 는 무심ᄒ야 드러시니, 쇼져는 어이 문군과 서로 비기시ᄂ니잇가."

냥인이 져므도록 담쇼(談笑) ㅣ ᄌ약(自若)ᄒ더라.

홀는 뎡ᄉ도(鄭司徒) ㅣ 밧그로셔 드러와 새로 난 급뎨방(及第榜)을 부인을 뵈여 골오듸,

"녀ᄋ의 혼ᄉ롤 지금 뎡티 못ᄒ야시니 내 뜻의는 신방(新榜) 급뎨(及第) 듕의 아름다온 사롬이 이실가 ᄒ여더니 댱원(壯元) 급뎨ᄒᆞᆫ 양쇼유(楊少遊)는 회람(淮南) 사롬이라. 나히 십뉵셰의 지은 글을 모든 시관(試官)

이 아니 기릴 사룸이 업ᄉᆞ니 이 필연 당금(當今) 재ᄌᆞ(才子) | 라. 내 ᄯᅩᄒᆞᆫ 드ᄅᆞ니 얼골이 슈미(秀美)ᄒᆞ고 취쳐(娶妻)를 아니ᄒᆞ엿다 ᄒᆞ니 이 사룸을 어더 나의 녀셔(女壻)를 삼으면 나의 ᄯᅳᆺ이 족ᄒᆞᆯ가 ᄒᆞ노라."

부인 왈,

"비록 그러나 ᄇᆞ더 얼골 보고 뎡ᄒᆞᆯ 거시니이다."

ᄉᆞ되 왈,

"ᄯᅩᄒᆞᆫ 어렵디 아니타."

ᄒᆞ더라.

제5회

영화혜투로회츈심(詠花鞋透露懷春心)
환산[211]쟝셩취고셩[212]연(幻仙庄成就小星緣)

쇼졔 방의 도라와 ᄉᆞ도(司徒)의 이ᄅᆞ던 말을 츈운ᄃᆞ려 일너 ᄀᆞᆯ오ᄃᆡ

"져적 거문고 ᄐᆞ던 녀관이 스ᄉᆞ로 초(楚) 사룸이로라 ᄒᆞ고 나히 졍히 십뉵칠셰는 ᄒᆞ더니 회람(淮南)이 초ᄯᅡ히오, 년긔(年紀) 샹당(相當)ᄒᆞ니 내 실노 의심이 업디 못ᄒᆞ여라. ᄎᆞ인(此人)이 만일 그 사룸이면 네 모ᄅᆞ미 ᄌᆞ셔히 보게 ᄒᆞ라."

츈운 왈,

"쳡이 그 사룸을 보디 못ᄒᆞ야시니 이 사룸을 본들 어이 알니잇가. 츈운의 ᄯᅳᆺ의는 쇼졔 쳥쇄(靑瑣)[213] 안히셔 스ᄉᆞ로 여어 보아야만 ᄒᆞᆯ가 ᄒᆞᄂᆞ이다."

냥인(兩人)이 서로 보고 웃더라.

---

211) 환산 : '환선(幻仙)'의 오기.
212) 고셩 : '소셩(小星)'의 오기.
213) 쳥쇄(靑瑣) : 문짝에 자물쇠 모양을 새기고 푸른 칠을 한, 궁궐의 문.

이젹의 양쇼유(楊少遊)ㅣ 회시(會試)[214] 뎐시(殿試)[215] 쟝원(壯元)을 년(連)ᄒᆞ여 ᄒᆞ야 한님원(翰林院)[216]의 드니 셩명(聲名)이 공후[217]ᄅᆞᆯ 기우리려 공후(公侯) 귀쳑(貴戚) 녀ᄌᆞ 둔 집의셔 구혼ᄒᆞ리 구름 ᄀᆞᆺᄒᆞ되 양싱이 다 물니티고 녜부(禮部) 권시랑(權侍郞)[218]을 가 보고 뎡ᄉᆞ도 집의 구혼ᄒᆞᄂᆞᆫ 편지ᄅᆞᆯ 바다 ᄉᆞ매예 너코 ᄉᆞ도ᄅᆞᆯ 와 볼식, 봄츈ᄀᆞᆺᄒᆞᆫ 궁포(宮布)[219]의 계화(桂花)[220]ᄅᆞᆯ 쏫고 신션의 풍뉴 좌우의 옹위(擁衛)ᄒᆞ여 뎡ᄉᆞ도 집 문의 니ᄅᆞ니, ᄉᆞ되 부인을 도라보아 닐오ᄃᆡ, "양쟝원이 왓다." ᄒᆞ고 후당(後堂)의 쳥ᄒᆞ여 셔로 볼식 부듕(府中) 사ᄅᆞᆷ이 쇼져 일인 밧긔 아니 보나니 업더라.

츈운이 부인 뫼신 사ᄅᆞᆷᄃᆞ려 무러 ᄀᆞᆯ오ᄃᆡ,

"우리 노야(老爺) 부인과 ᄒᆞ시ᄂᆞᆫ 말ᄉᆞᆷ을 드ᄅᆞ니, 젼일 부듕의 와 거문고 ᄐᆞ던 녀관이 곳 신방(新榜) 쟝원의 표ᄆᆡ(表妹)라 ᄒᆞ니 아디 못게라. 얼골이 방불ᄒᆞᆫ 곳이 잇ᄂᆞᆫ가."

시비 닐오ᄃᆡ,

"과연 올타. 용모 거동이 완연이 다ᄅᆞᆫ 곳이 업ᄉᆞ니, 셰상의 듕표형졔(中表兄弟)[221]ᄀᆞᆺᄒᆞ니도 잇다."

츈운이 즉시 쇼져ᄃᆞ려 닐오ᄃᆡ,

"쇼져의 명감(明鑑)이 과연 그ᄅᆞ디 아니토소이다."

---

214) 회시(會試) : 향시(鄕試)의 다음 해에 각처에서 과거(科擧)에 응시해 온 사람들을 예부(禮部)에 모아서 치르는 고시(考試).

215) 전시(殿試) : 임금이 친히 참예한 자리에서 실시하는 고시(考試).

216) 한림원(翰林院) : 당(唐)나라 현종(玄宗) 때에 설치된, 주로 조서(詔書) 등 문서를 다루는 기관.

217) 공후 : '경사(京師)'의 오기.

218) 시랑(侍郎) : 상서(尙書) 다음 가는 종2품(從二品)의 벼슬.

219) 궁포(宮布) : 임금이 내려 준 비단.

220) 계화(桂花) : 과거에 장원급제한 사람에게 꽂아주는 계수나무꽃.

221) 중표형제(中表兄弟) : 내외종(內外從). 내종 사촌과 외종 사촌을 아울러 이르는 말.

쇼졔 왈,

"쏘 가 무슨 말숨 ᄒᆞᄂᆞᆫ고 드러 오라."

갓다가 오라거야 드러와 닐오ᄃᆡ,

"우리 노야(老爺)ㅣ 쇼져를 위ᄒᆞ여 구혼(求婚)ᄒᆞᄂᆞᆫ 말을 ᄒᆞ시니 양쟝원(楊壯元)이 니러 답ᄒᆞ시ᄃᆡ, '만싱(晩生)[222]이 경ᄉᆞ(京師)의 와 녕ᄋᆡ(令愛) 쇼져의 뇨됴유한(窈窕幽閑)ᄒᆞ믈 듯고 믄득 망녕된 ᄯᅳᆺ을 ᄂᆡ여 좌ᄉᆞ(座使)[223] 권시랑(權侍郞)의 편지를 바다 와시되 도라보건ᄃᆡ 문호(門戶)의 부뎍(不敵)ᄒᆞ미 쳥운(靑雲)과 탹슈(濁水) ᄀᆞᆺ고 인품의 ᄂᆡ도ᄒᆞ미[224] 봉황(鳳凰)과 오쟉(烏鵲) 갓흘디라, 참괴(慚愧)ᄒᆞ고 츅쳑(踧踖)ᄒᆞ여 감히 드리디 못ᄒᆞ엿더니이다' ᄒᆞ고 셔찰봉(書札封)을 ᄂᆡ여 노야(老爺) 알ᄑᆡ 나아가 드리니, 노애 ᄯᅥ혀 보시고 가쟝 깃거ᄒᆞ시며 쥬찬(酒饌)을 시방 직쵹ᄒᆞ시ᄂᆞ이다."

쇼졔 놀나 닐오ᄃᆡ,

"이런 대ᄉᆞ(大事)를 어이 그리도록 쉽ᄉᆞ리 졍ᄒᆞ신고."

ᄒᆞ더니 믄득 시녜 드러와셔 부인이 부ᄅᆞ신다 ᄒᆞ거ᄂᆞᆯ, 쇼졔 승명(承命) ᄒᆞ여 나아가니 부인 왈,

"양쟝원이 진짓 ᄌᆡᄌᆞ(才子)라, 너의 부친이 임의 혼ᄉᆞ를 허ᄒᆞ여 계시니 우리 노부쳐(老夫妻)ㅣ 기리 의탁ᄒᆞᆯ 곳을 어더시니 다시 근심이 업술노다."

쇼졔 왈,

"시비(侍婢)의 말을 드ᄅᆞ니 양쟝원의 얼골이 낭일(曩日)[225]의 거ᄆᆞᆫ고 타던 녀관(女冠)과 방불(彷佛)ᄒᆞ더라 ᄒᆞ니 올흐니잇가."

부인이 ᄀᆞᆯ오ᄃᆡ,

---

222) 만생(晩生) : 말하는 이가 선배를 상대하여 자기를 낮추어 이르는 일인칭 대명사.

223) 좌사(座師) : 벼슬아치를 높여 부르는 말.

224) ᄂᆡ도ᄒᆞ미 : 다름이.

225) 낭일(曩日) : 지난날.

"졍히 올타. 그 녀관의 션풍도골(仙風道骨)이 셰샹의 쒸여나니 너 잇디 못ᄒᆞ야 다시 사ᄅᆞᆷ브려 쳥ᄒᆞ고져 ᄒᆞᄃᆡ 다ᄉᆞ(多事)ᄒᆞ야 못ᄒᆞ얏더니 양장원의 얼골이 완연이 다ᄅᆞ미 업ᄉᆞ니 일노도 양장원의 아ᄅᆞᆷ다오믈 가히 스텨 알니라."

쇼제 왈,

"양장원이 비록 아ᄅᆞᆷ다오나 쇼녜 졀노 더브러 혐의(嫌疑) 이시니 혼인 일이 맛당치 아닐가 ᄒᆞᄂᆞ이다."

부인 왈,

"이 가장 고이ᄒᆞᆫ 말이로다. 녀ᄋᆞ는 이 심규쳐ᄌᆞ(深閨處子)ㅣ오, 양장원은 회람(淮南) 사ᄅᆞᆷ이라, 셔로 간예(干預)ᄒᆞ미 업ᄉᆞ니 무손[226] 이 무손 혐의 이시리오."

쇼제 왈,

"쇼녀의 일이 참괴ᄒᆞ미 극ᄒᆞ니 ᄎᆞ마 모친긔도 알외디 못ᄒᆞ였더이다. 젼일 녀관이 곳 양장원이니 변복(變服)ᄒᆞ고 탄금(彈琴)ᄒᆞ믄 쇼녀의 얼골을 보려 ᄒᆞ미라. 쇼녜 간계(奸計)의 싸져 반일을 언어로 슈작ᄒᆞ여시니 어이 혐의 업ᄉᆞ리잇가."

부인이 놀나더니, ᄉᆞ도(司徒)ㅣ 양장원을 보니고 양미간(兩眉間)의 희식(喜色)이 ᄀᆞ둑ᄒᆞ여 드러오며 갈오ᄃᆡ,

"경파 녀ᄋᆞ야, 금일의 뇽(龍)을 타는 깃브미 이시니 ᄀᆞ장 쾌ᄒᆞ도다."

부인이 ᄀᆞᆯ오ᄃᆡ,

"녀ᄋᆞ의 뜻은 우리 부쳐(夫妻)와 다ᄅᆞ이다."

ᄒᆞ고 인ᄒᆞ여 쇼져의 말을 뎐ᄒᆞᆫᄃᆡ 다시 무러 봉황곡(鳳凰曲) 주(奏)ᄒᆞ던 말을 듯고 더옥 깃거 대쇼(大笑)ᄒᆞ고 갈오ᄃᆡ,

"양낭은 진실노 풍뉴ᄌᆡᄌᆞ(風流才子)ㅣ로다. 녜 왕유(王維)[227]학ᄉᆞ(學

---

226) 무손 : 중복 표기.

227) 왕유(王維) : 당(唐)나라의 시인이며 화가. 자연시인의 대표이며 남종화의 창

士)ㅣ 악공(樂工)의 복식(服色)으로 태평공쥬(太平公主)[228] 집의 가 비파(琵琶)ᄅᆞᆯ 타고 쟝원급졔(壯元及第)ᄅᆞᆯ 구ᄒᆞᄃᆡ 이제 니ᄅᆞ히 아ᄅᆞᆷ다온 일노 뎐(傳)ᄒᆞᄂᆞ니, 양낭은 슉녀를 위ᄒᆞ여 잠간 녀복(女服)을 ᄒᆞ니 이ᄂᆞᆫ ᄌᆡ조 잇고 졍(情) 만흔 사ᄅᆞᆷ의 유의[229]ᄒᆞ미라, 무슴 해로오미 이시리오. ᄒᆞ물며 녀ᄋᆞᄂᆞᆫ 져ᄅᆞᆯ 녀ᄌᆞ로 알고 보아시니, 탁문군(卓文君)의 쳥쇄(靑瑣) 안희셔 엿보므로 더브러 ᄂᆡ도[230]ᄒᆞᆫ디라. 더옥 무슴 혐의(嫌疑) 이시리오."

쇼졔 왈,

"쇼녀의 ᄆᆞᄋᆞᆷ이 븟그러오미 업ᄉᆞᄃᆡ 사ᄅᆞᆷ의게 그대도록 속은 줄을 ᄋᆡ돌와 ᄒᆞᄂᆞ이다."

ᄉᆞ되 대쇼 왈,

"이ᄂᆞᆫ 나의 알 ᄇᆡ 아니니 타일 양낭ᄃᆞ려 무ᄅᆞ라."

부인이 ᄀᆞᆯ오ᄃᆡ,

"양낭이 혼긔(婚期)ᄅᆞᆯ 언제 뎡ᄒᆞ더니잇고."

ᄉᆞ되 왈,

"납ᄎᆡ(納采)[231]ᄂᆞᆫ 죵슈[232]ᄒᆞ여 ᄒᆞ고 친영(親迎)[233]은 츄후(秋後)로 대부인(大夫人) 뫼셔 오기ᄅᆞᆯ 기ᄃᆞ리려 ᄒᆞ더이다."

ᄒᆞ더라. ᄉᆞ되 길일(吉日)을 갈희여 쟝원의 ᄎᆡ례(采禮)[234]ᄅᆞᆯ 밧고 ᄎᆞ후 양한님(楊翰林)이 ᄉᆞ도 집 화원 별당의 하쳐(下處)ᄒᆞ고 ᄉᆞ도 부쳐(夫妻)로 더브러 옹셔(翁婿)[235]의 녜(禮)ᄅᆞᆯ ᄒᆡᆼᄒᆞ더라.

시자임.

228) 태평공주(太平公主) : 당(唐)나라 고종(高宗)의 딸.

229) 유의 : '유희(遊戲)'의 오기.

230) ᄂᆡ도 : 차이가 있음.

231) 납채(納采) : 결혼할 때 신랑 집에서 신부 집에 보내는 예물.

232) 죵슈 : '종속(從俗)'의 오기. 풍속에 따름.

233) 친영(親迎) : 결혼할 때 신랑이 신부의 집에 가서 신부를 직접 맞이하는 의식.

234) 채례(采禮) : 납채(納采).

235) 옹서(翁婿) : 장인과 사위.

뎡쇼졔 위연이 자는 방롤 디나다가 눈을 드러 보니 운(雲)이 ㅂ야흐로 비단 초혀(草鞋)의 모란올 슈(繡)ㅎ다가 봄긔운이 달호여 슈틀의 비겨 조을거눌, 쇼졔 방의 드러가 슈혼 거시 경묘(精妙)ㅎ믈 차탄(嗟歎)ㅎ더니 쟈근 죠희예 글 ㅄ 졉은 거시 잇거눌 펴 보니 츈운이 쵸혀(草鞋) 두고 지은 글이러라.

ㅎ여시디,

넌긔[236]최득옥인친(憐渠最得玉人親) 너의 장츳 옥갓흔 사롬의 친히 ㅎ믈어엿버ㅎㄴ니

보보샹슈블잠사(步步相隨不暫捨) 거롬마다 서로 조차 잠시도 ㅂ리디 아니는도다

쵹멸나유힉디시(燭滅羅帷解帶時) 쵹을 멸ㅎ고 오술 그르고 ㄸ롤 버슬 ㅉㅐ

죵슈포쳑샹상하(終須抛擲象牀下) ㅁ춤닉 샹아 평상 아리 버셔 ㅂ리리로다.

쇼졔 보기롤 맛고 싱각ㅎ되, '운낭(雲娘)의 글이 더욱 쟝진(長進)ㅎ얏도다. 신으로ㅄ 몸의 비ㅎ고 옥인(玉人)은 날노 닐너시니 상시(常時)의 ㄸ너나디 아니타가 닉 사롬을 조츠 갈 제 져롤 져ㅂ릴가 ㅎ니 츈낭이 날을 사랑ㅎ는도다.' 다시 보고 우어 닐오디, '츈낭이 나의 자는 상(床)을 훈가지로 오ㄹ고져 ㅎ여시니 날노 더브러 훈 사롬을 셤기고져 ㅎ는도다. 이 아희 ㅁ옴이 변ㅎ엿다.' ㅎ고 츈낭을 ㅆㅣ오디 아니ㅎ고 당상(堂上)의 올라와 부인을 보니 ㅂ야흐로 시비(侍婢)롤 ㄷ리고 양한님의 음식을 긔걸[237]ㅎ거놀 쇼졔 갈오디,

"한님이 우리 집의 온 후로 모친이 의복이며 음식을 손슈 긔걸ㅎ여 경신을 허비ㅎ시니 쇼녜 맛당이 슈고롤 디(代)훌 거시로디 인졍(人情)의 가

236) 넌긔 : '넌거(憐渠)'의 오기.

237) 긔걸 : '분부'의 옛말.

티 아니ᄒᆞ니 츈운이 나히 당셩(長成)ᄒᆞ야 아모 일이라도 죡히 찰힐 거시니, 내 ᄯᅳᆺ의ᄂᆞᆫ 츈운을 화원(花園)의 보내여 양한님의 안 일을 보살피게 ᄒᆞ미 맛당ᄒᆞᆯ가 ᄒᆞᄂᆞ이다."

부인이 ᄀᆞᆯ오ᄃᆡ,

"츈운의 ᄀᆡ질이 어ᄃᆡ 맛당치 아니리오마ᄂᆞᆫ, 제 아비 우리 집의 공노(功勞)ㅣ 잇고 졔 ᄯᅩ 인물이 남의게셔 ᄲᅡ혀ᄂᆞ니 샹공(相公)이 ᄆᆞ양 어진 ᄇᆡ필을 구ᄒᆞ랴 ᄒᆞ시니 녀ᄋᆞᄅᆞᆯ 조ᄎᆞ 가미 저의 원이 아닐가 ᄒᆞ노라."

쇼졔 왈,

"졔 ᄯᅳᆺ은 쇼녀를 ᄯᅥ나디 말과져 ᄒᆞᄂᆞ니이다."

부인 왈,

"죵가(從嫁)[238]ᄒᆞᄂᆞᆫ 비쳡(婢妾)을 ᄃᆞ려가믄 인가(人家)의 녜ᄉᆞ(例事)ㅣ어니와, 츈운의 ᄌᆡ죄 츌듕(出衆)ᄒᆞ니 ᄒᆞᆫ가지로 ᄒᆡᆼᄒᆞ미 맛당치 아닐가 ᄒᆞ노라."

쇼졔 왈,

"양ᄉᆡᆼ이 원방(遠方) 십뉵세 셔ᄉᆡᆼ(書生)으로 석 ᄌᆞ 거문고ᄅᆞᆯ 잇글고 ᄌᆡ상(宰相) 집 깁고 깁흔 듕당(中堂)의ᄅᆞᆯ 드러와 규듕쳐ᄌᆞ(閨中處子)ᄅᆞᆯ ᄂᆡ여 안티고 거문고 곡됴로 됴희(調戲)ᄒᆞ니 이러ᄐᆞᆺᄒᆞᆫ ᄀᆡ상(氣像)이 어이 즐겨 ᄒᆞᆫ 녀ᄌᆞ의 손에 늘그리오. 양ᄉᆡᆼ의 승샹부(丞相府)를 웅거(雄據)ᄒᆞ면 몃 풍류 죠쳑 줄 알니잇가."

이톄로 문답ᄒᆞᆯ 제 ᄉᆞ되 드러와 안거ᄂᆞᆯ 부인이 쇼져의 말노 니ᄅᆞ고 ᄯᅩ ᄀᆞᆯ오ᄃᆡ,

"내 ᄯᅳᆺ의ᄂᆞᆫ 십분 맛당ᄒᆞᆫ 줄 아디 못ᄒᆞ고 혼인 젼의 비쳡(婢妾)을 보내미 더옥 가티 아닌가 ᄒᆞᄂᆞ이다."

ᄉᆞ되 갈오ᄃᆡ,

"츈운이 녀ᄋᆞ(女兒)로 더브러 ᄌᆡ모(才貌)ㅣ 방불(彷佛)ᄒᆞ고 ᄯᅩᄒᆞᆫ 셔로

---

238) 종가(從嫁) : 신행(新行) 길에 모시고 따라 감.

사랑ᄒᆞ니 ᄯᅥ나디 아니킈 ᄒᆞ미 맛당ᄒᆞ고 필경 ᄒᆞᆫ가디로 도라갈 거시니 조만션후(早晩先後)ㅣ 관겨치 아니ᄒᆞ니 츈운을 보내여 양낭의 젹막ᄒᆞ믈 위로ᄒᆞ미 가티 아니미 업ᄉᆞ디 다만 그져 보내기는 너모 초초(草草)ᄒᆞ고 잠간 녜(禮)ᄅᆞᆯ 출히려 ᄒᆞ면 혼인 젼의 맛당치 아니ᄒᆞ니 엇디ᄒᆞ면 됴홀고."

쇼제 왈,

"쇼녀 ᄯᅳᆺ의ᄂᆞᆫ 츈운의 몸을 비러 쇼녀의 셜치(雪恥)ᄅᆞᆯ ᄒᆞ고져 ᄒᆞ니 십삼형(十三兄)ᄅᆞᆯ 일일히 ᄒᆞ라 ᄒᆞ쇼셔."

ᄉᆞ되 대쇼(大笑)ᄒᆞ고 닐오ᄃᆡ,

"이 계교(計巧) ᄀᆞ쟝 됴타."

ᄒᆞ더라.

ᄉᆞ도의 모든 딜ᄌᆞ(姪子) 듕의 십삼낭이라 ᄒᆞ리 뉴의 어딜고 호샹(豪爽)ᄒᆞ여 희학(戱謔)ᄒᆞ기ᄅᆞᆯ 잘 ᄒᆞᄂᆞᆫ디라 양한님이 ᄀᆞ쟝 ᄉᆞ랑ᄒᆞ더라. 쇼졔 방의 가 츈운ᄃᆞ려 닐오ᄃᆡ,

"츈낭아, 내 츈낭으로 더브러 머리털이 니마희 더퍼신 졔 ᄭᅩᆺ가디ᄅᆞᆯ 다토아 져므도록 노더니 내 이제 남의 집 녜폐(禮幣)ᄅᆞᆯ 바다시니 츈낭이 ᄯᅩ ᄒᆞᆫ 어리디 아니믈 알과라. 죵신대ᄉᆞ(終身大事)ᄅᆞᆯ 혜아련디 오랄 거시니 아디 못게라 엇던 사ᄅᆞᆷ을 좃고져 ᄒᆞᄂᆞ뇨."

츈낭이 갈오ᄃᆡ,

"쳔쳡(賤妾)이 낭ᄌᆞ 은혜ᄅᆞᆯ 갑흘 길히 업ᄉᆞ니 몸이 ᄆᆞᆺ도록 낭ᄌᆞᄅᆞᆯ 뫼셔 ᄯᅥ나지 말고져 ᄒᆞᄂᆞ이다."

쇼제 왈,

"내 원ᄂᆡ 츈낭이 내 졍(情)과 ᄀᆞᆺᄒᆞᆫ 줄을 알니로다. 내 이제 츈낭으로 더브러 의논ᄒᆞᆯ 일이 이셰라. 양낭이 거문고 곡됴로 서로 소기믄 삣기 어려운 븟그러온 일이라, 츈낭 곳 아니면 셜티(雪恥)ᄒᆞᆯ 일이 업ᄉᆞ니 우리 집 산장(山庄) 죵남산(終南山)239) 깁흔 골의 이셔 비록 경셩(京城)의셔 디쳑

---

239) 죵남산(終南山) : 감숙성(甘肅省)에서 섬서성(陝西省)을 통해 하남성(河南省)

(咫尺)이나 경개(景槩) 그윽ᄒᆞ미 인간(人間) ᄀᆞᆺ디 아니ᄒᆞ니 이 ᄶᅢ흘 비러 츈낭(春娘)의 화쵹(花燭)을 빅셜(排設)ᄒᆞ고 십삼형으로 ᄒᆞ여금 일일이 ᄒᆞ면 가히 양낭을 소길거시니 츈낭은 날을 위ᄒᆞ여 슈고롤 피(避)티 말나."

츈운이 ᄀᆞᆯ오ᄃᆡ,

"쇼져의 말솜을 어이 슌죵치 아니리잇고마는 타일(他日)의 ᄂᆞᆺ촐 들기 어려올가 ᄒᆞᄂᆞ이다."

쇼졔 왈,

"사롬을 속이고 븟그럽기 오히려 사롬의게 속고 븟그럽기도곤 나을가 ᄒᆞ노라."

츈운이,

"그리ᄒᆞ리이다."

ᄒᆞ더라.

한님이 벼술이 본ᄃᆡ 한가(閑暇)ᄒᆞᆫ디라. 궐듕(闕中)의 입딕(入直)ᄒᆞᆫ 여가(餘暇)는 양한님이 쥬루(酒樓)의 가 취(醉)ᄒᆞᆯ 적도 잇고 셩외(城外)예 가 화류(花柳) 귀경ᄒᆞᆯ 적도 잇더니, ᄒᆞᆯᄂᆞᆫ 뎡십삼이 양싱ᄃᆞ려 닐오ᄃᆡ,

"셩남(城南)이 머디 아니ᄒᆞᆫ ᄶᅡ히 산슈(山水)ㅣ 졀승(絶勝)ᄒᆞᆫ 곳이 이시니 우리 ᄒᆞᆫ가디로 볼 거시라."

ᄒᆞ고 쥬호(酒壺)롤 ᄎᆞ 오십여 리(里)롤 힝ᄒᆞ여 ᄆᆞᆰ은 시내롤 님(臨)ᄒᆞ고 솔수플을 혜여고 잔(盞)을 젼ᄒᆞ더니 이ᄣᅢ 츈하간(春夏間)의 뫼ᄭᅩᆺ치 어즈러이 펴져 믈결을 조챠 ᄂᆞ려오니 완연이 무릉도원(武陵桃源)[240]이오, 경개 졀승ᄒᆞ더라.

뎡싱이 닐오ᄃᆡ,

"이 믈이 ᄌᆞ각봉(紫閣峰)[241]으로 조차 ᄂᆞ려오니 예셔 십여리롤 힝ᄒᆞ면

에 이르는 여러 산.

240) 무릉도원(武陵桃源) : 신선(神仙)이 살았다는 중국의 명승지(名勝地).

241) 자각봉(紫閣峰) : 섬서성(陝西省) 호현(鄠縣) 동남쪽에 있는 산.

고이ᄒᆞᆫ ᄯᅡ히 이셔 ᄭᅩᆺ 픠고 달 ᄇᆞᆯ근 밤이면 신션의 풍뉴소릐 난다 ᄒᆞ되 내 일작 보디 못ᄒᆞ얏더니 형으로 더브러 당당이 ᄒᆞᆫ가디로 조출 거시라.”
하니 양ᄉᆡᆼ이 본ᄃᆡ 셩품이 긔특(奇特)ᄒᆞᆫ 일을 됴하ᄒᆞᄂᆞᆫ디라. 이 말을 듣고 크게 긔특이 넉여 힝ᄒᆞ더니 홀연 뎡십삼(鄭十三) 집 죵이 급히 와 니ᄅᆞ되,

“우리 낭ᄌᆞ(娘子)ㅣ 병환이 겨셔 낭군을 쳥ᄒᆞ시ᄂᆞ이다.”

뎡ᄉᆡᆼ이 춍거(忽遽)[242]히 니러나며 닐오되,

“본ᄃᆡ 형으로 더브러 션경(仙境)을 차ᄌᆞ려 ᄒᆞ더니 가루(家累)롤 인하여 닐우디 못ᄒᆞ고 도라가니 쇼졔(小弟)의 션분(仙分)이 업ᄉᆞᆷ을 알과라.”
ᄒᆞ고 총총이 가더라.

양ᄉᆡᆼ이 비록 외로오나 흥(興)이 쇠(衰)치 아냐 흐ᄅᆞᄂᆞᆫ 믈을 조차 점점 드러가니 경개 더옥 긔졀(奇絶)ᄒᆞ더니 믈 우희셔 계슈(桂樹) 입히 ᄯᅥᄂᆞ려 오더니 글 ᄡᅳᆫ 거시 잇거놀 셔동(書童)으로 ᄒᆞ여금 건져 오라 ᄒᆞ여 보니 ᄒᆞᆫ 글 귀 ᄡᅳ여시되, ‘신션의 개 구름밧긔 ᄌᆞᄌᆞ니, 아니 양낭이 왓ᄂᆞᆫ가.’ ᄒᆞ엿더라.

ᄉᆡᆼ이 고이히 넉여 ᄉᆡᆼ각ᄒᆞ되,

‘이 후의 어인 인가(人家)ㅣ 이시며, 이 글이 어이 심샹(尋常)ᄒᆞᆫ 사ᄅᆞᆷ의 글이리오.’
ᄒᆞ여 더옥 깁히 ᄎᆞ쟈 가더니 셔동이 갈오되,

“날이 느져시니 셩듕(城中)으로 가디 못ᄒᆞ게 ᄒᆞ엿ᄂᆞ이다.”

ᄉᆡᆼ이 듯디 아니코 ᄯᅩ 십니(十里)ᄂᆞᆫ 힝ᄒᆞ니 ᄒᆡ 임의 지고 ᄃᆞᆯ이 ᄯᅥ오ᄅᆞ거놀 ᄃᆞᆯ 비출 조차 가며 잘 곳을 엇디 못ᄒᆞ여 비로소 창황(蒼黃)ᄒᆞ여 ᄒᆞ더니 믄득 보니 십여셰ᄂᆞᆫ ᄒᆞᆫ 쳥의(靑衣) 녀동(女童)이 믈ᄭᆡ의셔 오술 ᄲᅵᆺ다가 ᄉᆡᆼ을 보고 급급히 ᄃᆞᆯ녀가며 블너 ᄀᆞᆯ오되,

“낭ᄌᆞ야, 낭군이 오시ᄂᆞ이다.”

ᄉᆡᆼ이 이 말을 듯고 ᄀᆞ장 고이히 넉여 수십 보(步)ᄂᆞᆫ 가더니 뫼히 도라

---

242) 춍거(忽遽) : 매우 급함.

지며 ᄒᆞᆫ 쟈근 집이 계슈(桂樹)를 님(臨)ᄒᆞ여 극히 정쇄(精洒)ᄒᆞ고 ᄒᆞᆫ 녀지 둘비출 띄여 벽도화(碧桃花)의 잇더니 ᄉᆡᆼ이 오믈 보고 심심(深深)이 녜(禮)ᄒᆞ야 ᄀᆞᆯ오ᄃᆡ,

"양낭이 어이 오기를 늣게야 ᄒᆞ뇨."

ᄉᆡᆼ이 그 녀ᄌᆞ를 보니 몸의 홍쵸의(紅綃衣)[243]를 닙고 머리의 비취좀(翡翠簪)[244]을 꼿고 허리의 ᄇᆡᆨ옥패(白玉珮)를 차시니 션연(嬋娟)ᄒᆞ고 표묘(嫖緲)ᄒᆞ야 진짓 신션이러라. ᄉᆡᆼ이 황망(慌忙)이 답녜ᄒᆞ고 ᄀᆞᆯ오ᄃᆡ,

"쇼ᄉᆡᆼ은 진간쇽ᄌᆞ(塵間俗子)ㅣ라. 본ᄃᆡ 월하[245]의 긔약이 업더니 션ᄌᆞ(仙子)[246]ㅣ 늣게야 오믈 칙ᄒᆞ믄 엇디니잇가."

미인 왈,

"쳥건ᄃᆡ 졍ᄌᆞ(亭子) 우희 가 말ᄉᆞᆷ을 베퍼지이다."

ᄉᆡᆼ을 인ᄒᆞ여 뎡ᄌᆞ 우희 가 쥬긱(主客)으로 난화 안고 녀동(女童)이 쥬찬(酒饌)을 드리더니 미인이 탄식ᄒᆞ고 갈오ᄃᆡ,

"녜 일을 니ᄅᆞ려 ᄒᆞ뫼 사ᄅᆞᆷ의 슬픈 ᄆᆞ옴을 돕ᄂᆞᆫ도다. 쳡은 본대 요지(瑤池)[247] 왕모(王母)[248]의 시녜(侍女)ㅣ러니 낭군의 젼신이 곳 샹쳔[249] 션ᄌᆞ(仙子)ㅣ라. 옥뎨(玉帝) 명으로 왕모ᄭᅴ 됴회(朝會)ᄒᆞ더니 쳡을 보고 신션의 실과로 희롱ᄒᆞ니 왕모(王母)ㅣ 노ᄒᆞ샤 샹뎨(上帝)ᄭᅴ 살와 낭군은 인셰(人世)예 ᄯᅥ러지고 쳡이 ᄯᅩᄒᆞᆫ 산듕(山中)의 귀향 왓더니 이제 긔ᄒᆞᆫ(期限)이 차 도로 요지(瑤池)로 갈 거시로ᄃᆡ ᄇᆞᄃᆡ 낭군을 ᄒᆞᆫ번 보아 녯 정

---

243) 홍초의(紅綃衣) : 붉은 생사로 만든 옷.

244) 비취잠(翡翠簪) : 옥(玉)의 일종인 비취로 만든 비녀.

245) 월하(月下) : 월하노인의 준말. 중국 당(唐)나라의 위고(韋固)가 달밤에 장래의 아내를 예언해 준 노인을 만난 데서 유래한, 남녀의 인연을 맺어 준다는 전설상의 노인.

246) 선자(仙子) : 아름다운 여자를 이름.

247) 요지(瑤池) : 중국 곤륜산(崑崙山)에 있다는, 신선이 산다는 못.

248) 왕모(王母) : 중국의 옛 신선인 서왕모(西王母). 주(周)나라의 목왕(穆王)이 요지에서 서왕모를 만났다는 고사로 유명함.

249) 샹쳔 : '상청(上淸)'의 오기. 도가(道家)에서 신선이 사는 곳.

을 펴랴 ᄒᆞᄂᆞᆫ 고로 션관(仙官)의게 비러 ᄒᆞᆫ ᄃᆞᆯ 긔한을 주니 쳡이 진실노 낭군이 오ᄂᆞᆯ 오실 줄 아더니이다."

이ᄯᅢ ᄃᆞᆯ이 놉고 은하(銀河)ㅣ 기우러시니 밤이 깁허ᄂᆞᆫ디라. 셔로 잇그러 침셕(寢席)의 나아가니 마치 뉴완(劉阮)[250]이 텬ᄐᆡ산(天台山)[251]의셔 션ᄌᆞ(仙子) 만남 ᄀᆞᆺᄒᆞ여 황홀ᄒᆞ야 가히 형샹티 못ᄒᆞᆯ너라. 냥인(兩人)이 은졍(恩情)이 족디 못ᄒᆞ야셔 뫼새 지져괴고 동방(東方)의 빗치 동(動)ᄒᆞ니 미인이 니러나 양ᄉᆡᆼᄃᆞ려 닐오ᄃᆡ,

"금일은 쳡이 요디(瑤池)로 갈 긔ᄒᆞᆫ(期限)이라. 션관(仙官)이 절월(節鉞)[252]을 가디고 와 ᄃᆞ려갈 거시니 낭군이 몬져 가디 아니면 피ᄎᆞ(彼此)의 다 허믈이 이시리라. 낭군이 만일 녯 졍을 닛디 아니ᄒᆞ면 셔로 긔약(期約)이 이시리라."

나군(羅裙)[253]의 니별ᄒᆞᄂᆞᆫ 글을 ᄡᅥ ᄉᆡᆼ을 주니 그 글의 왈,

샹봉화만쳔(相逢花滿天)　셔로 만나니 ᄭᅩᆺ치 하ᄂᆞᆯ의 ᄀᆞ득ᄒᆞ고
샹별화ᄌᆡ슈(相別花在水)　셔로 니별ᄒᆞ니 ᄭᅩᆺ치 믈의 잇도다
츈광여몽듕(春光如夢中)　봄비ᄎᆞᆯ ᄭᅮᆷ 가온대 잇고
뉴슈묘쳔니(流水杳千里)　흐ᄅᆞᄂᆞᆫ 물은 쳔니의 아득ᄒᆞ도다

양ᄉᆡᆼ이 한삼(汗衫) ᄉᆞ매ᄅᆞᆯ ᄶᅥ혀 시ᄅᆞᆯ ᄡᅥ 주니 왈

텬풍취옥패(天風吹玉珮)　하ᄂᆞᆯ ᄇᆞ람이 패옥을 보니
ᄇᆡᆨ운하리리(白雲何離離)　흰 구름이 리리ᄒᆞ도다

---

250) 유완(劉阮) : 한(漢)나라 때의 유신(劉晨)과 완조(阮肇). 두 사람은 천태산(天台山)에서 채약(採藥)하다가 선녀를 만나 놀았는데, 반 년을 살다 고향에 돌아와 보니, 이미 7대 후손이 살고 있었다 함.

251) 천태산(天台山) : 절강성(浙江省) 천태현(天台縣)에 있는 산.

252) 절월(節鉞) : 절부월(節斧鉞). 지방관이 부임할 때 왕이 내어 주던 절(節)과 부월(斧鉞). 절(節)은 수기(手旗), 부월(斧鉞)은 도끼 모양.

253) 나군(羅裙) : 비단 치마.

무산타야우(巫山他夜雨)　　무산 다른 밤비의
원습양왕의(願濕襄王衣)　　양왕의 오ᄉᆞᆯ 적시고져 ᄒᆞ노라

미인이 ᄌᆡ삼 ᄌᆡ촉ᄒᆞ여 가라 ᄒᆞ거ᄂᆞᆯ 셔로 눈믈을 ᄲᅳ리고 뫼흐로 ᄂᆞ려 오며 머리ᄅᆞᆯ 도로혀 자던 곳을 ᄇᆞ라보니 새박 구름이 만학(萬壑)254)의 ᄌᆞ사시니 황연(況然)이 요디(瑤池)의 ᄭᅮᆷᄀᆞᆺ치 흐미ᄒᆞ더라.

양한님이 도라온 후의 ᄉᆡᆼ각ᄒᆞ되, ‘션녜 비록 뎡ᄒᆞᆫ(定限)이 차 텬상(天上)으로 도라가노라 ᄒᆞ나 일뎡(一定) 오ᄂᆞᆯ노셔 올나갈 줄 어이 알니오. 내 잠간 산듕의 머므러 몸을 숨겻다가 션관이 마ᄌᆞ 간 후의 ᄂᆞ려와도 늣디 아니ᄒᆞ리라.’ ᄒᆞ고 이날 밤의 새도록 ᄌᆞᆷ을 닐우디 못ᄒᆞ고 일 니러나 남ᄃᆞ려 니르디 아니ᄒᆞ고 셔동만 ᄃᆞ리고 ᄌᆞ각봉(紫閣峰)으로 길ᄒᆞᆯ 조ᄎᆞ 션녀 만나 보던 고ᄃᆡ 가니, 도화뉴슈(桃花流水)ᄂᆞᆫ 경티 완인ᄒᆞᆫᄃᆡ 뷘 졍ᄌᆞ(亭子)ㅣ 젹막ᄒᆞ여 사ᄅᆞᆷ의 자최도 업ᄉᆞᆫ디라. 죵일토록 비회ᄒᆞ여 눈믈을 ᄲᅳ리고 오니라. 수일 후 뎡십삼(鄭十三)이 양ᄉᆡᆼ을 와 보고 닐오ᄃᆡ,

“낭일(曩日)의 집 사ᄅᆞᆷ의 병으로 인ᄒᆞ여 형으로 더브러 ᄒᆞᆫ가디로 노디 못ᄒᆞ니 지금 유한(遺恨)이 잇ᄂᆞᆫ디라. 즉금(卽今)의 비록 도화(桃花)ㅣ ᄣᅥ러졋다 ᄒᆞ나 셩남(城南)녁희 버들 그림지 ᄇᆞ야흐로 됴화시니 형으로 더브러 ᄒᆞᆫ가디로 가 ᄭᅬ고리 소ᄅᆡᄅᆞᆯ ᄃᆞ르리라.”

낭인이 ᄆᆞᆯ을 갈와 셩(城)을 나 깁흔 곳을 갈희여 플을 ᄭᆞᆯ고 안ᄌᆞ 잔(盞)을 뎐ᄒᆞ더니 ᄉᆡᆼ이 눈을 드러보니 기ᄎᆞᆫ 언덕 ᄋᆞ희 녯 무덤이 반은 믄허졋고 좌우로 둘너 화류(花柳)ᄅᆞᆯ 만히 심것거ᄂᆞᆯ ᄉᆡᆼ이 차탄ᄒᆞ여 갈오ᄃᆡ

“인ᄉᆡᆼ이 ᄒᆞᆫ번 뎌 ᄯᅡ희 나아갈 거시니 ᄉᆞ라실 제 어이 취(醉)티 아니ᄒᆞ리오.”

뎡ᄉᆡᆼ이 갈오ᄃᆡ,

“형이 뎌 무덤을 아디 못ᄒᆞᄂᆞ냐. 뎌ᄂᆞᆫ 곳 댱녀랑(張女娘)의 무덤이니

---

254) 만학(萬壑) : 수많은 골짜기 또는 구렁.

사라실 제 용모(容貌)ㅣ 절셰(絶世)ᄒᆞ더니 이십셰예 죽으니 사ᄅᆞᆷ이 슬피 넉여 이 ᄶᅡ회 뭇고 화류ᄅᆞᆯ 심거시니 우리 맛당이 술을 가져 녀랑의 무덤의 부어 꼿다운 넉술 위로ᄒᆞ리라.”

양싱은 본ᄃᆡ 다정ᄒᆞᆫ 사ᄅᆞᆷ이라 뎡싱을 ᄃᆞ리고 무덤의 나아가 술을 ᄲᅳ리고 네 일을 됴문(弔問)ᄒᆞ여 각각 시ᄅᆞᆯ 지어 ᄇᆞᆰ게 읇더니, 홀연 무덤 문허진 굼그로셔 흰 깁의 글 ᄡᅳᆫ 거술 어더 닑으며 닐오ᄃᆡ,

“엇던 브졀업손 문인이 시ᄅᆞᆯ 디어 녀랑의 무덤의 너헛ᄂᆞ뇨.”

양싱이 보니 져의 한삼 ᄉᆞ매 ᄧᅥ혀 ᄡᅧ 준 글이어ᄂᆞᆯ ᄆᆞᄋᆞᆷ의 ᄀᆞ장 놀나 싱각ᄒᆞᄃᆡ,

“원간 댱녀랑의 녕혼(靈魂)이 션녀(仙女)ㅣ로라 ᄒᆞ고 날노 더브러 만나 보도다.”

ᄆᆞᄋᆞᆷ의 ᄌᆞ못 편티 못ᄒᆞ여 머리털이 송연(竦然)ᄒᆞ더니 고텨 싱각ᄒᆞᄃᆡ,

“얼골 고으미 뎌러ᄐᆞᆺᄒᆞ고 졍이 만흐미 뎌러ᄐᆞᆺᄒᆞ니 신션과 귀신을 분변치여 무엇ᄒᆞ리오.”

뎡싱이 잠간 먼리 간 후의 술을 드러 다시 ᄲᅮ리고 ᄀᆞ만이 비러 갈오ᄃᆡ,

“유명(幽明)이 비록 다ᄅᆞ나 졍(情)은 가리이디 아냐시니 꼿다온 녕혼(靈魂)은 나의 졍셩을 술펴 오ᄂᆞᆯ 밤의 서로 모드믈 ᄇᆞ라노라.”

빌기ᄅᆞᆯ ᄆᆞᆺᄎᆞ매 뎡싱으로 더브러 ᄒᆞᆫ가디로 도라오니라.

이날 양한님이 화원(花園)의셔 밤 드도록 션녀(仙女)ᄅᆞᆯ 싱각ᄒᆞ여 ᄌᆞᆷ을 닐우디 못ᄒᆞ더니 나모 그림지 챵의 가득ᄒᆞ고 달비티 몽농(朦朧)ᄒᆞᆫ 듕의 사ᄅᆞᆷ의 발자최 소래 잇거ᄂᆞᆯ 창을 여러 보니 수플 ᄉᆞ이의 ᄒᆞᆫ 고은 겨집이 담장쇼복(淡粧素服)으로 월하(月下)의 셧거ᄂᆞᆯ ᄌᆞ시 보니 ᄌᆞ각봉(紫閣峰)의셔 만나 보던 션녀(仙女)ㅣ라.

졍(情)을 니긔디 못ᄒᆞ여 나아가 손을 잇그러 ᄒᆞᆫ가지로 방의 드러가믈 쳥ᄒᆞ대 녀지 ᄉᆞ양왈,

“쳡의 근본을 낭군이 불셔 아라 겨시니 낭군은 홀노 아쳐ᄒᆞᆫ[255] ᄆᆞᄋᆞᆷ이

업ᄉᆞ니잇가. 쳡이 처음으로 만나셔 맛당이 바른 대로 알욀 거시로ᄃᆡ 낭군이 두려홀가 ᄒᆞ여 거즛 신션(神仙)을 의탁ᄒᆞ여 ᄒᆞ로 밤 침셕(寢席)을 뫼시니 쳡의 영화(榮華)ㅣ 극(極)ᄒᆞ고 ᄆᆞᄅᆞᆫ ᄲᅧ ᄡᅥᆨ디 아닐더니 금일(今日)의 낭군이 쳡의 집을 도라 보고 술을 ᄲᅳ려 외로온 넉술 위로ᄒᆞ니 쳡이 감격ᄒᆞ믈 이긔디 못ᄒᆞ여 ᄒᆞᆫ번 얼골을 ᄃᆡᄒᆞ야 사례홀지언졍 어이 감히 유음(幽陰)[256]의 더러온 ᄌᆡ딜(才質)노 군ᄌᆞ(君子)ᄅᆞᆯ ᄀᆞᆺ가이 ᄒᆞ리오. ᄒᆞᆫ번이 임의 이심(已甚)ᄒᆞ니 어이 감히 ᄀᆞᆺ가이 뫼시리잇가."

ᄉᆡᆼ이 ᄀᆞᆯ오ᄃᆡ,

"귀신을 아쳐ᄒᆞᄂᆞᆫ 쟈ᄂᆞᆫ 셰쇽(世俗) 어린 사ᄅᆞᆷ이라. 사ᄅᆞᆷ이 귀신 되고 귀신이 사ᄅᆞᆷ 되니 피ᄎᆞ(彼此)ᄅᆞᆯ 어이 분변(分辨)ᄒᆞ리오. 나의 졍(情)이 이러ᄐᆞᆺ ᄒᆞ거ᄂᆞᆯ 그ᄃᆡᄂᆞᆫ ᄎᆞ마 엇디 ᄇᆞ리리오."

"낭군이 쳡의 눈셥이 프ᄅᆞ고 ᄲᅣᆷ이 블근 양을 보고 권년(眷戀)ᄒᆞᄂᆞ ᄆᆞ옴을 너거니와 이 다 거즛 거슬 ᄡᅮ며 ᄉᆡᆼ인(生人)을 샹졉(相接)ᄒᆞ미라. 낭군이 쳡의 진짓 복을 알고져 ᄒᆞ실딘ᄃᆡ ᄇᆡᆨ골(白骨) 두어 조각의 프ᄅᆞᆫ 잇기 ᄢᅵ여실 분이라. ᄎᆞ마 엇디 귀ᄒᆞᆫ 몸의 갓ᄀᆞ이 ᄒᆞ려 ᄒᆞ시ᄂᆞ니잇가."

양ᄉᆡᆼ이 ᄀᆞᆯ오ᄃᆡ,

"부쳐의 말의 닐오ᄃᆡ, '사ᄅᆞᆷ의 몸이 지ᄂᆞᆫ 풍화(風火)로 거즛 거슬 ᄆᆡᆼ그랏다.' ᄒᆞ니 뉘 진짓 거시며 거즛 거신 줄 알니오."

녀ᄌᆞᄅᆞᆯ 잇그러 침셕(寢席)의 나아가 밤을 ᄒᆞᆫ가디로 디내니 은졍(恩情)의 견권(繾綣)[257]ᄒᆞ미 젼일(前日)의셔 더ᄒᆞ더라.

ᄉᆡᆼ이 ᄀᆞᆯ오ᄃᆡ,

"일노 조차 가히 밤마다 모드랴."

녀지 ᄀᆞᆯ오ᄃᆡ,

---

255) 아쳐ᄒᆞᆫ : 싫어하는.
256) 유음(幽陰) : 세상에 나타나지 않은 어두운 그늘.
257) 견권(繾綣) : 생각하는 정이 두터워 서로 잊지 못하거나 떨어질 수 없음.

"귀신 사ᄅᆞᆷ이 서로 졉(接)ᄒᆞ기ᄂᆞᆫ 오ᄃᆡᆨ 졍셩(精誠)으로셔 나니 낭군이 만일 쳡을 ᄉᆞ렴(思念)ᄒᆞ면 쳡이 엇디 낭군긔 의탁ᄒᆞ디 아니리잇고."

믄득 새박 븝쇼ᄅᆡᄅᆞᆯ 듯고 몸을 니ᄅᆞ혀 텬연(天然)이 ᄭᅩᆺ수플 깁흔 곳으로 드러가더라.

제6회

가츈운위션위귀(賈春雲爲仙爲鬼)
뎍경홍사양[258](狄驚鴻乍陰乍陽)

ᄉᆡᆼ이 신녀(神女) 만난 후ᄂᆞᆫ 붕우(朋友)ᄅᆞᆯ 찻디 아니ᄒᆞ고 고요히 화원(花園)의 이셔 ᄆᆞ음을 젼일(專一)이 ᄒᆞ여 다시 만나기ᄅᆞᆯ ᄇᆞᄅᆞ더니 화원문 밧긔 물발 소래 나며 두 사ᄅᆞᆷ을 인ᄒᆞ여 드러오니 압션 쟈ᄂᆞᆫ 뎡십삼이니 뒤ᄒᆡ 오ᄂᆞᆫ 사ᄅᆞᆷ을 인ᄒᆞ여 ᄉᆡᆼ을 뵈고 닐오ᄃᆡ,

"이 ᄉᆞ부(師父)ᄂᆞᆫ 태국궁(太極宮)[259] 두딘(杜眞)[260]이라. 샹법(相法)[261]이 녜 원텬강(袁天綱)[262] 니슌풍(李淳風)[263]으로 더브러 일뉴인(一類人)이라. 양형의 샹을 뵈려 ᄃᆞ려왓노라."

양ᄉᆡᆼ이 진인(眞人)을 ᄃᆡᄒᆞ여 ᄀᆞᆯ오ᄃᆡ,

"노픈 일홈을 드런디 오라대 인연(因緣)이 업셔 만나믈 더ᄃᆡᄒᆞ도다. 션ᄉᆡᆼ이 뎡형(鄭兄)의 글을 ᄌᆞ시 보아실 거시니 과연 엇더ᄒᆞ더뇨."

뎡ᄉᆡᆼ이 ᄀᆞᆯ오ᄃᆡ,

---

258) 뎍경홍사양 : '뎍경홍사음사양(狄驚鴻乍陰乍陽)'의 오기.

259) 태극궁(太極宮) : 섬서성(陜西省) 장안현(長安縣)에 있는 궁 이름. 수(隋)나라 때의 대흥궁(大興宮).

260) 두진(杜眞) : 두진인(杜眞人). '진인'은 도교의 깊은 진리를 깨달은 사람.

261) 상법(相法) : 관상(觀相)을 보는 법.

262) 원천강(袁天綱) : 당(唐)나라의 상술가(相術家).

263) 이순풍(李淳風) : 당(唐)나라의 역산가(曆算家), 점술가(占術家).

"션싱이 쇼졔(小弟)를 보고 닐오디, '삼년닉 급뎨(及第)ᄒᆞ여 여ᄃᆞᆲ 고을 ᄌᆞ사(刺使)를 살고 션죵(旋踵)[264]ᄒᆞ리라.' ᄒᆞ니 쇼졔(小弟)의게 죡ᄒᆞᆫ디라. 이 션싱이 일쟉 그릇 니룰 적이 업ᄉᆞ니 시험ᄒᆞ여 무러보라."

양싱 왈,

"군ᄌᆞ(君子)는 복(福)을 뭇디 아니ᄒᆞ고 ᄌᆡ앙(災殃)을 뭇는다 ᄒᆞ니 션싱은 바른대로 니ᄅᆞ라."

딘인(眞人)이 오래 보다가 니ᄅᆞ디,

"양션싱이 눈셥이 ᄲᅡ혀나고 봉(鳳)의 눈이 귀미출 향ᄒᆞ야시니 벅벅이 벼술이 삼틱(三台)[265]에 오룰 거시오, 귀ᄲᅵᆯ이 진쥬(珍珠)ᄀᆞᆺ고 희기 분칠ᄒᆞᆫ 듯ᄒᆞ니 일홈이 텬하의 딘동(震動)ᄒᆞᆯ 거시오, 권골(權骨)이 ᄂᆞᆺ치 가득ᄒᆞ야시니 병권(兵權)을 잡아 위엄(威嚴)이 ᄉᆞ이(四夷)를 딘정(鎭定)ᄒᆞ고 만니(萬里)의 봉후(封侯)를 ᄒᆞᆯ 거시니 빅ᄉᆞ(百事)의 ᄒᆞᆫ 일도 흠이 업ᄉᆞ디 비록 그러나 목젼(目前)의 횡ᄉᆞ(橫死)ᄒᆞᆯ 윅(厄)이 이시니 날을 만나디 아니턴들 위틱ᄒᆞ리로다."

양싱이 ᄀᆞᆯ오디,

"사ᄅᆞᆷ의 길흉화복(吉凶禍福)을 각각 저히 힝ᄒᆞ는 바룰 좃거니와 오딕 질병(疾病)은 ᄆᆞᄋᆞᆷ으로 못ᄒᆞᄂᆞ니 아니 무숨 듕병(重病)으로 긋길[266] 일이 이시랴."

진인 왈,

"이는 심샹(尋常)ᄒᆞᆫ ᄌᆡ익(災厄)이 아니라. 프ᄅᆞᆫ 비치 텬뎡(天庭)[267]의 ᄢᅦ처시니 샤긔(邪氣) 명당(明堂)[268]을 침노(侵擄)ᄒᆞ니 샹공(相公)이 아니

264) 선종(旋踵) : 두루 돌아다님.
265) 삼태(三台) : 승상(丞相), 좌승상(左丞相), 우승상(右丞相) 등 삼공(三公) 또는 삼정승(三政丞).
266) 긋길 : 머뭇거릴.
267) 천정(天庭) : 관상에서, 두 눈썹의 사이 또는 이마의 복판을 이르는 말.
268) 명당(明堂) : 관상에서, 사람의 이마를 이르는 말.

내력(來歷)이 심상(尋常)티 아닌 시비(侍婢)롤 집안희 두어 겨시니잇가."

양싱이 ᄆᆞ옴의 댱녀랑(張女娘)에 빌민줄 졍(情)의 ᄀᆞ리이여 됴금도 경동(驚動)하는 ᄯᅳᆺ디 업셔 대답ᄒᆞ딕,

"이런 일이 업ᄉᆞ니라."

진인이 ᄀᆞᆯ오딕,

"그런죽 아니 오랜 신묘(神廟)의 드러가 감동(感動)ᄒᆞ미 잇거나 혹 몽듕(夢中)의 귀신으로 더브러 샹졉(相接)ᄒᆞ미 잇ᄂᆞ니잇가."

싱 왈,

"이런 일도 업ᄂᆞ니라."

뎡싱 왈,

"두션싱(杜先生)이 일즉 그른 말홀 젹이 업ᄉᆞ니 모ᄅᆞ미 ᄌᆞ셔히 싱각ᄒᆞ여 보라."

ᄒᆞ더라.

양싱이 답디 아니ᄒᆞ거놀 딘인(眞人)이 ᄀᆞᆯ오딕,

"사ᄅᆞᆷ은 양명(陽明)으로 몸이 되얏고 귀신은 유음(幽陰)으로 긔운이 이러시니 블과 믈이 용납디 못홈 갓ᄒᆞᆫ디라. 이제 겨집 귀신의 몸 운이 샹공 몸의 드러시니 삼일 후 골수(骨髓)의 들면 구치 못홀 거시니 그ᄯᅢ에 빈도(貧道)ㅣ 니ᄅᆞ디 아니터라 말나."

양싱이 ᄒᆞ되, '댱녀랑이 날노 더브러 은졍(恩情)이 그대도록 ᄒᆞ니 진인의 말이 의거(依據)ㅣ 이시나 어이 날을 해홀 니 이시리오. 초(楚) 양왕(襄王)이 신녀(神女)롤 만나고 노츙(盧充)[269]이 귀쳐(鬼妻)의게 ᄌᆞ식을 나ᄒᆞ니 어이 일쟉 ᄌᆡ화(災禍)ㅣ 이시리오.'

진인ᄃᆞ려 닐오딕,

"사ᄅᆞᆷ의 ᄉᆞ싱화복(死生禍福)이 곳 제 뎡ᄒᆞ여시니 만일 장샹(將相) 봉후

---

269) 노충(盧充) : 한(漢)나라 때 노충이 최소부(崔少府)의 죽은 딸과 인연을 맺어 한 아들을 얻었다는 고사.

(封侯)홀 샹(相)이면 귀신이 그 내게 어이 ᄒᆞ리오."

진인이 변ᄉᆡᆨᄒᆞ고 니러 ᄀᆞᆯ오되,

"이ᄂᆞᆫ 나의 알 배 아니로다."

ᄒᆞ고 ᄉᆞ매ᄅᆞᆯ ᄯᅥᆯ티고 가니 ᄉᆡᆼ이 ᄯᅩᄒᆞᆫ 머므ᄅᆞ디 아니ᄒᆞ더라. 진인이 도라간 후 뎡ᄉᆡᆼ이 닐오ᄃᆡ,

"양형은 길(吉)ᄒᆞ고 귀격달샹(貴格達相)이니 ᄌᆞ연 하ᄂᆞᆯ이 도을 거시니 무숨 귀신이 이시리오? 왕왕이 거즛말ᄒᆞ여 사ᄅᆞᆷ을 속이니 가히 아쳐롭다."

ᄒᆞ고 술을 내여 져므도록 먹더니 양ᄉᆡᆼ 취ᄒᆞᆫ 후 ᄇᆡ야흐로 가니라.

이ᄂᆞᆯ 밤의 양ᄉᆡᆼ이 방듕(房中)의 향(香)을 픠으고 녀랑(女娘) 오기ᄅᆞᆯ 기ᄃᆞ리더니 밤이 진ᄒᆞ여 가대 영향(影響)이 업ᄉᆞᆫ디라. 오디 아니므로 혜아리고 상(床)의 나아가 자려 ᄒᆞ더니 홀연 창 밧긔 녀랑(女娘)의 소래로 울며 닐오ᄃᆡ,

"낭군이 요괴로온 도ᄉᆞ(道士)의 부작(符作)을 마리의 감초아시니 쳡이 엇디 ᄀᆞᆺ가이 ᄒᆞ리오. 쳡이 낭군의 ᄯᅳᆺ이 아닌 줄 알거니와 이 ᄯᅩᄒᆞᆫ 인연(因緣)이 딘(盡)ᄒᆞ미라. 낭군은 보듕(保重)ᄒᆞ쇼셔. 일노 조차 영별(永別)ᄒᆞᄂᆞ이다."

양ᄉᆡᆼ이 놀나 니러나 지게[270]ᄅᆞᆯ 열고 보니 간 곳을 아디 못ᄒᆞᆯ너라. ᄉᆡᆼ이 크게 고이히 넉여 스ᄉᆞ로 마리ᄅᆞᆯ ᄆᆞᆫ져 보니 상토 ᄉᆞ이의 너흔 거시 잇거ᄂᆞᆯ 내여 보니 쥬ᄉᆞ(呪詞)로 ᄡᅳᆫ 부작이어ᄂᆞᆯ 대로(大怒)ᄒᆞ야 ᄭᅮ지저 ᄀᆞᆯ오ᄃᆡ,

"요인(妖人)이 내 일을 그ᄅᆞᆺ ᄆᆞᆫ드도다."

부작을 ᄧᅵ저 ᄇᆞ리고 ᄒᆞᆫ(恨)ᄒᆞ기ᄅᆞᆯ 마디 아니터니 다시 ᄉᆡᆼ각ᄒᆞᄃᆡ,

"작일(昨日)의 뎡십삼이 술을 괴로이 권ᄒᆞ여 내 취ᄒᆞᆫ 후의 가시니 필연 십삼의 일이라. 졔 비록 ᄉᆞ오나온 ᄯᅳᆺ이 아니나 나의 됴흔 인연(因緣)을 파(破)ᄒᆞ야시니 내 반ᄃᆞ시 욕(辱)ᄒᆞ리라."

270) 지게 : 지게문. 마루와 방 사이의 문이나 부엌의 바깥문. 흔히 돌쩌귀를 달아 여닫는 문으로 안팎을 두꺼운 종이로 싸서 바름.

ᄒᆞ고 붉기롤 기ᄃᆞ려 십삼의게 가 보니 나가고 업거늘, 년ᄒᆞ여 삼일(三日)을 ᄎᆞ자딕 만나디 못ᄒᆞ고 녀랑의 쇼식은 더옥 묘연ᄒᆞᆫ디라. ᄉᆡᆼ이 분ᄒᆞ고 ᄉᆞ렴ᄒᆞ여 침식(寢食)을 다 폐ᄒᆞ엿더니 뎡ᄉᆞ도와 부인이 듕당(中堂)의 쥬식(酒食)을 비셜(排設)ᄒᆞ고 양ᄉᆡᆼ을 쳥ᄒᆞ여 말ᄒᆞ더니 ᄉᆞ되 왈,

"양냥의 신관[271]이 어이 져리 쵸쳬(憔悴)ᄒᆞ엿ᄂᆞ뇨."

ᄉᆡᆼ 왈,

"십삼형으로 더브러 술을 과음(過飮)ᄒᆞ더니 그러토소이다."

믄득 뎡십삼이 밧그로셔 드러오거늘 양ᄉᆡᆼ이 노목(怒目)으로 보고 말을 아니ᄒᆞ더니 부인이 ᄉᆡᆼᄃᆞ려 닐오딕,

"양낭이 ᄒᆞᆫ 녀ᄌᆞ로 더브러 화원(花園)의셔 말ᄒᆞ더라 ᄒᆞ니 이 말이 올흐냐."

ᄉᆡᆼ 왈,

"화원의 엇던 사ᄅᆞᆷ이 ᄃᆞ니리잇고. 뎐(傳)ᄒᆞᄂᆞᆫ 재 그릇 보도소이다."

뎡ᄉᆡᆼ이 ᄀᆞᆯ오딕,

"형은 굿ᄒᆞ여 은회[272]ᄒᆞ디 말나. 형이 두진인(杜眞人)의 말을 벙으리와드나[273] 거동(擧動)이 슈샹ᄒᆞ거늘 내 과연 진인의 부쟉을 형의 샹토의 감쵸고 밤의 화원 슈플의 숨어 보니 ᄒᆞᆫ 귀신이 형의 창 밧긔 가 울고 가거늘 보아시니 형이 내게 샤례롤 아니ᄒᆞ고 노ᄉᆡᆨ(怒色)이 이시믄 엇디뇨."

양ᄉᆡᆼ이 긔이디 못ᄒᆞᆯ 줄 혜아리고 ᄉᆞ도롤 향ᄒᆞ야 ᄀᆞᆯ오딕,

"이 일 이시리오? 실노 긔괴(奇怪)ᄒᆞ니, 악댱(岳丈)[274]긔 다 ᄒᆞ리이다." ᄒᆞ고 젼후 녀ᄌᆞ 만나본 말을 다ᄒᆞ며 ᄯᅩ ᄀᆞᆯ오딕,

"십삼형이 날을 ᄉᆞ랑[275] ᄯᅳᆺ인 인줄 아ᄅᆞ대 댱녀랑이 비록 귀신이나 유

271) 신관 : '얼굴'의 높임말.
272) 은회 : '은휘(隱諱)'의 오기. 꺼리어 감추거나 숨김.
273) 벙으리와드나 : 거역하나.
274) 악장(岳丈) : 장인(丈人).
275) ᄉᆞ랑 : 'ᄉᆞ랑ᄒᆞᄂᆞᆫ'의 탈자(脫字).

완(柔婉)ᄒᆞ고 정(情)이 만ᄒᆞ니 사ᄅᆞᆷ을 해(害)홀니 업거늘 고이ᄒᆞᆫ 부작을 ᄒᆞ여 오디 못ᄒᆞ게 ᄒᆞ니 실노 ᄒᆞᆫ(恨)ᄒᆞᄂᆞᆫ ᄆᆞᄋᆞᆷ이 업디 아니ᄒᆞ이다."

ᄉᆞ되 대쇼 왈,

"양낭이 풍치(風采) 송옥(宋玉)[276]과 ᄀᆞᆺᄒᆞ니 벅벅이 신녀부(神女賦)[277]롤 지어시리오. 노부(老夫)ㅣ 양낭을 위ᄒᆞ여 소기디 아니ᄒᆞ리니 져머실 젹의 이인(異人)을 만나니 소옹(小翁)[278]의 도슐(道術)을 비화 일죽 능히 귀신 닐위기롤 ᄒᆞ더니 이제 양낭을 위ᄒᆞ여 댱녀랑의 녕혼(靈魂)을 오게 ᄒᆞ여 나의 딜ᄋᆞ(姪兒)의 죄(罪)롤 삭(削)ᄒᆞ랴 ᄒᆞ니 엇더ᄒᆞ뇨."

양싱 왈,

"악댱(岳丈)이 쇼셔(小壻)롤 희롱ᄒᆞ시ᄂᆞ니잇가. 어이 이런 일이 이시리잇가."

ᄉᆞ되 왈,

"네 보라."

ᄑᆞ리치로 병풍을 ᄒᆞᆫ번 티며 ᄀᆞᆯ오ᄃᆡ,

"댱녀랑이 어ᄃᆡ 잇ᄂᆞ뇨."

홀연 병풍 뒤흐로 ᄒᆞᆫ 녀ᄌᆞ(女子)ㅣ 표연(飄然)이 나오며 우음을 머금고 부인 뒤히 셔거놀 싱이 보니 완연이 댱녀랑이라. 눈을 놉히 쓰고 ᄉᆞ도와 뎡싱을 보며 오라거야 닐오ᄃᆡ,

"사ᄅᆞᆷ이냐 귀신이냐. 어이 귀신이 ᄇᆡᆨ듀(白晝)의 뵈ᄂᆞ뇨."

ᄉᆞ도와 부인이 우음을 ᄎᆞᆷ디 못ᄒᆞ고 뎡싱 블각절도(不覺絶倒)ᄒᆞ야 니러나디 못ᄒᆞ더라. ᄉᆞ되 ᄀᆞᆯ오대,

"노뷔 이제야 진짓 말ᄒᆞ리라. 이 녀ᄌᆞᄂᆞᆫ 신션도 아니오 귀신도 아니오, 내 집의셔 기른 가시(賈氏) 녀진니 일홈은 츈운(春雲)이라, 요ᄉᆞ이 양낭이

276) 송옥(宋玉) : 전국(戰國)시대 초(楚)나라 사람. B.C. 290~223. 굴원(屈原)의 제자. 「신녀부(神女賦)」, 「고당부(高唐賦)」 등을 지었음.

277) 신녀부(神女賦) : 송옥(宋玉)이 지은 글.

278) 소옹(小翁) : 한(漢)나라 때 방사(方士)의 이름.

노부(老夫)의 화원(花園)의셔 ᄌᆞ못 고젹(孤寂)ᄒᆞᆯ 거시니 가녀(賈女)로 ᄒᆞ여금 뫼셔 잇게 ᄒᆞ니 이 본ᄃᆡ 우리 부쳐(夫妻)의 됴흔 ᄯᅳᆺ이어ᄂᆞᆯ 져믄 사ᄅᆞᆷ이 ᄉᆞ이ᄅᆞᆯ 조차 셔로 희롱ᄒᆞ여 양낭의 ᄆᆞᄋᆞᆷ을 잇브게[279] ᄒᆞ도다."

뎡ᄉᆡᆼ이 대쇼하고 닐오대,

"젼후의 두 번 지로(指路)ᄒᆞ기ᄅᆞᆯ 내 다 ᄒᆞ얏거ᄂᆞᆯ 듕ᄆᆡ(仲媒)긔 샤례(謝禮)ᄒᆞ디 아니ᄒᆞ고 도로혀 구슈(仇讐)ᄅᆞᆯ 삼으니 진짓 어린 사ᄅᆞᆷ이로다."

양ᄉᆡᆼ이 대쇼ᄒᆞ고 ᄀᆞᆯ오ᄃᆡ,

"악댱이 내게 보내여 겨시거ᄂᆞᆯ 뎡형은 듕간의셔 조롱ᄒᆞᆫ 죄 이실 분이라. 무ᄉᆞᆷ 공(功)이 이시리오."

뎡ᄉᆡᆼ 왈,

"내 실노 조롱은 ᄒᆞ얏거니와 발죵지시(發蹤指示)[280]ᄒᆞ믄 그 사ᄅᆞᆷ이 이시니 어이 다만 내 죄라 ᄒᆞᄂᆞ뇨."

양ᄉᆡᆼ이 ᄉᆞ도ᄅᆞᆯ 향ᄒᆞ여 닐오ᄃᆡ,

"원간 악댱이 뉴의(留意)ᄒᆞ시도다."

ᄉᆞ되 쇼왈,

"내 머리털이 임의 누ᄅᆞ러시니 어이 아ᄒᆡ 적 쇼가ᄎᆞᆫ 일[281]을 ᄒᆞ리오. 양낭이 ᄀᆞᆺ쵸 ᄉᆡᆼ각ᄒᆞᄂᆞᆫ도다."

양ᄉᆡᆼ이 뎡ᄉᆡᆼᄃᆞ려 닐오ᄃᆡ,

"형의 일이 아니오, ᄯᅩ 엇던 사ᄅᆞᆷ이 쇼뎨(小弟)을 소기리오."

뎡ᄉᆡᆼ 왈,

"셩인(聖人)이 니ᄅᆞ사ᄃᆡ, '네게셔 난 ᄌᆡ 네게 도라온다.'[282] ᄒᆞ니 양형이

279) 잇브게 : 고단하게.

280) 발종지시(發蹤指示) : 매어 놓았던 사냥개를 풀어 짐승이 있는 곳을 가리켜 잡게 한다는 뜻으로, 어떻게 하라고 방법을 가르쳐 보임을 이르는 말.

281) 쇼가촌 일 : 교회(狡獪)한 일.

282) 네게셔 난 지 네게 도라온다 : 『맹자(孟子)』의 '曾子曰, 戒之戒之, 出乎爾者, 返乎爾者也.'의 구절을 인용한 것. 즉 남에게 저지른 죄는 자기에게로 되돌아온다는 말.

스스로 싱각ᄒᆞ여 보라. 일작 엇던 사ᄅᆞᆷ을 소겻ᄂᆞ뇨. 남ᄌᆡ 변ᄒᆞ여 녀ᄌᆡ 될 제 사ᄅᆞᆷ이 귀신 되미 어이 고이ᄒᆞ리오."

양싱이 황연(恍然)이 ᄭᆡᄃᆞ라 올타 ᄒᆞ고 부인을 향ᄒᆞ여 ᄀᆞᆯ오ᄃᆡ,

"쇼ᄌᆞ(小子)ㅣ 녕ᄋᆡ(令愛) 쇼져(小姐)긔 득죄(得罪)ᄒᆞᆫ 일이 잇더니 애ᄌᆞ지원(睚眦之怨)[283]을 닛디 아니ᄒᆞ도소이다."

ᄉᆞ도와 부인이 대쇼ᄒᆞ더라.

양싱이 도라 츈운ᄃᆞ려 닐오ᄃᆡ,

"츈낭이 실노 혜힐(慧黠)ᄒᆞ거니와 사ᄅᆞᆷ을 셤기려 ᄒᆞ며 몬져 속이미 부녀의 도리(道理)의 엇더ᄒᆞ뇨."

츈운이 ᄭᅮ러 대답하ᄃᆡ,

"다만 장군(將軍)의 호령을 듯고 텬ᄌᆞ(天子)의 됴셔(詔書)ᄅᆞᆯ 듯디 못ᄒᆞ엿ᄂᆞ이다."

양싱이 그윽이 차탄ᄒᆞ여 ᄀᆞᆯ오ᄃᆡ,

"네 신녀(神女)ᄂᆞᆫ 아ᄎᆞᆷ의 구ᄅᆞᆷ이 되고 나죄 비 되더니, 츈낭은 아ᄎᆞᆷ의 신션이 되고 나조희 귀신이 되니 족히 대젹(對敵)ᄒᆞ리로다. 강ᄒᆞᆫ 장슈(將帥)의 군(軍)이 약ᄒᆞ니 업다 ᄒᆞ니 비장(裨將)[284]이 져러ᄒᆞ니 대장(大將)을 알니로다."

이날 졔인(諸人)이 크게 즐겨 죵일토록 취ᄒᆞ니 츈운이 신인(新人)으로 말셕의 참예ᄒᆞ고 날이 져므도록 잇다 쵸롱을 들고 양싱을 뫼셔 화원으로 도라가니라.

양한님 됴뎡(朝廷)의 말미ᄒᆞ고[285] 모친을 ᄃᆞ려오려 ᄒᆞ더니 이때 나라히 다ᄉᆞ(多事)ᄒᆞ여 토번(吐蕃)[286] 오랑캐 ᄌᆞ루 변방(邊方)을 노략(擄掠)ᄒᆞ고

---

283) 애자지원(睚眦之怨) : 한 번 흘겨보는 정도의 원망이란 뜻으로, 아주 작은 원망.

284) 비장(裨將) : 지방 장관과 사신(使臣)을 수행하던 관원(官員)의 하나.

285) 말미하고 : 휴가를 얻어.

286) 토번(吐蕃) : 7세기 초에서 9세기 중엽까지 활동한 티베트왕국 및 티베트인에 대한 당(唐)・송(宋)나라 때의 호칭.

하븍(河北) 세 졀도ᄉ(節度使)[287] ㅣ 스ᄉ로 연왕(燕王)과 위왕(魏王)과 됴왕(趙王)이로라 일ᄏᆞᆺ고 됴졍(朝廷)을 비반(背叛)ᄒᆞ니 텬ᄌ(天子)ㅣ 근심ᄒᆞ샤 ᄇᆡᆨ관(百官)을 모호고 삼진(三鎭)을 졍벌(征伐)ᄒᆞ기ᄅᆞᆯ 의논ᄒᆞ시니 ᄯᅳᆯ히 가득ᄒᆞᆫ 졔신(諸臣)이 졍ᄒᆞᆫ 모ᄎᆡᆨ(謀策)이 업더니 한님학ᄉ 양쇼위 ᄀᆞᆯ오ᄃᆡ,

"맛당이 됴셔(詔書)ᄅᆞᆯ ᄂᆞ리와 한(漢) 무뎨(武帝)[288] 남월(南越)[289]을 제어ᄐᆞ시 ᄒᆞ여 항복디 아니커든 틸 거시니이다."

텬지 올타 하시고 양한님으로 ᄒᆞ여금 됴셔(詔書)ᄅᆞᆯ 잡으라 ᄒᆞ시니 ᄒᆞᆫ(旱)의 식믈이 븕고 솟ᄂᆞᆫ ᄃᆞᆺᄒᆞ고 븟 두ᄅᆞ기 ᄇᆞ람 ᄀᆞᆺᄒᆞ여 경ᄀᆡᆨ(頃刻) ᄉ이의 밧드러 향안(香案) 우희 드리니 뇽안(龍顔)이 크게 깃거 ᄀᆞᆯ오ᄃᆡ,

"이 글이 은혜와 위엄이 굷[290] 힝ᄒᆞ야 크게 왕언(王言)의 톄(體)ᄅᆞᆯ 어더시니 미친 도젹이 필연 굴복ᄒᆞ리로다."

됴셔(詔書)ㅣ 졔도(諸道)의 ᄂᆞ리매 오라디 아녀셔 됴위(趙魏) 두 나라흘 크게 외복(畏服)ᄒᆞ야 왕호(王號)ᄅᆞᆯ 업시 ᄒᆞ고 표(表)ᄅᆞᆯ 올녀 ᄉ죄ᄒᆞ고 깁 일만 필과 ᄆᆞᆯ 일쳔 필을 됴공(朝貢)ᄒᆞ고 오ᄃᆡ 연왕(燕王)은 ᄯᅡ히 멀고 군(軍)이 강(强)ᄒᆞ믈 미더 항복디 아니ᄒᆞ더라. 샹이 양한님을 블너 표쟝(褒奬)ᄒᆞ여 ᄀᆞᆯ오ᄃᆡ,

"하북 삼진이 됴졍을 슌죵티 아년 디 장ᄎᆞᆺ ᄇᆡᆨ년이라. 덕죵황뎨(德宗皇帝)[291] 십만병을 졍벌ᄒᆞ시ᄃᆡ 됴금도 긔운을 최찰[292]티 아냐더니 경(卿)이

287) 절도사(節度使) : 당(唐)나라 때 오랑캐를 막기 위해 변방에 두었던 무관(武官)의 벼슬 이름.

288) 무제(武帝) : 한(漢)나라 경제(景帝)의 아들. 재위시 서남이(西南夷)를 치고 동남월(東南越)을 평정함.

289) 남월(南越) : 광동성(廣東省)·광서성(廣西省) 지방에 있었던 나라 이름. 고제(高帝)가 조타(趙他)를 세워 왕을 삼은 이래 오세(五世)를 지속하다가 무제(武帝) 때 패망하였음.

290) 굷 : 나란히.

291) 덕종황제(德宗皇帝) : 당(唐)나라 제9대 황제. 대종(代宗)의 아들. 이름은 이괄(李适). 재위기간은 779~805년.

292) 최찰 : '최절(摧折)'의 오기. 억눌러서 제어함.

ᄒᆞᆫ 죠희 글노 두 나라흘 항복 바드니 십만군의셔 ᄂᆞᆺ디 아니랴.”

깁 삼천 필과 말 오십 필을 샹 주시고 쟝ᄎᆞᆺ 놉흔 벼슬을 ᄒᆞ이려 ᄒᆞ시더니 양한님이 ᄉᆞ양ᄒᆞ여 ᄀᆞᆯ오ᄃᆡ,

“연국(燕國)이 오히려 복죵티 아니ᄒᆞ니 신(臣)이 무슨 공(功)으로 승탁(陞擢)ᄒᆞ신 명(命)을 바드리잇고. 원컨ᄃᆡ 일지병(一枝兵)을 어더 항진(行陣)의 나아가 죽기로 나라흘 갑ᄒᆞ디이다.”

샹이 그 ᄯᅳᆺ을 장(壯)히 넉이샤 대신(大臣)ᄃᆞ려 무ᄅᆞ시고 병(兵)을 주려 ᄒᆞ시더니 모다 술오대.

“맛당이 양쇼유로 ᄒᆞ야금 연국(燕國)의 브펴 니해(利害)로 ᄀᆡ유(開諭)ᄒᆞ야 오히려 거역(拒逆)ᄒᆞ거든 틸 거시니이다.”

샹이 올히 넉이샤 양쇼유로 ᄉᆞ신(使臣)을 정ᄒᆞ여 절월(節鉞)을 가디고 연국의 나아가라 ᄒᆞ시다.

한님이 믈너와 뎡ᄉᆞ도를 보니 ᄉᆞ되 가로대,

“번진(藩鎭)[293]이 교만(驕慢)ᄒᆞ야 됴정(朝廷)을 거역ᄒᆞ연지 오란디라. 양낭이 일개셔ᄉᆡᆼ(一介書生)으로 블측(不測)ᄒᆞᆫ ᄯᅡ히 드러가니 만일 의외(意外)예 일이 이시면 어이 ᄒᆞᆫ갓 일신(一身)의 근심이리오. 내 비록 됴정(朝廷) 의논(議論)의 참예치 아니타 샹쇼(上疏)ᄒᆞ여 다토려 ᄒᆞ노라.”

양ᄉᆡᆼ이 말녀 왈,

“악댱(岳丈)은 념녀 마ᄅᆞ쇼셔. 번진(藩鎭)이 작난(作亂)ᄒᆞ미 됴정(朝廷)의 정ᄉᆞ(政事)ㅣ 어즈러온 ᄯᅢ롤 타 방ᄌᆞ(放恣)ᄒᆞ미라. 이제 텬ᄌᆞ 신무(神武)ᄒᆞ시고 됴정(朝廷)이 청명(淸明)ᄒᆞ야 됴위(趙魏) 두 나라히 임의 귀슌(歸順)ᄒᆞ여시니 외로온 연(燕)이 무ᄉᆞ 일 ᄒᆞ리잇고. 쇼ᄌᆡ 이제 ᄒᆡᆼᄒᆞ미 결단코 나라흘 욕(辱)디 아니ᄒᆞ리이다.”

즉일의 티ᄒᆡᆼ(治行)ᄒᆞ여 발ᄒᆡᆼ(發行)ᄒᆞᆯᄉᆡ 츈운이 한님의 오ᄉᆞᆯ 잡고 우러

293) 번진(藩鎭) : 당(唐) · 오대(五代) · 송(宋)나라 초기에 절도사(節度使)를 최고 권력자로 한 지방지배체제.

ᄀᆞᆯ오ᄃᆡ,

“샹공이 옥당(玉堂)[294]의 딕슉(直宿)ᄒᆞ실 제 쳡이 닐 이러나 자리를 ᄲᅡ노코 관ᄃᆡ(冠帶)을 밧드러 샹공을 닙힐 제 쳡을 자로 도라보아 권년(眷戀)ᄒᆞᄂᆞᆫ 뜻이 겨시더니 이제 만니(萬里) 니별(離別)을 당ᄒᆞ야 어이 ᄒᆞᆫ 말도 아니ᄒᆞ시나니잇가.”

ᄉᆡᆼ이 대쇼 왈,

“대댱부(大丈夫)ㅣ 나라 일을 당ᄒᆞ야 어이 ᄉᆞ졍(私情)을 도라보리오. 츈낭은 브졀업시 샹회(傷懷)ᄒᆞ야 화ᄉᆡᆨ(花色)을 상ᄒᆡ오디 말고 됴히 쇼져를 뫼셔 잇다가 나의 공(功)을 닐우고 말만ᄒᆞᆫ 황금인(黃金印)을 ᄎᆞ고 오ᄂᆞᆫ 양을 보라.”

ᄒᆞ더라.

한님이 여러 날 ᄒᆡᆼᄒᆞ여 낙양(洛陽)의 니ᄅᆞ니 ᄉᆡᆼ이 십뉵세 셔ᄉᆡᆼ(書生)으로 뵈옷과 전나귀[295]로 이 ᄯᅡ흘 디나더니 일년 ᄉᆞ이의 옥졀(玉節)[296]을 잡고 ᄉᆞ마(駟馬)[297]를 모라 낙양 현녕(縣令)이 길흘 고티고 하람(河南) 부윤(府尹)이 길흘 인도ᄒᆞ여 광ᄎᆡ(光彩) 일노(一路)의 됴요(照耀)ᄒᆞ니 굿보ᄂᆞᆫ[298] 사ᄅᆞᆷ이 신션(神仙)ᄀᆞᆺ티 넉이더라. 한님이 몬져 셔동(書童)으로 ᄒᆞ여금 셤월(蟾月)의 쇼식을 ᄎᆞᄌᆞ니 그 집 문을 잠간디 오라고 ᄆᆞ을 사ᄅᆞᆷ이 니ᄅᆞᄃᆡ,

“셤낭이 디난 봄의 ᄒᆞᆫ 원방(遠方) 샹공(相公)이 ᄌᆞ고 간 후 병 드러 손 대졉ᄒᆞ기를 아니터니 누의 잔치에 여러 번 부ᄅᆞᄃᆡ 가디 아니ᄒᆞ고 거즛 미친 체ᄒᆞ고 도ᄉᆞ(道士)의 의복을 닙고 뎡쳐(定處) 업시 ᄃᆞᆫ니니 잇ᄂᆞᆫ 곳을 아디 못ᄒᆞᆯ너라.”

---

294) 옥당(玉堂) : 한림원(翰林院)·홍문관(弘文館)의 별칭.
295) 전나귀 : 발을 저는 나귀.
296) 옥절(玉節) : 옥(玉)으로 만든 부신(符信). 옛날 관직을 받을 때 내린 증서.
297) 사마(駟馬) : 네 필의 말이 끄는 수레.
298) 굿보ᄂᆞᆫ : 구경하는.

ᄒᆞ거놀, 셔동이 회보(回報)ᄒᆞ니 한님이 쵸턍(惆悵)ᄒᆞ기롤 마디 아니ᄒᆞ고 이날 긱관(客館)의셔 쟈더니 부윤(府尹)이 창녀(娼女) 십녀인을 극턱(極擇)ᄒᆞ야 쥬옥(珠玉)으로 쟝식ᄒᆞ여 손을 뫼시게 ᄒᆞ니 텬진(天津) 쥬루(酒樓)의셔 보던 쟈도 그 듕의 잇더라. 한님이 아조 도라보디 아니ᄒᆞ고 힝ᄒᆞ기롤 님(臨)ᄒᆞ여 벽상(壁上)의 일슈시(一首詩)롤 쓰니 ᄒᆞ야시ᄃᆡ,

우과텬진뉴ᄉᆡᆨ신(雨過天津柳色新) 비 텬진을 디나니 버들 ᄭᅩᆺ치 새로오니
풍광완ᄉᆞ거년츈(風光宛似去年春) 풍광이 완연이 디난 봄 ᄀᆞᆺ도다
가련ᄉᆞ마귀ᄂᆡ디(可憐駟馬歸來遲) 가히 어엿브다 네 ᄆᆞᆯ노 도라올 ᄯᅢ예
블견당노[299]여옥인(不見當樓如玉人) 쥬루을 당ᄒᆞᆫ 옥갓흔 사ᄅᆞᆷ을 보디 못ᄒᆞᄂᆞᆫ도다

붓을 더지고 술위[300]에 올나가니 모든 챵기(娼妓) 심히 참괴(慚愧)ᄒᆞ야 그 글을 벗겨 부윤(府尹)을 뵈니 부윤이 황공ᄒᆞ여 즁챵(衆娼)ᄃᆞ려 무러 한님의 ᄯᅳᆺ 둔 곳을 알고 방(榜) 브쳐 셤낭을 구ᄒᆞ여 한님 도라올 ᄯᅢ에 대령ᄒᆞ려 ᄒᆞ더라. 한님이 연국(燕國)의 가니 먼 ᄯᅡ 사ᄅᆞᆷ이 일즉 이런 풍치(風采)롤 보디 못ᄒᆞ얏ᄂᆞᆫ디라, 디나ᄂᆞᆫ 대마다 수ᄅᆡ롤 ᄢᅵ고 길히 몌여시니 위풍(威風)이 딘동(振動)ᄒᆞ더니 연왕(燕王)으로 더브러 셔로 보매 대당(大唐) 위덕(威德)으로 표쟝ᄒᆞ고 니해(利害)로 ᄀᆡ유(開諭)ᄒᆞ여 말ᄉᆞᆷ이 도도(滔滔)ᄒᆞ고 믈결을 뒤치ᄂᆞᆫ ᄃᆞᆺᄒᆞ니, 연왕이 긔운을 굴ᄒᆞ고 ᄆᆞ옴의 항복ᄒᆞ야 즉시 표문(表文)을 닷가 왕호(王號)롤 업시 ᄒᆞ고 귀슌(歸順)ᄒᆞ믈 쳥ᄒᆞ더라. 연왕이 별노 군듕의 잔치롤 빈셜ᄒᆞ야 젼송ᄒᆞ고 황금 쳔 냥과 병마 십 필을 주거놀 밧디 아니ᄒᆞ고 연도(燕都)롤 ᄯᅥ나 셔(西)로 도라올시 십 여일을 힝ᄒᆞ야 한단(邯鄲)[301]의 다ᄃᆞᄅᆞ니 길ᄭᅡ의 ᄒᆞᆫ 쇼년이 필마(疋

299) 당노 : '당누(當樓)'의 오기.
300) 술위 : 수레.
301) 한단(邯鄲) : 전국(戰國)시대 조(趙)나라의 도읍지. 지금의 하북성(河北省) 한단현(邯鄲縣)의 서남쪽.

馬)로 가다가 ᄉᆞᄒᆡᆼ(使行)이 뒤히 오믈 보고 말긔 ᄂᆞ려 셧거놀 한님이 먼니셔 보고 닐오ᄃᆡ,

"져 말이 일뎡(一定) 쥰마(駿馬)ㅣ로다."

ᄒᆞ더니 미조차[302] 쇼년을 보니 용모의 슈미(秀美)ᄒᆞ미 옥 ᄀᆞᆺᄒᆞ며 ᄭᅩᆺ ᄀᆞᆺᄒᆞ여 위개(衛玠)[303]와 반악(潘岳)[304]이라도 밋디 못ᄒᆞᆯ ᄃᆞᆺᄒᆞ거놀 한님이 싱각ᄒᆞᄃᆡ, '내 냥경(兩京)[305]의 두로 ᄃᆞᆫ녀시되 이런 미쇼년을 보디 못하야시니 필연 ᄌᆡ조 잇ᄂᆞᆫ 사ᄅᆞᆷ이로다.' ᄒᆞ고 죵ᄌᆞ(從者)ᄅᆞᆯ 분부ᄒᆞ여 쇼년을 쳥ᄒᆞ야 압길노 오라 ᄒᆞ다. 한님이 연왕[306]의 니ᄅᆞ니 쇼년이 미조차 와 뵈거놀 한님이 대희(大喜)ᄒᆞ야 무ᄅᆞ대.

"노상(路上)의셔 위연(偶然)이 반낭(潘郎)[307]의 풍ᄎᆡ(風采)ᄅᆞᆯ 보고 믄득 사랑ᄒᆞᄂᆞᆫ ᄆᆞ옴을 내여 오ᄃᆡ 날을 도라보디 아닐가 져허ᄒᆞ더니 이때 ᄇᆞ리디 아니믈 어드니 다ᄒᆡᆼᄒᆞ믈 어이 다 니ᄅᆞ리오. 원컨대 현형(賢兄)의 셩명(姓名)을 드러디라."

쇼년이 ᄃᆡ왈,

"쇼ᄉᆡᆼ은 븍방(北方) 사ᄅᆞᆷ이니 셩은 뎍(狄)이오 일홈은 ᄇᆡᆨ난(伯鸞)이니 궁향(窮鄕)의셔 ᄌᆞ라나 스싱과 버디 업셔 글과 칼을 다 닐우디 못ᄒᆞᄃᆡ ᄒᆞᆫ 조각 ᄆᆞ옴이 오히려 디긔(知己)ᄅᆞᆯ 위ᄒᆞ여 죽고져 ᄒᆞᄂᆞᆫ디라. 이제 샹공(相公)이 하븍(河北)을 디나시니 위엄(威嚴)이 뇌졍(雷霆) ᄀᆞᆺ고 은혜(恩惠) 양츈(陽春) ᄀᆞᆺ고 스ᄉᆞ로 ᄌᆡ죄 업ᄉᆞᆫ 줄을 혜아리디 아니니 문하(門下)의 의탁ᄒᆞ여 'ᄃᆞᆰ의 우룸과 개 도젹ᄒᆞᄂᆞᆫ'[308] 수(數)ᄅᆞᆯ 치오려 ᄒᆞ더니 샹공의

---

302) 미조차 : 뒤미처 좇아.

303) 위개(衛玠) : 진(晉)나라의 미남자. 자는 숙보(叔寶). 풍채가 아름다웠고 현담(玄談)으로 유명했음.

304) 반악(潘岳) : 진(晉)나라의 미남자. 자(字)는 안인(安仁).

305) 양경(兩京) : 낙양(洛陽)과 장안(長安).

306) 연왕 : '역관(驛館)'의 오기. 역참(驛站)에서 사람과 말의 중계를 맡아 보던 집.

307) 반랑(潘郎) : 진(晉)나라의 반악(潘岳).

308) ᄃᆞᆰ의 우룸과 개 도젹ᄒᆞᄂᆞᆫ : 제(齊)나라 맹상군(孟嘗君)의 고사. 맹상군은 천하

구버 ᄉᆞᆯ피시믈 보고 욕(辱)도이 브ᄅᆞ시믈 닙으니 감ᄒᆡᆼ(感幸)ᄒᆞ믈 이긔디 못ᄒᆞᆯ소이다."

한님이 대희ᄒᆞ여 ᄀᆞᆯ오ᄃᆡ,

"ᄒᆞᆫ 가디 소ᄅᆡᄂᆞᆫ 서로 응ᄒᆞ고 ᄒᆞᆫ 가디 긔운은 서로 ᄀᆞᆺᄒᆞ니 크게 쾌(快) ᄒᆞᆫ 일이로다."

이 후ᄂᆞᆫ 뎍ᄉᆡᆼ(狄生)으로 더브러 곳비ᄅᆞᆯ 갈와 ᄒᆞᆫ 가디로 ᄒᆡᆼᄒᆞ니 먼 길히 괴로운 줄을 니저 임의 낙양(洛陽)의 다ᄃᆞᄅᆞ니 텬진(天津) 쥬루(酒樓)ᄅᆞᆯ 디날ᄉᆡ 녜 일을 ᄉᆡᆼ각ᄒᆞ고 정(情)을 니긔디 못ᄒᆞ더니 누상 쥬렴을 거드며 ᄒᆞᆫ 녀ᄌᆞ(女子)ㅣ 난간을 의디ᄒᆞ여 ᄇᆞ라보거ᄂᆞᆯ 한님이 ᄌᆞ시 보니 정히 셤월(蟾月)이러라. 반기ᄃᆡ 말을 못ᄒᆞ고 ᄀᆡᆨ관(客館)의 가니 셤월이 임의 대령ᄒᆞ엿더라. 깃브고 슬허 별후(別後) 일을 한님ᄃᆞ려 닐오ᄃᆡ,

"샹공이 ᄯᅥ나간 후의 공ᄌᆞ(公子) 왕손(王孫)의 못ᄭᅩ디와 태슈(太守) 현녕(縣令)의 잔ᄎᆡ예 동으로 보ᄎᆡ이고 셔로 벙으리와다 근심 만나믈 임의 만히 ᄒᆞ고 욕 밧기ᄅᆞᆯ 젹디 아니킈 ᄒᆞ여 머리털을 버히고 악질(惡疾)을 가탁(假託)ᄒᆞ야 계요 ᄎᆞᆺ기ᄅᆞᆯ 면ᄒᆞ야 셩듕(城中)을 피ᄒᆞ고 뫼ᄲᆞᆯ의 깃드렷더니 젼일 샹공이 이 ᄶᅡᄒᆞᆯ 디나시며 쳡을 ᄉᆞ렴(思念)ᄒᆞᄂᆞᆫ 글을 디으시다 ᄒᆞ고 현령(縣令) 샹공(相公)이 친히 쳡의 집에 드러오니 쳡이 비로소 녀ᄌᆞ의 몸이 존듕(尊重)ᄒᆞᆫ 줄 알니러이다. 텬진(天津) 누샹(樓上)의셔 샹공의 ᄒᆡᆼ식(行色)을 ᄇᆞ라볼 제 어ᄂᆞᆫ 사ᄅᆞᆷ이 계셤월의 팔ᄌᆞᄅᆞᆯ 일ᄏᆞᆺ디 아니ᄒᆞ리잇가. 샹공이 쟝원 급뎨ᄒᆞ여 한님학ᄉᆞ(翰林學士) ᄒᆞ신 줄은 쳡이 즉시 아랏거니와 아디 못게라. 부인을 어더 겨시니잇가."

한님이 뎡쇼져와 뎡혼(定婚)ᄒᆞ얏ᄂᆞᆫ 줄을 니ᄅᆞ고 ᄯᅩ ᄀᆞᆯ오ᄃᆡ,

"비록 화쵹(花燭)의 셔로 보디 못ᄒᆞ야시나 쇼져의 ᄌᆡ모(才貌)ᄂᆞᆫ 진실노

의 인재를 모아 후하게 대접하여 그 명성과 실력을 과시함. 어느 날 맹상군이 의심을 받아 살해 위기에 처했을 때 좀도둑과 닭의 울음소리를 잘 내는 식객들의 도움으로 위기에서 벗어났다고 함.

셤낭(蟾娘)의 말과 굿흔디라. 어딘 듕미(仲媒)의 은혜롤 어이 다 갑흐리오."

이날 셤월노 더브러 녯 정을 베프고 즉시 떠나가디 못ᄒᆞ여 인ᄒᆞ여 일냥일(一兩日)을 머므더라. 한님이 셤낭 만나믈 인ᄒᆞ야 년일(連日)ᄒᆞ여 뎍싱(狄生)을 보디 아냣더니 셔동(書童)이 ᄀᆞ만히 한님ᄃᆞ려 닐오디,

"뎍싱 쇼지[309] 용흔 사름이 아니라. 쇼인이 위연(偶然)이 보니 셤낭ᄌᆞ로 더브러 남 못보ᄂᆞᆫ 디셔 셔로 희롱ᄒᆞ니 셤낭지 샹공을 조ᄎᆞᆫ 후ᄂᆞᆫ 젼일(前日)과 다ᄅᆞ거놀 제 어이 감히 무례(無禮)ᄒᆞ리잇고."

한님이 ᄀᆞᆯ오디,

"뎍싱이 그러티 아닐 거시오, 셤낭은 더옥 의심 업ᄉᆞ니 네 그릇 보도다."

셔동이 앙앙(怏怏)ᄒᆞ야 도라갓더니 오라디 아냐셔 셔동이 다시 와 ᄀᆞᆯ오디,

"샹공 일인을 거즛말 ᄒᆞᆫ다 하시거니와 냥인이 시방 희롱ᄒᆞ니 친히 보면 아ᄅᆞ시리이다."

한님이 셔동을 조차 긱관(客館)의 셧녁 월앙[310]을 디나가 보니 냥인이 ᄂᆞ즌 담을 격ᄒᆞ야 셔셔 웃고 말ᄒᆞ며 손을 잡고 희롱ᄒᆞ거놀 한님이 졈졈 갓ᄀᆞ이 나아가 ᄒᆞᄂᆞᆫ 말을 드ᄅᆞ려 ᄒᆞ더니 신 ᄭᅳ으ᄂᆞᆫ 소릐 나니 뎍싱은 놀나 ᄃᆞ라나고 셤월은 한님을 보고 ᄌᆞ못 참식(慙色)이 잇거놀 한님이 무ᄅᆞ디,

"젼일 뎍싱으로 더브러 일즉 친ᄒᆞ미 잇더냐."

셤월 왈,

"친ᄒᆞᆫ 고로 쇼식을 뭇더니이다. 쳡이 창누(娼樓)의 쳔(賤)이 ᄌᆞ라 남녀의 혐의(嫌疑)홀 줄을 몰나 손을 잇글고 ᄀᆞ만ᄒᆞᆫ 말을 ᄒᆞ니 상공이 의심ᄒᆞ시게 ᄒᆞ니 쳡의 죄 일만번 죽엄즉ᄒᆞ이다."

한님 왈,

"내 ᄯᅳᆺ의 셤낭을 의심ᄒᆞ미 업ᄉᆞ니 모ᄅᆞ미 ᄎᆞᆨᄒᆞ여 말나."

---

309) 쇼지 : '수재(秀才)'의 오기.
310) 월앙 : '월랑(月廊)'의 오기. 대문간에 붙어 있는 방. 행랑(行廊).

ᄒᆞ고 인ᄒᆞ여 ᄉᆡᆼ각ᄒᆞᄃᆡ, '뎍ᄉᆡᆼ이 나히 져므니 일뎡 날 보기ᄅᆞᆯ 어려워 ᄒᆞᆯ 거시니 블너 위로ᄒᆞᆯ 거시라.' ᄒᆞ고 사ᄅᆞᆷ으로 ᄒᆞ여곰 청ᄒᆞ니 두로 어드ᄃᆡ 간 바ᄅᆞᆯ 모ᄅᆞᆯ너라.

한님이 크게 뉘우쳐 ᄀᆞᆯ오ᄃᆡ,

"녜 쵸(楚) 쟝왕(莊王)[311]은 갓 씐을 써혀 신하의 죄(罪)ᄅᆞᆯ ᄀᆞᆷ초앗거ᄂᆞᆯ 나ᄂᆞᆫ 암ᄆᆡ(暗昧)ᄒᆞᆫ 일을 ᄉᆞᆯ피다가 아ᄅᆞᆷ다온 션ᄇᆡᄅᆞᆯ 일허ᄇᆞ리니 스ᄉᆞ로 ᄎᆡᆨ(責)ᄒᆞᆫ들 어이 미ᄎᆞ리오."

이날 밤의 셤낭으로 더브러 쵹하(燭下)의셔 녯 말을 니ᄅᆞ며 년(連)ᄒᆞ여 여러 잔(盞)을 거후ᄅᆞ고 쵹(燭)을 ᄭᅳ고 팀셕(寢席)의 나아가니 은졍(恩情)이 더옥 견권(繾綣)ᄒᆞ더니 됴양(朝陽)이 동챵(東窓)의 비췬 후 한님이 ᄇᆞ야흐로 머리ᄅᆞᆯ 드러 보니 셤낭이 몬져 니러나 거울을 대ᄒᆞ야 지분(脂粉)을 고ᄅᆞ거ᄂᆞᆯ 놀나 니러나 ᄌᆞ시 보니 ᄑᆞ른 눈셥과 ᄆᆞᆯ근 눈과 구ᄅᆞᆷ ᄀᆞᆺᄒᆞᆫ 귀밋과 ᄭᅩᆺ ᄀᆞᆺᄒᆞᆫ 보됴개며 가ᄂᆞᆫ 허리와 약ᄒᆞᆫ 태도(態度)ㅣ ᄌᆞᆼᄌᆞᆼ 셤낭과 ᄀᆞᆺᄒᆞᄃᆡ 다만 셤낭은 아닌디라. 한님이 크게 놀나 측냥(測量)치 못ᄒᆞ여 ᄒᆞ더라.

제7회

금난ᄃᆡᆨ학ᄉᆞ취옥쇼(金鑾直學士吹玉簫)
봉ᄂᆡ뎐궁아걸가귀(蓬萊殿宮娥乞佳句)

한님이 급히 무ᄅᆞᄃᆡ,

"미인은 엇던 사ᄅᆞᆷ인다."

311) 장왕(莊王) : 초(楚)나라 목왕(穆王)의 아들. 이름은 여(旅). 장왕이 어느 날 신하들과 술을 먹는 자리에서, 촛불이 꺼진 사이에 한 신하가 미인의 옷을 잡아당기자 미인이 그의 갓끈을 떼고서 장왕에게 일러 바쳤는데, 장왕은 모든 신하가 갓끈을 떼도록 하여 신하의 취중(醉中)의 실수를 덮어 준 고사.

미인이 ᄃᆡ답ᄒᆞᄃᆡ,

"쳡은 태쥐[312] 사ᄅᆞᆷ이라, 셩명은 뎍경홍(狄驚鴻)이니 본ᄃᆡ 셤낭(蟾娘)으로 더브러 형뎨(兄弟) 되얏더니 작야(昨夜)의 셤낭이 나와 쳡ᄃᆞ려 닐오ᄃᆡ, '마춤 몸의 병(病)이 발ᄒᆞ야 샹공(相公)을 뫼시디 못ᄒᆞ니 내 몸을 ᄃᆡ신(代身)ᄒᆞ야 날노 ᄒᆞ야곰 죄(罪)ᄅᆞᆯ 엇게 말나.' ᄒᆞ거ᄂᆞᆯ 셤낭의게 속아 이에 니ᄅᆞ럿ᄂᆞ이다."

홀연 셤낭이 밧그로셔 드러와 한님ᄃᆞ려 닐오ᄃᆡ,

"샹공의 신인(新人) 어드시믈 ᄒᆞ례(賀禮)ᄒᆞᄂᆞ이다. 쳡이 젼일 하븍(河北) 뎍경홍을 쳔거(薦擧)ᄒᆞ얏더니 쳡의 말이 엇더ᄒᆞ니잇가."

한님 왈,

"얼골을 보니 일흠 듯더니의셔 낫도다."

믄득 경홍의 얼골이 뎍ᄉᆡᆼ(狄生)으로 더브러 ᄀᆞᆺᄒᆞ믈 ᄭᆡᄃᆞᆺ고,

"원간 뎍ᄉᆡᆼ이 홍낭의 형(兄)이랏다. 작일의 내 뎍형(狄兄)의게 득죄(得罪)ᄒᆞ미 만흐니 이제 어대 잇ᄂᆞ뇨."

경홍이 대왈,

"쳡이 본ᄃᆡ 형뎨 업ᄂᆞ이다."

한님이 다시 홍낭을 보고 황연(恍然)이 ᄭᆡᄃᆞ라 대쇼(大笑)ᄒᆞ고 ᄀᆞᆯ오ᄃᆡ,

"한단(邯鄲) 길희셔 날을 조차온 ᄌᆡ 원간 홍낭이오, 셕녁 월왕[313]의셔 셤낭으로 더브러 ᄉᆞ어(私語)ᄒᆞ던 쟈ᄂᆞᆫ 홍낭이로다. 남복(男服)으로 날을 속이믄 엇디오."

홍낭이 ᄃᆡᄒᆞ여 ᄀᆞᆯ오ᄃᆡ,

"쳔쳡(賤妾)이 감히 샹공을 속이리잇가. 쳡이 비록 누츄(陋醜)ᄒᆞ나 샹(常)해 발원(發願)ᄒᆞ여 군ᄌᆞ(君子)ᄅᆞᆯ 조ᄎᆞ려 ᄒᆞ더니, 연왕(燕王)이 쳡의 일흠을 그ᄅᆞᆺ 듯고 명쥬(明珠) ᄒᆞᆫ 셤으로 쳡을 궁듕(宮中)의 닐위니, 입의

312) 틔쥬 : 강전섭본에는 패주(貝州), 다른 한문본에는 파주(播州)로 되어 있음.
313) 월왕 : '월랑(月廊)'의 오기. 대문간에 붙어 있는 방. 행랑(行廊).

진미(珍味)ᄅᆞᆯ 염(厭)ᄒᆞ고 몸의 금의(錦衣)ᄅᆞᆯ 쳔히 넉이나 쳡의 원ᄒᆞᄂᆞᆫ ᄇᆡ 아니라. 괴로오미 ᄆᆞ옴의 외로온 새 농듕(籠中)의 듬 ᄀᆞᆺ더니, 져젹[314] 연왕이 샹공을 쳥ᄒᆞ여 궁듕셔 잔ᄎᆡ홀 적의 쳡이 우연이 여어 보니 일ᄉᆡᆼ 조차 놀기ᄅᆞᆯ 원ᄒᆞᄂᆞᆫ ᄇᆡ라. 샹공이 연(燕)을 ᄯᅥ나신 후의 즉시 도망ᄒᆞ여 조ᄎᆞ려 ᄒᆞ더니 연왕이 ᄭᆡᄃᆞᆺ고 ᄯᆞᆯ을가 두려 샹공 힝ᄒᆞᆫ 후의 십일(十日)을 기ᄃᆞ려 연왕의 쳔니마(千里馬)ᄅᆞᆯ 도적ᄒᆞ야 ᄐᆞ고 이틀만의 한단(邯鄲)의 득달(得達)ᄒᆞ야 즉시 샹공긔 실샹(實狀)을 알외고져 ᄒᆞ대 도로의 번거ᄒᆞ야 이ᄯᅡ히 니ᄅᆞ러 브졀업시 한(漢) 시졀 단희[315]의 일을 효측(效則)ᄒᆞ야 샹공의 ᄒᆞᆫ 번 우으시믈 돕ᄂᆞ이다. 이제ᄂᆞᆫ 쳡의 원(願)을 닐워시니 당당이 셤낭으로 더브러 ᄒᆞᆫ듸 잇다가 샹공이 부인 어드시믈 기ᄃᆞ려 ᄒᆞᆫ가디로 경ᄉᆞ(京師)의 나아가 하례ᄒᆞ리이다."

한님이 ᄀᆞᆯ오ᄃᆡ,

"홍낭의 놉흔 ᄯᅳᆺ은 양월공(楊越公)[316]의 홍불기(紅拂妓)[317]라도 밋디 못ᄒᆞ리로다. 다만 스ᄉᆞ로 니위공(李衛公)[318]의 ᄌᆡ죄 업ᄉᆞ믈 븟그려 ᄒᆞᄂᆞ이다."

이ᄂᆞᆯ 냥미인(兩美人)으로 더브러 밤을 디내고 쟝ᄎᆞᆺ ᄯᅥ날ᄉᆡ 냥인ᄃᆞ려 닐오ᄃᆡ,

"도로의 비편(非便)ᄒᆞ야 수래ᄅᆞᆯ ᄒᆞᆫ가디로 못ᄒᆞ니 오ᄃᆡ 실가(室家) 일우믈 기ᄃᆞ려 서로 ᄎᆞ자리라."

---

314) 져젹 : 저때. 그때.

315) 단희 : '당희(唐姬)'의 오기. 후한(後漢) 때 홍농왕(弘農王)의 첩으로 남편이 죽은 뒤 정절을 지킨 여인.

316) 양월공(楊越公) : 수(隋)나라 양소(楊素). 고조(高祖) 때 천하를 평정하여 월국공(越國公)에 봉해짐.

317) 홍불기(紅拂妓) : 양소(楊素)의 시비(侍婢)였다가 후에 명기(名妓)가 됨. 이정(李靖)에게 반하여 스스로 찾아가 일생을 의탁하였음.

318) 이위공(李衛公) : 당(唐)나라의 병략가(兵略家)인 이정(李靖). 후에 위국공(衛國公)에 봉해짐.

ᄒᆞ고 길 나 힝ᄒᆞ여 경ᄉᆞ(京師)의 가 복명(復命)ᄒᆞ니 연국(燕國) 표명[319]과 됴정(朝廷)의 진공(進貢)ᄒᆞᄂᆞᆫ 금은(金銀) 치단(綵緞)이 흠긔 니ᄅᆞ럿ᄂᆞᆫ디라, 텬ᄌᆞ(天子)ㅣ 양한님(楊翰林)의 공(功)을 표장(表獎)ᄒᆞ샤 봉후(封侯)ᄒᆞᄂᆞᆫ 샹뎐(賞典)을 ᄡᅳ려 ᄒᆞ시더니 한님이 힘ᄡᅥ ᄉᆞ양ᄒᆞᄆᆞᆯ 인ᄒᆞ여 녜부샹셔(禮部尙書)ᄅᆞᆯ 표탁(表擢)[320]ᄒᆞ여 한님학ᄉᆞ(翰林學士)ᄅᆞᆯ 겸ᄃᆡ(兼帶)ᄒᆞ게 ᄒᆞ시고 인ᄒᆞ여 샹ᄉᆞ(賞賜)ᄅᆞᆯ 후히 ᄒᆞ시다. 샹(上)이 한님원(翰林院)의 문학(文學)을 듕(重)히 넉이샤 블시(不時)의 인견(引見)ᄒᆞ야 경ᄉᆞ(經史)ᄅᆞᆯ 토론ᄒᆞ시니 이러므로 한님원의 딕슉(直宿)ᄒᆞᄂᆞᆫ 날이 만터니 ᄒᆞᄅᆞᄂᆞᆫ 야ᄃᆡ(夜對)[321]ᄅᆞᆯ 파(罷)ᄒᆞ고 마을의 도라오니 ᄇᆞᆯ근 ᄃᆞᆯ이 금원(禁苑)[322]의 ᄯᅥ오ᄅᆞ고 신션(神仙)의 누국(漏局)[323]이 졍히 침침(沈沈)ᄒᆞ니 양샹셰 놉흔 누(樓)의 올나 난간을 비겨 월ᄉᆡᆨ(月色)을 ᄇᆞ라더니 홀연 ᄇᆞ람길희 얼프시 통쇼(洞簫) 소래 브터 오거ᄂᆞᆯ 귀ᄅᆞᆯ 기우려 드ᄅᆞ니 희미ᄒᆞ야 곡됴ᄅᆞᆯ 분변(分辨)티 못ᄒᆞᆯ너라.

샹셰 원니(院吏)ᄅᆞᆯ ᄇᆞᆯ너 술을 부으라 ᄒᆞ고 벽옥(碧玉) 퉁쇼ᄅᆞᆯ 내여 두어 곡됴ᄅᆞᆯ 농ᄒᆞ니 ᄆᆞᆯ근 쇼래 구쇼(九霄)[324]의 올나 난봉(鸞鳳)[325]이 우ᄂᆞᆫ ᄃᆞᆺᄒᆞᆫ디라. 쳥학(靑鶴) ᄒᆞᆫ ᄡᅡᆼ이 금듕(禁中)으로 조차 ᄂᆞ려와 빅회(徘徊)ᄒᆞ며 춤추니 모든 원니들이 셔로 젼하야 닐오ᄃᆡ, ‘왕ᄌᆞ진(王子晉)[326]이 인간의 ᄂᆞ려왓다.’ ᄒᆞ더라. 원니 양샹셔의 드ᄅᆞᆫ 퉁쇼ᄂᆞᆫ 심샹(尋常)ᄒᆞᆫ 사ᄅᆞᆷ의

---

319) 표명 : ‘표문(表文)’의 오기.

320) 표탁(表擢) : 벼슬자리를 높임.

321) 야대(夜對) : 왕이 밤중에 신하를 불러 경연(經筵)을 베풀던 일.

322) 금원(禁苑) : 대궐 안에 있는 동산.

323) 누국(漏局) : 누각(漏刻)에 관한 일을 맡아 보던 기관. 동호(銅壺)에 물을 담아서 시각을 정하는 데 쓰는 그릇을 ‘누(漏)’라 함.

324) 구소(九霄) : 드높은 하늘.

325) 난봉(鸞鳳) : 난새와 봉황.

326) 왕자 진(王子 晉) : 주(周)나라 영왕(靈王)의 태자인 교(喬). 통소를 잘 불어 봉(鳳)의 울음소리를 냈다 하며, 수련한 지 십 년 만에 큰 학을 타고 등선(登仙)하였다 함.

곡되 아니라.

이때 황후(皇后)ㅣ 두 아둘과 훈 쏠을 두어 겨시니 황상(皇上)과 월왕(越王)과 난양공쥬(蘭陽公主)ㅣ라. 공쥐 탄싱(誕生)홀 제 태후(太后)ㅣ 쑴의 신션(神仙)의 쏫과 블근 진쥬(珍珠)롤 보앗더니, 밋 즈라매 용모긔질(容貌氣質)이 완연이 신션 깃하야 훈 점 셰속(世俗) 틱도(態度)ㅣ 업고 문장(文章)과 일마다 사룸의게 디나고, 쏘훈 긔이훈 일이 이시니 측텬황후(則天皇后)[327] 시졀의 셔녁(西域) 대진국(大秦國[328])이 빅옥 퉁쇼롤 공(貢)ᄒᆞ니 졔도(制度)ㅣ 극히 긔묘(奇妙)ᄒᆞ되 아모도 드ᄅᆞ리 업더니 공쥐 쑴의 션녀롤 만나 곡됴 젼ᄒᆞ니 셰샹 사룸은 아ᄂᆞ니 업ᄉᆞ나 공쥐 ᄆᆞ양 퉁쇼롤 블면 모든 학이 ᄂᆞ려와 춤추니 태후(太后)와 샹(上)이 긔이히 넉여 진문공[329]의 쏠 농옥(弄玉)[330]의 일을 싱각ᄒᆞ여 브대 쇼ᄉᆞ(簫史)[331]깃훈 부마(駙馬)롤 어드려 ᄒᆞ시는 고로 공쥐 임의 댱셩(長成)ᄒᆞ엿시되 오히려 하가(下嫁)훈 딕 업더니, 이늘 위연(偶然)이 월하(月下)의셔 훈 곡됴롤 부러 쳥학(靑鶴) 훈 빵을 질드리더니 곡되 긋티며 그 학이 노라 옥당(玉堂)으로 가니 궐듕(闕中) 사룸이 셩히 뎐(傳)ᄒᆞ딕, '양샹셰 퉁쇼롤 부러 션학(仙鶴)을 ᄂᆞ리게 훈다.' ᄒᆞ니 텬ᄌᆞ(天子)ㅣ 이 말을 드ᄅᆞ시고 공쥬의 인연

---

327) 측천황후(則天皇后) : 당(唐)나라 고종(高宗)의 황후로 고종이 죽은 후 전권을 장악했음. 690년 스스로 제위(帝位)에 올라 국호를 주(周)로 고침.

328) 대진국(大秦國) : 후한(後漢)의 환제(桓帝 : 재위 146~167) 때 대진왕 안돈(安敦)의 사자(使者)가 해로(海路)를 통해서 중국으로 왔는데, 그의 나라가 어디인지는 명확하지 않음. 페르시아만(灣) 연안의 시리아 근처 안티오키아로 보는 설, 로마제국(帝國)으로 보는 설, 알렉산드리아를 중심으로 하는 고대 로마의 동방 영토였던 시리아 · 메소포타미아를 포함하는 지역으로 보는 설 등이 있음.

329) 진문공 : '진목공(秦穆公)'의 오기. 진(秦)나라 덕공(德公)의 셋째 아들로 이름은 임호(任好).

330) 농옥(弄玉) : 진(秦)나라 목공(穆公)의 딸로 남편인 소사(簫史)에게 배워 통소를 잘 불었음. 부부가 함께 신선(神仙)이 되었다고 함.

331) 소사(簫史) : 농옥(弄玉)의 남편으로 통소를 잘 불었음. 백학(白鶴)을 불러 마당에서 춤추게 할 정도의 통소의 명인.

(因緣)이 이 곳의 잇는 줄 아ᄅᆞ샤 태후긔 됴회(朝會)ᄒᆞ고 ᄯᅩ 갈오ᄃᆡ,

"양쇼유의 나히 어ᄆᆡ(御妹)로 더브러 샹당(相當)ᄒᆞ고 문ᄎᆡ풍뉴(文采風流)ㅣ 됴신(朝臣) 듕 졔일이라. 텬하의 ᄀᆞᆯ힉여 이도곤 나으리 업ᄉᆞ리이다."

태휘 대희(大喜)ᄒᆞ여 ᄀᆞᆯ오샤ᄃᆡ,

"소아[332]의 혼ᄉᆞ(婚事)ㅣ 뎡ᄒᆞᆫ ᄃᆡ 업ᄉᆞ니 쥬야(晝夜) 거리ᄭᅵᆫ 거시 잇ᄂᆞᆫ ᄃᆞᆺᄒᆞ더니 이 말노 볼쟉시면 양샹셰 하ᄂᆞᆯ이 뎡ᄒᆞᆫ 비필이로다."

ᄒᆞ시더라.

쇼아[333]ᄂᆞᆫ 난양공쥬의 일흠이니 ᄇᆡᆨ옥 퉁쇼의 쇼화(簫和) 두 ᄌᆞ(字)ᄅᆞᆯ 삭여시므로 일흠을 디으니라.

태휘 ᄀᆞᆯ오샤ᄃᆡ,

"양샹셔ᄂᆞᆫ 벅벅이 풍뉴ᄌᆡᄉᆞ(風流才士)어니와 그 얼골을 보고 뎡ᄒᆞ고져 ᄒᆞ노라."

샹이 ᄀᆞᆯ오샤ᄃᆡ,

"이ᄂᆞᆫ 어렵디 아니ᄒᆞ니 후일의 양쇼유ᄅᆞᆯ 별뎐(別殿)의 인견(引見)ᄒᆞ야 조용히 문쟝(文章)을 강논(講論)ᄒᆞᆯ 거시니 낭낭(娘娘)이 발[334] 안히셔 볼 거시니이다."

태휘 ᄀᆞᆯ오샤ᄃᆡ,

"이리ᄒᆞ미 ᄀᆞ쟝 됴타."

ᄒᆞ시더라.

텬지 봉내뎐(蓬萊殿)의 젼좌(殿坐)ᄒᆞ시고 황문(黃門)[335]으로 양샹셔ᄅᆞᆯ 브ᄅᆞ라 ᄒᆞ시니 한님원(翰林院)의 가 므ᄅᆞ니 곳 나갓다 ᄒᆞ거ᄂᆞᆯ 뎡ᄉᆞ도(鄭司徒) 집의 가 차ᄌᆞ니 ᄯᅩᄒᆞᆫ 도라가디 아녓더라.

---

332) 소아 : '소화(簫和)'의 오기.
333) 쇼아 : '소화(簫和)'의 오기.
334) 발 : 주렴(珠簾).
335) 황문(黃門) : 환관(宦官).

이때 양샹셰 뎡십삼(鄭十三)으로 더브러 쟝안(長安) 쥬루(酒樓)의셔 술 먹으며 일홈 난 녀기(女妓) 쥬랑(珠娘)과 옥노(玉奴)로 ᄒᆞ여곰 노래 블리더니 듕ᄉᆞ(中使)[336] ㅣ 명픽(命牌)[337]를 가디고 블의(不意)에 도라드니 뎡십삼은 놀나 ᄃᆞ라나고 양샹셰 취안(醉眼)을 몽농이 쓰고 날회여 니러나 이챵(二娼)으로 ᄒᆞ야곰 관듸(冠帶)를 입히라 ᄒᆞ고 듕ᄉᆞ(中使)를 조챠 텬ᄌᆞ긔 뵈오니 텬지 좌(座)를 주시고 죠용이 녁듸졔왕(歷代帝王)의 티란흥망(治亂興亡)을 의논ᄒᆞ시더니 샹셔(尙書)ㅣ 일일이 녜 일을 인증(引證)ᄒᆞ야 ᄇᆞᆰ게 알외니 텬안(天顔)이 대열(大悅)ᄒᆞ샤 ᄯᅩ ᄀᆞᆯ오샤ᄃᆡ,

"시(詩) 짓기ᄂᆞᆫ 졔왕(帝王)의 일이 아니라 ᄒᆞ나, 우리 조죵(祖宗)이 다 이 일의 뉴의(留意)ᄒᆞ샤 어제시문(御製詩文)이 텬하(天下)의 격동ᄒᆞ니 경(卿)이 시험ᄒᆞ야 고금 시인의 우렬(優劣)을 의논ᄒᆞ라. 뎨왕(帝王)의 시ᄂᆞᆫ 뉘 읏듬이며 신하의 시ᄂᆞᆫ 뉘 졔일이 되ᄂᆞ뇨."

샹셰 살오ᄃᆡ,

"군신(君臣)의 시가(詩歌)로ᄡᅥ 챵화(唱和)ᄒᆞ미 뎨슌(帝舜)과 고요(皐陶)[338]로브터 시작ᄒᆞ니 이ᄂᆞᆫ 아딕 의논 말고, 한(漢) 고뎨(高帝)[339]의 대풍가(大風歌)[340]와 한(漢) 무뎨(武帝)[341]의 츄풍ᄉᆞ(秋風辭)[342]와 위(魏)

336) 중사(中使) : 천자의 곁에서 심부름을 하던 내시(內侍).
337) 명패(命牌) : 임금이 신하를 부를 때 사용한 패(牌).
338) 고요(皐陶) : 순(舜) 임금의 신하. 자(字)는 정견(庭堅).
339) 고제(高帝) : 한(漢)나라의 제1대 황제인 유방(劉邦). 재위 BC 202~BC 195. 4년간에 걸친 항우(項羽)와의 쟁패전에서 승리하고 한실(漢室)의 시조가 됨. 묘호(廟號)는 고조(高祖).
340) 대풍가(大風歌) : 유방(劉邦)이 숙적 항우(項羽)를 타도하고 통일국가를 실현시킨 뒤 고향인 패(沛)로 개선하여 대연회를 개최하고 지은 시. 3구 23자의 짧은 시이나, 왕자(王者)의 웅대한 기상이 잘 나타나 있음.
341) 무제(武帝) : 한(漢)나라의 제7대 황제인 유철(劉徹). 재위 BC 141~BC 87.
342) 추풍사(秋風辭) : 무제(武帝)가 하동(河東)으로 행차하여 토지신에게 제사를 지내려고 분하(汾河)를 건너는 배 위에서 연회를 열어 지은 시. 모두 9구 65자. 가을을 배경으로 펼쳐지는 환락을 서술하면서 영화 뒤에 찾아오는 비수(悲愁)가 담겨 있음.

무뎨(武帝)343)의 월명셩희(月明星稀)344)는 뎨왕(帝王)의 읏듬이오, 위나라 조ᄌᆞ건(曹子建)345)과 진(晉)시졀 뉸긔346)는 남됴(南朝)347)적 도연명(陶淵明)348)과 사령운(謝靈運)349) 두어 사ᄅᆞᆷ이 시(詩)로 유명ᄒᆞ거니와 근고 문쟝의 셩ᄒᆞ미 국됴(國朝) ᄀᆞᆺᄒᆞ니 업고 국됴의 셩(盛)ᄒᆞ미 ᄀᆡ원텬보(開元天寶)350) ᄀᆞᆺᄒᆞ니 업ᄉᆞ니 뎨왕(帝王)의 문쟝은 현죵황졔(玄宗皇帝)351)의 읏듬이 되시고 시인의 시는 니빅(李白)352)이 대젹ᄒᆞ 리 업ᄉᆞ리

343) 무제(武帝) : 조조(曹操 : 155~220). 중국 삼국시대 위왕조(魏王朝)를 세운 장군. 스스로는 제위에 오르지 않았고, 시호는 무황제(武皇帝)라 추존되었음.

344) 월명성희(月明星稀) : 달빛이 밝으니 별도 드물다는 뜻으로, 어진 사람이 나오면 소인(小人)들은 숨어버린다는 비유. 조조(曹操)가 손권(孫權)과 유비(劉備)의 연합군과 적벽(赤壁)에서 전투를 벌일 무렵 양자강(揚子江)의 밤 경치를 바라보며 뱃전에서 지은 「단가행(短歌行)」의 첫 구절.

345) 조자건(曹子建) : 조식(曺植). 위(魏)의 무제(武帝) 조조(曹操)의 아들이며, 문제(文帝) 조비(曹丕)의 아우. 건안문학(建安文學)의 중심적 존재로서, 오언시를 서정시로서 완성시켜 문학사상 후세에 끼친 영향이 큼.

346) 뉸긔 : '육기(陸機)'의 오기. 진(晉)나라 사람. 자(字)는 사형(士衡). 아우 운(雲)과 더불어 시문(詩文)을 잘하여 이륙(二陸)으로 불림.

347) 남조(南朝) : 중국 남북조시대 중 5~6세기에 양자강(揚子江) 하류지역을 점거하고 건강(建康 : 南京)을 국도(國都)로 한 4왕조에 대한 총칭. 4왕조는 송(宋 : 420~479) · 제(齊 : 479~502) · 양(梁 : 502~557) · 진(陳 : 557~589)을 가리킴.

348) 도연명(陶淵明) : 동진(東晉) · 송(宋)나라의 시인 도잠(陶潛 : 365~427). 연명(淵明)은 자(字). 팽택현(彭澤縣)의 현령(縣令)을 사임한 후 「귀거래사(歸去來辭)」를 읊고 향리의 전원에 퇴거하여 농경생활을 영위하며 생애를 마침. 시호는 정절선생(靖節先生).

349) 사령운(謝靈運) : 남조(南朝) 송(宋)나라의 시인(385~433). 주로 강남(江南) 산수의 경색을 묘사했는데 언어가 정교하고 화려하며 묘사가 섬세함.

350) 개원천보(開元天寶) : 당(唐)나라 현종(玄宗)이 다스린 개원연간 29년과 천보연간 14년을 합한 43년간의 치세. 713~756.

351) 현종황제(玄宗皇帝) : 당(唐)나라의 제6대 황제. 재위 712~756. 그의 조모였던 측천무후(則天武后) 이후의 여인정치를 배격하고 내란을 평정한 후 요숭(姚崇) · 송경(宋璟) 등 현명한 재상의 보필을 받아 수십 년의 태평천하를 구가함. 그러나 만년에 도교에 빠졌으며 양귀비로 인해 정치를 게을리한 결과 사회적 모순이 드러나 마침내 안사(安史)의 난이 일어남.

352) 이백(李白) : 당(唐)나라의 시인(701~762). 자(字)는 태백(太白). 호(號)는 청

이다."

상이 ᄀᆞᆯ오샤ᄃᆡ,

"경(卿)의 의논이 딤(朕)의 ᄠᅳᆺ의 임의 합ᄒᆞ도다. 딤이 상해 ᄐᆡᄇᆡᆨ학ᄉᆞ(太白學士)[353]의 쳥평됴(淸平調)와 ᄒᆡᆼ낙ᄉᆞ(行樂詞)ᄅᆞᆯ 보면 ᄯᅢᄅᆞᆯ ᄒᆞᆫ가디로 못ᄒᆞᆫ 줄을 ᄒᆞᆫ(恨)ᄒᆞ더니 딤이 이제 경을 어더시니 어이 태ᄇᆡᆨ(太白)을 블워ᄒᆞ리오."

이ᄯᅢ의 궁녀(宮女) 십여인이 좌우로 난화 텬ᄌᆞᄅᆞᆯ 뫼셧더니 샹이 ᄀᆞᄅᆞ쳐 ᄀᆞᆯ오샤ᄃᆡ,

"이 뉴(類)들이 궁듕(宮中)의셔 문셔(文書)와 한묵(翰墨)을 ᄀᆞ음아라시니[354] 니ᄅᆞᆫ바 녀듕셔(女中書)ㅣ라. ᄌᆞ못 글짓기ᄅᆞᆯ 알고 학ᄉᆞ(學士)의 아ᄅᆞᆷ다온 글시ᄅᆞᆯ 어더 보ᄇᆡᄅᆞᆯ 사므려 ᄒᆞᄂᆞ니 이 모ᄅᆞ미 일냥슈(一兩首)을 지어 주어 져의 ᄉᆞ모ᄒᆞᄂᆞᆫ ᄯᅳᆺ을 져ᄇᆞ리디 말나. 딤이 ᄯᅩᄒᆞᆫ 경의 붓 두루ᄂᆞᆫ 양을 보고져 ᄒᆞ노라."

궁녀로 ᄒᆞ여곰 어뎐(御前)의 뉴리연갑(琉璃硯匣)[355]과 ᄇᆡᆨ옥(白玉) 붓고지와 옥셤여연젹(玉蟾蜍硯滴)[356]을 양샹셔 알ᄑᆡ 옴겨 노코 모든 궁인이 미리 대령ᄒᆞ엿ᄂᆞᆫ디라. 각각 화젼(花箋)과 나건(羅巾)과 환션(紈扇)을 드리니 샹셰 취흥(醉興)을 ᄯᅴ여 부술 ᄲᅥᆯ치니 풍우(風雨)ㅣ 놀나고 운영[357]이 니러나ᄂᆞᆫ디라. 절구(絶句)[358]도 지으며 ᄉᆞ운(四韻)[359]도 지으며 일수(一

련기사(靑蓮居士). 천성이 호방하고 술을 좋아한 천재시인으로, 육조(六朝)풍의 시를 물리치고, 한(漢)·위(魏)의 호방함을 본떠 자유분방한 감정을 표현했음. 두보(杜甫)와 함께 시종(詩宗)으로 추앙됨.

353) 태백학사(太白學士) : 당(唐)나라 시인 이백(李白).

354) ᄀᆞ음아라시니 : 주관하였으니. 기본형은 ᄀᆞ음알다 ← ᄀᆞ숨알다

355) 유리연갑(琉璃硯匣) : 유리로 만든 벼루집.

356) 옥섬여연적(玉蟾蜍硯滴) : 구슬로 만든 달 모양의 연적. 섬여(蟾蜍)는 두꺼비 또는 달의 이칭(異稱)임.

357) 운영 : '운연(雲煙)'의 오기. 운치(韻致)가 있는 필적(筆跡).

358) 절구(絶句) : 근체시(近體詩)의 하나로, 오언(五言)과 칠언(七言)이 있음. 기승전결의 4구로 구성됨.

首)도 쓰며 냥슈(兩首)도 쓰며 필셰(筆勢) 휘동(揮動)[360]ᄒᆞ여 뇽(龍)이 울며 봉(鳳)이 나는 ᄃᆞᆺᄒᆞ야 나모 그림지 옴디 아냐셔 임이 다 셔어젓ᄂᆞᆫ디라. 궁녜 ᄎᆞ례로 어젼(御前)의 드려놀 샹이 년(連)ᄒᆞ여 칭찬ᄒᆞ기롤 긋디 아니하시고 모든 궁녀ᄃᆞ려 니ᄅᆞ샤ᄃᆡ,

"학ᄉᆡ 슈고ᄒᆞ야시니 너희 모ᄅᆞ미 각각 잔을 드리라."

졔인(諸人)이 슈명(受命)ᄒᆞ야 황금잔(黃金盞)과 ᄇᆡᆨ옥샹(白玉觴)과 뉴리죵(琉璃鍾)과 잉무비(鸚鵡杯)롤 밧드러 드리니 샹셰 년ᄒᆞ야 열 아믄 잔을 거후루니 츈ᄉᆡᆨ(春色)이 ᄂᆞᆺ치 가득ᄒᆞ고 옥산(玉山)이 문허지고져 ᄒᆞ거놀 텬지 명ᄒᆞ야 술을 긋치라 ᄒᆞ시고 졔인ᄃᆞ려 니ᄅᆞ샤ᄃᆡ,

"ᄒᆞᆨᄉᆞ(學士)의 글이 ᄒᆞᆫ ᄌᆞ(字)의 쳔금(千金)이 ᄡᆞ니 셰상의 업ᄉᆞᆫ 보비라. 모시(毛詩)[361]의 닐너시ᄃᆡ '문과[362]로ᄡᅧ 더지거놀 경긔[363]로 갑ᄂᆞᆫ다.'[364] ᄒᆞ니 너희 쟝ᄎᆞᆺ 무어술 윤필지ᄌᆞ(潤筆之資)[365]롤 ᄒᆞ랴 ᄒᆞᄂᆞ뇨."

모든 궁녜 금챠(金釵)도 ᄲᅢ히며 옥픠(玉珮)도 그ᄅᆞ며 이당(珥璫)[366] 금뎐(金鈿)[367] 향낭(香囊)의 뉴(類)롤 어ᄌᆞ러이 더지니 샹이 쇼황문(小黃門)[368]으로 명ᄒᆞ샤 샹셔 쓰던 어뎐(御前) 필연(筆硯)과 윤필(潤筆)을 거두어 샹셔와 ᄒᆞᆫ가디로 보ᄂᆡ시니 샹셰 하딕고 황문(黃門)의게 븟들녀 궁문

---

359) 사운(四韻) : 네 개의 각운(脚韻)으로 된 율시(律詩). 율시는 8구로 되어 있으며, 제3・4구와 제5・6구가 짝을 이룸.

360) 휘동(揮動) : 붓을 휘두름.

361) 모시(毛詩) : 『시경(詩經)』의 주해서인 『시전(詩傳)』의 별칭(別稱). 한(漢)나라의 모형(毛亨)과 모장(毛萇)이 전하였다는 뜻으로 이르는 말.

362) 문과 : '목과(木瓜)'의 오기. 모과. 나무의 열매가 작은 오이(瓜)처럼 생겼기 때문에 생긴 이름이라고 전해짐.

363) 경긔 : '경거(瓊琚)'의 오기.

364) 『시경(詩經)』 위풍(衛風)의 시편. "投我以木瓜, 報之以瓊琚."

365) 윤필지자(潤筆之資) : 그림이나 글씨의 값. 윤필(潤筆)은 붓을 적신다는 뜻으로, 그림을 그리거나 글씨를 쓰는 일을 이르는 말.

366) 이당(珥璫) : 귀걸이.

367) 금전(金鈿) : 금비녀.

368) 소황문(小黃門) : 어린 내시(內侍).

(宮門)을 나 뫼고 오ᄅᆞ니 임의 대취(大醉)ᄒᆞ얏더라. 뎡ᄉᆞ도 화원(花園)의 도라오니 츈운(春雲)이 오술 벗기고 무ᄅᆞ되,

"샹공이 어ᄃᆡ 가 이리 취(醉)ᄒᆞ여 겨시니잇가."

샹셰 답디 아니터니 모든 샹ᄉᆞ(賞賜)ᄒᆞ신 어뎐(御前) 필연(筆硯)과 차천슈식(釵釧首飾)을 드려 노흐니 츈운ᄃᆞ려 니르ᄃᆡ,

"이거시 텬ᄌᆞ 츈낭(春娘)을 주신 거시니 나의 소득(所得)이 동방삭(東方朔)[369]으로 엇더ᄒᆞ뇨."

츈운이 다시 무ᄅᆞ니 임의 취ᄒᆞ야 코 고으는 소ᄅᆡ 우레 ᄀᆞᆺ더라.

이튼날 느즌 후 비로소 니러나 ᄀᆞᆺ 쇼셰(梳洗)ᄒᆞ얏더니 동ᄌᆞ(童子)ㅣ 급히 드러와 고 왈,

"월왕(越王) 뎐하(殿下)ㅣ 오시ᄂᆞ이다."

샹셰 놀나 ᄉᆡᆼ각ᄒᆞᄃᆡ, '월왕이 와 보미 필연 연고(緣故)ㅣ 잇도다.' 황망이 마자 드러오니 월왕이 나히 이십여셰예 미우(眉宇)[370]ㅣ 하ᄂᆞᆯ 사ᄅᆞᆷ ᄀᆞᆺ더라. 샹셰 ᄀᆞᆯ오ᄃᆡ,

"더러온 ᄶᅡ히 니ᄅᆞ러 겨시니 무ᄉᆞᆷ ᄀᆞᄅᆞ치미 겨시니잇고."

왕이 ᄀᆞᆯ오ᄃᆡ,

"샹(常)히 샹셔의 셩덕(盛德)을 흠모(欽慕)ᄒᆞᄃᆡ ᄃᆞᆫ니는 길히 달나 정셩(精誠)을 닐우디 못ᄒᆞ얏더니 오ᄂᆞᆯ날 이리 오믄 샹명(上命)을 밧ᄌᆞ와시니 텬ᄌᆞ 어ᄆᆡ(御妹)롤 두어 겨셔 나히 댱셩(長成)ᄒᆞ야시ᄃᆡ 하가(下嫁)티 못ᄒᆞ엿더니 텬ᄌᆞ 샹셔의 ᄌᆡ덕(才德)을 공경ᄒᆞ고 ᄉᆞ랑ᄒᆞ셔 혼인(婚姻)을 ᄆᆡᄌᆞ 형데 되고져 ᄒᆞ실ᄉᆡ 몬져 와 고ᄒᆞᄂᆞ이다. 미조챠 존명(尊命)이 겨시리이다."

샹셰 가쟝 놀나 ᄉᆡᆼ각ᄒᆞᄃᆡ,

---

369) 동방삭(東方朔) : 전한(前漢)의 문장가. 막힘이 없는 유창한 변설과 재치로 한(漢) 무제(武帝)의 사랑을 받아 측근이 되었음.

370) 미우(眉宇) : 이마의 눈썹 근처.

“황은(皇恩)이 이러틋 ᄒᆞ시니 한쳔(寒賤) 션비 손복(損福)할가 ᄒᆞᄂᆞ이다. 블ᄒᆡᆼ(不幸)ᄒᆞ여 뎡ᄉᆞ도의 녀ᄌᆞ롤 이왕 빙례(聘禮)ᄒᆞ야시니 이 뜻을 황샹(皇上)긔 샹달(上達)ᄒᆞ시믈 ᄇᆞ라ᄂᆞ이다.”

왕이 ᄀᆞᆯ오ᄃᆡ,

“삼가 황샹긔 알외려니와 가셕(可惜)다. 황샹의 인ᄌᆡ(人才) ᄉᆞ랑하시ᄂᆞᆫ ᄆᆞ음을 져ᄇᆞ리ᄂᆞᆫ도다.”

샹셰 왈,

“인뉸(人倫)의 관겨(關係)ᄒᆞ야 마디 못ᄒᆞ미니, 미조차 궐하(闕下)의 나아가 죄(罪)롤 쳥ᄒᆞ랴 ᄒᆞᄂᆞ이다.”

월왕이 하딕고 니러 가니라.

샹셰 뎡사도롤 보고 이 말을 뎐ᄒᆞ니 츈운이 볼셔 드러가 닐넛ᄂᆞᆫ디라. 거가(擧家)ㅣ 황황(惶惶)ᄒᆞ여 아모리 ᄒᆞᆯ 줄을 모ᄅᆞ거ᄂᆞᆯ 샹셰 ᄀᆞᆯ오ᄃᆡ,

“악댱(岳丈)은 방심(放心)ᄒᆞ쇼셔. 비록 블쵸(不肖)ᄒᆞ나 송홍(宋弘)[371]의 죄인(罪人)이 되지 아니ᄒᆞ리이다. 텬ᄌᆡ 셩명(聖明)ᄒᆞ시고 법도(法度)롤 딕희고 네(禮)롤 됴히 넉이시니 신ᄌᆞ(臣子)의 뉸긔(倫紀)롤 어ᄌᆞ럽헤 ᄒᆞ실니 업ᄉᆞ니 현마 엇더ᄒᆞ리잇가.”

이때 태휘 봉니뎐(蓬萊殿)의셔 양상셔롤 보신 후 만심환희(滿心歡喜)ᄒᆞ샤 샹긔 닐오ᄃᆡ,

“이 진짓 난양(蘭陽)의 빈필(配匹)이니 다시 의심ᄒᆞᆯ 일이 업다.”

ᄒᆞ시고 몬져 월왕으로 뜻을 통ᄒᆞ엿더니 샹이 별뎐(別殿)의 겨시다가 홀연 양샹셔의 글과 필법(筆法)의 긔묘(奇妙)ᄒᆞ믈 ᄉᆡᆼ각ᄒᆞ샤 다시 보고져 ᄒᆞ샤 태감(太監)[372]으로 ᄒᆞ야곰 녀듕셔(女中書)의 바든 글을 모화 가져오라 ᄒᆞ

371) 송홍(宋弘) : 후한(後漢) 광무제(光武帝)가 과부인 누님을 위해 송홍에게 “속담에 지위가 높아지면 친구를 바꾸고 집이 부유해지면 아내를 바꾼다 하는데 그럴 수 있을까?”라고 하자 송홍이 “신은 가난할 때 친하였던 친구는 잊어서는 안되고, 지게미와 쌀겨를 먹으며 고생한 아내는 집에서 내보내지 않는다고 들었습니다.(臣聞, 貧賤之交不可忘, 糟糠之妻不下堂.)”라고 거절함.

시니, 이ᄣᅢ예 모든 궁녀의 글을 모ᄒᆞᆯᄉᆡ 심히 ᄉᆞ랑ᄒᆞ야 상ᄌᆞ의 감초아시ᄃᆡ ᄒᆞᆫ 궁인이 글 ᄡᅳᆫ 부체ᄅᆞᆯ 가디고 제 방의 도라가 가ᄉᆞᆷ의 품고 죵일토록 울고 침식(寢食)을 다 폐ᄒᆞ니 이 궁인은 다ᄅᆞᆫ 사ᄅᆞᆷ 아니라 화ᄌᆔ(華州) 진어ᄉᆞ(秦御史)의 녀ᄌᆡ라.

어ᄉᆡ 비명(非命)의 죽고 ᄋᆡᆨ졍(掖庭)의 젹몰(籍沒)373)ᄒᆞ여 비ᄌᆞ(婢子) ㅣ 되엿더니 이ᄣᅢ 궁듕 사ᄅᆞᆷ이 진시(秦氏)의 얼골 고ᄋᆞ믈 젼ᄒᆞ야 니ᄅᆞ거ᄂᆞᆯ 텬ᄌᆡ 불너 보시고 쳡여(婕妤)374)ᄅᆞᆯ 봉코져 ᄒᆞ시더니 이ᄣᅢ 황후(皇后) ㅣ 극히 ᄎᆞᆼᄒᆡᆼ(寵幸)ᄒᆞ시ᄂᆞᆫ디라. 진녀(秦女)의 너모 고ᄋᆞ믈 혐의로이 넉이샤 뎨(帝)ᄭᅴ ᄉᆞᆯ오ᄃᆡ,

"진시 녀ᄌᆡ ᄌᆡ모(才貌) ㅣ 무ᄡᅡᆼ(無雙)ᄒᆞ니 맛당이 폐하ᄅᆞᆯ 뫼셤즉 ᄒᆞᄃᆡ 폐해 사ᄅᆞᆷ의 아비ᄅᆞᆯ 죽이고 그 ᄌᆞ식을 ᄀᆞᆺᄀᆞ이 ᄒᆞ시미 뎨왕(帝王)의 형벌(刑罰)ᄒᆞ고 사ᄅᆞᆷ 친히 아니ᄒᆞᄂᆞᆫ 뜻디 아닌가 ᄒᆞᄂᆞ이다."

샹이 후(后)의 말ᄉᆞᆷ을 올히 넉이샤 진시ᄃᆞ려 무ᄅᆞ시ᄃᆡ,

"네 글을 ᄇᆡ화ᄂᆞᆫ다."

대 왈,

"약간 글을 ᄇᆡ화ᄂᆞ이다."

샹이 명ᄒᆞ여 녀듕셔(女中書) 벼ᄉᆞᆯ을 주샤 궁듕(宮中) 문셔(文書)ᄅᆞᆯ 맛겨 ᄒᆞ시고 겸ᄒᆞ여 황태후(皇太后) 궁듕의 가 난양공쥬(蘭陽公主)ᄅᆞᆯ 뫼시게 ᄒᆞ니, 공쥬 진시의 ᄌᆡ모ᄅᆞᆯ 크게 ᄉᆞ랑ᄒᆞ여 졍(情)이 골육(骨肉) ᄀᆞᆺᄒᆞ여 경ᄀᆡᆨ(頃刻)도 서로 ᄯᅥ나디 못ᄒᆞ더니, 이날 태후ᄅᆞᆯ 뫼셔 봉ᄂᆡ뎐의 가 텬ᄌᆞ의 좌우의 잇다가 시러곰 양샹셔ᄅᆞᆯ 보니 샹셔의 얼골과 일홈이 진시(秦氏)의 ᄲᅧ에 박혓ᄂᆞᆫ디라. 어이 몰나볼 니 이시리오. 오ᄃᆡᆨ 양ᄉᆡᆼ은 진시 ᄉᆡᆼ존(生存)ᄒᆞ여시믈 졍(定)치 못ᄒᆞ고 어젼(御前)의셔 눈을 거ᄃᆞᆲ ᄡᅳ디 못ᄒᆞᄂᆞᆫ

372) 태감(太監) : 관직 이름. 비서(秘書)의 일종. 명(明)나라 이후에는 환관이 태감이 되었으므로 환관을 태감으로 통칭하였음.

373) 적몰(籍沒) : 중죄인(重罪人)의 가산(家産)을 전부 몰수하는 일.

374) 첩여(婕妤) : 한(漢)나라 때에 둔, 여관(女官)의 한 계급.

고로, 진시 두 사ᄅᆞᆷ의 ᄯᅳᆺ디 셔로 ᄀᆞᆺ디 아니ᄒᆞ믈 슬허ᄒᆞ고 젼(前) 인연(因緣)이 니일 길히 업ᄉᆞ믈 슬허ᄒᆞ여 부체ᄅᆞᆯ 가디고 다시 닑으니 그 글의 ᄒᆞ여시ᄃᆡ,

환션단단여명월(紈扇團團如明月)　깁부체 동고라ᄒᆞ야 명월 갓ᄒᆞ니
가인옥슈병교결(佳人玉手幷皎潔)　가인의 옥 갓튼 손이 갈화 교결ᄒᆞ도다
오현금니훈풍다(五絃琴裡薰風多)　오현금 속의 더운 ᄇᆞ람이 만흐니
츌입회니무시헐(出入懷裏無時歇)　춤과 ᄉᆞ매예 나드러 그칠 젹이 업도다

ᄯᅩᄒᆞᆫ 글의 ᄀᆞᆯ와시ᄃᆡ,

환션단단월일단(紈扇團團月一團)　깁부쳬 두렷ᄒᆞ여 ᄃᆞᆯ을 에움 ᄀᆞᆺ하니
가인옥슈졍샹슈(佳人玉手正相隨)　가인의 옥 ᄀᆞᆺᄒᆞᆫ 손을 서로 잇그럿도다
무로장각여화면(無勞障却如花面)　ᄭᅩᆺ 갓흔 얼굴을 슈고로이 ᄀᆞ리오디 말라
츈식인간총부디(春色人間摠不知)　봄비출 인간의셔도 아디 못ᄒᆞᄂᆞ니라

진시 첫 글을 보고 니로ᄃᆡ,

“양낭이 내 일을 아디 못ᄒᆞᄂᆞᆫ도다. 내 엇디 궁듕의 드러 승은(承恩)375) ᄒᆞᆯ ᄯᅳᆺ디 이시리오.”

둘ᄌᆡ 글을 닑고 ᄀᆞᆯ오ᄃᆡ,

“글 ᄯᅳᆺ디 이러ᄐᆞᆺ ᄂᆡ도ᄒᆞ니376) 진실노 ᄂᆡ도ᄒᆞ도다. 진실노 쳔니 ᄀᆞᆺ다.” ᄒᆞ고 인ᄒᆞ여 집의 이실 제 양샹셔로 더브러 양뉴ᄉᆞ(楊柳詞) 화답(和答)ᄒᆞ던 일을 ᄉᆡᆼ각ᄒᆞ고 졍(情)을 니긔디 못ᄒᆞ야 일슈시(一首詩)ᄅᆞᆯ 부체예 니어 ᄡᅳ고 다시 읇허 보더니, 홀연 태감(太監)이 샹명(上命)으로 부체ᄅᆞᆯ 가딜나 왓다 ᄒᆞ거ᄂᆞᆯ, 진시 대경(大驚)ᄒᆞ여 ᄀᆞᆯ오ᄃᆡ

“내 이제ᄂᆞᆫ 죽으리로다.”

375) 승은(承恩) : 여자가 임금의 총애(寵愛)를 받아 임금을 밤에 모심.
376) ᄂᆡ도ᄒᆞ니 : 머니, 무심하니. 기본형은 ᄂᆡ도ᄒᆞ다.

ᄒᆞ더라.

제8회

시쳡슈의ᄉᆞ쥬인(侍妾守義辭主人)
협여슈검[377]부화쵹(俠女神劒赴花燭)

태감이 진시ᄃᆞ려 무ᄅᆞᄃᆡ,

“샹이 양샹셔의 시(詩)롤 다시 보고져 ᄒᆞ시니 가딜나 왓거니와 놀나믄 엇디요.”

ᄒᆞᆫᄃᆡ, 진시 울며 대 왈,

“박명(薄命)ᄒᆞᆫ 사ᄅᆞᆷ이 죽을 긔ᄒᆞᆫ(期限)이 다도라 양샹셔의 글 아릐 잡말을 뻐 죽을 죄를 져즈러시니 황샹(皇上)이 보시고 쥬륙(誅戮)[378]을 면치 못ᄒᆞᆯ 거시니 찰하리 내 손으로 죽으려 ᄒᆞᄂᆞ니 신후(身後) 뭇감기[379]는 다 태감의게 의탁ᄒᆞ노라.”

태감이 갈오ᄃᆡ,

“너듕서(女中書)는 어이 이런 말을 ᄒᆞᄂᆞ뇨. 셩샹(聖上)이 인ᄌᆞ(仁慈)ᄒᆞ시니 혹쟈(或者) 죄(罪)롤 아니 주실 듯ᄒᆞ고 셜ᄉᆞ 진노(震怒)ᄒᆞ실디라도 내 힘뻐 구ᄒᆞ리니 듕셔(中書)는 날을 조챠 오라.”

진시 울며 태감을 조차 오니 태감이 진시롤 뎐문(殿門) 밧긔셔 기ᄃᆞ리라 ᄒᆞ고 모든 글을 가져 샹(上)긔 드리니 노피 피열(披閱)ᄒᆞ여 보시더니 진녀(秦女)의 부체예 다ᄃᆞ라셔는 아릐 다ᄅᆞᆫ 사ᄅᆞᆷ의 글이 ᄡᅧ엿거ᄂᆞᆯ, 샹이 태감ᄃᆞ려 무ᄅᆞ신대 태감이 고ᄒᆞᄃᆡ,

---

377) 슈검 : ‘신검(神劒)’의 오기.
378) 주륙(誅戮) : 죄인을 죽임. 또는 죄로 몰아 죽임.
379) 뭇감기 : 염매(斂埋). 시체를 거두어 장사 지냄.

"진시 신(臣)다려 닐오디 샹(上)이 ᄎᆞ쟈실 줄 모ᄅᆞ고 어ᄌᆞ러온 말을 아릐 뻣더라 ᄒᆞ고 황공(惶恐)ᄒᆞ여 죽으려 ᄒᆞ거ᄂᆞᆯ 신이 죽기ᄅᆞᆯ 말니고 ᄃᆞ려 왓ᄂᆞ이다."

ᄒᆞᆫ디 샹이 그 글을 다시 보시니 ᄒᆞ야시디,

환션단여츄월단(紈扇團如秋月團) 깁붓치 동그라 가ᄅᆞᆯ달과 가치 동그니[380]

억증루상장수안[381](憶曾樓上障羞顏) 일즉 누샹의셔 븟그려 ᄒᆞ던 줄을 ᄉᆡᆼ각ᄒᆞ노라.

조디지쳑블상식(早知咫尺不相識) 일즉 지쳑의셔 셔로 아라보지 못ᄒᆞᆯ줄 아던들

희불죵군ᄌᆞ세간(悔不從君仔細看) 그디로 ᄒᆞ여곰 ᄌᆞ시 보디 못ᄒᆞᆫ줄 뉘웃ᄂᆞ다.

샹이 ᄀᆞᆯ오샤디,

"진시 필연 ᄉᆞ졍(私情)이 잇도다. 다만 아디 못게라, 어ᄂᆞ ᄧᆡ히 가 ᄂᆞᆯ을 보닷 말고."

고쳐 보시고 닐오디

"진녀의 ᄌᆡ조ᄂᆞᆫ 도로혀 보암즉 하도다."

태감으로 ᄒᆞ여곰 진시ᄅᆞᆯ 부르라 ᄒᆞ신디 진시 드러와 계하(階下)의셔 머리ᄅᆞᆯ 두ᄃᆞ리고 죽기ᄅᆞᆯ 쳥ᄒᆞᆫ디 샹이 갈오샤디,

"바로 알외면 ᄉᆞ죄(死罪)ᄅᆞᆯ 샤(赦)ᄒᆞᆯ 거시니 엇던 사ᄅᆞᆷ으로 ᄉᆞ졍(私情)이 잇더뇨."

진시 고 왈,

"신쳡(臣妾)이 어이 감히 은휘(隱諱)ᄒᆞ리잇고. 쳡의 집이 패(敗)치 아냐

---

380) 깁붓치 동그라 가ᄅᆞᆯ달과 가치 동그니 : 서울대본에는 이 부분이 누락되어 있음.
381) 억증루상장수안 : 서울대본에는 이 부분이 누락되어 있음.

실 제 양상셰 과거(科擧) 보라 경ᄉᆞ(京師)로 올 제 쳡의 집 알풀 디나다가 마춤 셔로 보고 인ᄒᆞ여 양뉴ᄉᆞ(楊柳詞)롤 지어 뜻을 통ᄒᆞ여 언약(言約)이 잇더니 샹이 봉니뎐(蓬萊殿)의셔 양상셔롤 인견(引見)ᄒᆞ실 제 쳡은 양상셔롤 보오ᄃᆡ 샹셔ᄂᆞᆫ 쳡을 모ᄅᆞᄂᆞᆫ 고로 네 일을 ᄉᆡᆼ각ᄒᆞ고 신세롤 슬허ᄒᆞ여 위연(偶然)이 미친 글을 ᄡᅥ 셩샹(聖上)이 보시게 ᄒᆞ니 쳡의 죄 일만 번 죽엄즉 ᄒᆞ이다."

샹이 ᄌᆞ못 잔잉이[382] 넉이샤 닐너 ᄀᆞᆯ오샤ᄃᆡ,

"네 니ᄅᆞᄃᆡ 양뉴ᄉᆞ롤 혼인 언약을 ᄒᆞ엿더라 ᄒᆞ니 가히 긔록(記錄)ᄒᆞᆯ쇼냐."

진시 지필(紙筆)을 쳥ᄒᆞ여 ᄡᅥ 드리니 샹이 보시고 놀나 ᄀᆞᆯ오샤ᄃᆡ,

"진시의 죄 비록 듕(重)ᄒᆞ나 ᄌᆡ죄 가히 앗갑다."

ᄒᆞ시고 닐너 ᄀᆞᆯ오샤ᄃᆡ,

"너롤 본ᄃᆡ 샤(赦)티 못ᄒᆞᆯ 거시로ᄃᆡ 어ᄆᆡ(御妹) 너롤 ᄉᆞ랑ᄒᆞᄂᆞᆫ 고로 샤ᄒᆞᄂᆞ니 네 맛당이 나라 은혜롤 ᄉᆡᆼ각ᄒᆞ야 어ᄆᆡ롤 뫼셔 졍셩을 다ᄒᆞ여 셤기라."

ᄒᆞ시고 부체롤 도로 ᄂᆞ리오시니 진시 고두샤은(叩頭謝恩)ᄒᆞ고 믈너나니라. 월왕이 양상셔롤 보고 와 회보(回報)ᄒᆞ니, 샹이 태후롤 뫼셔 ᄒᆞᆫᄃᆡ 겨시더니 태휘 드ᄅᆞ시고 즐겨 아녀 ᄀᆞᆯ오샤ᄃᆡ,

"양쇼유 벼술이 샹셔의 니ᄅᆞ러시니 맛당이 됴뎡(朝廷) ᄉᆞ톄(事體)롤 알거시어ᄂᆞᆯ 어이 고톄(固滯)ᄒᆞᆷ이 이대도록 ᄒᆞᄂᆞ뇨."

샹이 ᄀᆞᆯ오샤ᄃᆡ,

"졔 비록 빙례(聘禮)롤 바다시나 셩친(成親)[383]ᄒᆞ니와 달나 친히 보고 ᄀᆡ유(開諭)ᄒᆞ면 아니 드롤 니(理) 업ᄂᆞ이다."

이튼날 예부상셔롤 명쵸(命招)ᄒᆞ시고 승명(承命)ᄒᆞ여 뵈오ᄆᆡ 샹이 ᄀᆞᆯ

---

382) 잔잉이 : '자닝히'의 옛말. 기본형은 '자닝하다'. 뜻은 '애처롭고 불쌍하여 차마 보기 어렵다'.

383) 성친(成親) : 친척이 된다는 뜻으로, '혼인'을 달리 이르는 말.

오샤딕,

"딤(朕)의 누의 직딜(才質)이 범인(凡人)과 달나 오딕 경(卿)의 비필이 되염즉 흔 고로 어뎨(御弟)로 흐여곰 뜻을 통흐엿더니 빙례(聘禮)흔 딕 이시므로 亽양흐더라 흐니 이는 경이 싱각디 못흐미라. 젼대(前代) 졔왕(帝王)이 부마(駙馬)를 골힐진딕오 젼쳐(前妻)를 내여 보내는 고로 왕헌디(王獻之)[384] ᄀᆞᆺ흔 니는 몸이 맛도록 뉘우칫고 송홍(宋弘) ᄀᆞᆺ흐 니는 군명(君命)을 밧디 아냐거니와, 딤이 텬하인(天下人)의 아비 되여시니 그른 닐로 아릭를 가르칠 니 이시리오. 이제 경이 뎡가(鄭家)의 혼인을 물니티나 뎡녀(鄭女)ㅣ 즈연 도라갈 곳지 이시리니 경이 규간[385]을 당(堂)의 ᄂᆞ리오는 혐의(嫌疑) 업亽니 무슴 눈긔(倫紀)에 구애(拘礙)흐미 잇ᄂᆞ뇨."

샹셰 고두(叩頭)흐고 알외대,

"셩샹(聖上)이 신을 죄(罪) 쥬디 아니시고 이러틋 ᄀᆡ유(開諭)흐시니 텬은(天恩)이 망극(罔極)흐도셔이다. 다만 신의 졍니(情理)는 타인(他人)과 다 ᄀᆞᆺ디 아니흐니 신이 나 져믄 셔싱(書生)으로 경亽(京師)의 오며 즉시 뎡가(鄭家)의 의디흐여 흔갓 납폐(納幣)흐야실 분 아니라 亽도(司徒)로 더브러 옹셔지분(翁婿之分)[386]이 졍흐얀디 오라고 남녜 쏘흔 셔로 보아시니 지금 친영(親迎)[387]을 못흐야시믄 국가(國家)ㅣ 다亽(多事)하야 어미룰 드려 오디 못흐엿는 고로 후일(後日)을 기드리미라. 신이 이제 황명(皇命)을 슌죵(順從)흐면 뎡녜 다른 집의 갈 니 업亽니 필부(疋婦)[388]ㅣ 그 곳을 엇디 못흐면 엇디 왕졍(王政)의 흠亽(欠事)ㅣ 되디 아니흐리잇가."

샹이 골오샤딕,

---

384) 왕헌지(王獻之) : 진(晉)나라의 서예가(344~388). 왕희지(王羲之)의 일곱째 아들로, 정처(正妻)를 버리고 부마(駙馬)가 되었음.

385) 규간 : '조강(糟糠)'의 오기. 조강지처(糟糠之妻).

386) 옹서지분(翁婿之分) : 장인과 사위.

387) 친영(親迎) : 신랑이 신부 집에 가서 예식(禮式)을 올리고 신부를 맞아오는 예.

388) 필부(疋婦) : 한 사람의 여자.

"경의 정니(情理) 비록 그러ᄒᆞ나 대의(大義)로 결단ᄒᆞ면 경이 뎡녀로 더브러 부부의 의(義) 업ᄉᆞ니 뎡녜 어이 ᄆᆞ참ᄂᆡ 다른 곳을 의논치 아니ᄒᆞ리오. 이제 경으로 더브러 결혼ᄒᆞ랴 ᄒᆞ야 딤이 ᄒᆞᆫ갓 경을 듕히 넉여 형데 되고져 홀 분 아니라 태후(太后)ㅣ 경의 ᄌᆡ덕(才德)을 드ᄅᆞ시고 힘뻐 쥬쟝ᄒᆞ시니 경이 이러ᄐᆞᆺ 고ᄉᆞ(固辭)하면 태휘 벅벅이 노ᄒᆞ시리니 딤이 ᄯᅩᄒᆞᆫ ᄆᆞ음대로 못홀가 ᄒᆞ노라."

샹셰 고두(叩頭)ᄒᆞ고 힘뻐 ᄉᆞ양ᄒᆞ거놀 샹이 ᄀᆞᆯ오샤ᄃᆡ,

"혼인은 큰 일이라. ᄒᆞᆫ 말노 결단치 못홀 거시니 후일(後日)을 기ᄃᆞ리고 아딕 경으로 더브로 바독 두어 쇼일(消日)ᄒᆞ리라."

쇼황문(小黃門)을 명ᄒᆞ여 바독판을 나와 반일(半日)을 조용ᄒᆞ다가 파(罷)ᄒᆞ니 샹셰 도라가 뎡ᄉᆞ도롤 보니 ᄉᆞ되 ᄉᆡᆼ(生)을 보매 ᄂᆞᆺ치 슬픈 비치 ᄀᆞ득ᄒᆞ여 ᄀᆞᆯ오샤ᄃᆡ,

"황태후(皇太后)ㅣ 됴셔(詔書)롤 ᄂᆞ리와 노부(老夫)로 ᄒᆞ야곰 양낭(楊郞)의 보낸 ᄎᆡ폐(彩幣)롤 도로 보ᄂᆡ라 ᄒᆞ셔놀 임의 츈운(春雲)을 맛져 화원(花園)의 두어시니 쇼녀의 신셰롤 ᄉᆡᆼ각ᄒᆞ면 참혹(慘酷)ᄒᆞ믈 어이 다 니ᄅᆞ리오. 노쳐(老妻)는 놀라 병(病) 드러 사ᄅᆞᆷ을 보디 못ᄒᆞᄂᆞ니라."

샹셰 이 말을 듯고 오랜 어린 ᄃᆞᆺᄒᆞ다가 ᄀᆞᆯ오ᄃᆡ,

"어이 이런 일이 이시리오. 쇼셔(小婿)ㅣ 맛당이 샹쇼(上疏)ᄒᆞ여 다토려니와 현마 됴졍(朝廷) 공논(公論)인들 아니 이시리잇가."

ᄉᆞ되 말녀 ᄀᆞᆯ오ᄃᆡ,

"양낭이 두 번 샹명(上命)을 거ᄉᆞ려시니 이제 샹쇼ᄒᆞ면 필연 듕되(重罪) 닙을 거시니 슌죵(順從)홈만 ᄀᆞᆺ디 못ᄒᆞᆫ디라. ᄯᅩ ᄒᆞᆫ 일이 이시니 양낭이 이제 노부의 화원의 이시미 일이 안심치 아니ᄒᆞ니 ᄡᅥ나기 비록 결연(缺然)[389]ᄒᆞ나 ᄡᅥ나감만 ᄀᆞᆺ디 못ᄒᆞ니라."

샹셰 대답디 아니ᄒᆞ고 화원으로 가니 츈운이 샹셔의 ᄎᆡ폐(彩幣)롤 밧

---

389) 결연(缺然) : 서운함.

드러 도로 주고 ᄀᆞᆯ오ᄃᆡ,

"쳔쳡이 쇼져의 명을 바다 샹공을 뫼셔 쇼져 오시기ᄅᆞᆯ 기ᄃᆞ리더니 이제 쇼져의 이리 그ᄅᆞᆺ되여시니 샹공긔 하ᄃᆡᆨ고 도로 쇼져ᄅᆞᆯ 뫼시려 ᄒᆞᄂᆞ이다."

샹셰 닐오ᄃᆡ,

"내 이제 힘ᄡᅧ 샹쇼ᄒᆞ여 ᄉᆞ양ᄒᆞ면 황샹(皇上)이 드ᄅᆞ실 법이 이시니 셜ᄉᆞ 듯디 아니ᄒᆞ실디라도 녀ᄌᆞ(女子)ㅣ 셔방 마ᄌᆞᆫ 후ᄂᆞᆫ 지아비ᄅᆞᆯ ᄯᆞᆯ오ᄂᆞᆫ 거시라. 츈낭(春娘)이 날을 ᄇᆞ릴 니 어이 이시리오."

츈운 왈,

"쳡의 정ᄉᆞ(情事)ᄂᆞᆫ 이과 ᄀᆞᆺ디 아니ᄒᆞ니 쳔쳡이 쇼져ᄅᆞᆯ 셤겨 ᄆᆡᆼ셰ᄒᆞ여 ᄉᆞᄉᆡᆼ(死生)을 ᄒᆞᆫ가디로 ᄒᆞ려 ᄒᆞ야시니 츈운이 쇼져ᄅᆞᆯ 조ᄎᆞ미 얼골과 그림ᄌᆡ ᄀᆞᆺᄒᆞ니 얼골은 임의 가고 그림ᄌᆡ ᄒᆞᆯ로 머믈너 이시리오."

샹셰 왈,

"츈낭의 몸이 쇼져와 ᄀᆞᆺ디 아니ᄒᆞ니 쇼져ᄂᆞᆫ 동셔남븍으로 길ᄉᆞ(吉士)을 구ᄒᆞ여도 도리(道理)의 해롭디 아니ᄒᆞ거니와 츈낭이 쇼져ᄅᆞᆯ 죠차 다ᄅᆞᆫ 사ᄅᆞᆷ을 셤기면 녀ᄌᆞ의 졀ᄒᆡᆼ(節行)의 엇더ᄒᆞ뇨."

츈운이 ᄀᆞᆯ오ᄃᆡ,

"샹공의 말ᄉᆞᆷ이 이러ᄐᆞᆺ ᄒᆞ시니 우리 쇼져의 ᄆᆞᄋᆞᆷ을 모ᄅᆞ시ᄂᆞ이다. 쇼졔 임의 정ᄒᆞᆫ 계교(計巧) 이시니 우리 노야(老爺) 부인(夫人) 슬하(膝下)의 ᄇᆡᆨ년(百年) 후ᄅᆞᆯ 기ᄃᆞ려 머리털을 버히고 공문(空門)[390]의 의탁ᄒᆞ여 부쳐긔 발원(發願)ᄒᆞ야 셰셰ᄉᆡᆼᄉᆡᆼ(世世生生)에 다시 녀ᄌᆞ의 몸이 되디 아니려 ᄒᆞ시니 츈운의 뎐정(前程)이 ᄯᅩᄒᆞᆫ 이럴 ᄯᆞᄅᆞᆷ이라. 샹공이 만일 츈운을 고쳐 보려 ᄒᆞ시거든 폐ᄇᆡᆨ(幣帛)이 쇼져 방듕(房中)의 도로 가믈 기ᄃᆞ려 다시 의논ᄒᆞ려니와 그러티 아니ᄒᆞ면 금일 이곳 영별(永別)이라. 츈운이 쳔ᄒᆞᆫ ᄌᆡ질(才質)노 샹공의 권ᄋᆡ(眷愛)ᄒᆞ시믈 힘입어 이제 임의 긔년(期

390) 공문(空門) : '불교'를 달리 이르는 말. 불교가 공(空)의 사상을 근본으로 하므로 이렇게 이름.

年)[391]이 디나ᄂᆞᆫ디라. 은혜 갑흘 길이 업ᄉᆞ니 다만 후ᄉᆡᆼ(後生)의 견마(牽馬) 되기ᄅᆞᆯ 원ᄒᆞᄂᆞ이다. 샹공은 쳔만 보듕(保重)ᄒᆞ쇼셔."

오열(嗚咽)ᄒᆞ야 오래 우다가 드러가니 샹셰 참연(慘然)ᄒᆞ믈 니긔디 못ᄒᆞ야 침식(寢食)을 폐(廢)ᄒᆞ엿더니 이튼날 샹쇼ᄅᆞᆯ 올녀 말ᄉᆞᆷ이 심히 격졀(激切)ᄒᆞ니 태휘 대로(大怒)ᄒᆞ샤 쇼유ᄅᆞᆯ 어ᄉᆞ옥(御史獄)[392]의 ᄂᆞ리오시니 됴졍(朝廷) 대신(大臣)이 다 샹(上)긔 간(諫)ᄒᆞ거ᄂᆞᆯ 샹이 ᄀᆞᆯ오샤ᄃᆡ,

"내 ᄯᅩᄒᆞᆫ 양쇼유의 벌(罰)이 엄듕(嚴重)이 ᄡᅳᄂᆞᆫ 줄 아ᄅᆞᄃᆡ 태후낭낭(太后娘娘)이 ᄇᆡ야흐로 진노(震怒)ᄒᆞ시니 내 ᄯᅩᄒᆞᆫ 구(救)티 못ᄒᆞᆫ다 ᄒᆞ시더라."

태휘 양샹셔ᄅᆞᆯ 곤(困)케 ᄒᆞ려 ᄒᆞ샤 수월(數月)을 공ᄉᆞ(公事)ᄅᆞᆯ ᄂᆞ리오디 아니ᄒᆞ시니 뎡ᄉᆞ도 황공(惶恐)ᄒᆞ야 두문(杜門)ᄒᆞ고 손을 보디 아니ᄒᆞ시더라. 이 ᄣᆡ 토번(吐蕃)[393] 오랑캐 듕국(中國)을 업슈이 넉여 ᄉᆞ십만 병(兵)을 니ᄅᆞ혀 변방(邊方) 고으ᄅᆞᆯ 년(連)ᄒᆞ여 함셩(陷城)ᄒᆞ고 션봉(先鋒)이 위교(渭橋)[394]의 다ᄃᆞ라시니 경ᄉᆞ(京師)ㅣ 딘동(震動)ᄒᆞᄂᆞᆫ디라. 샹(上)이 군신(群臣)을 모화 의논하시니 모다 ᄉᆞᆯ오ᄃᆡ, '경ᄉᆞ의 잇ᄂᆞᆫ 군(軍)이 수만(數萬)의 디나디 못ᄒᆞ고 외방(外方) 군병(軍兵)은 일이 급ᄒᆞᆫ디라 미처 브ᄅᆞ디 못ᄒᆞᆯ디라.' ᄒᆞᆫᄃᆡ 샹이 의심ᄒᆞ야 결(決)티 못ᄒᆞ여 ᄀᆞᆯ오샤ᄃᆡ,

"양쇼위 ᄭᅬᄅᆞᆯ 잘ᄒᆞ고 ᄯᅩᄒᆞᆫ 결단ᄒᆞ기ᄅᆞᆯ 잘ᄒᆞ니 젼(前)의 삼진(三鎭) 항복(降伏)ᄒᆞ게 ᄒᆞ미 이 사ᄅᆞᆷ의 공(功)이라."

ᄒᆞ시고 황태후긔 손조 쳥ᄒᆞ시고 ᄉᆞ쟈(使者)ᄅᆞᆯ 명ᄒᆞ여 졀월(節鉞)을 잡아 양쇼유ᄅᆞᆯ 노하 인견(引見)ᄒᆞ시고 계규(計巧)ᄅᆞᆯ 무ᄅᆞ신ᄃᆡ 쇼위 진 왈,

"경셩(京城)은 죵묘(宗廟)와 궁궐(宮闕)이 잇ᄂᆞᆫ디라 ᄒᆞᆫ 번 ᄇᆞ리면 텬하

---

391) 기년(期年) : 만 일 년이 되는 날.

392) 어사옥(御史獄) : 어사대옥(御史臺獄)의 준말로, 고급 관리들이 죄를 범할 때 갇히는 감옥.

393) 토번(吐蕃) : 7세기 초에서 9세기 중엽까지 활동한 티베트왕국 및 티베트인에 대한 당(唐) · 송(宋)나라 때의 호칭.

394) 위교(渭橋) : 섬서성(陝西城) 장안현(長安縣) 북쪽 위수(渭水)에 걸쳐 있는 다리.

인심이 딘동ᄒᆞ리니 졸연(猝然)이 슈습(收拾)디 못ᄒᆞ리이다. 대죵황뎨(代宗皇弟)[395] 시절의 토번(吐蕃)이 회흘(回紇)[396]노 더브러 ᄇᆡᆨ만(百萬) 군듕(軍衆)이 경ᄉᆞ(京師)를 범ᄒᆞ니 그 ᄣᅢ예 왕ᄉᆞ(王師)의 단약(單弱)ᄒᆞ미 이예셔 심ᄒᆞᄃᆡ 곽ᄌᆞ의(郭子儀)[397] 필마(疋馬)로 도적을 믈니처시니 신(臣)이 비록 지죄 업ᄉᆞ나 수천 군(軍)을 어더 죽으므로 ᄡᅡ화 도젹을 믈니치리이다."

텬지 본ᄃᆡ 양샹셔의 지조를 듕히 넉이시ᄂᆞᆫ디라. 즉시 명ᄒᆞ여 쟝슈(將帥)를 삼아 경영군(京營軍)[398] 삼만을 령(領)ᄒᆞ여 도적을 막으라 ᄒᆞ셔놀 샹셰 삼진[399]을 지휘ᄒᆞ여 위교(渭橋)로 건너가 오랑키 션봉(先鋒)으로 더브러 ᄡᅡ화 쇼ᄌᆞ 좌현왕(左賢王)[400]을 ᄡᅩ아 죽이니 도젹의 대군이 일시의 믈너나거놀 샹셰 ᄯᆞ라가 세 번 ᄡᅡ화 슈급(首級)[401] 삼만여 원을 버히고 젼마(戰馬) 팔천 필을 앗고 쳡셔(捷書)[402]를 경ᄉᆞ의 아뢰니 텬지 대희(大喜)ᄒᆞ샤 양샹셔로 ᄒᆞ여곰 됴졍(朝廷)의 회군(回軍)ᄒᆞ여 공(功)을 의논ᄒᆞ랴 ᄒᆞ시거놀 샹셰 군듕(軍中)의셔 샹소ᄒᆞ야 ᄀᆞᆯ오ᄃᆡ,

"도젹이 비록 패ᄒᆞ여시나 슈급 버힌 수(數)ㅣ 십분의셔 일분이 못ᄒᆞ니, 이제 대군(大軍)이 셩샹의셔 슈딘(守陣)ᄒᆞ여 오히려 침범(侵犯)ᄒᆞᆯ ᄠᅳᆺ지 이시니, 신이 원컨대 군마(軍馬)를 더 발ᄒᆞ여 예긔(銳氣)를 타 깁히 젼

---

395) 대종황제(代宗皇帝) : 당(唐)나라의 8대 황제. 726~779. 시호는 예(豫). 대종 때부터 위구르・토번(吐蕃) 등의 침입이 잦았으며, 이들을 막기 위하여 증원된 절도사(節度使)의 세력이 커짐.

396) 회흘(回紇) : 위구르. 몽골 고원 및 중앙아시아에서 활약한 투르크계 민족 및 그들이 건국한 나라.

397) 곽자의(郭子儀) : 당(唐)나라 때의 무장(武將). 안녹산(安祿山)의 난이 일어났을 때 삭방의 군사를 거느리고 하동절도사 이광필(李光弼)과 함께 중원의 반란군을 토벌함. 대종 때에는 토번(吐蕃)이 장안을 치려 하자 위구르를 회유하고 토번을 무찔러 당나라를 구함. 분양왕(汾陽王)에 봉해짐.

398) 경영군(京營軍) : 서울에 주둔하는 군대.

399) 삼진 : '삼군(三軍)'의 오기.

400) 좌현왕(左賢王) : 흉노(匈奴)의 귀족 봉호(封號).

401) 수급(首級) : 전쟁에서 베어 얻은 적군의 머리.

402) 첩서(捷書) : 싸움에서 승리한 것을 보고하는 글.

국[403]의 드러가 그 님군을 잡고 나라흘 멸(滅)ᄒᆞ야 기리 ᄌᆞ손(子孫)의 근심이 업게 ᄒᆞ야지이다."

샹이 표(表)롤 보시고 뇽안(龍顔)이 대열(大悅)ᄒᆞ샤 양쇼유의 벼술을 도도아 어ᄉᆞ태우[404] 겸 병부샹셔(兵部尙書) 정셔대원슈(征西大元帥)롤 ᄒᆞ이시고 상방보검(尙方寶劍)[405]과 블근 화살과 통텬어ᄃᆡ(通天御帶)[406]롤 주시고 ᄇᆡᆨ모황월(白旄黃鉞)[407]을 빌녀 삭방(朔方)[408] 화동[409] 산남(山南)[410] 농셔(隴西)[411] 병마(兵馬)롤 됴발(調發)ᄒᆞ여 ᄡᅳ라 ᄒᆞ시다. 샹셰 대병(大兵) 이십만을 모화 ᄐᆡᆨ일(擇日)ᄒᆞ여 긔둑(旗纛)[412]의 졔(祭)ᄒᆞ고 발ᄒᆡᆼ(發行)ᄒᆞ니 병법(兵法)은 뉵도(六韜)[413]을 응(應)ᄒᆞ고 진셰(陣勢)ᄂᆞᆫ 팔진과[414]롤 버리고 군용(軍容)의 정슉(整肅)ᄒᆞ고 호령(號令)이 엄명(嚴明)ᄒᆞ니 도적 파ᄒᆞ기롤 대 ᄡᅡ리ᄂᆞᆫ ᄃᆞ시 ᄒᆞ니 수월(數月) ᄉᆞ이의 도적의 아엿던 고으롤 이십여 셩(城)을 회복ᄒᆞ고 군(軍)이 ᄒᆡᆼᄒᆞ여 젹셕산(赤石山)[415] 밋희 진(陣) 첫더니 홀연 회호리ᄇᆞ람이 몰 알픠셔 니러나고 가막가치 울고

403) 젼국 : '적국(敵國)'의 오기.
404) 어사태우 : 백관의 죄를 다스리던 어사대(御史臺)의 장관. 태우는 대부(大夫)의 옛말임.
405) 상방보검(尙方寶劍) : 임금이 쓰던 칼. '상방'은 천자가 쓰는 기물을 만드는 곳.
406) 통천어대(通天御帶) : 무소의 뿔로 장식한 천자의 띠.
407) 백모황월(白旄黃鉞) : '백모'는 흰 소의 꼬리로 만든 기(旗). '황월'은 황금으로 꾸민 부월(斧鉞). 왕이 왼쪽으로는 황월에 의지하고 오른쪽에는 백모를 잡음.
408) 삭방(朔方) : 군(郡) 이름. 한(漢) 무제(武帝) 때 흉노(匈奴)를 쫓아내고 하남(河南)에 삭방군을 두었음.
409) 화동 : '하동(河東)'의 오기. 산서성(山西省)의 경내와 황하(黃河)의 이동(以東)을 통틀어 이름.
410) 산남(山南) : 섬서성(陝西省)의 지명.
411) 농셔(隴西) : 감숙성(甘肅省) 위원현(渭源縣)의 이름.
412) 기독(旗纛) : 쇠꼬리로 장식한 큰 군기(軍旗). 군중(軍中) 또는 천자의 거가(車駕)의 왼쪽에 세움. 출병할 때 이 독(纛)에 제사 지냄.
413) 육도(六韜) : 주(周)나라의 태공망(太公望)이 지은 병법서(兵法書).
414) 팔진과 : '팔진괘(八陣卦)'의 오기. 진(陣) 치는 법의 하나.
415) 적석산(赤石山) : 절강성(浙江省) 정해현(定海縣) 동북 해변에 있는 산.

진을 쎄쳐 가거놀 샹셰 마샹(馬上)의셔 졈복(占卜)ᄒᆞ고 ᄀᆞᆯ오되,

"목젼(目前)의 젼국[416] 사ᄅᆞᆷ이 ᄂᆡ 진(陣)을 엄습(掩襲)ᄒᆞᄃᆡ 나죵은 깃븐 일이 이시리로다."

ᄒᆞ고

"군을 머믈워 산하(山下)의 진 치고 ᄉᆞ면(四面)의 녹각(鹿角)[417]과 질여(蒺藜)[418]ᄅᆞᆯ 둣거이 ᄭᆞᆯ고 삼군(三軍)을 경계ᄒᆞ여 ᄌᆞᆷ 쟈디 말고 방비(防備)ᄅᆞᆯ 엄히 ᄒᆞ라."

ᄒᆞ더라.

이 밤의 샹셰 쟝듕(帳中)의 안쟈 촉블을 ᄇᆞᆰ히고 병셔(兵書)ᄅᆞᆯ 보더니 진 밧긔 슌나(巡邏)ᄒᆞᄂᆞᆫ 소ᄅᆡᄅᆞᆯ 드ᄅᆞ니 곳 삼경(三更)이 되엿더라. 홀연 ᄒᆞᆫ 진(陣) ᄎᆞᆫ ᄇᆞ람이 촉(燭)을 블고 셔늘ᄒᆞᆫ 긔운이 사ᄅᆞᆷ의게 침노(侵擄)ᄒᆞ더니 ᄒᆞᆫ 녀ᄌᆞ(女子)ㅣ 공듕(空中)으로 조챠 나려 셔니 셔리 ᄀᆞᆺᄒᆞᆫ 비슈검(匕首劍)이 손 가온ᄃᆡ 잇더라. 샹셰 ᄌᆞᄀᆡᆨ(刺客)인 줄 알고 ᄂᆞᆺ비촐 동(動)치 아니ᄒᆞ고 무러 ᄀᆞᆯ오ᄃᆡ,

"녀ᄌᆞᄂᆞᆫ 엇던 사ᄅᆞᆷ이며 반야(半夜)의 나의 군듕(軍中)의 드러오믄 엇디오."

녀ᄌᆞ 왈,

"토번국(吐蕃國) 찬보(贊普)[419]의 명(命)을 바다 원슈(元帥)의 머리ᄅᆞᆯ 가디고 오라 하기 가질나 왓ᄂᆞ이다."

샹셰 왈,

"대댱부(大丈夫)ㅣ 어이 죽기ᄅᆞᆯ 두려ᄒᆞ리오. 내 머리ᄅᆞᆯ 쾌히 버혀 가라."

---

416) 젼극 : '적국(敵國)'의 오기.

417) 녹각(鹿角) : 나뭇가지나 나무토막을 사슴뿔처럼 얼기설기 놓거나 막아서 적을 막는 장애물.

418) 질려(蒺藜) : 적을 막기 위하여 흩어 두는 마름 모양의 무쇠덩이.

419) 찬보(贊普) : 토번(吐蕃)의 군장(君長) 이름. 토번에서 강한 영웅을 '찬', 장부(丈夫)를 '보'라 한 데서 나온 말.

녀지 칼을 더지고 샹셔의 알ᄑᆡ 고두(叩頭)ᄒᆞ여 ᄀᆞᆯ오ᄃᆡ,

"귀인(貴人)은 놀나디 마ᄅᆞ쇼셔. 쳡이 어이 귀인을 ᄒᆡᄒᆞ리잇가."

샹셰 붓드러 니ᄅᆞ혀 ᄀᆞᆯ오ᄃᆡ,

"임의 칼을 잇글고 연듕(營中)의 드러와 도로혀 해치 아니믄 엇디오."

녀지 왈,

"쳡의 근본을 알외고져 ᄒᆞᆯ진ᄃᆡ 닙담간(立談間)의 다ᄒᆞ기 어려올가 ᄒᆞᄂᆞ이다."

샹셰 좌(座)ᄅᆞᆯ 주어 안ᄌᆞ라 ᄒᆞ고 다시 무러 ᄀᆞᆯ오ᄃᆡ,

"낭ᄌᆞᄂᆞᆫ 엇던 사ᄅᆞᆷ이며 이제 쇼유(少遊)ᄅᆞᆯ 와 보려 ᄒᆞᄆᆞᆫ 무ᄉᆞᆫ 가ᄅᆞ치미 잇ᄂᆞ뇨."

ᄒᆞ더라.

제9회

ᄇᆡᆨ뇽담양낭파음병(白龍潭楊郎破陰兵)
동졍뇽군연교ᄀᆡᆨ(洞庭龍君宴嬌客[420])

양샹셰 그 녀ᄌᆞᄅᆞᆯ 보니, 구ᄅᆞᆷ ᄀᆞᆺᄒᆞᆫ 머리털을 되으 ᄡᅳ러 금ᄌᆞᆷ(金簪)을 ᄭᅩᆺ고, ᄉᆞᄆᆡ 좁은 젼포(戰袍)의 셕듁화(石竹花)[421]ᄅᆞᆯ 슈(繡)ᄒᆞ엿고, 발의ᄂᆞᆫ 봉(鳳)의 머리텨로 슈(繡)질ᄒᆞᆫ 훠(靴)ᄅᆞᆯ 신고, 허리의ᄂᆞᆫ 뇽텬검(龍泉劍) 가플[422]을 차시ᄃᆡ, 텬연(天然)ᄒᆞᆫ 졀ᄉᆡᆨ(絶色)이 ᄒᆞᆫ 가지 ᄒᆡ당화(海棠花) ᄀᆞᆺᄒᆞ니, 만일 죵군(從軍)ᄒᆞ던 목ᄂᆞᆫ(木蘭)[423]이 아니면 이 합(盒)을 도적ᄒᆞᄂᆞᆫ

---

420) 교객(嬌客) : 신랑이나 사위를 친근하게 이르는 말.

421) 석죽화(石竹花) : 패랭이꽃.

422) 가플 : 칼집. ← 가ᄑᆞᆯ.

423) 목란(木蘭) : 중국 장편 서사시 「木蘭辭」에 나오는 주인공. 가한(可汗)의 소집에 즈음하여 여자의 몸이면서 늙은 부친을 대신하여 남장하고 종군함.

홍션(紅線)424)이러라.

샹셰 그 온 뜻을 므론딕 녀지 답 왈,

"쳡은 본딕 양뒤(凉州)425)인이니 조상브터 대당(大唐) 빅셩이라. 쳡이 어려셔 부모롤 일코 흔 녀관(女冠)을 조추 뎨즈(弟子)ㅣ 되얏더니 그 녀관이 도술(道術)이 이셔 뎨즈 십 인을 검슐(劍術)을 그루치니 진히월(秦海月) 금치홍(金彩虹)과 심뇨연(沈裊烟)이니 뇨연은 곳 쳡이니 삼년 만의 직죄 다 이니 능히 브람을 트고 번게롤 쏠와 슌식(瞬息) 스이의 쳔니(千里)롤 힝홀너이다. 삼인의 검슐이 고하(高下)ㅣ 업스딕 스싱의 원슈롤 갑흐며 사오나온 사룸을 버히려 흐면 치홍(彩虹)과 히월(海月)을 보닋고 쳡을 보닋디 아니흐니 쳡이 니루므루, '흔 가디로 스부(師父)의 그루치믈 닙어시딕 홀노 나는 은혜 갑흘 길이 업스니 나의 직죄 냥인(兩人)만 못흐여 브렴즉디 아니흐니잇가.' 스싱이 골오딕, '너는 본딕 우리 무리 아니라. 후일의 당당이 뎡도(正道)롤 어더리니 나의 브라볼 빈 아니라. 이제 만일 냥인(兩人)과 곳치 인명(人命)을 술히(殺害)흐면 너의 젼뎡(前程)의 해로올 거시니 이러므로 너롤 브리디 아니흐노라.' 쳡이 또 골오딕, '이럴작시면 뎨즈(弟子)롤 검슐(劍術)을 그루쳐 무어식 쁘리잇가.' 스싱이 닐오딕, '너의 젼셰(前世) 인연(因緣)이 대당국(大唐國) 이시딕 그 사룸은 큰 귀인(貴人)이라. 너는 외국(外國)의 나시니 서루 만나 길히 업스니 너롤 검슐을 그루텨 이 일을 비러 귀인을 만날 도리(道理)롤 그루치니 타일(他日)의 빅만(百萬) 군듕(軍中) 챵검(槍劍) 가온딕 아룸다온 인연을 일우리라.' 흐더니 젼월(前月)의 스싱이 닐오딕, '이제 대당(大唐) 텬즈(天子)ㅣ 대장(大將)을 보내여 토번(吐蕃)을 정벌(征伐)흐니 찬보(贊普)ㅣ 스문(四門)의 방

424) 홍선(紅線) : 당(唐)나라의 협녀(俠女). 노주(潞州) 설숭(薛嵩)의 종으로서, 위성(魏城) 전승사(田承嗣)의 침소에 들어가 금합(金盒)을 훔침으로써 전승사로 하여금 노주를 병합할 뜻을 꺾게 함.

425) 양주(凉州) : 전량(前凉)·후량(後凉)의 수도. 감숙성(甘肅省) 동부에 있어 신강성(新疆省)으로 들어가는 요로에 있으며 명승이 많음.

(榜) 브텨 천금(千金)으로 ᄌᆞ모(自募) 바다 ᄌᆞᄀᆡᆨ(刺客)을 어더 당장(唐將)을 해ᄒᆞ랴 ᄒᆞᄂᆞ니, 네 급히 가 토번국(吐蕃國) 모든 ᄌᆞᄀᆡᆨ(刺客)을 결워 일즉은 당장(唐將)의 직화(災禍)롤 구ᄒᆞ고 일즉은 너의 인연(因緣)을 일우라.' ᄒᆞ거놀, 쳡이 번국(蕃國)의 가 방(榜)을 써히니 찬뵈 블너 보고 몬져 온 ᄌᆞᄀᆡᆨ 십 여인으로 검슐을 비교ᄒᆞ라 ᄒᆞ거놀 쳡이 십여 인의 샹토롤 버혀 드리니 찬뵈 대열(大悅)ᄒᆞ여 쳡을 보내야 샹셔(尙書)롤 ᄒᆡ(害)ᄒᆞ라 ᄒᆞ더이다. 만일 공(功)을 일우면 봉(封)ᄒᆞ여 귀비(貴妃)롤 삼으려 ᄒᆞ더니 쳡이 이제 상셔롤 만나니 스싱의 말이 마ᄌᆞᆫᄂᆞᆫ디라. 말쟈[426] 죵이 되어 좌우(左右)의 뫼셔지이다."

샹셰 대희 왈,

"경(卿)이 위틱(危殆)ᄒᆞᆫ 목숨을 구ᄒᆞ고 몸으로ᄡᅥ 셤기고져 ᄒᆞ니 이 은혜롤 어이 다 갑ᄒᆞ리오. 오딕 빅년(百年)을 ᄒᆞᆫ가지로 늙기롤 원ᄒᆞ노라."

이 밤의 원슈(元帥)ㅣ 뇨연(裊烟)으로 더브러 댱듕(帳中)의셔 침셕(寢席)을 ᄒᆞᆫ가지로 ᄒᆞ니 챵검(槍劍) 비ᄎᆞ로 화쵹(花燭)을 대(代)ᄒᆞ고 도두(刁斗)[427] 소릐로 금슬(琴瑟)을 삼아 복파영(伏波營)[428] 가온딕 돌빗치 두렷ᄒᆞ고 옥문관(玉門關)[429] 밧긔 츈광(春光)이 ᄀᆞ독ᄒᆞ여시니 ᄒᆞᆫ 조각 각별한 졍홍(情興)이 깁흔 방과 비단즘댱[430]의셔 디놀 듯ᄒᆞ더라.

샹셰 신환(新歡)의 침닉(沈溺)ᄒᆞ여 삼일(三日)을 나디 아니ᄒᆞ야 장ᄉᆞ(將士)롤 보디 아니ᄒᆞ야더니 뇨연 왈,

"녀ᄌᆞ 군듕(軍中)의 오릭 이시미 가(可)치 아니ᄒᆞᆫ디라 하딕(下直)하ᄂᆞ이다."

426) 말쟈 : 말(末)째.
427) 조두(刁斗) : 군중(軍中)에서 야경(夜警)하느라 치는 동라(銅鑼) 소리.
428) 복파영(伏波營) : 복파장군의 군영. '복파'는 무관(武官)의 이름.
429) 옥문관(玉門關) : 감숙성(甘肅省) 안서주(安西州)에 있는 관문으로 서역(西域)으로 통하는 중요한 통로.
430) 비단즘댱 : 비단으로 만든 휘장.

샹셰 ᄀᆞᆯ오ᄃᆡ,

“연낭이 어이 상녜(常例) 녀ᄌᆞ의 비기리오. 됴흔 모칙(謀策)을 ᄀᆞᄅᆞ치믈 ᄇᆡ야흐로 ᄇᆞ라노니 어이 ᄇᆞ리고 가려 ᄒᆞ노뇨.”

뇨연이 ᄀᆞᆯ오ᄃᆡ,

“샹공의 신므(神武)로 쇠잔(衰殘)ᄒᆞᆫ 도적(盜賊) 멸(滅)ᄒᆞ기 석은 나무 ᄭᅥᆨ흘 거시니 무슴 의심되미 이시리잇고. 쳡이 이리 오미 비록 스싱의 명(命)이나 오히려 아조 하딕디 못ᄒᆞ여시니 도라가 스싱을 보고 샹공이 회군(回軍)ᄒᆞ시믈 기ᄃᆞ려 조ᄎᆞ 가리이다.”

샹셰 왈,

“이리 ᄒᆞ미 됴커니와 경(卿)이 간 후 다른 ᄌᆞᄀᆡᆨ(刺客)이 오면 어이하리오.”

뇨연 왈,

“ᄌᆞᄀᆡᆨ(刺客)이 비록 만ᄒᆞ나 뇨연(裊烟)의 뎍슈(敵手)ㅣ 업ᄉᆞ니 쳡이 샹공긔 귀슌(歸順)ᄒᆞᆫ 줄 드ᄅᆞ면 다른 사ᄅᆞᆷ은 감히 오디 못ᄒᆞ리이다.”

인ᄒᆞ여 허리로셔 묘ᄋᆞ완(妙兒玩)431)이란 구술을 주며 ᄀᆞᆯ오ᄃᆡ,

“이거시 찬보(贊普)의 샹토의 ᄆᆡ여던 구술이니 ᄉᆞ쟈(使者)를 주어 찬보의게 보ᄂᆡ여 ᄒᆞ여곰 뎔노 쳡이 도로 가디 아닐 줄을 알게 ᄒᆞ쇼셔.”

샹셰 ᄀᆞᆯ오ᄃᆡ,

“이 밧긔 ᄯᅩ 므슴 ᄀᆞᄅᆞ칠 말이 잇ᄂᆞ냐.”

뇨연 왈,

“압길이 당당이 반ᄉᆞ곡(盤蛇谷)432)을 디날 거시니 길히 좁고 됴흔 물이 업ᄉᆞ니 ᄒᆡᆼ군(行軍)ᄒᆞ기 조심ᄒᆞ고 우물을 파 삼군(三軍)을 먹일 거시니이다.”

말을 ᄆᆞᄎᆞ며 하딕ᄒᆞ거ᄂᆞᆯ 샹셰 머므ᄅᆞ려 ᄒᆞ니 뇨연이 소소니 보디 못ᄒᆞᆯ

431) 묘아완(妙兒玩) : 구슬의 이름.
432) 반사곡(盤蛇谷) : 『삼국지연의』에 나오는, 뱀 모양의 긴 골짜기.

너라. 샹셰 모든 쟝ᄉᆞ(將士)ᄅᆞᆯ 모흐고 뇨연의 말을 젼ᄒᆞ니 모다 하례(賀禮)ᄒᆞ여 ᄀᆞᆯ오ᄃᆡ,

"원슈(元帥)의 홍복(洪福)이 하늘 ᄀᆞᆺᄒᆞ니 긔이(奇異)ᄒᆞᆫ 사ᄅᆞᆷ이 와 돕도소이다."

즉시 ᄉᆞ쟈(使者)ᄅᆞᆯ 발ᄒᆞ여 ᄒᆡᆼ군(行軍)ᄒᆞ야 여러 ᄂᆞᆯ 만의 구술ᄅᆞᆯ 가져 토번(吐蕃)의게 보ᄂᆡ고 ᄒᆞᆫ 큰 산하(山下)의 진(陣) 텨더니 길히 좁아 ᄒᆞᆫ 믈433)이 용납ᄒᆞᆯ너라. 이텨로 ᄒᆡᆼ(行)ᄒᆞ기ᄅᆞᆯ 수ᄇᆡᆨ니(數百里)ᄅᆞᆯ ᄒᆞ여 겨요 잠간 너ᄅᆞᆫ ᄃᆡᄅᆞᆯ 어더 영채(營寨)434)ᄅᆞᆯ ᄆᆡᆫ도라 삼군(三軍)을 쉬오더니, 군(軍)이 오ᄅᆡ 슈고ᄒᆞ엿ᄂᆞᆫ디라 산하(山下)의 ᄆᆞᆰ은 믈이 이시믈 보고 ᄃᆞ토아 나아가 믈 먹더니 온 몸이 프ᄅᆞ고 썰며 죽어가거ᄂᆞᆯ, 샹셰 대경(大驚)ᄒᆞ여 친히 믈ᄭᆞ의 가 보니 깁고 프ᄅᆞ러 그 속을 측냥(測量)치 못ᄒᆞ고 ᄎᆞᆫ 긔운이 늠늠(凜凜)ᄒᆞ거ᄂᆞᆯ 샹셰 ᄀᆞ쟝 의심ᄒᆞ여 ᄉᆡᆼ각ᄒᆞᄃᆡ, '이 일졍(一定) 뇨연의 니ᄅᆞ던 반샤곡(盤蛇谷)이로다.' ᄒᆞ고 군(軍)을 명ᄒᆞ여, '여러 곳 우믈을 파 믈을 내라.' ᄒᆞᄃᆡ 열 길 밧긔 파ᄃᆡ ᄒᆞᆫ 곳도 ᄉᆡᆷ이 나디 아니ᄒᆞ니 샹셰 ᄀᆞ쟝 민망ᄒᆞ여 삼군(三軍)을 호령(號令)ᄒᆞ여 그 ᄯᅡ흘 ᄯᅥ나 나아가려 ᄒᆞ더니, 호련(忽然) 뫼 젼후(前後)의 징(錚) 븍이 진동(震動)ᄒᆞ고 오랑캐군이 험ᄒᆞᆫ ᄃᆡᄅᆞᆯ 막나 길을 긋ᄎᆞ니 관군(官軍)이 나아가디 못ᄒᆞ고 믈너가도 못ᄒᆞ여 양원슈(楊元帥)ㅣ 영듕(營中)의셔 도적 믈니틸 계교(計巧)ᄅᆞᆯ ᄉᆡᆼ각디 못ᄒᆞ여 ᄎᆞ야(此夜)의 교위435)ᄅᆞᆯ 의지ᄒᆞ여 잠간 조으더니 문득 긔이ᄒᆞᆫ 향내 코의 ᄀᆞ득ᄒᆞ며 녀동(女童) 냥인(兩人)이 나아오니 용모(容貌)ㅣ 긔이(奇異)ᄒᆞ더라. 샹셔ᄃᆞ려 닐오ᄃᆡ,

"우리 낭ᄌᆞ(娘子)ㅣ 잠간 귀인(貴人)을 쳥ᄒᆞ시더이다."

샹셰 문 왈,

---

433) 믈 : '말(馬)'의 오기.
434) 영채(營寨) : 군영(軍營)을 방비하는 울타리.
435) 교위 : '교의(交椅)'의 오기. 의자.

"낭즈는 엇던 사룸고."

녀동이 대 왈,

"우리 낭즈는 뇽왕(龍王) 저근 쏠이시니 요스이 집을 피ᄒᆞ여 이 짜희 와 겨시니이다."

샹셰 왈,

"뇽신(龍身)이 잇는 곳은 필연 깁흔 믈이니 나는 인간 사룸이라 가고져 ᄒᆞᆫ들 어이 어드리오."

녀동 왈,

"밧긔 와시니 귀인이 그 물을 ᄐᆞ면 슈부(水府) 가시미 어렵디 아니ᄒᆞ시리이다."

샹셰 녀동을 조츠 가 보니 총마(驄馬)[436] 일필(一匹)을 금안(金鞍)을 지엇고 죵즈(從者) 십 수 인이 의복(衣服)이 셩화(盛華)ᄒᆞ더라. 샹셰 물긔 오르니 슌식(瞬息) 스이의 못믈노 드러가니 ᄒᆞᆫ 큰 문의 다다ᄅᆞ니 궁궐(宮闕)이 쟝녀(壯麗)ᄒᆞ미 왕즈(王者)의 잇는 곳 ᄀᆞᆺ고 문 딕흰 군병(軍兵)이 고기 머리와 식오 나롯시 셰샹 사룸과 다ᄅᆞ더라. 미녀(美女) 수인(數人)이 문을 열고 샹셔롤 인ᄒᆞ여 당듕의 니ᄅᆞ니 뎡듕(正中)의 남(南)으로 향ᄒᆞ야 빅옥교위[437]롤 노홧거놀 시녀(侍女)ㅣ 쳥ᄒᆞ야 교위의 안즈라 ᄒᆞ고 비단 즈리롤 계하(階下)의 ᄭᆞᆯ고 안흐로 드러가더니 이윽고 시녀 십여 인이 ᄒᆞᆫ 녀즈(女子)롤 옹위(擁衛)ᄒᆞ여 왼편 월앙[438]으로 조차 듕뎡(中廷)의 다ᄃᆞᄅᆞ니 그 녀즈(女子)의 미려(美麗)ᄒᆞ미 신션(神仙) ᄀᆞᆺ고 복식(服色)의 빗나미 셰샹의 업는 배러라. 시녀 일인이 찬인(贊引)[439]ᄒᆞ여 ᄀᆞᆯ오ᄃᆡ,

"동졍(洞庭)[440] 뇽녀(龍女)는 양원슈(楊元帥)긔 뵈오믈 쳥ᄒᆞᄂᆞ이다."

---

436) 총마(驄馬) : 총이말. 갈기와 꼬리가 파르스름한 흰 말.
437) 빅옥교위 : '백옥교의(白玉交椅)'의 오기. 백옥으로 꾸민 의자.
438) 월앙 : '월랑(月廊)'의 오기. 행랑(行廊). 대문간에 붙어 있는 방.
439) 찬인(贊引) : 이끌어 인도함.
440) 동정(洞庭) : 중국 호남성(湖南省) 북부에 있는 호수.

샹셰 놀나 피ᄒᆞ랴더니 두 시네 븟드러 도로 교위예 안치고 네 번 절ᄒᆞ고 니러나니 패옥(佩玉) 소릐 장장(錚錚)ᄒᆞ더라.

샹셰 청ᄒᆞ여 당(堂)의 오ᄅᆞ라 ᄒᆞ니 여러 번 ᄉᆞ양ᄒᆞ다가 올나 져근 좌(座)를 비셜(排設)ᄒᆞ고 안거ᄂᆞᆯ 샹셰 왈,

“쇼유(少遊)ᄂᆞᆫ 이 진셰(塵世) 범샹(凡常)ᄒᆞᆫ 사ᄅᆞᆷ이오, 낭ᄌᆞᄂᆞᆫ 놉흔 신녕(神靈)이라. 이제 녜도(禮度)를 이대도록 공슌(恭順)이 ᄒᆞ니 쇼유의 아디 못ᄒᆞᄂᆞᆫ 배로소이다.”

농녀 ᄀᆞᆯ오ᄃᆡ,

“쳡은 동정(洞庭) 농왕(龍王)의 져근 ᄯᆞᆯ이라. 쳡이 ᄀᆞᆺ 나며 부왕(父王)이 샹계(上界)의 됴회(朝會)ᄒᆞ라 ᄀᆞᆺ더니 댱진인(張眞人)441)을 만나니 쳡의 팔ᄌᆞ(八字)를 므ᄅᆞ니 진인이 니ᄅᆞᄃᆡ, ‘이 녀ᄌᆡ 명이 젼셰(前世)예 션가(仙家)롤셔 ᄂᆞ려와 금셰(今世)예 농신(龍身)이 되여시니 다시 사ᄅᆞᆷ의 몸을 비러 인간의 크게 귀ᄒᆞᆫ 사ᄅᆞᆷ의 희쳡(姬妾)이 되여 일ᄉᆡᆼ(一生) 부귀번화(富貴繁華)를 누리고 나죵의도 블가(佛家)의 도라가리라,’ ᄒᆞ니 우리 농신(龍身)이 비록 슈부(水府)의 웃듬이 되여시나 사ᄅᆞᆷ의 몸 엇기를 귀히 넉이고 신션(神仙)과 부텨를 더옥 공경(恭敬)ᄒᆞᄂᆞᆫ디라. 쳡의 ᄆᆞᆺ형이 경슈(涇水)442)의 셔방 마ᄌᆞ 가더니 ᄀᆡ가(改嫁)ᄒᆞ여 뉴진군(柳眞君)443)의 안해 되니 구족(九族)444)이 다 공경(恭敬)ᄒᆞ여 대졉(待接)ᄒᆞ믈 다ᄅᆞᆫ 형뎨(兄弟)로 ᄀᆞᆺ치 아니ᄒᆞ더니 쳡은 정과(正果)445)를 어더 문호(門戶)의 영광(榮光)이 쟝ᄎᆞ 형(兄)의 우히라. 부왕(父王)이 도라와 쟝진인의 말을 뎐ᄒᆞ니 궁

441) 장진인(張眞人) : 신선의 대명사인 장정상(張正常). 진인은 득도한 사람.

442) 경수(涇水) : 감숙성(甘肅省)의 경계를 흐르는 강.

443) 유진군(柳眞君) : 유의(柳毅). 이조위(李朝威)가 지은 당대(唐代) 전기소설(傳奇小說)인 「유의전」의 주인공으로서, 시집에서 학대 받고 있는 동정호(洞庭湖) 용왕(龍王)의 딸을 도와줘 용왕의 딸과 맺어지는 인물.

444) 구족(九族) : 자기를 본위로 위로 4대 고조(高祖), 아래로 4대 현손(玄孫)에 이르기까지 동종(同宗) 친족을 통틀어 이르는 말.

445) 정과(正果) : 수행한 결과로 얻는 바른 깨달음.

듕(宮中)이 다 하례(賀禮)ᄒᆞ더니, 남ᄒᆡ(南海) 뇽왕(龍王)의 아ᄃᆞᆯ 오현(敖賢)이 쳡의 곱단 말을 듯고 제 부왕(父王)ᄃᆞ려 닐너 우리 집의 구혼(求婚)ᄒᆞ니 우리 동뎡(洞庭)이 남ᄒᆡ(南海) 뇽왕(龍王)의 관ᄒᆞ(官下)ㅣ 되엿ᄂᆞᆫ디라. 뎌의 말을 거ᄉᆞ리면 욕(辱)이 이실가 저허 부왕이 친히 가 댱진인의 말을 니ᄅᆞ니 남ᄒᆡ왕(南海王)이 사오나온 아ᄃᆞᆯ의 말을 듯고 도로혀 부왕의 말을 허탄(虛誕)ᄐᆞ ᄒᆞ고 구혼ᄒᆞ기ᄅᆞᆯ 더옥 구지ᄒᆞ니, 쳡이 부모 슬하의 이신족 욕(辱)이 일문(一門)의 미출가 ᄒᆞ여 부모ᄅᆞᆯ ᄯᅥ나 홀노 도망ᄒᆞ여 가싀덤블을 헤혀고 외로이 오랑캐 ᄯᅡ히 머므니 부모ᄂᆞᆫ 다만 회답ᄒᆞ되, ‘녀ᄌᆡ 원(願)티 아냐 도망ᄒᆞ여 나가시니 오히려 ᄇᆞ리디 아니홀진대 녀ᄌᆞᄃᆞ려 므ᄅᆞ라.’ ᄒᆞᆫ대, 이리 온 후 ᄀᆞᆺ초 핍박(逼迫)ᄒᆞᆷ을 보고 미친 아ᄒᆡ 스ᄉᆞ로 군졸(軍卒)을 거ᄂᆞ려 노략(擄掠)ᄒᆞ려 ᄒᆞ더니 쳡이 지극ᄒᆞᆫ 원통(寃痛)과 괴로온 졀(節)이 텬디(天地)ᄅᆞᆯ 감동ᄒᆞ여 못믈이 변ᄒᆞ여 ᄒᆞᆫ빙디옥(寒氷地獄)ᄀᆞᆺᄒᆞ여 다ᄅᆞᆫ ᄯᅡ 슈족(水族)이 드러오디 못ᄒᆞᄂᆞᆫ 고로, 쳡이 시러곰 잔명(殘命)을 보젼ᄒᆞ여 군ᄌᆞ(君子)을 기ᄃᆞ리더이다. 쳡이 귀인(貴人)을 쳥ᄒᆞ여 더러온 ᄯᅡ히 니ᄅᆞ시게 ᄒᆞ믄 ᄒᆞᆫᄀᆞᆺ 쳡의 회포(懷抱)를 베플려 ᄒᆞ미 아니라, 삼군(三軍)이 믈이 업셔 우믈 파기ᄅᆞᆯ 슈고ᄒᆞ니 비록 ᄇᆡᆨ댱(百丈)을 파도 믈을 엇디 못ᄒᆞ시리이다. 쳡의 사ᄂᆞᆫ 못믈이 녜ᄂᆞᆫ 쳥슈담(淸水潭)이라. 본ᄃᆡ 됴흔 믈이러니 쳡이 온 후 슈셩(水性)이 다ᄅᆞ게 되니 이ᄯᅡ 사ᄅᆞᆷ이 감히 먹디 못ᄒᆞ여 일흠을 곳쳐 ᄇᆡᆨ뇽담(白龍潭)이라 ᄒᆞᄂᆞ니이다. 이제 귀인이 이에 님(臨)ᄒᆞ시니 쳡이 죵신(終身) 의탁(依托)홀 곳이 잇ᄂᆞᆫ디라. 죵젼(從前)의 괴로온 ᄆᆞᄋᆞᆷ이 님의 플엿ᄂᆞᆫ디라. 그윽ᄒᆞᆫ 골의 양츈(陽春)이 도라옴 ᄀᆞᆺᄒᆞ니 일노브터 믈마시 녜와 다ᄅᆞ디 아니ᄒᆞ리니, 삼군(三軍)이 기러 먹어도 해롭디 아니ᄒᆞ고 몬져 먹고 병든 사ᄅᆞᆷ도 능히 곳치리이다.”

샹셰 왈,

“낭ᄌᆞ의 말노 볼작시면 우리 냥인(兩人)의 인연(因緣)이 하ᄂᆞᆯ이 정ᄒᆞ션디 오라니 아ᄅᆞᆷ다온 긔약(期約)을 이제 감히 졈복(占卜)ᄒᆞ리잇가.”

농녜 ᄀᆞᆯ오ᄃᆡ,

"쳡의 더러온 ᄌᆡ질(才質)을 군ᄌᆞ(君子)긔 허(許)ᄒᆞᆫ연디 오라거니와, 이제 믄득 군ᄌᆞᄅᆞᆯ 뫼시믄 가(可)치 아니미 세 ᄀᆞ디니, ᄒᆞ나흔 부모(父母)긔 알외디 못ᄒᆞ여시니 녀ᄌᆞ(女子)의 사ᄅᆞᆷ 조ᄎᆞ미 이러ᄐᆞᆺ 구ᄎᆞᄒᆞ미 가치 아니ᄒᆞ고, 둘흔 쳡이 쟝ᄎᆞᆺ 사람의 몸을 어더 군ᄌᆞ를 셤길 거시니 이제 비ᄂᆞᆯ과 진[446]의 도든 몸으로 팀셕(寢席)을 뫼시미 가치 아니ᄒᆞ고, 세흔 남ᄒᆡ(南海) 태ᄌᆞ(太子)ㅣ ᄆᆡ양 사ᄅᆞᆷ을 보ᄂᆡ여 이곳의 와 탐텽(探聽)ᄒᆞᄂᆞ니 진실로 미친 계교(計巧)ᄅᆞᆯ ᄂᆡ여 일댱(一場) 요란(撓亂)ᄒᆞ미 이실가 ᄒᆞᄂᆞ니, 낭군은 모ᄅᆞ미 썔이 진(陣)의 도라가 삼군을 정졔(整齊)ᄒᆞ야 대공(大功)을 일온 후 개가(凱歌)ᄅᆞᆯ 브ᄅᆞ시고 경ᄉᆞ(京師)로 도라가셔든 쳡이 당당이 치마ᄅᆞᆯ 잡고 진슈(溱水)[447]ᄅᆞᆯ 건너리이다."

상셰 왈,

"낭ᄌᆞ의 말이 비록 아ᄅᆞᆷ다오나 ᄂᆡ 뜻은 그러치 아니ᄒᆞ고, 낭ᄌᆞ의 이리 오미 스ᄉᆞ로 뜻을 ᄃᆡ희미나 ᄯᅩᄒᆞᆫ 존부왕(尊父王)이 쇼유(少遊)ᄅᆞᆯ 좃게 ᄒᆞ신 뜻이니, 금일 일을 어이 부명(父命)이 업다 ᄒᆞ리오. 낭ᄌᆞᄂᆞᆫ 이 신명(神明)의 ᄌᆞ손(子孫)이오 녕(靈)ᄒᆞᆫ 죵뉴(種類)ㅣ라. 사ᄅᆞᆷ과 귀신(鬼神) ᄉᆞ이의 출닙(出入)ᄒᆞ여 가(可)티 아니미 업ᄉᆞ니, 어이 비ᄂᆞᆯ 도드믈 ᄌᆞ겸(自謙)ᄒᆞ리오. 쇼유(少遊)ㅣ 비록 ᄌᆡ죄 업ᄉᆞ나 텬ᄌᆞ(天子)의 명(命)을 밧ᄌᆞ와 ᄇᆡᆨ만(百萬) 웅병(雄兵)을 거ᄂᆞ려 풍ᄇᆡᆨ(風伯)[448]이 젼(前)을 인도ᄒᆞ고 ᄒᆡ약(海若)[449]이 뒷진을 님(臨)ᄒᆞ야시니 남ᄒᆡ(南海) 어린 아ᄒᆡᄅᆞᆯ 모긔ᄀᆞᆺ치 녁이ᄂᆞ니, 만일 제 혜아리디 아니ᄒᆞ면 블과 나의 보검(寶劍)을 더러닐 ᄲᅮᆫ이라, ᄃᆞᆯ이 ᄇᆞᆰ고 ᄇᆞ람이 ᄆᆞᆰ으니 됴흔 밤을 어이 허슈히 디내리오."

---

446) 진 : 지느러미.

447) 진수(溱水) : 하남성(河南省) 밀현(密縣)에서 발원하여 쌍박하(雙泊河)와 가노하(賈魯河)를 이루는 강.

448) 풍백(風伯) : 바람의 신.

449) 해약(海若) : 바다의 신.

드ᄃᆡ여 뇽녀(龍女)로 더브러 침셕(寢席)의 나아가 은졍(恩情)이 견권(繾綣)ᄒᆞ더니 홀연 급ᄒᆞᆫ 우레 소ᄅᆡ예 슈졍궁젼(水晶宮殿)이 흔들여 키 ᄶᅡ브ᄃᆞᆺ 시녜 급히 알외ᄃᆡ,

"큰 화(禍)ㅣ 낫ᄂᆞ이다. 남ᄒᆡ(南海) 태ᄌᆞ(太子)ㅣ 무슈ᄒᆞᆫ 군병(軍兵)을 거ᄂᆞ려 마존편 뫼ᄒᆡ 진(陣)치고 양원슈(楊元帥)로 더브러 ᄌᆞ웅(雌雄)을 결(決)ᄒᆞ랴 ᄒᆞᄂᆞ이다."

뇽녜 샹셔ᄅᆞᆯ ᄭᆡ와 닐오ᄃᆡ,

"ᄂᆡ 처엄의 낭군을 머므ᄅᆞ디 아니믄 이 일을 념녀(念慮)ᄒᆞ미라."

샹셰 ᄃᆡ로(大怒)ᄒᆞ여 ᄀᆞᆯ오ᄃᆡ,

"미친 아ᄒᆡ 어이 이러ᄐᆞ시 무례(無禮)ᄒᆞ리오."

ᄉᆞᄆᆡᄅᆞᆯ ᄯᅥᆯ티고 말긔 올나 믈 밧긔 소샤나니, 남ᄒᆡ(南海) 군병(軍兵)이 ᄇᆡᆨ뇽담(白龍潭)을 에워빠거ᄂᆞᆯ 샹셔(尙書)ㅣ 삼군(三軍)을 지휘ᄒᆞ여 태ᄌᆞ(太子)로 더브러 ᄃᆡ진(對陣)ᄒᆞ니 남ᄒᆡ 태ᄌᆡ 진듕(陣中)의 말 타고 소ᄅᆡ 진동(震動)ᄒᆞ며 태ᄌᆡ ᄆᆞᆯ ᄃᆞᆯ녀 내ᄃᆞ라 ᄭᅮ지져ᄃᆡ,

"양쇼ᄋᆔ 사ᄅᆞᆷ의 인연(因緣)을 희지어450) 남의 혼ᄉᆞ(婚事)ᄅᆞᆯ 파(罷)ᄒᆞ고 남의 쳐ᄌᆞ(妻子)ᄅᆞᆯ 겁냑(劫掠)ᄒᆞ니 ᄆᆡᆼ셰(盟誓)ᄒᆞ여 널노 더브러 텬디간(天地間)의 셔디 아니ᄒᆞ리라."

샹셰 ᄯᅩᄒᆞᆫ ᄆᆞᆯ ᄃᆞᆯ여 대쇼(大笑)하고 닐오ᄃᆡ,

"동졍(洞庭) 녀자(女子)ㅣ ᄀᆞᆺ ᄂᆞᆯ 제 쇼유(少遊)로 조ᄎᆞ미 텬도(天曹)의 티부(置簿)451)ᄒᆞ야시니 나ᄂᆞᆫ 블과 텬명(天命)을 슌죵(順從)ᄒᆞᆯ ᄯᆞᄅᆞᆷ이라."

태ᄌᆡ 대로(大怒)ᄒᆞ여 모든 도적을 모라 샹셔ᄅᆞᆯ 잡으라 ᄒᆞ니 니제독(鯉提督)452)과 별참군(鼈參軍)453)이 용약(踊躍)ᄒᆞ고 내ᄃᆞ라 ᄃᆞ라드니 샹셰 ᄇᆡᆨ옥편(白玉鞭)을 ᄒᆞᆫ번 드니 대당(大唐) 진듕(陣中)의셔 일만군(一萬軍)

---

450) 희지어 : 남의 일에 방해가 되게 하여. 기본형은 '희짓다'.

451) 치부(置簿) : 명부(名簿)에 기록함.

452) 리제독(鯉提督) : 잉어. 제독은 해군 함대의 사령관.

453) 별참군(鼈參軍) : 자라. 참군은 군무(軍務)를 참모하던 벼슬 이름.

의 흠긔 발(發)ᄒᆞ니 패ᄒᆞᆫ 병과 쇠잔(衰殘)ᄒᆞᆫ 갑(甲)이 ᄡᅡ히 ᄀᆞ득 눈ᄀᆞᆺ치 놀이엿더라.

뇽ᄌᆞ(龍子)ㅣ 몸 우히 두어 곳이 샹(傷)ᄒᆞ여 능히 변화(變化)를 ᄒᆞ디 못ᄒᆞ여 ᄆᆞᄎᆞᆷ내 잡힌 배 되니 샹셰 정(錚) 텨 군(軍)을 거두고 태ᄌᆞ을 ᄆᆡ여 진듕(陣中)의 도라오니 문 잡은 자(者)ㅣ 알외ᄃᆡ,

“ᄇᆡᆨ뇽담 낭지 친히 군젼(軍前)의 나아와 원슈(元帥)긔 ᄒᆞ례(賀禮)ᄒᆞ고 쟝ᄉᆞ(將士)들을 호군(犒軍)[454]ᄒᆞ려 ᄒᆞᄂᆞ이다.”

샹셰 대희(大喜)ᄒᆞ여 쳥(請)ᄒᆞ여 드러오니 뇽녀(龍女)ㅣ 빠홈 이긔믈 하례ᄒᆞ고 일쳔 섬 술과 일만 머리 쇼로 호군(犒軍)ᄒᆞ니 ᄉᆞ졸(士卒)이 ᄇᆡ블이 먹고 즐겨 노릐 부르ᄂᆞᆫ 소릐 딘동(震動)ᄒᆞ더라.

양원쉬 뇽녀로 더브러 안고 남ᄒᆡ 태ᄌᆞ를 잡아 드려오니 감히 우러러 보디 못ᄒᆞ거ᄂᆞᆯ 샹셰 ᄭᅮ지져 ᄀᆞᆯ오ᄃᆡ,

“내 텬명(天命)을 밧ᄌᆞ와 ᄉᆞ이(四夷)를 딘뎡(鎭定)ᄒᆞ니 일ᄇᆡᆨ(一百) 신녕(神靈)이 텽녕(聽令)티 아니리 업거ᄂᆞᆯ 어린 아ᄒᆡ 망녕되이 텬명(天命)을 아디 못ᄒᆞ고 텬병(天兵)을 항거ᄒᆞ니 이ᄂᆞᆫ 스ᄉᆞ로 죽기를 취ᄒᆞ미라. 나의 허리 아릐 찬 보검(寶劍)이 위딩(魏徵)[455] 승상(丞相)의 경하(涇河)[456] 뇽(龍) 버히던 잠기[457]라, 본ᄃᆡ 네 머리를 버혀 삼군을 호령(號令)ᄒᆞᆯ 거시로ᄃᆡ 너의 아비 남ᄒᆡ(南海)를 딘뎡(鎭定)ᄒᆞ여 ᄇᆡᆨ셩의게 은혜 이시므로 너를 샤(赦)ᄒᆞᄂᆞ니 도라가 이우[458]란 텬명(天命)을 슌죵(順從)ᄒᆞ여 망녕되이 ᄆᆞ음을 내디 말나.”

군듕의 금챵약(金瘡藥)[459]을 내여 태ᄌᆞ의 상처의 발나 노하 보내니, 태

454) 호군(犒軍) : 군사들에게 음식을 주어 위로함.
455) 위징(魏徵) : 580~643. 당(唐)나라 초기의 공신이자 학자로 간의대부 등의 요직을 역임하고 재상을 지냄.
456) 경하(涇河) : 중국 섬서성(陜西省)을 흐르는 위수(渭水)의 지류.
457) 잠기 : 연장. 병기(兵器).
458) 이우 : ‘이후(以後)’의 오기.
459) 금창약(金瘡藥) : 칼 · 창 · 화살 따위로 생긴 상처에 바르는 약.

지 머리롤 ᄡᅡ고 쥐숨듯 ᄃᆞ라나니라.

홀연 보니 동남(東南)다히로셔 블근 긔운과 샹셔(祥瑞)의 안ᄀᆡ 자옥히 ᄡᅵ이며 졍긔(旌旗)와 졀월(節鉞)이 공듕(空中)으로셔 오며 ᄉᆞ자(使者)ㅣ 내다라 알외ᄃᆡ,

"동졍(洞庭) 뇽왕(龍王)이 양원슈의 남히 태ᄌᆞ롤 파(破)ᄒᆞ고 귀쥬(貴主)롤 구ᄒᆞ신 줄을 듯고 친히 궁젼의 하례ᄒᆞ려 ᄒᆞᄃᆡ ᄃᆡ흰 ᄯᅡ히 이셔 디경(地境)을 넘디 못ᄒᆞᄂᆞᆫ 고로 응별뎐460)의 잔치롤 빈셜ᄒᆞ고 삼가 원슈롤 쳥ᄒᆞ여 잠간 욕(辱)도이 님(臨)ᄒᆞ시고 겸ᄒᆞ여 귀쥬롤 궁듕(宮中)의 도라오쇼셔 ᄒᆞ시더이다."

샹셰 왈,

"내 ᄇᆞ야흐로 삼간461)을 거ᄂᆞ려 뎍군(敵軍)을 ᄃᆡ진(對陣)ᄒᆞ얏고 동졍(洞庭)이 예셔 만니(萬里) 밧기라. 비록 가고져 ᄒᆞᆫ들 어이 어드리오."

ᄉᆞ재 왈,

"임의 술위462)롤 ᄀᆞ초와 여답463) 뇽(龍)이 메워시니 반일(半日)만 ᄒᆞ면 왕환(往還)ᄒᆞ리이다."

ᄒᆞ더라.

제10회

양원슈투한고션비(楊元帥偸閑叩禪扉)
왕희미복방규슈(王姬微服訪閨秀)

양샹셰 뇽녀(龍女)로 더브러 ᄒᆞᆫ가지로 술위롤 타니, 신명의 ᄇᆞ람이 술

---

460) 응별뎐 : '응벽전(凝碧殿)'의 오기.
461) 삼간 : '삼군(三軍)'의 오기.
462) 술위 : 수레.
463) 여답 : 여덟.

위 박회롤 브러 공듕(空中)의 오ᄅᆞ니 임의 인간의셔 몃 쳔 니롤 ᄯᅥ낫는 줄을 아디 못ᄒᆞ더 다만 흰 구름이 세계롤 덥힛는 양을 볼너라. 경긱간(頃刻間)의 동졍(洞庭)의 다ᄃᆞᄅᆞ니 농왕(龍王)이 마ᄌᆞ 빈듀(賓主)의 녜(禮)와 위의(威儀) 엄슉(嚴肅)ᄒᆞ더라.

농왕이 슈족(水族)을 모흐고 대연(大宴)을 비셜(排設)ᄒᆞ여 샹셔(尙書)의 빠홈 이긔고 농녀의 집의 도라오믈 경하(慶賀)홀시 술이 취ᄒᆞ미 온갓 풍뉴(風流)롤 진(盡)ᄒᆞ니 절조(絶調)ㅣ 진탕(震盪)ᄒᆞ여 인셰(人世)의 다ᄅᆞ더라. 샹셰 보니 젼뎡(前廷)의 좌우(左右)의 일쳔(一千) 쟝ᄉᆞ(將士)ㅣ 검극(劍戟)을 들고 븍 치고 나아오고 미녀(美女) 여ᄉᆞᆺ 줄이 나의(羅衣)로 춤츄니 웅쟝(雄壯)ᄒᆞ고 화려(華麗)ᄒᆞ여 ᄌᆞ못 보암즉ᄒᆞ더라.

왕ᄃᆞ려 무ᄅᆞ더,

“이 춤이 인간의셔 보디 못ᄒᆞᆫ 배라. 아디 못게라. 이 므슴 곡도(曲調)ㅣ니잇가.”

왕 왈,

“이 곡되 슈부(水府)의도 녜는 업더니 과인(寡人)의 맛ᄯᆞᆯ이 경하(涇河)의 싀집 갓더니 욕(辱)을 보거늘 젼당(錢塘)[464] 아이[465] 경양(涇陽)[466]의가 빠홈 이긔고 녀ᄌᆞ(女子)롤 ᄃᆞ려오니 궁듕 사ᄅᆞᆷ이 글을 믠드라 젼당파진악(錢塘破陣樂)과 귀쥬환궁악(貴主還宮樂)이라 ᄒᆞ여 잇다감 궁듕 잔치의 쓰더니, 이제 원슈(元帥)ㅣ 남히(南海) 태ᄌᆞ(太子)롤 파(破)ᄒᆞ고 부ᄌᆞ(父子)ㅣ 서ᄅᆞ 모드니 젼일(前日)노브터 방블(彷彿)홀시 이 곡됴(曲調)를 진(盡)ᄒᆞ고 일홈을 곳쳐 원슈파진악(元帥破陣樂)이라 ᄒᆞᄂᆞ이다.”

샹셰 대열(大悅)ᄒᆞ여 왕(王)ᄭᅴ 술오더,

“이제 뉴션싱(柳先生)이 어더 잇ᄂᆞ니잇고. 가히 서ᄅᆞ 보리잇다.”

---

464) 전당(錢塘) : 절강성(浙江省)을 흐르는 절강 하류로 항주만(杭州灣)으로 흐름.
465) 아이 : '아우(弟)'의 오기.
466) 경양(涇陽) : 섬서성(陝西省) 장안현(長安縣) 경수(涇水)의 북안(北岸).

왕 왈,

"이제 뉴랑(柳郞)이 영쥐(瀛州)467) 션관(仙官)이 되여 직ᄉᆞ(職事) ㅣ 되여시니 ᄆᆞ옴대로 오디 못ᄒᆞ리이다."

술이 아홉 번 디나니 샹셰 왈,

"군듕(軍中)이 다ᄉᆞ(多事)ᄒᆞ니 시러곰 됴용치 못ᄒᆞ리로소이다."

낭ᄌᆞ(娘子)로 더브러 훗날 긔약(期約)ᄒᆞ더라.

뇽왕이 샹셔를 뎐문(殿門) 밧긔 가 보내더니 샹셰 믄득 눈을 드러 보니 ᄒᆞᆫ 뫼히 놉고 ᄲᅡ혀나 다ᄉᆞᆺ 봉(峰)이 구름 속의 드러거ᄂᆞᆯ 왕ᄃᆞ려 무ᄅᆞ뒤,

"이 뫼 일홈을 무어시라 ᄒᆞᄂᆞ니잇고. 쇼유(少遊) ㅣ 텬하(天下)의 두로 ᄃᆞᆫ녀시되 오딕 화산(華山)468)과 이 뫼흘 못 보앗ᄂᆞ이다."

용왕이 대 왈,

"원쉬 이 뫼흘 모ᄅᆞ시도소이다. 이ᄀᆞᆺ 남악(南岳) 형산(衡山)469)이이다."

샹셰 왈,

"어이면 져 뫼홀 보리잇고."

왕 왈,

"일셰(日勢) 오히려 늣디 아녀시니 잠간 구경ᄒᆞ셔도 영(營)의 도라가리이다."

샹셰 술위의 오ᄅᆞ니 임의 산하의 니ᄅᆞ럿더라. 샹셰 막대를 ᄭᅳ을고 셕경(石逕)을 ᄎᆞᄌᆞ 가니 일쳔 바회 ᄃᆞ토와 ᄲᅡ혀나고 일만 믈이 결워 흐ᄅᆞ니 겨를ᄒᆞ야 니로 응졉(應接)디 못ᄒᆞᆯ너라. 탄(歎)ᄒᆞ야 ᄀᆞᆯ오뒤,

"어ᄂᆞ날 공(功)을 일우고 믈너나 물외(物外)예 ᄒᆞᆫ가ᄒᆞᆫ 사ᄅᆞᆷ이 될고."

믄득 ᄇᆞ람 길희 경ᄌᆞ(磬子)470) 소릐 들니거ᄂᆞᆯ ᄉᆞ문(寺門)이 머디 아닌 줄 알고 조ᄎᆞ 올나가니 ᄒᆞᆫ 절 이시되 졔작이 극히 장녀(壯麗)ᄒᆞ고 노승

467) 영주(瀛洲) : 봉래(蓬萊)・방장(方丈)과 함께 삼신산(三神山)의 하나.
468) 화산(華山) : 섬서성(陝西省) 화음현(華陰縣)에 있는 산.
469) 형산(衡山) : 호남성(湖南省)의 경계 형산현(衡山縣)의 북쪽에 있는 산.
470) 경자(磬子) : 경쇠. 예불(禮佛)할 때 흔드는 작은 종.

(老僧)이 당샹(堂上)의 안즈 ᄇᆞ야흐로 셜법(說法)ᄒᆞ니 눈섭이 길고 눈이 프르고 골격(骨格)이 쳥슈(淸秀)ᄒᆞ야 셰샹 사ᄅᆞᆷ이 아니러라. 모든 듕을 거ᄂᆞ리고 당(堂)의 ᄂᆞ려 샹셔롤 마ᄌᆞ며 왈,

"산야(山野) 사ᄅᆞᆷ이 귀눈이 업셔 대원슈(大元帥) 오시ᄂᆞᆫ 줄 아디 못ᄒᆞ야 먼니 맛디 못ᄒᆞ니 죄(罪)롤 샤(赦)ᄒᆞ쇼셔. 원슈 이번은 도라올 ᄣᅢ 아니어니와 임의 와시니 뎐샹(殿上)의 올나 녜(禮)ᄒᆞ쇼셔."

샹셰 분향(焚香) 녜비(禮拜)ᄒᆞ고 뎐(殿)의 ᄂᆞ리더니 문득 실족(失足)ᄒᆞ여 업더져 놀나 ᄭᆡᄃᆞᄅᆞ니 몸이 영듕(營中)의셔 교위[471]에 의지ᄒᆞ얏고 놀이 임의 ᄇᆞᆰ앗더라.

샹셰 쟝ᄉᆞ(將士)롤 모호고 문 왈,

"너희 밤의 무슴 ᄭᅮᆷ이 잇더냐."

모다 대 왈,

"ᄭᅮᆷ의 원슈롤 뫼시고 신경[472]귀졸(鬼卒)노 더브러 ᄡᅡ화 이긔고 쟝슈(將帥)롤 잡아 뵈니 이 필연 오랑캐롤 멸ᄒᆞᆯ 징조(徵兆)ㅣ로소이다."

샹셰 대열(大悅)ᄒᆞ야 몽ᄉᆞ(夢事)롤 니ᄅᆞ고 쟝ᄉᆞ(將士)롤 거ᄂᆞ려 빅뇽담(白龍潭) 우희 가 보니 고기비ᄂᆞᆯ리 ᄣᅥ러져 ᄀᆞ득ᄒᆞ고 피 흘너 내히 되엿더라. 샹셰 잔을 가져 오라 ᄒᆞ여 몬져 못물을 ᄯᅥ 마시고 병든 군병(軍兵)을 먹이니 즉시 됴커놀 그제야 군병(軍兵)과 젼마(戰馬)롤 일시(一時)예 먹이니 즐겨ᄒᆞᄂᆞᆫ 소릐 우레 ᄀᆞᆺ더라. 적병(賊兵)이 듯고 크게 두려 항복(降伏)고져 ᄒᆞ더라.

샹셰 출ᄉᆞ(出師)ᄒᆞᆫ 후로 쳡셔(捷書)ㅣ 서로 니어시니 샹이 태후(太后)긔 됴회(朝會)하고 양샹셔의 공(功)을 층찬(稱讚)ᄒᆞ야 ᄀᆞᆯ오샤ᄃᆡ,

"양쇼유의 공은 분양(汾陽)[473] 후 일인(一人)이라. 도라오기롤 기ᄃᆞ려

471) 교위 : '교의(交椅)'의 오기.

472) 신경 : '신병(神兵)'의 오기.

473) 분양(汾陽) : 곽자의(郭子儀). 당(唐)나라의 무장으로서 위구르를 회유하고 토번(吐藩)을 무찌름. 분양왕(汾陽王)에 봉해짐.

맛당이 승상(丞相)을 ᄒᆞ이려니와 오딕 어미(御妹)의 혼ᄉᆞ(婚事)ㅣ 오히려 뎡(定)치 못ᄒᆞ여시니 ᄆᆞ옴을 두로혀 슌죵(順從)ᄒᆞ면 대션(大善)이어니와 만일 다시 집톄(執滯)ᄒᆞ면 공신(功臣)을 마양 죄 주기도 어렵고 달이ᄂᆞᆫ 쳐치(處置)ᄒᆞᆯ 일이 업ᄉᆞ니 일노 념녀(念慮)ᄒᆞᄂᆞ이다."

태휘 ᄀᆞᆯ오샤ᄃᆡ,

"내 드ᄅᆞ니 뎡시(鄭氏) 녀ᄌᆞ(女子)ㅣ ᄀᆞ쟝 곱다 ᄒᆞ고 양샹셔롤 서ᄅᆞ 보다 ᄒᆞ니 샹셰 어이 즐겨 ᄇᆞ리리오. 샹셰 나간 ᄣᆡ롤 타 뎡가(鄭家)의 됴셔(詔書)롤 ᄂᆞ리와 뎡녀(鄭女)롤 타인(他人)의게 허혼(許婚)ᄒᆞᆷ만 ᄀᆞᆺ디 못ᄒᆞ도다."

샹이 침음(沈吟)ᄒᆞ야 결을치 못ᄒᆞ시다가 나가시거ᄂᆞᆯ, 어시(於時)에 난양공쥬(蘭陽公主)ㅣ 태후롤 뫼셧더니,

"낭낭(娘娘)의 말솜이 도(道)의 어긔오니 뎡녀(鄭女)롤 타문(他門)의 의혼(議婚)ᄒᆞ며 아니미 됴뎡(朝廷)의셔 디휘(指揮)ᄒᆞ미 이시리잇고."

태휘 ᄀᆞᆯ오샤ᄃᆡ,

"이 일은 너의 죵신ᄃᆡᄉᆞ(終身大事)ㅣ니 본ᄃᆡ 너와 의논(議論)ᄒᆞ고져 ᄒᆞ더니라. 양샹셰 풍뉴(風流) 문치(文采) 됴신(朝臣) 듕 비(比)ᄒᆞ리 업ᄉᆞᆯ 분더러 퉁쇼 한 곡됴로 인연(因緣)을 졈복(占卜)ᄒᆞ얀ᄃᆡ 오라니 결단ᄒᆞ야 양가(楊家)롤 바리고 타인의게 구혼(求婚)은 못ᄒᆞᆯ 거시오, 샹셰 뎡녀(鄭女)로 더브러 심샹(尋常)ᄒᆞᆫ 의혼(議婚)이 아니라 졍분(情分)이 듕하야 서ᄅᆞ ᄇᆞ리디 못ᄒᆞᆯ 듯ᄒᆞ니, 이 일이 극히 난쳐ᄒᆞᆫ디라, 내 ᄯᅳᆺ의ᄂᆞᆫ 샹셰 환됴(還朝)ᄒᆞᆫ 후 너롤 셩혼(成婚) 후 뎡녀(鄭女)로 쳡(妾)을 취ᄒᆞ기롤 허ᄒᆞ면 샹셰 말이 업ᄉᆞᆯ 듯ᄒᆞᄃᆡ 다만 녀ᄋᆞ(女兒)ㅣ 원(願)티 아닐가 ᄒᆞ노라."

공쥐 대 왈,

"쇼녀 일싱 투긔(妬忌)롤 아디 못ᄒᆞ니 어이 뎡녀(鄭女)를 용납(容納)디 못ᄒᆞ리잇고. 다만 양샹셰 처엄으로 안해롤 빙례(聘禮)ᄒᆞ야다가 후의 쳡(妾)을 취ᄒᆞ미 녜(禮)예 어긘 ᄃᆞᆺᄒᆞ고 뎡ᄉᆞ도(鄭司徒)ㅣ 여러 ᄃᆡ 지샹(宰

相)의 집이라. 녀ᄌᆞ로ᄡᅧ 쳡 삼으미 원(願)이 아닐 듯ᄒᆞ니 이 일이 맛당치 아닐가 ᄒᆞᄂᆞ이다."

휘 답 왈,

"이도 맛당치 아니면 네 ᄯᅳᆺ의는 엇디코져 ᄒᆞᄂᆞ뇨."

공쥐 대 왈,

"녯 졔후(諸侯)ㅣ 세 부인이 이시니, 양샹셰 공(功)을 셰우고 도라오면 크면 왕(王)이 되고 적어도 후(侯)ㅣ라. 냥부인(兩夫人) 두미 외람(猥濫)치 아닐 듯ᄒᆞ니 일노ᄡᅧ 뎡녀(鄭女)롤 허(許)ᄒᆞ미 엇더ᄒᆞ니잇고."

태휘 왈,

"이는 불가(不可)ᄒᆞ니 ᄀᆞᆺᄒᆞᆫ 인가(人家) 녀ᄌᆞ는 ᄒᆞᆫᄀᆞ디로 부인 되미 방해롭디 아니ᄒᆞ거니와 녀ᄋᆞ(女兒)는 이 션뎨(先帝)의 ᄭᅵ치신 몸이라. ᄒᆞ믈며 샹의 ᄉᆞ랑ᄒᆞ시는 누의오 일신(一身)이 경(輕)티 아니ᄒᆞ니 엇디 녀염(閭閻) 소소 녀ᄌᆞ로 더브러 비견(比肩)ᄒᆞᆯ 니 이시리오."

공쥐 왈,

"쇼녜 ᄯᅩᄒᆞᆫ 쇼녀의 몸이 존듕(尊重)ᄒᆞᆫ 줄 알오ᄃᆡ, 녜 셩뎨(聖帝) 명왕(明王)이 어진 사ᄅᆞᆷ을 공경ᄒᆞ야 텬ᄌᆞ(天子)ㅣ 필부(疋夫)로 벗ᄒᆞ니 이시니, 쇼녜 ᄃᆞᄅᆞ니 뎡시(鄭氏) 녀ᄌᆡ 얼골 ᄌᆡ조와 덕(德)이 ᄀᆞᄌᆞ 녜 사ᄅᆞᆷ의게 ᄂᆞ리디 아니리라 ᄒᆞ니, 진실노 그러ᄒᆞᆯ진ᄃᆡ 졀노 더브러 비견(比肩)ᄒᆞ미 므슴 혐의 이시리잇고. 비록 그러ᄒᆞ나 젼문(傳聞)이 실샹(實狀)의 디나기 쉬우니 쇼녀의 ᄯᅳᆺ의는 아모 길노나 뎡녀(鄭女)롤 보아 용모 ᄌᆡ덕이 쇼녀의게 디나면 맛당이 몸이 ᄆᆞ도록 우러러 셤기려니와, 만일 소견(所見)이 소문(所聞)과 ᄀᆞᆺ디 못ᄒᆞ량이면 쳡을 삼으나 죵을 삼으나 낭낭(娘娘) 임의로 쳐티(處置)ᄒᆞ쇼셔."

태휘 이 말을 드ᄅᆞ시고 차탄(嗟嘆)ᄒᆞ야 ᄀᆞᆯ오샤ᄃᆡ,

"녀ᄌᆞ의 샹졍(常情)이 남의 ᄌᆡ조롤 ᄭᅥ리거ᄂᆞᆯ 녀ᄋᆞ는 남의 ᄌᆡ조롤 ᄉᆞ랑ᄒᆞ니 가히 아ᄅᆞᆷ답도다. 녀ᄋᆞ의 ᄌᆡ덕(才德)이 여고인(與古人)의 디나도다.

내 ᄯᅩᄒᆞᆫ 뎡녀(鄭女)ᄅᆞᆯ 보고져 ᄒᆞᄂᆞ니 명일(明日)의 당당이 뎡녀ᄅᆞᆯ 드려 보리라."

공쥐 왈,

"낭낭의 명(命)이 겨실디라도 뎡네 벅벅이 칭병(稱病)ᄒᆞ고 오디 아닐 거시니 쇼녀 소견(所見)의ᄂᆞᆫ 모든 도관(道觀)[474]과 니원(尼院)[475]의 ᄀᆞ마니 녕(令)을 ᄂᆞ리와 뎡ᄉᆞ도의 녀ᄌᆡ 분향(焚香)ᄒᆞ라 갈 ᄯᅢᄅᆞᆯ 미리 알면 ᄒᆞᆫ 번 보기 어렵디 아닐가 ᄒᆞᄂᆞ이다."

소황문(小黃門)을 ᄀᆞᄅᆞ쳐 태후 명(命)으로 각쳐 ᄉᆞ관(寺觀)의 다 무ᄅᆞ니 정혜원(定惠院) 니고(尼姑)ㅣ 니ᄅᆞ듸,

"뎡ᄉᆞ도 집의셔 블ᄉᆞ(佛事)ᄅᆞᆯ 젼브터 우리 졀의 와 ᄒᆞ거니와, 뎡쇼져ᄂᆞᆫ 본듸 ᄉᆞ관(寺觀)의 ᄃᆞᆫ니기ᄅᆞᆯ 아니ᄒᆞ고 삼일젼(三日前)의 가유인(賈孺人)이라 ᄒᆞᄂᆞᆫ 양샹셔의 쳡이 쇼져 명으로 와 블ᄉᆞᄅᆞᆯ ᄒᆞ고 가시니, 쇼져의 디은 시문(詩文)이 예 이시니 이ᄅᆞᆯ 가져다가 낭낭(娘娘)긔 복명(復命)ᄒᆞ쇼셔."

황문(黃門)이 도라가 그듸로 알외니 태휘 공쥬ᄃᆞ려 니ᄅᆞ니,

"이러면 뎡녀의 얼골 보기 어렵도다."

ᄒᆞ고 ᄒᆞᆫᄀᆞ디로 그 글을 보니 ᄒᆞ야시듸,

"뎨ᄌᆞ 뎡시(鄭氏) 경파(瓊貝)는 삼가 비ᄌᆞ(婢子) 츈운(春雲)으로 ᄒᆞ야금 머리ᄅᆞᆯ 좃고 모든 부쳐와 보살긔 고ᄒᆞᄂᆞ니, 졔ᄌᆞ 경패 삼싱(三生)의 죄(罪) 듕ᄒᆞ여 날 제 녀ᄌᆞ의 몸이 되고 ᄯᅩ 다시 형뎨 업고 양가(楊家)의 폐ᄇᆡᆨ(幣帛)을 바다 몸을 허ᄒᆞ얏더니, 양가(楊家)ㅣ 금련(禁臠)[476]의 ᄲᅢ히니

474) 도관(道觀) : 도교의 사원.

475) 이원(尼院) : 여승들이 사는 승방(僧房).

476) 금련(禁臠) : 임금의 사위. 본래는 천자 외의 다른 사람은 먹을 수 없는 저민 고기의 뜻. 진(晉)나라 효무제(孝武帝)가 딸 진릉공주(晉陵公主)를 사혼(謝混)의 처 삼게 하려 했으나, 때가 못 되어 효문제가 돌아가매 원송(袁崧)이 또 자기의 딸로써 사혼의 처 삼으려 하니, 왕이 '금련에 가까이 하지 말라'고 했다는 데서 유래함.

됴명(朝命)이 험ᄒᆞ신디라 엇디 조ᄎᆞ믈 ᄉᆡᆼ각ᄒᆞ리오. 하놀 뜻이 사ᄅᆞᆷ과 다ᄅᆞ고 그 덕(德)을 두세 ᄀᆞ디로 ᄒᆞ기ᄂᆞᆫ 의(義)예 못ᄒᆞᆯ 거시니, 기리 부모 슬하의 의디(依支)ᄒᆞ야 ᄂᆞᆰ고 ᄒᆞᆫ가ᄒᆞ믈 어더시니 부쳐긔 졍셩을 드려 머리 좃고 말을 베프ᄂᆞ니, 원컨ᄃᆡ 나의 부모ᄅᆞᆯ 목숨이 ᄇᆡᆨ년(百年)의 디나고 ᄯᅩ ᄒᆞᆫ 제ᄌᆞ(弟子)로 ᄒᆞ여곰 ᄌᆡ앙(災殃)이 업고 ᄎᆡ의(彩衣)[477]ᄅᆞᆯ 닙어 즐기기ᄅᆞᆯ 그음[478] 업시 ᄒᆞ시면 부모 신후(身後)에 ᄆᆡᆼ셰하야 공문(空門)의 도라가 분향(焚香)ᄒᆞ고 경(經)을 외와 부쳐의 은혜ᄅᆞᆯ 갑흐리이다. ᄯᅩ ᄒᆞᆫ 시비(侍婢) 이시니 일홈은 츈윤(春雲)이라. 일즉 경파(瓊貝)로 더브러 큰 인연이 이셔 명위(名謂) 노쥬(奴主)ㅣ나 실은 붕우(朋友)ㅣ라. 쥬인의 명으로ᄡᅥ 뎍실(嫡室)의게 몬져 쳡(妾)이 되얏더니 일이 그ᄅᆞᆺ되니 지아비ᄅᆞᆯ ᄯᅥ나고 쥬인의게 도라와 ᄉᆞᄉᆡᆼ고락(死生苦樂)을 ᄆᆡᆼ셰ᄒᆞ야 ᄒᆞᆫᄀᆞ디로 ᄒᆞ려 ᄒᆞ니 업ᄃᆡ여 ᄇᆞ라건ᄃᆡ 부쳐ᄂᆞᆫ 우리 두 사ᄅᆞᆷ의 졍ᄉᆞᄅᆞᆯ 슬피 넉여 셰셰ᄉᆡᆼᄉᆡᆼ(世世生生)의 계집의 몸을 면ᄒᆞ게 ᄒᆞ시고 나의 죄악(罪惡)을 업시 ᄒᆞ고 지혜와 복을 더ᄒᆞ야 됴흔 ᄡᅡ히 환도(還度)ᄒᆞ야 쇼유[479]로 화락(和樂)ᄒᆞ게 ᄒᆞ쇼셔."

ᄒᆞ야더라. 공ᄌᆔ ᄀᆞᆯ오ᄃᆡ,

"일인(一人)의 혼ᄉᆞ을 위ᄒᆞ야 이인(二人)의 인연을 파하니, 두리건ᄃᆡ 음덕(陰德)의 해로을가 ᄒᆞᄂᆞ이다."

ᄒᆞ니 태휘 ᄆᆞᆨ연(默然)ᄒᆞ시더라.

이적의 뎡쇼졔 ᄉᆞ도와 부인을 뫼셔 얼골을 화히 ᄒᆞ고 말솜을 됴히 ᄒᆞ야 일졀 ᄒᆞᆫ탄(恨嘆)ᄒᆞᄂᆞᆫ 긔ᄉᆡᆨ(氣色)이 업ᄉᆞᄃᆡ 최부인(崔夫人)이 쇼져 곳 보면 장잉[480]ᄒᆞᆫ ᄆᆞᄋᆞᆷ을 금치 못ᄒᆞ고 츈운이 쇼져을 뫼셔 한ᄆᆞᆨ(翰墨)과 잡

---

477) ᄎᆡ의(彩衣) : 때때옷. 춘추시대 초(楚)나라 은사(隱士)인 노래자(老萊子)가 나이 칠십에 때때옷을 입고 어리광을 부려 노부모를 즐겁게 했다고 함.

478) 그음 : 끝. ← 그음.

479) 쇼유 : '소요(逍遙)'의 오기.

480) 장잉 : '잔잉'의 오기. '잔잉하다'는 '자닝하다'의 옛말. 애처롭고 불쌍하여 차마 보기 어렵다.

계[481]를 일삼아 부인 심스를 위로ᄒᆞ냐 놀을 보내ᄃᆡ 졈졈 쇼삭(消鑠)하야 병(病)이 이러가니 쇼졔 ᄀᆞ장 민망ᄒᆞ야 ᄒᆞ더라.

쇼졔 부인 ᄆᆞᄋᆞᆷ을 위로ᄒᆞ랴 ᄒᆞ야 비복(婢僕) 등으로 더브러 풍뉴(風流) ᄒᆞᄂᆞᆫ 사름과 온갓 완호(玩好)에 거술 듯보아 알외라 ᄒᆞ얏더니, 일일은 녀동(女童) 일인이 족ᄌᆞ(簇子) 두 축(軸)을 뎡부(鄭府)의 팔나 왓거ᄂᆞᆯ 츈운(春雲)이 가져다가 보니, ᄒᆞ나흔 꼿 ᄉᆞ이에 공작(孔雀)이오, ᄒᆞ나흔 대수플의 쟈고(鷓鴣)[482] | 로ᄃᆡ, 슈(繡)질ᄒᆞᆫ 품이 극히 뎡묘(精妙)ᄒᆞ야 사름 ᄒᆞᆫ 것 ᄀᆞᆺ디 아니ᄒᆞ거ᄂᆞᆯ, 츈운이 녀동을 머므ᄅᆞ고 그 족ᄌᆞ ᄀᆞ디고 드러와 쇼져를 뵈며 왈,

"쇼졔 마양 운(雲)의 슈(繡)를 기리시더니 이 족ᄌᆞ를 보쇼셔. 신션 곳 아니면 귀신의 손시[483]로소이다."

쇼졔 부인 알패셔 펴 보며 놀라 ᄀᆞᆯ오ᄃᆡ,

"이제 사름은 이런 공교(工巧) | 업술 거시로ᄃᆡ 실이 빗치 새로와시니 엇던 사람이 이런 ᄌᆡ조를 두엇ᄂᆞᆫ고."

츈운ᄃᆞ려 므ᄅᆞ라 ᄒᆞ니 동(童) 왈,

"이 슈(繡)ᄂᆞᆫ 우리 쇼져 손시니 쇼졔 요ᄉᆞ이 혼ᄌᆞ ᄀᆡᆨ듕(客中)의 겨셔 밧비 쁠 곳이 이셔 금은(金銀) 젼문(錢文)[484]을 아모 거시나 바다 오라 하시더이다."

운 왈,

"네 집 쇼졔 엇더ᄒᆞ신 집이며 므슴 일노 혼ᄌᆞ ᄀᆡᆨ듕(客中)의 겨시뇨."

녀동 왈,

"우리 쇼져ᄂᆞᆫ 니통판(李通判)의 누의시니 통판이 이대부인(李大夫人)을 뫼셔 졀동(浙東)[485] 임소(任所)로 가실 제 쇼졔 병(病)이 이셔 표문[486]

481) 잡계 : '잡기(雜技)'의 오기.
482) 자고(鷓鴣) : 메추라기 비슷한 새.
483) 손시 : 솜씨. ← 손ᄡᅵ.
484) 젼문(錢文) : 돈.

장별가(張別駕) ᄃᆡᆨ의 머므러 겨시더니 요ᄉᆞ이 별가ᄃᆡᆨ의셔 연고(緣故)ㅣ 이셔 길 건너 연지(臙脂) 파ᄂᆞᆫ ᄉᆞ삼낭(謝三娘)의 집을 비러 와 겨시며 고을셔 거마(車馬) 오기ᄅᆞᆯ 기ᄃᆞ려 가려 ᄒᆞ시ᄂᆞ이다."

운(雲)이 이 말을 쇼져긔 ᄒᆞ니, 쇼졔 차천슈식(釵釧首飾)의 거ᄉᆞᆯ 마니 주고 족ᄌᆞ(簇子)ᄅᆞᆯ 사 듕당(中堂)의 걸고 일ᄏᆞᆺ기ᄅᆞᆯ ᄆᆞ디 아니ᄒᆞ더라.

이후(以後)ᄂᆞᆫ 니가(李家)의 녀동(女童)이 잇다감 와 비복(婢僕) 등을 사괴여 왕복(往復)ᄒᆞ더니 뎡쇼져(鄭小姐)ㅣ 운(雲)ᄃᆞ려 닐오ᄃᆡ,

"니가(李家) 녀ᄌᆞ의 슈품(手品)을 볼족시면 심샹(尋常)ᄒᆞᆫ 인믈(人物)이 아니라. 시험ᄒᆞ야 시녀(侍女)로 ᄒᆞ여곰 져 집 녀동(女童)을 조차 왕ᄂᆡ(往來)ᄒᆞ며 니쇼져의 위인(爲人)이 엇더ᄒᆞᆫ고 볼 거시라."

ᄒᆞ고 혜힐(慧黠)ᄒᆞᆫ 시녀 일인을 ᄀᆞᄅᆞ쳐 보녀엿더니 녀염(閭閻)집이 ᄎᆡᆨ박(窄薄)487)ᄒᆞ야 내외(內外) 업ᄉᆞᆫ디라. 니쇼졔 뎡가(鄭家) 사ᄅᆞᆷ인 줄 알고 블너 보고 쥬식(酒食)을 먹여 보내더라.

비ᄌᆞ(婢子)ㅣ 도라와 쇼져긔 알외ᄃᆡ,

"니쇼져ᄂᆞᆫ 샹녜(常例) 사ᄅᆞᆷ이 아니라. 얼골 고으미 우리 쇼져와 ᄀᆞᆺ더이다."

운이 밋디 아녀 ᄀᆞᆯ오ᄃᆡ,

"니쇼졔 그 ᄌᆡ조을 보아노 벅벅이 둔탁(鈍濁)ᄒᆞᆫ 인믈이 아니어이와 말ᄉᆞᆷ을 그ᄃᆡ도록 쉽ᄉᆞ리 ᄒᆞ리오. 이제 셰샹의 우리 쇼져 ᄀᆞᄐᆞ니 잇다 ᄒᆞ믈 내 밋디 아니ᄒᆞ노리."

비ᄌᆞ(婢子)ㅣ 왈,

"가유인(賈孺人)이 내 말을 밋디 아니ᄒᆞ거든 다ᄅᆞᆫ 사ᄅᆞᆷ을 보ᄂᆡ여 보고 오라 ᄒᆞ쇼셔."

---

485) 절동(浙東) : 절강(浙江)의 동쪽.
486) 표문 : '표숙(表叔)'의 오기. 어머니의 남자 형제인 외삼촌.
487) 착박(窄薄) : 답답할 만큼 좁음.

츈운이 그 후의 다ᄅᆞᆫ ᄂᆡᄅᆞᆯ 보내엿더니 보고 와 ᄀᆞᆯ오ᄃᆡ,

"실노 고이ᄒᆞ니 이쇼져ᄂᆞᆫ 진ᄃᆡᆺ 신션(神仙)이라. 젼 사ᄅᆞᆷ의 말이 그ᄅᆞ디 아니터이다. 유인이 밋디 아니ᄒᆞ거든 친히 가 보쇼셔."

수일 후 연지(臙脂) 파ᄂᆞᆫ 사ᄉᆞᆷ낭(謝三娘)이 뎡부(鄭府)의 와 부인긔 뵈고 ᄉᆞᆯ오ᄃᆡ,

"요ᄉᆞ이 쇼인(小人)의 집의 니통판ᄃᆡᆨ(李通判宅) 쇼져(小姐)ㅣ 비러 드러 겨시더니 그 낭ᄌᆞ(娘子)ㅣ ᄌᆡ모(才貌)ㅣ 셰샹 사ᄅᆞᆷ이 아니라. 마양 귀ᄐᆡᆨ(貴宅) 쇼져의 ᄭᅩᆺ다온 일홈을 우러러 ᄒᆞᆫ번 보옵고 ᄀᆞᄅᆞ티시믈 드ᄅᆞ시려 ᄒᆞᄃᆡ 감히 바로 쳥(請)치 못ᄒᆞ야 쇼인이 부인긔 뵈고 ᄃᆞᆫ이ᄂᆞᆫ 줄 알고 몬져 취품(取稟)[488] ᄒᆞ라 ᄒᆞ시더이다."

부인이 쇼져을 블너 이 말을 니ᄅᆞ니 쇼졔 ᄀᆞᆯ오ᄃᆡ,

"쇼녜 다ᄅᆞᆫ 사ᄅᆞᆷ과 달나 면목(面目)을 드러 외인(外人)을 ᄃᆡ(對)코져 아니ᄒᆞᄃᆡ 다만 니쇼져의 슈(繡)ᄒᆞᆫ 거시 신묘(神妙)ᄒᆞ고 ᄯᅩᄒᆞᆫ 그 용모(容貌)ㅣ 절셰(絶世)ᄒᆞ다 ᄒᆞ니 한번 보고져 ᄒᆞ더니이다."

샤삼낭이 깃거 가더니 명일(明日) 니쇼졔 비ᄌᆞ(婢子)로 쇼져의긔 오려 ᄂᆞᆫ ᄯᅳᆺ을 통ᄒᆞ고 느존 후 니쇼졔 ᄌᆞ근 쟝(帳) 디운 교ᄌᆞ(轎子)을 ᄐᆞ고 비ᄌᆞ(婢子) 수인(數人)으로 뎡부(鄭府)에 오니 뎡소졔 ᄌᆞ가 잇ᄂᆞᆫ 방으로 쳥ᄒᆞ야 서로 볼ᄉᆡ 빈쥬(賓主)ㅣ 동셔(東西)로 ᄃᆡᄒᆞ야시니 ᄌᆡᆨ녀(織女)ㅣ 월궁(月宮)의 손이 되고 샹원(上元)[489]이 요디(瑤池)[490]의 됴회(朝會)ᄒᆞᄂᆞᆫ ᄃᆞᆺ ᄒᆞ야 광ᄎᆡ 서로 ᄲᅩ이여 온 집의 조요(照耀)ᄒᆞ니 피ᄎᆞ 각각 ᄀᆞ마니 놀라더라. 뎡쇼졔 몬져 ᄀᆞᆯ오ᄃᆡ,

"비복(婢僕)을 인ᄒᆞ야 옥(玉)ᄀᆞᆺᄐᆞᆫ 발이 ᄀᆞᆺ가온ᄃᆡ 님(臨)ᄒᆞ시믈 알로ᄃᆡ 명박(命薄)ᄒᆞᆫ 사ᄅᆞᆷ이 인ᄉᆞ(人事)을 폐(廢)ᄒᆞ얀디 오란디라. 일죽 문후(問

488) 취품(取稟) : 웃어른에게 여쭈어 그 의견을 기다림.

489) 상원(上元) : 도가(道家)의 선녀. 상원부인(上元夫人).

490) 요지(瑤池) : 중국 곤륜산(崑崙山)에 있다는 못. 신선이 살았다고 하며, 주(周)나라 목왕(穆王)이 서왕모(西王母)를 만났다는 이야기로 유명함.

候)ᄒᆞᄂᆞᆫ 일을 출히디 못ᄒᆞ야더니 이제 져져(姐姐)ㅣ 엄연(儼然)이 님(臨)ᄒᆞ시니 감격(感激)ᄒᆞ믈 언어(言語)로 다 못홀소이다."

니쇼졔 갈오ᄃᆡ,

"쇼ᄆᆡ(小妹)ᄂᆞᆫ 벽누(僻陋)ᄒᆞᆫ 사ᄅᆞᆷ이라. 엄친(嚴親)이 셰상을 ᄇᆞ리시고 ᄌᆞ모(慈母)ㅣ 이릐[491] 바다 기ᄅᆞ시니 므ᄉᆞᆷ ᄇᆡ혼 일이 이시리오. 스ᄉᆞ로 탄(嘆)ᄒᆞᄂᆞᆫ 바ᄂᆞᆫ 남ᄌᆞ(男子)ᄂᆞᆫ 텬하(天下)의 벗을 어더 어진 일을 돕거놀 녀ᄌᆞ(女子)ᄂᆞᆫ 비복(婢僕) 밧근 샹졉(相接)ᄒᆞ리 업ᄉᆞ니 허믈을 어ᄃᆡ 가 고치며 혹문(學問)을 뉘게 딜졍(質正)ᄒᆞ리오. 드ᄅᆞ니 져져(姐姐)ㅣ 반쇼(班昭)[492]의 문댱(文章)과 ᄆᆡᆼ광(孟光)[493]의 ᄒᆡᆼ실(行實)을 겸ᄒᆞ야 몸이 듕문(中門)을 디나디 아니ᄒᆞ나 셩명(聲名)이 국듕(國中)의 ᄀᆞ득ᄒᆞ시니 스ᄉᆞ로 더러오믈 잇고 셩덕광휘(盛德光輝)를 ᄇᆞ라보믈 원ᄒᆞ더니 이제 져져(姐姐)ㅣ ᄇᆞ리디 아니시니 족히 평ᄉᆡᆼ(平生)을 위로(慰勞)ᄒᆞ리로소이다."

뎡쇼졔 왈,

"져져의 ᄀᆞᄅᆞ치시ᄂᆞᆫ 말은 곳 소ᄆᆡ(小妹)의 ᄆᆞ옴 가온ᄃᆡ 일이로ᄃᆡ 규듕(閨中)의 감초인 사ᄅᆞᆷ이 귀눈이 혼싴(昏塞)ᄒᆞ야 창ᄒᆡ(滄海)의 믈과 무산(巫山)[494] 구롬을 일즉 아디 못ᄒᆞ니 ᄉᆡᆼ각건ᄃᆡ 형산(荊山)의 옥(玉)과 남ᄒᆡ(南海)의 진쥬(珍珠)ㅣ 스ᄉᆞ로 광치롤 슈렴(收斂)ᄒᆞ여 사ᄅᆞᆷ을 아디 못ᄒᆞ니 쇼ᄆᆡ ᄀᆞᆺᄒᆞ니ᄂᆞᆫ 스ᄉᆞ로 겸연(慊然)ᄒᆞ니 엇디 감히 셩(盛)히 표장(表奬)

---

491) 이릐 : 일의. 응석.

492) 반소(班昭) : 후한(後漢) 때의 여류문인. 45~111. 조세숙(曹世叔)에게 출가하였으나 남편과는 일찍 사별하고 조대가(曹大家)라고 불림. 오라비 반고(班固)가 『한서(漢書)』를 쓰다 죽자 화제(和帝)가 그녀를 초빙하여 『한서』 중의 8편 「표(表)」와 「천문지(天文志)」를 써 완성케 함.

493) 맹광(孟光) : 후한(後漢)시대 양홍(梁鴻)의 처. 아주 못생겼으나 덕행이 있었고 남편을 극진히 공경했다고 함.

494) 무산(巫山) : 중국 사천성(四川省) 무산현(巫山縣) 동쪽에 있는 산. 12봉이 솟아 있는데 기암절벽으로 이루어져 경치가 아름다우며, 초(楚)나라 양왕(襄王)이 꿈에 무산의 신녀(神女)와 맺어졌다는 전설로 유명함.

ᄒᆞ시믈 당ᄒᆞ리잇고.”

인ᄒᆞ야 시비(侍婢)로 ᄒᆞ야곰 다과(茶果)을 드리고 죠용이 담쇼(談笑)ᄒᆞ더니 쇼졔 ᄀᆞᆯ오ᄃᆡ,

“부듕(府中)의 가유인(賈孺人)이라 ᄒᆞ리 잇다 ᄒᆞ니 가히 어더 보리잇가.”

뎡쇼졔 왈,

“제 ᄯᅩᄒᆞᆫ 뵈옵고져 ᄒᆞᄃᆡ 감히 쳥(請)치 못ᄒᆞ도소이다.”

츈운을 블너 뵈오라 ᄒᆞ니 츈낭이 드러와 졀ᄒᆞ니 쇼졔 답녜(答禮)ᄒᆞ더라. 운이 놀나 ᄉᆡᆼ각ᄒᆞᄃᆡ,

‘과연 신션(神仙)이로다. ᄒᆞ놀이 우리 쇼져를 내시고 ᄯᅩ 져 사ᄅᆞᆷ이 이시니 비연(飛燕)[495]과 옥환(玉環)[496]이 병셰(幷世)ᄒᆞᆯ 줄 뜻ᄒᆞ디 아니ᄒᆞᆯ와.”

니쇼졔 ᄯᅩ ᄉᆡᆼ각ᄒᆞᄃᆡ,

‘가녀(賈女)의 일흠을 드러더니 과연 일흠 우히라. 양샹셰 툥ᄋᆡ(寵愛)ᄒᆞᆯ시 올토다. 맛당이 진듕셔(秦中書)로 더브러 병구(幷驅)ᄒᆞ리로다. 노듀(奴主) 냥인(兩人)이 이럿ᄐᆞᆺ하니 샹셔(尙書)ㅣ 어이 즐겨 노흐리오.”

ᄒᆞ더라

니쇼졔 운(雲)으로 더브러 각각 인ᄉᆞ(人事)샹의 말ᄒᆞ더니 이러 하딕 왈,

“날이 져므러 ᄇᆰ은 말솜을 오릭 뫼시디 못ᄒᆞ니 믈러가ᄂᆞ이다. 쇼믹(小妹) 잇는 곳이 ᄒᆞᆫ 길이 ᄀᆞ려시니 다시 ᄀᆞᄅᆞ치시믈 마자 드ᄅᆞ리이다.”

뎡쇼졔 ᄀᆞᆯ오ᄃᆡ,

“져져의 영화로이 도라 보시믈 닙으니 쇼믹(小妹) 맛당이 당하(堂下)의 나아가 사례(謝禮)ᄒᆞᆯ 거시로ᄃᆡ 쇼믹 족젹이 타인과 ᄀᆞᆺ디 아녀 면목(面目)

---

495) 비연(飛燕) : 한(漢)나라 성제(成帝)의 후(后)인 조비연(趙飛燕). 가무(歌舞)를 잘하여 성제의 기쁨을 사 첩여(婕妤)가 되고 허후(許后)가 폐위된 후에는 후(后)가 되었으나, 평제(平帝) 때 서인(庶人)으로 폐위(廢位)되어 자살했음.

496) 옥환(玉環) : 당(唐)나라 현종(玄宗)의 총애를 받았던 양귀비(楊貴妃)의 어릴 때 이름.

을 드러 듕문(中門)을 나디 못ᄒᆞ니 져져는 용샤(容赦)ᄒᆞ쇼셔."

냥인이 ᄯᅥ나기를 앗겨 ᄒᆞ다가 가니라. 뎡쇼져 츈운ᄃᆞ려 왈,

"보검(寶劍)이 흙 속의 잇셔도 빗치 두우(斗牛)[497]의 ᄡᅩ이고 조개 바다 밋히 좀겨시ᄃᆡ 긔운(氣運)은 누ᄃᆡ(樓坮) 되ᄂᆞ니, 니쇼져의 ᄌᆡ모(才貌)ㅣ 져러ᄒᆞᄃᆡ 우리 오히려 듯디 못ᄒᆞ야시니 실노 고이ᄒᆞᆫ 일이로다."

츈운 왈,

"쳔쳡(賤妾)은 ᄒᆞᆫ 의심 잇ᄂᆞ이다. 양샹셰 마양 화쥬(華州)ㅣ셔 진어ᄉᆞ(秦御史) 녀ᄌᆞ(女子) 만나 보고 의혼(議婚)ᄒᆞ던 말을 니ᄅᆞ셔 이제도 안식(顏色)이 참연(慘然)ᄒᆞ고 그 지은 냥뉴ᄉᆞ(楊柳詞)를 보니 과연 ᄌᆡ녀(才女)라. 그 녀ᄌᆞ의 ᄉᆞᄉᆡᆼ(死生)을 아디 못ᄒᆞᄂᆞ니 이 사름이 짐즛 셩명(姓名)을 고티고 우리를 와 보아 젼(前) 인연(因緣)을 닛고져 ᄒᆞᄂᆞ니잇가."

쇼졔 왈,

"딘시(秦氏)의 ᄌᆡ모(才貌)를 다른 길노도 드럿ᄂᆞ니 진실노 샹근(相近)ᄒᆞᆫ 듯ᄒᆞᄃᆡ 제가 화(禍)를 만나 익졍(掖庭)의 드럿다 ᄒᆞ니 어이 시러곰 이의 니ᄅᆞ니리오."

쇼졔 부인긔 니시(李氏)의 말을 ᄌᆞ시 고ᄒᆞ고 칭찬ᄒᆞ믈 마디 아니ᄒᆞ니 부인 왈,

"니가(李家) 낭ᄌᆞ(娘子)을 내 ᄯᅩᄒᆞᆫ 보고져 ᄒᆞ노라."

수일 후 부인 말솜으로 니쇼져(李小姐)를 쳥하니 쇼졔 흔연(欣然)이 승명(承命)ᄒᆞ야 뎡부(鄭府)의 오니 부인이 듕당(中堂)의셔 서ᄅᆞ 볼ᄉᆡ 니쇼졔 ᄌᆞ질녜(子姪禮)[498]로 부인긔 뵌ᄃᆡ 부인이 쥬찬(酒饌)으로 ᄃᆡ졉(待接)ᄒᆞ고 녀ᄋᆞ(女兒)을 ᄎᆞᄌᆞ 서ᄅᆞ ᄉᆞ랑ᄒᆞ시믈 사례(謝禮)ᄒᆞᆫᄃᆡ 니쇼졔 니러 대답ᄒᆞᄃᆡ,

"소질(小姪)이 져져(姐姐)의 덕(德)을 흠모(欽慕)ᄒᆞ야 소질을 ᄇᆞ리올가

497) 두우(斗牛) : 북두성(北斗星)과 견우성(牽牛星).
498) 자질례(子姪禮) : 숙질(叔姪) 간에 지켜야 할 예절.

두려ᄒᆞ더니 져제 ᄒᆞᆫ번 보고 믄득 형뎨(兄弟)로 대졉ᄒᆞ며 이제 ᄯᅩ 부인의 ᄉᆞ랑ᄒᆞ시믈 닙으니 원컨ᄃᆡ 죵신(終身)토록 문하(門下)의 츌닙(出入)ᄒᆞ야 부인 셤기기를 ᄌᆞ모(子母)쳐로 ᄒᆞ야디이다.”

부인이 감히 당(當)티 못ᄒᆞ야 ᄒᆞ더라.

뎡쇼졔 부인을 뫼셔 ᄒᆞᆫᄀᆞ디로 말솜하다가 니쇼져롤 ᄃᆞ리고 ᄌᆞ가 침소(寢所)의 가 츈낭(春娘)과 ᄒᆞᆫᄀᆞ디로 담쇼(談笑)ㅣ ᄌᆞ약(自若)ᄒᆞ더라. 냥쇼졔 긔운이 합ᄒᆞ고 ᄆᆞ옴이 친ᄒᆞ야 문댱(文章)을 등제(等第)ᄒᆞ고 부덕(婦德)을 강논(講論)ᄒᆞᆯ시 눌이 ᄆᆞᆺ도록 염(厭)ᄒᆞᆫ 줄 모ᄅᆞ니 서로 ᄉᆞ랑ᄒᆞ고 공경(恭敬)ᄒᆞ야 늣게야 만나시믈 ᄒᆞᆫ(恨)ᄒᆞ더라.

제11회

냥미인휴슈동거(兩美人携手同車)
댱신궁칠보셩시(長信宮七步成詩)

니쇼졔 간 후의 부인이 쇼져와 츈운 ᄃᆞ려 니ᄅᆞᄃᆡ,

“뎡최(鄭崔) 두 집이 종족(宗族)이 쳔만(千萬)니나 ᄒᆞ니 내 아희적브터 고은 사ᄅᆞᆷ을 만히 보아시ᄃᆡ 니쇼져(李小姐) ᄀᆞᆺ한 ᄉᆡᆨ(色)은 보디 못ᄒᆞ야ᄂᆞ니 진실노 녀ᄋᆞ(女兒)로 더브러 우렬(優劣)이 업ᄉᆞ니 ᄆᆡᄌᆞ 형뎨(兄弟) 되미 맛당ᄒᆞ도다.”

쇼졔 츈운이 니ᄅᆞ던 진가(秦家) 녀ᄌᆞ(女子)의 말을 부인긔 고ᄒᆞ니 ᄀᆞᆯ오ᄃᆡ,

“츈운은 의심이 업디 아니ᄒᆞ야 ᄒᆞᄃᆡ 쇼녀ᄂᆞᆫ ᄉᆡᆼ각ᄒᆞ니 쇼졔 용모(容貌) ᄌᆡ덕(才德)은 니ᄅᆞ디 말고 긔샹(氣像)의 표연(飄然)ᄒᆞᆷ과 위의(威儀)예 단졍(端正)ᄒᆞ미 범인(凡人)과 다ᄅᆞ고 딘녀(秦女)ㅣ 비록 ᄌᆡ긔(才氣) 이시나 거동(擧動)이 ᄌᆞ못 딘듕(鎭重)치 못ᄒᆞ니 어이 쇼져의 비기리오. 쇼녀 ᄯᅳᆺ은 바로 의논(議論)ᄒᆞᆯ진ᄃᆡ 난양공쥬(蘭陽公主)ㅣ ᄌᆡ모(才貌)ㅣ 쳔인(千人)

듕의 비기리 업다 ᄒᆞ니 혹ᄌᆞ(或者) 니쇼져의 긔상(氣像)이 샹근(相近)ᄒᆞᆫ가 ᄒᆞᄂᆞ이다.”

부인 왈,

“난양공쥬을 내 보디 못ᄒᆞ얏거이와 놉은 지위(地位)의 잇셔 셩(盛)ᄒᆞᆫ 일홈을 어더신들 어이 일졍(一定) 이 녀ᄌᆞ ᄀᆞᆺ타리오.”

쇼졔 왈,

“니쇼졔의 죵젹(蹤跡)이 ᄆᆞᆺᄎᆞᆷ내 의심 져으니 후일(後日)의 츈운을 보ᄂᆡ여 거동(擧動)을 보려 ᄒᆞᄂᆞ이다.”

뎡쇼졔 명일(明日)의 츈운으로 더브러 이 일을 의논ᄒᆞ더니 니가(李家) 녀동(女童)이 니쇼저의 말을 뎐ᄒᆞᄃᆡ ᄆᆞᆺᄎᆞᆷ 절강(浙江)[499]으로 가ᄂᆞᆫ ᄇᆡ을 어더 명일(明日)노 발ᄒᆡᆼ(發行)ᄒᆞᄂᆞᆫ 고로 이제 부듕(府中)의 나아가 니별(離別)을 알외리다.”

이ᄋᆞᆨ고 니쇼졔 니ᄅᆞ러 부인과 쇼져ᄅᆞᆯ 볼ᄉᆡ, 냥쇼졔 총총(怱怱)이 니별ᄒᆞ믈 ᄒᆞᆫ(恨)ᄒᆞ야 권연(眷戀)ᄒᆞᄂᆞᆫ ᄯᅳᆺ이 안ᄉᆡᆨ(顏色)의 나타나더라. 니쇼졔 부인긔 ᄉᆞᆯ오ᄃᆡ,

“쇼딜(小姪)이 어미와 형을 ᄯᅥᄂᆞᆫ 지 긔년(期年)이 되어시니 갈 ᄆᆞ옴이 살[500] ᄀᆞᆺᄒᆞᄃᆡ 오ᄃᆡᆨ 부인의 은덕(恩德)과 져져(姐姐) 졍분(情分)으로 ᄆᆞ옴의 ᄆᆡ친 거시 이셔이다. 쇼딜이 져져긔 쳥ᄒᆞᆯ 일이 이셔도 져져(姐姐)ㅣ 허(許)티 아닐가 두리ᄂᆞᆫ 고로 부인긔 알외ᄂᆞ이다.”

부인 왈,

“므ᄉᆞᆷ 일이니잇고.”

쇼졔 왈,

“쇼딜이 션친(先親)을 위ᄒᆞ야 남ᄒᆡ대ᄉᆞ상(南海大士像)[501]을 슈(繡)ᄒᆞ야

---

499) 절강(浙江) : 신안강(新安江)과 난계(蘭溪)의 합류로 항주(杭州)를 거쳐 바다에 드는 강.

500) 살 : 화살.

501) 남해대사상(南海大士像) : 관음보살(觀音菩薩)의 화상(畵像). 관음보살은 대자

임의 ᄆᆞᄎᆞ시ᄃᆡ 오딕 문인(文人)의 찬(贊)[502]을 업시니 이제 져져긔 두어 귀(句) 글과 글시ᄅᆞᆯ 밧고져 ᄒᆞᄃᆡ 져졔 어이 녀기실가 몰나 자져(赵趄)[503] ᄒᆞᄂᆞ이다."

부인이 쇼져ᄅᆞᆯ 보며 왈,

"네 비록 지친(至親)의 집의도 가디 아니ᄒᆞ나 이 낭ᄌᆞ(娘子)의 쳥(請)은 다ᄅᆞᆫ 일과 다ᄅᆞ고 ᄒᆞ믈며 집이 ᄀᆞᆺ가오니 해롭디 아닐가 ᄒᆞ노라."

쇼졔 처엄은 어려워ᄒᆞᄂᆞᆫ 빗치 잇더니, '니쇼져의 죵젹(蹤跡)을 의심ᄒᆞ야 알고져 ᄒᆞ더니 이 긔회(期會)을 타 잠간 보디 아니리오.' ᄒᆞ고 대답ᄒᆞᄃᆡ,

"다ᄅᆞᆫ 일노ᄂᆞᆫ 실노 힝키 어렵거니와 사ᄅᆞᆷ이 다 부모(父母)ㅣ 이시니 이 쳥을 어이 좃디 아니ᄒᆞ리잇가. 다만 놀이 져믈기을 기ᄃᆞ려 가고져 ᄒᆞᄂᆞ이다."

니쇼졔 대희(大喜)ᄒᆞ야 샤례ᄒᆞ고 ᄀᆞᆯ오ᄃᆡ,

"져믄 후ᄂᆞᆫ 글쓰기 편치 아니ᄒᆞ니 져져(姐姐)ㅣ 도로(道路)의 번거히 넉일딘대 쇼ᄆᆡ(小妹)의 타 온 교ᄌᆞ(轎子)ㅣ 비록 누추(陋醜)ᄒᆞ나 두 사ᄅᆞᆷ은 용납(容納)ᄒᆞᆯ 거시니 ᄒᆞᆫᄃᆡ 드러가 승셕(乘夕)ᄒᆞ야 도라오미 엇더하니잇가."

뎡쇼졔 왈,

"이리ᄒᆞ미 ᄀᆞ장 됴토소이다."

니쇼졔 하딕ᄒᆞ고 츈낭을 블너 니별ᄒᆞᆫ 후 뎡쇼져로 더브러 ᄒᆞᆫᄀᆞ디로 교ᄌᆞ(轎子)의 오ᄅᆞ니 뎡부(鄭府) 시비(侍婢)ᄂᆞᆫ 다만 냥인(兩人)을 ᄃᆞ려가더라. 니쇼졔 부듕(府中)의 니ᄅᆞ러 뎡쇼졔 니쇼져 잇ᄂᆞᆫ 방을 보니 비셜(排設)이 번잡(煩雜)디 아니ᄒᆞᄃᆡ 극히 졍화(精華)ᄒᆞ고, 음식(飮食)ᄒᆞ야 드리니 간약(簡略)ᄒᆞᄃᆡ 진이(珍異)ᄒᆞ거ᄂᆞᆯ, 디내 보디 아니ᄒᆞ고 잇더니 니쇼졔

대비(大慈大悲)의 상징으로서, 극락정토에서 아미타불의 협시(脇侍)로서 부처의 교화를 돕는다고 함.

502) 찬(贊) : 인물이나 사물을 기리어 칭찬하는 글.

503) 자저(赵趄) : 머뭇거림.

글 지을 말을 다시 거드디 아니ᄒᆞ거놀 뎡쇼뎨 왈,

“관음슈상(觀音繡像)이 어디 잇ᄂᆞᆫ잇고. 일즉 녜비(禮拜)ᄒᆞ여디이다.”

니쇼졔 왈,

“이제 보시게 하리이다.”

믄득 문 밧긔 거마(車馬)의 훤괄(喧聒)504)ᄒᆞᄂᆞᆫ 소릐 만히 나며 무슈(無數)ᄒᆞᆫ 청홍(靑紅) 긔치(旗幟) 집을 두루더라. 뎡부(鄭府) 시비(侍婢) 급히 알외딕, ‘집을 ᄡᅡᄂᆞ이다.’ 뎡쇼졔 임의 짐족ᄒᆞ고 ᄂᆞᆺ비출 변치 아니ᄒᆞ더니 니쇼졔 ᄀᆞᆯ오ᄃᆡ,

“져져(姐姐)ᄂᆞᆫ 놀나디 마ᄅᆞ쇼셔. 쇼믹(小妹)ᄂᆞᆫ 다ᄅᆞᆫ 사ᄅᆞᆷ이 아니라 곳 난양공쥬(蘭陽公主)ㅣ라. 져져을 이리 청ᄒᆞ믄 태후낭낭(太后娘娘) 명이시니이다.”

뎡쇼졔 피석(避席)ᄒᆞ야 ᄀᆞᆯ오ᄃᆡ,

“녀염(閭閻) 미천(微賤)ᄒᆞᆫ 사ᄅᆞᆷ이 비록 지식(知識)이 업ᄉᆞ나 오히려 골격(骨格)이 범인(凡人)과 다ᄅᆞᆫ 줄을 알오ᄃᆡ 귀쥬(貴主)ㅣ 강님(降臨)ᄒᆞ시기ᄂᆞᆫ 쳔만(千萬) 몽믹(夢寐) 밧기라. 셜만(褻慢)ᄒᆞᆫ 일이 만흐니 죄(罪)를 쳥ᄒᆞᄂᆞ이다.”

공쥐 밋쳐 답디 못ᄒᆞ야셔 시녜 드러와 알외ᄃᆡ,

“삼뎐(三殿)505)의셔 왕상궁(王尙宮)과 셕상궁(石尙宮)과 황상궁(黃尙宮)을 보ᄂᆡ셔 문안ᄒᆞᄂᆞ이다.”

공쥐 ᄀᆞᆯ오ᄃᆡ,

“져져(姐姐)ᄂᆞᆫ 잠간 여긔 겨쇼셔.”

ᄒᆞ고 당샹(堂上)의 나가 마ᄌᆞ니 삼인(三人)이 차례로 드러와 녜(禮)ᄒᆞ고 ᄀᆞᆯ오ᄃᆡ,

---

504) 훤괄(喧聒) : 떠들썩함.

505) 삼전(三殿) : 여기서는 황태후(皇太后). 송나라 때 태황태후(太皇太后)・황태후・황후가 함께 살았던 시절이 있었는데, 이 세 사람을 삼전이라 했음.

"옥쥬(玉主)ㅣ 대내(大內)[506]을 떠나션 디 여러 늘이 되니 태후낭낭(太后娘娘) ᄉᆞ렴(思念)이 깁흐시고 만셰황야(萬歲皇爺)[507]와 황후낭낭(皇后娘娘)이 각각 비ᄌᆞ(婢子) 등을 보니셔 안부ᄒᆞ고 ᄯᅩ 오늘이 환궁(還宮)ᄒᆞ실 긔한(期限)인 고로 의장(儀仗)이 밧긔 대령ᄒᆞ얏고 황샹(皇上)이 도태감(趙太監)과 위태감(魏太監)을 보내여 호힝(護行)ᄒᆞ라 ᄒᆞ시ᄂᆞ이다."

왕샹궁이 ᄯᅩ 술오딕,

"태후낭낭 명이 '브딕 뎡낭ᄌᆞ(鄭娘子)롤 ᄃᆞ려오나 년(輦)[508]을 ᄒᆞᆫ가디로 ᄒᆞ야 드러오라.' ᄒᆞ시더이다."

공쥐 삼인을 밧긔셔 기ᄃᆞ리라 ᄒᆞ고 방의 드러와 쇼져긔 니ᄅᆞ딕,

"말숨이 비록 만흐나 조용히 ᄒᆞᆯ 거시니 태후낭낭이 져져롤 보고져 ᄒᆞ샤 셔셔 기ᄃᆞ리시ᄂᆞ니 쇼미(小妹)로 더브러 ᄒᆞᆫᄀᆞ지로 드러가 됴현(朝見)[509]ᄒᆞ쇼셔."

뎡쇼졔 아니 가지 못ᄒᆞᆯ 줄 알고 ᄀᆞᆯ오딕,

"귀쥬(貴主)ㅣ 쳡(妾)을 ᄉᆞ랑ᄒᆞ시믄 아란디 오래나 녀염(閭閻) 녀ᄌᆞ(女子)ㅣ 일즉 디존(至尊)긔 뵈옵디 아녀시니 황공(惶恐)ᄒᆞ여 시례(失禮)ᄒᆞᆯ가 ᄒᆞᄂᆞ이다."

공쥐 왈,

"져져는 의심 마ᄅᆞ쇼셔. 낭낭(娘娘) 셩이 어이 소미(小妹)와 달이 ᄒᆞ시리잇가."

쇼졔 왈,

"오딕 ᄀᆞᄅᆞ치시믈 시힝ᄒᆞ리이다만은 귀쥬(貴主)ㅣ 힝(行)ᄒᆞ신 후 집의 도라가 시죵(侍從)을 출혀 미조ᄎᆞ 드러가리이다."

공쥐 왈,

---

506) 대내(大內) : 임금이 거처하는 궁전.
507) 만세황야(萬歲皇爺) : 황제(皇帝).
508) 연(輦) : 임금이 거둥할 때 타는 가마.
509) 조현(朝見) : 신하가 조정에 나아가 임금을 뵙는 일.

"태후낭낭이 쇼미(小妹)로 더브러 술위롤 흔가디로 ᄒᆞ야 드러오라 ᄒᆞ시니 ᄉᆞ양치 마ᄅᆞ쇼셔."

쇼졔 왈,

"쳔쳡이 엇던 사ᄅᆞᆷ이라 감히 왕희(王姬)[510]로 더브러 ᄒᆞᆫ 년(輦) ᄐᆞ리잇가."

공쥐 쇼 왈,

"녀샹(呂尙)[511]은 어부(漁父)ㅣ로ᄃᆡ 문왕(文王)[512]의 술위롤 ᄐᆞ고 휘영(侯嬴)[513]은 감문(監門)[514]이로ᄃᆡ 공ᄌᆞ(公子)ㅣ[515] 곳비롤 잡아시니, 져져(姐姐)ᄂᆞᆫ 여러 ᄃᆡ 후ᄇᆡᆨ(侯伯)[516]의 집이오 대신(大臣)의 녀ᄌᆞ(女子)ㅣ니 엇디 쇼미(小妹)와 ᄒᆞᆫ가디로 ᄐᆞ믈 ᄉᆞ양ᄒᆞᄂᆞ니잇가."

드ᄃᆡ여 손을 잇그러 년(輦)의 오ᄅᆞᆯ시 쇼졔 시비(侍婢)롤 분부ᄒᆞ야 일인은 조ᄎᆞ 오고 일인은 집의 가 알외라 ᄒᆞ더라. 년(輦)이 ᄒᆡᆼᄒᆞ야 동화문(東華門)으로 드러가니 듕듕(重重)ᄒᆞᆫ 궁문(宮門)을 디나 ᄒᆞᆫ 뎐문(殿門) 밧긔 다ᄃᆞ라 공쥐 쇼져와 ᄒᆞᆫ가디로 년(輦)의 ᄂᆞ려 닐오ᄃᆡ,

"샹궁이 뎡쇼져롤 뫼셔 잠간 예셔 기ᄃᆞ리시게 ᄒᆞ라."

---

510) 왕희(王姬) : 왕녀(王女). 공주(公主).

511) 여상(呂尙) : 주(周)나라 초의 정치가. 성은 강(姜). 이름은 상(尙). 속칭 강태공(姜太公)으로 알려져 있으며, 그의 선조가 여(呂)나라에 봉하여졌으므로 여상(呂尙)이라 불림. 위수(渭水) 가에서 낚시질하다가 문왕(文王)에게 인정받아 군사(軍師)가 됨. 무왕(武王)을 도와 은(殷)나라 주왕(紂王)을 멸망시켜 천하를 평정하고, 그 공으로 제(齊)나라에 봉함을 받음.

512) 문왕(文王) : 주(周)나라 무왕(武王)의 아버지로, 여상(呂尙)의 도움을 받아 덕치(德治)에 힘써 은(殷)나라와 화평하고 천하 제후들의 신뢰를 얻었음.

513) 후영(侯嬴) : 위(魏)나라의 은사(隱士). 나이 일흔에 대량제문(大梁弟門)의 문지기가 되었는데 신릉군(信陵君)이 잔치를 베풀고 친히 맞이하여 그의 객이 되었음.

514) 감문(監門) : 문지기.

515) 공자(公子) : 위(魏)나라 소왕(昭王)의 아들인 신릉군(信陵君). 이름은 무기(無忌). 성품이 어질어 식객이 삼천 명이나 되었음.

516) 후백(侯伯) : 후작(侯爵)과 백작(伯爵).

샹궁이 ᄀᆞᆯ오ᄃᆡ,

"낭낭 명으로 뎡쇼져 막ᄎᆞ(幕次)[517]ᄅᆞᆯ 임의 뎡(定)ᄒᆞ얏ᄂᆞ이다."

원간 태후(太后)ㅣ 뎡쇼져ᄅᆞᆯ 향ᄒᆞ야 됴흔 ᄠᅳ디 업더니, 공쥐 미복(微服)으로 뎡부(鄭府) 근쳐의 가 슈(繡)ᄒᆞᆫ 족ᄌᆞ(簇子)의 몸 나오ᄂᆞᆫ 도리(道理)ᄅᆞᆯ 임의 쇼져 와 본 후 크게 경복(敬服)ᄒᆞ야 양샹셰 ᄇᆞ리거나 쳡 삼거나 아닐 줄 혜아리고, ᄯᅩᄒᆞᆫ 크게 ᄉᆞ랑ᄒᆞ야 졍(情)으로 엇게ᄅᆞᆯ 갈와 ᄒᆞᆫ가디로 사ᄅᆞᆷ을 셤기고져 ᄒᆞ야 힘ᄡᅥ 태후의 ᄠᅳᆺ을 두루혀니, 태후 크게 ᄭᆡ드라 임의 두 부인 ᄆᆡᆫ들믈 ᄆᆞ음의 허(許)ᄒᆞ야시ᄃᆡ 브ᄃᆡ 뎡시의 얼골을 보랴 ᄒᆞ샤 공쥐 속여 ᄃᆞ려오게 ᄒᆞ시니라. 뎡쇼졔 만ᄎᆞ의 잠간 안져더니 안으로셔 두 궁녀(宮女)ㅣ 의복 담은 함(函)을 가져와 태후 명으로 쇼제긔 뎐ᄒᆞᄃᆡ ᄀᆞᆯ오ᄃᆡ,

"뎡쇼져ᄂᆞᆫ 대신(大臣)의 녀ᄌᆞ(女子)오 직샹(宰相)의 빙폐(聘幣)ᄅᆞᆯ 바다시ᄃᆡ 오히려 쳐ᄌᆞ(處子)의 복ᄉᆡᆨ(服色)을 ᄒᆞ야다 ᄒᆞ니 평복(平服)으로 가히 됴현(朝見)을 못ᄒᆞᆯ 거시니 이품(二品) 명부(命婦)[518]의 쟝복(章服)[519]을 보ᄂᆡ니시더이다."

쇼졔 니러 졀ᄒᆞ고 ᄀᆞᆯ오되,

"신쳡(臣妾)이 쳐ᄌᆞ(處子)의 몸이라, 어이 가히 명부(命婦)의 복ᄉᆡᆨ(服色)을 ᄒᆞ리잇고. 신쳡의 닙은 옷시 일즉 부모 볼 적 닙던 오시니 낭낭(娘娘)은 만민(萬民)의 부모(父母)ㅣ시니 쳥컨ᄃᆡ 이 오ᄉᆞ로 됴현(朝見)ᄒᆞ야디이다."

궁녜 드러가더니 이윽ᄒᆞ야 뎡시(鄭氏) 녀ᄌᆞ(女子)ᄅᆞᆯ 인견(引見)ᄒᆞ라 ᄒᆞ시니, 쇼졔 궁녀ᄅᆞᆯ 조ᄎᆞ 뎐젼(殿前)의 니ᄅᆞ니 고은 비치 궁듕(宮中)의 ᄡᅩ이니 보ᄂᆞᆫ 사ᄅᆞᆷ이 혀 ᄎᆞ고 손등 ᄐᆞ며 닐오ᄃᆡ,

517) 막차(幕次) : 의식이나 거둥 때에 임시로 장막을 쳐서, 왕이나 고관들이 잠깐 머무르게 하던 곳.

518) 명부(命婦) : 봉작(封爵)을 받은 부인을 통틀어 이르는 말.

519) 장복(章服) : 벼슬아치들의 공복(公服).

"텬하(天下)의 우리 귀쥬(貴主)ㅣ 일인(一人)분으로 아라더니 어이 또 뎡쇼졔 잇는고."

ᄒᆞ더라.

쇼졔 비례(拜禮)를 ᄆᆞᆺᄎᆞ니 궁인(宮人)이 인도ᄒᆞ야 뎐샹(殿上)의 니ᄅᆞ니 태후(太后)ㅣ 좌(座)를 주시고 하교(下敎)ᄒᆞ야 ᄀᆞᆯ오ᄃᆡ,

"저적 녀ᄋᆞ(女兒)의 혼ᄉᆞ(婚事)를 인ᄒᆞ야 됴셔(詔書)ᄒᆞ야 양가(楊家) 녜폐(禮幣)를 거두니 이 또 국가(國家) 고셔[520]를 조ᄎᆞ ᄒᆞ미라. 나의 챵기(創開)ᄒᆞ미 아니더니 녀ᄋᆞ(女兒)ㅣ 날ᄃᆞ려 닐오ᄃᆡ, 'ᄉᆡ 혼ᄉᆞ를 위ᄒᆞ여 녯 언약을 져ᄇᆞ리라 ᄒᆞ미 왕자(王者)의 인연[521]을 극진이 ᄒᆞᄂᆞᆫ ᄯᅳᆺ이 아니라.' 힘뻐 간(諫)ᄒᆞ고 졍원(情願)으로 사ᄅᆞᆷ을 셤겨디라 ᄒᆞᆯᄉᆡ, 내 임의 샹(上)긔 의논ᄒᆞ야 녀ᄋᆞ의 아ᄅᆞᆷ다온 ᄯᅳᆺ을 조ᄎᆞ 양상셔의 환됴(還朝)ᄒᆞ믈 기ᄃᆞ려 녜폐(禮幣)를 도로 보내고 닐노 ᄒᆞ야곰 곳 ᄒᆞᆫ 부인(夫人)이 되게 ᄒᆞᄂᆞ니 이는 녜 업슨 일이니 특별이 닐노 ᄒᆞ야곰 알게 ᄒᆞ노라."

쇼졔 니러나 ᄃᆡ답ᄒᆞ야 ᄀᆞᆯ오ᄃᆡ,

"셩은(聖恩)이 이러틋 ᄒᆞ시니 쳔쳡(賤妾)의 몸을 모아[522] ᄀᆞᆯ[523]늘 민ᄃᆞ라도 다 갑디 못ᄒᆞᆯ소이다. 다만 신쳡은 인신(人臣)의 ᄌᆞ식이니 어히 감히 왕희(王姬)로 더브러 명위(名位)를 ᄀᆞᆺ치 ᄒᆞ리잇고. 쳡이 비록 슌죵(順從)ᄒᆞ랴 ᄒᆞ야도 쳡의 부모(父母)ㅣ 죽기로 ᄃᆞᆺ토아 명(命)을 밧드디 아니ᄒᆞ리이다."

휘 왈,

"너의 겸손(謙損)ᄒᆞᄂᆞᆫ ᄯᅳᆺ이 비록 아ᄅᆞᆷ다오나 명문[524]은 누ᄃᆡ(累代) 공후(公侯)의 집이라. ᄉᆞ도(司徒)ᄂᆞᆫ 션됴(先朝) 노신(老臣)이니 어이 가히

520) 고셔 : '고사(古事)'의 오기.
521) 인연 : '인륜(人倫)'의 오기.
522) 모아 : 갈아(磨).
523) ᄀᆞᆯ : 가루.
524) 명문 : '정문(鄭門)'의 오기.

잉쳡(媵妾)[525] 쳔(賤)ᄒᆞᆫ 일홈을 더ᄋᆞ리오."

쇼졔 ᄀᆞᆯ오ᄃᆡ,

"신ᄌᆞ(臣子)ㅣ 님군 셤기미 만믈(萬物)이 쳔명(天命)을 슌죵홈 ᄀᆞᄐᆞ여 쳡이 되며 죵이 되기를 오딕 명ᄒᆞ시ᄂᆞᆫ ᄃᆡ로 ᄒᆞᆯ 거시니 신쳡이 어이 일호(一毫)ㅣ나 ᄒᆞᆫ(恨)ᄒᆞ리잇고. 녀염(閭閻) 녀ᄌᆞ 시러곰 왕희(王姬)를 셤기미 ᄯᅩᄒᆞᆫ 영화(榮華)ㅣ 아니리잇가. 다만 ᄉᆞ셰(事勢) ᄂᆞᆫ쳐(難處)ᄒᆞ미 이시니 쳐로ᄡᅥ 쳡 삼으미 츈츄(春秋)[526]의 경계ᄒᆞᆫ 배니 양쇼유(楊少遊)ㅣ 즐겨 아니ᄒᆞᆯ가 ᄒᆞᄂᆞ이다."

휘 왈,

"이 말이 ᄀᆞ장 됴커이와, 부인(夫人)도 가치 아니ᄒᆞ고 ᄯᅩ[527] 오딕 녀ᄋᆞ(女兒)의 혼ᄉᆞ(婚事)를 다른 집의 의혼(議婚)ᄒᆞᆯ 듯ᄒᆞᄃᆡ 녀ᄋᆞ(女兒)ㅣ 양샹셔(楊尙書)로 더브러 텬명(天命)이 이시니 어이 텬명을 거ᄉᆞ리리오."

ᄯᅩᄒᆞᆫ 퉁쇼 곡됴(曲調)로 인연(因緣) 점복(占卜)ᄒᆞ던 말을 니ᄅᆞ시고, 쇼졔 왈,

"쳡이 어이 다른 념녀(念慮)ㅣ 이시리잇고. 쳡의 부뫼 아ᄃᆞᆯ이 업고 쳡이 형뎨 업ᄉᆞ니 텬명(天命)을 슌슈(順受)ᄒᆞ야 부모을 죵아[528]ᄒᆞ미 어이 인ᄌᆞ(人子)의 원(願)이 아니릿고."

휘 희 왈,

"네 효셩(孝誠)이 비록 이러ᄒᆞ나 내 어이 ᄎᆞᆷ아 필부(疋婦)로 ᄒᆞ여곰 그 곳을 엇디 못ᄒᆞ게 ᄒᆞ리오. 하믈며 너의 용모(容貌) 져러틋 ᄒᆞ고 덕ᄒᆡᆼ(德行) ᄌᆡ혹(才學) 언변(言辯)이 츌뉴(出類)ᄒᆞ니 양샹셰 ᄇᆞ리고 다른 ᄃᆡ 구ᄒᆞ

525) 잉첩(媵妾) : 귀인에게 시집가는 여인이 데리고 가던 시첩(侍妾).
526) 춘추(春秋) : 노(魯)나라에 전해오는 사관의 기록을 바탕으로 공자(孔子)가 BC 722년~BC 481년에 이르는 기록을 편년체로 엮어 놓은 사서로서, 오경(五經)의 하나.
527) 이후 '첩도 가치 아니하다 하면'의 구절이 누락됨.
528) 종야 : '종양(終養)'의 오기. 봉양(奉養)을 다함.

리오. 이런즉 너의 인연(因緣)과 녀으의 혼ᄉᆞ(婚事)ㅣ 다 그룻될디라. 내 본ᄃᆡ 녀ᄌᆞ(女子) 냥인(兩人)을 두엇더니 난양(蘭陽)의 형(兄)이 십세(十歲)의 죽으니 내 마양 난양의 고단(孤單)ᄒᆞ믈 념(念)ᄒᆞ더니 이제 너의 용모(容貌) ᄌᆡ긔(才氣) 진짓 난양의 형뎨(兄弟)니 나의 냥녀(兩女)를 본 ᄃᆞᆺ 내 널노 더브러 냥녀(養女)를 삼고 샹(上)긔 술와 위호(位號)를 뎡(定)홀 거시니 이리ᄒᆞᆫ즉 ᄒᆞ나흔 나의 너를 ᄉᆞ랑ᄒᆞᄂᆞᆫ 뜻을 표ᄒᆞ고, ᄒᆞ나흔 난양이 너를 친히 ᄒᆞᄂᆞᆫ 뜻을 일우게 ᄒᆞ고, 세흔 녀으로 더브러 양샹셔을 조ᄎᆞ미 난편(難便)ᄒᆞᆫ 일이 업술 거시니 너의 뜻의는 엇더뇨."

쇼제 고두(叩頭) 왈,

"하교(下教) 이러ᄒᆞ시니 신쳡(臣妾)이 손복(損福)홀가 ᄒᆞ나니 오ᄃᆡᆨ 셩교(聖教)를 거두시믈 ᄇᆞ라ᄂᆞ이다."

휘 ᄀᆞᆯ오샤ᄃᆡ,

"내 아ᄃᆡᆨ 뎨(帝)긔 의논홀 거시니 구ᄐᆞ여 ᄉᆞ양치 말나."

ᄒᆞ시고 난양 공쥬를 블너 쇼져을 ᄇᆞ라 ᄒᆞ시니, 공쥐 위의(威儀)와 장복(章服)을 셩히 ᄒᆞ고 나오거놀 휘 왈,

"뎡녀(鄭女)로 더브러 형뎨 되믈 원ᄒᆞ더니 이제는 딘짓 형뎨 되야시니 네 뜻의 엇더ᄒᆞ뇨."

ᄒᆞ시고 뎡쇼져로 냥녀(養女) 삼으믈 니ᄅᆞ신ᄃᆡ 공쥐 왈,

"낭낭(娘娘) 쳐분(處分)ᄒᆞ시미 지극 맛당ᄒᆞ시도소이다."

휘 뎡쇼져를 셩은[529]ᄒᆞ시고 조용이 문댱(文章)과 셔ᄉᆞ(書史)를 의논ᄒᆞ시더니 쇼져ᄃᆞ려 왈,

"너의 ᄌᆡ조를 난양으로 인ᄒᆞ야 ᄌᆞ시 드럿거니와 궁듕(宮中)의 일이 업고 봄놀이 ᄒᆞᆫ가(閑暇)ᄒᆞ니 ᄒᆞᆫ번 ᄎᆡ필(彩筆)을 드러 나의 깃분 ᄆᆞᄋᆞᆷ을 도으라. 녯 사룸이 칠보(七步)의 글을 디은 ᄌᆞ(者)ㅣ 이시니 네 능히 홀다."

529) 셩은 : '선온(宣醞)'의 오기. 임금이 신하에게 궁중에서 빚은 술을 내리던 일. 또는 그 술.

쇼제 대 왈,

“낭낭 명이 겨시니 신쳡이 어이 감히 가마괴를 그려 혼번 우으시게 아니ᄒᆞ리잇고.”

휘 대희(大喜)ᄒᆞ샤 궁녀(宮女) 듕의 발이 작고 허리 가놀고 거롬 고이 것는 ᄌᆞ을 골히여 정뎐의 세우고 시제(詩題)를 내려 ᄒᆞ더니 공쥬 주(奏) 왈,

“시(詩)를 혼ᄌᆞ 디으미 맛당치 아니ᄒᆞ니 쇼녀(小女)ㅣ 시험ᄒᆞ야 ᄒᆞᆫᄀᆞ디로 디어디이다.”

휘 더옥 깃그ᄉᆞ,

“녀ᄋᆞ(女兒)ㅣ 지으려면 더옥 됴토다. 다만 시졔(詩題)을 네 업순 졔(題)를 낼 거시라.”

ᄒᆞ시더라. 잇때 봄이 임의 져므러ᄂᆞᆫ디라. 젼(殿) 알패 벽도화(碧桃花)ㅣ 셩(盛)이 픠엿더니 홀연 희쟉(喜鵲)[530]이 나라와 ᄀᆞ디의 안잣더니 인ᄒᆞ여 두어 소릐를 ᄒᆞ니 태휘 대열(大悅)ᄒᆞ셔 왈,

“내 너희 냥인(兩人)의 혼ᄉᆞ(婚事)를 뎡ᄒᆞ며 희작(喜鵲)이 꼿 우희셔 말ᄒᆞ니 이ᄂᆞᆫ 길됴(吉兆)ㅣ라. 시제(詩題)를 ‘벽도화(碧桃花) 우희 희작(喜鵲)이 소릐’ ᄒᆞ야 칠언절구(七言絶句) 일슈(一首)를 지으딕 너희 혼ᄉᆞ(婚事) 졍(定)ᄒᆞ믈 시(詩) 가온딕 뜻을 ᄒᆞ라.”

문방ᄉᆞ우(文房四友)를 각각 알패 노흐니 냥인(兩人)이 부술 잡아 궁녀(宮女)ㅣ 임의 거롬을 옴기며 ᄆᆞ옴의 밋쳐 짓디 못홀가 ᄒᆞ야 눈으로 붓두ᄅᆞᄂᆞᆫ 양 보며 발 뒤축 들기를 날회여 ᄒᆞ더니, 냥인(兩人)의 필세(筆勢) 풍우(風雨) ᄀᆞᄐᆞ여 ᄒᆞᆫ번의 뼈 드리니 겨요 다ᄉᆞᆺ 거롬을 거럿더라. 후(后)ㅣ 뎡쇼져(鄭小姐)의 글을 보시니 ᄒᆞ야시딕,

ᄌᆞ금츈광취벽도(紫禁[531]春光醉碧桃)　ᄌᆞ금 봄볏치 벽도를 취케 ᄒᆞ니

530) 희작(喜鵲) : 까치.

531) 자금(紫禁) : 임금이 거처하던 곳.

ᄒᆞ릐호됴언교교(何來好鳥言咬咬) 어ᄃᆡ셔 온 됴흔 새ᄂᆞᆫ 말을 교교히 ᄒᆞᄂᆞᆫ고

누두어기젼신곡(樓頭御妓傳新曲) 누 우희 대궐 겨집이 새 곡됴을 뎐ᄒᆞ니

남국뇨화[532]여작소(南國禯華與鵲巢) 남국에 능화가 다못 쟉쇠로다.

ᄯᅩ 공쥬의 글을 보시고 ᄒᆞ야시ᄃᆡ,

츈심금익빅화번(春深禁掖[533]百花繁) 봄이 금익에 깁허시니 일빅 ᄭᅩᆺ치 번화ᄒᆞ다.

녕작비릐보희언(靈鵲飛來報喜言) 녕작이 ᄂᆞ라와 말을 보ᄒᆞᄂᆞᆫ도다.

은됴쟉고슈릐역[534](銀浦作橋須努力) 은하슈 ᄃᆞ리 짓기롤 모롬즉이 힘ᄡᅳᆯ지어다.

일시졔도낭텬손(一時齊渡兩天孫) 일시의 두 텬손이 건너리라.

태휘 크게 기려 니ᄅᆞ시ᄃᆡ,

"나의 두 녀ᄋᆞ(女兒)ᄂᆞᆫ 녀듕(女中)의 쳥년(青蓮)[535]과 ᄌᆞ건(子建)[536]이라. 됴졍(朝廷)의 만일 녀ᄌᆡ롤 ᄲᅢᆸ단ᄃᆡ 댱원(壯元) 탐화(探花)[537]롤 ᄒᆞ리로다."

두 글을 공쥬와 쇼져을 서로 뵈니 양인이 각각 탄복ᄒᆞ더라.

공쥐 후(后)긔 ᄉᆞᆯ오ᄃᆡ,

---

532) '뇨화'는 '농화(禯華)'의 오기. 풍성한 꽃.

533) 금액(禁掖) : 궁중.

534) 은됴쟉고슈릐역 : '은포쟉교슈노력(銀浦作橋須努力)'의 오기.

535) 청련(青蓮) : 성당(盛唐)의 시인 이백(李白). 701~762. 자 태백(太白). 호 청련거사(青蓮居士). 두보(杜甫)와 함께 '이두(李杜)'로 병칭되는 중국 최고의 시인으로 시선(詩仙)이라 불림.

536) 자건(子建) : 위(魏) 무제(武帝) 조조(曹操)의 아들이며, 문제(文帝) 조비(曹丕)의 아우인 조식(曹植). 192~232. 자 자건(子建). 시호 사(思). 마지막 봉지(封地)가 진(陳)이어서 진사왕(陳思王)이라고도 불림. 이 세 사람을 삼조(三曹)라 하며, 함께 건안문학(建安文學)의 중심적 존재임.

537) 탐화(探花) : 문과(文科) 전시(殿試)에서 1위는 장원(壯元), 2위는 아원(亞元) 또는 방안(榜眼)이라 하고, 3위를 탐화라 함.

"쇼녀ᄂᆞᆫ 요힝(僥倖) 셩편(成篇)ᄒᆞ야시나 쇼녀 글 뜻이야 뉘 싱각디 못하리잇가. 오딕 져져(姐姐)의 글이 완곡(宛曲)ᄒᆞ야 쇼녀의 밋출 배 아니로소이다."

휘 왈,

"진실노 녀ᄋᆞ(女兒)의 글이 ᄯᅩᄒᆞᆫ 녕혜(英慧)ᄒᆞ니 ᄉᆞ랑호옵도다."

이 ᄣᅢ 션됴(先朝) 늙은 궁인(宮人)이 태후롤 뫼셧더니 후(后)긔 술오딕,

"비ᄌᆞ(婢子) ㅣ 텬셩(天性)이 둔탁(鈍濁)ᄒᆞ야 쇼년제[538] 글을 비화시딕 시듕(詩中)의 깁흔 뜻을 아디 못ᄒᆞ나니 낭낭(娘娘)이 이 두 글 뜻을 삭여 하교(下教)ᄒᆞ시믈 ᄇᆞ라ᄂᆞ이다. 좌우(左右) ㅣ 시위(侍衛)도 듯고져 ᄒᆞᄂᆞ이다."

후(后) ㅣ 웃고 ᄀᆞᆯ오샤딕,

"이 두 글이 다 아릐 귀(句) 의ᄉᆞ(意思) ㅣ 이시니, 뎡가(鄭家) 녀ᄋᆞ(女兒)의 글은 도화(桃花)로 난양(蘭陽)을 비기고,[539] 모시(毛詩)[540] 쇼람(召南)[541]의 희왕[542] 하가(下嫁)ᄒᆞᄂᆞᆫ 글의 ᄒᆞ야시딕, '빗나기 복셩화 외얏 ᄀᆞᆺ다.'[543] ᄒᆞ얏고, 졔후(諸侯)의 녀ᄌᆞ(女子) ㅣ 셔방 맛ᄂᆞᆫ 글의 ᄒᆞ야시딕, '가치집이 잇다.'[544] ᄒᆞ야시니, 이 두 글을 풍뉴(風流) 곡됴(曲調)로 뎡ᄒᆞᆯ 제ᄂᆞᆫ

538) 쇼년제 : 소년(少年) 때.

539) '도화(桃花)로 난양(蘭陽)을 비기고' 다음에 문맥상 '까치를 자기에게 비하니'의 문구가 들어가야 함.

540) 모시(毛詩) : 시경(詩經)의 다른 이름. 노(魯)의 모형(毛亨)과 조(趙)의 모장(毛萇)이 지어 전한 것이라 하여 모시라 함.

541) 소남(召南) : 시경(詩經) 국풍(國風)의 한 편명. 소(召)는 기산(岐山)의 북쪽 지명으로, 무왕(武王)이 천하를 얻어 소를 식읍(食邑)으로 삼고 소 이남의 민간 가요를 채집하여 소남이라 불렀음.

542) 희왕 : 왕희(王姬)의 오기. 주(周)나라의 공주를 가리킴.

543) 빗나기 복셩화 외얏 ᄀᆞᆺ다 : 빛나기 복숭아와 오얏 같다. 시경(詩經) 소남(召南)의 「하피농의(何彼襛矣)」에 나오는 구절 '화여도리(華如桃李)'.

544) 가치집이 잇다 : 까치집이 있다. 시경(詩經) 소남(召南)의 「작소(鵲巢)」에 나오는 구절 '유작유소(維鵲有巢)'. 까치집은 남자의 집이니, 여자가 시집 와 남자의 집에 산다는 뜻.

냥인(兩人)의 혼ᄉᆞ(婚事)ㅣ ᄌᆞ연(自然) 가온ᄃᆡ 잇고, 넷 사ᄅᆞᆷ의 글의 '대궐 겨집이 곡됴ᄅᆞᆯ 기작누[545]의 뎐ᄒᆞᆫ다.' ᄒᆞ야시니, 이러므로 이 글을 인ᄒᆞ야 ᄡᅳᄃᆡ 진딧 가치 쟉ᄌᆞ(鵲字)ᄅᆞᆯ ᄀᆞᆷ초아시ᄃᆡ 정운[546]ᄒᆞ고 완곡(宛曲)ᄒᆞ야 그 덕셩(德性)을 보ᄂᆞᆫ ᄃᆞᆺᄒᆞ니 녀ᄋᆞ의 탄복ᄒᆞ미 맛당ᄒᆞ고, 난양(蘭陽)의 글은 가치다려 말ᄂᆞᆫ 말이 '은하슈 ᄃᆞ리ᄅᆞᆯ 힘뻐 ᄆᆡᆫᄃᆞ라 녜ᄂᆞᆫ ᄒᆞᆫ ᄃᆡᆨ녀(織女)ㅣ 건너더니 이제ᄂᆞᆫ 두 ᄃᆡᆨ녀(織女)ㅣ 건너리라.' ᄒᆞ니, 공쥬의 혼인(婚姻)의 작교(鵲橋)ᄅᆞᆯ 인ᄉᆞ(引詞)[547]ᄒᆞ믄 예ᄉᆞ말이어니와, 내 뎡녀(鄭女)ᄅᆞᆯ 양녀(養女) 삼으니 감히 당치 못ᄒᆞᆯ와 ᄒᆞ야 모시(毛詩)ᄅᆞᆯ 인증ᄒᆞ야 제후(諸侯)의 녀ᄌᆞ(女子)ᄂᆞᆫ 쳐(處)ᄒᆞ야거ᄂᆞᆯ, 난양의 시(詩)의ᄂᆞᆫ 저과 ᄀᆞᆺ티 ᄒᆞᆫ가디로 텬손(天孫)이라 ᄒᆞ야시니 진실노 내 ᄯᅳᆺ을 아ᄂᆞᆫ디라, 이 아니 영매(英邁)ᄒᆞ랴."

소샹궁(蘇尙宮)이 크게 깃거 졔인(諸人)으로 더브러 만셰(萬歲)ᄅᆞᆯ 브ᄅᆞ더라.

제12회

양샹셔몽유샹계(楊尙書夢遊上界)
가츈운교뎐유언(賈春雲矯傳遺言)

이 ᄯᆡ 만셰(萬歲) 동됴(東朝)[548]의 낫 문안(問安)을 오시니, 후(后)ㅣ 공쥬ᄅᆞᆯ 명ᄒᆞ샤 쇼져ᄅᆞᆯ ᄃᆞ리고 잠간 협실(挾室)의 피ᄒᆞ라 ᄒᆞ시고 뎨(帝)긔 ᄀᆞᆯ오샤ᄃᆡ,

"난양(蘭陽)의 혼ᄉᆞ(婚事)ᄅᆞᆯ 위ᄒᆞ야 뎡녀(鄭女)의 녜폐(禮幣)ᄅᆞᆯ 거두미

---

545) 기작누 : 지작루(鳷鵲樓)의 오기. 한(漢) 무제(武帝)가 지은 누관(樓觀)으로, 보통 지작관(鳷鵲觀)이라 함.

546) 정운 : 정묘(精妙)의 오기.

547) 인사(引詞) : 글을 인용하여 씀.

548) 동조(東朝) : 수렴청정하던 태후(太后). 또는 태후가 집무하던 곳.

ᄆᆞᄎᆞᆷ내 풍화(風化)의 해롭고, 뎡녀(鄭女)ᄅᆞᆯ ᄀᆞᆯ오와[549] 부인을 삼으려 ᄒᆞᆫ즉 뎡가(鄭家)ㅣ 당치 못ᄒᆞᆯ 거시오, 뎡녀ᄅᆞᆯ 쳡(妾)을 삼으믄 더옥 맛당치 아니ᄒᆞ니, 내 뎡녀ᄅᆞᆯ 블너 보니 그 ᄌᆡ모(才貌)ㅣ 난양으로 더브러 형데 되염즉ᄒᆞᆫ 고로 임의 양녀(養女)ᄅᆞᆯ 삼아시니 타일(他日)의 ᄒᆞᆫᄀᆞ디로 양시(楊氏)의 도라가게 ᄒᆞ려ᄂᆞ니 나의 쳐티(處置) 엇더ᄒᆞ뇨?"

샹(上)이 깃그샤 하례(賀禮) 왈,

"낭낭(娘娘)의 평균ᄒᆞ신 일이 텬디(天地) ᄀᆞᆺᄒᆞ시니, ᄌᆞ고(自古)로 후비(后妃) 미ᄎᆞ리 업도소이다."

후(后)ㅣ 뎡녀ᄅᆞᆯ 브ᄅᆞ샤 샹(上)긔 됴현(朝見)ᄒᆞ라 ᄒᆞ시니, 샹이 명ᄒᆞ야 뎐(殿)의 오ᄅᆞ라 ᄒᆞ시고 태휘(太后)긔 ᄉᆞᆯ오시ᄃᆡ,

"뎡시(鄭氏) 녀ᄌᆞ(女子)ㅣ 이제ᄂᆞᆫ 어ᄆᆡ(御妹) 되어시ᄃᆡ 오히려 평복(平服)을 ᄒᆞ여ᄂᆞ니잇고."

휘 왈,

"뎨(帝)긔 고(告)치 못ᄒᆞ얏고 명(命)이 업ᄉᆞᆫ 고로 댱복(章服)을 ᄉᆞ양ᄒᆞᄂᆞ니이다."

샹(上)이 녀듕서(女中書)로 ᄒᆞ야금 딕금(織錦)[550] 난봉문(鸞鳳紋) 노힌 그명[551] ᄒᆞᆫ 튝(軸)을 가져오라 ᄒᆞ시니, 진ᄎᆡ봉(秦彩鳳)이 밧드러 드려ᄂᆞᆯ, ᄡᅳ시다가 머추시고 태후(太后)긔 ᄉᆞᆯ오시ᄃᆡ,

"뎡녀(鄭女)ㅣ 임의 공쥬(公主)을 봉(封)ᄒᆞ면 맛당이 나라 셩(姓)을 주리로소이다."

후(后)ㅣ 왈,

"짐도 이 ᄯᅳᆺ이 이시ᄃᆡ 다시 ᄉᆡᆼ각ᄒᆞᄃᆡ 제 부뫼 늙고 다ᄅᆞᆫ ᄌᆞ식이 업ᄉᆞ니 내 ᄎᆞ마 앗디 못ᄒᆞ니 셩(姓)은 곳치디 마ᄅᆞ쇼셔."

---

549) ᄀᆞᆯ오와 : 나란히 하여. 원형은 'ᄀᆞᆲ다'로서 '나란히 하다'의 뜻.
550) 직금(織錦) : 비단 바탕에 금실로 무늬를 짜넣는 일, 또는 짜넣어 만든 직물.
551) 그명 : '고명(誥命)'의 오기. 중국의 황제가 제후나 오품 이상의 벼슬아치에게 주던 임명장.

샹이 어필(御筆)노 쓰시되,

"황태후 셩지(聖旨)를 밧즈와 양녀(養女) 뎡시(鄭氏)로 영양공쥬(榮陽公主)을 봉ᄒᆞ노라."

ᄒᆞ시고 듕서(中書)로 ᄒᆞ야곰 냥궁(兩宮) 어보(御寶)를 안보(安寶)[552]ᄒᆞ야 쇼져를 주시니, 모든 궁네 공쥬의 관복을 밧드러 닙히니, 샤은(謝恩)ᄒᆞ고 올나와 난양공쥬(蘭陽公主)로 더브러 좌ᄎᆞ(坐次)를 뎡ᄒᆞᆯᄉᆡ, 쇼져의 나히 일년이 더으되 감히 우히 안디 못ᄒᆞ거ᄂᆞᆯ, 휘 왈,

"영양(榮陽)이 이제ᄂᆞᆫ 나의 녀ᄋᆞ(女兒)ㅣ니 어이 외ᄃᆡ(外待)ᄒᆞ기를 이럿ᄐᆞ시 ᄒᆞᄂᆞ뇨."

쇼졔 고두(叩頭) 왈,

"오ᄂᆞᆯ날 좌ᄎᆞ(坐次)ᄂᆞᆫ 다른 날 ᄎᆞ졔(次第) 되ᄂᆞ니 어이 감히 어즈럽게 ᄒᆞ리잇고."

난양이 ᄀᆞ오되,

"츈츄(春秋)적 됴최(趙衰)[553]의 안ᄒᆡᄂᆞᆫ 진문공(晉文公)[554]의 ᄯᆞᆯ이로ᄃᆡ 몬져 어든 뎍녀(狄女)의게 ᄉᆞ양ᄒᆞ야시니, 져져(姐姐)ᄂᆞᆫ 곳 쇼ᄆᆡ(小妹)의 형(兄)이니 어이 의심ᄒᆞ리잇고."

쇼졔 ᄉᆞ양ᄒᆞ기을 오래ᄒᆞ더니 휘 명ᄒᆞ야,

"형뎨 ᄎᆞ례로 안즈라."

ᄒᆞ시니 이후로 궁듕(宮中)이 영양공쥐라 ᄒᆞ더라.

휘 냥인(兩人)의 시(詩)를 샹(上)긔 뵈신ᄃᆡ 샹이 탄 왈,

"두 글이 다 절묘(絶妙)하거니와 영양(榮陽)의 시(詩)ᄂᆞᆫ 모시(毛詩)[555]

552) 안보(安寶) : 임금이 옥새를 찍음.

553) 조최(趙衰) : 춘추시대 진(晉)의 정치가. 처음 적녀(狄女 : 오랑캐 여자)를 취하여 아들을 낳고 돌아와 문왕(文王)의 딸 조희(趙姬)와 결혼해 세 아들을 낳았으나, 조희가 적녀(狄女)에게 적실(嫡室)을 양보했다고 함.

554) 진문공(晉文公) : 춘추오패(春秋五霸)의 한 사람으로, 이름은 중이(重耳).

555) 모시(毛詩) : 시경(詩經)의 다른 이름. 노(魯)의 모형(毛享)과 조(趙)의 모장(毛萇)이 지어 전한 것이라 하여 모시라 함.

를 인ᄒᆞ야 후비(后妃)의 덕화(德化)로 도라 보내시니 더옥 득톄(得體)ᄒᆞ얏나이다."

휘 올타 ᄒᆞ시더라. 샹이 죠용이 태후긔 ᄉᆞᆯ오ᄃᆡ,

"낭낭이 영양의 대졉ᄒᆞ시미 녜 업ᄉᆞᆫ 셩덕ᄉᆞ(盛德事)ㅣ라. 신(臣)이 ᄯᅩᄒᆞᆫ 뎡ᄒᆞᆫ 일이 이셔이다."

드ᄃᆡ여 진듕셔(秦中書)의 젼후ᄉᆞ(前後事)를 ᄌᆞ셔히 베프시고 ᄯᅩ ᄀᆞᆯ오샤ᄃᆡ,

"저희 졍(情)이 ᄌᆞ못 긍측(矜惻)ᄒᆞ고, 그 아비 비록 죄(罪)에 죽어시나 조상이 ᄃᆡᄃᆡ로 됴뎡(朝廷) 신ᄌᆞ(臣子)ㅣ 되여시니, 이제 그 졍원(情願)을 일워 어미(御妹)의 죵가(從嫁)ᄒᆞᄂᆞᆫ 잉쳡(媵妾)556)을 삼고져 ᄒᆞᄂᆞ니 엇더ᄒᆞ니잇고."

태휘 난양을 도라보신ᄃᆡ 공쥬 왈,

"진시(秦氏) 이 일을 쇼녀(小女)ᄃᆞ려 니ᄅᆞ더이다. 쇼녜 진시(秦氏)로 더브러 졍분(情分)이 심상(尋常)치 아니ᄒᆞ니 ᄯᅩᄒᆞᆫ ᄯᅥ나디 말고져 ᄒᆞᄂᆞ이다."

휘 진채봉을 블너 하교(下敎) 왈,

"녀ᄋᆞ(女兒)ㅣ 너를 ᄯᅥ나디 말고져 ᄒᆞᆫ 고로 특별이 널노 ᄒᆞ야곰 양샹셔(楊尙書)의 쳡이 되게 ᄒᆞᄂᆞ니 너희 졍원(情願)을 일워시니 녀ᄋᆞ을 더옥 졍셩으로 셤기라."

진시 눈믈을 비ᄀᆞᆺ치 흘니고 고두(叩頭) 샤은(謝恩)ᄒᆞ더라. 휘 진시ᄃᆞ려 왈,

"두 녀ᄋᆞ의 혼ᄉᆞ(婚事)를 뎡ᄒᆞ여 희작(喜鵲)이 길됴(吉兆)ㅣ 잇ᄂᆞᆫ디라 각각 시(詩)을 지엇더니, 이제 듕셔(中書)ㅣ ᄯᅩᄒᆞᆫ 도라갈 곳이 잇난디라 능히 일슈(一首)을 디으라."

진시(秦氏) 승명(承命)ᄒᆞ야 즉시 글을 지어 드리니 ᄀᆞᆯ오시ᄃᆡ,

---

556) 잉첩(媵妾) : 예전에, 귀인에게 시집가는 여인이 데리고 가던 시첩(侍妾).

희쟉ᄉᆞ샤요ᄌᆞ궁(喜鵲查查[557]繞紫宮) 희쟉이 울며 붉은 대궐을 둘너ᄂᆞ니

요도화상긔풍츈(夭桃[558]花上起春風) 복셩화쏫 우희 츈풍이 이러ᄂᆞᆫ도다.

안소블ᄃᆡ[559]남비거(安巢不待南飛去) 기술이 평안ᄒᆞ믈 남으로 ᄂᆞ라기롤 아니 기ᄃᆞ리이다.

삼오셩희뎡직동(三五星[560]稀正在東) 세다섯 별이 드므로 동녁희 잇ᄂᆞᆫ도다.

태휘 뎨(帝)로 더브러 보시고 ᄀᆞᆯ오샤ᄃᆡ,

"ᄉᆞ두은[561]이라도 밋디 못ᄒᆞ리로다. 그 가온ᄃᆡ 모시(毛詩)롤 인(引)ᄒᆞ야 쳐쳡(妻妾)의 분(分)을 딕희여시니 더옥 아롬답도다."

난양 왈,

"희쟉시(喜鵲詩)의 쁠 직목(材木)이 본ᄃᆡ 만치 아니ᄒᆞᆫᄃᆡ 쇼녀 냥인이 몬져 지엇고, 오딕 조ᄆᆡᆼ덕(曹孟德)[562]의 글이 가치롤 거드러시ᄃᆡ 본ᄃᆡ 길(吉)ᄒᆞᆫ 말이 아닌ᄃᆡ, 이 글이 조ᄆᆡᆼ덕의 시와 두ᄌᆞ미(杜子美)[563] 시(詩)와 모시(毛詩) 글귀롤 ᄒᆞᆫᄃᆡ 합ᄒᆞ야 ᄆᆡᆫ드라시ᄃᆡ 혼연(渾然)ᄒᆞ야 진시(秦氏)의 오놀날을 위ᄒᆞ야 삼긴 ᄃᆞᆺᄒᆞ니, 이런 ᄌᆡ조ᄂᆞᆫ 녜도 어려올가 ᄒᆞᄂᆞ이다."

---

557) 사사(查查) : 까치 우는 소리.

558) 요도(夭桃) : 아름답게 꽃이 핀 복숭아나무라는 뜻으로, 젊고 예쁜 여자의 얼굴을 이르는 발.

559) 블ᄃᆡ : '블ᄃᆡ(不待)'의 오기.

560) 삼오성(三五星) : '삼오'는 음력 보름. '삼오성'은 음력 보름날 밤의 별이니, 잘 보이지 않아 드문드문하나는 뜻. 『시경』 소남(召南)의 「소성(小星)」에 '반짝이는 저 작은 별. 셋 다섯 동쪽에 있네.(嘒彼小星, 三五在東)'에서 온 말로서, 이 시를 천첩(賤妾)이 자기네 팔자를 한탄한 노래로 본 견해가 있으며, 소성(小星)은 이후 첩을 뜻하는 말로 쓰임.

561) ᄉᆞ두은 : '사도온(謝道韞)'의 오기. 동진(東晉) 때 사혁(謝奕)의 딸로, 박식하고 재변이 있었던 여류시인.

562) 조맹덕(曹孟德) : 조조(曹操). 맹덕(孟德)은 자(字). 중국 삼국시대 위(魏)왕조를 세운 장군. 216년 위왕(魏王)의 자리에 올랐고 시호는 무황제(武皇帝)라 추존됨. 자신과 두 아들 조비(曹丕) · 조식(曹植)과 함께 시부(詩賦)의 재능이 뛰어나 건안문학(建安文學)의 흥륭(興隆)을 가져옴.

563) 두자미(杜子美) : 성당(盛唐)의 시인 두보(杜甫). 자미(子美)는 자(字).

태휘 올타 ᄒᆞ시고 ᄯᅩ ᄀᆞᆯ오ᄃᆡ,

“쳔고(千古) 녀ᄌᆞ(女子) 듕 시(詩) 잘ᄒᆞᄂᆞᆫ 자(者)ㅣ 반쳡녀(班婕妤)[564) 탁문[565) 채문희(蔡文姬)[566) 샤도온(謝道韞)이 소혜란[567) 이분이라. 이제 일시(一時)의 ᄌᆡ녀(才女) 삼인(三人)이 모다시니 셩(盛)타 ᄒᆞ리로다.”

공쥐 왈,

“영양(榮陽) 져져(姐姐)의 시녀(侍女) 가츈운(賈春雲)이라 하리 시ᄌᆡ(詩才) 가히 보암즉ᄒᆞ니이다.”

휘 왈,

“이 녀ᄌᆞ롤 ᄒᆞᆫ번 보고져 ᄒᆞ노라.”

ᄒᆞ시더라. 두 공쥐 ᄒᆞᆫᄃᆡ셔 ᄌᆞ고 명일(明日)의 일 니러 후(后)긔 문안(問安)ᄒᆞ고 도라가믈 쳥ᄒᆞ야 ᄀᆞᆯ오ᄃᆡ,

“쳡이 드러올 제 집의셔 응당 놀나실 것이오니, 나가 보고, 낭낭(娘娘) 은덕(恩德)과 쳡의 영화(榮華)롤 니ᄅᆞ고져 ᄒᆞᄂᆞ이다.”

휘 왈,

“녀ᄋᆞ(女兒)ㅣ 이제 궁듕(宮中)을 간ᄃᆡ로[568) ᄯᅥ나리오. 내 ᄯᅩᄒᆞᆫ 최부인(崔夫人)을 보고 의논ᄒᆞᆯ 말이 이셰라.”

ᄒᆞ고 즉시 뎡부(鄭府)의 젼교(傳敎)ᄒᆞ샤 최부인을 입궐(入闕)ᄒᆞ라 ᄒᆞ시니, 이 ᄯᅢ 쇼져 ᄃᆞ려온 비ᄌᆞ(婢子)ㅣ 몬져 와 집의 통ᄒᆞ냐더니, ᄉᆞ도(司徒) 부쳐(夫妻)ㅣ 놀나 ᄆᆞ옴을 겨요 뎡(定)ᄒᆞ야더니, 부인이 승명(承命)ᄒᆞ야 태

564) 반첩여(班婕妤) : 전한(前漢) 성제(成帝)의 궁녀. 조비연(趙飛燕) 자매에게 미움을 받아 장신궁으로 물러가 태후에게 시중을 드는 동안 「원가행(怨歌行)」을 지었음. 첩여(婕妤)는 여관(女官)의 이름.

565) 탁문 : 탁문군(卓文君). 한(漢)나라 때 탁왕손(卓王孫)의 딸로 글을 잘하였고, 사마상여(司馬相如)의 아내가 됨.

566) 채문희(蔡文姬) : 동한(東漢) 채옹(蔡邕)의 딸로, 이름은 염(琰). 박식하고 음률에 정통했음.

567) 소혜란 : '소혜(蘇蕙)'의 오기. 전진(前秦) 두도(竇滔)의 아내로, 자(字)는 약란(若蘭). 회문시(回文詩)를 지은 것이 유명함.

568) 간ᄃᆡ로 : 망령되이. 함부로.

후긔 됴현(朝見)ᄒᆞ니 휘 왈,

“영양공쥬를 처엄 입궐ᄒᆞ믄 얼골을 보고져 ᄒᆞ미 아니라 실노 공쥬의 혼인을 위ᄒᆞ미러니, ᄒᆞᆫ번 본 후 ᄉᆞ랑호온 졍(情)이 듕심(中心)의 발ᄒᆞ야 난양으로 더브러 간격(間隔)이 업ᄉᆞ니 ᄉᆡᆼ각건ᄃᆡ 나의 젼ᄉᆡᆼ(前生) 녀ᄋᆞ(女兒)ㅣ 금셰(今世)의 부인긔 나는가 ᄒᆞ노라. 맛당이 국셩(國姓)을 줄 거시로ᄃᆡ 부인의 고단ᄒᆞ믈 ᄋᆡ긍(哀矜)ᄒᆞ야 셩(姓)을 고치디 아냐시니 부인이 딤의 지극ᄒᆞᆫ ᄯᅳᆺ을 알디어다.”

최부인이 다만 황공 감격ᄒᆞᆯ 분이러라.

휘 ᄯᅩ ᄀᆞᆯ오샤ᄃᆡ,

“영양이 이제는 딤의 녀ᄋᆞ(女兒)ㅣ니 ᄎᆞᆺ디 마ᄅᆞ쇼셔.”

부인 왈,

“어이 감히 ᄎᆞ자리오. 신쳡의 녀ᄋᆡ 이리 된 후 쳡의 부쳐(夫妻)ㅣ 나히 만흐니 다시 보디 못ᄒᆞᆯ가 슬허ᄒᆞᄂᆞ이다.”

휘 소(笑) 왈,

“블과 혼인 젼이니 혼인 후는 난양지이[569] 부인긔 의탁ᄒᆞ리이다.”

인ᄒᆞ야 난양을 블너 뵐ᄉᆡ, 젼일(前日) 셜만(褻慢)ᄒᆞ믈 ᄌᆡ삼(再三) 칭사(稱謝)ᄒᆞ더라.

휘 왈,

“부인 집의 가츈운이라 ᄒᆞ리 잇다 ᄒᆞ니 보고져 ᄒᆞ노라.”

부인이 승명(承命)ᄒᆞ야 브ᄅᆞ니 뎡하(庭下)의셔 고두(叩頭)ᄒᆞ야 뵈오니 휘 ᄀᆞᆯ오샤ᄃᆡ,

“난양의 말을 드ᄅᆞ니 네 시(詩) ᄃᆡᆺ기를 잘ᄒᆞᆫ다 ᄒᆞ니, 보는 알패셔 능히 지을소냐.”

“시험ᄒᆞ야 제(題)를 듯잡고져 ᄒᆞᄂᆞ이다.”

태휘 삼인의 희작시(喜鵲詩)를 뵈고 왈,

569) 지이 : 이르도록.

"네 ᄯᅩᄒᆞᆫ 능히 디을소냐. 두리건ᄃᆡ ᄌᆡ목(材木)이 업술가 ᄒᆞ노라."

츈운(春雲)이 필연(筆硯)을 쳥ᄒᆞ야 즉시 디어 드리니 ᄒᆞ야시ᄃᆡ,

보희미셩지ᄌᆞ디(報喜微誠只自知) 깃븐 일이 보ᄒᆞᄂᆞᆫ 미ᄒᆞᆫ 졍셩 다만 스ᄉᆞ로 아니

우졍힝튝봉내의(虞庭幸逐鳳來儀) 우슌(虞舜)의 ᄯᅳᆯ의 힝혀 봉황을 ᄯᆞ라와 도다.

진누츈식화쳔슈(秦樓春色花千樹) 진누 봄ᄀᆞ디 곳 일쳔 남기니

삼요녕무차일디(三繞寧無借一枝) 세 번 둘너 ᄂᆞᆯ믜 엇디 ᄒᆞᆫ 가디 빌이기을 아리오.

태휘 냥공쥬(兩公主)ᄅᆞᆯ 뵈시고 ᄀᆞᆯ오샤ᄃᆡ,

"가녀(賈女)의 ᄌᆡ조 잇다 ᄒᆞ나 이ᄃᆡ도록 ᄒᆞᆫ 줄 혜아리디 못ᄒᆞᆯ와."

난양공쥐 ᄀᆞᆯ오ᄃᆡ,

"글이 가치로 제 몸을 비ᄒᆞ고 봉황으로 져져(姐姐)긔 비ᄒᆞ야 ᄀᆞ쟝 득톄(得體)ᄒᆞ얏고 아ᄅᆡ 귀ᄂᆞᆫ 쇼녜 져ᄅᆞᆯ 용납디 아닐가 의심ᄒᆞ야 ᄒᆞᆫ 가디ᄅᆞᆯ 빌니과져 ᄒᆞ야시ᄃᆡ 고인의 글귀ᄅᆞᆯ 모와 ᄆᆡᆫᄃᆞ라 의ᄉᆞ(意思)ㅣ 졀묘(絶妙)ᄒᆞ니, 녯 말의 닐너시ᄃᆡ, '나ᄂᆞᆫ 새 사ᄅᆞᆷ의게 의디ᄒᆞ면 사ᄅᆞᆷ이 스ᄉᆞ로 ᄉᆞ랑ᄒᆞᆫ다.' ᄒᆞ여시니, 졍(正)이 가녀(賈女)ᄅᆞᆯ 니ᄅᆞ미로소이다."

인ᄒᆞ여 츈운을 ᄃᆞ리고 믈너와 진시(秦氏)로 샹견ᄒᆞᆯᄉᆡ 공쥐 ᄀᆞᆯ오ᄃᆡ,

"이 녀듕셔(女中書)ᄂᆞᆫ 화음현(華陰縣) 진가(秦家) 낭ᄌᆞ(娘子)ㅣ니 ᄯᅩᄒᆞᆫ 츈낭(春娘)으로 더브러 ᄇᆡᆨ년(百年)을 ᄒᆞᆫᄃᆡ 이실 사ᄅᆞᆷ이라."

츈낭 왈,

"아니 냥뉴ᄉᆞ(楊柳詞) 디은 낭ᄌᆞ(娘子)ㅣ니잇가."

진시 ᄂᆞᆯ나 므ᄅᆞᄃᆡ,

"양뉴ᄉᆞᄅᆞᆯ 낭지 어ᄃᆡ 가 드럿ᄂᆞ뇨."

츈낭 왈,

"양상셔(楊尙書)ㅣ 니ᄅᆞ시더이다."

진시 감창(憾愴)ᄒᆞ믈 이긔디 못ᄒᆞ여 왈,

"양상셰 오히려 쳡을 긔렴(記念)ᄒᆞ시도소이다."

츈낭 왈,

"낭ᄌᆡ 어이 이런 말 ᄒᆞᄂᆞ뇨. 양상셰 낭ᄌᆞ의 양뉴ᄉᆞ롤 몸의 감초아 잠간도 노치 아니ᄒᆞ고 마양 낭ᄌᆞ의 말을 ᄒᆞ시믹 눈믈을 흘니시ᄂᆞ니 낭ᄌᆡ 어이 샹셔의 졍을 아디 못ᄒᆞ시ᄂᆞ뇨."

진시 왈,

"샹셰 이러ᄐᆞᆺ 잇디 아니ᄒᆞ면 쳡이 죽어도 ᄒᆞᆫ(恨)이 업술낫다."

인ᄒᆞ여 환션시(紈扇詩)[570] 짓던 말을 ᄒᆞᆫᄃᆡ 츈운이 웃고 왈,

"쳡의 신상(身上)의 차천슈식(釵釧首飾) 지환(指環)이 다 그놀 어든 거시니이다."

문득 궁인(宮人)이 보 왈,

"뎡ᄉᆞ도(鄭司徒) 부인이 가려 ᄒᆞ시ᄂᆞ이다."

냥공쥬 태후롤 뫼셔 안잣더니 부인ᄃᆞ려 니ᄅᆞ샤ᄃᆡ,

"양상셰 불구(不久)의 환됴(還朝)ᄒᆞᆯ 거시니 젼일 녜폐(禮幣)ᄂᆞᆫ 도로 보내려이와 내 ᄉᆡᆼ각ᄒᆞ니 도로 보내엿던 녜폐롤 도로 바드미 ᄌᆞ못 구간(苟艱)[571]ᄒᆞ고 ᄒᆞ믈며 영양(榮陽)이 공쥬 되여시니 두 혼녜(婚禮)롤 ᄒᆞᆫ 놀 ᄒᆡᆼ코져 ᄒᆞᄂᆞ니 부인 소견은 엇더타 ᄒᆞᄂᆞ뇨."

부인 왈,

"오딕 명교(命敎)ᄃᆡ로 ᄒᆞ리이다."

휘 웃고 ᄀᆞᆯ오샤ᄃᆡ,

"양상셰 영양을 위ᄒᆞ여 됴명(朝命)을 세 번 위월(違越)ᄒᆞ니 내 ᄯᅩ ᄒᆞᆫ번 속이고져 ᄒᆞᄂᆞ니 샹담(常談)의 말이, '흉(兇)ᄒᆞ면 길(吉)타.' ᄒᆞ니 샹셰 환

---

570) 환선시(紈扇詩) : 비단 부채에 적은 시.
571) 구간(苟艱) : 몹시 구차함.

됴(還朝)ᄒᆞ거든 속여 니ᄅᆞ딕 뎡쇼졔 병(病)을 어더 불힝(不幸)ᄒᆞ다 할디어다. 샹셰 스ᄉᆞ로 말ᄒᆞ딕, '뎡녀(鄭女)롤 보앗노라.' ᄒᆞ니 아라보논가 보ᄉᆞ이다."

부인이,

"명(命)대로 ᄒᆞ리이다."

ᄒᆞ고 하딕고 도라올시, 쇼졔 뎐문(殿門) 밧긔 가 부인을 보닉고 운(雲)을 블너 샹셔ᄃᆞ려 니롤 말을 닐너 보닉더라.

이 때 샹셰 빅농담(白龍潭) 물을 군마(軍馬)를 먹이고 대군(大軍)을 지휘ᄒᆞ야 북 치고 나아가니, 토번(吐蕃) 찬보(贊普)ㅣ 임의 뇨연(裊烟)의 보낸 진쥬(眞珠)롤 보고, 또 당병(唐兵)이 반ᄉᆞ곡(盤蛇谷)을 디낫다 말을 듯고 크게 두려 아모리 홀 줄 모ᄅᆞ더니, 모든 장슈(將帥)ㅣ 찬보(贊普)롤 믹여 당영(唐營)의 항복ᄒᆞ거놀, 원슈(元帥)ㅣ 군용(軍容)을 정졔(整齊)ᄒᆞ야 토번 도읍의 드러가 빅셩을 평안이 ᄒᆞ고, 곤뉸산(崑崙山)[572]의 올나 비(碑)롤 세워 대당(大唐) 공덕(功德)을 긔록ᄒᆞ고 개가(凱歌)롤 브ᄅᆞ고 삼군(三軍)을 두루혀 경ᄉᆞ(京師)로 힝홀식, 힝ᄒᆞ야 진쥐(眞州)[573] ᄶᅡ히 니ᄅᆞ니 이때 임의 ᄀᆞ을이 되야논디라, 샨쳔이 소슬(蕭瑟)ᄒᆞ고 기럭의 소릭 긱회(客懷)롤 돕더라.

원 긱관(客館)의 드러 밤 드도록 고향을 싱각고 좀을 일우디 못ᄒᆞ며,

'집 ᄯᅥ난디 삼년이니 노친(老親)은 평안ᄒᆞ신가. 왕ᄉᆞ(王事)에 구티(驅馳)ᄒᆞ야 지금 실개(室家)롤 두지 못ᄒᆞ야시니 뎡가(鄭家) 혼인(婚姻)이 과연 인연이 엇더ᄒᆞᆫ고. 내 이제 오쳔니(五千里) 일흘 ᄶᅡ흘 회복ᄒᆞ고 만승(萬乘) 강적(强敵)을 평뎡(平定)ᄒᆞ야시니 공이 더옥 적디 아닌디라. 텬ᄌᆞ(天子)ㅣ 벅벅이 봉후(封侯)ᄒᆞ논 상(賞)을 힝ᄒᆞ시리이 내 만일 벼술을 드려

572) 곤륜산(崑崙山) : 중국 서쪽에 있다는 전설상의 신성한 산. 서왕모(西王母)가 살며 불사(不死)의 물이 흐르는 신선경(神仙境)이라고 믿었음.

573) 진주(眞州) : 지금의 강소성(江蘇省) 의징현(儀徵縣)에 있는 주명(州名).

고 뎡가(鄭家) 혼ᄉᆞ(婚事)ᄅᆞᆯ 쳥ᄒᆞ면 텬ᄌᆡ 어이 듯디 아니시리오.'

이쳐로 ᄉᆡᆼ각ᄒᆞᄆᆡ ᄆᆞ음이 져기 편ᄒᆞ야 벼ᄀᆡ을 의디ᄒᆞ얏더니 ᄒᆞᆫ ᄭᅮᆷ을 어드니, 텬상의 올나가니 칠보(七寶) 궁궐의 오운(五雲)이 어ᄅᆡ엿더라. 시녀 냥인이 양샹셔ᄃᆞ려 니ᄅᆞᄃᆡ,

"뎡쇼져(鄭小姐) 쳥ᄒᆞ시ᄂᆞ이다."

샹셰 시녀ᄅᆞᆯ 조ᄎᆞ 드러가니 너른 ᄯᅳᆯ희 신션(神仙)의 ᄭᅩᆺ치 ᄌᆞ옥이 픠여고 누(樓) 우희 션녀(仙女) 삼인이 엇게ᄅᆞᆯ ᄀᆞᆯ와 안져시니, 복ᄉᆡᆨ(服色)의 셩(盛)ᄒᆞ미 후비(后妃)ᄀᆞᆺ고 프른 눈섭과 ᄇᆞᆰ은 눈이 서로 ᄇᆡᄋᆡ더니[574] ᄇᆡ야흐로 난간의 비겨 시녀(侍女)로 당방[575] 더지ᄂᆞᆫ 양을 ᄇᆞ다가 니러 읍(揖)ᄒᆞ야 빈쥬(賓主)의 좌(座)ᄅᆞᆯ 난화 안고, 우희 안즌 션녀(仙女)ㅣ 문 왈,

"군ᄌᆞ(君子)ㅣ 별후(別後) 무양(無恙)ᄒᆞ시니잇가."

샹셰 보니 완연이 거문고 곡됴 의논ᄒᆞ던 쇼져(小姐)ㅣ러라. 샹셰 반기고 슬허 말ᄉᆞᆷ을 일우디 못ᄒᆞ더니 쇼졔 ᄀᆞᆯ오ᄃᆡ,

"쳡이 이제ᄂᆞᆫ 인간을 ᄯᅥ나 텬궁(天宮)의 올나와시니 녯 일을 ᄉᆡᆼ각ᄒᆞ니 어이 ᄒᆞᆫ ᄀᆞᆺ 약슈(弱水)ㅣ[576] ᄀᆞ려실 분이리오. 군ᄌᆞ(君子)ㅣ 비록 쳡의 부모을 보셔도 쳡의 소식은 듯디 못ᄒᆞ시리이다."

인ᄒᆞ야 두 선녀를 ᄀᆞᄅᆞ쳐 왈,

"이ᄂᆞᆫ 딕녀셩군(織女星君)이오. 뎌ᄂᆞᆫ ᄃᆡ향옥녀[577]ㅣ라. 군ᄌᆞ로 더브러 전ᄉᆡᆼ(前生) 인연(因緣)이니 쳡은 ᄉᆡᆼ각디 마ᄅᆞ쇼셔. 이 인연을 일운 후면 쳡이 ᄯᅩᄒᆞᆫ 의탁이 이시리이다."

샹셰 두 선녀을 보니 말셕(末席)의 안즌 재 면목이 익은 ᄃᆞᆺᄒᆞᄃᆡ 능히

---

574) ᄇᆡᄋᆡ더니 : 눈부시더니.

575) 당방 : 장치기 공. 장치기는 두 편이 각각 막대를 가지고 나무 공을 쳐서 상대편 골문 안으로 밀어 넣는 놀이.

576) 약수(弱水) : 홍모(鴻毛)도 가라앉는다고 하는, 깊이가 삼천 리가 된다는 선계의 강.

577) ᄃᆡ향옥녀 : '피향옥녀(披香玉女)'의 오기. 향을 사르는 선녀.

ᄭᆡᄃᆞᆺ디 못ᄒᆞ더라. 믄득 원문(轅門)[578]의셔 븍 치고 쥬라(朱喇)[579] 브ᄂᆞᆫ 소리의 ᄌᆞᆷ을 ᄭᆡ야 몽ᄉᆞ(夢事)을 ᄉᆡᆼ각ᄒᆞ니 십분 길(吉)치 아닌디라, ᄆᆞᄋᆞᆷ의 황홀ᄒᆞ야 심이 의려(疑慮)ᄒᆞ더라.

오라디 아녀 젼군(前軍)이 경ᄉᆞ(京師)의 다다ᄅᆞ니 텬ᄌᆞ(天子)ㅣ 위교(渭橋)의 친히 나 마ᄌᆞ실ᄉᆡ 원슈(元帥)ㅣ 봉시ᄌᆞ금회(鳳翅紫金盔)[580]ᄅᆞᆯ ᄡᅳ고 황금쇄ᄌᆞ갑(黃金鎖子甲)을 닙고 쳔니대완말[581]을 ᄐᆞ고 어ᄉᆞ(御賜)ᄒᆞ신 ᄇᆡᆨ모황월(白旄黃鉞)과 뇽봉긔치(龍鳳旗幟)ᄅᆞᆯ 젼후(前後)에 옹위(擁衛)ᄒᆞ고 번왕(藩王)은 함거(檻車)의 싯고 셔녁(西域) 삼십뉵 군장(君長)이 각각 조공(朝貢)ᄒᆞᄂᆞᆫ 보믈(寶物)을 ᄀᆞ디고 뒤흘 조ᄎᆞ시니 군용(軍容)의 거록ᄒᆞ미 ᄌᆞ고(自古)의 업ᄉᆞᆫ 배라. 굿 보ᄂᆞᆫ 사ᄅᆞᆷ이 길히 머여 ᄇᆡᆨ니(百里)의 니어시니 댱안(長安) 셩듕(城中)이 다 븨엿더라.

텬ᄌᆡ 양원슈 왕ᄉᆞ(王事)ᄅᆞᆯ 근노(勤勞)ᄒᆞ믈 위로ᄒᆞ시고 공(功)을 의논ᄒᆞ고 샹(賞)을 ᄒᆡᆼᄒᆞ야 곽분양(郭汾陽)[582]의 고ᄉᆞ(故事)로 왕(王)을 봉(封)ᄒᆞ랴 ᄒᆞ시더니 샹셔(尙書)ㅣ 고두(叩頭)ᄒᆞ고 디셩으로 ᄉᆞ양ᄒᆞᆫᄃᆡ, 텬ᄌᆡ 지개(志概)ᄅᆞᆯ 아ᄅᆞᆷ다이 녀기ᄉᆞ 이제 됴셔(詔書)ᄅᆞᆯ ᄂᆞ리와 양쇼유로ᄡᅥ 대승샹(大丞相) 위국공(魏國公)을 봉ᄒᆞ시고 식읍(食邑) 삼만호요 샹ᄉᆞ(賞賜)ᄒᆞ신 황금이 일만근이오 ᄇᆡᆨ금이 십만근이오 쵹금(蜀錦)[583]이 십만필이오 쥰ᄆᆞ(駿馬)ㅣ 일쳔필이오 이밧 각ᄉᆡᆨ 진보(珍寶)ᄂᆞᆫ 이로 긔록디 못ᄒᆞᆯ너라.

양승샹이 이에 절ᄒᆞ야 ᄉᆞ은(謝恩)ᄒᆞ니 텬ᄌᆡ 태평연(太平宴)을 ᄇᆡ셜(排

---

578) 원문(轅門) : 군영(軍營)이나 영문(營門)을 이르던 말.

579) 주라(朱喇) : 붉은 칠을 한 소라 껍데기로 만든 대각(大角).

580) 봉시자금회(鳳係紫金盔) : 투구 이름.

581) 쳔니대완말 : 천리대완마(千里大宛馬). 대완국(大宛國)에서 나는 준마(駿馬).

582) 곽분양(郭汾陽) : 당(唐)나라의 무장(武將) 곽자의(郭子儀). 안녹산(安祿山)의 난이 일어나자 중원(中原)의 반란군을 토벌했고 위구르의 원군을 얻어 장안과 낙양을 수복함. 토번이 장안을 치려 하자 위구르를 회유하고 토번을 무찌름. 분양왕(汾陽王)에 봉해졌으며, 당나라 최대의 공신으로서 영광을 누렸음.

583) 촉금(蜀錦) : 촉(蜀)나라 비단.

設)ᄒᆞ야 군신(君臣)이 ᄒᆞᆫᄀᆞ디로 즐기시고 승샹의 얼골을 능연각(凌烟閣)584)의 그리라 ᄒᆞ시다.

승샹이 궐하(闕下)을 ᄯᅥ나 뎡ᄉᆞ도(鄭司徒) 집의 가니, 뎡가(鄭家) ᄌᆞ딜(子姪)이 외당(外堂)의 모닷다가 승샹을 마ᄌᆞ 셩공ᄒᆞ믈 하례ᄒᆞ더니, 승샹이 ᄉᆞ도와 부인 령부(寧否)를 무ᄅᆞᄃᆡ 뎡십삼(鄭十三)이 왈,

"슉부모(叔父母)ㅣ 겨요 보젼ᄒᆞ야 겨시ᄃᆡ, ᄆᆡᄌᆞ(妹子)의 상쳑(喪慽)을 만난 후 노인이 과히 상회(傷懷)ᄒᆞ야 긔운이 상년(上年)585)과 너도ᄒᆞ니586) 승샹이 와 겨시ᄃᆡ 외당의 나와 보옵디 못ᄒᆞ니 쇼제(少弟)와 ᄒᆞᆫᄀᆞ디로 드러가ᄉᆞ이다."

승샹이 이 말을 듯고 어린 듯ᄒᆞ야 오ᄅᆡ 말을 못ᄒᆞ다가 문 왈,

"뉘 상ᄉᆞ(喪事)을 만나시다 말고."

십삼 왈,

"슉뷔 남ᄌᆞ(男子)ㅣ 업고 오딕 녀ᄋᆞ(女兒)를 두엇다가 이에 니ᄅᆞ니 어이 상회(傷懷)티 아니리오. 승샹이 보셔든 일졀 비쳑(悲慽)ᄒᆞᆫ 말을 마ᄅᆞ쇼셔."

승샹이 눈믈 소ᄉᆞ나믈 ᄭᅵ돗디 못ᄒᆞ야 슬허ᄒᆞ거놀 십삼이 위로 왈,

"승샹이 죵ᄆᆡ(從妹)로 더브러 혼인 언약이 비록 심샹(尋常)치 아니ᄒᆞ나 이에 니ᄅᆞ러ᄂᆞᆫ 맛당이 녜(禮)와 의(義)를 도라보아 이러ᄐᆞ시 아닐 거시라."

승샹이 사례ᄒᆞ고 눈물을 거누고 십삼으로 더브러 드러와 ᄉᆞ도와 부인을 보니 승샹의 셩공ᄒᆞ믈 하례(賀禮)할 분이오 각별 쇼져(小姐)의 말을 아니ᄒᆞ거놀 승샹이 ᄀᆞᆯ오ᄃᆡ,

"쇼셔(小婿)ㅣ 됴뎡(朝廷) 위덕(威德)을 힘닙어 외람ᄒᆞᆫ 봉작(封爵)을 ᄒᆞ야시니 ᄇᆞ야흐로 벼술을 드리고 졍(情)을 베퍼 젼(前) 인연(因緣)을 일우려 ᄒᆞ더니 인ᄉᆞ(人事)ㅣ 이러틋 ᄒᆞ니 참혹(慘酷)ᄒᆞ믈 이긔디 못ᄒᆞᆯ소이다."

---

584) 능연각(凌烟閣) : 당(唐) 태종(太宗) 때 공신들의 초상을 그려 보관한 누각.
585) 상년(上年) : 지난해.
586) 너도ᄒᆞ니 : 머니. '너도ᄒᆞ다'는 '멀다'의 뜻.

ᄉᆞ되 왈,

"만ᄉᆞ(萬事)ㅣ 다 ᄒᆞ늘의 돌여시니 어이 인녁(人力)으로 ᄒᆞ리오. 오늘이 승샹의게 크게 깃븐 ᄂᆞᆯ이니 므ᄉᆞᆫ 다ᄅᆞᆫ 말 ᄒᆞ리오."

십삼이 ᄌᆞ로 눈으로 승샹을 보거ᄂᆞᆯ, 말을 그치고 니러 화원(花園)으로 가니 츈운이 마ᄌᆞ 고두(叩頭)ᄒᆞ야 뵈거ᄂᆞᆯ 승샹이 운(雲)을 보니 더옥 슬허ᄒᆞ믈 ᄎᆞᆷ디 못ᄒᆞ야 눈믈이 흘너 오ᄉᆡ 젓거ᄂᆞᆯ 운 왈,

"승샹아. 오ᄂᆞᆯ이 승샹의 비쳑(悲慽)ᄒᆞ시ᄂᆞᆫ ᄂᆞᆯ이니잇가. 눈믈이 거두시고 운의 말을 드ᄅᆞ쇼셔. 우리 낭ᄌᆞᄂᆞᆫ 본ᄃᆡ 텬선(天仙)이 젹강(謫降)ᄒᆞ엿ᄂᆞᆫ디라. 도로 텬샹(天上)으로 가시던 ᄂᆞᆯ 쳡ᄃᆞ려 니ᄅᆞ시ᄃᆡ, '네 양샹셔긔 하딕ᄒᆞ고 날을 조ᄎᆞᆺ더니 이제 ᄂᆡ 진셰(塵世)을 ᄇᆞ리니 네 모로미 도로 샹셔롤 뫼시라. 샹셰 도라오면 필연 날노 샹회(傷懷)ᄒᆞ시리니 네 내 ᄯᅳᆺ을 샹셔긔 뎐ᄒᆞ라. 내 집의셔 녜폐(禮幣)롤 보낸 후ᄂᆞᆫ ᄆᆞ득 힝노인(行路人)[587]이라. ᄒᆞ믈며 젼일 거문고 드ᄅᆞᆫ 혐의(嫌疑) 이시니 샹셰 만일 과히 슬허ᄒᆞ면 이ᄂᆞᆫ 군명(君命)을 역(逆)ᄒᆞ고 죽은 사ᄅᆞᆷ의게 누덕(累德)[588]을 끼치미라. ᄒᆞ믈며 졔청(祭廳)[589]과 무덤의 곡(哭)ᄒᆞ미 이시면 날을 음분(淫奔)ᄒᆞᆫ 녀ᄌᆞ로 대졉ᄒᆞ미라. 내 눈을 감디 못ᄒᆞ리로다.' ᄯᅩ 니ᄅᆞ샤ᄃᆡ, '샹셰 도라오면 필연 황샹(皇上)이 공쥬의 혼ᄉᆞ(婚事)을 다시 의논ᄒᆞ시리니, 내 드ᄅᆞ니 공쥬의 유ᄒᆞᆫ졍졍(幽閑貞正)ᄒᆞ미 군ᄌᆞ의 ᄇᆡ필이 되염ᄌᆞᆨ다 ᄒᆞ니 부ᄃᆡ 황명(皇命)을 슌죵ᄒᆞ쇼셔.' ᄒᆞ시더이다."

승샹이 이 말을 듯고 더옥 슬허 왈,

"쇼져의 유명(遺命)이 비록 이러ᄒᆞ나 내 어이 슬프디 아니ᄒᆞ리오. ᄒᆞ믈며 쇼졔 죽기을 임ᄒᆞ야 오히려 쇼유(少遊)롤 이러틋 념(念)하니 내 비록 열 번 죽으나 쇼져의 은혜ᄂᆞᆫ 갑기 어려올다."

---

587) 행로인(行路人) : 아무 관계가 없는 사람.

588) 누덕(累德) : 덕을 욕되게 함. 또는 그런 행위.

589) 제청(祭廳) : 장사(葬事) 때에 제사를 지내기 위하여 무덤 옆에 마련한 곳.

인ᄒᆞ여 ᄀᆡᆨ관(客館) 몽ᄉᆞ(夢事)ᄅᆞᆯ 니ᄅᆞ거ᄂᆞᆯ 운 왈,

“쇼졔 분명 텬샹(天上)의 가 겨시도소이다. 만ᄉᆞ(萬事)ㅣ 다 정(定)ᄒᆞ야시니 승샹은 과히 슬허 마ᄅᆞ쇼셔.”

승샹이 ᄀᆞᆯ오샤ᄃᆡ,

“쇼졔 이밧 므ᄉᆞᆫ 말 ᄒᆞ시더뇨.”

운 왈,

“말이 비록 이시나 알외기 어려워 ᄒᆞᄂᆞ이다.”

승샹 왈,

“아모 말이라도 니ᄅᆞ라.”

“쇼졔 ᄒᆞ시ᄃᆡ, ‘내 운낭(雲娘)으로 곳 일신이라. 샹셰 날을 닛디 아니홀딘대 츈낭(春娘)을 ᄇᆞ리디 마ᄅᆞ쇼셔.’ ᄒᆞ시더이다.”

승샹이 더옥 감창(憾愴)ᄒᆞ야 니ᄅᆞᄃᆡ,

“ᄂᆡ 어이 츈낭을 져버리리오. ᄒᆞ믈며 쇼져의 유명(遺命)이 이러ᄒᆞ니 비록 딕녀(織女)로 쳐(妻) ᄒᆞ고 복비(宓妃)[590]로 쳡(妾) 삼아도 츈낭은 잇디 아니ᄒᆞ리라.”

ᄒᆞ더라.

제13회

합근셕화금샹휘명[591](合巹席花錦相輝暎)
헌슈연홍월빵쳔댱(獻壽宴鴻月雙擅場)

명일(明日) 텬ᄌᆞ(天子)ㅣ 인견(引見)ᄒᆞ시고 ᄀᆞᆯ오샤ᄃᆡ,

---

590) 복비(宓妃) : 복희씨(伏羲氏)의 딸. 낙수(洛水)에 익사(溺死)하여 낙수의 신이 되었다 함.

591) 휘명 : ‘휘영(輝暎)’의 오기.

“뎌적 어미(御妹) 혼ᄉᆞ(婚事)를 인ᄒᆞ야 태후낭낭(太后娘娘) 엄명(嚴命)을 ᄂᆞ리오시니 딤심(朕心)이 편(便)티 못ᄒᆞ더니, 이졔 드ᄅᆞ니 뎡녀(鄭女)ㅣ 임의 블ᄒᆡᆼ(不幸)ᄒᆞ니 어미(御妹) 혼ᄉᆞ(婚事)를 경(卿)이 환됴(還朝)ᄒᆞ믈 기ᄃᆞ리ᄂᆞ니, 경이 비록 뎡가(鄭家)를 ᄉᆞ렴(思念)호나 경이 쇼년(少年)이오 ᄒᆞ믈며 대부인(大夫人)을 뫼셔는 대승샹(大丞相) 부듕(府中)에 녀군(女君)이 업술니 업고 위국공(魏國公) 아헌(亞獻)[592]을 궐(闕)티 못ᄒᆞᆯ 거실시, 딤(朕)이 임의 승샹 ᄆᆞ을과 공쥬 궁(宮)을 ᄒᆞᆫᄃᆡ 짓고 기ᄃᆞ리ᄂᆞ니 이제도 어미(御妹) 혼ᄉᆞ를 허(許)티 못ᄒᆞᆯ다.”

승샹이 고두(叩頭) 쥬(奏) 왈,

“신이 젼후 거역ᄒᆞᆫ 죄 맛당 버혐즉 ᄒᆞ거늘 이러ᄐᆞ시 하교(下敎)ᄒᆞ시니 황공ᄒᆞ야 쥭ᄉᆞ올ᄀᆞ ᄒᆞᄂᆞ이다. 신이 젼일 텬명(天命)을 슌죵 못ᄒᆞ믄 실노 인뉸(人倫)의 구ᄋᆡ(拘碍)ᄒᆞ미 이셔 만만(萬萬) 마디 못ᄒᆞᆫ 일이더니, 이제 뎡녀(鄭女)ㅣ 임의 업ᄉᆞ오니 다시 므ᄉᆞᆫ 말을 ᄒᆞ리잇고. 다만 한쳔(寒賤)ᄒᆞᆫ 가문(家門)과 용녈(庸劣)ᄒᆞᆫ 긔딜(氣質)이 금련(禁臠[593])의 맛ᄌᆞᆺ디 아닐가 ᄒᆞᄂᆞ이다.”

샹이 대희(大喜)ᄒᆞ샤 흠텬감(欽天監)[594]의 길일(吉日)을 무ᄅᆞ시니 구월 십이일을 츄턱(推擇)ᄒᆞ야 드리니 여러 날이 ᄀᆞ리디 아녓더라. 샹이 또ᄒᆞᆫ 승샹ᄃᆞ려 니ᄅᆞ샤ᄃᆡ,

“젼일은 혼사(婚事)ㅣ 가부간(可否間)의 잇는 고로 ᄌᆞ셔이 니ᄅᆞ디 아녓더니 딤의게 어미(御妹) 냥인(兩人)이 이시니 다 현슉(賢淑)ᄒᆞᆫ 녀ᄌᆞ(女子)ㅣ라. 이제 한가디로 경의게 ᄂᆞ리오ᄂᆞ니 ᄉᆞ양치 말나.”

승샹이 젼일 몽ᄉᆞ(夢事)를 ᄉᆡᆼ각고 긔특이 녀겨 왈,

592) 아헌(亞獻) : 전통 제례의 순서에서 삼헌(三獻) 중 두 번째로 술잔을 올리는 일. 제주(祭主)의 부인이 잔을 올림.

593) 금련(禁臠) : 임금의 사위. 부마(駙馬). 본래는 천자 외의 다른 사람은 먹을 수 없는 ‘저민 고기’의 뜻.

594) 흠천감(欽天監) : 천문(天文)과 역수(曆數) 등을 관장하는 관서(官署).

"신이 금련(禁臠)의 뻐히미 본디 외람ᄒᆞ온디 ᄒᆞ믈며 두 공쥬를 ᄒᆞᆫ 사룸의게 ᄂᆞ리오믄 구됴(舊祖)에 업순 일이니 신이 어이 감당ᄒᆞ리잇고."

샹 왈,

"경의 공(功)이 지극히 듕(重)ᄒᆞᆫ 고로 일노뻐 갑흐미오, ᄯᅩᄒᆞᆫ 어미(御妹) 냥인(兩人)이 우이(友愛)ᄒᆞ미 지극ᄒᆞ야 뻐나디 말고져 ᄒᆞᄂᆞᆫ 고로 태후낭낭의 특명(特命)이 겨시니 경은 모로미 ᄉᆞ양 말나. ᄯᅩ 궁인(宮人) 딘시(秦氏)ᄂᆞᆫ 본디 ᄉᆞ족(士族)이오 ᄌᆞ식(姿色)이 일지피 겸ᄒᆞ야 문장(文章)이니 어미(御妹) ᄉᆞ랑ᄒᆞᄂᆞᆫ 고로 ᄯᅩᄒᆞᆫ 죵가(從嫁)ᄒᆞ야 잉쳡(媵妾)을 삼아시니 경(卿)을 알게ᄒᆞ노라."

승샹이 고두(叩頭) 샤은(謝恩)ᄒᆞᆯ ᄲᅮᆫ이더라. 이때 영양(榮陽)이 쟝듕에 이션 디 여러 ᄃᆞᆯ이라, 태후를 정셩으로 셤기고 난양(蘭陽)과 딘시(秦氏)로 더브러 졍의(情誼) 골육(骨肉) ᄀᆞᆺᄐᆞ니 후(后)ㅣ 더옥 ᄉᆞ랑ᄒᆞ시더라. 구츄(九秋) 가긔(佳期) 임의 다ᄃᆞ랏ᄂᆞᆫ디라, 영양이 죵용이 후(后)긔 ᄉᆞᆯ오디,

"당초의 난양(蘭陽)으로 더브러 좌ᄎᆞ(坐次) 뎡ᄒᆞ야 안ᄌᆞ미 실노 외람ᄒᆞ디, 낭낭(娘娘)의 양휵(養慉)ᄒᆞ시ᄂᆞᆫ 은덕(恩德)을 외디(外待)ᄒᆞᄂᆞᆫ ᄃᆞᆺᄒᆞ여 본심(本心)을 딕히디 못ᄒᆞ엿더니, 이제 양가(楊家)의 도라가 난양이 오히려 졔일위를 ᄉᆞ양ᄒᆞ면 이ᄂᆞᆫ 쳔고(千古)에 업ᄉᆞᆫ 일이니, 낭낭과 셩샹(聖上)이 이리 뎡(定)ᄒᆞ시믈 ᄇᆞ라ᄂᆞ이다."

난양 왈,

"쇼녜 젼일 됴희(趙姬)595)예 말을 인(引)ᄒᆞ미 졍(正)히 이 일을 위ᄒᆞ미라. 져져(姐姐)ㅣ 덕셩(德性)과 ᄌᆡ흑(才學)이 다 쇼녀의 밋출 배 아닌니 비록 뎡문(鄭門)의 이실디라도 쇼녜 오히려 됴희(趙姬)의 양위(讓位)를 ᄒᆞ려든, 이제 형뎨(兄弟) 된 후 엇디 존비(尊卑) 이시리잇고. 쇼녀ᄂᆞᆫ 비록 둘재 부인이 되여도 왕희(王姬)예 존귀(尊貴)ᄒᆞ믄 손(損)ᄒᆞ미 업거니와,

---

595) 조희(趙姬) : 진문공(晉文公)의 딸로, 조최(趙衰)의 아내가 됨. 조최가 얻어 온 오랑캐 여자에게 적실(嫡室)을 양보함.

만일 졔일위예 거혼즉 낭낭이 져롤 양휵(養慉)ᄒᆞ신 뜻이 어ᄃᆡ 잇ᄂᆞ니잇고. ᄇᆞᄃᆡ 쇼녀의게 졍위(正位)을 ᄉᆞ양ᄒᆞ랴면 진졍으로 양시(楊氏)의 가믈 원티 아니ᄒᆞᄂᆞ이다."

휘 샹긔 무ᄅᆞ신대 샹이 ᄀᆞᆯ오샤ᄃᆡ,

"어미(御妹) 괴로이 ᄉᆞ양ᄒᆞ미 쳔고(千古)에 업ᄉᆞᆫ 뜻이니, 쳥컨ᄃᆡ 아롬다온 뜻을 일워 주어디이다."

휘 올타 ᄒᆞ시고 하교ᄒᆞ야 영양으로 위국(魏國) 좌부인(左夫人)을 봉ᄒᆞ시고 난양을 우부인(右夫人)을 봉ᄒᆞ시고 딘시(秦氏) 본ᄃᆡ 벼슬ᄒᆞᄂᆞᆫ 집 ᄌᆞ손(子孫)이니 슉인(淑人)을 봉ᄒᆞ시고, ᄌᆞ젼(自前) 공쥬 하가(下嫁)ᄒᆞᄂᆞᆫ 녜(禮)ᄂᆞᆫ 대닉(大內)[596] 밧 마을 집의셔 친영(親迎)ᄒᆞ더니 태후 명으로 특별이 쟝듕의셔 ᄒᆡᆼ녜(行禮)ᄒᆞ게 ᄒᆞ시다.

길일(吉日)이 다ᄃᆞ라니 승샹이 닌포옥ᄃᆡ(麟袍玉帶)로 공쥬로 더브러 ᄒᆡᆼ녜(行禮)ᄒᆞ니 위의(威儀)예 셩(盛)ᄒᆞ미 뫼 ᄀᆞᆺᄐᆞ며 믈 ᄀᆞᆺᄐᆞ니 니로 긔록(記錄)디 못ᄒᆞᆯ너라. 녜(禮)롤 맛고 좌(座)의 드니 딘슉인(秦淑人)이 ᄯᅩ혼 녜(禮)로 승샹(丞相)긔 뵈고[597] 공쥬롤 주더라. 이날 삼위(三位) 텬션(天仙)이 일쳐(一處)의 모히니 광ᄎᆡ(光彩) 동방(洞房)의 ᄀᆞ득ᄒᆞ야 오ᄉᆡᆨ(五色) 빗티 섯ᄃᆞ니 승샹이 눈이 현난(眩亂)ᄒᆞ고 졍신이 진탕(震蕩)ᄒᆞ야 스ᄉᆞ로 ᄭᅮᆷ인가 의심ᄒᆞ더라.

이날 영양으로 밤을 디내고 명일 후(后)긔 됴현(朝見)ᄒᆞ니 휘 승샹을 ᄉᆞ연(賜宴)ᄒᆞ시니 샹과 월왕(越王)이 후롤 뫼셔 죵일 즐기고, 뎨이일은 난양으로 밤을 디내고 명일 ᄯᅩ 잔치ᄒᆞ고, 뎨삼일은 딘슉인(秦淑人) 방의 가니 금댱(錦帳)을 디우고 은쵹(銀燭)을 내려 하니 슉인이 믄득 눈물을 흘리거ᄂᆞᆯ 승샹의 경문(驚問) 왈,

"슉인이 즐거온 날 슬허ᄒᆞ니 아니 숨은 회포(懷抱)ㅣ 잇나냐."

596) 대내(大內) : 대전(大殿).
597) 이후에 '모셔 서고 승상이 자리를'의 구절이 누락됨.

슉인 왈,

"승샹이 쳡을 몰나 보시니 쳡을 니즈시믈 알니로소이다."

승샹이 홀연 씨드라 손을 잡고 골오디,

"경이 아니 화쥐(華州) 딘낭즈(秦娘子) ㅣ다."

치봉(彩鳳)이 오열(嗚咽)ᄒᆞ야 소리나는 줄 씨둧디 못ᄒᆞ거늘, 승샹이 낭듕(囊中)으로셔 양뉴ᄉᆞ(楊柳詞)를 니여 노흐니 치봉이 ᄯᅩᄒᆞᆫ 양싱(楊生)의 글을 니여 냥인이 슬프믈 이긔디 못ᄒᆞ야 오리 믹믹(脈脈)ᄒᆞ더니 치봉이 골오디,

"승샹이 다만 양뉴ᄉᆞ(楊柳詞) 인연만 알고 환션시(紈扇詩) 인년을 모ᄅᆞ시ᄂᆞ이다."

샹즈를 열고 글 쁜 부체를 내여 뵈며 첫 긋브터 나죵ᄭᆞ디 닐너 골오디,

"이 다 티후낭낭과 만셰야야(萬歲爺爺)와 공쥬낭낭 은덕(恩德)이로소이다."

승샹 왈,

"화음현(華陰縣)의셔 난병(亂兵)의 ᄯᅥᄅᆞ인 후 경(卿)의 싱존(生存)ᄒᆞ여시믈 아디 못ᄒᆞ야 다시 혼ᄉᆞ(婚事)를 의논ᄒᆞ나 화산(華山)[598]과 위슈(渭水)[599]를 디닐 제ᄂᆞᆫ 면목(面目)의 가싀 걸닌 ᄃᆞᆺᄒᆞ더니 ᄋᆞ놀이야 하놀이 사ᄅᆞᆷ의 원(願)을 좃ᄂᆞᆫ 줄 알과라. 다만 경(卿)을 쇼셩(小星)[600]의 잘ᄒᆞ믈 참괴(慚愧)ᄒᆞ야 ᄒᆞ노라."

치봉 왈,

"쳡이 스ᄉᆞ로 명박(命薄)ᄒᆞᆫ 줄 아라 처엄 유모(乳母) 보닐 제 군즈(君子) ㅣ 만일 뎡혼(定婚)ᄒᆞᆫ 디 이시면 즈원(自願)ᄒᆞ야 쇼실(小室)이 되려 ᄒᆞ던 거시니 이제 왕희(王姬)에 버금 되기를 어이 감히 ᄒᆞᆫ(恨)ᄒᆞ리잇가."

---

598) 화산(華山) : 섬서성(陝西省) 화음현(華陰縣)에 있는 산.

599) 위수(渭水) : 감숙성(甘肅省) 위원현(渭源縣)에서 발원하여 황하(黃河)로 드는 강.

600) 소성(小星) : 첩(妾).

이 밤의 네 졍(情)을 니ᄅᆞ며 새로 즐기기ᄅᆞᆯ 당ᄒᆞ니 졔일 졔이일 밤의셔 더옥 친열(親悅)ᄒᆞ더라. 명일 승샹이 난양공쥬ᄅᆞᆯ 더브러 녕양(滎陽)의 방(房)의 모다 죠용이 잔(盞)을 뎐(傳)ᄒᆞ더니, 영양이 소ᄅᆡᄅᆞᆯ ᄂᆞ죽이 ᄒᆞ야 시녀(侍女)ᄅᆞᆯ 블너 슉인(淑人)을 쳥ᄒᆞ거ᄂᆞᆯ, 승샹이 영양의 소ᄅᆡᄅᆞᆯ 듯고 홀연 심동(心動)ᄒᆞ니, 원간 당초(當初) 뎡부(鄭府)의 가 거ᄆᆞᆫ고 드ᄅᆞᆯ 적 쇼져의 셩음(聲音)을 아ᄂᆞᆫ 고로 완연이 뎡시(鄭氏) ᄀᆞᄐᆞᆷ을 보고 다시 얼굴을 보니 더옥 ᄭᆡ티이ᄂᆞᆫ디라. ᄆᆞᄋᆞᆷ의 ᄉᆡᆼ각ᄒᆞᄃᆡ, ‘셰샹의 ᄀᆞᄐᆞᆫ 사ᄅᆞᆷ도 잇도다. 내 뎡쇼져(鄭小姐)로 더브러 뎡혼(定婚)ᄒᆞᆯ 적 ᄆᆞᄋᆞᆷ의 ᄉᆞᄉᆡᆼ(死生)을 ᄒᆞᆫ가디로 ᄒᆞ려 ᄒᆞ얏더니, 나ᄂᆞᆫ 이제 항려(伉儷)의 즐기오미 잇거ᄂᆞᆯ 쇼져의 외로온 무덤은 어ᄂᆞ 곳의 의탁ᄒᆞ엿ᄂᆞᆫ고.’

이리 ᄉᆡᆼ각ᄒᆞ니 안ᄉᆡᆨ(顔色)이 참연(慘然)ᄒᆞ니, 뎡부인은 혜일[601]ᄒᆞᆫ 녀ᄌᆞ(女子)ㅣ라 어이 그 ᄯᅳᆺ을 모ᄅᆞ리오. 옷기ᄉᆞᆯ 염의고 승샹ᄃᆞ려 무ᄅᆞᄃᆡ,

“쳡은 드ᄅᆞ니, ‘님군이 근심ᄒᆞ면 신하(臣下)ㅣ 근심ᄒᆞᆫ다.’ ᄒᆞ니 녀ᄌᆞ의 군ᄌᆞ 셤기시믄 군신과 ᄀᆞᆺ다 ᄒᆞ니 샹공이 술을 ᄃᆡᄒᆞ야 슬픈 빗치 겨시니 감히 연고(緣故)ᄅᆞᆯ 뭇ᄂᆞ이다.”

승샹이 스ᄉᆞ로 그ᄅᆞᆺᄒᆞᆷ을 ᄭᆡ닷고 달니 말ᄒᆞ기 어려워 바로 ᄃᆡ답ᄒᆞᄃᆡ,

“내 귀쥬(貴主)ᄅᆞᆯ 속이디 아니리니, 쇼유(少遊)ㅣ 젼일 뎡가(鄭家)의 뎡혼(定婚)ᄒᆞ야실 적 뎡시(鄭氏) 녀ᄌᆞᄅᆞᆯ 보앗더니, 이제 영양의 용모(容貌)와 셩음(聲音)이 방블(彷彿)ᄒᆞᆫ 고로 네 일을 ᄉᆡᆼ각ᄒᆞ니 얼굴의 나타나믈 ᄭᅢ닷디 못ᄒᆞ야 부인을 의심ᄒᆞ게 ᄒᆞ니 지극 안심(安心)티 못ᄒᆞ이다.”

영양이 이 말을 듯고 잠간 ᄂᆞᆺ출 븕히더니 안흐로 드러가고 나오디 아니커ᄂᆞᆯ, 승샹이 시녀로 ᄒᆞ야곰 쳥ᄒᆞᆫ대 시녀 ᄯᅩᄒᆞᆫ 나오디 아니ᄒᆞ니, 난양이 ᄀᆞᆯ오ᄃᆡ,

“져져(姐姐)ᄂᆞᆫ 낭낭의 툥ᄋᆡ(寵愛)ᄒᆞ시ᄂᆞᆫ 배라. 셩품이 교오(驕傲)ᄒᆞ야 쳡 ᄀᆞᆺ디 아니ᄒᆞ니 앗가 샹공(相公)이 뎡녀(鄭女)의게 비기시니, 이 일노ᄡᅧ

601) 혜일 : ‘혜힐(慧黠)’의 오기.

미안ᄒᆞ야 ᄒᆞᄂᆞᆫ가 시브이다."

승상이 딘슉인(秦淑人)으로 샤죄(謝罪)ᄒᆞ야 ᄀᆞᆯ오ᄃᆡ,

"쇼유(少遊)ㅣ 쥬후(酒後)에 망발(妄發)ᄒᆞ미 이시니 귀쥬(貴主)ㅣ 나오셔든 당당이 진문공(晉文公)[602]을 효측(效則)ᄒᆞ야 스ᄉᆞ로 가티이리이다."

진시(秦氏) 드러가 이윽ᄒᆞᆫ 후 나와 말을 아니ᄒᆞ거ᄂᆞᆯ 승상이 문 왈,

"귀쥐 무어시라 ᄒᆞ시더뇨."

진시 왈,

"셩(盛)히 노(怒)ᄒᆞ시ᄂᆞᆫ 고로 말ᄉᆞᆷ이 과ᄒᆞ시니 감히 뎐(傳)티 못ᄒᆞᄂᆞ이다."

승샹 왈,

"슉인의 허믈이 아니니 ᄌᆞ시 니ᄅᆞ라."

진시 ᄀᆞᆯ오ᄃᆡ,

"공쥐 ᄒᆞ시기ᄅᆞᆯ, '쳡이 비록 누츄(陋醜)ᄒᆞᄂᆞ 낭낭의 ᄉᆞ랑ᄒᆞ시ᄂᆞᆫ ᄯᆞᆯ이오, 뎡녀(鄭女)ㅣ 비록 고으나 블과 녀염(閭閻) 미쳔(微賤)ᄒᆞᆫ 녀ᄌᆡ라. 녜문(禮文)[603]의, '님군 ᄐᆞ시ᄂᆞᆫ 믈[604]을 보고 굽게 ᄒᆞ여시니,' 믈[605]을 공경ᄒᆞ미 아니라 님군을 공경ᄒᆞ미라. 샹공이 만일 됴뎡(朝廷)을 공경ᄒᆞ실딘대 쳡을 어이 뎡녀(鄭女)의게 비기리잇가. 하믈며 뎡네 남녀의 혐의ᄅᆞᆯ 도라보디 아니ᄒᆞ고 안ᄉᆡᆨ(顔色)을 쟈랑ᄒᆞ며 언어(言語)로 슈작ᄒᆞ니 그 넘나미 이러ᄐᆞᆺ ᄒᆞ고, 혼ᄉᆞ(婚事)의 차라[606]ᄒᆞ믈 ᄒᆞᆫ(恨)ᄒᆞ야 울울이 병(病)을 어더 쳥년의 요ᄉᆞ(夭死)ᄒᆞ니 그 박명(薄命)ᄒᆞ미 이러ᄐᆞᆺ ᄒᆞ니 쳡이 비록

602) 진문공(晉文公) : 진(晉)나라의 문공. 춘추오패(春秋五覇)의 한 사람. 부친 헌공(獻公)이 여희(驪姬)를 사랑하여 그의 형인 태자 신생(申生)을 죽였으므로, 그는 다른 나라로 피신하였다가 진(秦)나라의 도움을 입어 다시 돌아와 제후의 맹주가 되었음.

603) 예문(禮文) : 이는 『예기(禮記)』의 「下公門, 式路馬.」.

604) 믈 : '말(馬)'의 오기.

605) 믈 : '말(馬)'의 오기.

606) 차라 : '차위(差違)'의 오기.

용녈ᄒᆞ나 그윽이 븟그려 ᄒᆞᄂᆞ이다. 노나라 츄호(秋胡)607) ㅣ 황금(黃金)으로ᄡᅧ ᄲᅩᆼ ᄯᆞᄂᆞᆫ 계집을 희롱ᄒᆞ니 그 안해 믈의 ᄲᅡ져 죽으니, 진실노 ᄒᆡᆼ실(行實) 업ᄉᆞᆫ ᄉᆞᄅᆞᆷ으로 ᄲᅡᆨᄒᆞ기ᄅᆞᆯ 븟그려ᄒᆞ미라. 샹공이 임의 뎡녀(鄭女)의 셩음과 용모ᄅᆞᆯ 아니, 이 필연 거문고로 도도고 향(香)을 도적ᄒᆞ미608) 이시리니 ᄒᆡᆼ실의 낫가오미 츄호(秋胡)의게 심(甚)ᄒᆞᆫ디라. 쳡이 비록 녯 사ᄅᆞᆷ의 믈의 ᄲᅡ디기ᄅᆞᆯ 효측(效則)디 못ᄒᆞ나 ᄆᆡᆼ셰ᄒᆞ야 심궁(深宮)의셔 늙으려 ᄒᆞᄂᆞ니 ᄆᆡᄌᆞ(妹子)ㅣ 셩품이 유순ᄒᆞ니 ᄒᆡ로(偕老)ᄒᆞ시믈 ᄇᆞ라ᄂᆞ이다.' ᄒᆞ시더이다."

승샹이 심듕(心中)의 노(怒)ᄒᆞ야 ᄉᆡᆼ각ᄒᆞᄃᆡ,

'텬가(天家) 녀ᄌᆞ(女子)ㅣ 셰(勢) ᄡᅳᆯ거ᄅᆞᆯ 이러ᄐᆞ시 ᄒᆞ니 부마(駙馬) 되기 과연 어렵도다.'

난양ᄃᆞ려 니ᄅᆞᄃᆡ,

"ᄂᆡ 뎡녀로 더브러 셔로 보미 곡졀(曲折)이 잇더니 이제 영양(滎陽)이 음분(淫奔)으로 욕ᄒᆞ니 나는 관겨티 아니ᄒᆞᄃᆡ 죽은 사ᄅᆞᆷ의게 욕(辱)이 밋ᄎᆞ니 가탄(可嘆)이로다."

난양이 니ᄅᆞᄃᆡ,

"내 드러가 져져(姐姐)ᄅᆞᆯ ᄀᆡ유(開諭)ᄒᆞ야 보리이다."

드러가더니 날이 저므도록 쇼식이 업고 방듕(房中)에 임의 등쵹(燈燭)을 베퍼더라. 난양이 시녀로 뎐어(傳語) 왈,

"져져(姐姐)ᄅᆞᆯ ᄇᆡᆨ단(百端) ᄀᆡ유(開諭)ᄒᆞᄃᆡ 도로혀디 아니ᄒᆞ니, 쳡이 당초 져져로 더브러 ᄉᆞᄉᆡᆼ고락(死生苦樂)을 ᄒᆞᆫ가디로 ᄒᆞ랴 ᄒᆞ야시매, 져제

607) 추호(秋胡) : 노(魯)나라 사람으로 진(陳)나라에 벼슬했다가 오 년만에 집으로 돌아오던 중 뽕 따는 미녀에게 황금으로 환심을 사려다 거절당하고 집에 돌아와 보니 그 미녀가 바로 그의 아내였고, 결국 그의 아내는 물에 투신하여 자살했다는 고사가 있음.

608) 향을 도적ᄒᆞ미 : 진(晉)나라 때 가충(賈充)의 딸이 황제가 하사한 향을 훔쳐 한수(韓壽)라는 미남에게 주었다는 고사.

심궁(深宮)의셔 늙으면 쳡이 ᄯᅩᄒᆞᆫ 심궁의셔 늙을디라. 청컨ᄃᆡ 상공은 슉인(淑人)의 방의 가 편히 쉬쇼셔."

승상이 노긔(怒氣) ᄇᆡ 속의 ᄀᆞ득ᄒᆞᄃᆡ ᄎᆞᆷ아 ᄂᆡ셜(內說)티 아니ᄒᆞ고 ᄇᆡᆫ 방의 잇기 크게 무류(無聊)ᄒᆞᆫ디라. 눈으로 진시(秦氏)ᄅᆞᆯ 보니 진시 촉블을 들고 승상을 뫼셔 제 방으로 가 금노(金爐)의 향(香)을 픠오고 샹아상(象牙牀)의 금금(錦衾)을 펴고 승상ᄃᆞ려 니ᄅᆞᄃᆡ,

"쳡이 비록 쳔ᄒᆞᆫ 사ᄅᆞᆷ이나 일즉 녜문(禮文)[609]을 드ᄅᆞ니, '안해 잇디 아니ᄒᆞ거든 쳡이 뫼시미 밤을 당치 아니ᄒᆞᆫ다.' ᄒᆞ니 샹공은 스ᄉᆞ로 평안ᄒᆞ쇼셔. 쳡은 믈너가ᄂᆞ이다."

쳔연(天然)이 니러 가니 승상이 만뉴(挽留)ᄒᆞᆷ을 곤(困)히 너겨 이시라 아니ᄒᆞ나, 이날 경샹(景狀)이 ᄌᆞ못 ᄂᆡᆼ담(冷淡)ᄒᆞ더라. ᄆᆞᄋᆞᆷ의 ᄉᆡᆼ각ᄒᆞᄃᆡ, '이 무리 결당(結黨)ᄒᆞ여 댱부(丈夫)ᄅᆞᆯ 곤케 ᄒᆞ니 내 어이 제게 빌니오. 내 젼일 뎡가(鄭家) 화원(花園)의 이실적 나ᄌᆞᆫ 십낭[610]으로 더브러 쥬루(酒樓)의 가 술을 취ᄒᆞ고 밤은 츈낭(春娘)을 ᄃᆡᄒᆞ야 술 먹고 일ᄉᆡᆼ 쾌(快)티 아닐 젹이 업더니 이제 부마 된 삼일의 사ᄅᆞᆷ의 절졔(節制)ᄅᆞᆯ 바드니,' ᄆᆞᄋᆞᆷ의 번뇌(煩惱)ᄒᆞ야 챵(窓)을 열고 보니 은하슈(銀河水)ㅣ 금겸[611]의 드리웟고 ᄃᆞᆯ빗치 ᄯᅳᆯ희 ᄀᆞ득ᄒᆞ여거ᄂᆞᆯ, 신을 ᄭᅳ을고 옥계(玉階) 우희셔 ᄇᆡ회ᄒᆞ다가 영양의 방을 ᄇᆞ라보니 사챵(紗窓)의 블빗티 반듯반듯ᄒᆞ거ᄂᆞᆯ ᄉᆡᆼ각ᄒᆞᄃᆡ, '궁인(宮人)들이 지금 자지 아녓도다. 영양이 아니 날을 속여 이리 보내고 도로 왓ᄂᆞᆫ가.'

신 소ᄅᆡᄅᆞᆯ 업시 ᄒᆞ고 나아가니 방듕(房中)의셔 두 공쥬의 담쇼(談笑)와 샹뉵(雙六)[612] 치ᄂᆞᆫ 소ᄅᆡ 나거ᄂᆞᆯ 챵 틈을 여어 보니, 진시(秦氏) 공쥬 알

609) 예문(禮文) : 이는 『예기(禮記)』의 「妻不在, 妾御不取當夕.」.
610) 십낭 : '십삼낭(十三郞)'의 오기.
611) 금겸 : '금성(禁城)'의 오기. 궁성(宮城).
612) 쌍륙(雙六) : 두 사람 또는 두 편이 15개씩의 말을 가지고 2개의 주사위를 굴려 사위대로 판 위에 말을 써서 먼저 나가면 이기는 놀이.

픠셔 훈 녀즈로 더브러 샹뉵판을 디ᄒᆞ야 ᄇᆞ야흐로 홍(紅)을 빌며 ᄇᆡᆨ(白)을 브ᄅᆞ거놀, 그 녀지 몸을 두로혀 쵹화(燭火)를 집거놀 보니 졍히 츈운(春雲)이라. 원간 운(雲)이 뎡시(鄭氏) 대례(大禮) 밋쳐 관광ᄒᆞ라 드러왓디 여러 날이로디 몸을 감초와 승상을 뵈디 아녓더라. 승상이 경아(驚訝)ᄒᆞ야 ᄉᆡᆼ각ᄒᆞ디, '츈낭은 어이 이에 왓ᄂᆞᆫ고. 일뎡 공쥬(公主)ㅣ 보려 블너 왓도다.'

홀연 ᄎᆡ봉(彩鳳)이 샹뉵판을 더디며, "그져 치기 흥(興)이 업ᄉᆞ니 츈낭즈로 더브러 나기를 ᄒᆞ여디라."

츈운이 ᄀᆞᆯ오디,

"운은 궁(窮)훈 사ᄅᆞᆷ이라. 나기를 이긔여 훈 잔 술과 훈 그릇 음식을 어더도 다ᄒᆡᆼᄒᆞ려니와 슉인(淑人)은 귀쥬를 뫼셔 궁듕의 뫼셔 거쳐ᄒᆞ니 몸의 금슈(錦繡)를 념(厭)ᄒᆞ고 입의 팔진(八珍)을 믈녀시니 이 츈낭으로 ᄒᆞ야곰 므어ᄉᆞ로 판을 노흐라 ᄒᆞ시ᄂᆞ니잇고."

ᄎᆡ봉 왈,

"내 지거든 몸의 의샹(衣裳) 슈식(首飾)을 츈낭즈의 구ᄒᆞᄂᆞᆫ 바를 앗기지 아닐 거시니, 낭지 지거든 나의 쳥ᄒᆞᄂᆞᆫ 바를 드롤다. 이 일이 낭즈의게ᄂᆞᆫ 허비(虛費)ᄒᆞ미 업ᄉᆞ리라."

운 왈,

"므슴 일이니잇고."

ᄎᆡ봉 왈,

"내 젼일 냥위(兩位) 귀쥬(貴主)ㅣ ᄉᆞ어(私語)ᄒᆞ시거놀 드ᄅᆞ니, '츈낭지 귀신이 되어 승샹을 속이다.' ᄒᆞ디 내 곡졀을 아디 못ᄒᆞ니 낭지 지거든 녯말 삼아 ᄌᆞ셔이 니ᄅᆞ라."

츈운이 샹뉵판을 밀티고 영양을 도라보며 닐오디,

"쇼져 야야. 우리 쇼졔 츈운을 샤랑ᄒᆞ시더니 이런 말을 공쥬(公主)긔 ᄒᆞ시니 슉인(淑人)이 드롤 졔 뉘 아니 드ᄅᆞ리잇가. 운(雲)이 이제ᄂᆞᆫ 남 볼 낫치 업ᄂᆞ이다."

ᄎᆡ봉이 쇼 왈,

"츈낭ᄌᆡ아. 어이 츈낭ᄌᆞ의 쇼져(小姐)ㅣ고. 우리 영양공쥬는 승상 부인이시고 위국공(魏國公) 쇼군(小君)613)이시니 나히 아모리 져므신들 도로 츈낭의 쇼제 되시랴."

츈낭 왈,

"십년 브ᄅᆞ던 입을 블시(不時)의 곳치리잇가. ᄭᅩᆺ가지 다토와 ᄲᅡ호던 일이 어제로온 ᄃᆞᆺᄒᆞ니 공쥬 부인을 두려 아니ᄒᆞᄂᆞ이다."

난양이 웃고 뎡부인ᄃᆞ려 무러 왈,

"츈낭의 말을 ᄌᆞ셰이 듯디 못ᄒᆞ야시니 승상이 과연 속으시니잇가."

부인 왈,

"어이 속지 아녀시리오. 다만 겁내고 두려 ᄒᆞᄂᆞᆫ 양을 보려 ᄒᆞ엿더니 이완ᄒᆞ기 심ᄒᆞ야 귀신 아쳐홀614) 줄을 모ᄅᆞ니, 호ᄉᆡᆨ(好色)ᄒᆞᄂᆞᆫ 사ᄅᆞᆷ을 ᄉᆡᆨ듕아귀(色中餓鬼)라 ᄒᆞ미 녯 말이 그ᄅᆞ디 아니ᄒᆞ니 귀신이 엇디 귀신을 두리리잇가."

모다 대쇼ᄒᆞ더라. 승샹이 ᄇᆡ야흐로 영양이 뎡시(鄭氏)ㄴ 줄 알고 네 일을 ᄉᆡᆼ각ᄒᆞ니 졍(情)을 이긔디 못ᄒᆞ야 창을 열고 드러가고져 ᄒᆞ다가 홀연 ᄉᆡᆼ각ᄒᆞᄃᆡ, '제 날을 속이려 ᄒᆞ니 내 ᄯᅩᄒᆞᆫ 저룰 속이이라.' ᄒᆞ고 가마니 진시(秦氏) 방의 도라와 ᄌᆞ리의 자더니, 명일(明日)의 진시 와 시녀ᄃᆞ려 무ᄅᆞᄃᆡ,

"승샹이 니러 겨시냐."

"니지 아녀 겨시니이다."

진시 즘장615) 밧긔 오리 ᄃᆡ령(待令)ᄒᆞ여다가 ᄒᆡ 놉도록 승샹이 니디 아

613) 소군(小君) : 제후(諸侯)의 아내.
614) 아쳐홀 : 싫어할. 기본형은 '아쳐ᄒᆞ다'.
615) 즘쟝 : 간막이 휘장.

니ᄒᆞ고 잇다감 신음ᄒᆞᄂᆞᆫ 소릐ᄅᆞᆯ ᄒᆞ거ᄂᆞᆯ, 진시 나아가 무ᄅᆞᄃᆡ,

"샹공이 편티 못하신 긔운(氣運)이니잇가."

승샹 짐즛 눈을 놉히 ᄯᅳ고 사ᄅᆞᆷ을 몰나 보고 잇다감 헛말 ᄒᆞ거ᄂᆞᆯ 진시 무ᄅᆞᄃᆡ,

"샹공이 어이 셤어(譫語)ᄒᆞ시ᄂᆞ니잇가."

승샹이 오릐 황홀ᄒᆞ여 ᄒᆞ다가 ᄇᆡ야흐로 진시ᄅᆞᆯ 아라보고 니ᄅᆞᄃᆡ,

"새도록 귀신(鬼神)으로 더브러 말ᄒᆞ니 긔운이 어이 편ᄒᆞ리오."

진시 다시 무ᄅᆞᄃᆡ ᄃᆡ답디 아니ᄒᆞ고 도라 눕거ᄂᆞᆯ, 진시 민망ᄒᆞ여 시녀로 ᄒᆞ여곰 공쥬와 부인긔 통ᄒᆞᄃᆡ,

"승샹이 긔운이 편티 못ᄒᆞ시니 수히 와 보쇼셔."

뎡시 왈,

"작일(昨日)의 셩ᄒᆞᆫ 사람이 므ᄉᆞᆫ 병이 이시리오. 블과 우리ᄅᆞᆯ 쳥ᄒᆞ미로다."

이윽고 진시 와 니ᄅᆞᄃᆡ,

"승샹이 황홀ᄒᆞ야 사ᄅᆞᆷ을 몰나 보고 어두온 ᄃᆡᄅᆞᆯ 향ᄒᆞ여 헛말을 긋디 아니ᄒᆞ니 셩샹(聖上)긔 알외고 태의(太醫)[616]ᄅᆞᆯ 보게 ᄒᆞ여디이다."

이리 의논ᄒᆞᆯ 제 후(后)ㅣ 드ᄅᆞ시고 공쥬ᄅᆞᆯ 블너 ᄎᆡᆨ(責)ᄒᆞ시ᄃᆡ,

"너희 승샹을 속여 희롱ᄒᆞ며 병이 잇다 ᄒᆞᄃᆡ 가 보디 아니ᄒᆞ니 어인 도리뇨. 급히 문병(問病)ᄒᆞ고 만일 진실노 병이 잇거든 태의의게 하교(下敎)ᄒᆞ리라."

뎡부인(鄭夫人)이 마디 못ᄒᆞ야 공쥬로 더브러 승샹 잇ᄂᆞᆫ ᄃᆡ 나아가 당샹(堂上)의 머믈고 난양이 진시ᄅᆞᆯ 드려 보내니 승샹이 공쥬ᄅᆞᆯ 오래 보다가 ᄢᅵ티ᄂᆞᆫ 거동(擧動)을 ᄒᆞ며 기리 탄ᄒᆞ고,

"ᄂᆡ 목숨이 쟝ᄎᆞ 진(盡)ᄒᆞ게 되여시니 이제 서로 영결(永訣)ᄒᆞ려 ᄒᆞᄂᆞ니 영양은 어ᄃᆡ 잇ᄂᆞ니잇고."

---

616) 태의(太醫) : 궁궐 내에서 임금이나 왕족의 병을 치료하던 의원. 어의(御醫).

공쥐 왈,

"샹공이 병이 업ᄉᆞ시니 어이 이런 말을 ᄒᆞ시나뇨."

승샹 왈,

"내 작야(昨夜) ᄉᆞ몽비몽간(似夢非夢間)의 뎡녀(鄭女)ㅣ 날을 언약을 져ᄇᆞ리다 ᄒᆞ고 노ᄒᆞ야 칙(責)ᄒᆞ며 진쥬(眞珠)를 우희여[617] 쥬거놀 바다 먹어 뵈니 이는 흉(凶)ᄒᆞᆫ 됴(兆)ㅣ오, 눈을 ᄀᆞᆷ으면 뎡녀 내 알ᄑᆡ 셔시니 내 명(命)이 오래디 아니ᄒᆞᆯ 거시니 영양을 보고져 ᄒᆞ노라."

말을 ᄆᆞᆺ디 못ᄒᆞ고 ᄯᅩ 혼곤(昏困)ᄒᆞᆫ 거동을 ᄒᆞ며 어두온 ᄃᆡ롤 향ᄒᆞ야 셤어(譫語)ᄒᆞ거놀 난양이 민망이 녀겨 나와 뎡부인ᄃᆞ려 니ᄅᆞᄃᆡ,

"승샹 병이 의심(疑心)으로 나시니 져져(姐姐) 곳 아니면 곳티디 못ᄒᆞ리라."

ᄒᆞ고 승샹의 말을 니ᄅᆞ거놀 부인이 반신반의(半信半疑)ᄒᆞ야 머뭇거리거놀 난양이 잇그러 드러가니 승샹이 오히려 셤어ᄒᆞᄃᆡ 다 뎡쇼져로 더브러 ᄒᆞ는 말이어놀 난양이 소릭ᄒᆞ야 니로ᄃᆡ,

"영양 져져(姐姐)ㅣ 와시니 눈을 ᄯᅥ 보쇼셔."

승샹이 손을 드러 닐고져 ᄒᆞ거놀, 진시 나아가 븟드러 안치니 승샹이 냥공쥬ᄃᆞ려 닐오ᄃᆡ,

"쇼유(少遊)ㅣ 황은(皇恩)을 닙어 냥공쥬(兩公主)로 더브러 ᄒᆡ로(偕老)ᄒᆞ믈 ᄇᆞ라더니 날을 ᄃᆞ려가려 지촉ᄒᆞ는 ᄉᆞ람이 이시니 머므디 못ᄒᆞᆯ노다."

부인 왈,

"승샹은 이식지군ᄌᆞ(理識之君子)ㅣ라. 어이 이런 고이ᄒᆞᆫ 말숨을 ᄒᆞ시나뇨. 셜ᄉᆞ 뎡녀의 쇠잔(衰殘)ᄒᆞᆫ 녕혼(靈魂)이 이시나 구듕궁궐(九重宮闕)의 빅신(百神)이 호위(護衛)ᄒᆞ야시니 제 어이 드러와 침노(侵擄)ᄒᆞ리잇고."

승샹 왈,

"제 시방 닉 겻ᄒᆡ 서시니 어이 업다 ᄒᆞ느뇨."

---

617) 우희여 : 움키어. 기본형은 '우희다'.

난양이 춤디 못ᄒᆞ야 ᄀᆞᆯ오ᄃᆡ,

“녜 사ᄅᆞᆷ이 활 그림쟈ᄅᆞᆯ 보고 비암노을[618]을 어덧더니[619] 승샹이 그러ᄒᆞ시도다. 승샹이 뎡쇼져의 귀신을 보시노라 ᄒᆞ시니 사롯는 뎡시(鄭氏)ᄅᆞᆯ 보시면 어이리잇고.”

승샹이 다만 머리ᄅᆞᆯ 흔들거ᄂᆞᆯ 뎡부인이 ᄀᆞᆯ오ᄃᆡ,

“승샹이 산 뎡녀ᄅᆞᆯ 보고져 ᄒᆞᆯ진ᄃᆡ 쳡이 곳 뎡시(鄭氏) 경파(瓊貝)로소이다.”

승샹 왈,

“어이 이럴 니 이시리오.”

난양 왈,

“우리 낭낭이 뎡시ᄅᆞᆯ 사랑ᄒᆞ샤 공쥬ᄅᆞᆯ 봉ᄒᆞ야 쳡으로 더브러 군ᄌᆞᄅᆞᆯ 셤기게 ᄒᆞ시니이다. 진짓 말이라. 그러티 아니면 져져의 음용(音容)이 뎡쇼져와 ᄀᆞᆺᄐᆞ리잇고.”

승샹이 ᄃᆡ답디 아니ᄒᆞ고 오라게야 니ᄅᆞᄃᆡ,

“뎡가의 이실 제 뎡쇼져의 비ᄌᆞ(婢子) 츈운(春雲)이라 할 쟈(者)ㅣ 니게 ᄉᆞ환(使喚)ᄒᆞ더니 블너 보고 니ᄅᆞᆯ 말이 이셰라.”

난양 왈,

“츈운이 져져ᄅᆞᆯ 시방 드러왓ᄂᆞ이다.”

운이 챵외(窓外)예 ᄃᆡ령ᄒᆞ야다가 드러와 뵈고,

“샹공 귀톄(貴體) 엇더ᄒᆞ시니잇고.”

승샹 왈,

“츈운만 잇고 모다 잠간 나가라.”

냥부인(兩夫人)이 슉부인으로 더브러 창외(窓外)의셔 기ᄃᆞ리더니, 승샹

618) 비암노을 : 뱀으로 인해 얻은 정신이 혹란(惑亂)한 병, ‘노을 → ᄂᆞ을’은 ‘벌레’의 뜻.

619) 활 그림쟈ᄅᆞᆯ 보고 비암노을을 어덧더니 : 진(晉)나라 때 악광(樂廣)의 고사.

이 쇼셰(梳洗)ᄒᆞ야 의관(衣冠)을 정졔(整齊)히 ᄒᆞ고 운(雲)으로 ᄒᆞ야곰 삼인(三人)을 쳥ᄒᆞ니, 츈운이 우음을 먹음고 삼인ᄃᆞ려 니ᄅᆞᄃᆡ,

“샹공이 쳥ᄒᆞ시ᄂᆞ이다.”

ᄒᆞᆫ가지로 드러가니 승샹이 머리의 화양건(華陽巾)620)을 ᄡᅳ고 몸의 궁금포(宮錦袍)621)ᄅᆞᆯ 입고 손의 ᄇᆡᆨ옥여의(白玉如意)622)ᄅᆞᆯ 쥐고 안식623)의 비겨시니, 긔상(氣像)이 츈풍(春風) ᄀᆞᆺ고 정신(精神)이 츄슈(秋水) ᄀᆞᆺᄐᆞ니 반졈(半點) 병ᄉᆡᆨ(病色)이 업ᄉᆞᆫ디라. 부인이 속은 줄 알고 미미히 웃고 머리ᄅᆞᆯ 숙여시니 공쥐 무ᄅᆞᄃᆡ,

“샹공 병휘 엇더ᄒᆞ시니잇고.”

승샹이 정ᄉᆡᆨ 왈,

“쇼ᄉᆡᆼ 본ᄃᆡ 병이 업ᄉᆞᄃᆡ 요ᄉᆞ이 풍속이 그ᄅᆞᆺ되여 부녀(婦女)ㅣ 결당(結黨)ᄒᆞ여 지아븨 속이믈 방ᄌᆞ히 ᄒᆞ니 일노 병이 니럿ᄂᆞ이다.”

난양과 슉인이 다 우음을 먹음고 ᄃᆡ답디 못ᄒᆞ더니 뎡부인 왈,

“이 일은 쳡 등의 알 배 아니니 샹공이 병을 곳치려 ᄒᆞ실진ᄃᆡ 태후낭낭긔 무ᄅᆞ쇼서.”

승샹이 춤디 못ᄒᆞ야 대쇼ᄒᆞ고 뎡부인ᄃᆞ려 니ᄅᆞᄃᆡ,

“쇼ᄉᆡᆼ 후ᄉᆡᆼ(後生)의 부인 만나기ᄅᆞᆯ 졈복(占卜)ᄒᆞ더니 이 아니 ᄭᅮᆷ이니잇가.”

부인 왈,

“다 태후낭낭과 황상(皇上) 셩은(聖恩)이며 난양공쥬의 은혜라.”

ᄒᆞ고 난양과 ᄒᆞᆫ가지로 됴현(朝見)ᄒᆞ야 위ᄎᆞ(位次) ᄉᆞ양ᄒᆞ던 말을 니ᄅᆞ니,

---

620) 화양건(華陽巾) : 도사(道士)나 은거하는 사람이 쓰는 두건(頭巾).

621) 궁금포(宮錦袍) : 궁중에서 입는, 비단으로 만든 도포.

622) 백옥여의(白玉如意) : 백옥으로 만든 여의. 여의는 법회나 설법 때 법사가 손에 드는 물건. 대・나무・뿔・쇠 따위로 ‘심(心)’ 자를 나타내는 고사리 모양의 머리가 있고, 한 자쯤의 자루가 달려 있음. 본래는 등을 긁는 도구였으나, 중국이나 우리나라에서는 일반적으로 법구(法具)의 하나로 썼음.

623) 안식 : ‘안석(案席)’의 오기. 몸을 기대어 앉는 방석.

승샹이 난양의게 사례 왈,

"공쥬의 셩덕(盛德)은 고인(古人)의 밋디 못홀 배라. 쇼위 갑흘 길이 업ᄉ니 오딕 빅슈히로(白首偕老)ᄒ믈 원ᄒᄂ이다."

난양이 사례 왈,

"이 다 져져(姐姐) 덕셩(德性)이 텬심(天心)을 감동ᄒ게 ᄒ미니 쳡이 므순 공이 이시리잇고."

ᄒ더라. 태휘 궁인을 블너 승샹을 문병ᄒ시거늘, 슉인이 ᄒᆞᆫ가지로 후(后)긔 승샹 말솜을 알왼딕 태휘 쇼 왈,

"내 원간 의심(疑心)ᄒ다."

ᄒ시고 승샹을 인견(引見)ᄒ시니, 승샹이 냥공쥬(兩公主)로 더브러 태후(太后)긔 문안ᄒ니 휘 왈,

"드ᄅ니 승샹이 녯날 뎡녀(鄭女)의 인연을 일우다 ᄒ니 가쟝 쾌(快)ᄒᆞᆫ 일이로다."

승샹이 ᄀᆞᆯ오딕,

"셩은(聖恩)이 호탕(浩蕩)ᄒ샤 텬디됴화(天地造化)로 더브러 다ᄅ미 업ᄉ시니, 신(臣)이 몸을 ᄇ려도 만일(萬一)을 갑기 어렵도소이다."

태휘 왈,

"우연이 희롱ᄒ미니 므순 은혜리오. 다만 승샹이 쇼녀(小女)롤 ᄇ리디 아니ᄒ면 늙은 몸을 갑흐미라."

승샹이 고두(叩頭)ᄒ야 명을 밧더라. 이날 텬ᄌ(天子)ㅣ 션졍뎐(宣政殿)의 됴회(朝會)롤 바드실시 군신이 숣오딕,

"요ᄉ이 경셩(景星)[624] 뵈고 감노(甘露)ㅣ 나리며 황하슈(黃河水)ㅣ ᄆᆞᆰ고 히 운(運)이 년풍(年豐)ᄒ고 삼진졀토ᄉ[625] ᄯ흘 드리고 드러와 됴회(朝會)ᄒ니, 이 다 셩덕(聖德)의 닐위신 배니이다."

---

624) 경성(景星) : 경사(慶事)가 있을 때 나온다는 별.
625) 삼진졀토ᄉ : '삼진졀도ᄉ(三鎭節度使)'의 오기.

샹이 겸양ᄒᆞ야 공을 신하의게 도라 보내시더라. 군신이 ᄯᅩ ᄉᆞᆯ오ᄃᆡ,

"양쇼쉬 교틱(嬌態)ᄒᆞᆫ 손이 되여 퉁쇼ᄅᆞᆯ ᄇᆞ러 봉황(鳳凰)을 길드리노라 진누(秦樓)의 ᄂᆞ리디 아니ᄒᆞ니 묘당(廟堂)626) 졍ᄉᆞ(政事)ㅣ ᄌᆞ못 젹톄(積滯)ᄒᆞ여ᄂᆞ이다."

샹이 대쇼ᄒᆞ시고 ᄀᆞᆯ오샤ᄃᆡ,

"태후낭낭이 년일(連日)ᄒᆞ야 인견(引見)ᄒᆞ시니 시러곰 나가디 못ᄒᆞ미라. 이제 낭낭이 ᄂᆡ여 보내리라."

ᄒᆞ시더라. 승샹이 됴당(朝堂)의 나아가 국ᄉᆞ(國事)ᄅᆞᆯ 다ᄉᆞ리더니, 샹쇼(上疏)ᄒᆞ야 말믹ᄅᆞᆯ 어더 어미 ᄃᆞ려오믈 쳥ᄒᆞ여거ᄂᆞᆯ 샹이 허ᄒᆞ시고 수히 오믈 당부ᄒᆞ시다. 양쇼쉬 십뉵(十六)의 집을 ᄯᅥ나 삼ᄉᆞ년간의 승샹(丞相) 위의(威儀)와 위국공(魏國公) 인슈(印綬)627)로 고향의 도라가 모친긔 뵈오니, 뉴부인(柳夫人)이 깃브미 극ᄒᆞ야 눈믈을 흘니더라. 승샹이 부인을 뫼셔 길을 나니 졔도방빅(諸道方伯)과 ᄌᆞᄉᆞ(刺史) 현녕(縣令)이 분쥬ᄒᆞ야 비힝(陪行)ᄒᆞ니 영화(榮華) 광ᄎᆡ(光彩) 비길 ᄃᆡ 업더라. 승샹이 낙양(洛陽)을 디날 제 셤월(蟾月) 경홍(驚鴻)을 ᄎᆞᄌᆞ니 니ᄅᆞᄃᆡ,

"경ᄉᆞ(京師)로 간 디 오릭다."

ᄒᆞ거ᄂᆞᆯ 승샹이 서로 어긋나믈 ᄎᆞ탄(嗟嘆)ᄒᆞ고 여러 ᄂᆞᆯ 힝ᄒᆞ야 대궐 가 슉비(肅拜)ᄒᆞ니 냥궁(兩宮)이 인견(引見)ᄒᆞ시고 금은(金銀) ᄎᆡ단(彩緞) 열 술위628)ᄅᆞᆯ 샹ᄉᆞ(賞賜)ᄒᆞ샤 대부인긔 헌슈(獻壽)629)ᄒᆞᄅᆞ ᄒᆞ시다. 승샹이 튁일(擇日)ᄒᆞ야 뉴부인을 뫼셔 나라히셔 샹ᄉᆞ(賞賜)ᄒᆞ신 새 집의 들고, 뎡부인과 난양공쥐 진슉인을 거ᄂᆞ려 폐빅(幣帛)을 밧드러 신부(新婦)의 녜

626) 묘당(廟堂) : 원래는 중국에서 황제의 조상들을 제향하는 종묘(宗廟)에서 비롯되어, 왕궁의 정전(正殿) 또는 왕이 정사(政事)를 돌보는 정당(政堂)의 뜻으로 사용됨.

627) 인수(印綬) : 관인(官印)의 끈. 관인이란 천자(天子) 이하 여러 관리의 관직이나 작위를 표시하는 인(印)이며, 수(綬)는 그 인의 고리에 맨 30cm 정도의 끈.

628) 술위 : 수레.

629) 헌수(獻壽) : 장수(長壽)를 비는 뜻으로 술잔을 올림.

(禮)롤 힝ᄒᆞ니, 위의(威儀)의 거록홈과 부인의 깃거ᄒᆞ믄 언어로 형용티 못 홀너라.

승상이 냥궁(兩宮) 주신 금은(金銀)으로 삼일을 년(連)ᄒᆞ야 슈연(壽宴)을 비셜(排設)홀ᄉᆡ 텬ᄌᆞ(天子)ㅣ ᄉᆞ악(賜樂)ᄒᆞ시고 ᄂᆡ외빈ᄀᆡᆨ(內外賓客)이 됴정(朝廷)을 기우려더라. 승샹이 ᄎᆡ의(彩衣)롤 다ᄉᆞ리고 냥공쥬로 더브러 ᄇᆡᆨ옥비(白玉杯)롤 밧드러 뉴부인긔 헌슈(獻壽)ᄒᆞ니 부인이 크게 즐기고 ᄉᆞ좌(四座)ㅣ 칭하(稱賀)ᄒᆞ더니, 혼쟈(閽者)630)ㅣ 알외되,

"문외(門外)의 녀ᄌᆞ(女子) 냥인(兩人)이, '셤월(蟾月) 경홍(驚鴻)이로다.' ᄒᆞ고, 대부인과 냥부인긔 문안 드리ᄂᆞ이다."

승샹이 ᄀᆞᆯ오되,

"홍월(鴻月) 냥인이 왓도다."

냥인 오믈 뉴부인긔 알외고 드러오라 ᄒᆞ니, 냥인이 당하(堂下)의셔 고두(叩頭)ᄒᆞ거ᄂᆞᆯ, 모든 빈ᄀᆡᆨ(賓客)이 니ᄅᆞ되,

"낙양(洛陽) 계셤월(桂蟾月)과 하븍(河北) 뎍경홍(狄驚鴻)의 일흠을 드런 디 오라더니 과연 졀ᄉᆡᆨ(絶色)이랏다. 양승샹의 풍뉴(風流) 곳 아니면 어이 이 사ᄅᆞᆷ을 닐위리오."

ᄒᆞ더라.

홍월(鴻月)이 ᄡᅡᆼ(雙)으로 진쥬(眞珠) 신으로 비단 자리의 올나, 긴 ᄉᆞ매로 여상무631)롤 추니 지ᄂᆞᆫ ᄭᅩᆺ과 나ᄂᆞᆫ 가야지 츈풍(春風)의 나븟기고 구롬 그림재 댱듕(帳中)의 도라지니, 한궁(漢宮) 비연(飛燕)632)이 셰상의 다시

---

630) 혼자(閽者) : 문지기.

631) 여상무 : '예상무(霓裳舞)'의 오기. 당(唐)나라 현종(玄宗)이 천인(天人)의 무악(舞樂)을 본따 지었다는 악곡에 붙인 춤. '예상'은 '무지개와 같이 아름다운 치마'라는 뜻.

632) 비연(飛燕) : 조비연(趙飛燕). 한(漢)나라 조임(趙臨)의 딸. 가무(歌舞)를 배워 몸이 가볍기가 나는 제비 같았으므로 비연이라 하였음. 절세의 미인으로서 여동생 합덕(合德)과 함께 성제(成帝)의 후궁이 되었으며, 뒤에 황후(皇后)가 되었다가 평제(平帝) 때에 서민으로 내침을 받고 자살함.

나고 녹쥬(綠珠)633)ㅣ 죽디 아녓ᄂᆞᆫ디라. 뉴부인과 공쥬 금쥬치단(金珠彩緞)으로 홍월을 샹ᄉᆞᄒᆞ고 진슉인은 셤월노 더브러 녯말ᄒᆞ고 반기며 슬허ᄒᆞ고 뎡부인은 별(別)노 옥잔(玉盞)을 부어 듕미(仲媒)롤 사례ᄒᆞ더니, 뉴부인이 승샹ᄃᆞ려 니ᄅᆞᄃᆡ,

"너희 ᄒᆞᆫ갓 셤월(蟾月)을 샤례ᄒᆞ고 나의 표미(表妹)634)롤 니ᄌᆞ니 어이 은혜롤 갑ᄂᆞᆫ다 ᄒᆞ리오."

ᄒᆞ고 사ᄅᆞᆷ을 보내여 ᄌᆞ쳥관(紫淸觀)의 가 무ᄅᆞ니 나가 운유(雲遊)ᄒᆞ연 디 삼년이로ᄃᆡ 도라오디 아녓다 ᄒᆞ거ᄂᆞᆯ 부인이 차탄ᄒᆞ믈 마디 아니ᄒᆞ더라.

제14회

낙유원회엽투츈ᄉᆡᆨ(樂遊原會獵鬪春色)
유벽거쵸요고635)풍광(油壁車招搖占風光)

홍월(鴻月)이 드러온 후 승샹(丞相) 뫼신 사ᄅᆞᆷ이 졈졈 만흔디라, 승샹이 각각 거쳐(居處)ᄒᆞᄂᆞᆫ ᄃᆡ로 졍ᄒᆞ니, 뎡당(正堂) 명호(名號)ᄂᆞᆫ 경복당(慶福堂)이니 뉴부인(柳夫人) 겨신 곳이ᄀᆞ, ᄀᆞ 알픈 연희당(燕喜堂)이니 좌부인 뎡시(鄭氏)일 경복당 셔ᄂᆞᆫ 봉슈궁636)이니 난양공쥬 거ᄒᆞ고, 연희당 알픈 응향각(凝香閣)이니 그 알픈 쳥하루(淸霞樓)ㅣ니 이 두 집은 승샹이 거쳐ᄒᆞ고 궁듕(宮中)의셔 잔치ᄒᆞᄂᆞᆫ 곳이오, 누(樓) 알픈 티ᄉᆞ당637)이오 그 알픈 녜현당(禮賢堂)이니 이 두 집은 승샹이 빈ᄀᆡᆨ(賓客)을 보며 공ᄉᆞ

---

633) 녹주(綠珠) : 진(晉)나라 부자인 석숭(石崇)의 애첩(愛妾)으로 피리를 잘 불었음.
634) 표매(表妹) : 외종 사촌 누이.
635) 고 : '점(占)'의 오기.
636) 봉슈궁 : '봉쇼궁(鳳簫宮)'의 오기.
637) 티ᄉᆞ당 : '최ᄉᆞ당(催事堂)' 혹은 '태ᄉᆞ당(太史堂)'의 오기. 노존B본에는 '최사당'으로, 노존A본에는 '태사당'으로 적혀 있음.

(公事) ᄒᆞᄂᆞᆫ 집이오, 봉슈당 남녁히 진원(秦院)이 이시니 슉인 진ᄎᆡ봉(秦彩鳳)의 거쳐ᄒᆞᄂᆞᆫ 곳이오, 연희당 동남히 영츈합(迎春閤)이니 가츈운(賈春雲)의 집이오, 쳥하루 동셔의 각각 쇼루(小樓)ㅣ 이시니 녹창(綠窓)과 쥬란(朱欄)이 극히 화려ᄒᆞ고 힝각(行閣)을 지어 쳥하루와 응향각이 년(連)ᄒᆞ야시니 동은 화산누요 셔는 대궐누[638]니 계셤월(桂蟾月)과 뎍경홍(狄驚鴻)의 잇ᄂᆞᆫ 곳이러라.

궁듕의 풍뉴(風流)ᄒᆞᄂᆞᆫ 녀기(女妓) 팔ᄇᆡᆨ여인(八百餘人)의 ᄌᆡ조와 ᄉᆡᆨ(色)을 극히 ᄀᆞᆯᄒᆡ여 좌우부(左右部)ᄅᆞᆯ ᄂᆞᆫ화시니, 좌부(左部) ᄉᆞᄇᆡᆨ은 셤월이 거ᄂᆞ렷고 우부(右部) ᄉᆞᄇᆡᆨ은 경홍이 겨ᄂᆞ려 가무(歌舞)와 관현(管絃)을 가ᄅᆞ쳐 달마다 쳥하루의 세번식 모다 두 편 ᄌᆡ조ᄅᆞᆯ ᄒᆞᄃᆡ, 잇다감 승상과 부인이 대부인을 뫼셔 친히 등졔(等第)ᄒᆞ야 냥편(兩便) 교ᄉᆞ(敎師)ᄅᆞᆯ 샹벌(賞罰)ᄒᆞᆯ식, 이긔ᄂᆞᆫ 쟈ᄂᆞᆫ 삼잔 술을 샹(賞)ᄒᆞ고 머리의 ᄎᆡ화(彩花) 일지(一枝)ᄅᆞᆯ 쏫고, 못 이긔ᄂᆞᆫ ᄒᆞᆫ 그릇 믈을 벌(罰)ᄒᆞ고 니마의 먹 ᄒᆞᆫ 뎜(點)을 직으니, 이러므로 ᄌᆡ죄 졈졈 졍슉(精熟)ᄒᆞ야 위부(魏府)와 월궁(越宮) 녀악(女樂)이 텬하의 유명ᄒᆞ고 비록 황뎨의 니원뎨ᄌᆞ(梨園弟子)[639]라도 밋디 못ᄒᆞᆯ너라.

ᄒᆞᆯᄂᆞᆫ 냥부인이 제 낭ᄌᆞ로 더브러 말솜ᄒᆞ더니 승샹이 손에 ᄒᆞᆫ 편지ᄅᆞᆯ 가디고 드러와 난양을 주며 왈,

"이곳 월왕(越王)의 편디라."

난양이 펴 보니 ᄒᆞ야시ᄃᆡ,

"뎌적의 국가(國家)ㅣ 다ᄉᆞ(多事)ᄒᆞ고 공ᄉᆞ(公私)ㅣ 피폐(疲弊)ᄒᆞ야 낙유원(樂遊原)과 곤명지(昆明池)[640]에 ᄂᆞᄂᆞᆫ 사ᄅᆞᆷ이 끈혀져 가무(歌舞) ᄒᆞ

---

638) 대궐누 : '대월루(待月樓)'의 오기.

639) 이원제자(梨園弟子) : 이원은 당(唐) 현종(玄宗)이 속악(俗樂)을 익히게 하던 곳. 이원제자는 이원에서 속악이나 배우술(俳優術)을 배우던 사람.

640) 곤명지(昆明池) : 섬서성(陝西省) 장안현(長安縣)에 있는 못. 한(漢) 무제(武帝)가 수군(水軍)을 훈련하기 위하여 장안성(長安城) 서쪽에 판 못.

는 싸히 오히려 거츤 플이 되엿더니, 이제 셩샹(聖上) 위덕(威德)과 승샹(丞相) 근노(勤勞)ᄒᆞ믈 힘닙어 텬하(天下)ㅣ 태평(太平)ᄒᆞ고 빅셩이 안낙(安樂)ᄒᆞ니 거연이 텬보(天寶)641) 적 셩(盛)ᄒᆞᆫ 일을 졈졈 회복(回復)ᄒᆞᆯ디라. 봄빗티 늣디 아녓고 ᄭᅩᆺ과 버들이 졍히 아름다와시니 원컨ᄃᆡ 승샹으로 더브러 낙유원의 모다 산영ᄒᆞ야 태평긔상(太平氣像)을 돕고져 ᄒᆞᄂᆞ니 승샹이 만일 맛당ᄒᆞ다 ᄒᆞ실진ᄃᆡ 긔약(期約)을 뎡ᄒᆞ쇼셔."
ᄒᆞ엿더라.

공쥐 웃고 승샹ᄃᆞ려 왈,

"월왕 형의 편지 ᄯᅳ즐 아ᄅᆞ시ᄂᆞ니잇가."

승샹 왈,

"므ᄉᆞᆫ 깁흔 ᄯᅳ지 이시리오. ᄭᅩᆺ과 화류시졀(花柳時節)의 놀고져 ᄒᆞ미니 귀공ᄌᆞ(貴公子)의 녜ᄉᆞ(例事) 일이라."

공쥐 왈,

"승샹은 모ᄅᆞ시ᄂᆞ이다. 이 형의 됴화ᄒᆞᄂᆞᆫ 바ᄂᆞᆫ 미ᄉᆡᆨ(美色)과 풍악(風樂)이라. 궁듕의 졀ᄉᆡᆨ가인(絶色佳人)이 ᄒᆞ나둘이 아니러니 요ᄉᆞ이 ᄒᆞᆫ 춍희(寵姬)ᄅᆞᆯ 어드니 무챵인(武昌人)642)이니 명(名)은 옥연(玉燕)이라. 내 비록 보디 아녀시나 얼골과 ᄌᆡ죄 텬하의 독보(獨步)ᄒᆞᆫ다 ᄒᆞ니 내 ᄯᅳᆺ의ᄂᆞᆫ 월왕이 우리 궁듕의 미인이 이시믈 듯고 왕개(王愷)643) 셕슝(石崇)644)과 결우기ᄅᆞᆯ 효측(效則)ᄒᆞ민가 ᄒᆞᄂᆞ이다."

승샹이 쇼 왈,

"나ᄂᆞᆫ 범연(泛然)이 보아더니 월왕의 ᄯᅳ들 공쥐 알니로다."

뎡부인 왈,

641) 천보(天寶) : 당(唐) 현종(玄宗)의 연호(年號).
642) 무창인(武昌人) : 무창은 호북성(湖北省)의 현(縣)의 이름.
643) 왕개(王愷) : 진(晉)나라 사람. 석숭(石崇)과 부(富)를 다투었다 함.
644) 석숭(石崇) : 진(晉)나라 사람. 해상 무역을 통해 거부가 되어 금곡(金谷)의 별장에서 호사를 누림.

"비록 노름노리 일인들 어이 남의게 지리잇고."

눈으로 홍월(鴻月) 냥인을 보며 니르딕,

"군ᄉ(軍士)롤 십년을 쳐도[645] 쓰기는 ᄒ로 아춤의 잇다 ᄒ니, 오늘날 일은 젼쥬(專主) 그딕 냥인(兩人)의게 돌녀시니 모르미 힘쁠지어다."

셤월 왈,

"천쳡은 감히 당치 못ᄒ리로소이다. 월궁(越宮) 풍악(風樂)이 텬하(天下)의 일흠 나고 무챵(武昌) 녀기(女妓) 옥연(玉燕)의 일흠을 뉘 아니 드러시리잇가. 쳡이 남의게 우이믄 관겨치 아니ᄒ딕 실노 우리 위부(魏府)롤 욕먹일가 두려ᄒᄂ이다."

승샹 왈,

"내 낙양(洛陽)셔 셤낭(蟾娘)을 처엄 만날 제 강남(江南) 만옥연(萬玉燕)의 쳥누삼졀(青樓三絶)이란 말을 드러더니 이 벅벅이 그 사름이로다. 비록 그러ᄒ나 쳥누삼졀 듕의 봉뇽봉추[646]롤 어더시니, 항우(項羽)[647]의 ᄒᆫ 범증(范增)[648]을 두리리오."

공쥐 골오딕,

"월왕의 희쳡(姬妾) 듕의 미식(美色)이 만흐니 ᄯᅩᄒᆫ 옥연(玉燕)분 아니

---

645) 쳐도 : 양성해도.

646) 봉뇽봉추 : '복뇽봉추(伏龍鳳雛)'의 오기. 복룡은 제갈량(諸葛亮), 봉추는 방통(龐統). 모두 삼국시대 촉(蜀)나라의 정치가로 유비(劉備)의 모신(謀臣).

647) 항우(項羽) : 중국 진(秦)나라 말기에 유방(劉邦)과 천하를 놓고 다툰 무장. 이름은 적(籍). 우(羽)는 자(字). BC 209년 진승(陳勝)과 오광(吳廣)의 난으로 진나라가 혼란에 빠지자, 봉기하여 진군을 도처에서 무찌르고 서초(西楚)의 패왕(霸王)이라 칭하였음. 그러나 해하(垓下)에서 한왕(漢王) 유방에게 포위되어 자살하였음.

648) 범증(范增) : 초(楚)나라 항우(項羽)의 모신(謀臣). 범증이 유방(劉邦)의 세력이 점점 강해지는 것을 경계하여 항우에게 유방을 없애야 한다고 주장하고, 유방은 범증을 비방하는 소문을 퍼뜨려 범증과 항우를 이간하니, 항우가 헛소문을 믿고 범증을 멀리하자 범증은 벼슬을 물러나 등창을 앓다가 죽고 항우도 유방에게 패함.

니이다."

셤월 왈,

"쳡은 실노 이긔기를 뎡티 못ᄒᆞᄂᆞ니 홍낭(鴻娘)ᄃᆞ려 무ᄅᆞ쇼셔. 쳡은 담약(膽弱)ᄒᆞᆫ 사ᄅᆞᆷ이라. 이 말을 듯더니 목굼기 가닐가닐ᄒᆞ야 노ᄅᆡ를 못 브ᄅᆞᆯ가 시브고 ᄂᆞᆺ조치 ᄯᅡᆨ근ᄯᅡᆨ근ᄒᆞ니 분가싀[649]조차 도드려 ᄒᆞᄂᆞ이다."

경홍이 분연(憤然)ᄒᆞ야 ᄀᆞᆯ오ᄃᆡ,

"셤낭ᄌᆞ(蟾娘子)ㅣ아, 거즛말가 진짓말가. 우리 냥인(兩人)이 관동(關東)[650] 칠십여 쥬(州)ㅣ예 횡힝(橫行)ᄒᆞ야 유명ᄒᆞᆫ 미ᄉᆡᆨ(美色)과 일홈난 풍뉴(風流)를 아니 보니 업ᄉᆞᄃᆡ 아모 제도 남의게 져 보디 아녀시니 엇디 홀로 옥연(玉燕)의게 ᄉᆞ양ᄒᆞ리오. 셰상의 경셩경국(傾城傾國)ᄒᆞᄂᆞ 니부인(李夫人)[651]과 운우(雲雨)ᄒᆞᄂᆞᆫ 션녀(仙女)[652]ㅣ 이시면 오히려 일분(一分)을 ᄉᆞ양ᄒᆞ려니와, 그러티 아니ᄒᆞ면 내 어이 져를 두리리오."

셤월 왈,

"홍낭ᄌᆞ(鴻娘子)ㅣ아, 말을 어이 이리 쉽게 ᄒᆞᄂᆞ뇨. 우리 관동에 이실 제ᄂᆞᆫ 블과 단니ᄂᆞᆫ 곳이 태슈(太守) 방빅(方伯)의 못곳지[653]오, 겸(兼)ᄒᆞ야 강젹(强敵)을 만나디 못ᄒᆞ엿거니와, 이제 월왕뎐하(越王殿下)ᄂᆞᆫ 텬샹(天上)의셔 ᄉᆡᆼ댱(生長)ᄒᆞ야 눈 놉기 뫼 ᄀᆞᄐᆞ며 옥연(玉燕)이 ᄯᅩᄒᆞᆫ 일홈 아ᄅᆡ 션비니 어이 젹게 너겨 보리오."

인ᄒᆞ야 승샹긔 ᄉᆞᆯ오ᄃᆡ,

"홍낭이 스ᄉᆞ로 착ᄒᆞᆫ 냥 ᄒᆞ더니 쳡이 ᄯᅩᄒᆞᆫ 홍낭의 단쳐(短處)를 알외리

---

649) 분가싀 : 분(粉)가시. 분(粉)의 독(毒)으로 인해 얼굴에 생기는 것.
650) 관동(關東) : 함곡관(函谷關) 이동(以東)의 땅.
651) 이부인(李夫人) : 한(漢) 무제(武帝)의 부인. 아름답고 춤을 잘 추었으나 일찍 죽음.
652) 운우(雲雨)ᄒᆞᄂᆞᆫ 션녀(仙女) : 무산(巫山)에서 초(楚)의 양왕(襄王)이 꿈에 본 신녀(神女)가 하룻밤을 지내고 떠나면서 '아침에는 구름이 되고 저녁에는 비가 되어' 나타날 것이라고 한 데에서 비롯됨.
653) 못곳지 : 모꼬지. 놀이나 잔치 또는 그 밖의 일로 여러 사람이 모이는 일.

이다. 홍낭이 처음으로 승상을 조촐 졔 연왕(燕王)의 쳔니마(千里馬)롤 타고 한단(邯鄲)[654] 쇼년(少年)인 쳬 ᄒᆞ야 승상을 속이니, 언마 경영(輕盈) 뇨라(嫋娜)ᄒᆞᆫ ᄐᆡ도(態度)ㅣ이면 남ᄌᆞ(男子)만 너겨 보시리오. 제 ᄯᅩ 처엄으로 승상긔 승은(承恩)ᄒᆞᆯ 제 어두은 밤의 쳡의 몸을 가탁ᄒᆞ니 이 니ᄅᆞᆫ바 사ᄅᆞᆷ을 인ᄒᆞ야 일을 일운 쟈(者)ㅣ라. 이제 도로혀 쳡을 향ᄒᆞ야 큰 말을 ᄒᆞ니 아니 우으니잇가."

경홍이 ᄀᆞᆯ오ᄃᆡ,

"심ᄒᆞ다. 인심(人心)이 측냥(測量)키 어려오미여. 쳔쳡이 승상을 좃디 못ᄒᆞᆫ 젼(前)은 셤낭(蟾娘)이 날 기리기롤 텬상인(天上人)쳐럼 ᄒᆞ다가, 이제 니ᄅᆞ러ᄂᆞᆫ 나모라믈 ᄒᆞᆫ 돈도 ᄡᆞ디 못ᄒᆞ게 ᄒᆞ니, 이 블과(不過) 쳡을 더럽다 아니시니 셤낭이 젼춍(專寵)을 못ᄒᆞ야 투긔(妬忌)ᄒᆞᄂᆞᆫ도소이다."

졔 낭지 대쇼(大笑)ᄒᆞ더라. 뎡부인 왈,

"홍낭의 ᄐᆡ도(態度)ㅣ 셤약(纖弱)ᄒᆞ미 브죡ᄒᆞ미 아니라 승상의 ᄒᆞᆫ ᄡᅡᆼ 눈이 본ᄃᆡ 쳥명(淸明)티 못ᄒᆞ니, 일노 홍낭의 갑시 나리디 아니려니와 셤낭의 말은 확논(確論)이라. 녀ᄌᆞ(女子)ㅣ 남복(男服)으로 사ᄅᆞᆷ 속이ᄂᆞᆫ 니ᄂᆞᆫ 필연(必然) 부녀(婦女)의 ᄌᆞᄐᆡ(姿態) 브죡(不足)ᄒᆞ미오, 남ᄌᆞ(男子)ㅣ 녀쟝(女粧)으로 사ᄅᆞᆷ 속이ᄂᆞᆫ 쟈ᄂᆞᆫ 필연 댱부(丈夫)의 긔골(氣骨)이 업ᄉᆞᆫ 재라."

승샹이 쇼 왈,

"부인의 말은 날을 긔롱(譏弄)ᄒᆞ미어니와 ᄯᅩᄒᆞᆫ ᄒᆞᆫ ᄡᅡᆼ 눈이 쳥명(淸明)티 못ᄒᆞ미라. 부인은 내 얼골을 잔망(孱妄)타 나모라나 능연각(凌烟閣)은 나모라디 아니터이다."

모다 대쇼ᄒᆞ더라. 셤낭 왈,

"강적(强敵)과 ᄃᆡ진(對陣)ᄒᆞ야 회ᄒᆡ(詼諧)만 ᄒᆞ리잇가. 우리 냥인(兩人)으로만은 밋디 못ᄒᆞᆯ 거시니 가유인(賈孺人)을 ᄃᆞ려 가ᄉᆞ이다. 월왕(越王)

---

654) 한단(邯鄲) : 중국 하북성(河北省) 남서부에 있는 도시.

은 밧 사름이 아니시니 슉인(淑人)인들 므슨 일 못 가리잇가."

딘시(秦氏) 골오딕,

"홍월 낭낭즈(兩娘子)야, 진사(進士) 과거(科擧)의 들며 우리롤 가쟈 ᄒᆞ면 ᄒᆞᆫ 곳치 도으려니와, 가무(歌舞)ᄒᆞᄂᆞᆫ 싸히 우리롤 다려다가 무어시 ᄡᅳ리오."

츈운 왈,

"가무(歌舞)롤 못ᄒᆞᆯ디라도 다만 남의게 우일 거시면 거록ᄒᆞᆫ 못거디[655]의 관광(觀光)코져 아니리잇고마는, 쳡이 가게 되면 승상이 남의게 우이시고 공쥬낭낭 근심을 씨칠 거시니 츈운은 못 갈소이다."

공쥐 쇼 왈,

"츈낭이 가기로 어이 우이며 ᄯᅩ 엇디 나의 근심이 되리오."

운 왈,

"비단 힝보셕(行步席)[656]을 펴고 구룸 댱막(帳幕)을 거두치며 양승샹 춍쳡(寵妾) 가유인(賈孺人) 나온다 ᄒᆞ고 봉두구면(蓬頭垢面)으로 사룸을 놀내면 우리 승샹을 등도ᄌᆞ(登徒子)[657]의 병(病)을 두어 겨시다 아니하리잇가. 월왕뎐하(越王殿下)ᄂᆞᆫ 하ᄂᆞᆯ 사룸이시니 일싱(一生) 더러온 거ᄉᆞᆯ 보디 아냐 겨시다가 누누ᄒᆞ야[658] 토(吐)ᄒᆞ시면 공쥬낭낭이 어이 아니 근심ᄒᆞ시리잇가."

공쥬 왈,

"심ᄒᆞ다, 츈낭의 겸ᄉᆞ(謙辭)여. 츈낭이 사룸으로셔 귀신인 쳬 ᄒᆞ더니 이

---

655) 못거디 : 모꼬지. 놀이나 잔치 또는 그 밖의 일로 여러 사람이 모이는 일.

656) 행보석(行步席) : 귀한 손님이나 신랑 신부를 맞을 때 마당에 까는 좁고 긴 돗자리.

657) 등도자(登徒子) : 송옥(宋玉)이 지은 「등도자호색부(登徒子好色賦)」에 나오는 호색가(好色家). 그의 아내가 봉두구면(蓬頭垢面)이었으나, 그녀를 좋아해 아들 다섯을 두었음. 이로 인해 호색히면서도 예쁘고 미운 것을 가리지 않는 사람을 등도자라 불렀음.

658) 누누ᄒᆞ야 : 느글느글하여.

제는 셔ᄌᆞ(西子)659)룰 무염(無鹽)660)이라 ᄒᆞ니 츈낭의 말은 미들 거시 업술노다."

승샹ᄃᆞ려 무ᄅᆞᄃᆡ,

"답쟝(答狀)을 어ᄂᆞ 날노 맛초시니잇가."

"납월(臘月)661) 명일(明日)노 못자 ᄒᆞ야ᄂᆞ이다."

홍월이 놀나 ᄀᆞᆯ오ᄃᆡ,

"냥부(兩部) 교방(敎坊)662)의 미리 녕(令)을 ᄂᆞ리오샤이다."

녕(令)이 ᄒᆞᆫ번 나리니 위부(魏府) 졔ᄌᆞ(弟子) 팔빅여 인이 얼골을 다ᄉᆞ리며 풍뉴(風流)도 ᄉᆞ습(私習)ᄒᆞ고 거문고 줄도 곳쳐 메우며 치마 허리롤 각별 잘나 브ᄃᆡ 남의게 지지 아니려 ᄒᆞ더라.

명일(明日) 승샹이 일 니러 융복(戎服)663)의 좌우(左右)의 궁시(弓矢)롤 차고 눈빗 ᄀᆞᆺ튼 쳔니슉상마664)롤 타고 산영ᄒᆞᆯ 군ᄉᆞ(軍士) 삼쳔(三千)을 죠발(調發)ᄒᆞ야 셩남(城南)으로 향ᄒᆞ니 셤월(蟾月) 경홍(驚鴻)이 결속(結束)을 신션(神仙)ᄀᆞᆺ티 ᄒᆞ고 비룡(飛龍)ᄀᆞᆺ튼 ᄆᆞᆯ긔 ᄂᆞ라올나 슈(繡)신으로 은등ᄌᆞ(銀鐙子)665)롤 편히 드ᄃᆡ고 옥(玉)ᄀᆞᆺ튼 손으로 진쥬(眞珠) 곳비롤 가빅야이 희롱ᄒᆞ며 승샹 뒤희 ᄀᆞᆺ가이 뫼셔 셧고 녀기(女妓) 팔빅(八百)이 단쟝(丹粧)을 극히 빗나게 ᄒᆞ야 뒤흘 조차 듕노(中路)의셔 월왕을 만나니 월궁(越宮) 군용(軍容)의 셩ᄒᆞᆷ과 녀악(女樂)의 번화(繁華)ᄒᆞ믄 더

659) 서자(西子) : 오(吳)나라 임금 부차(夫差)의 총희(寵姬)였던 월(越)나라의 미녀 서시(西施).

660) 무염(無鹽) : 제(齊)나라 선왕(宣王)의 후(后)이며 추녀(醜女)인 종리춘(鍾離春). 무염은 그의 출생지.

661) 납월(臘月) : 음력 섣달.

662) 교방(敎坊) : 궁중에서 음악과 창우(倡優)를 교습하던 곳.

663) 융복(戎服) : 철릭과 주립(朱笠)으로 된 옛 군복. 무신이 입었으며 문신도 전쟁이 일어났을 때나 임금을 호종(扈從)할 때에는 입었음.

664) 쳔니슉상마 : '쳔니슉상마((千里驌驦馬)'의 오기. 준마(駿馬)의 일종.

665) 은등자(銀鐙子) : 은으로 만든 등자. 등자는 말을 탈 때 발을 디디는 제구(諸具).

옥 형용(形容)ᄒᆞ야 니ᄅᆞ디 못ᄒᆞᆯ너라.

월왕이 승샹으로 더브러 ᄆᆞᆯ을 ᄀᆞᆯ와 홈긔 힝ᄒᆞ며 무러 ᄀᆞᆯ오ᄃᆡ,

"승샹 타신 ᄆᆞᆯ이 어ᄂᆞ ᄯᅡ 죵뉴(種類)ㅣ니잇고."

승샹 왈,

"대완(大宛)[666]셔 나거니와 대왕 타신 바도 완마(宛馬)ᄂᆞᆫ가 시브이다."

왕 왈,

"졍히 올타. 이 ᄆᆞᆯ 일홈은 쳔니부운총(千里浮雲驄)이라 ᄒᆞᄂᆞ니 쟉츄(昨秋)의 텬ᄌᆞ(天子)를 뫼셔 샹님원(上林苑)[667]의셔 산영ᄒᆞᆯ 적 일만 ᄆᆞᆯ이 ᄇᆞ람 ᄀᆞᆺᄐᆞᄃᆡ 이 ᄆᆞᆯ게 밋출 ᄆᆞᆯ이 업ᄉᆞ니 댱부마(張駙馬)의 도화춍(桃花驄)과 니쟝군(李將軍)의 오츄마(烏騅馬)[668]를 셰상의 업다고 쟈랑ᄒᆞ더니 이 ᄆᆞᆯ긔는 다 못 이긔니이다."

승샹 왈,

"샹년(上年) 번국(藩國) 칠 제 험ᄒᆞᆫ 길과 깁흔 구릉의 사ᄅᆞᆷ이 발을 브치디 못ᄒᆞᄃᆡ 이 ᄆᆞᆯ은 디나기를 평디(平地)ᄀᆞᆺ치 ᄒᆞ니 쇼유(少遊)의 일우믄 이 ᄆᆞᆯ 힘이라. 쇼뉘 도라온 후의 벼술이 블의(不意)에 놉하 날마다 편ᄒᆞᆫ 교ᄌᆞ(轎子)로 완완(緩緩)이 됴뎡(朝廷)의 나아가니, 사ᄅᆞᆷ과 ᄆᆞᆯ이 오랜즉 한가ᄒᆞ여 병(病)이 날가 시브니 쳥컨ᄃᆡ 왕(王)으로 더브러 ᄒᆞᆫ 번 채를 드러 거름을 시험ᄒᆞ야 보샤이다."

월왕이 대열(大悅)ᄒᆞ야 ᄀᆞᆯ오ᄃᆡ,

"내 ᄯᅳᆺ이 ᄯᅩᄒᆞᆫ 그러ᄒᆞ이다."

죵쟈(從者)ᄃᆞ려 닐너 두 집 빈긱(賓客)과 녀악(女樂)은 미리 막ᄎᆞ(幕次)의 가 기ᄃᆞ리라 ᄒᆞ고 졍히 ᄆᆞᆯ을 채 치려 ᄒᆞ더니, ᄆᆞ득 ᄒᆞᆫ 사ᄉᆞᆷ이 군병(軍

666) 대완(大宛) : 서역(西域) 나라 가운데 하나. 지금의 아프가니스탄.

667) 상림원(上林苑) : 섬서성(陝西省) 장안현(長安縣)에 있는 원(苑)의 이름. 진(秦)나라의 황제가 사냥 하며 노닐던 곳.

668) 오추마(烏騅馬) : 검은 털에 흰 빛이 섞인 말. 초(楚)나라의 항우(項羽)가 탔다는 준마(駿馬).

兵)의 ᄡᅩ치여 ᄡᅱ여 월왕의 겻흐로 디내치거ᄂᆞᆯ 월왕이 쟝ᄉᆞ(將士)로 ᄡᅩ라 ᄒᆞ니 여러히 ᄡᅩᄃᆡ 맛치디 못ᄒᆞ거ᄂᆞᆯ, 왕이 노(怒)ᄒᆞ야 ᄆᆞᆯ긔 ᄡᅱ여 ᄂᆡᄃᆞ라 ᄒᆞᆫ 살노 사슴의 겨드랑을 맛쳐 업더디니 듕군(衆軍)이 쳔셰(千歲)ᄅᆞᆯ 브ᄅᆞ더라. 승샹이 칭찬 왈,

"대왕의 신젼(神箭)은 네양왕[669]의 밋디 못ᄒᆞ리로소이다."

왕 왈,

"어이 족히 니ᄅᆞ리오. 승샹의 샤법(射法)을 ᄯᅩᄒᆞᆫ 보고져 ᄒᆞᄂᆞ이다."

졍히 니ᄅᆞᆯ 제 구름 ᄉᆞ이에 쳔아(天鵝)[670] ᄒᆞᆫ ᄡᅡᆨ이 급히 ᄂᆞ라 오ᄅᆞ니 듕군(衆軍)이 고 왈,

"이 즘ᄉᆡᆼ이 뉴의 잡기 어려오니 맛당이 ᄒᆡ동쳥(海東靑)[671]을 노을 거시라."

ᄒᆞᆫᄃᆡ 승샹이 웃고 왈,

"아ᄃᆡᆨ 날회라."

ᄒᆞ고 허리 ᄉᆞ이로셔 텬ᄌᆞ(天子) 주신 보궁(寶弓)과 금비젼(金飛箭)을 ᄲᅡ혀 몸을 번ᄃᆡ쳐 ᄒᆞᆫ살노 텬아(天鵝)의 머리ᄅᆞᆯ 마쳐 ᄆᆞᆯ 아ᄅᆡ ᄣᅥ러지니, 왕이 크게 기려 왈,

"승샹 묘ᄌᆡ(妙才)ᄂᆞᆫ 사ᄅᆞᆷ의 밋출 배 아니로소이다."

냥인(兩人)이 산호ᄇᆡᆨ옥편(珊瑚白玉鞭)을 드러 ᄒᆞᆷ긔 ᄯᅥᆯ치니 두 ᄆᆞᆯ이 별이 흐ᄅᆞ고 번게 치ᄃᆞᆺ ᄒᆞ야 슌식(瞬息) ᄉᆞ이에 큰 들을 디나쳐 놉흔 언덕의셔 풍경(風景)을 ᄇᆞ라며 활 ᄡᅩ고 칼 ᄡᅳᄂᆞᆫ 법(法)을 의논(議論)ᄒᆞ더니, 죵쟈(從子)ㅣ 비로소 ᄯᆞᆷ을 흘리고 ᄯᆞ라와 손조 잡은 즘ᄉᆡᆼ의 고기ᄅᆞᆯ 구어 은반(銀盤)의 담아 드리거ᄂᆞᆯ, 냥인이 슈플에 ᄂᆞ려 플을 ᄭᆞᆯ고 안자 ᄎᆞᆺ던 칼

669) 네양왕 : '녀양왕(汝陽王)'의 오기. 당(唐) 현종(玄宗) 때의 사람으로 활을 잘 쏘았다고 하는 이진(李璡)을 말함. 이진이 활을 잘 쏘아 현종이 사랑하여 여양왕에 봉했다고 함.

670) 천아(天鵝) : 고니.

671) 해동청(海東靑) : 송골매.

을 ᄲᅢ혀 고기롤 베혀 두어 그릇 술을 거후ᄅᆞ고 먼니 ᄇᆞ라보니, 븕은 옷 입은 관원(官員)이 여러 사ᄅᆞᆷ을 ᄃᆞ리고 셩듕(城中) 길노셔 밧비 ᄃᆞᆯ녀 오더니 죵쟈(從子)ㅣ 알외ᄃᆡ,

"냥궁(兩宮)의셔 셩은[672]ᄒᆞ시ᄂᆞ이다."

냥인이 날회여 댱막(帳幕)의 가 기ᄃᆞ리더니 냥궁(兩宮) 태감(太監)이 황봉어쥬(黃封御酒)[673]롤 부어 권ᄒᆞ고 텬ᄌᆞ(天子)ㅣ 어졔시(御製詩)롤 ᄂᆞ리워 겨시거ᄂᆞᆯ 냥인이 고두(叩頭) ᄉᆞ비(四拜)ᄒᆞ야 술을 먹고 각각 화답(和答)ᄒᆞᄂᆞᆫ 시(詩)롤 지어 손조 ᄡᅧ 태감(太監)을 주어 보내니라.

이윽고 냥가(兩家) 빈ᄀᆡᆨ(賓客)이 ᄎᆞ례로 안고 쥬찬(酒饌)을 드리니, 약대[674] 등과 셩셩(猩猩)[675]의 입시울은 프른 가마의셔 나고 남월(南越) 녀지(荔枝)[676]와 영가(永嘉)[677] 황감(黃柑)은 옥반(玉盤)의 버러시니, 왕모(王母)[678]의 요디(瑤地) 잔치ᄂᆞᆫ 아디 못ᄒᆞ거니와 인간(人間) 진찬(珍饌)은 업ᄂᆞᆫ 거시 업더라. 냥가(兩家) 녀악(女樂)이 쳔인(千人)이 좌(座)롤 둘너시니 빗난 빗ᄎᆞᆫ 일쳔(一千) 나모 버들과 쏫치 고은 거ᄉᆞᆯ 아이고 풍뉴(風流) 소ᄅᆡᄂᆞᆫ 곡강(曲江) 믈이 쓸코 죵남산(終南山)[679]이 움즉이더라. 술이 반취(半醉)ᄒᆞ매 왕이 승상ᄃᆞ려 왈,

"승샹의 권ᄋᆡ(眷愛)ᄒᆞ믈 입어 구구(區區)ᄒᆞᆫ 졍(情)을 표ᄒᆞᆯ 거시 업셔

---

672) 셩은 : '션온(宣醞)'의 오기. 임금이 신하에게 술을 내려 줌.

673) 황봉어주(黃封御酒) : 임금이 내려 주는 술.

674) 약대 : 낙타.

675) 성성(猩猩) : 성성이. 오랑우탄.

676) 여지(荔枝) : 중국 남부 원산의 과일. 열매는 둥글며 지름 3cm 정도로 겉에 돌기와 더불어 거북의 등처럼 생겼고, 과육은 시고 달며 독특한 향기가 있음.

677) 영가(永嘉) : 절강성(折江省) 영가현(永嘉縣).

678) 왕모(王母) : 서왕모(西王母). 『산해경(山海經)』에 따르면, 서방의 곤륜산(崑崙山)에 사는, 사람 얼굴에 호랑이의 이빨, 표범의 털을 가진 신인(神人)이라고 함. 그러나 일반적으로는 불사(不死)의 약을 가지고 있는 선녀라고 전해짐.

679) 종남산(終南山) : 중국 섬서성(陝西省) 서안(西安) 남쪽에 있는 산으로, 예로부터 도사들이 사는 곳으로 유명함.

쇼쳡(少妾) 수인(數人)을 ᄃᆞ려 왓더니 승샹긔 헌슈(獻壽)ᄒᆞ야디이다."

승샹이 샤례 왈,

"쇼유(少遊)ㅣ 본ᄃᆡ 당치 못ᄒᆞᆯ 듯ᄒᆞᄃᆡ 혼인(婚姻)의 친ᄒᆞ믈 ᄯᅩᄒᆞᆫ ᄉᆞ양티 못ᄒᆞ니 ᄯᅩᄒᆞᆫ 쇼유의 쳡(妾)이 관광(觀光)ᄒᆞ랴 조ᄎᆞ온 쟈(者)ㅣ 잇더니 대왕(大王)긔 뵈와 답네(答禮)ᄒᆞ려 ᄒᆞᄂᆞ이다."

경홍(驚鴻) 셤월(蟾月)과 월궁(越宮) ᄉᆞ미인(四美人)이 명(命)을 니어 나와 고두(叩頭)ᄒᆞ야 뵈거ᄂᆞᆯ, 각각 좌(座)ᄅᆞᆯ 주고 승샹이 ᄀᆞᆯ오ᄃᆡ,

"녜 연왕[680]의게 ᄒᆞᆫ 미인(美人)이 이시니 태ᄇᆡᆨ[681]이 겨유 노ᄅᆡ소ᄅᆡᄅᆞᆯ 듯고 얼골을 보디 못ᄒᆞ여더니, 쇼유ᄂᆞᆫ 일일의 네 신션(神仙)을 보니 소듀 이태ᄇᆡᆨ(李太白)의셔 십비(十倍) 나ᄒᆞ도소이다. 모든 미인(美人)의 ᄭᅩᆺ다온 셩명(姓名)을 무어시라 ᄒᆞᄂᆞ니잇고."

ᄉᆞ미인(四美人)이 니러 ᄃᆡ답ᄒᆞᄃᆡ,

"쳡등(妾等)은 금능(金陵)[682] 두운션(杜雲仙)과 진뉴(陳留)[683] 셜규ᄋᆞ[684]와 무챵(武昌) 만옥연(萬玉燕)과 당안(長安)[685] ᄒᆡ연연(海燕燕)이로소이다."

승샹이 왕ᄃᆞ려 왈,

"쇼유ㅣ 션비 적 냥셩(兩城)[686] ᄉᆞ이로 ᄃᆞᆫ닐 적 옥연낭ᄌᆞ(玉燕娘子)의 일홈 드ᄅᆞ믈 하ᄂᆞᆯ 사ᄅᆞᆷ ᄀᆞᆺ티 드럿더니 이제 용모(容貌)ᄅᆞᆯ 보니 일홈의 디나도소이다."

왕이 ᄯᅩᄒᆞᆫ 홍월(鴻月) 냥인(兩人)의 셩명(姓名)을 뭇고 ᄀᆞᆯᄋᆞᄃᆡ,

"냥미인은 텬하(天下)의 ᄒᆞᆫ가디로 밀위ᄂᆞᆫ[687] 배라. 이제 승샹을 조ᄎᆞ니

---

680) 연왕 : '영왕(寧王)'의 오기. 당(唐) 예종(睿宗)의 맏아들. 본명은 성기(成器).
681) 태백(太白) : 성당(盛唐)의 시인 이백(李白). 701~762. 태백은 자(字).
682) 금릉(金陵) : 지금 남경(南京)의 옛 이름.
683) 진류(陳留) : 지금 하남성(河南省) 진류현(陳留縣).
684) 셜규ᄋᆞ : '셜교오(薛嬌五)'의 오기.
685) 장안(長安) : 지금 섬서성(陝西省) 장안현(長安縣)에 있는 당(唐)의 옛 도읍.
686) 양성(兩城) : 양경(兩京). 낙양(洛陽)과 장안(長安).

가히 님자롤 어덧다 ᄒᆞ리로다. 승샹이 어ᄂᆞ ᄯᅡ히 가 어드시니잇가."

승샹 왈,

"계녀(桂女)ᄂᆞᆫ 쇼쉬 과거(科擧) 보라 낙양(洛陽)을 디날 제 조차믈 원(願)ᄒᆞ고, 뎍녀(狄女)ᄂᆞᆫ 연국(燕國) 궁듕(宮中)에 드럿더니 쇼쉬 봉ᄉᆞ(奉使)688) ᄒᆞ야 연국(燕國)에 가실 제 도망(逃亡)ᄒᆞ야 듕노(中路)로 ᄯᅡ라왓ᄂᆞ이다."

왕이 손을 두ᄃᆞ리며 우어 왈,

"뎍낭ᄌᆞ(狄娘子)의 협긔(俠氣)ᄂᆞᆫ 홍불기(紅拂妓)689)라도 디나도소이다. 그러나 뎍낭ᄌᆞ(狄娘子)의 승샹 만날 제ᄂᆞᆫ 한님ᄒᆞᆨᄉᆞ(翰林學士)로 옥졀(玉節)을 잡아시니 봉황(鳳凰) 긔린(麒麟)을 아라보기 쉽거니와 계낭ᄌᆞ(桂娘子)ᄂᆞᆫ 승샹의 궁곤(窮困)ᄒᆞᆫ ᄣᅢ 조차시니 더옥 긔특(奇特)ᄒᆞ이다. 아디 못게라. 승샹이 어이ᄒᆞ야 만나시니잇가."

승샹 쇼 왈,

"쇼유의 그 ᄣᅢ 일을 ᄉᆡᆼ각건대 실노 가쇼(可笑)로오니 나귀 탄 원방(遠方) 셔ᄉᆡᆼ(書生)이 촌점(村店) 탁쥬(濁酒)롤 과히 먹고 텬진(天津) 쥬루(酒樓)롤 디나더니 낙양(洛陽) ᄌᆡ쟈(才子) 슈십인(數十人)이 누샹(樓上)의셔 챵악(娼樂)을 ᄶᅵ고 글 지으며 술 먹으니 쇼쳡(小妾)이 ᄯᅩ 그 듕(中)의 잇더이다. 쇼쉬 헌 뵈옷과 비 마존 두건으로 쥬력(酒力)을 비러 좌샹(座上)의 나아가니 졔ᄉᆡᆼ(諸生)의 겻마든 죵도 쇼유(少遊)쳐로 츄러ᄒᆞ니 업더이다. 쇼쉬 취듕(醉中)이라 쥰혹690)도 업디 아녀 황잡(荒雜)ᄒᆞᆫ 글귀롤 무어시라 지여던디 쇼쳡이 모든 글 듕의 ᄀᆞᆯ히여 노ᄅᆡ 브ᄅᆞ니 임의 졔인(諸人)의 언약(言約)이 잇ᄂᆞᆫ 고로 감히 셤월(蟾月)을 다토디 못ᄒᆞ니 이 ᄯᅩᄒᆞᆫ 인

687) 밀위ᄂᆞᆫ : 추앙하는.

688) 봉사(奉使) : 사신으로서 명령을 받듦.

689) 홍불기(紅拂妓) : 수(隋)나라 때의 명기(名妓) 홍불(紅拂). 본래는 양소(楊素)의 가기(歌妓)였으나 이정(李靖)에게 반하여 이정에게 일생을 의탁함.

690) 쥰혹 : 주눅.

연(因緣)인가 ᄒᆞᄂᆞ이다.”

왕이 대쇼 왈,

“승샹이 냥장원(兩壯元)을 텬하(天下)의 쾌(快)ᄒᆞᆫ 일노 아라더니 이날 쾌ᄒᆞ기는 쟝원(壯元)의 우히라. 그 글이 일졍 묘ᄒᆞᆯ 거시니 어더 드ᄅᆞ리잇가.”

승샹 왈,

“일시 취언(醉言)이니 니젼디 오라이다.”

왕이 셤월ᄃᆞ려 왈,

“승샹이 비록 긔록(記錄)디 못ᄒᆞ나 혹쟈(或者) 낭ᄌᆞ(娘子)는 ᄉᆡᆼ각ᄒᆞᆯ가 ᄒᆞ노라.”

셤월 왈,

“쳔쳡(賤妾)이 긔록ᄒᆞ거니와 지필(紙筆)노 ᄡᅧ 드리리잇가, 노ᄅᆡ로 알외리잇가.”

왕이 대희(大喜)ᄒᆞ야 ᄀᆞᆯ오ᄃᆡ,

“만일 옥인(玉人)의 소ᄅᆡ를 겸ᄒᆞ야 드ᄅᆞ면 더옥 쾌ᄉᆞ(快事) ㅣ라.”

셤월이 옥(玉)을 ᄆᆞ으는 ᄃᆞᆺᄒᆞᆫ 소ᄅᆡ로 삼댱시(三章詩)를 ᄎᆞ례로 외오니 만좌(滿座) ㅣ 동ᄉᆡᆨ(動色)ᄒᆞ더라.

왕이 차탄(嗟嘆)ᄒᆞ야 ᄀᆞᆯ오ᄃᆡ,

“승샹의 시(詩)와 계랑(桂娘)의 ᄌᆡ모(才貌)는 진실노 삼졀(三絶)이라. ‘옥인(玉人)의 단쟝(丹粧)을 븟그려ᄒᆞ니, 가는 노ᄅᆡ를 발(發)티 못ᄒᆞ야셔 긔운(氣運)이 임의 향긔롭도다.’ ᄒᆞᆫ 말이 완연(宛然)이 그려내여시니 승샹은 태ᄇᆡᆨ(太白)[691] 일뉴(一類) ㅣ 라. 낙양(洛陽) 범샹(凡常)ᄒᆞᆫ 무리 어이 감히 ᄇᆞ라보리오.”

금죵(金鐘)의 술을 부어 셤월을 샹(賞)ᄒᆞ더라.

홍월(鴻月) 낭인이 월궁(越宮) ᄉᆞ녀(四女)로 더브러 ᄆᆞᆯ근 노ᄅᆡ와 묘ᄒᆞᆫ

691) 태백(太白) : 성당(盛唐)의 시인 이백(李白). 701~762. 태백은 자(字).

춤으로 빈쥬(賓主)의게 헌슈(獻壽)ᄒᆞ니 봉황(鳳凰)이 빵빵 울고 쳥난(靑鸞)이 ᄃᆡᄒᆞ야 춤 출 ᄃᆞᆺᄒᆞ니 진짓 젹슈(敵手)ㅣ러라. 일분(一分)도 ᄎᆞᆷ치(參差)[692]ᄒᆞ미 업고 ᄒᆞ믈며 옥연(玉燕)의 ᄌᆡᄉᆡᆨ(才色)이 홍월노 뎨명(齊名)ᄒᆞ고 삼인이 비록 옥연만 못ᄒᆞ나 ᄯᅩᄒᆞᆫ 셰(世)예 드믄 ᄉᆡᆨ(色)이라. 피ᄎᆞ(彼此)ㅣ 서로 공경(恭敬)ᄒᆞ고 왕(王)이 위부(魏府)의 지지 아니믈 심듕(心中)의 깃거ᄒᆞ더라.

술이 반취(半醉)ᄒᆞ매 슌비(巡杯)롤 긋치라 ᄒᆞ고 모든 빈ᄀᆡᆨ(賓客)으로 더브러 댱젼(帳前)의 가 무ᄉᆞ(武士)의 즘싱 ᄡᅩᄂᆞᆫ 양을 보더니 왕 왈,

"미녀(美女)의 긔샤(騎射)ᄒᆞᄂᆞᆫ 양이 보기 됴흐니 내 궁듕(宮中) 녀기(女妓) 듕 궁마(弓馬)롤 뎡슉(精熟)ᄒᆞᆫ 쟈(者)ㅣ 수십인(數十人)이 이시니 승샹 부듕(府中)의도 일졍 븍방(北方) 녀ᄌᆞ(女子)ㅣ 이실 거시니 각각 됴발(調發)ᄒᆞ야 ᄭᅯᆼ을 ᄡᅩ이고 보이사이다."

승샹이 ᄀᆞ쟝 됴타 ᄒᆞ고 활 ᄡᅩ기 잘ᄒᆞᄂᆞᆫ 쟈 이십인(二十人)을 ᄲᅡ 지조롤 겯우더니 뎍경홍(狄驚鴻)이 몸을 니ᄅᆞ혀 승샹ᄭᅴ 술오ᄃᆡ,

"쳡이 비록 활 ᄡᅩ기롤 니기디 아녀시나 일족 남 ᄒᆞᄂᆞᆫ 양을 보아시니, 시험ᄒᆞ야 ᄡᅩ아디이다."

승샹이 허리로셔 궁뎐(弓箭)을 글너 주니 경홍이 도라 졔인ᄃᆞ려 왈,

"맛치디 못ᄒᆞ야도 졔낭ᄌᆞ(諸娘子)ᄂᆞᆫ 웃디 말나."

ᄒᆞ고 나ᄂᆞᆫ ᄃᆞ시 ᄆᆞᆯᄭᅴ 올나 댱젼(帳前)의 두로 ᄃᆞᆫ니더니 ᄒᆞᆫ ᄭᅯᆼ이 개게 ᄡᅩ치여 놉히 소사 오ᄅᆞ거ᄂᆞᆯ 경홍(驚鴻)이 가ᄂᆞᆫ 허리롤 두루혀 활시울을 타며 오ᄉᆡᆨ 깃치 니리(離離)ᄒᆞ야 공듕(空中)으로셔 나려디니 승샹과 왕이 대희(大喜)ᄒᆞ더라. 경홍이 도로 돌녀 댱젼(帳前)의셔 ᄆᆞᆯ게 ᄂᆞ려 남ᄌᆞ(男子)의 절을 ᄒᆞ고 궁젼(弓箭)을 도로 승샹ᄭᅴ 드리고 죠용이 좌(座)의 드니 졔낭ᄌᆞ(諸娘子)ㅣ 칭찬ᄒᆞ더라.

이때 산영ᄒᆞ야 어든 거시 구롬 ᄀᆞᆺ티 ᄲᅡ히고, 녀ᄌᆞ(女子) 긔샤(騎射) 듕

---

692) 참치(參差) : 길고 짧고 들쭉날쭉하여 가지런하지 아니함.

(中)의도 ᄭᅯᆼ과 톳기ᄅᆞᆯ 만히 잡아 드리니, 왕과 승상이 각각 공(功)을 등졔(等第)ᄒᆞ야 금빅(金帛)을 샹(賞)ᄒᆞ고 도로 댱듕(帳中)의 나아가 풍뉴(風流)ᄅᆞᆯ ᄀᆞᆺ치며 좌(座)ᄅᆞᆯ 나오고 뉵미인(六美人)으로 ᄒᆞ야곰 줄풍뉴(風流)ᄅᆞᆯ 션디 타 잔(盞)을 보내더니, 셤월이 ᄉᆡᆼ각ᄒᆞᄃᆡ, '우리 냥인(兩人)이 비록 월녀(越女)의게 지디 아니나 져ᄂᆞᆫ ᄉᆞ인(四人)인ᄃᆡ 우리ᄂᆞᆫ ᄒᆞᆫ ᄡᅡᆼ(雙)이니 ᄌᆞ못 고단(孤單)ᄒᆞᆫ디라. 가셕(可惜)다, 츈낭(春娘)을 다려 오디 못ᄒᆞ미여. 츈낭이 비록 가무(歌舞) 소쟝(所長)이 아니나 안ᄉᆡᆨ(顔色)과 말ᄉᆞᆷ이 어이 압두(壓頭)치 못ᄒᆞ리오.' ᄒᆞ더니 홀연 보니 건넌편 길 어귀로셔 두 사ᄅᆞᆷ이 ᄒᆞᆫ 유벽거(油碧車)ᄅᆞᆯ ᄆᆞ라 낙화방초(落花芳草) 우ᄒᆞ로 구으러 졈졈 갓가이 오니 문(門) 잡은 군ᄉᆞ(軍士)ㅣ 무ᄅᆞ니 술위 미ᄂᆞᆫ 죵 왈,

"양승샹 쇼실(小室)이시니 연고(緣故) 이셔 ᄒᆞᆫ 번의 못 와 겨시더라."

군ᄉᆡ 승샹긔 알외니 승샹이 ᄉᆡᆼ각ᄒᆞᄃᆡ, '일졍 춘운(春雲)이 관광(觀光)ᄒᆞ라 오도다. 어이 ᄒᆡᆼᄉᆡᆨ(行色)이 이ᄃᆡ도록 간약(簡略)ᄒᆞ뇨.'

"블너 드리라."

ᄒᆞ니 술위 댱젼(帳前)의 니ᄅᆞ러 쥬렴(珠簾)을 것고 나서니 ᄌᆡ젼쟈(在前者)ᄂᆞᆫ 졍히 심뇨연(沈裊烟)이오, ᄌᆡ후쟈(在後者)ᄂᆞᆫ 완연(宛然)이 몽듕(夢中)의 만나 본 동졍(洞庭) 뇽녀(龍女)ㅣ러라. 승샹 알ᄑᆡ 나아가 고두(叩頭)ᄒᆞ야 뵈거ᄂᆞᆯ 승샹이 월왕을 가ᄅᆞ쳐,

"이ᄂᆞᆫ 월왕뎐ᄒᆞ(越王殿下)시니 네(禮)로 뵈오라."

네(禮)ᄅᆞᆯ ᄆᆞᄎᆞ매 좌(座)ᄅᆞᆯ 주어 홍월(鴻月)과 ᄀᆞᆺ티 안즈라 ᄒᆞ고 승샹이 왕긔 ᄀᆞᆯ오ᄃᆡ,

"이 냥인(兩人)은 셔번(西藩)을 졍벌(征伐)ᄒᆞᆯ 제 어든 쳡(妾)이라. 밋쳐 집의 ᄃᆞ려오디 못ᄒᆞ여더니 나의 대왕(大王)을 뫼셔 즐기믈 듯고 오도소이다."

왕이 냥인을 보니 용모(容貌)의 슈려(秀麗)ᄒᆞ미 홍월(鴻月)노 더브러 고하(高下)ㅣ 업ᄉᆞᄃᆡ 표묘(縹緲)ᄒᆞᆫ 긔샹(氣像)은 더옥 나타나더라. 왕이

크게 긔특(奇特)이 너기고 월궁(越宮) 미인(美人)이 위ᄒᆞ야 탈긔(奪氣)ᄒᆞ더라. 왕이 무ᄅᆞᄃᆡ,

"낭인의 셩명(姓名)은 무어시며 어ᄂᆞ 싸 사ᄅᆞᆷ인다."

낭인이 ᄃᆡ 왈,

"쳡 뇨연(裊烟)은 셔량ᄌᆔ(西凉州)[693] 사ᄅᆞᆷ이오, 셩은 심시(沈氏)로소이다."

"쳡 능파(凌波)의 셩은 ᄇᆡᆨ시(白氏)니 집이 동졍(洞庭) ᄉᆞ이의 이시니 환난(患亂)을 만나 셔녁(西域) 변방(邊方)의 가 사다가 양승샹을 조차 왓ᄂᆞ이다."

왕 왈,

"냥낭ᄌᆞ(兩娘子)의 긔질(氣質)이 진짓 텬인(天人)이라. ᄯᅩᄒᆞᆫ 잡드ᄂᆞᆫ[694] 풍뉴(風流)ㅣ 잇ᄂᆞ냐."

뇨연이 ᄃᆡ 왈,

"쳡은 변방(邊方) 사ᄅᆞᆷ이라. 일즉 ᄉᆞ듁관현(絲竹管絃)을 듣디 못ᄒᆞ야시니 므어ᄉᆞ로 대왕(大王)을 즐기시게 ᄒᆞ리잇고. 오딕 아히 적 브졀업시 검무(劍舞)ᄅᆞᆯ 비화시ᄃᆡ 이ᄂᆞᆫ 군듕(軍中) 희롱(戲弄)이라. 귀인(貴人)이 보시미 맛당치 아닐가 ᄒᆞᄂᆞ이다."

왕이 깃거 승샹ᄃᆞ려 니ᄅᆞᄃᆡ,

"현종됴(玄宗朝)의 공손대랑(公孫大娘)[695]의 칼춤이 텬하(天下)의 일홈나더니 이제ᄂᆞᆫ 곡됴(曲調)ㅣ 뎐(傳)치 못ᄒᆞ니 ᄆᆡ양 두ᄌᆞ미(杜子美)[696]의 시(詩)ᄅᆞᆯ 읇프매 보디 못ᄒᆞ믈 탄(嘆)ᄒᆞ더니, 이 낭ᄌᆞ(娘子)ㅣ 검무(劍舞)

---

693) 서량주(西凉州) : 진(晉)나라 때 십육국(十六國)의 하나. 송(宋)나라 때의 감숙성(甘肅省) 무위현(武威縣)의 땅.

694) 잡드는 : 붙드는. 기본형 '잡들다'는 '붙들다'의 뜻.

695) 공손대랑(公孫大娘) : 당(唐)나라 때 교방(敎坊) 기녀(妓女)로 검무(劍舞)를 잘했음.

696) 두자미(杜子美) : 당(唐)나라의 시인 두보(杜甫). 712~770. 자미(子美)는 자(字).

롤 ᄒᆞ니 크게 쾌(快)ᄒᆞᆫ 일이로다."

드ᄃᆡ여 각각 허리로셔 ᄎᆞᆫ 보검(寶劍)을 내여 뇨연을 주니 뇨연이 ᄉᆞ매롤 것고 ᄢᅴ롤 ᄌᆞ로고 금뎐[697] 우희셔 ᄒᆞᆫ 곡됴(曲調)롤 추니 블근 단장(丹粧)과 흰 ᄂᆞᆯ히 서로 밤븨여[698] 삼월 눈이 도화(桃花) 슈플의 ᄲᅮ리ᄂᆞᆫ ᄃᆞᆺᄒᆞ더니 졈졈 놉히 추니 칼 빗치 댱듕(帳中)의 ᄀᆞ득ᄒᆞ고 사롬은 보디 못ᄒᆞᆯ너라.

이윽고 흰 무지게 하ᄂᆞᆯ의 ᄡᅦ이여 ᄎᆞᆫ ᄇᆞ람은 장막(帳幕)을 ᄡᅳ치니 좌듕(座中) 사롬이 ᄲᅧ ᄎᆞ고 머리털이 ᄉᆞᆺ그러치 아니 리 업더라. 뇨연이 ᄌᆡ조롤 다ᄒᆞ면 왕이 놀날가 두려 칼을 더지고 고두(叩頭)ᄒᆞ야 믈너나거ᄂᆞᆯ, 왕이 비로소 졍신(精神)을 졍(定)ᄒᆞ고 뇨연ᄃᆞ려 무ᄅᆞᄃᆡ,

"인간 검무(劍舞)ㅣ 어이 이럴 니 이시리오. 내 드ᄅᆞ니 녜브터 신션(神仙)이 검무ᄒᆞᄂᆞᆫ 쟈(者)ㅣ 잇다 ᄒᆞ니 낭ᄌᆞ(娘子)ㅣ 아니 그 사롬이냐."

뇨연이 ᄀᆞᆯ오ᄃᆡ,

"셔방(西方) 풍쇽(風俗)이 병잠기롤 노름 ᄒᆞ니 아히 젹 보아 니겨실지언졍 므ᄉᆞᆷ 도술(道術)이 이시리잇고."

왕 왈,

"내 도라가 궁듕(宮中)에 몸이 경쳡(輕捷)ᄒᆞ고 춤 잘 추고 혜일[699]ᄒᆞᆫ 녀ᄌᆞ(女子)롤 ᄀᆞᆯ희여 보낼 거시니 낭ᄌᆞᄂᆞᆫ 가ᄅᆞ치믈 슈고로이 너기지 말나."

뇨연이,

"그리ᄒᆞ리이다."

ᄒᆞ더라. 왕이 ᄯᅩ 능파ᄃᆞ려 무ᄅᆞᄃᆡ,

"낭ᄌᆞᄂᆞᆫ ᄒᆞᄂᆞᆫ ᄌᆡ죄 이실 거시니 어더 드ᄅᆞ랴."

697) 금뎐 : '금뎡(錦筵)'의 오기.
698) 밤븨여 : 눈부시어. 기본형 '밤븨다'는 '부시다'의 뜻.
699) 혜일 : '혜힐(慧黠)'의 오기.

능패 디 왈,

"쳡의 집은 녜 아황 녀영(娥皇 女英)[700]이 노던 싸히라. ᄇᆞ람이 ᄆᆞᆰ고 ᄃᆞᆯ ᄇᆞᆰ고 ᄒᆞᆫ 밤이면 풍뉴(風流) 소릐 이제도 운무듕(雲霧中)의 잇ᄂᆞ니 쳡이 어려셔브터 그 소릐ᄅᆞᆯ 의방(依倣)ᄒᆞ야 잇다감 스ᄉᆞ로 즐길 ᄲᅮᆫ이라. 두리건ᄃᆡ 대왕(大王)이 드ᄅᆞ셤즉디 아닐가 ᄒᆞᄂᆞ이다."

왕이 ᄀᆞᆯ오ᄃᆡ,

"과인(寡人)이 비록 셔칙(書冊) 우희 샹연[701]이 술[702]을 ᄒᆞᆫ다 ᄒᆞᆷ을 보아시나 그 곡됴(曲調)ㅣ 셰샹의 뎐(傳)ᄒᆞᆷ을 듯디 못ᄒᆞ여더니 낭ᄌᆡ ᄒᆞ면 ᄇᆡᆨ아(伯牙)[703]의 ᄉᆞ광(師曠)[704]을 어이 족히 니ᄅᆞ리오."

능파(淩波)ㅣ 술위 가온ᄃᆡ로셔 이십오현(二十五絃)을 내여 ᄒᆞᆫ 곡됴ᄅᆞᆯ 타니 ᄋᆡ원(哀怨)ᄒᆞ고 쳥졀(淸切)ᄒᆞ야 산협[705]의 믈이 ᄲᅥ러지고 구츄(九秋)의 기러기 브ᄅᆞ지디니 ᄉᆞ좌(四座)ㅣ 아연(俄然)ᄒᆞ야 슬픈 빗치 잇더니 이윽고 일쳔 슈플이 삽삽(颯颯)[706]ᄒᆞ야 ᄀᆞ올 소릐 나며 병든 닙히 ᄲᅥ러디니 왕이 크게 긔이(奇異)히 너겨 ᄀᆞᆯ오ᄃᆡ,

"인간 곡되 능히 텬디(天地) 조화(造化)ᄅᆞᆯ 두루현다 ᄒᆞᆷ을 밋디 아니ᄒᆞᄂᆞ니 ᄯᅳᆺᄒᆞ건ᄃᆡ 낭ᄌᆞᄂᆞᆫ 인간 사ᄅᆞᆷ이 아니라. 이 곡됴ᄅᆞᆯ 능히 인간 사ᄅᆞᆷ이

---

700) 아황 여영(娥皇 女英) : 요(堯)임금의 딸이자 순(舜)임금의 두 비(妃). 순임금이 죽자, 상강(湘江)에 투신하여, 아황은 상군(湘君), 여영은 상부인(湘夫人)이 되었다 함.

701) 샹연 : '샹영(湘靈)'의 오기. 아황(娥皇)과 여영(女英)이 상강(湘江)에서 익사(溺死)하였기에 이렇게 이름.

702) 술 : 술대. 거문고나 향비파를 타는 데 쓰는, 단단한 대나무로 만든 채.

703) 백아(伯牙) : 춘추시대의 거문고의 명인. 그의 거문고 소리를 즐겨 듣던 친구 종자기(鍾子期)가 죽자 자기의 거문고 소리를 이해하는 사람을 잃었다고 슬퍼한 나머지 거문고의 줄을 끊고 일생 동안 거문고를 타지 않았다고 함.

704) 사광(師曠) : 춘추시대 진(晉)나라의 악사(樂師). 소리를 잘 분별하여 길흉을 점쳤다고 함.

705) 산협 : '삼협(三峽)'의 오기. 양자강(揚子江) 상류의 세 협곡(峽谷). 구당협(瞿塘峽), 무협(巫峽), 서릉협(西陵峽).

706) 삽삽(颯颯) : 바람이 쌀쌀하게 부는 소리.

비호랴."

능패 디 왈,

"쳡은 블과 녯 소릭롤 뎐훌 븐이라. 므슨 긔특ᄒᆞ미 이시며 어이 비호디 못ᄒᆞ리잇가."

믄득 만옥연(萬玉燕)이 왕긔 ᄉᆞᆯ오디,

"쳡이 비록 지죄 업ᄉᆞ나 시험ᄒᆞ야 쳡의 잡드는 풍뉴(風流)로 ᄇᆡᆨ낭ᄌᆞ(白娘子)의 샹녕곡(湘靈曲)을 뎐ᄒᆞ야 ᄇᆞ리이다."

옥연이 진징(秦箏)[707]을 안아 열셰 시욹으로 이십오현(二十五絃) 소릭를 일일이 옴겨 오디 손 ᄡᅳ는 법이 졍졀(精切)ᄒᆞ고 뉴동(流動)ᄒᆞ야 조곰도 ᄎᆞ착(差錯)이 업ᄉᆞ니 능파(凌波)ㅣ 놀나 니ᄅᆞ디,

"이 낭ᄌᆞ의 총명(聰明)은 채문희(蔡文姬)[708]라도 밋디 못ᄒᆞ리로소이다."

승샹과 홍월(鴻月)이 다 칭찬(稱讚)ᄒᆞ믈 마디 아니ᄒᆞ고 왕(王)이 가쟝 깃거ᄒᆞ더라.

제15회

부마벌음금티쥬(駙馬罰飮金卮酒)
셩쥬은챠츄미궁[709](聖主恩借翠微宮)

이날 낙유원(樂遊原) 존치의 연파(烟波) 냥인(兩人)이 미조차 니ᄅᆞ러 빈쥬(賓主)의 즐거오믈 도으니 놉흔 홍(興)은 유여(有餘)ᄒᆞ디 날이 임의 져므러는디라. 장ᄎᆞᆺ 파(罷)홀ᄉᆡ 두 집이 각각 금은(金銀) 치단(彩緞)을 내

707) 진쟁(秦箏) : 진(秦)나라의 악기인 쟁(箏).

708) 채문희(蔡文姬) : 후한(後漢)의 문인이자 서예가인 채옹(蔡邕)의 딸. 음률에 정통함.

709) 츄미궁 : '취미궁(翠微宮)'의 오기.

여 뎐두(纏頭)[710]롤 ᄒᆞ니 진쥬(眞珠)롤 셤으로 혜고 비단 ᄲᅡ흔 거시 ᄌᆞ각봉(紫閣峰)의 ᄀᆞ득ᄒᆞ더라.

월왕이 승샹과 ᄆᆞᆯ게 올나 월ᄉᆡᆨ(月色)을 ᄯᅴ여 셩문(城門)을 들ᄉᆡ, 냥가(兩家) 녀악(女樂)이 길을 다토니 패옥(佩玉) 소릐 흐ᄅᆞᄂᆞᆫ 믈 ᄀᆞᆺ고 향긔로온 ᄇᆞ람이 십니(十里)의 긋디 아녀시니, ᄂᆞ려진 빈혀와 부어진 쥬(珠)ㅣ 길 우ᄒᆡ ᄭᆞᆯ니여, ᄆᆞᆯ 발이 ᄇᆞᄅᆞ매 바쟉바쟉ᄒᆞ야 소릐 잇더라. 댱안(長安) ᄉᆞ녀(士女)ㅣ 집을 븨오고 골이 메여시니 ᄇᆡᆨ셰(百歲) 노옹(老翁)이 눈믈 지며 닐오ᄃᆡ,

“아ᄒᆡ 졔 현종황뎨(玄宗皇帝) 화쳥궁(華淸宮)[711] 거동(擧動)을 보니 졍히 니러ᄒᆞ더니, 늙은 후의 다시 태평(太平) 경샹(景狀)을 볼 줄 ᄉᆡᇰ각디 못ᄒᆞᆯ와.”

ᄒᆞ더라.

이 ᄯᅢ 냥부인이 가녀(賈女)롤 ᄃᆞ리고 뉴부인(柳夫人)을 뫼셔 승샹(丞相) 도라오믈 기ᄃᆞ리더니 승샹이 심뇨연 ᄇᆡᆨ능파롤 인ᄒᆞ야 뉴부인과 냥부인(兩夫人)긔 뵈오니 뎡부인(鄭夫人)이 ᄀᆞᆯᄋᆞᄃᆡ,

“승샹의 위틱(危殆)ᄒᆞᆫ ᄯᅢ롤 구ᄒᆞ야 국가(國家)의 공(功)이 이시믈 승샹이 미양 일ᄏᆞᄅᆞ시니, 날노 만나보기롤 ᄇᆞ라더니 어이 오기롤 늣거이 ᄒᆞ뇨.”

연파(烟波)ㅣ ᄃᆡ왈,

“쳡등(妾等)은 원방(遠方) 향암(鄕闇)[712]된 사ᄅᆞᆷ이라. 승샹의 ᄇᆞ리디 아니시믈 닙으나 오히려 냥위부인(兩位夫人)이 그ᄅᆞᆺ 녀기실가 오래 ᄌᆞ져ᄒᆞ더니, 경ᄉᆞ(京師)의 니ᄅᆞ러 모든 사ᄅᆞᆷ의 말을 드ᄅᆞ니 부인의 덕(德)이 관

710) 전두(纏頭) : 광대·기생·악공 등에게 그 재주를 칭찬하여 사례로 주는 돈이나 물건.

711) 화청궁(華淸宮) : 섬서성(陝西省) 임동현(臨潼縣) 여산(驪山)에 있는 당(唐)나라의 궁전.

712) 향암(鄕闇) : 시골에서 지내 온갖 사리에 어둡고 어리석음. 또는 그런 사람.

져(關雎)713) 규목(樛木)714) 곳ᄐᆞ시믈 칭송티 아니리 업슨 고로 비로소 문하(門下)의 나아오려 ᄒᆞ더니, 마춤 승샹이 교외(郊外)의 나가신 ᄯᅢ를 만나 다힝이 승연(勝宴)의 참예ᄒᆞ셔이다.”

난양(蘭陽)이 승샹을 보고 우셔 왈,

“우리 궁듕(宮中)의 ᄇᆡ야흐로 화ᄉᆡᆨ(花色)이 셩(盛)ᄒᆞ야시니, 승샹은 상공(相公) 풍치(風彩)롤 ᄯᅡ로ᄂᆞᆫ가 녀기거니와 우리 형뎨(兄弟)의 공(功)인 줄 아ᄅᆞ쇼져.”

승샹이 대쇼 왈,

“귀인이 기리ᄂᆞᆫ 말 됴화ᄒᆞᆫ다 ᄒᆞ미 올토다. 저 냥인이 새로 와시매 공쥬 낭낭 위엄을 두려 아쳠ᄒᆞ도소이다.”

모다 대쇼ᄒᆞ더라.

뎡부인이 홍월(鴻月)ᄃᆞ려 무러 ᄀᆞᆯ오ᄃᆡ,

“오ᄂᆞᆯ 못고지 승부(勝負)ㅣ 엇더ᄒᆞ더뇨.”

셤월이 ᄃᆡ 왈,

“계요 위부(魏府)의 욕(辱)은 면ᄒᆞᆫ가 ᄒᆞᄂᆞ이다.”

경홍이 ᄀᆞᆯ오ᄃᆡ,

“셤낭이 쳔쳡의 대언(大言)을 공치ᄒᆞ더니, 쳡이 ᄒᆞᆫ 살노 월인(越人)을 탈긔(奪氣)ᄒᆞ게 ᄒᆞ야시니 쳡의 말이 허언(虛言)인가 셤낭ᄃᆞ려 무ᄅᆞ쇼셔.”

셤월이 ᄀᆞᆯ오ᄃᆡ,

“홍낭의 궁마(弓馬) 지죄 가히 영특(英特)다 ᄒᆞ려니와, 월인(越人)의 탈긔ᄒᆞ믄 이 다 새로온 냥낭ᄌᆞ(兩娘子)의 셩모션ᄐᆡ(聖貌仙態)롤 항복(降服)ᄒᆞ미니 어이 홍낭의 공이리오. 내 ᄯᅩᄒᆞᆫ 홍낭ᄃᆞ려 녯 말을 니ᄅᆞ리라. 츈츄(春秋)시졀의 가태우715)ㅣ 보기 슬키로 유명ᄒᆞ니 쳐(妻)롤 어드니 삼년

713) 관저(關雎) : 『시경(詩經)』 주남(周南)의 편명. 옛사람들은 그 내용을 문왕(文王)과 후비(后妃)의 덕을 말한 것으로 보았음.

714) 규목(樛木) : 『시경(詩經)』 주남(周南)의 편명. 규목은 가지가 아래로 굽은 나무이니, 아랫사람을 돌봐주는 군자의 덕을 상징함.

(三年)을 웃디 아니ᄒᆞ더니 가태워 쳐로 더브러 들헤 나가 ᄭᅯᆼ을 ᄡᅩ아 잡거놀 그 쳐(妻)ㅣ 우ᄉᆞ니, 이제 홍낭의 ᄭᅯᆼ ᄡᅩ미 가태우로 더브러 ᄀᆞᆺᄐᆞ미 잇ᄂᆞ냐."

홍낭이 ᄀᆞᆯ오ᄃᆡ,

"가태우의 더럽기로도 궁시(弓矢)의 ᄌᆡ조ᄅᆞᆯ 인ᄒᆞ야 그 쳐ᄅᆞᆯ 웃게 ᄒᆞ야시니, 만일 ᄉᆡᆨ으로 ᄒᆞ야곰 ᄭᅯᆼ을 ᄡᅩ아 마치면 어이 더옥 사ᄅᆞᆷ이 ᄉᆞ랑티 아니리오."

셤낭 왈,

"홍낭이 가지록 쟈랑ᄒᆞ미 이러ᄐᆞᆺ ᄒᆞ이다. 승샹이 홍낭을 교만케 ᄒᆞ신 타시로소이다."

승샹이 쇼 왈,

"셤낭의 ᄌᆡ조 만흔 줄 아란디 오래나 경술(經術) 잇는 줄은 몰나더니 언졔 츈츄좌시뎐(春秋左氏傳)716) 보아ᄂᆞ뇨."

셤월이 ᄀᆞᆯ오ᄃᆡ,

"한가ᄒᆞᆫ ᄢᅢ면 희진원717)의 가 듯ᄂᆞ이다."

ᄒᆞ더라.

명일 승샹이 됴회(朝會) 후 집으로 도라오려 ᄒᆞ더니, 태후낭낭이 월왕과 승샹을 ᄒᆞᆷᄭᅴ 인견(引見)ᄒᆞ라 ᄒᆞ시거놀 냥인이 드러가니 냥공쥬ᄅᆞᆯ 임의 블너 겨시더라. 휘 왕ᄃᆞ려 무ᄅᆞᄃᆡ,

"내 너희 쟉일(昨日) 승샹으로 더브러 츈ᄉᆡᆨ(春色)을 겯운다 ᄒᆞ니 승부(勝負)ㅣ 과연 엇더ᄒᆞ뇨."

왕이 쇼 왈,

"ᄆᆡ부(妹夫)의 분복은 사ᄅᆞᆷ의 ᄃᆡ젹ᄒᆞᆯ 배 아니러이다. 다만 승샹의 이러

---

715) 가태우 : 가국(賈國)의 大夫. 추남(醜男)의 대명사. '태우'는 '대부(大夫)'의 옛말.

716) 춘추좌씨전(春秋左氏傳) : 중국 노(魯)나라 좌구명(左丘明)이 지은 『춘추(春秋)』의 주석서.

717) 희진원 : 미상.

ᄐᆞᆺ흔 복(福)이 ᄆᆡᄌᆞ(妹子)의게도 복이 될가 되디 아니ᄂᆞᆫ가 승샹ᄃᆞ려 무러 보쇼셔."

승샹이 알외ᄃᆡ,

"월왕이 신(臣)의게 못 니긔타 ᄒᆞ미니, 니ᄇᆡᆨ(李白)이 최호(崔顥)[718]의게 탈긔흔다 홈 ᄀᆞᆺ도소이다. 공쥬의 복이 되며 못 되믄 공쥬ᄃᆞ려 무ᄅᆞ쇼셔."

태휘 냥공쥬롤 도라보신ᄃᆡ ᄃᆡᄒᆞ야 ᄀᆞᆯ오ᄃᆡ,

"부쳐(夫妻)ᄂᆞᆫ 흔 몸이라, 영욕고락(榮辱苦樂)이 다롤 니 업ᄉᆞ니 승샹이 복이 될 졔면 ᄯᅩ흔 녀ᄋᆞ(女兒) 등의 복이니이다."

왕이 ᄀᆞᆯ오ᄃᆡ,

"ᄆᆡᄌᆞ(妹子)의 말이 비록 됴흐나 진졍(眞情)이 아니니이다. ᄌᆞ고(自古)로 부마(駙馬)ㅣ 양승샹ᄀᆞᆺ티 방ᄌᆞ(放恣)흔 쟈(者)ㅣ 업ᄉᆞ니 ᄯᅩ흔 나라 긔강(紀綱)의 둘녓ᄂᆞᆫ디라. 쳥컨대 양쇼유롤 유ᄉᆞ(有司)의 ᄂᆞ리와 됴뎡(朝廷) 두리디 아닛ᄂᆞᆫ 죄롤 다ᄉᆞ려디이다."

태휘 대쇼 왈,

"양부매 진실노 죄 잇거니와 만일 법으로 다ᄉᆞ리면 나의 녀ᄋᆞ(女兒)ㅣ 근심홀 거시니 서로 왕법(王法)을 굴(屈)ᄒᆞ리로다."

왕이 ᄀᆞᆯ오ᄃᆡ,

"비록 그러ᄒᆞ나 양쇼유롤 어젼(御前)의셔 츄문(推問)ᄒᆞ야 그 ᄃᆡ답을 보아 쳐치(處置)홀 거시니이다."

태휘 조차샤 츄구(推究)ᄒᆞ야 ᄀᆞᆯᄋᆞ샤ᄃᆡ,

"녜로브터 부마 되엿ᄂᆞᆫ 재 감히 희쳡(姬妾)을 두디 못ᄒᆞ믄 됴뎡(朝廷)을 고마[719]ᄒᆞ미라. ᄒᆞ믈며 냥공쥬ᄂᆞᆫ 용모(容貌)와 ᄌᆡ덕(才德)이 텬인(天人)ᄀᆞᆺ거ᄂᆞᆯ 양쇼유 공경ᄒᆞ야 밧들기롤 싱각디 아니ᄒᆞ고 미인 모호기롤 마

718) 최호(崔顥) : 당(唐)나라의 시인. 이백(李白)이 그의 대표작 「황학루시(黃鶴樓詩)」를 보고 경도(驚倒)하였음.

719) 고마 : 삼가 높이 여김.

디 아니ᄒᆞ니 인신(人臣)의 도리의 극히 그ᄅᆞᆫ디라, 은휘(隱諱) 말고 바로 알외라."

ᄒᆞ시니 승샹이 면관(免冠)ᄒᆞ고 ᄀᆞᆯ오ᄃᆡ,

"신 쇼위 국은(國恩)을 입ᄉᆞ와 벼술이 삼틱(三台)[720]의 니ᄅᆞ러시나 오히려 졈어ᄂᆞᆫ디라. 소년 풍정을 이긔디 못하와 집의 약간 풍뉴(風流)ᄒᆞᄂᆞᆫ 사ᄅᆞᆷ이 이시니 황공(惶恐) 지만(遲晩)[721]ᄒᆞᄂᆞ이다. 비록 그러ᄒᆞ나 그으이 국가 법령(法令)을 보오니 일이 년전[722]의 이시면 분간(分揀)ᄒᆞ게 ᄒᆞ여시니, 신의 집의 비록 여러 사ᄅᆞᆷ이 이시나, 슉인(淑人) 진시(秦氏)ᄂᆞᆫ 황샹(皇上)이 ᄉᆞ혼(賜婚)ᄒᆞ신 사ᄅᆞᆷ이니 의논(議論) 듕의 드디 아닐 거시오, 쳡 계시(桂氏)ᄂᆞᆫ 신의 미시(微時)적 어든 사ᄅᆞᆷ이오. 쳡 가시(賈氏)와 뎍시(狄氏) ᄇᆡᆨ시(白氏) 심시(沈氏) 이 네 사ᄅᆞᆷ도 신을 조차미 다 부마 되기 젼이오, 그 후 가츅(家畜)ᄒᆞ기ᄂᆞᆫ 다 공쥬의 권(勸)을 조차미니 신의 쳔ᄌᆞ(擅恣)ᄒᆞ미 아니니이다."

태휘 분간ᄒᆞ라 ᄒᆞ시더니 월왕이 ᄉᆞᆯ오ᄃᆡ,

"공쥐 비록 권ᄒᆞ미 이시나 양쇼유의 도리ᄂᆞᆫ 맛당티 아니ᄒᆞ니 다시 무러디이다."

승샹이 급ᄒᆞ야 고두(叩頭)ᄒᆞ며 ᄉᆞᆯ오ᄃᆡ,

"신의 죄ᄂᆞᆫ 일만 번 죽엄즉 ᄒᆞ오나, 녜로브터 죄 져즌 사ᄅᆞᆷ은 공(功)을 의논(議論) 규구(規矩)ㅣ 이시니 신이 황샹의 ᄇᆞ리시믈 입어 동으로 삼진(三鎭)을 항복 밧고 서로 토번(吐蕃)을 ᄉᆞᆨ평(削平)ᄒᆞ야 공노(功勞)ㅣ ᄯᅩᄒᆞᆫ 젹디 아니ᄒᆞ니 일노 쇽죄ᄒᆞᆯ가 ᄒᆞᄂᆞ이다."

휘 대쇼 왈,

"양승샹은 샤딕지신(社稷之臣)이니 어이 녀셔(女婿)로 ᄃᆡ졉ᄒᆞ리오."

---

720) 삼태(三台) : 삼공(三公). 당(唐)나라 때의 대위(大尉) · 사도(司徒) · 사공(司空).

721) 지만(遲晩) : 옛날 죄인이 자복(自服)함을 이름. 죄인이 자백하여 복종할 때에 너무 오래 속여서 미안하다는 뜻으로 이르던 말.

722) 년전 : '녕전(令前)'의 오기.

ᄒᆞ시고 ᄉᆞ모(紗帽)를 쓰라 ᄒᆞ시다.

월왕이 ᄀᆞᆯ오ᄃᆡ,

"승샹이 비록 공(功)이 즁ᄒᆞ야 죄를 면ᄒᆞ야시나 아조 물시(勿施)는 못 ᄒᆞᆯ 거시니 벌비(罰杯)를 ᄒᆞ야디이다."

휘 웃고 허(許)ᄒᆞ시니 궁녀(宮女)ㅣ 옥비(玉杯)를 밧드러 오거ᄂᆞᆯ 왕 왈,

"승샹 쥬량(酒量)이 고래 ᄀᆞᄐᆞ니 져근 잔으로 어이 벌(罰)ᄒᆞ리오."

ᄒᆞ고 손조 긔걸ᄒᆞ야[723] ᄒᆞᆫ 말 드는 금귤치[724]의 술을 ᄀᆞ득 부어 승샹을 벌ᄒᆞ니 소워 ᄉᆞ비(四拜)ᄒᆞ고 바다 ᄒᆞᆫ 번의 다 마시니, 승샹이 비록 냥(量)이 크나 일두쥬(一斗酒)를 겁 조차 먹어시니 어이 취(醉)티 아니리오.

고두(叩頭) 쥬 왈,

"견우(牽牛)는 딕녀(織女)를 너모 ᄉᆞ랑ᄒᆞ기 댱인(丈人)이 귀향 보내고, 쇼유(少遊)는 집 안히 희쳡(姬妾) 두기로 댱모(丈母)ㅣ 벌ᄒᆞ시니, 텬가(天家)의 사위 되기 어렵도소이다. 신(臣)이 대취(大醉)ᄒᆞ야시니 믈너가ᄂᆞ이다."

ᄒᆞ고 니러나다 ᄡᅳ러지거ᄂᆞᆯ, 휘 대쇼(大笑)ᄒᆞ시고 궁녀로 ᄒᆞ야곰 븟드러 내여 보내시다. 냥공쥬ᄃᆞ려 니ᄅᆞ시ᄃᆡ,

"양낭이 술의 곤ᄒᆞ야 긔운이 편티 못ᄒᆞᆯ 거시니, 너희 ᄒᆞᆷ긔 나아가 옷슬 벗기며 차(茶)를 드리게 ᄒᆞ라."

냥공쥐 ᄃᆡ왈,

"쇼녀 등 아녀도 옷 벗길 사ᄅᆞᆷ은 젹디 아녀이다."

휘 왈,

"비록 그러ᄒᆞ나 부녀(婦女)의 도리를 아니 출히디 못ᄒᆞ리라"

ᄒᆞ시니 공쥐 승샹을 ᄯᆞ라가니, 뉴부인(柳夫人)이 당샹(堂上)의 촉(燭)을 베플고 기ᄃᆞ리더니 승샹이 대취(大醉)ᄒᆞ야시믈 보고 문 왈,

723) 긔걸ᄒᆞ야 : 분부하여. '긔걸ᄒᆞ다'는 '분부하다. 명령하다'의 뜻의 옛말.
724) 금귤치 : '금굴치(金屈卮)'의 오기. 구부러진 손잡이가 달린 금으로 만든 술잔.

"오늘은 어이 이딕도록 취ᄒᆞ여ᄂᆞ뇨."

승샹이 취안(醉眼)으로 공쥬를 오릭 보다가 닐오딕,

"공쥬의 오라비 태후(太后)긔 쇼ᄌᆞ(小子)의 죄(罪)롤 얽어 술오니, 태휘 진노(震怒)ᄒᆞ샤 일이 측냥티 못ᄒᆞᆯ너니 ᄋᆞᄌᆞ(兒子)ㅣ 말을 잘ᄒᆞ야 겨유 플니니, 월왕(越王)이 오히려 ᄋᆞᄌᆞ(兒子)롤 해ᄒᆞ려 태후롤 븟도도와 독쥬(毒酒)로 벌(罰) 먹이니 하마 죽을 번ᄒᆞ이다. 비록 왕이 미쇡(美色) 결워 못 이긔고 함담[725]ᄒᆞ여 보복(報復)ᄒᆞ미나, ᄯᅩ 난양(蘭陽)이 나의 희쳡(姬妾)을 투긔(妬忌)ᄒᆞ야 왕과 동모(同謀)ᄒᆞ야 곤(困)케 ᄒᆞ미니, 젼일 어진 체 ᄒᆞ던 말을 어이 미드리오. 모친은 난양을 벌 먹여 ᄋᆞᄌᆞ롤 위ᄒᆞ야 셜분(雪憤)ᄒᆞ야 주쇼셔."

부인이 쇼 왈,

"난양의 죄 분명치 아니ᄒᆞ고 본딕 술을 ᄒᆞᆫ 먹음도 못 먹던딕 엇디 먹이리오. 브딕 벌ᄒᆞ랴거든 차(茶)롤 딕ᄒᆞᆯ 거시로다."

승샹 왈,

"브딕 벌쥬(罰酒)롤 ᄒᆞ려 ᄒᆞᄂᆞ이다."

부인이 난양ᄃᆞ려 니ᄅᆞ딕,

"공쥐 벌을 아니 먹으면 취긱(醉客)이 셩을 프디 못ᄒᆞᆯ 거시라."

ᄒᆞ고 시녀(侍女)로 ᄒᆞ야곰 벌비(罰杯)롤 난양의게 보내니, 바다 마시려 ᄒᆞᆯ 젹 승샹이 의심ᄒᆞ야 잔을 아사 바다 먹어 보려 ᄒᆞ거ᄂᆞᆯ 승샹의 손을 앗고 난양이 급ᄒᆞ야 ᄈᆞ히 바리니 잔 밋히 남은 술이 잇ᄂᆞᆫ디라. 승샹이 직어 먹어 보니 사당믈이어ᄂᆞᆯ 승샹이 됴흔 술을 가져오라 ᄒᆞ야 손조 ᄒᆞᆫ 잔을 ᄀᆞ독 부어 난양의게 보내니 마디 못ᄒᆞ야 바다 마시거ᄂᆞᆯ 승샹이 ᄯᅩ 뉴부인긔 술오딕,

"ᄋᆞᄌᆞ의 벌ᄒᆞ미 비록 난양의 모계(謀計)나 뎡시(鄭氏)도 참셥(參涉)ᄒᆞ미 업디 아니ᄒᆞ고 ᄋᆞ지 태후 알픠셔 고ᄉᆞᄒᆞᄂᆞᆫ 양을 보고 난양으로 더브러

---

725) 함담 : '함감(含憾)'의 오기. 원망하는 뜻을 품음.

눈 두어 우ᄉᆞ니 그 ᄆᆞ옴을 측냥티 못홀디라. 쳥건ᄃᆡ 벌ᄒᆞ야디이다."

부인이 웃고 ᄯᅩ ᄒᆞᆫ 잔을 뎡시의게 보내니 좌(座)롤 ᄯᅥ나 바다 마시고 도로 주더라.

부인이 이에 ᄀᆞᆯ오ᄃᆡ,

"태후낭낭이 쇼유롤 벌하시믄 희쳡(姬妾)이 이시믈 ᄲᅥ라. 일노 인ᄒᆞ야 쥬모(主母) 냥인(兩人)이 벌을 먹어시니 희쳡이 안연(晏然)ᄒᆞ리오. 홍월연파(鴻月烟波)롤 다 ᄒᆞᆫ 잔식 벌ᄒᆞ라."

ᄉᆞ인(四人)이 다 ᄭᅮ러 ᄒᆞᆫ 잔식 바다 먹으니라. 셤월(蟾月) 경홍(驚鴻)이 부인긔 ᄉᆞᆯ오ᄃᆡ,

"태후낭낭이 승샹을 벌ᄒᆞ시믄 희쳡이 이시믈 칙(責)ᄒᆞ시미오 낙유원(樂遊原) 존치롤 위ᄒᆞ미 아니라. 연파(烟波) 냥신인(兩新人)이 오히려 니부자리롤 안디 못ᄒᆞ야시니 븟그리ᄂᆞᆫ ᄂᆞᆺ출 일즉 드디 못ᄒᆞ거ᄂᆞᆯ, 쳡등(妾等)으로 더브러 ᄒᆞᆫ가지로 벌쥬롤 ᄒᆞ고, 가유인(賈孺人)은 승샹 뫼시미 져러ᄐᆞ시 젼일(專一)ᄒᆞᄃᆡ 낙유원의 가지 아니키로 벌을 면ᄒᆞ니 하졍(下情)[726]이 ᄒᆞᆫ가지로 블평(不平)ᄒᆞ야디이다."

부인이 올타 ᄒᆞ고 큰 잔으로 츈운(春雲)을 벌ᄒᆞ라 ᄒᆞ니, 츈낭이 우음을 머금고 벌을 먹더라.

이 ᄣᅢ 졔인이 두로 벌쥬(罰酒)롤 ᄒᆞ니 ᄌᆞ못 분분ᄒᆞ고 공쥬ᄂᆞᆫ 술의 보치여 견ᄃᆡ지 못ᄒᆞ야 ᄒᆞᄃᆡ 오딕 진슉인(秦淑人)이 단졍이 안자 말도 아니ᄒᆞ고 웃도 아니ᄒᆞ거ᄂᆞᆯ 승샹이 ᄀᆞᆯ오ᄃᆡ,

"진시(秦氏) 참된 쳬 ᄒᆞ고 남의 흉만 보니 벌(罰)을 아니티 못ᄒᆞ리라." ᄒᆞ고 ᄒᆞᆫ 잔을 보내니 진시 웃고 먹더라. 뉴부인이

"공쥬의 긔운이 엇더ᄒᆞ뇨."

"머리 알프미 심ᄒᆞ이다."

부인이 진시로 하야곰 븟드러 침방(寢房)의 가라 ᄒᆞ다. 츈운으로 ᄒᆞ야

726) 하정(下情) : 어른에게 대하여, 자기 심정이나 뜻을 겸손하게 이르는 말.

곰 잔의 술을 부어 오라 ᄒᆞ야 잔을 잡고 ᄀᆞᆯ오ᄃᆡ,

"나의 두 며느리ᄂᆞᆫ 텬샹신션(天上神仙)이라. ᄂᆡ ᄆᆡ양 손복(損福)ᄒᆞᆯ가 ᄒᆞ야 두려ᄒᆞ더니 이제 쇼유(少遊)ㅣ 미친 쥬졍을 브려 난양으로 ᄒᆞ야곰 몸이 편티 못ᄒᆞ게 ᄒᆞ니 낭낭이 드ᄅᆞ시면 필연 과도히 근심ᄒᆞ시리니 신ᄌᆞ(臣子)ㅣ 되어 군부(君父)의 근심 기치미 극ᄒᆞᆫ 죄라. 이거시 다 나의 늙은 몸이 ᄋᆞᄌᆞ롤 가ᄅᆞ치디 못ᄒᆞ미라. 스ᄉᆞ로 벌ᄒᆞ노라."

ᄒᆞ고 다 마시니 승샹이 황공ᄒᆞ여 ᄭᅮ러 ᄀᆞᆯ오ᄃᆡ,

"모친이 스ᄉᆞ로 벌ᄒᆞ노라 ᄒᆞ시니 ᄋᆞᄌᆞ(兒子)의 죄 깁도소이다."

경홍으로 ᄒᆞ야곰 큰 그릇ᄉᆡ 술을 부어 오라 ᄒᆞ야 니러 절ᄒᆞ고 ᄀᆞᆯ오ᄃᆡ,

"쇼위 모친(母親) 교령(敎令)을 슌죵치 못ᄒᆞᄂᆞ니 벌쥬롤 ᄒᆞᄂᆞ이다."

ᄒᆞ고 ᄒᆞᆫ번의 다 마시고 대츼ᄒᆞ야 안잣디 못ᄒᆞ야 의향각[727]으로 가려 ᄒᆞ거ᄂᆞᆯ, 뎡부인이 츈운으로 ᄒᆞ야곰 븟드러 가라 ᄒᆞ니 운 왈,

"쳔쳡은 못 갈소이다. 계낭ᄌᆞ(桂娘子) 뎍낭ᄌᆞ(狄娘子) ᄭᅮ짓더이다."

홍월(鴻月) 냥인으로 가라 ᄒᆞᆫᄃᆡ, 셤낭(蟾娘) 왈,

"운낭ᄌᆞ(雲娘子)ㅣ 우리 말노 가디 아니ᄒᆞ니 쳡은 더옥 혐의(嫌疑) 잇ᄂᆞ이다."

경홍은 웃고 니러나 승샹을 뫼셔 가거ᄂᆞᆯ 졔 낭ᄌᆞ(娘子)ㅣ 각각 흐터지니라. 승샹이 연파(烟波) 냥인의 셩품이 뫼와 믈을 됴화ᄒᆞᆫ다 ᄒᆞ야 화원(花園) 가온ᄃᆡ 이실 곳을 졍ᄒᆞ니 ᄆᆞᆰ근 믈이 너ᄅᆞ기 강슈 ᄀᆞᆺ고 그 가온ᄃᆡ ᄎᆡ각(彩閣)이 이시니 일흠은 영일누(迎日樓)ㅣ라. 능파(凌波)롤 거쳐ᄒᆞ게 ᄒᆞ고 못믈 븍녁희 가산(假山)이 이시니, 일만 옥(玉)이 차아(嵯峨)[728]ᄒᆞ고 늙은 솔과 여윈 대그늘이 섯거졋ᄂᆞᆫᄃᆡ 그 ᄉᆞ이의 뎡ᄌᆞ(亭子)ㅣ 이시니 일흠이 빙셜헌(氷雪軒)이니 뇨연(裊烟)을 거쳐ᄒᆞ게 ᄒᆞ니, 부인ᄂᆡ 화원의 놀 젹이면 이 두 사ᄅᆞᆷ이 쥬인이 되더라.

---

727) 의향각 : '응향각(凝香閣)'의 오기.
728) 차아(嵯峨) : 산이 높고 험함.

졔부인(諸婦人)이 죠용이 뇽녀(龍女)ᄃᆞ려 무ᄅᆞᄃᆡ,

"낭ᄌᆞ의 신통변화(神通變化)ᄅᆞᆯ 가히 어더 구경ᄒᆞ랴."

뇽녜 왈,

"이는 쳡의 젼신(前身) 졔 ᄒᆞ던 일이라. 쳡이 텬디됴화(天地造化)ᄅᆞᆯ 힘입어 사ᄅᆞᆷ의 몸을 어들 졔 허믈 버ᄉᆞᆫ 것과 비늘이 뫼 ᄀᆞᆺ티 빠혀ᄂᆞ니, 춤새 변ᄒᆞ야 조개 된 후의 어이 감히 ᄂᆞᆯ개로 향ᄒᆞ미 이시리오."

뇨연은 비록 부인과 승샹 알픠셔 잇다감 검무(劍舞)로 즐기게 ᄒᆞ나 ᄯᅩ ᄒᆞᆫ ᄌᆞ로 ᄒᆞ디 아녀 ᄀᆞᆯ오ᄃᆡ,

"처엄 검슐(劍術)을 비러 승샹을 만나실지언뎡 살벌(殺伐)ᄒᆞᄂᆞᆫ 일이 샹시(常時) 볼 거시 아니라."

이후로 냥부인과 뉵낭ᄌᆡ 서로 친ᄋᆡ(親愛)ᄒᆞ미 슈족(手足) ᄀᆞᆺ고 승샹의 은졍(恩情)이 피ᄎᆞ(彼此)ㅣ 업서 ᄒᆞᆫᄀᆞᆯ ᄀᆞᆺᄐᆞ니 졔인(諸人)의 덕셩(德性)도 아ᄅᆞᆷ답거니와 진실노 당초 남악(南岳)의셔 아홉 사ᄅᆞᆷ의 발원(發願)이 이러ᄒᆞ더라.

일일은 냥부인(兩夫人)이 서로 의논ᄒᆞᄃᆡ,

"녯 사ᄅᆞᆷ은 ᄌᆞᄆᆡ(姉妹) 여러히 ᄒᆞᆫ 나라희 셔방 마자 쳐(妻)도 일쳡(一妾)도 이시니, 이제 우리 이쳐(二妻)와 뉵쳡(六妾)이 비록 각각 셩(姓)이나 맛당이 형뎨(兄弟) 되여 ᄌᆞᄆᆡ(姉妹)로 일ᄏᆞᄅᆞᆯ 거시라."

뉵인(六人)이 감당치 못ᄒᆞ노라 ᄒᆞ고 츈운(春雲)과 홍월(鴻月)은 더옥 고ᄉᆞ(固辭)ᄒᆞ거ᄂᆞᆯ 뎡부인 왈,

"뉴관댱(劉關張)[729]은 군신(君臣)이로ᄃᆡ 형뎨(兄弟)의 의(義)ᄅᆞᆯ 폐(廢)티 아녀시니, 나의 츈낭은 본ᄃᆡ 규듕붕우(閨中朋友)ㅣ니 어이 형뎨 되디 못ᄒᆞ리오. 야슈부인(耶輸夫人)[730]은 셰존(世尊)의 안ᄒᆡ오 등가녀ᄌᆞ(登伽

729) 유관장(劉關張) : 삼국 촉한(蜀漢)의 군주인 유비(劉備)와 명장인 관우(關羽)와 장비(張飛).

730) 야수부인(耶輸夫人) : 실달태자(悉達太子)의 부인이고 나후라(羅睺羅)의 어머니. 출가(出家)하여 비구니(比丘尼)가 되었음.

女子)731)는 음난(淫亂)흔 창녀(娼女)ㅣ로딕 흔가지로 부쳐의 졔즈(弟子) 되어 무춤닉 뎡과(正果)롤 어더시니 처음 미쳔(微賤)을 어이 즈겸(自慊) 흐리오."

냥부인이 뉵낭즈롤 거느리고 관음화샹(觀音畵像)의 나아가 분향(焚香) 흐고 흐야732) 골오딕,

"유년월일(維年月日)에 뎨즈(弟子) 경파733) 뎡시(鄭氏), 쇼아734) 니시(李氏), 치봉(彩鳳) 진시(秦氏), 츈운(春雲) 가시(賈氏), 셤월(蟾月) 계시(桂氏), 경홍(驚鴻) 뎍시(狄氏), 뇨연(裊烟) 심시(沈氏), 능파(凌波) 빅시(白氏)는 삼가 남히대亽(南海大師)긔 알외느이다. 졔즈(弟子) 팔인(八人)이 각각 집의셔 비록 나셔 즈라시나 흔 사룸을 셤겨 졍히 합(合)흔 긔미(氣味) 곳트니 비(譬)컨딕 흔 나모 쏫치 브람의 블니여 혹 구듕(九重)의 써러지고 혹 규합(閨閤)의 써러지고 혹 촌가(村家)의 써러지고 혹 믹샹(陌上)735)의 써러지고 혹 변방(邊方)의 써러지고 혹 강호(江湖)의 써러지나 근본(根本)을 추자면 어이 다른미 이시리오. 금일(今日)노브터 밍셰흐야 형뎨(兄弟) 되어 亽싱고락(死生苦樂)을 흔가지로 흐고 아모나 다른 무옴이 이시면 텬디(天地) 용납디 아니흐리이다. 복망(伏望) 대亽(大師)는 복(福)을 느리오고 지앙(災殃)을 더러 빅년 후 흔가지로 극낙셰계(極樂世界)로 가게 흐쇼셔."

흐엿더라.

이후 뉵인이 비록 명분(名分)을 딕희여 감히 형뎨(兄弟) 칭호(稱號)롤 못흐나 냥부인은 샹시(常時) 즈미(姉妹)라 브르고 은이(恩愛) 더옥 극진

---

731) 등가여자(登伽女子) : 석가모니의 제자인 아란존자(阿難尊子)를 고행(苦行)케 한 음녀(淫女).

732) 흐야 : '고(告)흐야'의 오기.

733) 경파 : '경패(瓊貝)'의 오기.

734) 쇼아 : '쇼화(簫和)'의 오기.

735) 맥상(陌上) : 길거리.

ᄒᆞ더라. 팔인이 각각 ᄌᆞ녀(子女)ㅣ 이시니 냥부인과 츈운 홍월 뇨연은 남ᄌᆞ(男子)ㅣ오, 슉인과 뇽녀는 녀ᄌᆞ(女子)로ᄃᆡ 다 ᄒᆞᆫ 번 산후(產後)는 다시 잉태티 아니ᄒᆞ니 이 ᄯᅩᄒᆞᆫ 범인(凡人)과 다ᄅᆞ미러라.

이 ᄣᅢ 텬하(天下)ㅣ 태평(太平)ᄒᆞ야 됴뎡(朝廷)의 일이 업ᄉᆞ니, 승상이 나면 텬ᄌᆞ(天子)ᄅᆞᆯ 뫼셔 샹님원(上林院)[736]의 유렵(遊獵)ᄒᆞ고 들면 대부인(大夫人)을 뫼셔 븍당(北堂)의셔 잔치ᄒᆞ야 춤추ᄂᆞᆫ ᄉᆞ매ᄂᆞᆫ 셰월을 번드치고 풍뉴ᄒᆞᄂᆞᆫ ᄉᆞ매ᄂᆞᆫ 광음(光陰)을 ᄌᆡ촉ᄒᆞ니, 승상이 샹위(相位)의 이션디 여러 십년(十年)이 디낫ᄂᆞᆫ디라. 뉴부인이 뎡ᄉᆞ도(鄭司徒) 부쳐(夫妻)로 더브러 나히 샹슈(上壽)의 오ᄅᆞᆫ 후 셰샹을 니별ᄒᆞ고, 승샹의 모든 아ᄃᆞᆯ이 임의 됴뎡(朝廷)의 버러시니 뉵남이녀(六男二女)ㅣ 다 부모의 풍치ᄅᆞᆯ 습(襲)ᄒᆞ야 옥슈지란(玉樹芝蘭)이 문뎡(門庭)의 빗최여시니, 제일ᄌᆞ의 명은 대경(大卿)이니 뎡부인(鄭夫人) 아ᄃᆞᆯ이오 녜부샹셔(禮部尙書)ᄅᆞᆯ ᄒᆞ엿고, 둘ᄌᆡᄂᆞᆫ ᄎᆞ경(次卿)이니 뎍시(狄氏) 소싱이오 경됴윤(京兆尹)[737]을 ᄒᆞ엿고, 삼은 슉경(叔卿)이니 어ᄉᆞ듕승(御史中丞)을 ᄒᆞ엿고, ᄉᆞᄂᆞᆫ 계경(季卿)이니 공쥬 소싱이오 니부시랑(吏部侍郞)을 ᄒᆞ엿고, 오ᄂᆞᆫ 유경(有卿)이니 계시(季氏)의 쇼싱이오 한님혹ᄉᆞ(翰林學士)ᄅᆞᆯ ᄒᆞ엿고, 뉵은 치경(致卿)이니 심시(沈氏) 쇼싱이라 오셰의 용녁(勇力)이 졀윤(絶倫)ᄒᆞ니 텬ᄌᆞ ᄉᆞ랑ᄒᆞ샤 금오샹장군(金吾上將軍)[738]을 ᄒᆞ이샤 경영군(京營軍)[739] 십만을 거ᄂᆞ려 대궐을 호위ᄒᆞ엿더라. 댱녀의 명은 뎡난이니 진슉인(秦淑人) 쇼싱이라 월왕(越王)의 아ᄃᆞᆯ 낭야왕 부인이 되고, ᄎᆞ녀의 명은 역낙이니 동뎡(洞庭) 뇽왕(龍王)의 외손이라 태ᄌᆞ(太子)의 쳡이 되여 냥뎨(良娣)ᄅᆞᆯ 봉ᄒᆞ엿더라.

승샹이 일개셔싱(一介書生)으로 지긔(知己)예 님군을 만나 만나[740] 화

736) 상림원(上林苑) : 중국 진(秦)나라와 한(漢)나라 때의 천자의 동산 이름.
737) 경조윤(京兆尹) : 수도(首都)를 맡은 장관.
738) 금오상장군(金吾上將軍) : 대궐을 수비하는 금오위(金吾衛)를 지휘하는 장군.
739) 경영군(京營軍) : 서울에 주둔해 있는 군대.

란(禍亂)을 뎡ᄒᆞ고 무(武)은 태평(太平)을 일위니 공명부귀(功名富貴) 곽분왕[741]으로 더브러 졔명(齊名)ᄒᆞᄃᆡ 분왕은 ᄇᆡ야흐로 늒십의 쟝샹(將相)을 ᄒᆞ엿고 쇼유는 이십의 승샹을 ᄒᆞ야 젼후 샹위(相位) 누리기 분왕의 이십ᄉᆞ고(二十四考)[742]의 디나고 군신(君臣)이 ᄒᆞᆫ가지로 태평을 누리니 복녹(福祿)의 완젼ᄒᆞ미 진실노 텬고(千古)의 업ᄉᆞᆫ 배러라.

승상이 '샹위(相位)예 이션 디 오래고 너모 셩만(盛滿)ᄒᆞ다 ᄒᆞ고 샹소(上疏)ᄒᆞ야 벼술을 드리고 퇴됴(退朝)ᄒᆞ야디이다.' ᄒᆞ니 비답(批答) 왈,

"경(卿)이 훈업(勳業)이 셰샹을 덥헛고 덕턱(德澤)이 ᄇᆡᆨ셩의게 ᄀᆞ득ᄒᆞ니 국가의 의디(依支)ᄒᆞᆫ 배오 과인(寡人)의 우러ᄂᆞᆫ 배라. 녜 태공(太公)[743]과 쇼공(召公)[744]이 나히 ᄇᆡᆨ셰로ᄃᆡ 오히려 셩왕(成王)[745]을 도아시니 이제 경은 쇠로(衰老)ᄒᆞᆯ 나히 아니오, ᄒᆞ믈며 댱ᄌᆞ방(張子房)[746]의 두골이 범인(凡人)과 다ᄅᆞ고 쇼안긔골(韶顔奇骨)[747]이 옥당(玉堂)의셔 됴셔(詔書) 디을 적 ᄀᆞᆺ고 졍신은 위교(渭橋)의 도적 칠 적 ᄀᆞᆺᄐᆞ니, 맛당히 긔산(箕山)[748]의 놉흔 ᄠᅳᆺ을 두루혀 셰샹을 당우(唐虞)[749]의 닐월 거시니, 샹

---

740) 만나 : '문(文)은'의 오기.

741) 곽분왕 : 분양왕(汾陽王)에 봉해진 당(唐)나라의 무장(武將) 곽자의(郭子儀).

742) 이십사고(二十四考) : 곽자의(郭子儀)가 하도 오랜만에 중서령(中書令)이 되어 사(士)를 시험하기 24회나 했다 함.

743) 태공(太公) : 주(周)나라 무왕(武王)을 도와 은(殷)나라 주왕(紂王)을 멸망시켜 천하를 평정하고 제(齊)나라에 봉함을 받아 그 시조가 됨. 본명은 강상(姜尙)이나 그의 선조가 여(呂)나라에 봉하여졌으므로 여상(呂尙)이라 불렸고, 속칭 강태공으로 알려짐.

744) 소공(召公) : 주(周)나라 문왕(文王)의 서자(庶子)로 연(燕)나라 시조인 희석(姬奭). 그의 영지인 채읍(采邑)이 '소(召)'였기 때문에 소공으로 불림.

745) 성왕(成王) : 주(周)나라 무왕(武王)의 아들. 어린 나이에 즉위하여 37년간 재위했음.

746) 장자방(張子房) : 장양(張良). 자방은 자(字). 한(漢)나라 유방(劉邦)의 공신으로 유후(留侯)에 봉해짐.

747) 소안기골(韶顔奇骨) : '소안'은 젊은이처럼 자신감과 생기가 넘치는 환한 노인의 얼굴. '기골'은 남다른 기풍이 있어 보이는 골격. 또는 그런 골격을 지닌 사람.

748) 기산(箕山) : 하남성(河南省) 등봉현(登封縣)에 있는 산. 요(堯)임금 때 허유

소(上疏)의 쳥흔 말을 블윤(不允)흐노라."
흐시다.

승샹은 본디 블문(佛門) 고뎨(高弟)오 졔낭즈는 남악(南岳) 션녀(仙女)ㅣ라. 품긔(稟氣) 흐기를 녕이(靈異) 허흐엿고 승샹이 쏘흔 남뎐산(藍田山) 도인(道人)의 션방(仙方)을 품슈(稟受)흐얏는디라. 츈츄(春秋)ㅣ 놉흐나 귀인(貴人)의 용모(容貌)ㅣ 더옥 져므니 시졀(時節) 사롬이 신션(神仙)인가 의심흐는 고로 됴셔(詔書)의 그리흐여 겨시더라.

승샹이 샹소를 여러 번 올녀 말숨이 더옥 긴졀(懇切)흐니 상이 인견(引見)흐시고 굴으샤디,

"경의 뜻이 이러흐니 딤이 어이 놉흔 뜻을 일워 주디 아니흐리오. 다만 경이 봉(封)흔 나라 히 가면 경소(京師)의셔 쳔니(千里) 밧기라. 국가 대소를 샹의흐기 어렵고 황태후(皇太后) 기셰(棄世)흐신 후는 난양(蘭陽)으로 더브러 써나기를 촘디 못흐느니, 셩남(城南) 소십니(四十里) 짜히 흔 니궁(離宮)[750]이 이시니 일흠은 츄미궁(翠微宮)이라. 녜 현종황뎨(玄宗皇帝)시 왕을 빌녀 피셔(避暑)흐던 곳이라. 이 짜히 모년(暮年)의 우유(優遊)흐미 가쟝 맛당흐니 이제 경을 주어 거쳐흐게 흐노라."

드디여 됴셔(詔書)를 느리와 위국공(魏國公) 양쇼유를 태소(太師)를 더으시고 식음[751] 오쳔 호(五千戶)를 봉(封)흐야 승샹 인슈(印綬)를 도로 올니라 흐시다.

(許由)가 구주(九州)의 장(長)을 마다하고 숨었던 산.

749) 당우(唐虞) : 요순(堯舜). 도당씨(陶唐氏)인 요(堯)와 유우씨(有虞氏)인 순(舜).

750) 이궁(離宮) : 행궁(行宮). 임금이 거동할 때 머무는 별궁(別宮).

751) 식음 : '식읍(食邑)'의 오기. 공신(功臣)에게 주어 조세(租稅)를 개인이 받아쓰게 하는 고을.

제16회

양승샹등고망원(楊丞相登高望遠)
진샹인반본환원(眞上人返本還元)

승샹이 셩은(聖恩)을 감격ᄒᆞ야 고두샤은(叩頭謝恩)ᄒᆞ고 거가(擧家)ᄒᆞ야 츄미궁(翠微宮)으로 올마가니 이 집이 죵남산(終南山) 가온ᄃᆡ 이시ᄃᆡ 누ᄃᆡ(樓臺)의 댱녀(壯麗)홈과 경개(景槪)의 긔졀(奇絶)ᄒᆞ미 완연이 봉닋(蓬萊)[752] 션경(仙境)이니 왕혹사(王學士)[753]의 시의 ᄀᆞᆯ오ᄃᆡ, '신션의 집이 별노 이의셔 낫디 못홀 거시니, 므슨 일 퉁쇼롤 빌고 프른 하늘노 향ᄒᆞ리오.' ᄒᆞ니 이 ᄒᆞᆫ 글귀로 가히 그 경개롤 알니리라.

승샹이 졍뎐(正殿)을 븨워 독셔[754]와 어졔시문(御製詩文)을 봉안(奉安)ᄒᆞ고 그 남은 누각대ᄉᆞ(樓閣臺榭)의ᄂᆞᆫ 졔낭ᄌᆞ(諸娘子)ㅣ 난화 들고 날마다 승샹을 뫼셔 믈을 님ᄒᆞ며 ᄆᆡ화(梅花)롤 ᄎᆞᆺ고 시(詩)롤 지어 구름 ᄢᅵ인 바회의 ᄡᅳ며 거믄고롤 타 솔ᄇᆞ람을 화답ᄒᆞ니 쳥한(淸閑)ᄒᆞᆫ 복(福)이 더옥 사롬을 블워홀 배러라.

승샹이 ᄒᆞᆫ가ᄒᆞᆫ 곳의 나아간 디 ᄯᅩᄒᆞᆫ 여러 ᄒᆡ 디낫더니, 팔월(八月) 념간(念間)[755]은 승샹 싱일이라. 모든 ᄌᆞ네 다 모디 십일을 년(連)ᄒᆞ야 셜연(設宴)ᄒᆞ니 번화셩만(繁華盛滿)ᄒᆞ미 녜도 듯디 못홀너라. 잔치롤 파ᄒᆞ고 졔ᄌᆞ(諸子)ㅣ 각각 호터진 후 믄득 구츄가절(九秋佳節)이 다ᄃᆞᄅᆞ니 국화(菊花) 봉오리 누르고 슈유(茱萸)[756] 녀롬이 븕어시니 졍히 등고(登高)[757] 홀 ᄯᅢ라. 츄미궁 셔녁히 놉흔 ᄃᆡ(坮) 이시니 그 우히 오르면 팔빅니(八百

752) 봉래(蓬萊) : 삼신산(三神山)의 하나.
753) 왕학사(王學士) : 당(唐)나라의 시인 왕유(王維).
754) 독셔 : '됴셔(詔書)'의 오기.
755) 염간(念間) : 스무날께.
756) 수유(茱萸) : 쉬나무의 열매. 자주색으로 기름을 짜서 머릿기름으로 씀.
757) 등고(登高) : 중국에서 음력 9월 9일에 조상에게 차례를 지내고 높은 곳에 올라 국화주를 마시며 수유를 머리에 꽂아 액땜을 하던 행사.

里) 진쳔(秦川)[758]을 손바닥금보ᄃᆞ시 ᄒᆞ야 가린 거시 업ᄉᆞ니 승샹이 가쟝 ᄉᆞ랑ᄒᆞᄂᆞᆫ ᄯᅡ히러라.

이날 냥부인과 뉵냥ᄌᆞ롤 ᄃᆞ리고 ᄃᆡ의 올나 머리의 국화를 곳고 츄경(秋景)을 희롱홀시 입의 팔진(八珍)이 염어(厭飫)ᄒᆞ고 귀의 관형[759]이 슬믠디라[760]. 다만 츈운으로 ᄒᆞ야곰 과합(果盒)을 븟들고 셤월노 옥호(玉壺)롤 잇글며 국화쥬(菊花酒)롤 ᄀᆞ득 부어 쳐쳡이 ᄎᆞ례로 헌슈(獻壽)ᄒᆞ더니 이윽고 빗긴 날이 곤명지(昆明池)의 도라지고 구롬 그림재 진쳔(秦川)의 ᄯᅥ러지니 눈을 드러 ᄒᆞᆫ번 보니 가올 빗치 창망(滄茫)ᄒᆞ더라. 승샹이 스ᄉᆞ로 옥쇼(玉簫)롤 잡아 두어 소ᄅᆡ롤 부니 오오열열(嗚嗚咽咽)ᄒᆞ야 원(怨)ᄒᆞᄂᆞᆫ 듯ᄒᆞ고 우ᄂᆞᆫ 듯ᄒᆞ고, 형경(荊卿)[761]이 녁슈(易水)[762]롤 건널 적 졈니(漸離)[763]롤 니별ᄒᆞᄂᆞᆫ듯, 패왕(覇王)[764]이 댱듕(帳中)의 우희(虞姬)[765]롤 도라보ᄂᆞᆫ듯 ᄒᆞ니, 모든 미인이 쳐연(凄然)ᄒᆞ야 슬픈 빗치 만터라. 냥부인이 옷깃슬 여미고 무러 ᄀᆞᆯ오ᄃᆡ,

"승샹이 공(功)을 임의 일우고 부귀(富貴) 극(極)ᄒᆞ야 만인(萬人)이 브러ᄒᆞ고 쳔고(千古)의 듯디 못ᄒᆞᆫ 배라. 가신(佳辰)을 당ᄒᆞ야 풍경을 희롱ᄒᆞ며 곳다온 술은 잔의 ᄀᆞ득ᄒᆞ며 ᄉᆞ랑ᄒᆞᄂᆞᆫ 사ᄅᆞᆷ이 겻ᄒᆡ 이시니 이 ᄯᅩᄒᆞᆫ 인ᄉᆡᆼ(人生)에 즐거온 일이어ᄂᆞᆯ 퉁쇼 소ᄅᆡ 이러ᄒᆞ니 오ᄂᆞᆯ 퉁쇼ᄂᆞᆫ 녯날 퉁쇠

758) 진천(秦川) : 섬서성(陝西省) 서쪽 일대.
759) 관형 : '관현(管絃)'의 오기.
760) 슬믠디라 : 싫고 미운지라.
761) 형경(荊卿) : 위(衛)나라 사람 형가(荊軻). 진(秦)나라에 인질로 있던 연(燕)나라 태자(太子) 단(丹)이 형가로 하여금 진시황을 죽이려고 하였으나 이루지 못함.
762) 역수(易水) : 하북성(河北省)에 있는 강. 형가(荊軻)가 연(燕)나라의 태자(太子) 단(丹)과 헤어진 곳.
763) 점리(漸離) : 연(燕)나라 때 사람 고점리(高漸離). 형가(荊軻)의 원수를 갚으려다 그도 피살됨.
764) 패왕(覇王) : 초패왕(楚覇王) 항우(項羽).
765) 우희(虞姬) : 항우(項羽)가 사랑한 우미인(虞美人). 항우가 해하(垓下)에서 패사(敗死)할 때 함께 자살했음.

아니로소이다."

승샹이 옥쇼(玉簫)를 더디고 부인 낭ᄌᆞ를 블너 난간을 의디ᄒᆞ고 손을 드러 두루 ᄀᆞᄅᆞ치며 ᄀᆞᆯᄋᆞᄃᆡ,

"븍으로 ᄇᆞ라보니 편ᄒᆞᆫ 들과 ᄆᆞᆫ허딘 언덕에 셕양이 쇠ᄒᆞᆫ 플에 비최엿ᄂᆞᆫ 곳은 진시황(秦始皇)의 아방궁(阿房宮)[766]이오, 셔로 ᄇᆞ라보니 슬픈 ᄇᆞ람이 찬 수플에 블고 져믄 구름이 뷘 뫼히 덥흔 대ᄂᆞᆫ 한무뎨(漢武帝)의 무픙[767]이오, 동으로 ᄇᆞ라보니 분칠ᄒᆞᆫ 셩이 쳥산을 둘넛고 븕은 박공(牔栱)[768]이 반공(半空)에 숨엇ᄂᆞᆫᄃᆡ 명월(明月)은 오락가락ᄒᆞᄃᆡ 옥난간(玉欄干)을 의디ᄒᆞᆯ 사ᄅᆞᆷ이 업ᄉᆞ니 이ᄂᆞᆫ 현죵황뎨(玄宗皇帝) 태진비(太眞妃)[769]로 더브러 노ᄅᆞ시던 화쳥궁(華淸宮)이라. 이 세 님군은 쳔고영웅(千古英雄)이라. ᄉᆞ히(四海)로 집을 삼고 억됴(億兆)[770]로 신쳡(臣妾)을 삼아 호화부귀(豪華富貴) ᄇᆡᆨ년(百年)을 쟈로게 녀기더니 이제 다 어ᄃᆡ 잇ᄂᆞ뇨.

쇼유ᄂᆞᆫ 본ᄃᆡ 하람[771] ᄶᅡ 뵈옷 닙은 션비라. 셩텬ᄌᆞ(聖天子) 은혜를 닙어 벼술이 쟝샹(將相)의 니ᄅᆞ고 제낭ᄌᆞ(諸娘子)ㅣ 셔로 조차 은졍(恩情)이 ᄇᆡᆨ년이 ᄒᆞᄅᆞ ᄀᆞᆺᄐᆞ니 만일 젼ᄉᆡᆼ(前生) 슉연(宿緣)으로 모다 인연(因緣)이 진(盡)ᄒᆞ면 각각 도라가믄 텬디(天地)에 덧덧ᄒᆞᆫ 일이라. 우리 ᄇᆡᆨ년 후 놉흔 ᄃᆡ(台) ᄆᆞᆫ허디고 고븐 모시 임의 며이고 가무(歌舞) ᄒᆞ던 ᄶᅡ히 임의 변ᄒᆞ야 거츤 뫼와 쇠(衰)ᄒᆞᆫ 플이 되엿ᄂᆞᆫᄃᆡ 초부(樵夫)와 목동(牧童)이 오ᄅᆞᄂᆞ리며 탄식ᄒᆞ야 ᄀᆞᆯᄋᆞᄃᆡ, '이거시 양승샹의 졔낭ᄌᆞ로 더브러 노던 곳이

---

766) 아방궁(阿房宮) : 진시황이 세운, 섬서성(陝西省) 장안현(長安縣)에 있는 궁전.
767) 무픙 : '무릉(茂陵)'의 오기. 한무제(漢武帝)가 묻힌 지금의 섬서성(陝西省) 흥평현(興平縣)의 땅.
768) 박공(牔栱) : 맞배지붕 양쪽에 '八' 모양으로 붙여 놓은 두꺼운 널빤지.
769) 태진비(太眞妃) : 당(唐)나라 현종(玄宗)의 총희(寵姬)인 양귀비(楊貴妃). 처음 현종의 아들 수왕(壽王)의 비가 되었다가 궁을 떠나 태진(太眞)이라는 이름의 여도사(女道士)로 지내면서 현종과 결합하여 장차 귀비가 됨.
770) 억조(億兆) : 억조창생(億兆蒼生). 수많은 백성.
771) 하람 : '회남(淮南)'의 오기.

라. 승샹의 부귀풍뉴(富貴風流)와 졔낭ᄌᆞ의 옥용화틱(玉容花態) 이제 어ᄃᆡ 갓ᄂᆞ뇨.' ᄒᆞ리니 어이 인싱이 덧업디 아니리오.

내 ᄉᆡᆼ각ᄒᆞ니 텬하의 유도(儒道)와 션도(仙道)와 블도(佛道)ㅣ 뉴(類)의 놉흐니 이 일은 삼교(三敎)ㅣ라. 유도(儒道)ᄂᆞᆫ ᄉᆡᆼ젼(生前) ᄉᆞ업(事業)과 신후(身後) 유명(有名)ᄒᆞᆯ 분이오, 신션(神仙)은 녜브터 구ᄒᆞ야 어들 재 드므니 진시황 한무뎨 현종뎨를 볼거시라. 내 치ᄉᆞ(致仕)[772]ᄒᆞᆫ 후로브터 밤의 잠 곳 들면 ᄆᆡ양 포단(蒲團) 우희셔 참션(參禪)ᄒᆞ야 뵈니 이 필연 블가(佛家)로 더브러 인연(因緣)이 잇ᄂᆞᆫ디라. 내 댱ᄎᆞ(將次) 댱ᄌᆞ방(張子房)의 젹숑ᄌᆞ(赤松子) 조차믈 효측(效則)ᄒᆞ야 집을 ᄇᆞ리고 스승을 구ᄒᆞ야 남ᄒᆡ(南海)를 건너 관음(觀音)을 ᄎᆞᆽ고 오ᄃᆡ(五臺)[773]예 올나 문슈(文殊)[774]긔 녜(禮)를 ᄒᆞ야 블ᄉᆡᆼ블멸(不生不滅)ᄒᆞᆯ 도(道)를 어더 딘셰(塵世) 고락(苦樂)을 뛰여나려 ᄒᆞᄃᆡ 졔낭ᄌᆞ로 더브러 반ᄉᆡᆼ(半生)을 조찻다가 일됴(一朝)의 니별ᄒᆞ려 ᄒᆞ니 슬픈 ᄆᆞ옴이 ᄌᆞ연 곡됴(曲調)의 나타나미로소이다."

졔낭ᄌᆞᄂᆞᆫ 다 젼ᄉᆡᆼ(前生)의 근본(根本)이 잇ᄂᆞᆫ 사ᄅᆞᆷ이라, ᄯᅩ한 셰쇽(世俗) 인연(因緣)이 디낼 ᄯᅢ니 이 말을 듯고 ᄌᆞ연 감동ᄒᆞ야 니로ᄃᆡ,

"부귀번화(富貴繁華) 듕 이러ᄐᆞᆺ 청졍(淸淨)ᄒᆞᆫ ᄆᆞ옴을 내시니 댱ᄌᆞ방(張子房)을 어이 족히 니ᄅᆞ리오. 쳥등[775] ᄌᆞᄆᆡ(姊妹) 팔인(八人)이 당당이 심규듕(深閨中)의셔 분향(焚香) 녜블(禮佛)ᄒᆞ여 샹공 도라오시기를 기ᄃᆞ릴 거시니, 샹공이 이번 ᄒᆡᆼᄒᆞ시ᄆᆡ 벅벅이 ᄇᆞᆰ은 스싱과 어진 벗들 만나 큰 도(道)를 어드리니, 득도(得道)ᄒᆞᆫ 후의 브ᄃᆡ 쳡등(妾等)을 몬져 졔도(濟度)[776]ᄒᆞ쇼셔."

---

772) 치사(致仕) : 나이가 많아 벼슬자리에서 물러남.

773) 오대(五臺) : 산서성(山西省) 오대현(五臺縣) 동북(東北)에 있는 산. 청량산(淸凉山). 문수보살(文殊菩薩)이 있음.

774) 문수(文殊) : 문수보살(文殊菩薩). 석가여래(釋迦如來)의 왼편에 있어 지혜를 맡은 보살.

775) 쳥등 : '쳡등(妾等)'의 오기.

776) 제도(濟度) : 미혹한 세계에서 생사만을 되풀이하는 중생(衆生)을 건져 내어

승샹이 대희 왈,

“우리 구인(九人)이 뜻이 굿ᄐᆞ니 쾌ᄉᆞ(快事)라. 내 명일(明日)노 당당이 힝홀 거시니 금일(今日)은 졔낭ᄌᆞ(諸娘子)로 더브러 진취(盡醉)ᄒᆞ리라.” ᄒᆞ더라. 졔낭ᄌᆡ 왈,

“쳡등이 각각이 일비(一杯)롤 밧드러 샹공을 젼송(餞送)ᄒᆞ리이다.”

잔을 ᄢᅵ셔 다시 브으려 ᄒᆞ더니, 홀연 셕양의 막대 더지ᄂᆞᆫ 소릭 나거놀 고이히 너겨 ᄉᆡᆼ각ᄒᆞᄃᆡ 엇던 사ᄅᆞᆷ이 올나 오ᄂᆞᆫ고 하더니, ᄒᆞᆫ 호승(胡僧)이 눈섭이 길고 눈이 ᄆᆞᆰ고 얼골이 고이ᄒᆞ더라.

엄연(儼然)이 좌샹의 니ᄅᆞ러 승샹을 보고 녜(禮)ᄒᆞ야 왈,

“산야(山野) 사ᄅᆞᆷ이 대승샹(大丞相)긔 뵈ᄂᆞ이다.”

승양이 이인(異人)인 줄 알고 황망이 답네 왈,

“ᄉᆞ부(師傅)ᄂᆞᆫ 어ᄃᆡ로셔 오신고,”

호승이 쇼왈,

“평ᄉᆡᆼ 고인(故人)을 몰라보시니 귀인(貴人)이 니좀[777] 홀타[778] 말이 올토소이다.”

승샹이 ᄌᆞ시 보니 과연 ᄂᆞᆾ치 닉은ᄃᆞᆺ ᄒᆞ거놀 홀연 ᄭᆡ쳐 능파(凌波) 낭ᄌᆞ롤 도라보며 왈,

“쇼워 젼일 토번(吐蕃)을 졍벌홀 졔 ᄭᅮᆷ에 동졍(洞庭) 농궁(龍宮)의 가 잔치ᄒᆞ고 도라올 길희 남악(南岳)의 가 노니, ᄒᆞᆫ 화샹(和尙)이 법좌(法座)의 안져셔 경(經)을 강논(講論)ᄒᆞ더니 노부(老父)ㅣ 노화샹(老和尙)이냐.”

호승이 박장대쇼ᄒᆞ고 ᄀᆞᆯ오ᄃᆡ,

“올타, 올타. 비록 올흐나 몽듕(夢中)의 잠간 만나 본 일을 ᄉᆡᆼ각ᄒᆞ고 십년(十年)을 동쳐(同處)ᄒᆞ던 일을 아디 못ᄒᆞ니, 뉘 양장원(楊壯元)을 총명

생사 없는 열반(涅槃)의 언덕에 이르게 함.

777) 니좀 : 니즘. '망각(忘却)'의 뜻.

778) 홀타 : 헐ᄒᆞ다. '쉽다'의 뜻.

타 ᄒᆞ더뇨."

승샹이 망연(茫然)ᄒᆞ야 ᄀᆞᆯ오ᄃᆡ,

"쇼ᄋᆔ 십오뉵셰 젼은 부모 좌하(座下)롤 ᄯᅥ나디 아녓고, 십뉵(十六)에 급졔ᄒᆞ야 년하야 딕명(職名)이 이시니, 동(東)으로 연국(燕國)의 봉ᄉᆞᄒᆞ고 서(西)로 토번(吐蕃)을 졍별ᄒᆞᆫ 밧근 일즉 경ᄉᆞ(京師)롤 ᄯᅥ나디 아녀시니, 언제 ᄉᆞ부(師傅)로 더브러 십 년을 샹죵(相從)ᄒᆞ여시리오."

호승이 쇼왈,

"샹공이 오히려 츈몽(春夢)을 ᄊᆡ디 못ᄒᆞ엿도소이다."

승샹 왈,

"샤뷔 엇디면 쇼유로 하야곰 츈몽을 ᄊᆡ게 ᄒᆞ리오."

호승 왈,

"이ᄂᆞᆫ 어렵디 아니ᄒᆞ니이다."

ᄒᆞ고 손 가온ᄃᆡ 셕장(錫杖)을 드러 셕난간(石欄干)을 두어 번 두ᄃᆞ리니, 홀연 네 역 뫼골노셔 구룸이 니러나 대샹(臺上)의 씨이여 디쳑(咫尺)을 분변티 못하니, 승샹이 졍신이 아득ᄒᆞ야 마치 ᄎᆔ몽듕(醉夢中)의 잇ᄂᆞᆫᄃᆞᆺ ᄒᆞ더니, 오래 게야 소ᄅᆡ 질너 ᄀᆞᆯ오ᄃᆡ,

"ᄉᆞ뷔 어이 뎡도(正道)로 소유롤 인도치 아니하고 환슐(幻術)노 서로 희롱ᄒᆞᄂᆞ뇨."

말을 듯디779) 못ᄒᆞ야셔 구름이 거두치니 호승이 간 곳이 업고 좌우롤 도라보니 팔낭지 ᄯᅩᄒᆞᆫ 간 곳이 업ᄂᆞᆫ디라. 졍히 경황ᄒᆞ야 ᄒᆞ더니 그런 놉흔 ᄃᆡ와 만흔 집이 일시의 업셔지고 제몸이 ᄒᆞᆫ 젹은 암ᄌᆞ(庵子) 듕의 ᄒᆞᆫ 포단(蒲團) 우ᄒᆡ 안쟈시ᄃᆡ 향노(香爐)의 블이 임의 샤라지고 디난 ᄃᆞᆯ이 창(窓)의 임의 빗최엿더라.

스ᄉᆞ로 제 몸을 보니 일ᄇᆡᆨ 여ᄃᆞᆲ 낫 염쥬(念珠)ㅣ 손목의 걸녓고 머리롤 ᄆᆞᆫ디니 갓 ᄊᆞᆨ근 마리털이 가츨가츨ᄒᆞ야시니 완연이 쇼화샹(小和尙)의 몸

779) 듣디 : 'ᄆᆞᆺ디'의 오기.

이오 다시 대승샹(大丞相)의 위의(威儀) 아니니, 정신이 황홀ᄒᆞ야 오란 후의 비로소 제 몸이 연화도댱(蓮花道場) 셩진ᄒᆡᆼ쟈(性眞行者)ㅣ인 줄 알고 ᄉᆡᆼ각ᄒᆞ니, 처음의 스ᄉᆡᆼ의게 슈칙(受責)ᄒᆞ야 풍도(酆都)[780]로 가고 인셰예 환도ᄒᆞ야 양가(楊家)의 아ᄃᆞᆯ 되여 쟝원급졔 한님혹ᄉᆞ ᄒᆞ고 츌댱입샹(出將入相)ᄒᆞ야 공명신퇴(功名身退)ᄒᆞ고 냥공쥬와 뉵낭ᄌᆞ로 더브러 즐기던 거시 다 ᄒᆞ로 밤 ᄭᅮᆷ이라. ᄆᆞᄋᆞᆷ의 '이 필연 ᄉᆞ부(師傅)ㅣ 나의 념녀ᄅᆞᆯ 그릇ᄒᆞᆷ을 알고 날노 ᄒᆞ여곰 이 ᄭᅮᆷ을 ᄭᅮ어 인간 부귀와 남녀 졍욕이 다 허ᄉᆞ(虛事)ㅣᆫ 줄 알게 ᄒᆞ미로다.'

급히 셰슈ᄒᆞ고 의관을 졍졔ᄒᆞ며 방쟝(方丈)의 나아가니 다ᄅᆞᆫ 졔ᄌᆞ들이 임의 다 모다더라. 대ᄉᆡ 소ᄅᆡᄒᆞ야 무ᄅᆞᄃᆡ,

"셩진아, 인간 부귀ᄅᆞᆯ 디내니 과연 엇더ᄒᆞ더뇨."

성진이 고두(叩頭)ᄒᆞ며 눈믈을 흘녀 ᄀᆞᆯ오ᄃᆡ,

"셩진이 임의 ᄭᆡ다랏ᄂᆞ이다. 뎨ᄌᆞ(弟子)ㅣ 블쵸(不肖)ᄒᆞ야 념녀ᄅᆞᆯ 그ᄅᆞᆺ 먹어 죄(罪)ᄅᆞᆯ 지으니 맛당이 인셰(人世)의 뉸회(輪回)ᄒᆞᆯ 거시어ᄂᆞᆯ ᄉᆞ부(師傅)ㅣ ᄌᆞ비(慈悲)ᄒᆞ샤 ᄒᆞ로 밤 ᄭᅮᆷ으로 뎨ᄌᆞ의 ᄆᆞᄋᆞᆷ ᄭᆡ닷게 ᄒᆞ시니 ᄉᆞ뷔의 은혜ᄅᆞᆯ 쳔만겁(千萬劫)이라도 갑기 어렵도소이다."

대ᄉᆡ ᄀᆞᆯ오ᄃᆡ,

"네 승흥(乘興)ᄒᆞ야 갓다가 흥진(興盡)ᄒᆞ야 도라와시니 내 므ᄉᆞᆫ 간녜(干預)ᄒᆞ미 이시리오. 네 ᄯᅩ 니ᄅᆞᄃᆡ 인셰의 뉸회ᄒᆞᆯ 거ᄉᆞᆯ ᄭᅮᆷ을 ᄭᅮ다 ᄒᆞ니 이ᄂᆞᆫ 인셰의 ᄭᅮᆷ을 다리다 ᄒᆞ미니, 네 오히려 ᄭᅮᆷ을 ᄎᆡ ᄭᆡ디 못ᄒᆞ엿도다. '댱듀(莊周)[781]ㅣ ᄭᅮᆷ의 나뷔 되어다가 나뷔 댱쥐 되니' 어이 거즛 거시오 어니 진짓 거신 줄 분변(分辨)티 못ᄒᆞᄂᆞ니 어제 셩진과 소유 어니ᄂᆞᆫ 진짓 ᄭᅮᆷ이오 업ᄂᆞᆫ ᄭᅮᆷ이 아니뇨."

---

780) 풍도(酆都) : 지옥.

781) 장주(莊周) : 장자(莊子). 이름은 주(周). 전국시대(戰國時代) 송(宋)나라 사람으로 도가사상의 대표자. 정확한 생몰연대는 미상이나 맹자(孟子)와 거의 비슷한 시대에 활약한 것으로 전함. 저서에 『장자』가 있음.

셩진이 ᄀᆞᆯ오ᄃᆡ,

"뎨ᄌᆞ 아득ᄒᆞ야 ᄭᅮᆷ과 진짓 거ᄉᆞᆯ 아디 못ᄒᆞ니, ᄉᆞ부ᄂᆞᆫ 셜법(說法)ᄒᆞ샤 뎨ᄌᆞᄅᆞᆯ 위ᄒᆞ야 ᄌᆞ비(慈悲)ᄒᆞ샤 ᄭᆡᄃᆞᆺ게 ᄒᆞ쇼셔."

대ᄉᆡ ᄀᆞᆯ오ᄃᆡ,

"이제 금강경(金剛經)782) 큰 법(法)을 닐너 너의 ᄆᆞᄋᆞᆷ을 ᄭᆡᄃᆞᆺ게 ᄒᆞ려니와, 당당이 새로 오ᄂᆞᆫ 뎨ᄌᆞ 이실 거시니 잠간 기ᄃᆞ릴 거시라."

ᄒᆞ더니 문 딕흰 도인이 드러와,

"어제 왓던 위부인(魏夫人) 좌하(座下) 션녀(仙女) 팔인이 ᄯᅩ 와 ᄉᆞ부긔 뵈와디이다 ᄒᆞᄂᆞ이다."

대ᄉᆡ 드러오라 ᄒᆞ니 팔션녜 대ᄉᆡ의 압ᄒᆡ 나아와 합쟝 고두ᄒᆞ고 ᄀᆞᆯ오ᄃᆡ,

"뎨ᄌᆞ 등이 비록 위부인을 뫼셔시나 실노 ᄇᆡ혼 일이 업셔 셰쇽 정욕을 닛디 못ᄒᆞ더니 대ᄉᆡ ᄌᆞ비ᄒᆞ시믈 입어 ᄒᆞ로 밤 ᄭᅮᆷ의 크게 ᄭᆡᄃᆞᄅᆞ시니, 뎨ᄌᆞ 등이 임의 위부인긔 하딕ᄒᆞ고 블문(佛門)의 도라와시니 ᄉᆞ부ᄂᆞᆫ 나죵ᄂᆡ 가ᄅᆞ치믈 ᄇᆞ라ᄂᆞ이다."

대ᄉᆡ 왈,

"녀션(女仙)의 ᄯᅳᆺ이 비록 아름다오나 블법(佛法)이 깁고 머니 큰 녁냥(力量)과 큰 발원(發願)이 아니면 능히 니ᄅᆞ디 못ᄒᆞᄂᆞ니, 션녀ᄂᆞᆫ 무ᄅᆞ미 스ᄉᆞ로 혜아려 ᄒᆞ라."

팔션녜 믈너가 ᄂᆞᆾ 우ᄒᆡ 연지분(臙脂粉)을 ᄡᅵ셔 ᄇᆞ리고 각각 ᄉᆞ매로셔 금젼도(金剪刀)ᄅᆞᆯ 내여 흑운(黑雲)ᄀᆞᆺᄐᆞᆫ 마리ᄅᆞᆯ 짝고 드러와 ᄉᆞᆯ오ᄃᆡ,

"뎨ᄌᆞ 등이 임의 얼골을 변ᄒᆞ야시니 ᄆᆡᆼ셰ᄒᆞ야 ᄉᆞ부 교령(敎令)을 태만티 아니ᄒᆞ리이다."

대ᄉᆡ ᄀᆞᆯ오ᄃᆡ,

"션ᄌᆡ(善哉), 션ᄌᆡ(善哉)라. 너희 팔인이 능히 이러ᄐᆞᆺ ᄒᆞ니 진실노 모

782) 금강경(金剛經) : 금강반야바라밀경(金剛般若波羅蜜經). 인도에서 2세기에 성립된 공(空)사상의 기초가 되는 반야경전.

든783) 일이로다."

드ᄃᆡ여 법좌의 올나 경문(經文)을 강논(講論)ᄒᆞ니 ᄇᆡᆨ호(白毫)784) 빗티 셰계의 ᄡᅩ이고 하ᄂᆞᆯ ᄭᅩᆺ치 비ᄌᆞᆺ티 ᄂᆞ리더라.

셜법ᄒᆞ믈 댱ᄎᆞᆺ ᄆᆞᄎᆞ매 네 귀(句) 진언(眞言)을 송(誦)ᄒᆞ야 ᄀᆞᆯ오ᄃᆡ,

일졀유의785)법(一切有爲法)
염모환됴영786)(如夢幻泡影)
여디787)역여젼(如露亦如電)
응쟉여시관(應作如是觀)788)

이리 니ᄅᆞ니 셩진과 여ᄃᆞᆲ 니고(尼姑)ㅣ 일시의 ᄭᆡᄃᆞ라 블ᄉᆡᆼ블멸(不生不滅)ᄒᆞᆯ 졍과(正果)ᄅᆞᆯ 어드니, 대ᄉᆡ 셩진의 계ᄒᆡᆼ(戒行)이 놉고 슌슈789)ᄒᆞ믈 보고 이에 대듕(大衆)을 모호고 ᄀᆞᆯ오ᄃᆡ,

"내 본ᄃᆡ 뎐도(傳道)ᄒᆞ믈 위ᄒᆞ야 듕국(中國)의 드러 왓더니 이제 청법790)을 뎐ᄒᆞᆯ 곳이 이시니 나ᄂᆞᆫ 도라가노라."

ᄒᆞ고 염주와 바리791)와 정병(淨甁)792)과 셕쟝과 금강경 일 권을 셩진을 주고 셔쳔(西天)793)으로 가니라.

---

783) 모든 : '됴흔'이 오기.
784) 백호(白毫) : 부처의 두 눈썹 사이에 있는 희고 빛나는 가는 터럭. 이 광명이 무량세계를 비춘다 함.
785) 유의 : '유위(有爲)'의 오기.
786) 염모환됴영 : '여몽환포영(如夢幻泡影)'의 오기.
787) 여디 : '여로(如露)'의 오기.
788) 모든 유위(有爲)의 법은 몽(夢) · 환(幻) · 포(泡) · 영(影)과 같으며, 이슬과 번개 같으니, 마땅히 이와 같이 볼지니라.
789) 슌슈 : '슌숙(純熟)'의 오기.
790) 청법 : '정법(淨法)'의 오기.
791) 바리 : 바리때. 절에서 쓰는 중의 공양 그릇. 나무나 놋쇠 따위로 대접처럼 만들어 안팎에 칠을 함.
792) 정병(淨甁) : 대성(大聖)이 손에 잡고 세상을 정결케 한다는 병.
793) 서천(西天) : 天竺, 인도.

이후에 셩진이 연화도쟝 대듕을 거ᄂᆞ려 크게 교화(敎化)ᄅᆞᆯ 베프니 신션(神仙)과 뇽신(龍神)과 사ᄅᆞᆷ과 귀신이 ᄒᆞᆫ가지로 존슝(尊崇)ᄒᆞ믈 뉵관대ᄉᆞ(六觀大師)와 ᄀᆞᆺ티 ᄒᆞ고 여ᄃᆞᆲ 니고(尼姑)ㅣ 인ᄒᆞ야 셩진을 스싱으로 셤겨 깁히 보살대도(菩薩大道)ᄅᆞᆯ 어더 아홉 사ᄅᆞᆷ이 ᄒᆞᆫ가지로 극낙셰계(極樂世界)로 가니라.

제3장 구운몽 번역

제1회

노존사(老尊師)는 남악(南岳)에서 묘법(妙法)을 강론하고 어린 중은 석교(石橋)에서 선녀(仙女)를 만나다

천하에 이름난 산이 다섯이 있으니, 동쪽에는 동악 태산이요, 서쪽에는 서악 화산이요, 가운데에는 중악 숭산이요, 북쪽에는 북악 항산이요, 남쪽에는 남악 형산이니, 이를 일러 오악이라 하였다. 이 오악 중에 형산이 멀리 떨어져 있으니, 구의산이 남쪽에 있고, 동정호가 북쪽에 있으며, 상강물이 삼면에 둘렀다. 형산의 봉우리 일흔 두 봉 가운데 다섯 봉이 가장 높고 높으니, 축융봉과 자개봉과 천주봉과 석름봉과 연화봉이다. 항상 구름 속에 있어 청명한 날이 아니면 그곳을 보지 못하였다.

태조께서 홍수를 다스리고 형산에 올라 비를 세워 공덕을 기록하니, 하늘 글에 구름 전자(篆字)가 있으니 뚜렷하여 아직도 남아 있었다. 진(晉) 시절 선녀인 위부인이 도를 깨우쳐 하늘 벼슬을 하여 선관 옥녀를 거느려 형산을 다스렸으니 이른바 남악 위부인이다. 예로부터 전해져 옴으로 위부인의 신령한 자취와 기이한 일을 다 기록치 못하겠다.

당(唐) 시절 서역(西域) 중이 천축국으로부터 중국에 들어와 형산의 빼어난 모습을 사랑하여 연화봉 아래 초암을 짓고 대승법(大乘法)을 강론하여 사람을 가르치고 귀신을 제도하니, 교화가 크게 행하여 모두 이르기를, 산 부처가 세상에 났다 하여, 부유한 사람은 재물을 내고 가난한 사람은 힘을 들여 큰 절을 지으니,

寺門高開洞庭野　절문은 동정(洞庭)의 뜰에 열려 있고
殿脚插入赤沙湖　법당 기둥은 적사호(赤沙湖)에 박혔고
五月寒風冷佛骨　오월 찬 바람은 부처의 뼈 차갑게 하고
六時天樂朝香爐　여섯 때 하늘 풍류는 향로에 조회하네.

이처럼 연화봉 도량이 거룩하니 남북에 으뜸이 되었다.

이 화상이 항상 금강경 한 권을 지녔으니 모두 부르기를 육여화상(六如和尙)이라고도 하고 육관대사(六觀大師)라고도 하였다. 대사의 문하에 제자가 수백 명인데 계행이 높고 신통을 얻은 자가 삼백여 명이 되었다. 그 중에 특별히 젊은 제자 이름은 성진이니, 얼굴이 백설 같고 정신이 추수 같고 나이 이십 세에 삼장경문을 통치 못할 것이 없고 총명과 지혜가 제자들 가운데 뛰어나니 대사가 크게 중히 여겨 항상 도를 전할 그릇으로 기대하였다.

대사 매일 제자로 더불어 큰 법을 강론할 때마다 동정호 용왕이 흰 옷 입은 노인의 모습으로 법석에 참여하여 경을 듣더니 대사가 일일은 제자들에게 이르기를,

"동정호 용군이 여러 번 경을 들었으나 일찍 답례를 못하였다. 내 늙고 병들어 산문을 나가지 않은 지 십여 년이라. 내 몸은 산문 밖으로 쉽게 나가지 못하니 너희 중 누가 수부(水府)에 들어가 나를 대신하여 용군에게 사례하겠느냐?"

성진이 가기를 청하니 대사가 기뻐하며 허락하자, 성진이 가사(袈裟)를 정제히 하고 육환장을 이끌고 동정호로 향하였다. 얼마 후 성진이 동정호로 간 이후에 문 지키는 군사가 대사에게 고하여 말하기를,

"남악의 위진군 낭랑이 시녀 여덟 사람을 보내어 문 밖에 이르렀나이다."

대사가,

"들어오라."

하니 팔선녀가 차례로 나아와 대사가 앉은 곳을 세 번 둘러 신선의 꽃을 흩은 후에 위부인 말씀을 전하되,

"상인은 산 서쪽에 계시고 나는 산 동쪽에 있으니 기거와 음식이 서로 접하였으나 저에게 일이 많아 날을 수고롭게 하여 나아가 맑은 말씀을 듣지 못하였습니다. 삼가 시녀 여덟 사람을 보내어 대사의 안부를 묻고 겸하여 하늘 꽃과 신선의 과실과 칠보 문금(紋錦)으로 구구한 정을 이루나이다."

하고 각각 가지고 온 화과(花果)와 보배를 받들어 드리니, 대사가 손수 받아 시자를 주어 부처께 공양하라 하고 합장하여 팔선녀에게 사례하여 말하기를,

"노승이 무슨 공덕이 있어 상선(上仙)의 기념하심을 입으리오."

하고 팔선녀에게 재배하여 대접하고 보내었다. 팔선녀는 대사께 하직하고 문 밖에 나와 서로 의논하되,

"이 남악 형산은 물 하나하나, 언덕 하나하나가 우리 집 것이 아닌 것이 없는데, 육관대사가 도량을 연 후로부터 경계가 뚜렷이 나누어졌는지라. 연화봉의 좋은 경치를 지척에 두고 보지 못하였더니, 우리가 이제 다행히 부인의 명을 받들어 이 땅에 왔으니 좋은 기회로다. 햇빛이 아직 저물지 아니하였으니, 연화봉 위에 옷을 떨치고 폭포수에 관끈을 씻고 글을 읊은 후에 돌아가 궁중 자매에게 노닌 것을 자랑함이 어찌 좋지 않으리오?"

하니 모두 이르되,

"그 말이 옳도다."

하고 서서히 거닐면서 산의 꼭대기에 올라 폭포의 근원을 굽어 보고 물줄기를 따라 내려가다가 석교에 이르렀다. 이때가 바로 춘삼월이라 온갖 꽃이 골짜기에 가득하고 맑은 안개가 자욱이 끼었는데, 새짐승의 백 가지 소리가 생황을 연주하는 듯하니 춘흥이 사람의 마음을 호탕케 하였다.

팔선녀가 다리 위에 앉아 물을 굽어 보니 여러 골짜기 물이 모여서 넓은 연못이 되었는데, 차고 맑음이 광릉땅의 보배인 거울을 새로 닦은 듯하였다. 팔선녀의 푸른 눈썹과 붉은 단장이 물 속에 비치어 마치 한 폭 주방(周昉)의 미인도 같았다. 팔선녀가 그림자를 희롱하며 스스로 사랑하여 이내 일어나지 못하고 산 속의 하루가 저무는 줄을 깨닫지 못하였다.

이때 성진이 동정호에 이르러 물결을 헤치고 수정궁(水晶宮)에 들어가니 용왕이 크게 기뻐하며 몸소 궁문 밖에 나아가 맞이하였다. 성진을 상좌에 앉히고 진찬을 갖추어 잔치를 열어 대접하여 용왕이 손수 잔을 들어 권하자 성진이 가로되,

"술은 마음을 흐리게 하는 광약(狂藥)이라 불가에서는 크게 경계하는 것이니 감히 파계를 하지 못하겠나이다."

용왕이 가로되,

"부처가 다섯 가지 계율로 술을 경계하는 줄을 내 어찌 모르리오만, 궁중에서 쓰는 술은 인간의 광약과 달라서 자못 사람의 기운을 화창케 하고 마음을 방탕하게 아니하나이다."

성진이 용왕이 지성으로 권하니 차마 사양하지 못하고 잇따라 석 잔을 기울였다. 용왕께 하직하고 바람을 타고 연화봉을 향하여 돌아오다 산 아래에 이르러, 스스로 깨닫기를 술기운이 올라 낯이 달아오르니 마음속으로 생각하기를,

'만일 얼굴이 붉으면 사부께서 이상하게 생각하여 크게 꾸짖지 않으리오.'

하고 즉시 냇물로 내려가 웃옷을 벗고 두 손으로 물을 움켜 취한 낯을 씻

는데, 문득 기이한 향내가 코에 진동하여 향로(香爐) 기운도 아니요 화초(花草) 향내도 아닌데 사람의 뼈 속에 사무쳐 정신이 호탕하여 능히 표현할 수 없었다.

성진이 생각하기를,

'이 물의 상류에 무슨 꽃이 피었기에 이런 신기한 향이 물에서 나는가?'

다시 의복을 정제한 다음 물을 따라 올라가니, 이때에 팔선녀가 석교 위에 앉아서 서로 말하고 있었다. 성진과 팔선녀가 서로 만나니, 성진이 육환장을 놓고 공손히 재배하며 말하였다.

"여보살이여. 빈승은 연화도량 육관대사의 제자로 스승의 명을 받들어 산 밑에 나갔다가 장차 돌아오는 길이옵니다. 좁은 석교 위에 보살님들이 앉아 있어, 남자와 여자가 같은 길에 함께 있을 수 없으니, 부디 잠시 발걸음을 옮겨 주시면 길을 빌리고자 합니다."

팔선녀가 답례하여 말하기를,

"우리는 위부인의 시녀들이옵니다. 부인의 명을 받들어 육관대사께 문안을 하고 돌아가는 길입니다. 첩들이 들으니 '길에서 남자는 왼쪽으로 가고 여자는 오른쪽으로 간다' 하였으나 이 다리가 매우 좁고 첩들이 이미 먼저 앉았으니 도인의 말씀이 마땅치 아니하니, 바라건대 다른 길로 행하소서."

성진이 답하기를,

"냇물이 깊고 다른 다리가 없으니 빈승으로 하여금 어느 길로 가라 하십니까?"

팔선녀가 가로되,

"옛날 달마존자(達磨尊者)는 갈잎을 타고 바다를 건넜다고 하였사옵니다. 화상께서 육관대사에게 도를 배웠다면 반드시 신통한 도술이 있을 것이니, 어찌 이런 조그마한 냇물을 건너지 못하여 아녀자와 더불어 길을 다투시나이까."

성진이 웃으며 대답하되,

"여러 낭자의 뜻을 보니 행인으로 하여금 길 값을 받고자 하려는 듯 싶소. 그러나 가난한 중에게 어이 금전이 있으리오. 마침 명주(明珠) 여덟 개가 있으니 이것으로 길 값을 치르겠나이다."

손을 들어 복사꽃 가지 하나를 꺾어 팔선녀 앞에 던지니, 그 여덟 봉오리 땅에 떨어져 여덟 개의 명주로 화하였다. 팔선녀가 각각 주워 손에 쥐고 성진을 돌아보며 찬연히 한번 웃고 몸을 솟구치더니 바람을 타고 공중으로 올라갔다. 성진이 석교 위에서 오랫동안 팔선녀가 가는 곳을 바라보더니 구름 그림자가 사라지고 향기로운 바람이 가라앉았다. 바야흐로 성진이 석교를 떠나 스승을 가서 뵈니, 스승이 늦게 온 이유를 묻기에 대답하기를,

"용왕이 심히 후하게 대접하고 떠나는 것을 만류하니 차마 떨치고 일어나지 못하였습니다."

대사가 더는 묻지 않고 말하기를,

"물러가 쉬어라."

하여, 성진이 자신의 선방(禪房)에 돌아오니 날이 이미 어두워졌다. 성진이 여덟 선녀를 본 후에 정신이 자못 황홀하여 마음에 생각하되,

'남자로 세상에 태어나서 어려서는 공맹(孔孟)의 글을 읽고, 자라서는 요순(堯舜) 같은 임금을 섬겨, 나가서는 장수가 되고 들어와서는 정승이 되어, 비단 옷을 입고 옥대를 차고, 옥궐에 조회(朝會)하고, 눈에 고운 빛을 보고 귀에 좋은 소리를 듣고, 은택이 백성에게 미치고 공명을 후세에 드리우는 것이 또한 대장부의 일이라. 우리 부처의 법문은 한 바리때의 밥과 한 병의 물과 두어 권의 경문과 백팔 염주 뿐이니 비록 그 도가 높고 아름다우나 적막하기 심하도다.'

생각을 이리하고 저리하여 밤이 깊었는데 문득 눈앞에 팔선녀가 서 있

어 놀라서 다시 보니 이미 간 곳이 없더라. 성진이 크게 놀라 뉘우치며 생각하되,

‘부처의 공부는 뜻을 바르게 함이 제일 큰 공부이거늘, 내가 출가한 지 이미 십 년에 일찍이 털끝만큼도 불가의 법을 어기고 구차한 마음을 먹지 않았는데, 이제 이렇듯 잘못된 마음을 가지면, 어찌 내 앞날이 해롭지 않겠는가.’

향로에 전단(旃檀)을 다시 피우고 의연히 포단에 앉아 정신을 가다듬어 염주를 굴리며 일천 부처를 외우는데, 갑자기 창 밖에서 동자가 부르되,

“사형은 주무시나이까? 대사께서 부르시나이다.”

성진이 놀라 생각하기를,

‘깊은 밤에 나를 부르시니 반드시 까닭이 있도다.’

동자와 함께 방장(方丈)에 나아가니 육관대사가 모든 제자를 모아놓고 등촉을 낮같이 켜고 성진을 꾸짖기를,

“성진아, 네 죄를 아느냐?”

성진이 섬돌 아래에 내려가 꿇어앉아 대답하되,

“소자가 사부를 섬긴 지 십여 년이 되었사오나 지금까지 조금도 불순히 행한 적이 없었으니, 진실로 어리석고 아득하여 지은 죄를 알지 못하겠나이다.”

대사가 이르기를,

“중의 공부에는 세 가지 행실이 있으니 몸과 말씀과 뜻이라. 네가 용궁에 가서 술에 취하고, 석교에서 팔선녀와 만나 언어로 수작하고, 꽃가지를 던져 희롱하고 돌아 온 후에도 오히려 팔선녀의 미색을 사랑하여 세상의 부귀를 흠모하고 불가의 적막함을 싫어하니, 이는 세 가지 행실을 한꺼번에 무너트려 버림이니라.”

성진이 머리를 두드리고 울며 가로되,

"스승님아, 성진이 진실로 죄가 있지만, 용궁에서 주계(酒戒)를 파한 이유는 주인이 권함을 이기지 못한 탓이요, 석교에서 선녀들과 언어로 수작한 것은 길을 빌리고자 한 것이지 특별히 부정한 말을 한 바가 없으며, 선방(禪房)에 돌아온 후에는 잠시 마음을 잡지 못하였으나 즉시 뉘우쳐 뜻을 바르게 하였으니, 제자가 죄 있거든 사부께서 종아리를 치셔서 훈계하실 일이지, 어찌 차마 내치려 하시나이까. 사부를 부모같이 공경하여 십이 세에 부모를 버리고 스승님을 따라 머리를 깎으니 연화도량이 곧 성진의 집이나 마찬가지니 저를 어디로 가라 하시나이까."

대사가 이르기를,

"네가 스스로 가고자 하는 곳으로 가게 하려 하는 것이니, 네가 만일 여기에 있기를 원한다면 누가 능히 가라고 하겠느냐. 또 네가 이르기를 '어디로 가리이까.' 하나, 네가 가고자 하는 곳이 네가 갈 곳이니라."

대사가 소리 질러 가로되,

"황건역사(黃巾力士)는 어디 있느냐."

하니, 홀연 공중에서 신장(神將)이 내려와 명령을 기다리거늘 대사가 분부하되,

"너는 죄인을 이끌고 풍도(酆都)에 가서 염라대왕께 보내고 오라."

성진이 이 말을 듣고 눈물을 흘리며 울고 머리를 무수히 두드려 애걸하며 가로되,

"사부는 성진의 말을 들으소서. 옛 아난존자는 창녀와 동침하였으나 석가여래께서 죄는 주지 아니하시고 다만 설법하여 가르쳤을 뿐이옵니다. 제가 비록 죄가 있으나 아난존자에 비하면 그 죄가 중하지 않은 듯하니 어찌하여 풍도에 가라 하시나이까."

대사가 가로되,

"아난존자는 요술을 제어하지 못하여 창녀와 동침을 하였으나 그 마음은 어지럽지 아니하였는지라. 너는 진세(塵世)의 부귀를 흠모하는 뜻을

내었으니 어찌 한번 윤회(輪廻)하는 고생을 면하리오."

성진이 다만 울며 풍도에 갈 뜻이 없으니 대사가 위로하며 가로되,

"마음이 이렇듯 정결치 못하면 비록 산중에 있다 한들 도를 제대로 이루기 어렵고 근본을 잊지 아니하면 홍진(紅塵)에 가서도 돌아올 길이 있을 것이다. 네가 만일 돌아오고자 하면 내가 손수 데려올 것이니 너는 의심치 말고 행하여라."

성진이 할 수 없이 불상과 사부께 절하고 모든 동문과 이별하고 역사와 함께 명사(冥司)로 나아갔다. 그곳에서 성진은 유혼관으로 들어가 망향대를 지나 풍도성에 도착하니 성문을 지키는 귀졸이 묻거늘 역사가 대답하기를,

"육관대사의 명을 받아 죄인을 데려온 것이라."

하니, 귀졸이 길을 열어 주어 바로 삼라전에 이르렀다. 염왕이 공사(供辭)하여 역사를 주어 보냈다.

성진이 전하에 꿇으니 염왕이 묻기를,

"성진상인아, 그대의 몸이 비록 남악에 있으나 그 이름은 이미 지장왕 향안에 올라 있으니, 오래지 않아 큰 도를 깨달아 높은 연좌에 오르면 중생들이 큰 은덕을 입을까 생각하였더니 무슨 일로 이 땅에 이르렀느냐?"

성진이 무척 부끄러워하다가 왕께 아뢰되,

"성진이 사리에 밝지 못하여 남악 선녀를 만나보고 마음에 거리낀 고로 스승에게 죄를 얻어 왔사옵니다. 대왕께 명을 기다리나이다."

염라대왕이 좌우로 하여금 지장왕께 말씀을 올리기를,

"남악 육관대사가 그의 제자 성진을 명사(冥司)에서 벌을 주라고 하니 다른 죄인과 성진이 다르니 어떻게 벌을 줘야할지 여쭈옵니다."

보살이 대답하되,

"수행하는 사람이 명사(冥司)에 오고 가는 것은 그 사람의 원하는 대로 할 것이니 굳이 물어 무엇하리요."

염라대왕이 성진의 죄를 처결하려는데 두어 귀졸이 들어와 사뢰되,

"황건역사가 또한 육관대사의 명령으로 팔선녀를 잡아왔나이다."

성진이 이 말을 듣고 크게 놀라더니 염라대왕이,

"죄인을 불러들이라."

하니 남악의 팔선녀가 들어와 꿇으니 염라대왕이 묻기를,

"남악 여선아, 선가(仙家)에 무궁한 경개(景槪)가 있고 쾌락이 있거늘 어찌 이 땅에 이르렀느냐?"

팔선녀가 부끄러움을 머금고 대답하기를,

"첩들이 위부인의 명으로 육관대사께 문안하러 갔다가 돌아오는 길에 석교 위에서 소화상을 만나 언어로 수작한 일이 있사옵니다. 그 일로 대사께서 부처의 좋은 땅을 더럽혔다 하여 위부인께 알려 첩들을 잡아 이리로 보내셨나이다. 첩들의 승침(升沈)과 고락이 모두 대왕의 손에 달렸사오니 바라건대 자비를 베푸시어 좋은 땅에 태어나도록 해 주옵소서."

염라대왕이 사자 아홉 사람을 불러 비밀리에 분부하여 보내더니, 홀연 전각 앞에 큰 바람이 일어나 팔선녀와 성진이 공중으로 올라 사면팔방으로 흩어지니, 성진이 사자를 따라 큰 바람에 밀리어 표표탕탕하여 한곳에 다다르자 바람소리가 비로소 멎으면서 발이 땅에 닿았다. 정신을 차리고 주위를 둘러보니 푸른 산이 사면에 둘러 있고 시냇물이 굽이지어 흐르는데, 대나무 밭과 푸른 집이 수풀 사이로 여남은 집이 있었다. 사자는 성진과 함께 한 집에 이르러 성진에게 문 밖에 서 있으라고 하고 그 집 안으로 들어갔다. 성진이 오래도록 서서 들으니 옆집 사람들이 말하되,

"양처사(楊處士) 부부가 오십에 처음으로 잉태하니 인간 세상에 드문 일이더니, 임신한 지 오래되었는데 아직 아이 울음소리가 들리지 않으니 염려스러운 일이로다."

하니 성진이 자신을 일컫는 말 같아 이 말을 듣고 마음속으로 양처사의 자식이 될 줄을 짐작하고 생각하기를,

'내가 이제 인간 세상에 환생하는 것이로구나. 비록 여기에 와 있지만 분명히 정신만 왔을 것이니 내 육신은 연화봉에 있으니 벌써 태워버렸을 것이다. 내 나이 아직 젊어 제자를 두지 못하였으니 누가 나를 위하여 사리(舍利)를 거두리오.'

이처럼 생각하니 마음이 처량할 따름이었다. 이윽고 사자가 나와 성진을 손짓하여 불렀다.

"이 땅은 대당국(大唐國) 회남도(淮南道) 수주(壽州) 땅이요 이 집은 양처사의 집으로, 처사는 너의 부친이 되고 유씨는 너의 모친이 될 것이다. 속히 들어가 길한 때를 놓치지 말라."

성진이 집에 들어가 보니, 처사가 갈건야복으로 대청에 앉아 화로에 약을 달이는데 향내가 코에 진동하고, 방 안에는 부인의 신음소리가 은은히 새어 나왔다.

사자가 재촉하며 어서 방에 들어가라 하였으나 성진이 의심스러워 머뭇머뭇하자 사자가 뒤에서 밀쳤다. 그 바람에 성진은 그만 공중에 엎어져 정신이 아득해지고 천지가 뒤집히는 듯하여 크게 부르짖었다.

"나를 구하라."

하나 소리가 목구멍에서만 나고 말을 제대로 이루지 못하니, 다만 아이 울음소리일 뿐이었다. 은태(자식을 낳도록 도와주는 사람)가 하례하여 말하기를,

"아기 울음소리 크니 사내아이입니다."

처사가 약 그릇을 가지고 방에 들어와 기뻐하였다.

성진이 이후엔 배고프면 울고 울면 젖 먹이니, 처음엔 마음속에 남악 연화봉을 잊지 않았지만, 점점 자라 부모의 은정을 알게 된 후로는 전생의 일을 아득히 잊고 생각하지 못하였다. 처사가 자식의 골격이 빼어남을 보고는 머리를 쓰다듬어 부인에게 말하기를,

"이 아이는 반드시 하늘 사람이 적강한 것이로다."

그리하여 이름을 소유(少遊)라 짓고 자(字)를 천리(千里)라 하였다. 인간 세월이 물 흐르듯 지나 소유의 나이 십 세가 되니 얼굴은 옥 같고 눈은 새벽별 같아 문장이 크게 일어나고 지혜가 다른 사람보다 뛰어났다. 어느 날 처사가 유씨에게 이르기를,

"내 본래 세속 사람이 아니라. 그대로 더불어 진세에 인연이 있어 오랫동안 이 땅에 머물렀소. 봉래산(蓬萊山) 선자(仙者)들이 편지를 자주하여 오라고 하였으나 부인의 외로움을 염려하여 가지 못하더니, 이제 아들의 영특함이 이러하니 부인이 의지할 곳이 생겼으니 말년에 영화 부귀를 누릴 것이니 나를 생각하지 말라."

하더니 하루는 모든 도인들이 처사의 집에 모여 함께 백룡과 청학을 타고 깊은 산골짜기로 들어갔다. 이후 양처사는 간혹 공중으로 편지를 보내오더니, 마침내 집에 돌아오지 않았다.

제2회

화음현(華陰縣)에서 규녀(閨女)와 소식을 전하고 남전산(藍田山)에서 도인(道人)이 거문고를 전하다

양처사가 떠난 후에 모자 두 사람이 서로 의지하며 세월을 보내더니, 수 년이 지난 후 양소유의 재주에 대한 명성이 크게 일어나 그 고을 태수가 신동이라 하여 조정에 천거하였으나, 소유는 늙은 모친 곁을 떠나기 어려워 나아가지 아니하였다. 소유의 나이 십사오 세에 이르러는 얼굴과 기상과 문장과 시재와 필법이 뛰어나고 제자백가(諸子百家)와 육도삼략(六韜三略)과 활쏘기와 칼 쓰는 수법이 정통치 않은 것이 없으니, 진실로 전생에서 여러 대 동안 수행하던 사람이라 세상 속자에 비할 바가 아니었다. 소유가 하루는 모친께 아뢰되,

“부친이 천상으로 가실 때 소자에게 문호를 맡기셨는데 이제 집이 가난하여 모친이 근심하시니 소자가 만일 집 지키는 개가 되어 세상에 나아가 공명을 구하지 않으면 부친이 소자에게 기대하시던 뜻이 아닐 것이옵니다. 지금 경사에서 과거를 베풀어 천하 인재를 찾는다 하오니 소자 잠시 모친 슬하를 떠나 서쪽으로 과거 길에 오르려 하나이다.”

유씨는 아들의 뜻이 평범치 않음을 보고 비록 먼 길 이별을 걱정하였으나 막지 못하였다.

양생이 모친께 하직하고 서동 한 명과 나귀 한 필로 길을 떠났다. 여러 날 행하여 화주(華州) 화음현(華陰縣) 땅에 이르니 장안(長安)이 점점 가까워 산천물색이 무척 아름답고 화려하였다. 양생이 과거 기한이 멀기로 하루 수십 리씩 가면서 산수를 찾고 고적을 물어 나그네의 길이 적막하지 않았다. 멀리 바라보니 버들수풀이 푸르고 푸른 곳에 작은 누각이 그 사이에서 비쳐 그윽하고 아담해 보여 말채를 드리우고 말을 몰아 천천히 나아가 보니, 버들가지가 가늘고 길어 땅에 드리워 있는 모습이 푸른 실을 풀어 바람에 부치는 듯하여 십분 구경할 만 하였다.

양생이 생각하되,

‘우리 초(楚)에 비록 아름다운 나무가 많을지라도 이런 버들은 보지 못하였노라.’

하고 「양류사(楊柳詞)」를 지어 읊었다.

楊柳青如織　버들이 푸르러 베 짠 듯하고
長條拂畵樓　긴 가지 그림 같은 누각에 드리웠구나.
願君勤栽植　원컨대 그대는 부지런히 심으라,
此樹最風流　이 나무가 가장 풍류스럽구나.

楊柳何靑靑　버들이 자못 푸르고 푸르니
長條拂綺楹　긴 가지 빛난 기둥에 드리웠구나.

願君莫漫折　원컨대 그대는 부질없이 꺾지 말라.
此樹最多情　이 나무가 가장 정이 많구나.

읊는 소리가 맑고 호쾌하여 금석에서 나는 듯하였다. 봄바람이 불어 누상으로 올라오니 누각 가운데서 옥 같은 사람이 봄잠을 자다가 시 읊는 소리에 깨어 창을 열고 난간에 기대어 밖을 두루 살펴보았다. 문득 양생과 더불어 두 눈이 마주치니 구름 같은 머리털이 귀 밑에 드리웠고 옥비녀는 비스듬히 걸려 있는데 봄잠을 충분히 자지 못한 듯한 모습이 천연히 수려하여 말로 형용하기 어렵고 그림으로도 나타내지 못하겠더라. 두 사람이 서로 바라만 볼 뿐이요, 아무 말도 건네지 못하고 있는데, 양생의 서동이 말하기를,

"낭군님, 저녁식사가 올려졌나이다."

미인이 급히 창을 닫고 들어가 버리니, 그윽한 향내만 바람에 날아올 뿐이었다. 양생이 서동이 찾으러 온 것을 원망하며, 다시 만나기 어렵다고 생각하여 서동을 따라 갔다. 원래 이 여인의 성은 진씨(秦氏)니 진어사(秦御史)의 딸이고, 이름은 채봉(彩鳳)이다. 모친이 일찍 죽어 홀로 부친을 모시고 있었으며, 아직 빙례(聘禮)한 곳이 없었다.

이때 어사는 경사에 가고 소저가 홀로 집에 있었는데, 뜻밖에도 양생을 만나보고 마음에 생각하기를,

'여자가 장부를 섬기는 것은 평생의 큰일이다. 일생의 영욕과 고락이 모두 장부에게 달린 것이므로 탁문군(卓文君)은 과부의 몸으로 사마상여(司馬相如)를 따른 것이라. 지금 나는 처녀의 몸이니 비록 스스로 중매하는 혐의는 피할 수 없으나 부녀의 절행(節行)에는 해롭지 아니하고, 하물며 이 사람의 성명과 거주를 알지 못하니 부친에게 아뢰어 정한 후에 중매를 보내려 하면 동서남북 어느 곳에서 찾으리오.'

급히 화전을 펴고 두어 줄 글을 써서 봉한 후 유모에게 주면서 이르기를,

"이것을 가지고 앞 객점에 가서, 나귀를 타고 내 집 누각 아래서 「양류사」를 읊었던 상공(相公)을 찾아가 전하고, 내가 인연을 맺어 일생을 의탁하려 하는 뜻이 있음을 알게 하라. 이는 나의 종신대사니 허수함이 없도록 삼갈지어다. 이 선비의 얼굴의 아름다움이 옥 같아서 뭇사람들 속에서도 섞이지 않을 것이니 네 부디 친히 그를 찾아 이 편지를 전하라."

유랑이 대답하기를,

"삼가 소저의 명대로 하겠사오나 후일 어르신께서 물으시면 무엇이라 대답하리이까."

소저 대답하기를,

"이는 내가 대답할 것이니 너는 염려하지 말라."

유모가 나가다가 도로 들어와 묻기를,

"만일 낭군이 이미 아내를 맞이하였거나 정혼한 곳이 있으면 어찌하리이까."

소저가 이 말에 깊이 생각하다가 대답하기를,

"불행하게도 상공이 이미 아내를 맞이하였다면 내 상공의 소첩 되기를 부끄러워하지 않을 것이다. 그러나 상공이 나이 아직 어려 보이니 아내를 취하지는 않았을 것이로다."

유모가 객점에 가 양류사를 읊었던 상공을 찾으니, 양생이 마침 객점 문밖에 있다가 나이 많은 여자가 자기를 찾는 것을 보고 얼른 나와 묻기를,

"「양류사」를 지은 사람은 곧 소생인데 어인 일로 찾느냐?"

유랑이 양생의 수려한 얼굴을 보고 의심치 아니하고 말하였다.

"여기서 드릴 말씀이 아니옵니다."

양생이 유랑에게 인사한 후 객방에 앉히고 온 뜻을 물으니, 유랑이 묻되,

"낭군은 「양류사」를 어디서 읊으셨나이까."

양생이 대답하기를,

"소생은 먼 곳에서 온 사람으로, 처음으로 황제의 지경에 와 풍경을 두

루 구경하다가 큰길 가에 있는 북쪽 누각 앞에서 수양 수풀이 너무 아름다워서 우연히 글을 읊었네. 노랑은 어떠한 뜻으로 묻는 것인가."

대답하기를,

"낭군께서 그때에 누구를 보았습니까?"

"소생이 마침 누각 위에서 신선이 강림하여 만났으니, 아직도 그 고운 빛이 눈앞에 아른거리고 기이한 향기가 내 옷에서 진동하네."

유모가 다시 말하였다.

"낭군께 바로 말씀드리겠나이다. 그 댁은 우리 주인 진어사 댁이며, 그 소저는 우리 댁 소저라. 우리 소저가 영민하고 총혜하여 지인(知人)하는 눈이 있더니, 상공을 한 번 보고는 평생을 의탁코자 하시옵니다. 하지만 어사 노야가 경사에 계셔 여쭙고 그 대답을 기다리노라면 상공이 이미 이 땅을 떠날 것이니, 큰 바다에 뜬 부평초와 같을 것이니 어디 가서 종적을 찾을 수 있겠사옵니까? 그러므로 소저가 종신대사를 위하여 부끄럼을 무릅쓰고 이 늙은이를 보내시어 상공의 성씨와 향관을 물으시고 아울러 혼취 여부를 알아 오라 하시더이다."

양생이 이 말을 듣고 얼굴에 기쁜 빛이 가득하여 사례하기를,

"소저의 청안으로 나를 돌아봐 주시니 죽을 때까지 이 은덕을 어찌 잊으리오. 소생은 초나라 사람이라. 집에 노모가 계시니 화촉의 예(禮)는 양가 부모께 아뢰고 해야겠지만 혼인의 언약은 이제 한 말로 정하나니, 화산(華山)의 푸르름과 위수(渭水)의 마르지 아니함에 맹세하네."

유모가 또한 소매에서 작은 종이 봉한 것을 양생에게 주니, 생이 그것을 떼어보니 「양류사」에 대한 답글이었다.

樓頭種楊柳　누각 앞에 버들을 심은 뜻은
擬繫郎馬住　낭군의 말을 매어 머물게 하고자 함이거늘
如何折作鞭　어찌 가지 꺾어 채찍을 만들어
催下章臺路　재촉하여 장대 길을 떠나시려 하는가.

양생이 글을 한번 읽고 그 글귀의 청신 완구함을 사랑하여 칭찬하기를,
"비록 옛 시를 잘하던 왕유(王維)과 최학사(崔學士)라도 이에서 더할 수 없겠도다."
하고 즉시 화전을 펼치고 글 한 수를 지어 유모에게 주었다.

楊柳千萬絲　버들이 늘어진 것이 천만 실이나 하니
絲絲結心曲　실마다 애틋한 심정이 마음 굽이에 맺혔도다.
願作月下繩　원컨대 월하노인의 끈을 맺어
係定春消息　봄소식을 전하고자 하노라.

유모가 그것을 받아 품에 넣고 주막 문을 나가려 하자 양생이 다시 불러 이르렀다.
"소저는 진(秦)나라 사람이요 나는 초나라 사람이니 한 번 헤어지면 산천이 멀어 소식을 전하기 어려울 터이네. 하물며 오늘의 이 약속에 중매가 없으니 소생의 마음에 간직할 것이 없으니, 오늘 밤 달빛을 타 소저의 안색을 보고 약속을 다짐하고자 하네. 소저의 시에도 또한 이 뜻이 있으니 그대가 소저께 여쭤보라."
유모가 응낙하고 가더니 돌아와서 양생에게 회보하기를,
"우리 소저가 상공의 회답한 글을 보시고 십분 감격해 하셨나이다. 상공이 월하에 만나려는 뜻을 전하니 소저가 이르기를, '남녀가 혼인 전에 밤에 서로 보는 것이 예절에 벗어난 듯하지만 상공에게 평생을 의탁하려는데 어찌 그 뜻에 순응치 아니하겠습니까?. 그러나 밤에 서로 보면 사람들이 의심할 것이요 부친이 아시면 더욱 그릇 생각할 것이니, 밝은 날을 기다려 중당에서 잠깐 보고 언약을 정하고 싶습니다.' 하시더이다."
양생이 탄복하여 말하기를,
"소저의 밝은 소견과 정다운 뜻은 내가 미처 따르지 못하겠구나."
양생이 유모에게 재삼 당부하자 유모는 응낙하고 돌아갔다.

그날 밤 양생이 객점에서 자면서 삼월 밤이 유독 깊을 괴로워하였는데, 새벽녘에 홀연 천만 인의 소리 물 끓듯 하면서 서쪽으로부터 달려들었다. 양생이 놀라 일어나 길에 나가 보니 어지러운 군마와 피난 가는 사람들이 길에 가득하고 곡성이 진동하였다. 양생이 사람들에게 물으니,

"경사에 변이 나 신책장군 구사량(九士良)이 스스로 황제라 칭하고 군사를 일으키니 천자가 양주(梁州)에 행하시니, 관중(關中)이 크게 어지러워 난병(亂兵)이 사방으로 흩어져 인가를 겁략한다." 하거늘 놀라더니, 또 하는 말이,

"함곡관을 닫아 사람을 내보내지 않고 귀천을 막론하고 충군(充軍)한다." 한다.

양생이 대경하여 급히 서동을 재촉하여 남전산(藍田山)의 깊은 산골로 도망가니 산꼭대기에 자그만 초가가 보이는데 흰 구름이 자욱이 끼어 있고 학의 울음소리가 맑았다. 양생은 반드시 높은 사람이 머무는 집일 거라고 생각하고 돌길을 찾아 올라가니 한 도인이 앉아 있었다. 도인이 생을 보고 이르되,

"그대는 피란하는 사람이로다."

양생 왈,

"맞습니다."

또 묻기를,

"회남땅 양처사의 아들이냐? 얼굴이 같도다."

양생이 눈물을 머금고 실상을 대답하자, 도인이 웃고 이르되,

"존공이 나와 함께 삼 개월 전에 자각봉(紫閣峯)에서 바둑을 두고 갔으니, 부친은 편안하니 그대는 슬퍼하지 말라. 그대가 어차피 이곳에 들어왔으니 머물러 자고 명일 길이 트인 후 간다고 하여도 늦지 아니하리라."

양생이 사례하고 앉으니 도인이 벽에 걸린 거문고를 가리키며 물었다.

"그대는 이것을 탈 줄 아느냐?"

양생이 대답하였다.

"비록 좋아하나 스승을 만나지 못하여 신묘한 곡조는 배우지 못하였나이다."

도인이 동자를 불러 양생에게 거문고를 내 주라 이르고 한 번 타 보라 하기에, 양생이 「풍입송(風入松)」이란 곡조를 타니, 도인이 웃고 가로되,

"손 쓰는 법이 활발하여 가히 가르칠 만하겠다."

인하여, 거문고를 옮겨 스스로 세상에 전해지지 않던 옛 곡조를 차례로 연주하니, 맑고 그윽하여 세상 사람이 듣지 못하던 것이었다. 양생이 음률을 좋아하고 총명이 뛰어나 한 번 듣자 일일이 전하니 도인이 기꺼워하며 다시 벽옥 퉁소를 꺼내더니 몸소 한 곡조를 불어 양생을 가르쳤다.

"지음(知音)을 만나는 것은 옛 사람이 어려워하던 바이다. 이제 거문고와 퉁소를 그대에게 줄 것이니 후일에 반드시 쓸 곳이 있으리라."

양생이 공손히 절하며 받으면서,

"소자가 선생을 만난 것은 반드시 부친의 가르치심이로다. 원컨대 궤장(几杖)을 모셔 제자가 되겠나이다."

도사가 웃으며 대답하였다.

"인간 부귀를 그대는 피하지 못하리니 어찌 나같은 늙은이를 좇아 산 속에서 세월을 보내겠느냐? 하물며 나중에 돌아갈 곳이 있으니 그대는 나의 제자 될 사람이 아니다. 비록 그러하나 간절한 뜻을 저버릴 수 없도다."

하고 팽조(彭祖)의 방서(方書) 한 권을 내어주었다.

"이 법을 익히면 비록 장생불사는 못할지라도 평생 동안 병들지 않고 늙지 않을 것이다."

양생이 다시 절하고 이를 받으면서 묻기를,

"선생께서 소자더러 인간 세상의 부귀를 누리겠다 하시니 앞날의 일을 묻겠사옵니다. 소자가 화음현에서 진씨댁 여자를 만나 혼인할 것을 의논하다가 난리에 쫓겨 여기에 왔사옵니다. 이 혼사가 제대로 이뤄지겠나이까?"

도사가 한바탕 크게 웃고 말하였다.

"이 혼인길이 어두운 밤 같으니 천기(天機)를 어찌 미리 누설하겠는가. 비록 그러하나 그대의 아름다운 인연이 여러 곳에 있으니 진씨와의 혼사만 외곬으로 생각하지 말라."

이날 도인을 모셔 석실에서 자는데 하늘이 채 밝지 않아서 도사가 양생을 깨워 이르되,

"길은 이미 트였으나 과거는 내년 봄으로 물려졌으니, 모친이 기다리시니 고향으로 빨리 돌아가는 것이 좋겠다."

하고는 노잣돈을 장만해 주니, 양생이 백배사례하고 거문고와 방서를 거두어가지고 산에서 내려오면서 뒤돌아보니 도인의 집이 간 곳이 없었다.

양생이 전날 밤에 산에 들어갈 때에는 버들꽃이 채 지지 않았는데 하룻밤 사이에 물색이 변하여 바위 사이에 국화가 만발하였다. 양생이 이상히 생각하여 길 가는 사람에게 물으니 이미 팔월이 되었더라.

전에 잤던 객점을 찾아보니 병화(兵禍)를 겪은 후에 인가가 드물어 옛날과 다르고 과거를 물어 보니 천자가 군사를 모아 다섯 달 만에 비로소 역적을 평정한 후 과거를 내년 봄으로 물렸다고 하였다.

양생이 진어사의 집을 찾아 가니 버들 수풀은 완연하였지만 단청 곱던 누각과 분칠한 담은 불타 무너졌고 사방의 마을에선 닭의 울음소리도 들리지 않았다. 오랫동안 버들가지를 붙들고 진소저가 지은 「양류사」를 읊으며 눈물을 흘렸다.

쓸쓸히 객점에 돌아와 주인더러 묻되,

"길 건너 진어사집 사람들은 어디로 갔는가."

주인이 차탄 왈,

"상공은 모르시나이까? 전날에 진어사는 경사에 가고 소저가 노비를 거느리고 홀로 집을 지켰는데, 어사가 역적이 시킨 벼슬을 받았다 하여 관군이 경성을 회복한 후에 어사는 극형을 당하여 죽었사옵니다. 또한 소

저는 경사로 잡혀 간 후로 소식을 알지 못했는데, 그 후에 듣자니 화를 면치 못하여 죽었다고도 하고 궁중의 노비로 끌려갔다고도 하더이다. 오늘 아침에 죄인들의 가솔들이 영남(嶺南) 땅에 노비가 되어 이 앞을 많이 지나갔는데, 혹자가 이르기를 진소저도 그 중에 끼여 있더라 하더이다."

양생이 이 말을 듣고 눈물을 비같이 쏟으며 탄식하기를,

'남전산 도인이 진소저와의 혼사가 밤같이 어둡다고 하더니 필시 소저는 죽었나 보다.'

이날 저물도록 방황하다가 밤에 한숨도 이루지 못하고 다시 물을 곳이 없어 행장을 차리고 수주(壽州)로 향하였다. 이 무렵 유씨는 집에 있으면서 경사의 난리 소문을 듣고 아들이 죽었다고 생각하고 있다가 다시 만나니 붙들고 통곡하며 죽었던 사람이 다시 살아 돌아온 듯하였다.

이 해 다하고 새해 봄이 돌아오자 양생이 다시 경사에 과거 보러 갈 준비를 하는데, 유씨가 이르기를,

"지난해에 경사에 가서 위태로운 지경을 겪었고 네 아직 나이 어리니 나중에 공명을 이루는 것은 늦지 않으나 너의 행함을 말리지 않는 것은 나 역시 뜻하는 바가 있어서다. 네 나이 십육 세에 정혼한 곳이 없고 우리 수주 땅은 벽루한 고을이라, 어떤 아름다운 처녀가 너의 배필 될 자가 있으리오. 경사에 있는 나의 표매(表妹)는 성이 두씨(杜氏)요 경사 자청관(紫淸觀)에 출가하여 도사가 되었으니, 나이를 헤아려 본즉 생존해 계실 듯하다. 가장 유심한 사람이요 성중 재상가에 다니지 않는 곳이 없으니, 내가 편지를 보내면 반드시 정성으로 주선하여 마땅한 배필을 구하여 줄 터이니 이 일은 네가 유의하여라."

양생이 화음현 진소저와의 일을 아뢰고 슬픈 빛을 보이자 유씨가 탄식하며 말하기를,

"비록 아름다우나 인연이 없으니 죽었기 쉽고 살았어도 만날 길이 없으니 단념하고 아름다운 인연을 맺어 늙은 어미의 바람을 위로하여라."

양생이 하직하고 길을 떠났다. 여러 날 행하여 낙양에 도착하였는데, 갑작스런 비를 만나 남문 밖 주점에 들어가니 주인이 묻기를,

"술을 드시렵니까?"

양생이 왈,

"좋은 술을 가져오라."

주인이 술을 가져오거늘 양생이 몇 잔을 마시고 말하기를,

"이 술이 비록 좋긴 하나 상품은 아니로다."

주인 왈,

"우리 주점에서는 이보다 더 나은 술이 없으니 상공이 만일 상품주를 구하신다면 천진교 다릿목에서 파는 술이 제일로 낙양춘(洛陽春)이라고 하여 술은 한 말 값이 만 전이오이다."

양생이 생각하되,

'낙양은 예부터 제왕의 도읍이요 천하의 번화한 땅이라. 내가 지난해에 다른 길로 가느라 이 땅의 좋은 경치를 못 보았는데, 이번에는 헛되이 지나지 않겠노라.'

하고 술값을 세어 주인을 주고 나귀를 타고 천진교로 향하였다.

제3회

양천리(楊千里)는 주루(酒樓)에서 계섬월에게 뽑히고 계섬월(桂蟾月)은 침상에서 어진 사람을 천거하다

양생이 낙양의 성 안으로 들어가니 번화하고 화려한 모습이 듣던 바와 같았다. 낙수는 도성을 관통하여 흘러 마치 흰 비단을 펴 놓은 듯하였고, 천진교는 물 위에 놓여 있어 마치 무지개가 비스듬히 걸쳐 있는 것 같았다. 붉은 박공과 푸른 기와는 공중에 치솟아 그 그림자가 물 속에 비치니

진실로 천하의 제일 승지라고 할 만하였다. 양생이 객점 주인이 알려준 주루(酒樓)를 발견하고 나귀를 채쳐 누각 앞에 가 보니 금안준마(金鞍駿馬)가 길가에 메어 있어 분주하였다. 누각 위의 온갖 풍류 소리가 공중으로 퍼져나가고 있었다. 양생은 하남(河南) 손님들을 모시고 잔치하는가 싶어 서동에게 일러 물어보고 오라고 하였다. 서동이 이르기를 성안의 모든 공자가 다 모여 이름난 기생을 데리고 봄 구경을 한다고 하였다. 양생이 취흥이 일어나 누각 앞에서 나귀에서 내려 곧장 누상에 올라갔다. 소년 십여 인이 미인 수십 인을 거느리고 섞여 앉아 고담준론(高談峻論)을 하면서 잔을 기울이고 있었는데, 그 차려 입은 의관이 화려하고 의기가 양양하였다.

양생의 얼굴이 빼어남을 보고 모두 일어나서 인사하고, 좌를 나누어 각각 성명을 통하였다. 위에 앉은 노생(盧生)이라 하는 자가 양생에게 묻기를,

"양생의 형색을 보니 필시 과거를 보러 가는가 싶구려."

양생이 가로되,

"진실로 형의 말이 맞습니다."

또 왕생이라 하는 자가 이르되,

"양형이 과거보러 간다면 비록 청하지 않은 손이나 오늘 잔치에 참여해도 해롭지 아니할 것입니다."

양생 왈,

"두 분의 말로 보건대 제형의 오늘 잔치는 한갓 술만을 먹기 위한 것이 아니라, 아무래도 시사(詩社)를 맺어 문장을 비교하려 함이라. 소제는 초(楚)나라의 미천한 선비로 나이 어리고 소견이 좁으니 비록 운이 좋아 향공(鄕貢)에 참여하였으나 제형의 성한 잔치에 참여함이 외람한 일이 아닌가 합니다."

제인이 양생의 말씨가 겸양하고 나이가 어린 것을 업신여겨 웃고 대답

하기를,

"우리는 특별히 시사를 맺으려고 한 것은 아닙니다. 양형이 서로의 문장을 비교하려 한다고 하였는데, 그것은 그렇지만 양형은 나중에 온 사람이니 시를 지어도 좋고 아니 지어도 무방하니 함께 술을 마시는 것이 좋으리라."

인하여 순배(巡盃)를 재촉하니 모든 풍류가 일시에 일어났다. 양생이 눈을 둘러 모든 창기를 보니 이십여 인이 각각 가진 재주를 하나씩 펼치고 있는데, 오직 한 기생만이 홀로 단정히 앉아 풍류도 아니하고 말도 하지 않고 있었다. 그 여인의 용모가 실로 천하의 일색이라 완연히 달에 있는 선녀가 지상에 내려온 듯하였다.

양생이 정신이 산란하여 돌아오는 술잔을 잡는 것을 잊고, 그 미인을 자주 쳐다보았다. 양생이 다시 자세히 그 미인을 보니 그 앞에 글 쓴 화전이 수북이 쌓여 있기에 서생들을 향하여 묻기를,

"저 화전은 필시 제형들의 아름다운 글이니, 소제가 한번 보는 것이 가하겠소이까?"

서생들이 미처 대답하기도 전에 그 미인이 몸을 일으켜 화전을 양생 앞에 놓았다. 양생이 하나하나 훑어보니 십여 장의 글 중에 우열이 있기는 하나 모두 그만그만하여 좋은 글귀가 없어 속으로 생각하기를,

'낙양에는 인재가 많다 하였거늘 이로 미루어 본즉 다 허언이로다.'

하고, 글을 도로 미인에게 되돌려 놓은 후 서생들을 향하여 손으로 경의를 표하면서 가로되,

"궁벽한 천한 선비가 큰 나라의 문풍(文風)을 보지 못하다가 제형의 주옥같은 글을 대하게 되니 기쁨을 어찌 다 말할 수 있겠습니까?"

이즈음 제인들이 모두 취하여 흐뭇해하면서 큰소리로 웃으면서 말하기를,

"양형이 다만 글귀가 묘한 것만을 알고 다른 더욱 묘한 일이 있는 줄은

알지 못하는구나."

양생이 말하기를,

"소제가 제형의 사랑함을 입어 술잔을 돌리는 사이에 허물없는 벗이 되었으니 어찌 묘한 일을 일러주지 않습니까?"

왕생이 크게 웃으며 말하기를,

"형에게 그 말을 하는 것이 해롭지 않소이다. 우리 낙양은 인재들이 모인 곳으로 옛날부터 낙양 사람이 장원(壯元) 아니면 방안(榜眼) 탐화(探花)를 하였는지라. 우리 모두는 글로써 헛된 이름은 얻었으나 스스로 그 우열을 매겨 보지 못하였었소. 저 낭자의 이름은 섬월(蟾月)이요 성은 계(桂)씨니 자색과 가무가 천하에 독보할 뿐만 아니라 고금 시문을 하나도 모르는 바 없다오. 더욱 글을 보는 안목이 신령 같아서 무릇 낙양 선비가 과거에 들기 전에 그 지은 글을 보이면 입락(入落)을 정하되 틀린 적이 없소이다. 이러므로 우리 모두는 각각 시를 지어 계랑(桂娘)에게 보여 그 중에 눈에 든 글을 노래로 불러 풍류와 맞추어 제인의 우열을 정하는 것이라오. 또한 계랑의 이름을 풀어보자면 달 속의 계수를 뜻하니 과거에 장원할 징조가 있으니 양형은 들어보시오. 어찌 묘하지 않겠소?"

두생이 또 이르되,

"이 밖에 또 묘한 일이 있으니, 계랑이 뛰어난 한 수를 가려 노래 부르면 그 글을 지은 자는 우리 모두가 둘러싸 계랑의 집으로 보내 오늘 밤 꽃다운 인연을 맺으니 이 아니 묘한가? 양형이 또한 남자의 몸이니 흥이 없지 않을 것이니 한 수 시를 지어 우리와 함께 우열을 다투어 보겠소?"

양생이 되묻기를,

"제형들이 아름다운 글을 지은 지가 이미 오래인 듯한데, 계랑이 이미 한 사람의 글을 취하여 노래하지 않았는지요?"

왕생이 대답하기를,

"계랑이 오히려 맑은 소리를 아껴 그런 일이 없소. 생각건대 교태하고 부끄러워하는가 싶소이다."

양생이 말하기를,

"소제는 여기 사람이 아니라. 설사 약간의 글귀는 지어보았으나 어찌 감히 제형들과 더불어 재주를 겨루겠소이까?"

왕생이 큰소리로,

"양생이 얼굴이 고운 여자 같더니, 어찌 이리도 대장부의 뜻이 없는가? 성인이 이르시기를, '어진 일을 당해서는 스승에게도 사양하지 않는 것이다. 바로 그 다툼을 하는 사람이 군자이다.'라고 하였으니, 양형이 글을 지을 재주가 없을까 두려워할지언정 실로 재주가 있다면 어찌 겸양하리오."

양생이 처음엔 겉으로 사양하는 체하나 섬랑의 얼굴을 본 후로 시흥을 이기지 못하였다. 눈을 들어보니 제생이 앉은 자리 곁에 빈 화전이 많이 있어 빈 화전을 한 폭 뽑아 붓을 빼어 삼장시(三章詩)를 단숨에 내리 지었다. 제인이 그 의사가 민첩하고 필세(筆勢)가 날아 움직이는 것 같아 모두가 놀랐다. 양생이 붓을 자리에 던지고 제인에게 이르되,

"본래 제형들에게 가르침을 청하는 것이 마땅할 것이로되, 오늘의 시관(詩官)은 계랑이라. 혹여 글 바치는 시간이 지날까 두렵소이다."

하고 글을 섬랑에게 보내니 섬월이 샛별 같은 눈을 들어 한번 보고 홀연 단판에 맞춰 맑은 노래를 부르니 높은 하늘에 올라 소리 공중에서 섞이니, 제생들이 놀라면서 낯빛이 달라졌다.

香塵欲起暮雲多　향기로운 티끌이 일고자 하고 저문 구름이 많으니
共待妖姬一曲歌　오직 고운 계집의 한 곡조 노래를 기다리는구나.
十二街頭春晼晩　열두 거리 위에 봄이 늦었으니
楊花如雪奈愁何　버들꽃이 눈 같으니 근심을 어이하리오.

花枝羞殺玉人粧　꽃가지가 미인의 단장을 부끄러워하니
未發纖歌口已香　섬세한 노래를 부르지 않아도 입의 기운이 향기롭도다.

下蔡襄城渾不闕　하채와 양성은 거리끼지 아니하되
只愁難得鐵爲腸　다만 쇠같은 애(腸)를 얻기 어려울까 근심하노라.

旗亭暮雪按凉州　기정 저문 눈에 양주곡을 타니
最是王郎得意秋　이때가 가장 왕랑의 득의한 때로다.
千古斯文元一脈　천고의 사문이 하나의 맥이니
莫敎前輩擅風流　선배로 하여금 풍류를 오로지하게 말라.

楚客西遊路入秦　초나라 나그네가 서쪽으로 놀매 길이 진나라에 들었으니
酒樓來醉洛陽春　술다락에 와 낙양 봄에 취하였도다.
月中丹桂誰斷折　달 가운데 붉은 계수를 뉘 먼저 꺾을꼬.
今代文章自有人　지금 시대에 문장이 스스로 사람이 있으리로다.

제인이 처음에 양생이 나이 젊어 시를 짓지 못할 것으로 생각하여 시 짓기를 권하였는데, 이제 양생의 글이 청신하고 뛰어나 섬랑의 눈에 듦을 보고 자연 흥취가 깨지고 말았다. 모두들 양생에게 섬월을 사양하기는 어렵고 그렇다고 언약을 저버리기도 어려워 서로 얼굴만 쳐다보고는 아무 말도 못하고 앉아 있었다. 양생이 제인들의 거동을 보고 그 기색을 알아채고 몸을 일으켜 하직하여 가로되,

"소제가 우연히 제형들의 사랑함을 입어 성한 잔치에 참여하니 감사함을 어찌 다 이르리오. 갈 길이 바쁘니 종일토록 놀지 못하고 다음에 곡강(曲江) 잔치에서 남은 정을 나누었으면 하오이다."
하고 조용히 누각을 내려가니 제인 또한 만류하지 않았다.

양생이 나귀를 타고 길 위에 나서자 섬월이 따라와 양생에게 이르기를,

"다리 남쪽에 분칠한 담 밖에 앵도꽃이 만발한 집이 소첩의 집이오니 상공께서 먼저 가셔서 기다리시기를 바라옵니다."
하고 다시 누각 위로 올라가 모든 서생들에게 말하기를,

"여러 상공이 소첩을 더럽다 아니하시고 한 곡조 노래로 오늘 밤의 인

연을 정하기로 하셨사옵니다. 이제 어찌 하오리까?"

제인이 서로 의논하되, '양가는 본래 다른 곳에서 온 사람이니 어찌 그 글 때문에 신경쓰리요.' 비록 이렇듯 말하나 제인들이 각각 섬랑을 사모하는 뜻이 있으므로 의논을 정하지 못하더니 섬월이 말하기를,

"사람이 신(信)이 없으면 안 될 줄로 아옵니다. 상공들께서는 좌상의 창악(娼樂)이 부족하지 않으니 남은 흥을 다하소서. 첩은 마침 병이 생겨 모시고 즐기지 못하겠나이다."

제생이 이미 처음의 언약이 있어 섬월을 잡지 못하였다.

양생이 성의 남쪽 주점에 가서 행장을 옮기고 저녁때에 섬월의 집을 찾아갔다. 섬월은 이미 집에 돌아와 당상에 등촉을 밝히고 양생을 기다리고 있었다. 두 사람이 서로 만나니 그 기쁨을 말로 할 수 없었다. 섬월이 옥배에 술을 가득 붓고 「금루의(金縷衣)」란 노래를 부르며 술을 권하니 아리따운 태도와 부드러운 정이 사람의 간장을 끊어지게 하였다. 서로 이끌어 침석에 나아가니 비록 무산(巫山)의 꿈과 낙수(洛水)의 만남이라도 이보다 더하지 못할 듯하였다. 밤이 깊어 섬월이 침상에서 양생에게 속삭이기를,

"첩의 종신대사를 낭군께 의탁하였으니 낭군은 첩의 정사를 들으소서. 첩은 본래 소주(蘇州) 사람으로, 부친이 역승(驛丞)을 지냈으나 불행히 타향에서 객사하셨나이다. 집은 가난하고 고향은 멀어 반장(返葬)할 길이 없어 계모가 첩을 백금을 받고 창가에 팔았나이다. 첩이 욕(辱)을 참고 지금까지 견딜 수 있었던 것은 하늘이 어여삐 여겨 하늘의 도움으로 군자를 만나서 밝은 빛을 보리라 하였기 때문입니다. 첩의 집 누각 앞은 장안으로 가는 큰 길거리라 거마(車馬) 소리 밤낮으로 그치지 않으니 어떤 사람이 첩의 문 밖에 채를 내리쳐 쉬어가지 않으리오. 삼사 년 사이에 지나간 사람이 구름 같았으나 낭군에게 견줄 만한 이를 보지 못하였사옵니다. 낭군이 첩을 더럽다 여기지 않으신다면 낭군댁에서 물 긷고 밥 짓는 종이

되어도 개의치 않고 따르겠으니 낭군의 뜻이 어떠하신지요."

양생이 말하기를,

"내 뜻이 어찌 그대와 다를 리 있겠는가마는 내 몸은 가난한 선비요 노모께서 살아계시니 그대와 함께 백년해로를 기약코자 하면 모친의 뜻을 어길 듯하네. 또 만일 내가 처첩을 거느리게 되면 그대가 달가이 여길 수는 없을 것이 아닌가. 천하에 그대의 정실 될 여자를 얻기 어려울 듯 싶소."

섬월이 대답하기를,

"낭군께서 어찌 그런 말씀을 하십니까? 지금 천하 재인 중에 낭군 위에 오를 사람은 없을 것이니 이번 과거에 신방 장원은 당연하려니와 승상의 인수(印綬)와 대장의 절월(節鉞)이 머지않아 낭군께 돌아올 것입니다. 천하에 있는 미인 중에 어느 누가 따르고자 하지 않겠습니까? 그런데 섬월이 털끝만치라도 감히 낭군의 마음을 전총(專寵)할 뜻을 가지겠습니까? 바라건대 낭군께서는 높은 가문의 어진 부인을 얻은 후에 천첩도 버리지 마십시오. 이제 오늘로부터 몸을 굳게 지켜 낭군의 부르심만 기다리겠습니다."

양생이 말하기를,

"내가 지난해에 화주(華州)땅을 지나다가 우연히 진씨 처녀를 만났었네. 그 소저를 만나보니 용모와 재주가 또한 계랑과 더불어 형제가 될 만하였네. 그런데 이제 그 사람을 만날 수 없으니 날더러 어디서 요조숙녀를 구하라 하는가?"

섬랑이 이르기를,

"낭군께서 말씀하시는 분이 필시 진어사 댁의 채봉 낭자인 것 같습니다. 진어사가 이 땅에서 벼슬을 하셨는데, 그때 진낭자가 첩을 가장 사랑하였습니다. 진낭자는 탁문군의 재모가 있으니 낭군께서 생각하시는 것이 지나치지 않거니와, 이제 와서 생각해도 허사가 되었으니 청컨대 다른 규수를 구하소서.”

양생이 말하기를,

“예로부터 천하절색(天下絶色)은 시대마다 나지 못하였으니, 진랑과 계랑이 같은 시대에 두 사람이 있으니 천지에 정령한 기운이 이미 다하지 않았을까 하노라.”

섬랑이 크게 소리 내어 웃고 말하기를,

“낭군의 말이 ‘우물 속 개구리’ 같습니다. 첩이 잠시 우리 창기들 사이에 떠도는 말을 낭군께 아뢰겠습니다. 천하에 ‘청루삼절(青樓三絶)’이라는 말이 있으니, 강남땅 만옥연(萬玉燕)과 하북땅 적경홍(狄驚鴻)과 낙양의 계섬월(桂蟾月)이옵니다. 섬월은 곧 첩이니 허명을 얻었을 뿐, 경홍과 옥연은 당대의 절색이옵니다. 어찌 천하에 미색이 없다 하시옵니까?”

생이 말하기를,

“내 생각에는 저 두 사람이 외람히 계랑과 더불어 이름을 나란히 견주고 있는 건 아닌가 하노라.”

섬랑이 말하기를,

“옥연은 살고 있는 땅이 멀어 서로 만나보지 못하였으나 남방에서 오는 사람들이 칭찬하지 않는 사람이 없으니 결코 허명이 아니요, 경홍은 첩과 함께 형제 같은 정을 나눈 벗이니 제가 낭군께 경홍의 내력을 말씀드리겠나이다. 경홍은 패주(貝州)땅 양갓집 딸로 부모를 일찍 여의고 아주머니께 의지하여 살았습니다. 경홍의 나이 십사 세에 용모의 아름다움이 하북땅에 널리 소문이 났기로 근처 사람들이 처첩을 삼으려고 중매(中媒)가 문턱이 닳도록 드나들었습니다. 그런데 경홍이 숙모에게 모두 물리치라고 하였다 합니다. 중매가 경홍에게 묻기를, ‘소저가 동쪽으로 물리치고 서쪽으로 거절하여 아무데도 허락하지 않으니 어찌하여야 소저의 뜻에 맞으리오. 재상의 첩이 되고자 하느냐, 명사를 좇고자 하느냐, 절도사의 첩이 되고자 하느냐, 수재를 따르고자 하느냐?’ 경홍이 대답하기를,

'만일 진(晉)나라의 기생을 이끌던 사안석(謝安石) 같은 분이라면 재상의 첩이 될 것이요, 만일 현종(玄宗) 때 취중에 청평사(淸平詞)를 올렸던 이태백 같다면 명사를 따를 것이요, 한(漢)나라 때 녹기금(綠綺琴)으로 봉황곡을 타던 사마상여 같다면 선비를 좇을 것이니, 어찌 미리 정하겠습니까?' 하니, 중매쟁이들이 웃고 물러갔다고 하옵니다. 경홍이 스스로 생각하기를, '내 궁벽한 시골 처자로 스스로 사람을 듣고 보기 어려우니 만일 창기가 된다면 영웅호걸을 많이 접할 수 있으니 창기가 되리라.' 하여 자원하여 창가에 몸을 팔아 채 일이 년이 못 되어 이름을 널리 떨치게 되었사옵니다. 지난해 가을에는 하북 열두 고을의 문사가 업도(鄴都)에 모여 잔치를 하였는데, 경홍이 예상무를 연주하니 좌중 미녀 수백 인이 빛을 잃었다 하옵니다. 잔치가 파한 후에 홀로 동작대(銅雀臺)에 올라 월색을 머금고 배회하며 옛 사람의 글을 읊으니 보는 사람마다 다 선녀로 여기니, 어찌 규중에 사람이 없으리이까? 경홍이 일찍 첩과 함께 변주(汴州)의 상국사(相國寺)에 모여 정회를 이야기하다가 두 사람 중에 한 사람이 뜻 맞는 군자를 만나면 서로 천거하여 함께 살자고 하였습니다. 첩은 이제 낭군을 만나서 소망이 이루어졌으나 불행히 경홍은 산동 제후의 궁중에 들어가 있으니 비록 부귀를 누릴지라도 경홍이 원하는 바는 아니옵니다."

양생이 말하기를,

"비록 청루에는 허다한 인재가 많으나 사대부가 규수 중에는 없는 것 같구나."

섬랑이 대답하기를,

"첩이 눈으로 본 바로는 실로 진낭자 같은 여자는 없사오니 감히 낭군께 천거하지 못하옵니다. 첩이 자주 장안 사람의 말을 들으면 정사도(鄭司徒)의 딸이 용모와 재덕이 요즘 여자 가운데 제일이라 합니다. 낭군이 경사에 가시거든 유의하여 살펴보소서."

이처럼 이야기를 하는 동안 날이 이미 밝았다. 두 사람이 함께 일어나

세수하고 섬랑이 양생에게 이르기를,

"이곳은 낭군께서 오래 머무르실 땅이 아니옵니다. 더구나 어제 놀이에 참여하였던 공자들의 심사가 불평하여 두렵건대 이롭지 않을 것이니 일찍 떠나시도록 하소서. 이후로도 모실 날이 많으니 어찌 구구이 아녀자의 태도를 보이겠습니까?"

양생이 사례하여 말하기를,

"자네가 하는 말이 금석 같으니 마음에 새기겠네."

하고 두 사람이 눈물을 뿌리며 작별하였다.

제4회

가짜 여도사가 정씨 집안에서 지음(知音)을 만나고 늙은 사도(司徒)는 과거 합격자 중에서 어진 사위를 택하다

양생이 여러 날을 행하여 경사에 도착하였다. 머물 곳을 정하고 아직 과거날이 많이 남아 사람에게 자청관(紫淸觀)을 물으니 춘명문(春明門) 밖이라 하기에 예물을 갖추어 어머니의 표매(表妹)인 두련사(杜鍊師)를 찾아갔다. 찾아가 뵈니 두련사는 연세가 육십여 세에 이르고 계행(戒行)이 높아 자청관의 으뜸 여관이 되어 있었다. 양생이 절을 올리고 모친의 서찰을 드리니, 두련사가 모친의 안부를 묻고 기쁘면서도 한편 눈물을 흘리며 묻기를,

"내가 그대의 자당과 이별한 지 이십 년여 만에 이렇듯 장성한 아들을 보니 인간 세월이 실로 흐르는 물 같구나. 내가 늙어 번요한 곳을 싫어하여 요사이 공동산(崆峒山)에 들어가 신선을 찾으려고 하였는데, 자당이 그대를 부탁하는 편지를 보내니 그대를 위하여 머물러야겠구나. 그대의 풍채가 신선 같으니 요즘 규수 가운데 배필을 얻기가 어려울 것 같구나.

그러나 노신이 조용히 생각해 볼 것이니 겨를이 있거든 다시 찾아오도록 하라."

하였다. 양생이 과거가 다가오나 과업에 마음이 없어 수일 후 다시 두련사를 찾아가니 연사가 말하기를,

"한 처녀가 있는데 그 재모가 실로 양생의 배필이 됨직하나 다만 그 문벌이 너무 높으니, 육대나 내려오는 공후 집안이며 삼대나 내려오는 정승 집안이라. 양생이 만일 이번 과거에 신방 급제를 하면 이 혼사를 의논해 보겠으나 그 전에는 부질없는 일이니 번거롭게 나를 자주 찾지 말고 과거에 힘쓰도록 하여라."

양생이 말하기를,

"어떤 집 여자이옵니까?"

연사가 말하기를,

"춘명문 안에 있는 정사도(鄭司徒)의 집이니 붉은 색을 칠한 문이 길에 접해 있고 문 위에 계극(棨戟)을 세워 놓은 곳이 바로 그 집이니라."

양생이 심중에 섬월이 말하던 규수인 줄 알고 가만히 생각하되, '어떤 규수이기에 낙양과 장안의 두 서울에서 이렇듯 이름을 얻었는고.' 하고 연사에게 묻기를,

"정씨 규수를 사부께서 이미 보신 일이 있사옵니까?"

연사가 말하길,

"어찌 보지 않았겠느냐? 정소저는 하늘 사람이니 어찌 가히 입으로 형용하리오."

양생이 묻기를,

"소자가 감히 자랑하는 말 같사오나 이번에 열리는 과거는 소자의 주머니 속의 물건 집는 듯 쉽사옵니다. 평생에 바라는 일이 있으니 처녀의 얼굴을 보지 못하고서는 구혼하지 않으리니, 사부께서는 너그러운 마음으로 소자로 하여금 한번 보게 해 주소서."

연사가 크게 웃으면서 이르기를,

“재상가 규수를 어찌 서로 볼 수 있겠느냐? 양생이 노신의 말을 믿지 못하는가?”

양생이 대답하기를,

“소자가 어찌 감히 의심하오리까마는, 사람의 소견이 각각 다르니 사부의 눈이 어찌 소자와 같겠사옵니까?”

연사가 말하기를,

“그럴 리 없다. 봉황과 기린은 사람마다 그것이 상서로운 줄을 알고, 청천백일(靑天白日)은 사람마다 그것이 청명함을 우러르니, 만일 눈 없는 사람이 아니면 어찌 그 자태의 아름다움을 모르겠느냐?”

양생이 그 말을 듣고 오히려 마음이 편치 못하여 돌아갔는데, 이튿날 일찍 일어나 자청관에 오니 연사가 웃으면서 말하기를,

“양생이 일찍 오는 것을 보아하니 필시 이유가 있으렷다.”

양생이 가로되,

“소자가 정소저를 보지 못하고는 의심이 가시지 않겠사오니 사부께서는 우리 모친이 부탁하신 뜻을 돌아보시고 계교를 써 아무 때나 잠깐 보게 해 주소서.”

연사가 머리를 좌우로 흔들고,

“쉽지 않도다. 쉽지 않도다.”

깊이 생각하다가 문득 말하기를,

“그대는 총명함이 출중하니 학문을 배우는 여가에 음률을 익힌 바 있는가?”

양생이 대답하기를,

“소자가 예전에 우연히 한 기이한 사람을 만나 풍류곡조를 배웠으므로 음률의 묘한 이치를 알고 있나이다.”

연사가 말하기를,

“재상의 집은 깊어 중문이 다섯 겹이요 화원의 담이 두어 길이니 볼 수 있는 방법이 없도다. 정소저가 『시경』을 읽고 『예기』를 익혀 한 번 움직이고 한 번 멈추기를 구차하게 아니하여, 도관(道觀)과 이원(尼院)에 분향도 하지 아니하고 대보름에 등불 구경도 하지 아니하고, 삼월 삼짇날에 곡강(曲江)에 가서 놀지도 아니하니, 밖에 있는 사람이 어찌 만날 방법이 있으리오. 오직 한 가지 방법이 있으나 그대가 즐겨 따르지 않을 듯하구나.”

양생이 급히 대답하기를,

“만일 정소저를 볼 수만 있다면 어찌 따르지 않겠습니까?”

연사가 말하기를,

“정사도는 근래에 병이 들어 벼슬살이를 좋아하지 아니하고 원림(園林)과 종고(鐘鼓)에 흥을 두고 있고, 사도 부인 최씨도 본디 성품이 풍류를 좋아하는지라. 소저 태어나면서 천성이 영혜하여 천하의 일을 모르는 것이 없고 더욱이 음률에 정통하여 옛 사양(師襄)과 종자기(鍾子期)라도 소저를 능가하지 못할 것이니, 채문희(蔡文姬)가 끊어진 줄 소리를 아는 것은 족히 기이할 것도 없도다. 최부인이 어느 곳이나 새 곡조를 아는 사람이 있다 하면 반드시 청하여 소저로 하여금 그 곡조의 높고 낮음, 공교(工巧)와 기술(奇術)을 평론케 하며 안석(安席)에 기대어 노래 듣는 것을 노경(老境)에 낙으로 삼고 있는지라. 내 생각으로는 양랑이 실로 음률을 잘 탄다면 거문고 한 곡조를 익혀 누었다가, 삼일 후 이월 그믐날은 영부도군(靈府道君)의 생신이라, 정사도 집에서는 해마다 어린 계집종을 보내어 우리 도관에 향촉을 보내니 이때 양랑이 잠시 여관(女冠)의 복장을 하고 거문고를 타면 그 소리를 계집종이 듣고 반드시 돌아가서 부인께 아뢸 것이요, 그리하면 부인이 그 말을 듣고 그대를 청할 것이니, 정사도 집에 들어간 후에 정소저를 보거나 못 보는 일은 인연에 달린 것이니 미리 결정할 수 없으나, 이것 말고는 별다른 계교가 없도다. 양랑이 얼굴이 고우며 입 위에 수염이 나지 않았고, 우리 출가한 사람은 귀를 뚫지 않은 사람도 있으니 변복(變服)하기 어렵지 아니할 것이다."

양생이 크게 사례하며 말하기를,

"삼가 명대로 하리이다."

하더라.

원래 정사도는 슬하에 다른 자식은 없고 오직 정소저 하나만 있을 뿐인데, 최부인이 해산하던 날 정신이 혼미하던 중 한 선녀가 손에 명주 한 개를 가지고 방으로 들어온 후 소저를 낳았으므로 이름을 경패(瓊貝)라 붙였다. 점점 자라남에 용모와 재덕이 이 세상 사람 같지 않으니 배필을 선택하기 어려워 벌써 비녀를 꽂을 나이이지만 정혼한 곳이 없었다.

하루는 부인이 소저의 유모 전파(錢婆)를 불러 이르기를,

"오늘은 영부도군의 생신이니 네가 향촉을 가지고 자청관에 다녀오고, 아울러 의복감과 차와 과자와 실과를 가져다가 두련사에게 주고 오너라."

전파가 교자를 타고 여러 가지 것을 가지고 자청관에 도착하니 연사가 향촉을 받아 삼청전(三淸殿)에 공양하고 또한 의복과 다과를 받고 전파를 대접하여 산문 밖까지 배웅하였다. 그때 마침 전파가 교자를 타려고 하는데 무심코 삼청전 동쪽 복도 쪽에서 거문고 소리가 나는데, 그 소리가 심히 맑고 새로워서 차마 가지 못하고 귀를 기울여 오래 들으니 들을수록 더욱 묘한지라. 유모가 연사에게 묻기를,

"이 몸이 부인을 모셔 유명한 사람들의 거문고 소리를 많이 들었으나 이 곡조를 듣지 못하였습니다. 어떤 사람이옵니까?"

두련사가 대답하기를,

"수일 전에 초(楚) 땅에서 젊은 여관이 경사를 구경하러 왔다가 여기에 머무르면서 때때로 거문고를 타는데, 나는 곡조의 좋음을 분간치 못하는데 마마가 이렇듯 칭찬하시니 필연 거문고를 잘 타는 솜씨로다."

전파가 말하기를,

"우리 부인께서 이 말을 들으시면 부르실 것이니 연사께서 저 사람이 떠나지 못하게 만류하여 두소서."
하면서 재삼 당부하고 갔다.

연사가 전파를 보내고 양생에게 이 말을 전하니 소유가 부인이 부르기를 고대하였다. 이튿날 정사도 집에서 작은 교자 하나와 계집종 한 사람을 보내어 연사에게 거문고 타던 여관을 청하였다. 양생이 여도사(女道士)의 복장으로 거문고를 안고 나서니 표연히 마고선자(麻姑仙子)와 사자연(謝自然) 같았다. 그 모습을 보고 정부에서 온 사람이 칭찬하지 않는 사람이 없었다.

양생이 교자에 올라 정부에 들어가자 부인이 당상에 앉았는데 그 몸가짐이 매우 단엄하였다. 양생이 거문고를 놓고 당하에서 머리 숙여 인사하자, 부인이 당상에 오르라고 하고 자리를 마련해 주었다.

"전날 집안의 계집종이 도관에 갔다가 신선의 풍류를 듣고 와 이르기에 한번 보기를 원하였는데, 이제 연사의 맑은 거동을 한 번 접하니 문득 더러운 마음이 사라지는 것 같소이다."

양생이 자리에 앉으며 대답하기를,

"빈도는 본래 초(楚)나라 사람으로 구름처럼 정처 없이 떠다니는 신세이온데, 천한 재주로 인연이 닿아 부인을 뵈올 줄은 생각지도 못했나이다."

부인이 묻기를,

"사부(師父)의 연주하는 곡은 무슨 곡조인고?"

양생이 대답하기를,

"빈도가 예전에 남전산에서 이인을 만나 여러 가지 곡조를 배웠으나, 다 옛 사람의 소리라, 지금 사람의 귀에 맞지 않을까 하옵니다."

부인이 시비로 하여금 양생의 거문고를 가져오라 하여 말하기를,

"가장 좋은 재목이로다."

생이 대답하기를,

"이 거문고는 용문산(龍門山) 꼭대기에서 번개를 맞아 꺾어진 백 년 묵은 오동나무이옵니다. 목성(木性)이 진(盡)하고 단단하기가 금석 같아 비록 천금을 준다고 하여도 바꾸지 못하겠나이다."

이렇게 대답하고 있는 사이에도 소저가 나오지 않으니 양생의 마음이 조급해져서 부인께 이르기를,

"빈도가 비록 옛 소리를 익히기는 하였으나 그 소리가 좋고 나쁜지를 구분치 못하옵니다. 자청관 여관에게 듣자오니 귀댁의 따님께서 총명하고 영혜하여 지음(知音)함이 채문희(蔡文姬)보다 뛰어나다고 하시니, 원컨대 천한 재주를 시험하여 소저의 가르침을 받고자 하나이다."

부인이 시비를 시켜서 소저를 부르니, 이윽고 향기로운 바람이 풍기고 패옥소리 나더니 소저가 나와 부인 곁에 모로 꺾어 앉았다. 양생이 절을 한 다음 눈을 들어 보니 눈이 부시고 정신이 황홀하여 능히 헤아릴 수가 없었다. 양생이 소저의 앉은 자리가 멀어 부인께 청하기를,

"빈도가 소저의 가르침을 받고자 하오나 당상이 너무 넓어 자세히 듣지 못할까 하옵니다."

부인이 시녀를 시켜 여관의 자리를 옮겨 부인 곁에 놓으니, 소저가 앉은 곳이 멀지 않으나 도리어 소저의 앞모습은 볼 수 없어 멀리서 서로 마주볼 때만 못하나 감히 다시 청하지 못하였다.

시녀가 양생 앞에 상을 펼치고 금로(金爐)에 향을 피우자 양생이 거문고로 「예상우의(霓裳羽衣)」를 연주하였다. 소저가 탄복하여 말하기를,

"이 곡조가 참으로 아름답도다. 완연히 천보(天寶)적 태평기상(太平氣像)을 봄이라. 이 곡조를 비록 사람마다 연주하기는 하나 이처럼 진선진미(盡善盡美)함을 보지 못하였도다. 그러나 이 소리는 세속의 소리니 다른 곡조를 듣고자 하나이다."

양생이 한 곡조를 더 타니 소저가 말하기를,

“이 곡조는 비록 아름답고 즐거우나 음란하고 슬픔이 지나치니 진후주(陳後主)의 「옥수후정화(玉樹後庭花)」라. 이 곡조는 망국(亡國)의 소리니 다른 곡조를 듣고자 하나이다.”

양생이 또 다른 곡조를 연주하니 소저가 말하기를,

“이 곡조가 참으로 아름답도다. 기뻐하는 듯, 감격하는 듯, 생각하는 듯하니, 옛적 채문희(蔡文姬)가 오랑캐에게 잡혀서 아들을 낳았는데 조조(曹操)가 문희를 위하여 몸값을 치르고 고향에 돌아오게 하자 그 아들과 이별할 때 「호가십팔박(胡笳十八拍)」이란 곡조를 지었으니 이것이 바로 그 곡조로소이다. 그 소리는 비록 들음직하나 절조를 잃은 부인의 곡이라 가히 부끄러우니 청컨대 다른 곡조를 타소서.”

양생이 또 한 곡조를 타자 소저가 말하기를,

“이는 왕소군(王昭君)의 「출새곡(出塞曲)」이로다. 임금과 고향을 그리워하고 신세를 슬퍼하며 화공(畵工)이 공평치 못하였음을 원망하여 온갖 불평하는 마음을 곡조에 모았으니, 비록 아름다우나 오랑캐 계집의 변방의 소리라 정성(正聲)이 아닌가 싶소이다.”

양생이 또 한 곡조를 타자 소저가 낯빛을 고치고 말하기를,

“내가 일찍 이 소리를 귀에 듣지 못하였더니, 사부는 필시 범인이 아니로다. 이 곡조에는 영웅이 때를 만나지 못하여 마음을 물외(物外)에 두고 방탕함 속에도 충의의 기운을 머금고 있으니 이는 바로 혜중산(嵇中散)의 「광릉산(光陵散)」이 아니옵니까? 혜강(嵇康)이 화를 만나 동쪽의 시장거리에서 죽을 때 햇빛을 돌아보며 이 곡조를 연주하고 ‘원효니(遠孝尼)가 나에게 「광릉산」을 가르치라고 하였는데 이 곡을 아껴 전하지 않았으니 「광릉산」이 이로부터 끊기겠구나.’ 하니, 사부께서 필연 혜강의 넋을 만나신 것입니다.”

양생이 자리를 피하면서 대답하기를,

“소저의 영혜하심은 사양(師襄)이라도 미치지 못할 것이옵니다. 빈도가

스승에게 들은 말도 지금 소저가 하신 말씀과 같나이다."

양생이 또 한 곡조를 타자 소저가 말하기를,

"곡조가 참으로 아름답도다. 높은 산은 하늘 높이 치솟고 흐르는 물은 끝없이 넓어 신선의 자취가 속세를 뛰어넘었으니, 이는 백아(伯牙)의 「수선조(水仙操)」가 아닙니까? 백아의 넋이 이를 안다면 종자기(鍾子期)의 죽음을 서러워하지 않았으리라."

양생이 또 한 곡조를 타니 소저가 옷깃을 여미고 고쳐 앉아 말하기를,

"성인이 난세(亂世)를 당하여 천하가 황황(遑遑)하여 백성을 구제할 뜻을 품었으니 바로 공자(孔子)가 아니면 누가 이 곡조를 능히 지었으리오? 이 곡조는 필연 「의란조(倚蘭操)」로다."

양생이 향로에 향을 다시 피우고 또 한 곡조를 타니 소저가 말하기를,

"「의란조」는 비록 위대한 성인이 천하를 구하는 지극한 성덕이나 때를 만나지 못하였는데, 이 곡조는 천지 만물과 함께 봄이 되었는지라, 높고도 드넓어서 무어라 이름을 붙이지 못할 것이니, 이 곡조는 필연 순(舜) 임금의 「남훈곡(南薰曲)」이로다. 지극히 높고 아름다워 이 곡조보다 나은 곡이 없으리니, 비록 다른 곡조가 있더라도 더 듣고 싶지 않소이다."

양생이 고쳐 앉아 말하기를,

"빈도가 들으니 풍류 곡조가 아홉 번 변하면 하늘의 신령이 내려온다고 합니다. 이미 여덟 곡조를 탔으니 오히려 한 곡조가 남았나이다."

양생이 다시 거문고를 잡고 줄을 고른 후 곡을 타니 곡조가 은은히 퍼지고 기운이 호탕하여 뜰 앞에 백 가지 꽃이 봉오리가 피어나고, 제비와 꾀꼬리가 쌍쌍이 춤을 추더니, 소저가 푸른 눈썹을 낮게 하고 눈길을 거두지 않은 채 양생을 두어 번 거듭 보고는 옥 같은 보조개에 붉은 기운이 올라 봄 술에 취한 듯하더니 몸을 일으켜 내당으로 들어갔다. 양생이 깜짝 놀라 거문고를 밀치고 우두커니 서서 오랫동안 정신을 차리지 못하였다. 정부인이 앉으라 하며 묻기를,

"그대가 탄 곡조는 무슨 곡조인고?"

양생이 대답하기를,

"빈도가 비록 사부에게 소리를 배웠으나 이름을 듣진 못하였는지라, 소저의 가르침을 바라나이다."

소저가 오래 나오지 않자 부인이 시녀를 보내어 연유를 물으니 대답하기를,

"오랫동안 바람을 쏘였더니 기운이 불편하여 나오지 못한다."

하더라. 양생이 생각하기에 소저가 눈치 챈 것은 아닌가 하여 마음에 거리껴 감히 오래 머무르지 못하고 부인께 하직인사를 고하였다.

"소저의 귀체(貴體)가 불편하시다 하니 빈도는 이만 물러가고자 하옵니다."

부인이 금백(金帛)을 상급으로 주자 양생이 사양하며 받지 않았다.

"출가한 사람이 우연히 음률을 조금 알기는 하오나 어찌 악공(樂工)의 전두(纏頭)를 받겠습니까?"

양생이 머리를 조아려 하직하고 거문고를 끼고 표연히 갔다.

부인이 소저의 병을 근심하여 물으니 소저가 좋아졌다고 말하고 침소로 돌아와 시비에게 묻기를,

"춘랑의 병은 오늘은 어떠하냐?"

시녀가 대답하기를,

"병이 나아 소저가 중당에서 거문고를 들으신다는 말씀을 듣고 일어나 세수를 했사옵니다."

원래 춘랑의 성은 가씨(賈氏)요, 본래 서촉(西蜀) 사람이다. 그 부친이 서울의 아전이 되어 정사도 집에 공로가 많았다. 부친이 불행히 병이 들어 죽었을 때가 춘랑의 나이 십 세에 의지할 데가 없으니, 정사도 부부가 불쌍히 여겨 부중에 두어 소저와 함께 놀게 하였다. 춘랑의 나이는 소저에게 한 달 아래로, 용모가 수려하고 온갖 고운 태도를 갖추어 단정하며

존귀한 기상은 비록 소저를 따르지 못할지언정 그 또한 절대 가인이었다. 시 짓는 재주와 용모와 필법과 바느질 솜씨가 뛰어나 소저와 다를 바 없었다. 소저가 춘랑을 동기같이 사랑하여 잠시도 곁을 떠나지 못하게 하여 종과 주인의 구분은 있으나 실로 규중(閨中)의 친구였다. 이 여자의 이름은 초운(楚雲)이었는데 정소저가 그 태도를 사랑하여 한유(韓愈)의 글에서 글귀를 취하여 이름을 고쳐 춘운(春雲)이라 하니 집안에서는 춘랑이라 불렀다.

이날 춘랑이 소저를 찾아와서 이르기를,

"시녀가 이르기를 거문고 타는 여관이 중당에 왔는데 얼굴이 신선 같고 그 여관이 타는 풍류곡조를 소저가 극히 칭찬하신다 하기에 아픈 데를 잊고 구경하고자 하였더니 어찌 그리 속히 가셨나이까?"

소저가 낯빛을 붉히며 말하기를,

"내가 일생동안 내 몸 아끼는 것을 옥 같이 하여 발자취가 중문 밖을 넘지 아니하였고 친척들 얼굴도 잘 보지 않은 것은 춘랑도 아는 바이니라. 그런데 하루아침에 간사한 사람에게 속아 반나절을 함께 수작하여 씻기 어려운 욕을 당하니 어찌 낯을 들어 사람을 대하리오?"

춘랑이 놀라 묻기를,

"이 어찌 된 말씀입니까?"

소저가 대답하기를,

"아까 왔던 여관은 얼굴도 빼어나고 그가 탄 곡조 모두가 세상에 없는 곡조이지만, 다만……"

하고 말을 멈추자 춘운이 묻기를,

"다만 어떠하기에 그러십니까?"

소저가 대답하기를,

"그 여관이 처음에 「예상곡」을 연주하고 차차 올려 순임금의 「남풍가」를 타기에 내 일일이 평론하고 그만 듣겠다고 하니, 여관이 또 한 곡조가 있다 하여 다시 새 곡조를 탔는데, 그것은 사마상여가 탁문군의 마음을 유혹하던 「봉구황곡(鳳求凰曲)」이라. 내가 그제서야 그의 얼굴을 유의해서 보니 용모와 몸놀림이 여자와 다르니 필시 간사한 사내가 춘색을 엿보려고 변복하고 들어온 것이리라. 만약 춘랑이 병이 없었더라면 단박에 알아채었을 것이다. 규중 처녀의 몸으로 알지 못하는 남자와 함께 반나절을 이야기를 나눈 것이니 어찌 이런 일이 있단 말이냐? 차마 모친께도 이 말을 아뢰지 못하겠으니 네가 아니고서야 누구에게 이 괴로운 심정을 토로하겠느냐?"

춘운이 웃으며 말하기를,

"사마상여의 「봉구황곡」을 여자라고 왜 못하겠습니까? 소저는 술잔 속의 활 그림자를 보신 것입니다."

소저가 말하기를,

"그렇지 않다. 이 사람이 곡조를 타는 데 차례가 있었으니, 만일 무심하게 거문고를 탔다면 왜 하필이면 「봉구황곡」을 맨 마지막에 탔겠느냐? 또한 여자들 중에 용모가 청수한 이도 있고 장대한 이도 있다만 이 사람처럼 기상이 씩씩한 이는 보지 못하였다. 내 생각으로는 지금 과거가 임박하여 사방 선비들이 경사에 모여들었으니 그 중에 내 소문을 잘못 듣고 망령된 생각을 낸 것인 듯하다."

춘운이 말하기를,

"이 사람이 틀림없이 남자라면 얼굴이 아름답고 기상이 호상하며 음률에 정통하니 재주 없지 않음을 알 수 있겠습니다."

소저가 말하기를,

"그 자가 설혹 사마상여가 되더라도 나는 결단코 탁문군이 되지 않을 것이다."

춘운이 대답하기를,

"소저야, 우스운 말 마소서. 탁문군은 과부요, 소저는 처녀입니다. 탁문군은 뜻이 있어 사마상여를 따랐고 소저는 그저 무심히 들으셨을 뿐인데 어찌 탁문군과 비교하십니까?"

두 사람이 저물도록 담소하면서 즐거워하였다.

하루는 정사도가 밖에서 들어와 새로 붙은 과거급제 방(榜)을 부인에게 보이며 말하기를,

"딸아이의 혼사를 아직 정하지 못하였으니 내 생각으로는 신방 급제자 중에 아름다운 사람이 있으면 정할까 생각하고 있소. 그런데 장원급제한 양소유란 사람은 회남 사람이고 나이는 십육 세로, 그가 지은 글을 모든 시관(試官)이 칭찬하지 않는 사람이 없다고 하니 이는 필시 이 시대의 재자(才子)일 것이오. 내 또한 들으니 얼굴이 빼어나고 아직 아내를 맞이하지 않았다고 하니 이 사람으로 나의 사위를 삼는다면 내 마음에 흡족할 듯하오."

부인이 답하기를,

"비록 그러하나 부디 얼굴을 본 후에 정하는 것이 좋을 듯하옵니다."

정사도가 말하기를,

"그 역시 어렵지 않은 일이로다."

하더라.

제5회

꽃신을 시로 읊어 사랑을 고백하고
거짓 신선을 꾸며 첩의 인연을 맺다

소저가 방에 돌아와서 정사도가 이르던 말을 춘운에게 말하기를,

"일전 거문고를 탔던 여관이 스스로 초(楚)나라 사람이라 하였는데 나이가 십육 세가량으로 보였다. 그런데 어제 장원한 사람이 회남 사람이라

하니 회남은 초(楚)나라 땅이요 나이도 비슷하니 어찌 의심하지 않을 수 있겠느냐? 이 사람이 만일 그 사람이면 네가 유념하여 보아라."

춘운이 대답하기를,

"첩이 그때 그 사람을 보지 못하였으니, 본다고 하여 어찌 알겠습니까? 어린 소견으로는 소저가 문틈으로 엿보시는 것이 나을 것 같습니다."

두 처녀가 서로 보며 웃었다.

이 무렵에 양소유는 회시(會試)와 전시(殿試)에서 장원을 잇달아 하여 한림원(翰林院)에 들어 이름을 세상에 떨치니 공후귀족(公侯貴族) 가운데 딸 가진 사람들이 구름처럼 구혼하였다. 양생은 이를 다 물리치고 예부(禮部) 권시랑(權侍郎)을 찾아가, 정사도 집에 혼인을 청할 뜻을 아뢰며 소개할 것을 부탁하자 권시랑이 편지를 써 주니 이를 받아 소매에 넣고 정사도의 집으로 찾아갔다. 양소유가 궁포(宮布)에 계화(桂花)를 꽂고 신선의 풍악을 좌우에 거느려 정사도 집 앞에 이르렀다. 정사도가 부인에게 양장원이 왔다고 알리고 후당으로 양생을 청하였다. 부중 사람들이 모두 나와 구경하는데 정소저만 방안에 앉아 보지 않았다.

춘운이 부인의 시비에게 묻기를,

"내가 지금 정사도 어른이 마나님과 하시는 말씀을 들으니 전일 부중에 와서 거문고 타던 여관이 곧 신방 장원의 표매(表妹)라고 하니 얼굴이 비슷한 곳이 있는가?"

시비가 이르기를,

"과연 옳도다. 용모거동이 완연히 다른 곳이 없으니 이와 같은 내외종간도 없으리라."

춘운이 즉시 소저에게 돌아와 이르기를,

"소저의 밝은 안목이 과연 그르지 않습니다."

소저가 묻기를,

"네가 또 가서 무슨 말을 하는지 듣고 오너라."

춘운이 나가더니 오랜 후에 다시 돌아와 아뢰기를,

"우리 노야가 소저를 위하여 구혼하니 양장원이 일어나 답하기를, '제가 경사에 와서 영아(令娥) 소저의 요조 유한함을 듣고 외람되이 좌주(座主) 권시랑을 찾아가 소저와 통혼하기를 청하고 시랑이 편지를 써 주기에 편지를 받아왔사옵니다. 그러나 문호의 차이가 청운(靑雲)과 탁수(濁水) 같고 인품의 다름이 봉황(鳳凰)과 오작(烏鵲)과 같은지라. 부끄럽고 조심스러워서 감히 편지를 드리지 못하겠사옵니다.' 하고 편지를 내어 노야 앞에 나아가 드리니 노야가 그 편지를 떼어 보시고 기뻐하시며 주찬을 마련하라 재촉하시더이다."

소저가 놀라며 이르기를,

"이런 대사(大事)를 어찌 그리 쉽사리 정하신고."

하더니 마침 시녀가 들어와서 부인이 부르신다 하니, 소저가 명을 받들어 부인을 찾아가니 부인이 이르기를,

"양장원은 참으로 재자(才子)라. 너의 부친이 이미 혼인을 허락하셨으니 우리 노부부가 이제야 비로소 의탁할 사람을 얻었으니 다시 근심할 거리가 없도다."

소저가 여쭙기를,

"소저가 시비의 전하는 말을 들으니 양장원의 얼굴이 일전에 거문고를 탔던 여관의 얼굴과 흡사하다 하던데 과연 그러하옵니까?"

부인이이 대답하기를,

"그렇다. 그 여관의 선풍도골(仙風道骨)이 세상에 뛰어나 내가 잊지 못하여 다시 사람을 시켜 그 여관을 청하고자 하였는데 일이 많아 그러지 못하였다. 그런데 오늘 양장원의 얼굴이 완연히 그 여관과 다름이 없으니, 이것으로도 양장원의 아름다움을 족히 짐작할 것이다."

소저가 여쭙기를,

"양장원이 비록 아름다우나 그 사람과 더불어 불미스러운 일이 있었사

오니, 정혼하심은 불가하나이다."

부인이 말하길,

"매우 괴이한 말이로구나. 너는 깊은 규중처녀요 양장원은 회남 사람이거늘 서로 간예함이 없으리니 무슨 불미스러운 일이 있단 말이냐?"

소저가 다시 여쭈기를,

"소녀가 겪은 일이 심히 부끄러워 차마 모친께도 아뢰지 못하였나이다. 전일 거문고를 탔던 여관이 곧 양장원이니 변복하고 거문고를 탄 것은 바로 소녀의 얼굴을 보려 함이었나이다. 소녀가 그 간계에 빠져 반나절을 이야기를 주고받았으니 어찌 혐의가 없겠습니까?"

부인이 놀라더니, 정사도가 양장원을 보내고 양미간에 희색이 가득하여 내당으로 들어오며 말하기를,

"경패야. 오늘 '용을 타는 기쁨'을 느꼈으니 너무 기분이 좋도다."

부인이 말하기를,

"딸아이의 생각은 우리 부부와 다르옵니다."

하고 소저의 말을 전하니, 정사도가 소저에게 다시 물어 「봉구황곡」을 거문고로 탔던 이야기를 들은 후 크게 웃으며 이르기를,

"양장원은 진실로 풍류를 아는 사내로다. 옛날에 왕유(王維)가 악공의 복색으로 태평공주(太平公主) 집에서 비파를 타고 뒤이어 과거에 장원급제를 하였다고 하여 지금까지 아름다운 이야기로 전하더니, 양장원은 숙녀를 구하고자 잠시 여복을 바꿔 입었으니 진실로 재주와 정이 많은 사람이니, 한때 배필을 구하기 위하여 희롱한 일을 어찌 꺼릴 것이냐? 딸아이는 여관을 여자로 알고 있었으니 탁문군이 문틈으로 엿본 것과는 차이가 있느니라. 무슨 거리낄 일이 있는고?"

소저가 말하기를,

"소녀의 마음에는 부끄럼이 없으나 그 사람에게 그토록 속은 일이 진실로 부끄럽사옵니다."

사도가 큰소리로 웃으며 대답하기를,

"이는 내가 나설 일이 아니니 훗날 양생에게 물어보도록 하여라."

부인이 묻기를,

"양랑이 언제쯤 혼례를 치르자고 하더이까?"

사도가 대답하기를,

"납채(納采)는 서둘러 속히 행하고 친영(親迎)은 그 댁 대부인을 모셔 온 후에 하려고 합디다."

하더라. 그 후 정사도가 길일을 잡아 양장원의 납채를 받고, 양한림이 정사도 집 후원 별당에 거처를 정하니, 사도 부부와 양한림이 옹서(翁婿)의 예를 행하였다.

하루는 정소저가 우연히 춘운의 침방을 지나다가 들여다보니, 춘운이 비단 신발에 모란을 수놓다가 봄기운을 이기지 못하고 수틀에 기대어 졸고 있었다. 소저가 방안으로 들어가 그 수놓은 것을 보고 정묘함을 감탄하다가 작은 종이에 글씨 쓴 것이 있어 펴 보니 춘운이 '신발'을 제재로 지은 글이었다.

憐渠最得玉人親	네가 장차 옥 같은 사람을 얻어 친히 함을 기쁘게 여기니
步步相隨不暫捨	걸음마다 서로 좇아 잠시도 버리지 못하더라.
燭滅羅帷解帶時	촛불을 끄고 옷을 끄르고 띠를 벗을 때에는
終須抛擲象牀下	마침내 너를 상아 평상 아래 벗어 버리리라.

소저가 보고 나서 생각하기를, '춘랑의 글이 더욱 늘었도다. 신으로써 제 몸을 비유하고 옥인으로써 나를 비유하여 어느 때도 나와 떠나지 아니하다가 내가 옥인을 좇아가면 저를 저버릴까 염려하니 춘랑이 진실로 나를 사랑하는구나.'

다시 그 글을 보고 웃고 하는 말이,

"춘랑이 나의 침상 위에 같이 오르고 싶어 하니, 이는 나와 함께 한 낭군을 섬기려 하는 것이다. 이 아이의 마음이 움직였구나."
하고 춘랑을 깨우지 않고 당상에 올라와 부인을 뵈니, 부인은 바야흐로 시비를 데리고 양한림을 위한 음식 장만을 분부하고 있었다.

소저가 부인께 여쭈되,

"양한림이 우리 집에 온 후로 모친께서 의복이며 음식을 손수 살피시니 피곤하실까 걱정이옵니다. 소녀가 마땅히 그 수고를 당하는 것이 당연하나 아직 대례를 치르지 않아 가하지 않으니, 춘운이 나이 들어 장성하여 아무 일이라도 족히 할 수 있을 것이니 춘운을 화원으로 보내어 양한림의 모든 수발을 받들게 함이 어떠할까 하옵니다."

부인이 말하기를,

"춘운의 재질로서야 무슨 일을 못하랴마는, 제 아비가 우리 집에 공로가 많았고, 또 춘운의 인물이 웬만한 규수보다 뛰어나니, 너의 부친께서 사랑하사 장차 어진 배필을 구하여 짝을 맺어 주려고 하셨다. 그런데 끝까지 너를 섬기게 함은 춘운이 원하는 바가 아닐까 싶다."

소저가 여쭈기를,

"저 애의 뜻을 알아보니 소녀 곁을 떠나지 않기를 원하더이다."

부인이 이르기를,

"시집갈 때 비첩(婢妾)을 데려가는 것은 또한 예법에도 있으나, 춘운의 재주가 출중하니 너와 함께 가게 함은 좋은 생각이라 할 수 없을 듯하다."

소저가 여쭈기를,

"양생이 먼 지방에서 온 십육 세의 서생으로 전날 거문고를 가지고 재상집 깊고 깊은 중당에 들어와 규중 처녀를 내어 앉히고 거문고 곡조로 희롱하였사옵니다. 그 기상으로 어찌 평생 한 여자의 손에 늙으리오. 훗날 양생이 승상부(丞相府)에 거처하게 되면 몇 풍류를 좇을 줄 알겠사옵니까?"

이처럼 문답하고 있는데 정사도가 들어와 앉으니, 부인이 소저의 말을 전하고서 말하되,

"내 생각으로는 옳은 생각 같지 않습니다. 또한 혼인 전에 비첩을 보내는 것이 더욱 옳지 않을 듯합니다."

사도가 다시 말하기를,

"춘운이 딸아이와 함께 재모가 흡사하고 또한 서로 사랑하니 헤어지게 하지 않음이 마땅하도다. 반드시 한 낭군을 섬길 것이니 조만선후(早晩先後)가 상관없을 듯싶으니 춘운을 먼저 보내어 양랑의 적막함을 위로하는 것이 옳지 않은 것은 아닌 듯싶다. 다만 춘운을 그저 보내기는 너무 초초하니 간단하게 예를 차려 보낸다면 혼인 전에 마땅치 않으니 어찌하면 좋을꼬?"

소저가 여쭈기를,

"소녀 생각으로는 춘운의 몸을 빌려 소녀의 창피함을 씻고자 하나이다. 십삼랑(十三郞)을 시켜서 이렇게 하라 하소서."

사도가 크게 웃고 이르기를,

"이 계교가 가장 좋도다."

정사도의 모든 조카들 중에서 십삼랑이 성품이 어질고 호쾌하여 해학하기를 좋아하는지라 양한림이 가장 사랑하였다.

소저가 방에 돌아와 춘운에게 묻기를,

"춘랑아. 내가 너와 더불어 머리털이 이마를 가릴 때부터 함께 자라 꽃가지를 서로 갖고자 다투기도 하면서 저물도록 함께 놀았는데, 내가 이제 예폐(禮幣)를 받았으니 너도 필경 어리지 않음을 알겠구나. 너 역시 혼자 종신대사(終身大事)를 헤아려 보기도 하였을 것이다. 어떤 사람을 따르고자 하느냐?"

춘랑이 대답하되,

"천첩이 낭자의 은혜를 갚을 길이 없으니, 이 몸을 마치도록 아가씨 곁

을 떠나지 않기를 원하나이다."

소저가 이르기를,

"나도 춘랑이 나의 정과 같은 줄 알았도다. 내 이제 춘랑으로 더불어 의논할 일이 있도다. 전날 양랑이 거문고 곡조로 나를 속임은 씻기 어려운 부끄러운 일이라. 춘랑이 아니면 그 수치를 누가 씻어주겠느냐? 우리 집 산장이 종남산 깊은 골에 있어 비록 경성에서 가까우나 그 경개의 그윽함이 인간 세상 같지 아니하다. 이곳에서 춘랑이 화촉(花燭)을 차려 놓고 십삼랑으로 하여금 이러저러한 계교를 쓰면 양랑을 속여 그 치욕을 갚을 수 있을 듯하다. 춘랑은 나를 위하여 수고를 꺼리지 말라."

춘운이 대답하기를,

"소저의 말씀을 어찌 따르지 않겠습니까마는, 후일 무슨 면목으로 양한림을 대하리이까?"

소저가 이르기를,

"사람을 속이고 부끄러운 것이 사람에게 속고 부끄러운 것보다 낫지 않겠느냐?"

춘운이 이르기를,

"그리하겠나이다."

양한림의 벼슬이 본디 한가하여 궐중에 입직한 여가에는 주루(酒樓)에 가서 취할 때도 있고 성 밖으로 나가 꽃구경을 할 때도 있었다. 하루는 정십삼랑이 양한림에게 청하기를,

"성의 남쪽 멀지 않은 곳에 산수가 빼어난 곳이 있으니 함께 가 봅시다."

하고 술과 안주를 준비하여 십여 리를 나아가니 맑은 시냇가에 도착하여 솔 수풀을 헤치고 술잔을 기울였다. 이때가 봄과 여름 사이라 들꽃이 어지러이 피어 꽃이 떨어져 물결을 따라 내려오니 완연히 무릉도원이요 그 경개가 절승하였다.

정생이 대답하기를,

"이 시냇물은 자각봉에서 발하여 흐르니 여기에서 십여 리를 행하면 기이한 땅이 있다 하오. 꽃이 피고 달이 밝은 밤이면 신선의 풍류 소리가 난다고 하였으나 내 일찍 보지 못하였는데 형과 함께 당당히 좇을 것이오."

양생이 본디 성품이 기이한 일을 좋아하여 이 말을 듣고 크게 궁금히 여겨 그곳으로 나아가니 갑자기 정십삼랑의 집 종이 급히 달려와 아뢰기를,

"우리 낭자께서 병환이 드셔 낭군을 불러오라고 하셨나이다."

정생이 매우 급히 일어나며 이르기를,

"본래 형과 함께 선경(仙境)을 찾아가 보려고 하였으나 집안일로 인하여 돌아가니 소제가 선경과 연분이 없음을 알겠도다."

하고 급히 가더라.

양생이 비록 외로우나 흥이 다하지 않아 흐르는 물을 따라 점점 들어가니 경개가 더욱 빼어났다. 문득 물 위에 계수 잎이 떠내려 오는데 글 쓴 것이 있거늘, 서동을 분부하여 건져오라 하여 그 글귀를 보니, '신선의 개가 구름 밖에서 짖으니 양랑이 온 것이 아닌가?' 하였다.

양생이 기이하게 여겨 생각하되,

"이 위에 어찌 인가가 있으며, 이 글이 어찌 평범한 사람이 지은 글이겠는가?"

하여 더욱 깊이 들어가니 서동이 말하기를,

"날이 더 늦으면 성으로 돌아가지 못하나이다."

양생이 듣지 않고 또 십 리를 나아가니 해가 이미 지고 달이 산에 떠올랐다. 달빛을 따라가며 잠잘 곳을 찾지 못하자 비로소 마음이 급하였다. 그런데 문득 십여 세가량 되어 보이는 한 청의(靑衣) 여동이 물가에서 옷을 빨다가 양생을 보고 급히 달려가며 말하기를,

"낭자야. 낭군님이 오시나이다."

양생이 이 말을 듣고 더욱 기이하게 여겨 수십 보를 가니 산이 돌아가는 곳에 한 작은 집이 계수(桂樹) 가까이에 있었다. 그 집이 매우 정쇄(精灑)하였는데 한 여자가 달빛을 받으며 벽도화(碧桃花) 아래 서 있었다. 양생이 오는 것을 보고 예를 갖춰 인사하며 말하기를,

"양랑께서 오시는 것이 어찌 이다지도 늦었사옵니까?"

양생이 그 여자를 보니 몸에 홍초의(紅綃衣)를 입었으며 머리에 비취잠(翡翠簪)을 꽂았고 허리에 백옥패(白玉珮)를 찼는데, 아름답고 그윽하여 실로 신선 같았다. 양생이 황급히 답례하고 대답하기를,

"소생은 세속의 사람이라. 본래 그대와 같은 선인과 월하의 기약이 없거늘, 선녀께서 늦게 옴을 꾸짖는 것은 어찌된 연고입니까?"

미인이 말하기를,

"청컨대 정자 위에 가서 말씀을 드리겠나이다."

양생을 인도하여 정자 위에서 주객으로 자리를 나눠 앉은 후, 여동이 주찬을 올리니 그 미인이 탄식하며 말하기를,

"옛일을 말씀드리자면 슬픈 마음이 앞섭니다. 첩은 본래 요지(瑤池) 서왕모(西王母)의 시녀요, 낭군의 전신(前身)은 하늘의 선자(仙子)이옵니다. 옥황상제의 명으로 서왕모께 조회하러 오셨다가 첩을 보시고 신선의 과일로 희롱하니 서왕모께서 크게 노하시어 옥황상제에게 사뢰어 낭군은 인간 세상에 떨어지고 첩은 산중에 귀양을 와 여기에 머물고 있사옵니다. 이제 기한이 다 되어 요지로 돌아갈 때가 되었습니다. 그런데 낭군을 한 번 만나서 옛 정을 펴보고자 하여 선관에게 간청하여 한 달 기한을 얻어, 낭군께서 이리 나오실 줄 미리 알고 오시기를 고대하고 있었사옵니다."

이때 달이 높고 은하수가 기울어 밤이 깊어 가고 있었다. 서로 이끌어 침석에 나아가니 마치 유완(劉阮)이 천태산(天台山)에서 선녀를 만나 인연을 맺음과 흡사하니 황홀하여 가히 형용할 수 없었다. 두 사람이 사랑

하는 정을 다 풀지 못하여 산새가 지저귀고 동방이 밝아오니 그 선녀가 일어나 양생에게 이르기를,

"오늘은 첩이 요지로 갈 기한이 다 된 날이니, 선관이 절월(節鉞)을 가지고 맞으러 올 터인데, 낭군이 먼저 가지 않으면 서로 큰 죄를 면치 못할 것입니다. 낭군이 만일 옛정을 잊지 아니하면 훗날 만날 기약이 있을 것이옵니다."

말을 마치고 비단 치마에 이별하는 글을 써 양생에게 주었다.

相逢花滿天　서로 만날 때는 꽃이 하늘에 가득하더니
相別花在水　서로 이별하니 꽃이 물에 떨어집니다.
春光如夢中　봄빛이 꿈 속 같으니
流水杳千里　흐르는 물은 천리처럼 아득하도다.

양생이 한삼 소매를 떼어 시를 써 주니,

天風吹玉佩　하늘 바람이 패옥에 부니
白雲何離離　흰 구름은 어찌 그리 흩어지는가.
巫山他夜雨　무산의 다른 날 밤비에
願濕襄王衣　양왕의 옷을 적시고자 하노라.

여인이 재삼 서둘러 가기를 당부하니, 서로 눈물을 뿌리고 산에서 내려와 뒤를 돌아 정자를 바라보니 새벽 구름이 만학(萬壑)에 자욱하니 요지에서 한바탕 꿈을 꾸다 깬 듯하였다.

양한림이 돌아온 후 생각하되, '선녀가 비록 기한이 다하여 천상으로 돌아간다고 하나 반드시 오늘 올라가는지 어찌 알리오. 내 잠깐 산중에 몸을 숨겼다가 선관이 선녀를 맞이하여 하늘로 올라가는 것을 보고 돌아와도 늦지 않으리라.' 하고 이날 밤이 새도록 잠을 이루지 못하고 일찍 일어나 다른 사람에게 말하지 않고 서동만 데리고 자각봉으로 향하였다. 선

녀를 만난 곳에 가니 도화(桃花)와 유수(流水)는 완연한데 빈 정자가 적막하여 사람의 자취는 없는지라, 종일토록 배회하다가 눈물을 뿌리고 돌아왔다.

수일 후 정십삼랑이 양생을 찾아와 이르기를,

"전날 집사람의 병으로 형과 함께 놀지 못하여 지금까지 한이 있는지라. 지금 비록 도화꽃이 떨어졌다고 하지만 성의 남쪽에 버드나무 그림자가 좋으니 형과 함께 가서 꾀꼬리 소리를 들으리라."

두 사람이 말을 나란히 하여 성을 나와 깊은 곳으로 들어가 풀을 깔고 앉아 술잔을 기울였다. 양생이 문득 눈을 들어 거친 언덕 위에 오래된 무덤을 보았다. 그 무덤은 반은 무너졌고 좌우에 꽃나무가 어지러이 심어져 있었다.

양생이 탄식하기를,

"인생은 한 번 죽어 저 땅으로 돌아가는 법이니, 살아 있을 때 어찌 취하지 않으리오."

정생이 말하기를,

"형은 저 무덤을 알지 못하느냐? 저 무덤은 장여랑(張女郎)의 무덤으로 살아 있을 때 용모가 절세하였지만 불행히도 이십 세에 죽으니, 그 뒤에 사람들이 슬퍼하여 이 땅에 묻고 꽃나무를 심었다 하오. 우리도 마땅히 술 한 잔을 부어 꽃다운 넋을 위로합시다."

양생은 본디 다정한 사람이라 정생을 데리고 무덤에 나아가 술을 뿌리고 외로운 넋을 위로하며 각각 시를 지어 읊었다. 홀연 정생이 무덤의 무너진 구멍에서 흰 비단 헝겊에 글이 쓰여 있어 그것을 읽으며 말하기를,

"어떤 부질없는 문인이 시를 지어 여랑의 무덤에 넣었는가?"

양생이 보니 자기가 한삼 소매를 떼어 써 준 글이니 놀라서 생각하기를, '원래 장여랑의 영혼이 선녀라고 속이고서 나와 만난 것이로구나.'

마음이 자못 편치 못하여 머리털이 곤두서되 다시 생각하기를,

"얼굴 고움이 저렇듯 아름답고 정이 많음이 저렇듯 많으니 신선과 귀신을 분변하여 무엇하리오."

정생이 잠깐 멀리 간 틈을 타 한 잔 술을 따라 다시 뿌리고 가만히 빌기를,

"유명(幽明)이 비록 다르나 정에는 아무런 틈이 없으니, 꽃다운 영혼은 나의 정성을 생각하여 오늘 밤에 서로 만나 봄을 원하노라."

빌기를 마치고 정생과 함께 돌아왔다.

이날 양한림이 화원에서 밤늦도록 선녀를 생각하며 잠을 이루지 못하였다. 나무 그림자가 창에 가득하고 달빛이 몽롱한 가운데 사람의 발자취 소리가 나서 창을 열어 보니, 수풀 사이에 한 고운 계집이 담장소복(淡粧素服)으로 달빛 아래에 서 있어 자세히 보니 자각봉에서 만난 그 선녀였다.

정을 이기지 못하여 나아가 손을 이끌어 함께 방에 들어감을 청하자 그 미인이 사양하며 말하기를,

"첩의 근본을 낭군이 이미 아셨으니 꺼리는 마음이 없지 않을 것이옵니다. 첩이 처음으로 낭군을 만났을 때 마땅히 바른대로 말씀드리고자 하였으나 낭군이 두려워할까 염려하여 거짓으로 신선이라 하여 하룻밤 침석을 모시니, 첩의 영화가 극진하고 마른 뼈가 썩지 않은 것 같습니다. 오늘 낭군이 첩의 무덤에 술을 뿌려 외로운 넋을 위로하니 첩이 감격함을 이기지 못하여 한번 얼굴을 대하여 사례하고자 온 것이옵니다. 어찌 감히 썩은 몸으로 군자를 가까이 모시리오? 한번으로도 이미 심한데 어찌 감히 가까이 모시리오?"

생이 말하기를,

"귀신을 싫어하는 자는 세속의 어리석은 사람이라. 사람이 귀신 되고 귀신이 사람 되니 피차 어찌 분변하리오. 나의 정이 이렇듯 하거늘 그대는 나를 차마 어찌 버리리오."

"낭군이 첩의 눈썹이 푸르고 빰이 붉은 모습을 보고 사랑하는 마음을 나타내나 이 다 거짓으로 꾸며 산 사람과 서로 만나려 함이옵니다. 낭군이 첩의 참모습을 보고자 하신다면 백골 두어 조각에 푸른 이끼 끼어 있을 따름입니다. 차마 어찌 귀하신 몸에 가까이 하시려 하나이까?"

양생이 대답하기를,

"부처의 말씀에 '사람의 몸은 떨어지는 풍화(風火)로 헛되이 만든 것이라.' 하니 누가 참이며 누가 거짓인 줄을 알리오?"

여자를 이끌어 침석에 나아가 밤을 함께 보내니 정의 애틋함이 전날보다 더하였다.

양생이 말하기를,

"이제부터 밤마다 올 수 있겠느냐?"

여자가 대답하기를,

"귀신과 사람이 서로 접할 수 있는 것은 오직 정성으로만 가능하니 낭군이 이렇듯 첩을 생각하시니 첩이 어찌 낭군께 의탁하지 않겠습니까?"

이윽고 새벽 북소리가 들리자 몸을 일으켜 천연히 꽃 수풀 깊은 곳으로 사라졌다.

제6회

가춘운(賈春雲)이 거짓으로 신선도 되고 귀신도 되며
적경홍(狄驚鴻)이 잠시 여자도 되고 남자도 되다

양생이 신녀(神女)를 만난 후로는 붕우를 찾지도 않고 고요히 홀로 화원에서 마음을 온전히 하여 신녀를 다시 만나기만을 원하였다. 하루는 화원 문 밖에서 말발굽 소리가 나며 두 사람이 들어오는데 앞에 선 사람은 정십삼랑이니, 뒤에 오는 사람을 인도하여 양생에게 뵈고 말하길.

"이 사부는 태극궁(太極宮) 두진인(杜眞人)인데, 상 보는 법이 옛날 원천강(袁天綱)이나 이순풍(李淳風)과 같은 사람이라. 양형의 관상을 보이고자 데려왔노라."

양생이 진인을 대하여 말하기를,

"높은 이름을 들은 지 오래 되었으나 인연이 없어 만남이 늦었습니다. 선생이 정형의 상을 자세히 보았을 것이니 과연 어떠하더이까?"

정생이 대신 대답하기를,

"선생이 소제를 보고 말하기를, '삼 년 안에 과거에 급제하고 장차 여덟 고을의 자사를 지내고 두루 돌아다니리라.' 하니 소제는 만족한지라. 이 선생이 일찍 틀린 적이 없으니 시험하여 물어보시구려."

양생이 묻기를,

"군자는 복을 묻지 않고 재앙을 묻는다 하니 선생은 바른대로 말해 주시오."

진인이 오랫동안 양생의 얼굴을 보다가 이르기를,

"양한림의 두 눈썹이 빼어나고 봉(鳳)의 눈이 귀밑을 향하였으니 반드시 벼슬이 삼정승에 오를 것이요, 귓불이 진주 같고 얼굴빛이 희기가 분칠한 듯하니 이름이 천하에 진동할 것이요, 권골(權骨)이 얼굴에 가득하니 병권을 잡아 위엄이 사이(四夷)를 진정하고 만 리에 봉후(封侯)를 할 것이니 무슨 일이든 실패가 없겠사옵니다. 비록 그러나 목전에 횡사할 액이 있으니 오늘 나를 만나지 못하셨다면 위태로울 뻔했습니다."

양생이 말하기를,

"사람의 길흉화복은 각각 제가 스스로 행하는 바를 좇는 법이나 오직 질병은 피하기 어려운 바이니 무슨 중병으로 죽을 징조가 있소?"

진인이 대답하기를,

"이는 심상치 않은 재액이오. 푸른 빛이 천정(天庭)을 꿰뚫었고 간사한 기운이 명당(明堂)을 침노하였으니, 상공 댁에 혹시 내력이 심상치 못한 시비(侍婢)를 두셨습니까?"

양생이 속으로 장여랑의 일을 말하는 것인 줄 알았으나, 그녀와의 정이 앞을 가리어 조금도 놀라거나 두려워하지 않고 태연히 답하였다.

"그러한 일은 없소."

진인이 묻기를,

"그러하면 옛 신묘(神廟)에 들어가 감동함이 있거나 혹은 몽중에 귀신과 함께 서로 만남이 있습니까?"

생이 태연히 말하기를,

"역시 그런 일도 없었소."

정생이 참견하여 말하기를,

"두선생의 말씀에는 틀림이 없으니 양형은 자세히 생각해 보도록 하시오."

양생이 대답하지 않으므로 진인이 말하기를,

"사람은 양명(陽明)으로 몸이 되었고 귀신은 유음(幽陰)으로 기운이 이루어졌으니 불과 물이 서로 용납하지 못함과 같은지라. 내 이제 상공의 얼굴을 보니 계집 귀신이 상공의 몸에 들었으니 삼일 후에 병이 골수(骨髓)에 박히면 구하지 못할 것이니 그때에 가서 제가 일러주지 않았다고 원망하지 마시오."

양생이 생각하되, '장여랑이 나와 함께 은정이 깊으니 진인의 말이 신기하기는 하나 장여랑이 어찌 나를 해칠 것인가. 초(楚) 양왕(襄王)이 신녀를 만나고 노충(盧充)이 귀신의 부인에게서 자식을 낳았으니 어찌 재화(災禍)가 있겠는가?"

진인에게 이르기를,

"사람의 사생화복(死生禍福)은 태어날 때부터 하늘이 정한 것이거늘, 만일 내가 장상(將相) 봉후(封侯)할 상이면 귀신이 감히 어찌 나를 범하겠소?"

진인이 얼굴색이 변하여 말하기를,

“이는 이제 내가 상관할 바 아니오.”

하고 소매를 떨치고 가니 양한림도 또한 만류치 아니하였다. 진인이 돌아간 후 정생이 이르기를,

“양형은 본디 길하고 귀격달상(貴格達相)이라. 필연 하늘이 도울 것이니 어찌 귀신을 두려워하리오? 술객(術客)들은 가끔 거짓말하여 사람을 속이니 가증한 노릇이오.”

하고 술을 내어 저물도록 먹고 양생이 취한 후 서로 헤어졌다.

이날 밤에 양생이 방안에 향을 피우고 장여랑이 오기를 기다리나 밤이 깊도록 종적이 없는지라. 오지 않는 것으로 생각하고 침상에 나아가 자려는데 갑자기 창 밖에서 장여랑의 우는 소리가 들렸다.

“낭군이 요괴로운 도사의 부적을 머리 위에 감추었으니 첩이 어찌 가까이 하리오. 이것이 낭군의 뜻이 아닌 것을 첩이 알긴 하오나 이 또한 인연이 끝났다는 뜻일 것입니다. 낭군은 몸을 보중하소서. 이제 다시는 못 볼 듯싶습니다.”

양생이 놀라 일어나 지게문을 열고 보니 간 곳이 없더라. 양생이 크게 이상하여 제 머리를 만져 보니 상투 사이에 넣은 것이 있거늘 내어 보니 주사(呪詞)로 쓴 부적이 있으니 크게 노하여,

“요사스러운 사람이 내 일을 그르쳤도다.”

부적을 찢어 버리고 한스러워 하다가 다시 생각하되,

“어제 정십삼랑이 술을 자주 권하여 내가 취하였으니 필연 십삼랑의 짓이라. 제 비록 나쁜 뜻은 아니었으나 나의 좋은 인연을 끊어지게 하였으니 내 반드시 설욕하리라.”

하고 날이 밝기를 기다려 십삼랑에게 가 보니 나가고 없어서 삼일을 계속해서 찾아갔으나 만나지 못하였다. 장여랑의 소식은 더욱 묘연하여 양생은 분하고 그리워하여 침식을 폐하였다. 정사도와 부인이 중당에 술과 안

주를 갖추어 양생을 청하고서 정사도가 말하기를,

"양랑의 얼굴이 어찌 이리도 초췌한가?"

양생이 대답하되,

"십삼형과 함께 술을 과음하여 그런 것 같나이다."

이때 정십삼랑이 밖에서 들어오니 양생이 노한 눈으로 쳐다보고 말을 걸지 않았다.

부인이 양생에게 묻기를,

"양랑이 어떤 여자와 화원에서 말하더라 하니 이 말이 맞느냐?"

양생이 대답하기를,

"화원에 어떤 여자가 들어오겠습니까? 그 말을 전한 자가 잘못 본 것입니다."

정생이 말하기를,

"형은 구태여 은휘하지 말라. 형이 두진인의 말을 거역하여 거동이 수상하여 내가 진인의 부적을 형의 상투에 감추고 밤에 화원 수풀에 숨어서 엿보니 한 귀신이 형의 창밖에 가 울며 하직하고 사라지더이다. 형이 내게 사례를 않고 노여움을 품고 있음은 어찌된 일이오?"

양생이 감추기 어려운 줄을 알고 정사도를 향하여 말하기를,

"이 일이 진실로 기이하니 장인께 모두 사뢰겠습니다."

하고 여랑과의 전후 사실을 낱낱이 아뢰고 말하였다.

"십삼형이 나를 위하여 한 일인 줄을 알겠사옵니다. 그러나 장여랑이 비록 귀신이지만 유순하고 정이 많으니 사람을 해칠 리 없거늘 정형이 요사스러운 부적으로 여랑이 오지 못하게 하니 실로 한하는 마음이 없지 않사옵니다."

사도가 크게 웃으며 말하기를,

"양랑의 풍채는 송옥(宋玉)과 흡사하니 반드시 「신녀부(神女賦)」를 지었으리라. 노부가 젊었을 때에 우연히 이인(異人)을 만나 소옹(小翁)의 도

술을 배워 귀신을 부를 수 있으니 이제 양랑을 위하여 장여랑의 영혼을 불러들여 나의 조카 십삼랑의 죄를 없이 하려고 하니 그대의 생각은 어떠한가?"

양생이 대답하기를,

"장인어른께서 저를 희롱하시는 것입니까? 어찌 그러한 일이 있을 수 있사옵니까?"

정사도가 말하기를,

"이것을 보게."

하고 부채로 병풍을 한번 치며 부르기를,

"장여랑은 어디 있느냐?"

홀연히 한 여인이 병풍 뒤에서 웃음을 머금고 표연히 나와 부인 뒤에 서니 양생이 눈을 들어보니 분명히 장여랑이었다. 눈을 높이 뜨고 정사도와 정생을 물끄러미 바라보며 묻기를,

"사람이냐, 귀신이냐? 어찌 귀신이 대낮에 보이느냐?"

사도와 부인이 웃음을 참지 못하고, 정생은 웃다가 쓰러져 제대로 일어나지도 못하였다.

사도가 말하기를,

"이제야 노부가 사실을 말하겠네. 이 여자는 신선도 아니요 귀신도 아니요, 내 집에서 기른 가씨 여자니 이름은 춘운이라. 근래에 양랑이 노부의 화원에서 심히 적막하겠기에 내가 이 아이로 하여금 모시게 한 것이네. 이는 본래 우리 부부의 좋은 뜻이었는데, 젊은 것들이 중간에서 속임수로 그대를 희롱하여 양랑의 마음을 힘들게 하였도다."

정생이 대소하고 이르기를,

"미인을 두 번이나 만난 것은 다 소제가 중매한 힘이거늘 중매에 사례하지 아니하고 도리어 원수같이 여기니 형은 참으로 어리석은 사람이로다."

양생도 크게 웃으며 이르기를,

“장인께서 내게 보내시는 것을 정형이 중간에서 조롱하였거늘 무슨 공이 있다 하느냐?”

정생이 대답하기를,

“내 실로 양생을 조롱을 하였으나 그 계책을 꾸며 지시한 사람은 따로 있으니 어찌 내 죄라 하겠소?”

양생이 정사도를 향하여 이르기를,

“원래 장인어른께서 시키심이리이다.”

정사도가 웃으며 말하기를,

“내 머리털이 이미 누를 만큼 나이가 들었으니 어찌 아이 적 유희를 즐기리오. 양랑이 짐작하여 추측하게.”

양생이 정생에게 묻되,

“형이 아니면 또 누가 소제를 속이리오?”

정생이 대답하기를,

“성인의 말씀에, ‘너에게서 나간 것은 너에게로 돌아온다.’ 하셨으니, 양형은 스스로 깊이 생각해 보시구려. 일찍이 어떤 사람을 속였는가? 남자가 변하여 여자가 될 수 있다면 사람이 변하여 귀신이 되는 것이 어찌 괴이하다 하겠소?”

양생이 황연히 깨달아 옳다 하고 부인에게 말하기를,

“제가 따님에게 죄를 지은 일이 있더니, 아주 작은 원망을 잊지 않은 것이로군요.”

정사도와 부인이 웃을 따름이었다.

양생이 춘운을 돌아보며 이르기를,

“춘랑이 실로 혜힐하나 사람을 섬기고자 하면서 먼저 그 사람을 속이는 것이 어찌 부녀자의 도리라 하겠느냐?”

춘운이 꿇어앉아 대답하되,

“첩은 다만 장군의 호령만 들었을 뿐, 천자의 조서(詔書)를 듣지 못하였나이다.”

양생이 춘운의 말에 탄복하여 말하였다.

“옛 신녀는 아침에 구름이 되고 저녁에 비가 되었더니 춘랑은 아침에 신선이 되고 저녁에 귀신이 되니 족히 대적하리로다. 내 들으니 강한 장수에 약한 군사 없다 하였으니 그의 비장(裨將)이 이와 같으니 대장을 보지 아니하여도 알겠구나.”

이날 제인이 크게 즐겨 종일토록 취하니 춘운이 신인으로 말석에 참여하였다가 날이 저물자 초롱을 들고 양생을 모셔 화원으로 돌아갔다.

양한림이 조정에 여가를 내어 모친을 데려오려 하더니, 때마침 나라에 일이 많이 일어났다. 토번(吐蕃) 오랑캐가 자주 변방을 노략하고 하북 지방의 세 절도사가 스스로 연왕(燕王)과 위왕(魏王)과 조왕(趙王)이라 칭하고 조정을 배반하니, 천자께서 근심하시고 백관을 모아 삼진(三鎭) 정벌을 의논하나 뜰에 가득한 여러 신하가 의견을 정하지 못하고 모책이 없더니 한림학사 양소유가 말하기를,

“마땅히 조서를 내려 한(漢) 무제(武帝)가 남월(南越)의 항복을 받아내신 것처럼 타이르시고, 항복하지 아니하거든 군사를 내어 쳐야 될 것입니다.”

천자가 그 말이 옳다 하시고 양한림으로 하여금 조서를 쓰게 하니 가뭄에 샘물이 솟는 듯 붓을 휘두르는 모습이 바람 같아 일시에 조서를 향안(香案) 위에 올리니 황제가 크게 기뻐하며 말하기를,

“이 조서에 은혜와 위엄이 병행되어 있어 왕언(王言)의 체(體)를 얻었으니 미친 도적이 필연 굴복하리로다.”

조서를 제도(諸道)에 내리시니, 오래지 않아 조나라와 위나라는 크게 두려워 항복하여 왕호(王號)를 버리고 표(表)를 올려 사죄하고 비단 일만 필과 말 일천 필을 조공으로 바쳤으나, 오직 연왕만은 땅이 멀고 군사가

강함을 믿고 항복하지 않았다.

상이 양한림을 불러 포장(褒奬)하여 말하기를,

“하북 세 진(鎭)이 조정을 순종하지 않은 지 어언 백 년이 되었다. 덕종 황제께서 십만 대군을 일으키시어 정벌하였으나 능히 그 강함을 꺾지 못하였는데, 경이 한 장 글로써 두 진(鎭)의 항복을 받았으니 십만 대군보다 낫다고 할 수 있도다.”

비단 삼천 필과 말 오십 필을 상으로 주시고 벼슬을 돋우고자 하시거늘 양한림이 사양하며 가로되,

“연국(燕國)이 아직 복종하지 않았는데 신이 무슨 공으로 벼슬을 올리라는 명을 따르오리까? 원컨대 한 무리의 군사를 얻어 항진(行陣)에 나아가 죽기로써 힘써 나라의 은혜를 갚고자 하나이다.”

상이 그 뜻을 장하게 여기시어 대신들에게 물으시고 군대를 주시려고 하시는데 모든 신하가 사뢰되,

“마땅히 양소유를 연국으로 보내 이해(利害)로써 개유하다가 항복하지 않으면 뒤이어 군사로 치는 것이 좋을 줄로 아뢰옵니다.”

상이 옳게 여기어 양소유에게 절월(節鉞)을 내리시어 연국에 나아가라 하셨다.

양한림이 물러 와 정사도를 뵈니 정사도가 말하기를,

“번진(藩鎭)이 교만하여 조정을 거역한 것이 오래되었습니다. 양랑이 일개 서생으로 위험한 땅에 들어가니 만일 뜻하지 않은 변이 생기면 어찌 이 늙은 것의 근심만이 되리오. 내 비록 조정 의론에 참여치 아니하였으나 상소를 올려 간쟁코자 하노라.”

양생이 말려 말하기를,

“장인께서는 염려 마소서. 번진이 작난(作亂)함은 조정의 정사가 잠시 어지러운 때를 틈타 방자함이라. 이제 천자께서 진무(鎭撫)하시고 조정이 청명하여 조·위 두 나라가 이미 귀순하였으니 외로운 연나라가 무슨 일

을 일으키겠습니까? 소자가 이제 행하여 결단코 나라를 욕되지 않게 하겠나이다."

그날로 치행(治行)하여 떠나니, 춘운이 한림의 옷을 잡고 울며 가로되,

"상공께서 한림원에 입직하실 때 첩이 일찍 일어나 침구를 싸 놓고 관대를 받들어 상공에게 입혀드리면 첩을 자주 돌아보아 사랑하는 뜻이 계시더니 이제 만 리 이별을 당하여 어찌 한마디 말씀이 없사옵니까?"

생이 크게 웃으며 춘운에게 이르기를,

"대장부가 나라 일을 당하여 어찌 구구한 사정을 돌아보리오. 춘랑은 부질없이 슬퍼하여 꽃 같은 얼굴을 상치 말고 삼가 소저를 받들어 내가 공을 이룬 후에 말만한 황금인(黃金印)을 차고 오는 모습을 보도록 하여라."

한림이 여러 날 행하여 낙양에 이르니, 생이 십육 세 서생으로 베옷과 전나귀로 초라하게 이 땅을 지나갔는데 일 년 사이에 옥절(玉節)을 잡고 사마(駟馬)를 몰아 이르게 되었다. 낙양의 현령(縣令)이 나와 분주히 길을 닦고 하남(河南) 부윤(府尹)은 길을 인도하니 광채가 온 길에 비쳐 구경하는 사람들이 신선 같이 여기었다. 한림이 먼저 서동을 시켜 섬월의 소식을 찾으니, 그 집 문을 잠근 지 오래 되었다며 마을 사람이 이르기를,

"섬랑이 지난 봄에 먼 곳의 한 상공이 자고 간 후에 병들었다 핑계하고 손님 대접을 사절하며 관가의 잔치에서도 여러 번 부르나 가지 않고 거짓 미친 체하고 도사의 의복을 입고 정처 없이 다니니 있는 곳을 알지 못하옵니다."

하거늘, 서동이 이렇게 전하니 한림이 슬퍼하기를 마지아니하고 이날 객관에서 잤다. 부윤이 창녀 십여 인을 택하여 주옥(珠玉)으로 장식하여 한림을 모시게 하니 그 중에 옛날 천진 주루에서 보던 자도 있었으나, 한림이 돌아보지 않고 서둘러 행하였다. 한림이 떠남에 앞서 벽상에 한 수 시를 쓰니,

雨過天津柳色新　비가 천진을 지나가 버들 꽃이 새로우니
風光宛似去年春　풍광이 완연히 지난해의 봄 같도다.
可憐驅馬歸來地　가련하도다. 네 말로 돌아온 땅에
不見當樓如玉人　주루(酒樓)의 옥 같은 사람을 보지 못하는구나.

한림이 붓을 던지고 수레에 올라 떠나니 모든 창기가 다만 부끄러워하였다. 기생들이 그 글을 베껴 부윤에게 보이니 부윤이 황공해하였다. 이에 부윤이 여러 기생들에게 물어 한림이 마음에 둔 여자를 알고 방을 붙여 섬랑을 찾아 한림이 돌아 올 때에 섬랑을 대령하려고 하였다.

한림이 연나라에 이르니, 먼 땅 사람들이 일찍 이러한 풍채를 보지 못하여서 지나는 곳마다 수레를 둘러싸고 길이 막혀 위풍이 진동하였다. 한림이 연왕을 만나 대당(大唐) 위덕(威德)으로 드러내고 이해(利害)로 개유하니 말이 도도하고 물결을 치는 듯하여 연왕이 기운을 꺾고 마음에 항복하여 즉시 황제에게 표문(表文)을 올리고 연나라의 왕호를 없애고 귀순하기를 청하였다. 연왕이 따로 군중에 잔치를 베풀고 떠나는 한림을 전송하며 위로의 뜻으로 황금 천 냥과 병마 십 필을 선물로 주었다. 한림이 받지 않고 연나라 땅을 떠나 십여 일을 행하여 한단(邯鄲) 땅에 이르렀다. 한 소년이 말을 타고 가다가 사행(使行)이 뒤에 옴을 보고 말에서 내려 길가에 내려섰다. 한림이 멀리서 보고 이르되,

"저 말이 필연 준마로구나."

하더니 가까이 다가가서 소년을 보니 용모의 빼어남이 옥 같으며 꽃 같아 위개(衛玠)와 반악(潘岳)이라도 미치지 못할 듯하였다.

한림이 생각하되, '내가 낙양(洛陽)과 장안(長安)을 두루 다녔으나 이런 미소년을 보지 못하였으니 필연 재주 있는 사람일 것이다.' 하고 시종에게 분부하여 소년을 청하여 앞길로 오라 하였다. 한림이 역관(驛館)에 이르니 소년이 와서 뵈니 크게 기뻐하여 묻되,

"내가 길에서 우연히 반악(潘岳)과 같은 풍채를 보고 사랑하여 일부러

사람을 보내어 청했으나 혹시 돌아보지 아닐까 염려하였는데, 저버리지 아니하니 그 다행함을 어찌 다 이르리오. 원컨대 그대의 성명을 알고 싶소.”

소년이 대답하기를,

“소생은 북방 사람으로 성은 적(狄)이요 이름은 백란(伯鸞)이라 합니다. 궁벽한 시골에서 자라나 스승과 벗이 없어 학문과 무예를 다 이루지 못하였으나, 그래도 한 조각 정성된 마음이 있으니 지기(知己)를 위하여 죽고자 하는 것이옵니다. 이제 상공께서 하북을 지나치실 때, 위엄이 뇌정(雷霆) 같고 은혜가 양춘(陽春) 같아 스스로 재주 없는 줄은 알지만 문하에 의탁하여 식객(食客)의 숫자를 채워 보려 하였습니다. 그런데 상공께서 먼저 굽어 살펴 저를 부르시니 황공함을 이기지 못하겠나이다.”

한림이 매우 기뻐하며 이르기를,

“같은 소리는 서로 응하고 같은 기운은 서로 합친다 하였으니 크게 기뻐할 일이로다.”

이후는 적생으로 더불어 고삐를 나란히 하여 함께 행하니 낙양 길이 멀지만 힘든 줄을 잊고 어느덧 낙양에 도착하였다. 양한림이 천진 주루를 지날 때, 옛일을 생각하고 정을 이기지 못하여 슬퍼하고 있는데, 한 여자가 누상의 주렴을 걷으며 난간에 기대어 바라보니, 한림이 자세히 보니 이는 곧 섬월이었다. 양한림이 말을 잇지 못하고 반겨 객관에 가니 섬월이 이미 기다리고 있었다. 섬월이 슬프고도 기쁜 마음을 한림에게 이르되,

“상공께서 떠나가신 이후에 공자왕손(公子王孫)과 태수현령(太守縣令)의 잔치에 동으로 보채이고 서로 거역하여 근심을 많이 만나고 욕을 적지 않게 받아, 머리털을 베고 악질(惡疾)을 핑계 삼아 겨우 잔치에 끌려가지 않았습니다. 성중을 피하여 산 속에 숨어 있는데 전일 상공이 이 땅을 지나시면서 첩을 생각하는 글을 지으셨다고 현령께서 친히 집에 찾아와 전해주어 첩의 몸이 비로소 상공께 소중한 줄을 깨달았습니다. 천진 누상에서 상공의 행차를 기다리니 어느 사람이 계섬월의 팔자를 부러워하지 않

겠나이까? 첩이 상공이 장원급제하여 한림학사가 되신 줄은 즉시 알았거니와 부인을 얻으셨나이까?"

한림이 정소저와 정혼한 사실을 이르고 말하기를,

"비록 성례는 아니하였지만, 소저의 재모는 진실로 섬랑의 말과 같으니 좋은 중매의 은혜를 어찌 다 갚으리오."

이날 섬월과 함께 옛 정을 이으니 한림이 차마 떠나지 못하고 하루 이틀을 더 머물렀다. 한림이 섬랑과 함께 지내느라 적생을 보지 못했는데 서동이 가만히 한림에게 이르기를,

"적생은 어진 사람이 아니온 듯싶습니다. 소인이 우연히 보니 섬낭자로 더불어 남이 보지 못하는 곳에서 서로 희롱하고 있습니다. 섬낭자가 상공을 따르고 나서는 전일과 다른 것인데 저가 어찌 감히 무례할 수 있습니까?"

한림이 이르기를,

"적생은 그렇지 않을 것이오. 섬랑은 더욱 의심할 사람이 아니니 네가 잘못 본 듯하구나."

서동이 불평하며 돌아가더니 오래지 않아서 서동이 다시 와 말하기를,

"상공께서 소인에게 거짓말을 한다고 하시나, 두 사람이 희롱하는 것을 친히 보시면 아실 것입니다."

한림이 서동을 따라 객관의 서쪽 행랑을 가 보니 두 사람이 낮은 담을 사이에 두고 서 있는데 웃고 말하며 혹은 손을 잡고 희롱하고 있었다. 한림이 가까이 다가가 그들이 하는 말을 들어볼까 하였는데 신 끄는 소리에 적생은 놀라 달아나고 섬월은 한림을 보고 부끄러운 얼굴빛을 보였다. 한림이 묻되,

"예전부터 적생과 아는 사이였느냐?"

섬월이 대답하기를,

"예전부터 친하기 때문에 소식을 물었나이다. 첩이 창루의 천한 창기라

남녀가 함께 있는 것을 부끄러워할 줄을 몰라 손을 이끌고 말로 희롱하여 상공의 의심을 사니 첩의 죄 일만 번 죽음직 하나이다."

한림이 말하기를,

"내 마음에는 자네를 의심함이 없으니 조금도 꺼리지 말도록 하게."

하고 인하여 생각하되, '적생은 젊어서 조금 전의 일로 나를 보기를 어려워 할 것이니 불러서 위로하는 것이 마땅할 것이다.' 하고 동자를 시켜 불러 오라 하였으나 이미 간 곳이 없었다.

한림이 크게 후회하며,

"옛날 초(楚) 장왕(莊王)은 갓끈을 끊어 신하의 죄를 감추어 주었거늘, 나는 애매한 일을 살피다가 아름다운 선비를 잃었으니 스스로 자책한들 무엇하겠는가?"

그날 밤에 섬랑으로 더불어 촛불 아래에서 옛일을 말하며 여러 술잔을 기울인 후 촛불을 끄고 침석에 나아가니 그 은정이 더욱 애틋하였다. 아침 해가 동창에 비친 후 한림이 머리를 들어보니 섬랑이 먼저 일어나 거울을 대하여 지분을 바르고 있었다. 그런데 일어나 자세히 보니 푸른 눈썹과 맑은 눈, 구름 같은 귀밑머리와 꽃 같은 보조개, 가는 허리와 약한 태도는 섬랑과 같으나 섬랑은 아니었다. 한림이 크게 놀라 어떻게 된 일인지 알 수 없었다.

제7회

금란직(金鑾直) 학사(學士)가 옥퉁소를 불고
봉래전(蓬來殿) 궁녀(宮女)가 아름다운 시를 빌다

한림이 급히 묻기를,

"미인은 어떤 사람인가?"

미인이 대답하기를,

"첩은 패주(貝州) 사람으로 이름은 적경홍(狄驚鴻)이라 하옵니다. 본래 섬랑과 의형제를 맺었는데 어젯밤에 섬랑이 마침 병이 있어 상공을 모시지 못하겠으니 첩에게 대신 모셔 상공에게 죄를 얻지 말게 해 달라 하기에 섬랑의 말에 속아 상공을 모셨사옵니다."

홀연 섬랑이 문을 열고 들어와 한림에게 이르기를,

"상공께서 새 사람을 얻으심을 하례하나이다. 첩이 일찍이 하북 땅 적경홍을 천거한 적이 있었는데 첩의 말이 어떠합니까?"

한림이 대답하기를,

"얼굴을 보니 이름 듣던 것보다 훨씬 낫도다."

하고는 문득 경홍의 얼굴이 적생의 얼굴과 같음을 깨닫고,

"원래 적생이 홍랑의 오라비인가? 내 어제 적생에게 득죄함이 많으니 그가 지금 어디 있느냐?"

경홍이 대답하기를,

"첩은 본래 형제가 없사옵니다."

한림이 다시 홍랑을 보고 황연히 깨달아 크게 웃으며 말하기를,

"한단 길에서 나를 쫓아온 자가 본래 홍랑이요, 서쪽 모퉁이에서 섬랑과 더불어 희롱하던 자도 또한 홍랑이로구나. 자네가 남복으로 나를 속인 것은 무슨 까닭인가?"

홍랑이 대답하기를,

"천첩이 감히 상공을 속이려 하였겠사옵니까? 첩이 비록 누추하나 항상 군자를 따르고자 소망하고 있었는데, 연왕이 첩의 이름을 듣고 명주 한 섬으로 첩을 사서 궁중에 들였사옵니다. 비록 입으로 진미를 먹고 몸에 금의(錦衣)를 입었으나 첩이 원하는 바가 아니므로 외로운 새가 새장 안에 갇힌 것 같았습니다. 전일 연왕이 상공을 청하여 궁중에서 잔치할 때 첩이 우연히 엿보니 상공께서 제가 평생 소원하던 분이었나이다. 상공

이 연나라를 떠나신 후에 그곳에서 즉시 도망하였으나 연왕이 그것을 알고 뒤쫓을까 두려워 십 일을 기다려 연왕의 천리마를 훔쳐 이틀 만에 한단에 다다랐습니다. 즉시 상공께 실상을 아뢰고자 하였는데 도로에 번거로워 미처 고하지 못하였나이다. 이 땅에 이르러 한(漢)나라의 당희(唐姬)의 옛일을 본받은 것은 상공의 한번 웃으심을 돕고자 한 것입니다. 이제는 첩의 소원을 이뤘으니 당당히 섬랑으로 더불어 상공께서 부인을 맞으신 후에 댁에 나아가 하례하겠나이다."

한림이 칭찬하기를,

"홍랑의 높은 뜻은 양월공(楊越公)의 홍불기(紅拂妓)라도 따르지 못하리라. 다만 내가 이위공(李衛公)과 같은 재주가 없음이 부끄러울 따름이다."

이날 두 여인과 더불어 밤을 지내고 다음날 아침에 떠날 때, 두 여인에게 이르기를,

"먼 길이 불편하여 수레를 타고 함께 가지 못하니 내가 혼례를 치르면 곧 맞으러 오겠노라."

하고 경사로 향했다.

양한림이 경사에 도착하니 연나라의 표문(表文)과 조정에 진공(進貢)하는 금은 채단이 마침 당도하였다. 천자는 양한림의 공을 표창하여 장차 후(侯)에 봉하려 하시나, 한림이 힘써 사양하니 예부상서(禮部尙書) 겸 한림학사를 삼으시고 상을 후하게 내리셨다.

상이 한림원의 문학을 중히 생각하여 불시에 인견하여 경사(經史)를 토론하시니 양한림이 한림원에 숙직하는 날이 많았다. 하루는 양한림이 야대(夜對)를 파하고 돌아오니 밝은 달이 금원(禁苑)에 떠오르고 신선의 누국(漏局)이 정히 침침하였다. 양상서가 높은 누각에 올라 난간에 기대어 월색을 바라보고 있는데 문득 바람결에 얼핏 퉁소 소리가 들려 귀를 기울여 자세히 들어보니 희미하여 곡조를 분변하지 못하였다.

상서가 관리를 불러 술을 따르라 하고 벽옥 퉁소를 내어 두어 곡조를 연주하니 그 소리가 맑아 높은 하늘에 올라 난봉(鸞鳳)이 우는 것 같았다. 청학 한 쌍이 대궐 안으로 날아들더니 배회하며 춤추니 모든 관리들이 말하기를, '왕자 진(王子 晉)이 인간에 내려온 것이다.' 하였다. 원래 양상서가 분 퉁소 소리는 범상한 사람이 연주하던 곡조가 아니었다.

황후에게는 두 아들과 딸이 한 명 있었는데, 황상(皇上)과 월왕(越王)과 난양공주(蘭楊公主)였다. 난양공주가 탄생할 때, 태후가 꿈에 신선의 꽃과 붉은 진주를 보았다. 훗날 공주가 자라면서 용모 기질이 완연히 신선 같아 한 치도 세속의 모습이 없고 문장과 하는 일이 모두 뛰어났다. 한번은 기이한 일이 있었는데, 측천황후(則天皇后) 시절에 서역(西域) 대진국(大秦國)에서 백옥 퉁소를 조공으로 바쳤는데 모양이 극히 절묘하였으나 아무도 그것을 불 수 없었다. 그런데 난양공주가 꿈에서 선녀를 만나 곡조를 배우니 세상 사람은 그 곡조를 아는 사람이 없었다. 난양공주가 퉁소를 불 때면 모든 학이 내려와 춤을 추니 태후와 상이 기이히 여겨 진(秦) 목공(穆公)의 딸 농옥(弄玉)의 일을 생각하여 부디 소사(簫史) 같은 부마를 얻기를 원했다.

이런 까닭으로 난양공주가 이미 장성하였으나 부마를 간택한 곳이 없었다. 이날 밤 우연히 난양공주가 월하에서 퉁소를 부니 청학 한 쌍이 날아와 춤을 추었는데 곡조를 그치자 그 학이 한림원을 향해 날아갔다. 궁중 안 사람들이 양상서가 퉁소를 불어 선학을 내리게 하였다고 하니, 천자가 이 말을 들으시고 공주의 인연이 양상서에게 있다고 생각하였다.

천자가 태후께 뵙고 말씀드리기를,

"양소유의 나이가 공주와 맞고, 문채와 풍류가 조신 중에 제일이옵니다. 천하를 찾아봐도 양소유보다 나은 사람이 없을 것이옵니다."

태후가 웃고 이르시기를,

"소아의 혼사를 정한 데가 없어 항상 염려하였는데, 이제 그 말씀을 들으니 양상서가 하늘이 정하신 배필인 듯하오."

소화(簫和)는 난양공주의 이름이니, 백옥 퉁소에 '소화' 두 자를 새겼으므로 이름을 그렇게 지은 것이었다.

태후가 말하기를,

"양상서는 반드시 풍류재사이니 그 얼굴을 보고 정하고자 하노라."

상이 대답하시기를,

"이는 어렵지 않은 일이옵니다. 후일에 양소유를 별전으로 인견하여 조용히 문장을 강론하겠사오니 낭랑은 주렴 안에서 그 사람됨을 보소서."

태후가 말하기를,

"그렇게 하는 것이 좋겠도다."

천자가 봉래전(蓬萊殿)에 앉으시고 내시를 보내어 양상서를 부르셨다. 내시가 한림원에 가서 물으니 일이 끝나 집에 돌아갔다 하여 정사도 집에 가 물어보았으나 아직 돌아오지 않았다 하였다.

그때에 양상서는 정십삼랑과 더불어 장안 주루에서 술 먹으며 이름난 명기 주랑(珠娘)과 옥노(玉奴)에게 노래를 부르게 하고 있었다. 내시가 명패를 가지고 불의에 들어오니 정십삼랑은 놀라 달아나고 양상서는 취한 눈을 몽롱히 뜨고 천천히 일어나 기생들의 부축을 받아 관대를 입고 내시를 따라갔다.

양상서가 천자를 찾아 뵈니 천자가 자리를 준비해 주었다. 그리고 조용히 역대 제왕의 치란 흥망을 논의하니 상서가 일일이 옛일을 인증하여 밝게 아뢰니 천자가 크게 즐거워하시며 다시 묻기를,

"시를 짓는 것이 제왕의 일이 아니라 할지라도 우리 조종(祖宗)에서는 진작부터 이 일에 마음을 써왔다. 선왕들께서 지으신 시문이 전하여 천하에 격동하니 경은 시험 삼아 고금 시인의 우열을 논의하여 보라. 제왕의 시 중 누가 으뜸이며 신하의 시 중 누가 가장 나은고?"

상서가 사뢰기를,

"군신이 서로 부르고 화답함은 제순(帝舜)과 고요(皐陶)로부터 비롯한 것이니 이는 아직 의논할 계제는 아니온 듯하옵니다. 한(漢) 고조(高祖)의 「대풍가(大風歌)」와 한(漢) 무제(武帝)의 「추풍사(秋風辭)」와 위(魏) 무제(武帝)의 「월명성희(月明星稀)」는 제왕의 시 중 으뜸이요, 위(魏) 나라의 조식(曹植)과 진(晉)나라의 육기(陸機), 남조(南朝)의 도연명(陶淵明)과 사령운(謝靈運)의 네 사람이 시로써 가장 유명하옵니다. 예로부터 문장의 성함이 우리 국조(國朝)만한 시대가 없었사오며, 국조 중에서도 개원(開元)·천보(天寶) 연간처럼 재사가 많을 때는 없었사옵니다. 제왕의 문장으로서는 현종황제(玄宗皇帝)가 으뜸이며 신하의 재주로서는 이백(李白)을 대적할 사람이 없을 것입니다."

상이 이르기를,

"경의 의논이 짐의 생각과 같도다. 짐이 항상 이백의 「청평조(淸平調)」와 「행락사(行樂詞)」를 보면 그와 한 시절에 있지 못함을 한스럽게 여겼는데, 짐이 이제 경을 얻었으니 어찌 이백을 부러워하겠는가?"

이때에 궁녀 십여 인이 좌우로 나누어 천자를 모셨는데, 상이 이들을 가리키면서 말하기를,

"이 궁녀들은 궁중에서 문서와 한묵을 맡고 있는데, 이른바 여중서(女中書)라. 자못 글짓기에 재주가 있으니 학사의 아름다운 글씨를 얻어 보배를 삼으려고 하니 글 한 수를 지어 저들이 사모하는 뜻을 저버리지 말라. 짐이 또한 경이 글 짓는 모습을 보고자 하노라."

이에 궁녀를 시켜 어전에 유리연갑(琉璃硯匣)과 백옥 붓꽂이와 옥섬여연적(玉蟾蜍硯滴)을 양상서 앞에 옮겨 놓게 하였다. 모든 궁인들이 상서의 글을 받기 위해 미리 대령하고서 상서에게 화전(花箋)과 나건(羅巾), 환선(紈扇)을 올리니 상서가 취흥을 띠어 붓을 들어 차례로 쓰니, 비바람이 놀라고 구름안개가 일어나는 듯하였다. 상서가 절구(絶句)도 짓고 사운(四韻)도 지으며, 또 한 수를 짓기도 하고 두 수를 짓기도 하였는데, 그

필세가 용이 울며 봉이 나는 듯하였다. 그리하여 나무 그림자가 옮겨지기 전에 앞에 그득했던 종이에 이미 글이 다 지어졌다. 궁녀들이 차례로 어전에 드리자, 상께서 하나하나 보시고 칭찬하여 마지않으며 궁녀들을 불러 이르시되,

"학사가 수고하였으니 너희가 각각 잔을 드리라."

제인이 명을 받들어 황금잔과 백옥상(白玉觴), 유리종(琉璃鍾)과 앵무배(鸚鵡盃)를 받들어 드리니 상서가 계속해서 여남은 잔을 기울이니 얼굴에 춘색이 가득하여 쓰러지려고 하였다.

천자가 명하여 술을 그치라 하고 제인에게 이르기를,

"학사의 글이 한 글귀에 천금을 준다 하여도 싼 값이니 세상에 없는 보배로다. 『시경』에 일렀으되 '모과(木瓜)로 던지면 경거(瓊琚)로 갚는다.' 하였으니, 너희는 장차 무엇으로 글씨의 값을 하려 하느냐?"

모든 궁녀가 금차(金釵)도 빼고 옥패(玉珮)도 끄르며 이당(珥璫)·금전(金鈿)·향랑(香囊) 등을 어지러이 던지자, 상이 내시에게 명하시어 상서가 쓰던 필연과 윤필을 거두어 상서와 함께 집으로 보냈다. 상서가 하직하고 내시의 부축을 받으며 궁문을 나와 말에 오르니 이미 크게 취하였다. 양상서가 정사도 화원에 돌아오니 춘운이 옷을 벗기며 묻기를,

"상공이 어디에 가서 이렇게 취하셨사옵니까?"

상사가 대답하지 못하자 이윽고 하인이 천자께서 상사하신 어전필연(御前筆硯)과 차천수식(釵釧首飾)을 들여놓으니 상서가 춘운에게 이르기를,

"이 물건들은 천자께서 춘랑에게 주신 것이니 내 소득이 동방삭에 비하여 어떠하냐?"

춘운이 상공에게 다시 물으려 하더니 이미 취하여 코 고는 소리 우레 같았다.

이튿날 상서가 늦게 일어나 세수를 하는데 동자가 급히 들어와 아뢰기

를,

"월왕(越王)께서 오시었나이다."

상서가 놀라서 생각하기를, '월왕이 왕림하시니 필연 무슨 일이 있는 것이다.'

황망히 들어오니 월왕의 나이 이십여 세에 미우(眉宇)가 하늘 사람 같았다.

상서가 말하기를,

"누추한 곳에 오시니 무슨 가르침이 있사옵니까?"

왕이 대답하기를,

"과인이 항상 상서의 성덕을 흠모하였으나 다니는 길이 달라 그대와 정성을 이루지 못하였더니 오늘 이렇게 온 것은 황상의 명을 전하러 온 것입니다. 천자에게 누이인 난양공주가 있는데 나이 장성하였으나 정혼한 곳이 없어, 천자가 상서의 재덕을 공경하고 사랑하사 혼인을 맺고자 하시어 먼저 이 일을 전하라 하셨나이다. 장차 존명이 내리실 것입니다."

이 말에 상서가 놀라 엎드려 아뢰기를,

"황은이 이렇듯 하시니 한천(寒賤)한 선비가 복이 줄어들까 걱정되옵니다. 그러나 불행히 소인은 정사도댁 규수와 이미 빙례(聘禮)하였으니 이 뜻을 황상께 아뢰어 주소서."

왕이 대답하기를,

"삼가 황상께 아뢰겠으나, 아깝도다. 황상이 인재를 사랑하시는 마음을 저버리는도다."

상서가 여쭈기를,

"이는 인륜에 관계된 것이라 마지못함이니, 뒤따라 궐하에 나아가 죄를 청하겠나이다."

월왕이 하직하고 돌아갔다.

상서가 정사도를 뵙고 월왕이 전한 말을 아뢰니 이미 춘운이 이 일을

고한 후였다. 온 집안이 어찌할 바를 모르거늘 상서가 정사도에게 말하기를,

“장인어른은 염려하지 마십시오. 비록 불초하나 송홍(宋弘)의 죄인은 되지 아니할 것이옵니다. 천자께서 성총이 밝으시어 법도와 예를 중히 여기시니 신하의 윤기(倫紀)를 어지럽히지 아니하실 것이옵니다.”

이때 태후가 봉래전에서 양상서를 보신 후에 마음에 흡족히 여겨 황상께 당부하기를,

“상서는 실로 난양의 배필이니 다시 의심할 일이 없도다.”
하시고 먼저 월왕을 보내신 것이었다.

이때 상께서 별전에 계시다가 홀연 양상서의 글과 필법의 기묘함을 생각하시고 다시 보고자 하여 태감(太監)을 시켜 여중서들이 받은 글들을 모아서 가져오라 하였다. 이때에 모든 궁녀의 글을 모으니, 매우 사랑하여 상자에 감추어 두었는데, 한 궁인이 글 쓴 부채를 제 방에 가지고 돌아와 가슴에 품고 종일토록 울고 침식을 다 폐하니, 이 궁인은 화주 진어사의 딸이었다.

진어사가 비명(非命)에 죽고 액정(掖庭)에 적몰하여 여종이 되었는데, 궁중 사람이 진씨의 얼굴이 고움을 천자에게 전하니 천자가 불러 보시고 첩여(婕妤)를 봉하고자 하셨다. 이때 황후가 극히 총애하셨는데, 진씨가 너무 고운 것을 꺼려 상에게 말씀하시기를,

“진씨 여자의 재모가 쌍이 없으니 마땅히 폐하를 모심직 하나, 폐하께서 그의 아비를 죽이시고 그를 가까이하시는 것은 옛날 제왕이 죄인에게 형벌을 내린 후 가속을 가까이 하지 않는 뜻에 어긋납니다.”

상이 황후의 말을 옳게 여기고 진씨에게 묻기를,

“네가 글을 배웠느냐?”

대답하기를,

“약간 글을 배웠나이다.”

상이 이에 명하여 여중서로 삼아 궁중 문서를 맡게 하시고 겸하여 황태후 궁중에 나아가 난양공주를 모시게 하였다. 공주가 진씨의 재모를 크게 사랑하여 정이 골육 같아 잠시도 서로 떨어지지 아니하였다.

이날 진씨가 태후를 모셔 봉래전에 나아가 천자의 좌우에 서 있다가 양상서를 보니 상서의 얼굴과 이름이 진씨의 뼈에 박혔는지라 어찌 몰라볼 리 있으리오. 양생은 진씨가 생존하였음을 모르고 어전에서 눈을 들어 쳐다보지 못하니, 진씨는 두 사람의 뜻이 서로 같지 않음을 슬퍼하고 예전 인연을 이을 길이 없음을 슬퍼하여 부채를 들고 그 글을 다시 읽으니,

紈扇團團如明月　집부채가 둥글둥글하여 명월 같으니
佳人玉手並皎潔　가인의 옥 같은 손으로 고결함을 다투더라.
五絃琴裏薰風多　오현금 속에 훈풍이 많으니
出入懷裏無時歇　품속으로 드나들며 쉴 새가 없더라.

또 다른 글에 이르기를,

紈扇團團月一團　깁부채가 뚜렷하여 달을 두른 것 같으니
佳人玉手正相隨　가인의 옥 같은 손을 서로 이끌었도다.
無勞障却如花面　꽃 같은 얼굴을 수고로이 가리지 말라.
春色人間摠不知　봄빛을 인간 세상에서도 알지 못하느니라.

진씨가 첫째 글을 보고 이르기를,

"양랑이 내 일을 알지 못하는구나. 내 어찌 궁중에 들어 황상을 모실 뜻이 있었겠는가?"

또 둘째 글을 읽고 탄식하기를,

"글 뜻이 이렇듯 무심하니 진실로 지척이 천 리 같도다."

하고 인하여 집에 있을 때에 양상서와 함께 「양류사」로 화답하던 일을 생각하며 정을 억제하지 못하여 한 수 시를 부채에 이어 쓰고 다시 읊어

보더니, 문득 태감이 황상의 명으로 상서가 글 쓴 부채를 가지러 왔다 하니, 진씨가 깜짝 놀라 이르기를,

"나는 이제 죽었도다."

하였다.

제8회

시첩(侍妾)이 의리를 지켜 주인과 하직하고 협녀(俠女)가 칼을 들고 신방에 나아가다

태감이 진씨에게 묻기를,

"황상께서 양상서의 시를 다시 보고자 하여 가지러 왔는데 이렇게 놀라는 이유는 무엇인가?"

하자, 진씨가 울면서 말하기를,

"이 박명한 사람이 죽을 기한이 다다라 양상서의 글 아래에 저의 잡말을 써 죽을 죄를 범하였소. 황상께서 보시면 필시 죽이라 명하실 터이니 차라리 자결하려고 합니다. 죽은 후에 장사 지내는 것은 태감께 의탁합니다."

태감이 말하기를,

"여중서는 어찌 그런 말씀을 하는가? 성상께서 인자하시니 죄를 아니 주실 듯하고 혹 진노하실지라도 내가 힘써 구할 터이니 여중서는 나를 따라오시오."

진씨가 울며 태감을 따라 오니 태감이 진씨에게 전문(殿門) 밖에서 기다리라 하고 모은 글들을 황상께 바쳤다. 상이 차례로 보시다가 진씨의 부채에 이르러 양상서의 글 아래에 다른 사람의 글이 쓰여 있으니 태감에게 묻자, 태감이 아뢰기를,

“진씨가 신에게 이르기를 상이 다시 찾으실 줄 모르고 외람되게 글을 그 아래에 썼으니, 황공하여 자결하려 하기에 신이 죽기를 말리고 데려왔나이다.”

상께서 글을 읽으니 거기 씌어 있기를,

紈扇團如秋月團	깁부채 둥글기가 가을 달과 같이 둥그니
憶曾樓上障羞顔	예전 누상에서 부끄러워하던 것을 생각하노라.
早知咫尺不相識	일찍 지척에서 서로 알아보지 못할 줄 알았던들
悔不從君仔細看	그대로 하여금 자세히 보지 못하게 할 것을 뉘우치도다.

상이 이르시기를,

“진씨가 필연 사연이 있구나. 도무지 모를 일이로다. 어느 땅에 가서 누구를 만났단 말인고?”

다시 보시고 이르기를,

“진씨의 재주는 볼 만하구나”

태감에게 명하여 진씨를 부르셨다. 진씨가 들어와 뜰에 엎드려 머리를 두드리며 죽기를 청하자 상이 이르시기를,

“사실을 그대로 말하면 네 죄를 사하겠으니 어떤 사람으로 더불어 사사로운 정이 있었느냐?”

진씨가 사뢰기를,

“신첩이 어찌 감히 은휘하겠나이까? 첩의 집이 패망하지 않았을 때 양상서가 과거 보러 경사로 가는 길에 첩의 집 앞을 지나다가 우연히 서로 보고 「양류사」를 지어 화답하고 정혼 언약을 맺었사옵니다. 일전 상이 봉래전에서 양상서를 인견하실 때 신첩은 양상서를 보고 능히 알았으나 상서는 첩을 알아보지 못하는 고로 옛일을 생각하고 슬퍼하여 우연히 미친 글을 써 성상께서 보시게 하오니 첩의 죄 일만 번 죽음직 하옵니다.”

상이 불쌍히 여기어 이르시기를,

“「양류사」로 혼인 언약을 하였다고 하니, 그것을 모두 기억하여 쓸 수 있겠느냐?”

진씨가 지필을 청하여 써서 드리니, 상께서 보시고 놀라 말하기를,

“진씨의 죄가 비록 무겁기는 하나, 재주가 가히 아깝도다.”

하시고 말하시기를,

“너의 죄를 용서할 순 없으나 난양공주가 너를 심히 사랑하는 고로 용서하노라. 네 마땅히 나라 은혜를 생각하여 난양공주에게 정성을 다하여 섬길지어다.”

하시고 부채를 도로 내리시니 진씨가 머리를 조아려 사은하고 물러갔다.

월왕이 양상서를 보고 와서 회보하니 태후가 들으시고 낯을 찌푸리며 이르시기를,

“양소유의 벼슬이 상서에 이르렀으니 마땅히 조정 돌아가는 일을 알만하거늘 어찌 고집이 이와 같을까?”

상이 대답하기를,

“제가 비록 빙례를 받았으나 성례한 것과는 다르니 친히 보고 개유하면 아니 듣지는 못할 것이옵니다.”

이튿날 예부상서를 부르시고 명을 좇아 뵈오니, 상이 이르시기를,

“짐의 누이가 재질이 범인과 달라 오직 경의 배필이 될 만한 고로 월왕으로 하여금 뜻을 전하였거늘, 경이 빙례함을 빙자하여 사양하였다 하니 이는 경이 생각지 못함이라. 전대의 제왕이 부마를 간택할 때 혹 전처(前妻)를 내쫓은 고로 왕헌지(王獻之)는 늙어 죽도록 후회하였고, 송홍(宋弘)은 임금의 명을 받지 아니하였다. 짐이 천하의 아비가 되어 옳지 않은 일로 아래를 가르칠 리 있겠느냐? 이제 경이 정씨 집안과의 혼인을 물릴지라도 정녀는 자연히 갈 곳이 있을 것이다. 경이 조강지처를 내쫓는 혐의가 없으니, 무슨 윤기(倫紀)를 해침이 있겠느냐?”

상서가 머리를 조아리고 아뢰기를,

"성상께서 신에게 죄를 주지 않으시고 이렇듯 개유하시니 천은이 망극하도소이다. 다만 신의 사정이 타인과 다르오니, 신이 젊은 서생으로 경사에 오던 날 정부(鄭府)에 의탁하여 납폐(納幣)하였을 뿐 아니라 정사도와는 이미 옹서지분(翁婿之分)의 정을 나눈 지 오래되었사옵니다. 또 남녀 간에 이미 서로의 얼굴을 보았으니 지금 성례치 않은 것은 국가에 일이 많아 어미를 모셔올 겨를이 없었기 때문으로 어미를 데려올 날만 기다리고 있었사옵니다. 만일 신이 황명을 순종하면 정녀가 다른 곳에 혼인하지 않으려 할 것이오니, 필부(疋婦)가 그 갈 바를 얻지 못한다면 어찌 왕정에 흠이 되지 않겠습니까?"

상이 이르시기를,

"경의 정리는 비록 그러하나 대의(大義)로 결단하면 경이 정녀로 더불어 부부의 의가 없으니 정녀가 어찌 다른 곳에 혼례를 하지 않으리오? 이제 짐은 경이 난양공주와 결혼하면 그대와 형제 되기를 원할 뿐만 아니라 태후께서도 경의 재덕을 들으시고 혼례를 주장하시니 경이 이렇듯 고집하면 태후께서 반드시 노하실 것이므로 짐 역시 마음대로 못하노라."

상서가 머리를 조아리며 힘써 사양하니 상이 이르시길,

"혼인은 인륜대사라. 경솔히 결단하지 못할 일이니 후일을 기다리고, 짐은 경과 더불어 바둑을 두며 소일하리라."

내시에게 명하여 바둑판을 내어 오게 하였다. 반나절을 바둑을 두다가 파하여 상서가 돌아가 정사도를 뵈니, 정사도가 양생을 보며 얼굴에 슬픈 빛이 가득하여 말하기를,

"황태후께서 조서를 내리시어 자네가 보낸 채폐(采幣)를 도로 물리라 하셨네. 이미 춘운에게 일러 모두 내어 화원에 두라 하였네. 내 딸의 신세를 생각하니 참혹함을 어찌 다 말할 수 있겠는가? 나이든 아내는 심히 놀란 탓으로 병들어 사람을 알아보지 못하네."

상서가 이 말을 듣고 오래 생각에 잠기더니 아뢰기를,

"어찌 이런 일이 있으리오? 제가 마땅히 상소하여 다투면 설마 조정 공론이 있지 않겠습니까?"

정사도가 만류하며 말하기를,

"양랑이 두 번 상명을 거역하였으니, 이제 또 상소하면 필연 중죄를 내리실 터이니 어명을 순종함만 같지 못하네. 또 오늘 이후로 양랑이 내 집 화원에서 거처하는 것도 안심할 일이 아니니 비록 서로 헤어지는 것이 서운하기는 하나 떠나는 것이 낫겠네."

상서가 이에 대답하지 않고 화원으로 가니 춘운이 상서의 채폐를 받들어 드리면서 말하기를,

"천첩이 정소저의 명을 받아 상공을 모시면서 정소저와 상공이 성례하시기를 기다렸사옵니다. 그런데 소저의 혼사가 그릇되었으니 상공께 하직하고 도로 소저를 모시겠나이다."

상서가 이르기를,

"내가 이제 힘써 상소하여 사양하면 황상이 들어 주실 법도 하다. 또한 여자가 서방을 맞은 후에는 지아비를 따르는 것이니라. 어찌 춘랑이 나를 버리려 하느냐?"

춘운이 말하기를,

"첩의 사정은 남과 달라 천첩이 소저를 섬겨 맹세하기를 사생을 같이 하기로 맹세하였기로, 이 몸이 소저를 따르는 것이 마치 얼굴과 그림자와 같으니, 얼굴이 이미 갔으니 어찌 그림자만 홀로 머물러 있겠사옵니까?"

상서가 이르기를,

"춘랑의 몸은 소저와는 다르니라. 소저는 동서남북으로 혼사를 구해도 도리에 해롭지 않으나 춘랑이 소저를 따라 다른 사람을 섬기면 여자의 절행에 어떠하겠는가?"

춘운이 대답하기를,

"상공이 이렇듯 말씀을 하시니 우리 소저의 마음을 알지 못하신다 하

겠나이다. 소저께서 이미 결심하기를, 우리 노야 부부의 슬하에 계시다가 두 분이 백년해로하신 후에 머리를 깎고 공문(空門)에 의탁하여 부처께 발원하여 세세생생에는 다시 여자의 몸이 되지 않으려 하시니 춘운의 앞길도 이와 같을 따름이옵니다. 상공이 만일 춘운을 다시 보려 하시오면 상공의 폐백이 다시금 소저의 방안으로 들어간 다음이라야 논의할 터이요, 그렇지 않으면 오늘이 곧 영원히 이별이옵니다. 춘운이 천한 재질로 상공의 사랑하심을 입어 이제 벌써 일 년이 지났사옵니다. 은혜 갚을 길이 없으니 다만 후생에 상공의 말 끄는 종이 되기를 원하나이다. 상공은 옥체를 보중하옵소서."

오열하며 오랫동안 울다가 내당으로 들어가니 상서가 참연함을 이기지 못하여 침식을 폐하였다.

이튿날 상소를 올려 말씀이 매우 격절하니 태후가 대노하여 양소유를 어사옥에 가두게 하니 조정 대신들이 모두 한림을 위하여 간하였으나, 상이 이르시기를,

"내 또한 양소유의 벌이 과한 듯하나, 태후께서 지금 진노하시니 내 또한 감히 거역하기 어렵도다."

태후가 양상서를 곤하게 하려고 수개월 동안 공사(公事)를 내리지 않았고, 정사도는 황공하여 문을 걸어 잠그고 손을 집에 들이지 않았다.

이 무렵 토번 오랑캐가 강성하여 중국을 업신여겨 사십만 대군을 거느리고 변방 고을을 잇달아 함락시키고, 그 선봉이 위교(渭橋)에 다다르자 경사가 소란해졌다. 이에 상이 군신을 모아 의논하시니 모두 사뢰기를,

"경사에 있는 군대가 불과 수만에 지나지 못하옵니다. 또한 외방 군병은 일이 급하여 미처 부르지 못할 것이옵니다."

상이 의심하여 결단치 못하다가 이르시되,

"양소유가 지모(智謀)가 있고 결단을 잘하니 전날에 삼진(三鎭)에게 항복을 받을 수 있었던 것도 이 모두 양소유의 공이라."

하고 황태후께 손수 청한 후 사자에게 명하여 절월을 가지고 가 양소유를 풀어주게 하여 인견하시고 계교를 물으시니 소유가 아뢰기를,

"경성은 종묘와 궁궐이 있는 곳이옵니다. 한번 버리면 천하 인심이 따라서 동요하여 마침내 수습하지 못할 것이옵니다. 대종황제(代宗皇帝) 시절에 토번(吐蕃)이 회흘(回紇)과 더불어 백만 대군을 몰고 경사를 범하였을 때, 군대가 이보다 약하였으되 곽자의(郭子儀)가 필마로 도적을 물리쳤사옵니다. 신이 비록 재주는 없사오나 수천 군을 얻으면 죽음을 각오하고 싸워 도적을 물리치겠나이다."

천자가 본래 양상서의 재주를 중히 생각하시는지라 즉시 명하여 양상서를 장수로 삼으시고 경영군(京營軍) 삼만 병을 거느리고 도적을 막으라 명하셨다. 상서는 삼군을 지휘하여 위교로 건너가 오랑캐 선봉과 더불어 싸워 좌현왕(左賢王)을 쏘아 죽이니 도적의 대군이 일시에 도망치기에 바빴다. 상서가 좇아가 세 번 싸워 군사 삼만여 원을 베고 말 팔천 필을 빼앗아 첩서(捷書)를 경사에 올렸다. 천자가 크게 기뻐하며 양상서로 하여금 조정으로 회군하라고 명하셨다. 모든 장수의 공을 의논하려 하시거늘 상서가 궁중에 상소하기를,

"도적이 비록 패하였으나 머리를 벤 도적의 수는 남아 있는 도적의 수의 십분의 일도 못 되니, 이제 대군이 경사에 머문다면 오히려 다시 침범할 수 있으니, 신이 원컨대 군마를 더 발하여 예기(銳氣)를 타 깊이 적국에 들어가 그 임금을 잡고 그 나라를 멸하여 길이 자손의 근심이 없게 하겠나이다."

상이 그 표를 보시고 용안에 기쁜 빛이 가득하여 양소유의 벼슬을 돋우어 어사대부(御史大夫) 겸 병부상서(兵部尙書) 정서대원수(征西大元帥)를 삼으시고 상방보검(尙方寶劍)과 붉은 화살, 통천어대(通天御帶)를 주시고 백모황월(白旄黃鉞)을 빌려 주어 삭방(朔方)·하동(河東)·산남(山南)·농서(隴西)의 병마를 조발하여 쓰라 하셨다.

상서가 대병 이십만을 모아 택일하여 기독(旗纛)에 제사하고 발행하였다. 그의 병법은 육도(六韜)를 응하고 진세는 팔진괘(八陳卦)를 벌이고 군용이 정숙하고 호령이 엄명하니 도적 파하기를 대나무를 깨치는 듯하니 수개월 사이에 도적에게 잃었던 고을 이십여 성을 회복하였다.

대군이 행하여 적석산(赤石山) 아래에 진을 쳤는데, 홀연 회오리바람이 말 앞에 일고 까치가 울며 진 한가운데를 뚫고 지나갔다. 상서가 말 위에서 점을 쳐보고 말하기를,

"눈앞에 적국 사람이 우리 진을 엄습할 것이나 나중은 기쁜 일이 있을 징조로다."

하고,

"군대를 머물러 산 아래에 진을 치고 사면에 녹각(鹿角)과 질려(蒺藜)를 두껍게 깔고 삼군을 경계하여 잠자지 말고 방비를 엄히 하라."

하였다. 이날 밤에 상서가 장중(帳中)에 앉아 촛불을 밝히고 병서를 보는데 진 밖에 순라(巡邏)하는 소리를 들으니 곧 삼경(三更)이 되었다. 이때 홀연 한바탕 찬바람이 촛불을 끄고 서늘한 기운이 사람에게 침노하더니, 한 여인이 공중에서 내려와 서니 서리 같은 비수검이 손 가운데 있었다. 상서가 자객인 줄 알았으나 낯빛을 변치 아니하고 묻기를,

"어떤 여자이기에 한 밤에 나의 군중에 들어왔느냐?"

그 여인이 대답하기를,

"첩은 토번국(吐蕃國) 찬보(贊普)의 명을 받아 원수의 머리를 가지고 오라 하기에 가지러 왔나이다."

상서가 웃으며 대답하기를,

"대장부가 어찌 죽기를 두려워하겠는가? 내 머리를 쾌히 베어 가라."

하니, 그 여인이 칼을 던지고 상서 앞에 무릎을 꿇고 앉아 머리를 조아리며 말하기를,

"귀인은 놀라지 마십시오. 첩이 어찌 귀인을 해치겠습니까?"

상서가 그 여인을 붙들어 일으켜 이르기를,

"그대가 이미 칼을 들고 영중(營中)에 들어와 도리어 해치지 않음은 어찌된 까닭인가?"

여인이 대답하기를,

"첩의 근본을 아뢰고자 하나 잠깐 사이에 서서 다 하기 어려울까 하옵니다."

상서가 자리를 내주며 앉으라 하고 다시 묻기를,

"낭자는 누구이며, 지금 나를 찾아와 만나려 함은 무슨 가르칠 일이 있어서인가?"

하였다.

제9회

백룡담(白龍潭)에서 양소유가 귀병(鬼兵)을 쳐부수고 동정호(洞庭湖)에서 용왕이 잔치를 열어 주다

양상서가 그 여자를 보니, 구름 같은 머리털을 쓸어 금비녀를 꽂고 몸에는 소매가 좁은 전포(戰袍)에 석죽화(石竹花)를 수놓았고, 발에는 봉(鳳)의 머리처럼 수놓은 신발을 신고 허리에는 용천검(龍泉劍) 칼집을 찼는데, 천연한 절색이 한 가지 해당화 같았다. 만일 종군(從軍)하던 목란(木蘭)이 아니면 금합(金盒)을 도적하는 홍선(紅線) 같았다.

"첩은 본래 양주(凉州) 사람으로 조상으로부터 당나라의 백성이었사옵니다. 첩이 어려서 부모를 잃고 한 여도사를 따라 제자가 되었습니다. 그 여도사가 도술이 뛰어나 제자 십 인에게 검술을 가르쳤는데 그 중 진해월(秦海月), 금채홍(金彩虹)과 심요연(沈裊烟)이 있으니 요연이 곧 첩이옵니다. 제가 검술을 배운 지 삼 년 만에 재주를 모두 다 이루니 능히 바람을 타고 번개를 따라 순식간에 천 리를 행할 수 있게 되었사옵니다.

우리 세 사람의 검술은 우열을 가릴 길이 없었는데, 스승이 원수를 갚으라 하거나 혹은 악한 사람을 없애라 하시면 채홍과 해월을 보내고 첩을 보내지 아니하였사옵니다. 이러므로 첩이 스승께 여쭈기를, '우리 세 사람이 함께 사부의 가르침을 받았으나 첩 홀로 스승의 은혜를 갚지 못하였사옵니다. 혹여 저의 재주가 두 사람만 못하여 스승께서 한 번도 부리지 아니하신 것입니까?' 하자, 스승이 이르기를, '너는 본디 우리 무리와 다르다. 후일에 당당히 정도를 얻을 것이니 나의 미칠 바가 아니다. 만일 저 두 사람처럼 인명을 살해하면 너의 앞길에 해로울 것이니 그리하여 너를 부리지 아니한 것이다.' 하기에, 첩이 또 여쭈기를, '만일 그러하시다면 첩의 검술은 장차 어디에 쓰게 되리이까?' 하자, 스승이 또 타이르기를, '네 전세의 인연은 당나라에 있고 그 사람은 큰 귀인이다. 네가 타국에서 태어났으니 서로 만날 길이 없으니 내가 너를 위하여 검술을 가르친 까닭은 너로 하여금 그 재주를 인연으로 귀인을 만나도록 하려 함이니 훗날 백만 군중의 창검 가운데서 아름다운 인연을 이룰 것이다.' 하더니, 지난달에 스승이 이르기를, '이제 당나라 천자가 대장군을 보내어 토번을 정벌하게 하셨으니 찬보가 사문(四門)에 방을 붙여 천금으로 자객을 불러 대장군을 해치려 할 것이다. 네가 급히 가서 토번국의 모든 자객과 검술을 겨뤄 먼저 당장 급한 재화(災禍)를 구하고 또 너의 인연을 이루라.' 하여, 첩이 번국에 가서 방을 떼어 보니 찬보가 사람들을 불러 먼저 온 자객 십여 인으로 검술을 견주게 하기에, 첩이 십여 인의 상투를 베어 드리니 찬보가 크게 기뻐하여 첩을 보내어 상서를 해하라 하였사옵니다. '만일 공을 이루면 봉하여 귀비를 삼겠노라.' 하나 첩이 이제 상서를 만나보니 스승의 말이 맞는 듯하옵니다. 말단의 종이 되어 좌우에서 모시고자 하옵니다."

상서가 크게 기뻐하며,

"경이 위태한 목숨을 구하고 또한 몸으로써 나를 섬기고자 하니 이 은혜를 어찌 다 갚으리오? 오직 백년해로하기를 원하노라."

이날 밤에 원수가 요연으로 더불어 장중에서 동침하니, 창검 빛으로 화촉을 대신하고 조두(刁斗)소리로 거문고를 대신하니 복파영(伏波營) 가운데 달빛이 뚜렷하고 옥문관(玉門關) 밖에 봄빛이 가득하니, 한 조각 각별한 정흥(情興)이 깊은 방과 비단 휘장을 넘을 듯하였다.

이때부터 상서가 새 즐거움에 푹 빠져 삼일을 군중 밖으로 나오지 않아 장수를 만나지 않으니 요연이 말하기를,

"여자가 군중에 오래 있음이 가하지 않으니 하직하나이다."

상서가 말하기를,

"연랑을 어찌 범상한 여자에 견주겠는가? 나에게 좋은 묘책을 가르쳐 주기를 바라니 어찌 나를 버리고 가려 하느냐?"

요연이 대답하기를,

"상공의 신무(神武)로 쇠잔한 도적을 멸하기는 썩은 나무를 베는 것과 같을 것이니 무슨 염려함이 있겠사옵니까? 첩이 여기에 온 것은 비록 스승의 명이나, 아직 스승께 하직 인사를 드리지 못하였으니 스승에게 돌아가 있다가 상궁이 경사로 회군하심을 기다려 찾아가 뵙겠나이다."

상서가 말하기를,

"그렇게 하는 것이 좋겠으나, 경이 간 후에 다른 자객이 오면 어찌하리오?"

요연이 대답하기를,

"자객이 비록 많으나 첩의 적수 될 자는 없으니, 첩이 상공께 귀순한 것을 들으면 다른 자객이 대인을 해하려고 감히 못 올 것이옵니다."

인하여 요연이 허리에서 묘아완(妙兒玩)이란 구슬을 꺼내 양상서에게 주며 말하기를,

"이 구슬은 찬보의 상투에 매었던 구슬이니, 사자에게 이 구슬을 주어 찬보에게 보내어 첩이 다시 돌아갈 뜻이 없다는 것을 알게 하십시오."

상서가 말하기를,

"이 밖에 또 무슨 가르칠 말이 있느냐?"

요연이 이르기를,

"길을 가다 보면 반사곡(盤蛇谷)을 지나가게 되실 것이옵니다. 그곳을 지나다 보면 길이 좁고 먹을 물이 없으니 행군하기를 조심하고 우물을 파 삼군을 먹이시는 것이 좋을 듯하옵니다."

말을 마치고 하직하거늘 상서가 머물게 하려 하였으나, 요연이 공중으로 솟으니 그 거처를 알 수 없었다. 상서가 모든 장수들을 모으고 요연의 말을 전하니 모두 하례하여 말하기를,

"원수의 홍복이 하늘같아 기이한 사람이 와서 돕는 것이옵니다."

양원수가 즉시 사자를 발하여 행군하여 여러 날 만에 구슬을 토번에게 보내고, 큰 산 아래에 진을 쳤는데 길이 좁아서 말 한 마리만 겨우 지나갔다. 이처럼 수백 리를 행하여 겨우 잠깐 너른 평지가 나와 그곳에서 영채(營寨)를 만들어 삼군을 쉬게 하였다. 군사들이 오래 수고하였는지라 산 아래에 맑은 물이 있음을 보고 다투어 나아가 물을 먹더니 온 몸이 푸른 빛으로 변하고 몸을 떨며 죽어 갔다. 상서가 크게 놀라 친히 물가에 가 보니 그 물이 깊고 푸르러 그 속을 측량할 길이 없고 찬 기운이 늠름(凜凜)하였다.

상서가 크게 의심하여 생각하기를, '이것이 필시 요연이 말하던 반사곡이로다.' 하고 군사들을 명하여 여러 곳에 우물을 파게 하였다. 열 길씩이나 파보았으나 한 곳도 샘이 나지 않았다. 상서가 이를 매우 민망히 여겨 삼군을 호령하여 그 땅을 떠나려고 하였는데, 갑자기 산 전후에서 쟁과 북이 진동하고 오랑캐군이 험한 곳을 막아 길을 끊으려 하였다. 관군이 나아가지도 물러가지도 못하여 양원수가 영중에서 도적을 물리칠 계교를 생각하지 못하여 그날 밤에 의자에 기대서 잠깐 조는데, 홀연 기이한 향내가 코에 가득하며 여동 둘이 원수 앞으로 나아오니 용모가 기이하였다.

상서에게 이르기를,

"우리 낭자가 잠깐 귀인을 청하시옵니다."

상서가 묻기를,

"낭자는 어떤 사람인고?"

여동이 대답하기를,

"우리 낭자는 용왕의 작은 따님으로, 요사이 집을 피해 이 땅에 와 계시옵니다."

상서가 말하기를,

"용신이 있는 곳은 필연 깊은 물일 것인데, 나는 인간 사람이라 가고자 한들 어찌 갈 수 있겠는가?"

여동이 대답하기를,

"밖에 말이 와 있으니, 귀인이 그 말을 타면 수부(水府)에 가는 것이 어렵지 않을 것이옵니다."

상서가 여동을 따라 나가 보니, 총마(驄馬) 한 필을 금안장을 지웠고, 종자 십수 인의 옷차림이 다 화려하였다. 상서가 말에 오르니 순식간에 못물로 들어가 큰 문에 다다르니, 궁궐의 장려함이 임금 계신 곳인 듯하고 문 지키는 군병이 모두 고기 머리와 새우 수염을 하고 있어 이 세상 사람과 크게 달랐다. 미녀 수 인이 문을 열고 상서를 인도하여 전상(殿上)에 이르니 한가운데에 백옥 교의(交椅)가 남쪽을 향하여 놓여 있었는데, 시녀가 원수에게 청하여 교의에 앉게 하고 비단 자리를 섬돌 아래에 깔고 안으로 들어갔다. 이윽고 시녀 십여 인이 한 여자를 옹위하여 왼편 월랑(月廊)으로부터 중정(中廷)에 이르렀다. 그 여인의 미려함이 신선 같고 입은 복색이 빛나 가히 형언할 수 없었다. 시녀 하나가 앞으로 나와 청하기를,

"동정 용녀는 양원수께 뵙기를 청하나이다."

상서가 놀라 그 자리를 피하고자 하였으나 두 시녀가 붙들어 도로 교의에 앉히고 네 번 절하고 일어나니 패옥소리가 쟁쟁하였다.

상서가 용녀에게 청하여 당에 오르라 하니, 여러 번 사양하다가 당에 올라 작은 자리를 배설하여 앉았다. 상서가 말하기를,

"저는 인간계의 범상한 사람이요 낭자는 수부의 용녀이옵니다. 저를 대하는 예도를 이토록 지나치게 공손하게 하시오니 저는 알지 못하겠나이다."

용녀가 이르기를,

"첩은 동정 용왕의 작은 딸이옵니다. 첩이 갓 태어났을 때 부왕께서 상계에 조회하러 갔다가 장진인(張眞人)을 만나 첩의 팔자를 물으니 진인이 이르기를, '이 낭자는 전생에 선가(仙家)에서 내려와 금생에 용신(龍身)이 되었으나, 결국에는 다시 사람의 몸을 빌어 인간 세상에 귀한 사람의 희첩이 되어 일생 부귀영화를 누리고 마침내는 불가에 돌아가리라.' 하니 우리 용신이 비록 수부의 으뜸이나 사람의 몸 얻기를 귀히 여기고, 신선과 부처를 더욱 공경합니다. 첩의 맏형은 처음에 경수(涇水)에서 서방을 맞았으나 다시 개가하여 유진군(柳眞君)의 아내가 되니 모든 친척들이 형을 다 공경하고 대접하여 다른 형제와 같지 않습니다. 용왕께서는 첩이 장차 정과(正果)를 얻어 문호의 영광이 장차 형보다 나을 것이라는 진인의 말씀을 전하니 궁중의 대소 시녀들도 다 하례하였습니다.

남해 용왕의 아들 오현(敖賢)이 첩이 곱다는 말을 듣고 제 부왕께 말하여 우리 집에 구혼하였는데 우리 동정(洞庭)은 남해 용왕의 관하인 까닭에 저의 말을 거역하면 욕이 있을까 염려하여 부왕이 몸소 남해로 가서 장진인의 말을 아뢰니, 이에 남해왕이 사나운 아들의 말을 듣고 도리어 부왕의 말을 허탄하다 하여 구혼하기를 더욱 급히 서두르니, 첩이 부모 슬하에 있으면 필연 욕이 일문(一門)에 미칠까 하여 부모 슬하를 떠나 홀로 도망하였사옵니다.

지금까지 가시덤불을 헤치고 외롭게 오랑캐 땅에 머물면서 구차히 세월을 보냈사옵니다. 부모께서 남해왕에게 말하기를, '딸아이는 혼인을 원

하지 않아 도망갔으니 계속 혼인을 원한다면 직접 딸아이에게 물으소서.' 하여, 이리로 온 후 여러 번 핍박을 당했습니다. 미친 아이가 몸소 군졸을 이끌고 와서 노략하려 하였는데, 첩의 지극한 원통과 괴로운 절개에 천지가 감동하여 못물이 변하여 한빙지옥(寒氷地獄)으로 변해 다른 땅의 군사는 쉽게 들어오지 못하게 되었습니다. 고로 첩은 잔명을 보전하여 군자를 기다리고 있었사옵니다.

첩이 오늘 귀인을 청하여 누추한 곳에 이르시게 함은 온갖 첩의 회포를 아뢰고자 함이 다가 아니옵니다. 지금 삼군이 물이 없어 우물을 백 장 깊이로 수고로이 파지만 물을 얻지 못할 것입니다. 첩이 사는 못물이 옛날에는 청수담(淸水潭)으로 본디 좋은 물이었으나 첩이 온 후에 수성(水性)이 변하니 이 땅 사람들이 감히 먹지 못하여 이름을 고쳐 백룡담(白龍潭)이라 하더이다. 이제 귀인이 오셔서 첩이 종신 의탁할 곳을 얻었으니 종전의 괴로운 마음이 모두 풀렸사옵니다. 이제부터는 그윽한 골에 따뜻한 봄이 돌아온 것 같으니 물맛이 예전과 다르지 않게 달 것이니 삼군이 길어 먹어도 해가 없고 이 물을 먹어서 병든 군사들도 또한 쾌차할 것입니다."

상서가 이르기를,

"이제 낭자의 말을 들으니 우리 두 사람의 인연은 하늘이 정한 지 오래니, 아름다운 기약을 이제 감히 점쳐 보리이까?"

용녀가 대답하기를,

"첩의 누추한 몸을 군자께 허락키로 한 지 오래이오나, 지금 낭군을 성급히 모심은 가당치 않은 이유가 셋 있사옵니다. 하나는 부모께 아뢰지 못하였으니 여자의 사람 좇음이 이렇듯 구차한 것이 가하지 아니하고, 둘은 첩이 장차 사람의 몸을 얻어 군자를 섬길 것이니, 지금은 비늘과 지느러미가 돋은 몸으로 침석에서 낭군을 모심이 가당치 아니하고, 셋은 남해 태자가 매일 사람을 보내어 이곳을 탐지하는데 만일 그가 알게 되면 필연 미친 계교를 내어 한바탕 요란함을 일으킬 것이옵니다. 낭군은 모름지기 속히 진으로 돌아가 삼군을 바로잡고 큰 공을 이룬 후 개가(凱歌)를 부르고 경사로 돌아가시옵소서. 그리하면 첩이 당당이 치마를 잡고 진수(溱水)를 건너가겠사옵니다."

상서가 말하되,

"낭자의 말이 비록 아름다우나 내 뜻은 그렇지 아니하오. 낭자가 이곳에 와 머무는 것은 스스로의 뜻을 지키려는 것뿐만이 아니라 또한 존부왕(尊父王)이 나를 따르게 하신 뜻이니 오늘 짝을 이루는 것이 어찌 부모의 뜻이 아니라 하겠소? 낭자는 신명(神明)의 자손이요 신령한 존재라 사람과 귀신 사이를 넘나드니 어찌 비늘 돋음을 스스로 겸양하리오? 소유가 비록 재주가 없으나 천자의 명을 받자와 백만 대병을 거느리고 풍백(風伯)이 앞을 인도하고 해약(海若)이 뒤에서 지키고 있으니, 저 남해 어린 아이를 모기같이 여길 따름이오. 만일 이제 그가 스스로 잘못을 헤아리지 못하면 내 보검을 더럽힐 따름이오. 달이 밝고 바람이 맑으니 좋은 밤을 어찌 허수히 보내리오."

드디어 용녀로 더불어 침석에 나아가 정이 애틋하였다. 홀연 급한 우레 소리에 수정궁전(水晶宮殿)이 흔들려 키를 까부르는 듯하였다. 시녀가 급히 아뢰기를,

"큰 화(禍)가 일어났나이다. 남해 태자가 무수한 군병을 거느리고 와서 맞은 편 산에 진을 치고 양원수와 자웅을 결하려 하나이다."

용녀가 상서를 깨워 이르기를,

"소첩이 처음에 낭군을 머무르지 못하게 함은 이 일을 염려함이옵니다."

상서가 대노하여 소리치기를,

"미친 아이 어찌 이렇듯 무례한가?"

양원수가 소매를 떨치며 말에 올라 물 밖으로 솟아오르니 남해 군병이 백룡담을 에워쌌는데 상서가 삼군을 지휘하여 태자로 더불어 대진하였다.

남해 태자가 말을 타고 진의 선두에 나와 크게 소리쳐 꾸짖기를,

"양소유가 사람의 인연을 방해하여 남의 혼사를 이루지 못하게 하고 남의 처자를 겁략하였으니 맹세코 너와 더불어 천지간에 함께 살지는 아니할 것이다."

상서가 또한 말을 달려 크게 웃으며 이르기를,

"동정 여자가 태어나면서 나와 인연이 있는 것은 천조(天曹)에 이미 기록되어 있으니 나는 다만 천명을 순종할 따름이다."

태자가 대노하여 모든 도적을 몰아 상서를 잡으라 하니 이제독(鯉提督)과 별참군(鼈參軍)이 날뛰면서 달려드나, 상서가 백옥편(白玉鞭)을 한 번 휘두르고 당나라 진중에서 일만 군사가 함께 일어나니 부스러진 비늘과 깨어진 껍질이 땅에 눈같이 가득하였다.

남해 태자가 몸에 두어 곳이 상하여 능히 변화를 일으키지 못하고 마침내 원수의 군사에게 잡히게 되었다. 상서가 쟁을 쳐 군대를 거두고 태자를 매어 진중에 돌아오니 문 지키는 자가 상서에게 아뢰기를,

"백룡담 낭자가 몸소 진 앞에 나아와 원수께서 승전하신 것을 하례하고 군사들에게 음식을 베풀어 위로하려 하나이다."

상서가 크게 기뻐하며 용녀를 청하니 용녀가 싸움에서 이긴 것을 하례하고 일천 섬 술과 일만 마리 소로 군사들을 위로하니, 사졸이 배불리 먹고 즐겁게 노래 부르는 소리가 진동하였다.

양원수가 용녀와 더불어 한자리에 앉아서 남해 태자를 잡아들여 소리를 높여 꾸짖었다.

"내가 천자의 명을 받자와 사이(四夷)를 진정하니 모든 정령이 내 명령을 듣지 않음이 없거늘 어린 아이가 망령되이 천명을 알지 못하고 감히 대군을 거역하니 이는 스스로 죽기를 재촉함이라. 내 허리 아래에 찬 보검이 위징(魏徵) 승상이 경하(涇河)의 용(龍)을 베던 검이니라. 내 마땅히 네 머리를 베어 삼군의 위엄을 떨칠 것이로되, 너의 아비가 남해를 진정

하여 백성에게 은혜를 베푸는 고로 너의 죄를 용서하겠다. 지금부터 돌아가서는 천명을 순종하여 망령된 마음을 먹지 말라."

군중에 금창약(金瘡藥)을 내어 태자의 상처에 발라주고 보내니, 태자가 머리를 싸고 쥐 숨듯이 달아났다.

홀연 동남 땅에서 붉은 기운과 상서로운 안개가 자욱이 끼며 정기(旌旗)와 절월(節鉞)이 공중으로부터 내려오며 사자가 아뢰기를,

"동정 용왕이 양원수께서 남해 태자를 격파하고 공주를 구하심을 아시고 친히 진문 앞에 나아와 치하하고자 하셨으나 다스리는 땅의 지경(地境)을 넘지 못하시는지라, 응벽전(凝碧殿)에 잔치를 배설하시고 삼가 원수를 청하여, 잠시 왕림하시고 겸하여 귀주께서도 궁중에 돌아오심을 원하시옵니다."

상서가 답례하기를,

"내가 삼군을 거느려 적군을 대적하였으나 동정이 여기에서 만 리 밖이니 비록 가고자 한들 어찌 가겠는가?"

사자가 말하기를,

"이미 여덟 마리 용으로 수레를 갖추었으니 반나절이면 족히 다녀오리이다."

하였다.

제10회

양원수(楊元帥)가 한가한 때에 선가(禪家)의 문을 두드리고 공주는 미복(微服)으로 규수(閨秀)를 방문하다

양상서가 용녀와 더불어 수레를 타니 신명의 바람이 수레바퀴를 굴려 공중으로 오르게 하여 인간 세계에서 몇 천 리를 떠난 줄을 알지 못하되

다만 흰 구름이 세계를 덮고 있을 따름이었다. 순식간에 동정호에 이르니 용왕이 맞아 주객의 예의를 엄숙히 차리며 맞아주었다.

용왕이 수족(水族)을 모으고 큰 잔치를 베풀어 상서의 싸움 이김과 용녀의 귀환을 축하하였다. 술이 점점 취하고 온갖 풍류가 질탕하니 인세의 풍악과 사뭇 달랐다. 상서가 보니 전각의 좌우에 일천 장사가 검극을 들고 큰 북을 치면서 나오고, 여섯 줄의 미녀가 나의(羅衣)를 입고 춤을 추니 웅장하고 화려하여 자못 볼 만하였다.

상서가 용왕에게 묻기를,

"이 춤은 인간 세상에서 보지 못한 것이옵니다. 이는 무슨 곡조입니까?"

용왕이 대답하기를,

"옛날에는 수부에 이 곡조가 없었소이다. 지난날 과인의 맏딸이 경하(涇河)의 왕에게 시집갔다가 그곳에서 모진 고생을 겪었는데, 전당(錢塘)에 사는 과인의 아우가 진노하여 경하 북쪽 언덕에서 싸워 무찌르고 맏딸을 데려왔다오. 그때 궁중 사람들이 이 풍악을 짓고 전당파진악(錢塘破陣樂)과 귀주환궁악(貴主還宮樂)이라 하여 이따금 궁중잔치에서 연주하게 되었소이다. 이제 원수가 남해 태자를 격파하여 우리 부녀가 서로 만나게 하니 옛일과 흡사한 고로, 이 곡조의 이름을 고쳐 원수파진악(元帥破陣樂)이라 하였소이다."

상서가 기뻐하며 왕께 사뢰기를,

"지금 유선생(柳先生)은 어디 있사옵니까? 가히 서로 만날 수 있는지요?"

용왕이 대답하기를,

"지금 유랑은 영주(瀛州) 선관이 되어 일을 맡고 있으므로 마음대로 오지 못합니다."

술이 아홉 순배 돌자 상서가 하직하기를,

"군중(軍中)에 일이 많아 오래 머무르지 못하옵니다."

하고, 낭자에게 훗날을 기약하였다.

용왕이 상서를 전문 밖에 나아가 전송하였다. 상서가 얼핏 눈을 들어 보니, 앞에 산이 높고 빼어나 다섯 봉우리가 구름 사이로 솟아올라 경개가 뛰어났다.

용왕에게 묻기를,

"저 산 이름은 무엇이옵니까? 소유가 천하명산을 두루 다녔으나, 오직 화산(華山)과 이 산을 못 보았나이다."

용왕이 대답하기를,

"원수는 이 산을 모르실 것입니다. 이는 곧 남악 형산(衡山)입니다."

상서가 말하기를,

"어찌하면 저 산을 볼 수 있사옵니까?"

용왕이 대답하기를,

"오늘 해가 아직 기울지 아니하였으니 잠깐 구경하고 영(營)에 돌아가도 늦지 않을 것이다."

상서가 수레에 오르니 이미 산 아래 이르러 있었다. 상서가 막대를 잡고 석경(石逕)을 찾아 가니 일천 바위가 다투어 빼어나고 일만의 깊은 골짜기의 물이 다투어 흐르니 모두 살펴 볼 겨를이 없었다.

탄식하며 말하기를,

"어느 날 공(功)을 이루고 물러나 속세에 한가한 사람이 될까?"

문득 바람결에 경자(磬子) 소리 들려 산문(山門)이 가까이 있는 줄 알고 그 소리를 따라 가 보았다. 한곳에 절이 있었는데 절의 모습이 심히 장려하고 노승이 당상에 앉아 설법하고 있었다. 노승은 눈썹이 길고 눈이 푸르며 골격이 청수하여 세상 사람이 아닌 듯하였다. 노승이 원수가 들어오는 것을 보고 모든 제자들을 거느리고 당에서 내려 상서를 맞았다.

"산야(山野) 사람이 귀와 눈이 없어 대원수가 오시는 줄을 알지 못하고 멀리 나가 영접하지 못하였사옵니다. 청컨대 이를 용서하소서. 그러나 원수가 아직 이곳에 오실 때가 아닌데 이미 오셨으니 전상(殿上)에 올라 부처께 예배(禮拜)하십시오."

상서가 분향 예배하고 전에서 내려오는데 그만 발을 헛딛고 말았다. 이에 놀라 정신이 드니 몸은 여전히 영중(營中)의 의자에 의지해 있고 날이 이미 밝아 있었다.

상서가 장수들을 불러들여 묻기를,

"그대들은 밤에 무슨 꿈을 꾸었는가?"

장수들이 일제히 대답하기를,

"꿈에 원수를 모시고 신병귀졸과 더불어 싸워 이기고 그 대장을 사로잡아 돌아왔으니, 이는 필연 오랑캐를 멸할 징조로소이다."

상서가 크게 기뻐하며 꿈에서 겪은 일을 이르고 장수들을 거느리고 백룡담 위에 올라가 보니, 고기비늘이 땅에 떨어져 가득하고 피가 내를 이루고 있었다. 상서가 잔을 가져오라 하여 먼저 못물을 떠 마시고 병든 군병에게 먹이자 즉시 그 병이 깨끗이 나았다. 그제야 모든 군사들과 말에게 먹이니 병이 나아 즐거워하는 소리 우레 같았다. 이 말을 전해들은 적병이 두려워하여 항복하고자 하였다.

상서가 출사(出師)한 이후로 승전을 알리는 첩서(捷書)를 잇달아 올리자 천자가 매우 기뻐하였다. 하루는 상이 태후께 조회하고 양상서의 공을 칭찬하기를,

"양소유의 공은 곽분양(郭汾陽)과 같습니다. 돌아오기를 기다려 마땅히 승상의 벼슬을 내려 세상에 드문 공을 갚을까 하옵니다. 그러하오나 누이의 혼사 문제를 확정치 못했사오니 양소유가 마음을 돌려 순종하면 다행이거니와 만일 다시 고집을 부리면 공신을 죄 주지 못할 것이니 적당히 조처할 도리를 찾기 어려우니 염려되옵나이다."

태후가 이르기를,

"내가 들으니 정씨 여자가 아름답다 하고, 양상서를 서로 보았다 하니,

상서가 어찌 즐겨 정혼한 여자를 버리겠는가? 상서가 변방에 나간 틈을 타 정씨 집안에 조서를 내려 정씨 여자를 타인에게 혼인케 하는 것이 좋을 듯하도다."

상이 오랫동안 대답치 아니하시더니 이윽고 말없이 일어나 나가셨다.

이때 난양공주가 태후를 모시고 있다가,

"낭랑의 말씀이 도에 크게 어긋나오니 정녀가 다른 가문에 의혼하고 의혼하지 않고는 조정에서 이래라 저래라 할 수 있겠나이까?"

태후가 이르기를,

"이 일은 너의 종신대사니 본래 너와 의논하고자 하였다. 양상서는 풍류 문채가 만조 제신 중에서 비교할 자가 없을 뿐더러 퉁소 한 곡조로 너와 인연인 것을 점복한 지 오래이니 양소유를 버리고 타문에 의혼할 생각을 하지 말거라. 그런데 소유가 정녀로 더불어 심상한 의혼이 아니라 정분이 중하여 서로 버리지 못할 듯하니 일이 극히 난처하도다. 내 생각에는 상서가 환조한 후 너와 혼례를 먼저 치르고 정녀를 첩으로 취하기를 허락하면 상서도 다른 말이 없을 듯하다. 그러나 네가 원하지 않을까 염려되는구나."

공주가 대답하기를,

"소녀는 일생 투기가 무엇인지 알지 못하옵니다. 어찌 정녀를 용납하지 못하겠습니까? 다만 양상서가 정녀와 더불어 먼저 빙례하였으니 이후에 첩으로 삼는다는 것은 예에 어긋나는 것 같사옵니다. 또한 정사도는 여러 대 걸쳐 재상의 집이요, 이제 그의 여식으로 첩살이를 하게 하는 것을 원하지 않을 것이니, 이 또한 마땅한 방법이 아닌 듯싶습니다."

태후가 묻기를,

"이것도 마땅하지 않으면 네 생각에는 어찌 하고자 하느냐?"

공주가 대답하기를,

"옛날에 제후는 세 부인을 둘 수 있다고 하니, 양상서가 공을 세우고 돌아오면 공이 크면 왕이요 적어도 공후(公侯)는 될 것이옵니다. 그러면 두 부인을 두는 것이 외람하지 않을 듯하니, 이로써 정녀를 정실로 받아들이는 것이 어떠하나이까?"

태후가 말씀하시기를,

"그것은 안 될 말이다. 범상한 여자들끼리는 함께 부인이 되는 것이 혐의가 되지 않겠으나, 너는 선제(先帝)께서 매우 사랑하신 딸이요 또한 상이 사랑하시는 누이다. 일신이 가볍지 않으니 어찌 여염집 소소한 여자와 비견할 수가 있겠느냐?"

공주가 대답하기를,

"소녀 또한 소녀의 몸이 귀중한 줄을 아오나, 옛날의 성제(聖帝)나 명왕(明王)도 어진 사람을 공경하여 필부를 벗 삼으셨사옵니다. 소녀가 들으니, 정녀의 용모와 절행이 뛰어나 옛 사람도 정녀에 미치지 못하리라 하더이다. 과연 진실로 그러하면 저와 같이 비견함이 무슨 혐의가 있겠습니까? 비록 그러하나 소문이 실상과 다르기 쉬우니, 소녀의 생각으로는 어떠한 방법으로라도 정녀를 만나 보아서 용모 재덕이 소녀보다 나으면 마땅히 몸이 끝날 때까지 우러러 섬길 것이요, 만일 소문과 같지 않으면 첩을 삼거나 종을 삼거나 낭랑의 임의대로 하소서."

태후가 이 말을 듣고 탄식하며 말하기를,

"여자의 상정(常情)이 남의 재주를 시기하는데 여아는 남의 재주를 사랑하니 가히 아름답도다. 여아의 재덕이 옛 사람보다 낫도다. 내 또한 정녀를 보고자 하니 내일 당장 정녀를 불러 보리라."

공주가 여쭈기를,

"낭랑의 명이라 할지라도 정녀는 반드시 병을 칭하고 오지 않을 것이옵니다. 소녀의 소견으로는 모든 도관(道觀)과 이원(尼院)에 분부를 내리셔서 정녀가 분향하는 날을 알아내시면 한번 만나보기가 어렵지 않을 듯하나이다."

내시에게 명령하여 태후의 명으로 각처 사관에게 물으니 정혜원(定惠院)의 니고(尼姑)가 이르기를,

"정사도 집에서 전부터 불사(佛事)를 우리 절에서 하오나 정소저는 본래 사관(寺觀)에 다니지 않사옵니다. 다만 삼일 전에 가유인(賈孺人)이라 하는 양상서의 첩이 소저의 명을 받고 불사를 하고 갔으니, 소저가 지은 시문이 여기에 있으니 이를 가져다가 낭랑께 복명하소서."

내시가 돌아가 그대로 아뢰니 태후가 공주에게 이르기를,

"진실로 이 같으면 정녀의 얼굴은 보기 어려울 것 같구나."

하고 함께 그 글을 보니, 글에 씌어 있기를,

"제자 정씨 경패는 삼가 비자(婢子) 춘운으로 하여금 머리를 조아리며 모든 부처와 보살께 고하옵니다. 제자 경패는 삼생(三生)의 죄가 중하여 여자의 몸으로 태어났으며 또 형제의 즐거움조차 없사옵니다. 다만 제자가 전일에 양가(楊家)의 폐백을 받았으나 양랑이 부마 간택에 뽑히어 군명(君命)이 지엄하니 어찌 양랑을 쫓겠습니까? 하늘 뜻과 사람의 일이 서로 다르고, 그 덕을 두셋으로 하는 것은 의(義)에 차마 하지 못하겠사옵니다. 이제 제자가 부모 슬하에 의지하여 맑고 한가함을 얻었으니, 이렇게 부처께 정성을 들여 머리를 조아리며 제자의 심정을 아뢰옵니다. 원컨대 제자의 부모로 하여금 백년해로를 하게 도와주시고 또한 제자로 하여금 재앙이 없이 채의(彩衣)를 입어 부모님께 즐거움을 다하게 하옵소서. 부모가 백년해로를 하시고 돌아가신 다음에는 맹세코 공문(空門)에 돌아가 분향하고 경을 외어 부처의 은혜를 모두 갚을 것이옵니다.

또한 저에게 춘운이라는 시비가 있사옵니다. 일찍 경패와 더불어 크게 인연이 있사와 겉으로는 비록 종과 상전이오나 실은 친구와 같사옵니다. 주인의 명으로서 양랑의 소실이 되었사온데, 일이 그릇되어 지아비를 떠나 주인인 저에게 돌아와 사생고락을 맹서하여 함께하려고 하니, 엎디어 바라건대, 부처는 우리 두 사람의 정사를 슬피 여겨 세세생생에 다시 여

자로 태어나는 업을 벗어나게 하시와, 저의 죄악을 소멸하고 지혜와 복을 주시며 더 좋은 땅에 환도하여 양랑과 화락하게 하옵소서."

공주가 이르기를,

"한 사람의 혼사로 말미암아 두 사람의 인연을 그릇되게 하니 음덕에 해로울 것입니다."

하니 태후가 아무런 대꾸가 없으셨다.

이 무렵 정소저는 부모를 모시고 얼굴을 화평히 하고 좋은 말만 하여 조금도 한탄하는 기색을 보이지 않았다. 다만 최부인이 매양 소저를 볼 때마다 애처로운 마음을 이기지 못하고, 춘운 또한 소저를 모셔 문필과 기예(技藝)를 일삼아 부인 심사를 위로하며 날을 보내나 점점 쇠하여져서 병이 생기니 소저가 가장 민망해 하였다. 소저가 비복에게 명하여 풍류하는 사람과 온갖 완호(玩好)의 것을 구하라고 하여 부인의 마음을 위로하였다.

하루는 한 여동이 족자 두 축을 정부(鄭府)에 팔려고 왔다. 춘운이 받아 펴 보니 한 폭은 꽃 사이에 공작새가 있고, 다른 하나는 대숲에 자고새가 있었다. 춘운이 그 수놓은 솜씨를 보고 감탄하여 사람이 한 것 같지 않아 여동에게 기다리라 이르고 그 족자를 부인과 소저께 가져갔다.

"소저가 매양 제가 수놓은 것을 칭찬하셨는데, 이 족자를 한번 보십시오. 이는 신선 아니면 곧 귀신의 솜씨로소이다."

소저가 부인 앞에서 그것을 펴 보고 놀라며 하는 말이,

"이즈음 사람으로는 이런 공교한 솜씨가 없는데, 실 빛이 새로우니 어떤 사람이 이런 재주를 가졌는가?"

춘운을 시켜 여동에게 출처를 물어보니 여동이 대답하기를,

"이 수는 우리 집 소저의 솜씨니, 소저가 요사이 혼자 객지에 계시므로 급히 돈이 필요하여 값을 따지지 말고 팔아 오라고 하셨나이다."

춘운이 묻기를,

"네 집 소저는 뉘댁 분이시며, 또 무슨 일로 혼자 객지에 머물러 계시느냐?"

여동이 대답하기를,

"우리 소저는 이통판(李通判)의 누이옵니다. 통판 어른은 이대부인(李大夫人)을 모시고 절동(浙東) 임소로 가셨으나 소저가 병이 있어 표숙(表叔) 장별가(張別駕) 댁에 머무르고 계셨사옵니다. 그런데 요사이 별가 댁에서 연고가 있어 길 건너 연지 파는 사삼랑(謝三郎)의 집을 빌려 임시로 거처하시면서 절동 고을에서 거마 오기를 기다리고 계시나이다."

춘운이 이 말을 소저께 하니 소저가 차천수식(釵釧首飾)으로 값을 넉넉히 주어 족자를 사서 중당에 걸고 칭찬을 아끼지 않았다.

이후 여동이 정사도의 저택에 이따금 와서 비복들과도 사귀며 자주 왕래하였다. 정소저가 춘운에게 이르기를,

"이씨 여자의 수품을 보면 심상한 인물이 아니다. 내가 시녀 하나를 보내어 저 집 여동을 따라가 그 소저의 용모를 보고 오라 하면 좋겠다."

하고는 혜힐한 시녀를 가려 뽑아 여동을 따라 가도록 하였다. 시녀가 여동을 따라가 보니 여염집이 너무 협소하여 안팎이 없었다. 이소저는 정씨 댁 시녀임을 알고 음식을 마련하여 먹여 보냈다.

시녀가 돌아와 소저께 아뢰기를,

"이소저는 범상한 사람이 아니라, 얼굴 고움이 소저와 같더이다."

춘운이 이 말을 믿지 않고 이르기를,

"이소저의 그 재주를 보아도 결코 둔탁한 인물은 아니겠지만 말을 어찌 그렇게 쉽게 하느냐? 이 세상에 우리 소저 같은 사람이 있다는 말은 내가 믿지 못하겠다."

시녀가 대답하기를,

"가유인(賈孺人)이 내 말을 믿지 못하겠다면 다른 사람을 보내어 보고 오라 하소서."

춘운이 그 후에 다른 이를 보내어 알아보라 하였더니 그가 돌아와 말하기를,

“실로 괴이하니 이소저는 참으로 신선입니다. 전 사람이 한 말이 틀리지 아니하더이다. 유인이 믿지 못하겠다면 친히 가서 보소서.”

수일 후 연지 파는 사삼랑이 정사도댁에 와서 부인을 뵈고 사뢰기를,

“요즈음 소인의 집에 이통판댁 소저가 빌려 거처하시는데 그 낭자의 재주가 세상 사람과는 다르옵니다. 그 낭자가 귀댁 소저의 꽃다운 이름을 우러러 한번 뵙고 가르침을 듣고 싶어 하나 감히 바로 청하지 못하고 제가 부인께 자주 나와 뵙는 것을 알고는 먼저 아뢰어 보라 하시더이다.”

부인이 소저를 불러 이 말을 이르니 소저가 말하기를,

“소녀가 다른 사람과 달라 얼굴을 들어 남과 대하는 일을 않고자 하였사오나, 다만 이소저의 수놓는 솜씨가 신묘하고 또한 그 용모가 절세하다 하니 한번 보고자 하옵니다.”

이 말을 들은 사삼랑이 기뻐하며 돌아갔다. 이튿날 이소저가 시녀를 보내어 온다는 말을 먼저 알리고, 느직이 이소저가 휘장을 드리운 작은 교자를 타고 시녀 몇 사람을 거느리고 정사도 저택에 이르렀다. 정소저가 자기 있는 방으로 청하여 서로 보니, 손님과 주인이 동서로 마주앉아 있는 모습이 직녀가 월궁(月宮)에 손님이 되고 상원(上元)부인이 요지(瑤池)에 조회하는 듯하여 광채가 찬란하여 온 집에 비추니 피차가 서로 가만히 놀랐다.

정소저가 먼저 말하기를,

“지난번에 여동으로 인하여 옥 같은 발걸음이 가까이에 계시다는 말씀을 들었사옵니다만, 이 몸의 신세가 기구하여 인사를 전폐하고 문후하지 못하더니, 이제 소저께서 엄연히 임하시니 감격함을 말로 다 못하겠나이다.”

이소저가 대답하기를,

"소매는 누추한 사람이라. 부친을 일찍 여의고 모친이 지금까지 기르시니 무슨 배운 것이 있으리오? 스스로 한탄하기를, 남자는 천하에 어진 벗을 사귀어 어진 일로서 서로 돕거늘, 여자는 비복 외에는 상접할 사람이 없으니 허물을 어떻게 고치며 학문을 누구에게 물어 바로잡으리오? 들으니 소저께서는 반소(班昭)의 문장과 맹광(孟光)의 행실을 겸하여 몸을 중문 밖에 나지 아니하시고도 그 이름이 온 나라에 가득하더이다. 스스로 늦게 옴을 잊고 성덕광휘(聖德光輝)를 접하기를 원하였더니, 이제 소저께서 버리지 않으시니 족히 저의 평생의 위안이 되리로소이다."

정소저가 대답하기를,

"저저(姐姐)의 말씀이 곧 소매의 마음속에 있던 바입니다. 규중에 매인 몸이라 귀와 눈이 어두워 창해의 물과 무산(巫山)의 구름을 일찍 알지 못하옵니다. 형산(荊山)의 옥과 남해의 진주는 스스로의 광채를 거두어서 사람이 알지 못하게 합니다. 소매 같은 이는 스스로 뜻에 차지 않는데 어찌 감히 과분하신 칭찬을 받겠습니까?"

인하여 시비로 하여금 다과를 내어놓고 조용히 담소하였다. 이소저가 말하기를,

"소문에 듣자오니 부중에 가유인이란 사람이 있다 하니 한 번 볼 수 있겠습니까?"

정소저가 대답하기를,

"가유인 노한 저저를 뵙고자 하였으나 감히 청하지 못하더이다."

이에 춘운을 불러 이소저를 뵈라 부르자, 춘랑이 들어와 절하니 소저가 답례하였다.

춘운이 이소저를 보고 탄복하며 생각하기를, '과연 신선이로다. 하늘이 우리 소저를 내시고 또 이소저를 내셨으니, 조비연(趙飛燕)과 양귀비가 이 세상에 함께 있는 것 같구나.'

이소저가 또한 생각하되,

‘가녀의 소문은 익히 들었으나 과연 소문보다 월등하도다. 양상서가 총애할 만하도다. 마땅히 진중서(秦中書)와 더불어 어깨를 견줄 만하도다. 노주(奴主) 두 사람이 이렇듯 빼어나니 상서가 어찌 놓을 수 있겠는가?’

이소저가 춘운과 더불어 각각 가슴속을 털어놓고 이야기하였다.

이소저가 하직하며 말하기를,

“날이 이미 저물어 맑은 가르침을 오래 모시지 못하고 물러가겠습니다. 소매가 있는 곳이 댁과 단지 길 하나를 사이에 두었으니 다시 찾아와 가르침을 마저 듣겠나이다.”

정소저가 말하기를,

“소매가 저저의 영화로이 돌아보심을 입으니 마땅히 당하에 내려가 사례할 일이나 소매의 처신이 타인과 다른 고로 면목을 들어 중문을 나서지 못하니 저저는 용서하소서.”

두 사람이 떠나기를 아쉬워하다가 헤어졌다.

정소저가 춘운에게 말하기를,

“보검이 흙 속에 감춰져 있어도 빛이 북두성과 견우성에 쏘이고, 조개가 비록 바다 밑에 잠겼어도 기운이 누대(樓坮)를 이루듯이, 이소저의 재모가 저렇듯이 뛰어난데 우리가 소문을 듣지 못하였으니 실로 괴이한 일이로다.”

춘운이 여쭈기를,

“천첩의 마음에 의심이 한 가지 있사옵니다. 저에게 양상서가 늘 화주(華州) 진어사의 딸과 의혼하던 말을 이르셨는데, 지금껏 진소저를 잊지 못하고 안색이 참연하였습니다. 첩이 「양류사」를 보니 진실로 재주 있는 여자였사옵니다. 그 여자의 사생을 알지 못하니 혹 그 여자가 본 성명을 감추고 우리와 사귐으로써 전날의 인연을 이루고자 함이 아닐까요?”

소저가 말하기를,

“나도 역시 진씨의 재모에 대해 들었다. 비록 이소저와 비슷한 점이 있다 하나, 진소저가 화(禍)를 만나 액정(掖庭)에 들었다 하니 어찌 이곳에 올 수 있겠느냐?"

소저가 부인께 이소저를 칭찬하여 마지않자 부인이 말하기를,

"나도 이소저를 한 번 청하여 보고자 하노라."

수일 후 부인 말씀으로 이소저를 청하자 소저가 흔연히 승명하여 정사도 댁에 왔다. 부인이 중당에서 이소저를 맞으니 이소저가 자질(子姪)의 예절로 부인을 대하였다. 부인이 주찬(酒饌)으로 대접하고 정소저를 찾아와 서로 사랑함을 사례하니 이소저가 대답하기를,

"소질(小姪)이 저저의 덕을 흠모하여 뵙고자 하였으나 저를 내치실까 두려워하였사옵니다. 그러나 저저께서 한번 보고 형제로 대접하시고 또한 부인께서 저를 사랑해주시니 원컨대 종신토록 문하에 출입하여 부인을 자모(子母)처럼 섬기려 하옵니다."

부인이 감히 당치 못하여 하였다.

정소저가 이소저와 함께 부인을 모시고 정담을 나누다가 이소저를 데리고 자기 침소에 가서 춘랑과 함께 담소를 나누며 즐거워하였다. 두 소저가 마음이 서로 통하고 정 또한 서로 두터워 문장을 평론하고 부덕을 논하는 사이에 날이 저물었다. 그러나 시간 가는 줄을 모르고 서로가 사랑하고 공경하는 마음이 커 늦게 만난 것을 한스러워 하였다.

제11회

두 미인이 손을 잡아 같은 수레를 타고 장신궁(長信宮)에서 일곱 걸음 만에 시를 짓다

이소저가 돌아간 후에 부인이 소저와 춘운에게 이르기를,

"정씨와 최씨의 두 집안이 친척이 천만이나 되어 어려서부터 아름다운

자색을 가진 사람을 많이 보았으나 이소저와 같은 자색은 보지 못하였다. 실로 여아로 더불어 우열이 없으니 의형제를 맺으면 좋을 듯하구나."

소저가 춘운이 말하던 진씨 여자의 이야기를 부인께 아뢰기를,

"춘운은 의심을 하지 않을 수 없다 하나 소녀의 생각은 춘운과 다르옵니다. 이소저는 용모재덕을 말하지 않더라도 기상의 표연함과 위의의 단정함이 범인과 다르옵니다. 진녀가 비록 재기가 있으나 거동이 자못 진중치 못하니 어찌 이소저에게 견주겠습니까? 소녀의 생각을 말씀드리자면, 난양공주의 재모가 천 사람 중에도 비길 자가 없다 하니 혹 이소저의 기상과 비슷하지 않을까 하옵니다."

부인이 말하기를,

"나도 난양공주를 본 적이 없으나 공주가 높은 지위에 있어 빛나는 이름을 얻었을 터이니 어찌 이소저와 같겠느냐?"

소저가 여쭈기를,

"이소저의 종적에 의심 가는 바가 있사오니, 훗날 춘운을 보내어 이소저의 거동을 살펴보라 하겠습니다."

이튿날 정소저가 춘운과 더불어 이 일을 의논하려 할 때 이소저의 여동이 이소저의 말을 전하되, '마침 절강(浙江)으로 가는 배를 얻어 내일 떠나려 하여 오늘 부중에 나아가 이별을 아뢰려 하나이다.' 하였다.

이윽고 이소저가 이르러 부인과 정소저를 만나니 두 소저가 총총히 이별함을 한하여 애틋해 하는 뜻이 안색에 나타났다. 이소저가 부인께 사뢰기를,

"소질이 어미와 오라비를 떠난 지 일 년이 되옵니다. 돌아가고 싶은 마음이 화살 같으나 부인의 은덕과 저저의 정분으로 마음에 맺힌 것이 있사옵니다. 소질이 저저께 청하여도 허락하지 않을까 하여 부인께 아뢰나이다."

부인이 묻기를,

"무슨 일이냐?"

소저가 대답하되,

"소질이 선친을 위하여 남해대사상(南海大師像)을 수놓아 오다가 이제 겨우 마쳤사옵니다. 그런데 문인의 찬(讚)이 없으니 이제 저저의 두어 귀 글과 글씨를 받았으면 하옵니다. 저저가 어찌 여기실까 몰라 주저하였나이다."

부인이 소저를 보며 이르기를,

"네가 비록 가까운 친척의 집에도 가지 아니하나 이소저의 청은 어버이를 위하는 지성에서 나온 것이므로 다른 일과 다르다. 하물며 낭자의 집이 가까우니 잠시 갔다 온다 하여도 어려운 일이 아닐 듯하구나."

소저가 처음에는 어려워하는 기색이 있더니 이소저의 종적을 의심하여 이 기회를 타 그 종적을 탐지하려고 하였다.

"다른 일로는 실로 행하기 어려우나 사람에게는 다 부모가 있으니 어찌 청하는 바를 따르지 아니하오리까? 다만 날이 저물기를 기다려 가고자 하나이다."

이소저가 매우 기뻐하며 사례하되,

"날이 저물면 글을 쓰기가 어려울 듯하옵니다. 저저께서 만일 길이 번거로움을 꺼리어 그러신다면 소매가 타고 온 교자가 비록 누추하긴 하나 두 사람은 용납할 것 같으니 함께 타고 갔다가 저녁때에 돌아오심이 어떻습니까?"

정소저가 대답하기를,

"그렇게 하는 것이 좋을 듯합니다."

이소저는 부인께 하직하고 또 춘랑을 불러 이별의 인사를 나누었다. 이소저와 정소저가 두 사람의 시비만을 데리고 한 교자를 타고 길을 떠났다. 이소저의 집에 이르러 정소저가 이소저의 침방에 와서 보니 벌여놓은 것이 번잡하지 아니하되 모두 정화(精華)하고 나오는 음식은 비록 간소하나 맛이 좋은지라. 건성으로 보지 않고 유심히 살펴보니 하나같이 의심할 만하였다. 이소저가 오래도록 글 받을 말을 꺼내지 아니하자 정소저가 이에 묻기를,

"관음수상은 어디에 있나이까? 빨리 예배하고 싶습니다."

이소저가 대답하기를,

"이제 볼 수 있도록 하겠나이다."

홀연 문 밖에서 거마 소리가 떠들썩하고 무수한 청홍 깃발이 집을 에워쌌다. 정부의 시비가 급히 아뢰기를,

"집을 에워쌌나이다."

정소저가 이미 기미를 짐작하고 얼굴빛이 변하지 않았다. 이소저가 말하기를,

"저저는 놀라지 마십시오. 소매는 다른 사람이 아니라 곧 난양공주이옵니다. 저저를 이리로 맞아온 것은 황태후의 명입니다."

정소저가 자리를 피하여 대답하기를,

"여염에 사는 미천한 소녀로 비록 지식은 없으나 오히려 골격이 범인과 다른 줄은 아오나, 귀주가 강림하신 것은 천만 뜻밖의 일이옵니다. 무례히 행동한 것이 많사오니 죄를 청하나이다."

공주가 미처 대답하지 못하여 시녀가 들어와 아뢰기를,

"삼전에서 왕상궁과 석상궁과 황상궁을 보내셨나니 공주께 문안 여쭈나이다."

공주가 이르기를,

"저저는 잠깐 여기에 계시옵소서."

하고 당상에 나아가 맞으니 세 상궁이 차례로 들어와 예를 마치고 아뢰기를,

"옥주께서 대내(大內)를 떠나신 지 이미 여러 날이 되오니 태후낭랑께서 뵙고 싶은 마음이 간절하시옵니다. 또한 만세황야와 황후낭랑이 각각

비자 등을 보내어 안부를 여쭙게 하셨사옵니다. 오늘이 곧 공주께서 환궁하실 기한인 고로 의장(儀仗)을 밖에 대령하였고 황상이 조태감(趙太監)과 위태감(魏太監)을 명하사 호행(護行)하게 하셨나이다."

왕상궁이 또 사뢰기를,

"태후낭랑이 명하시기를, 부디 정낭자와 더불어 연(輦)을 타고 같이 들어오라 하시더이다."

공주가 세 상궁을 밖에서 기다리라 하고 방에 들어와 소저께 이르기를,

"할 말이 비록 많으나 조용한 때를 기다려 자세히 하려니와, 태후낭랑이 저저를 보고자 하시어 서서 기다리신다고 합니다. 소매와 함께 궁에 들어가 조현(朝見)하소서."

정소저는 아무래도 피할 수 없는 것을 알고 대답하기를,

"귀주가 첩을 사랑하심은 안 지 오래나 여염 여자가 일찍이 한 번도 지존(至尊)을 뵙지 못하였사오니 황공하여 예의에 어긋남이 있을까 두렵나이다."

공주가 말하기를,

"저저는 조금도 의심하지 마소서. 태후낭랑께서 소저를 보고자 하시는 마음이 어찌 소매가 소저를 보고자 하는 마음과 다르겠습니까?"

정소저가 말하기를,

"오직 명하시는 대로 행하겠사오나 귀주가 먼저 행차하시면 집에 돌아가 이 사연을 노모께 말하고 뒤따르겠나이다."

공주가 말하기를,

"태후낭랑이 소매로 더불어 연을 같이 타고 함께 들어오라 하셨으니 사양하지 마소서."

정소저가 사양하기를,

"천첩이 미천한 사람으로 감히 왕희(王姬)와 함께 한 연을 탈 수 있겠사옵니까?"

공주가 웃으면서 말하기를,

"여상(呂尙)은 어부였으나 문왕(文王)의 수레를 함께 탔고, 후영(侯嬴)은 문지기로되 신릉군(信陵君)이 말고삐를 잡았으니, 저저는 여러 대 동안 후백(侯伯)의 집이요 대신의 집안 딸이니, 어찌 소매와 함께 연을 타는 것을 사양하나이까?"

드디어 공주가 정소저의 손을 이끌어 연에 올랐다. 정소저는 한 시비에게 분부하여 부인께 아뢰게 하고 시비 한 사람은 뒤를 따르게 하였다.

연이 행하여 동화문(東華門)으로 들어가 겹겹이 싸인 궁문을 지나 한 전문(殿門) 밖에 다다랐다. 공주가 소저와 함께 연에서 내려 상궁에게 이르기를,

"상궁은 정소저를 모시고 여기서 잠깐 기다리라."

상궁이 가로되,

"낭랑의 명으로 정소저의 막차(幕次)를 이미 배설하였나이다."

원래 태후가 정소저에게 좋은 마음이 없었으나, 공주가 미복을 하고 정사도 집 근처에 거처하면서 수놓은 족자로써 몸가짐의 방도를 삼아 정소저를 한 번 보고 난 후에 정소저에게 크게 경복하였다. 양상서가 결국 정소저를 버리지 않고 또한 첩으로도 삼지 않을 것을 헤아리고, 또 정소저와 서로 사랑하여 형제의 의를 맺고는 장차 한 사람을 섬기고자 하여 힘써 태후가의 뜻을 돌리게 하였다. 태후가 이에 크게 깨닫고 공주와 정녀가 양소유의 두 부인이 되는 것을 허락하셨고, 친히 정씨의 얼굴을 보고자 하시어 공주를 시켜서 데려오게 하셨던 것이다.

정소저가 막차에서 잠깐 앉아 있는데, 궁녀 두 사람이 안에서 의복을 담은 함을 받들고 나와서 태후의 명을 전하되,

"정소저는 대신의 딸이요 재상의 빙례(聘禮)를 받았으나 아직도 처녀의 복색을 입고 있으니, 평복으로 조현하지 못할 것이므로 이품(二品) 명부(命婦)의 장복(章服)을 보내노라." 하였다.

소저가 재배하고 대답하기를,

"신첩이 처녀의 몸으로 어찌 감히 명부의 복색을 하겠습니까? 신첩이 입은 옷이 부모 앞에서 입는 옷이니, 낭랑은 만민의 부모이시니 청컨대 부모를 만나는 의복으로써 조현하고 싶사옵니다."

궁녀가 들어가 그대로 아뢰자 태후가 정씨를 인견하라 하셨다. 소저가 궁녀를 따라 전 앞에 이르니 고운 빛이 궁중에 쏘여 보는 사람들이 흠모하여 탄식하기를,

"천하에 아름답고 고운 이는 우리 귀주 한 사람뿐일 것이라 생각하였더니, 어찌 또 정씨가 있는고?"

소저가 배례를 마치자 궁인이 인도하여 전상에 오르도록 하였다. 태후가 자리를 내어주시고 하교하시기를,

"지난번 여아의 혼사 일로 인하여 조서를 내려 보내 양상서의 예폐를 도로 거두어들이게 한 것은 옛일을 따라 한 것이니, 과인이 창개(創開)한 것은 아니니라. 여아가 과인에게 이르기를, '새 혼사를 위하여 옛 언약을 저버리게 하는 것은 왕 된 자가 인륜을 극진히 여기는 뜻이 아니라.' 하여 힘써 간하고 너와 더불어 한가지로 양소유를 섬기겠노라 하였다. 과인이 이미 상께 의논하여 여아의 아름다운 뜻을 따르기로 하였으니 양상서가 환조함을 기다려 예폐를 도로 보내고 너로 하여금 공주와 함께 그의 부인이 되도록 할 것이다. 이는 예로부터 없는 일이니 특별히 너에게 일러두노라."

소저가 사은하기를,

"성은이 이렇듯 하시니 천첩의 몸을 부수어 가루를 만들어도 다 갚지 못할 일이옵니다. 다만 신첩은 신하의 딸이니 어찌 감히 왕희(王姬)로 더불어 같은 명위를 할 수 있겠나이까? 첩이 설혹 명을 따르고자 할지라도 첩의 부모께서 죽기로써 명을 받들지 아니할 것이옵니다."

태후가 이르시기를,

"비록 너의 겸손이 아름다우나 너의 집은 누대 공후의 집이라. 너의 부친 정사도는 선조(先朝)의 노신이니 어찌 감히 잉첩(媵妾)이 되어 천한 이름을 얻으려 하느냐?"

소저가 여쭈기를,

"신하된 자가 임금을 섬기는 것은 만물이 천명을 순종하는 것과 같으니 첩을 삼으시건 종을 삼으시건 오직 명하시는 대로 할 것이니 신첩이 어찌 털끝만큼도 원망하겠습니까? 여염집 여자가 왕희를 섬김이 또한 영화가 아니겠습니까? 다만 일의 난처함이 있으니, 처로써 첩을 삼는 것은 예로부터 『춘추』의 경계한 바니 양소유가 즐겨 아니할까 하옵니다."

태후가 타이르되,

"네 말이 실로 옳으나, 부인도 안 된다 하고 첩도 안 된다 하면, 여아의 혼사를 다른 집에 의혼해야 할 듯하다. 그런데 여아가 양상서와 퉁소 한 곡조로써 백년연분임을 증험하였으니 어찌 천명을 거스르겠느냐?"

소저가 말하기를,

"첩이 어찌 다른 염려 있겠사옵니까? 첩의 부모가 아들이 없고 첩이 형제가 없으니 천명을 순수하여 부모를 봉양함이 어찌 사람 된 도리가 아니겠습니까?"

태후가 웃으며 말하기를,

"네 효성이 비록 그러하나 내 어찌 차마 필부로 하여금 그 있을 곳을 얻지 못하게 하리오? 하물며 너의 용모가 이렇듯 하고 덕행·재학·언변이 출중하니 어찌 양상서가 너를 버리고 다른 부인을 구하겠느냐? 만일 양소유에게 너를 버리게 한다면 너의 혼사뿐 아니라 여아의 혼사도 모두 잘못될 듯하다. 과인에게 본래 딸 둘이 있었는데 난양의 형이 십 세에 요절하여 난양의 외로움을 염려하였었다. 이제 너의 용모 재기를 보니 죽은 내 딸을 본 듯한지라. 내 이제 너를 양녀로 삼고 상께 말씀드려 너의 위호(位號)를 정하고자 한다. 이리한즉 하나는 내가 너를 사랑하는 뜻을 표하고, 하나는 난양이 너를 친히 하는 뜻을 이루게 하고, 셋은 너로 하여금 난양과 양상서를 따르는 데에 난처한 일이 없게 하려 함이다. 이에 네 뜻은 어떠하냐?"

소저가 머리를 조아리고 사양하기를,

"하교가 이러하시니 신첩이 손복(損福)할까 염려되나이다. 다만 성교(聖敎)를 거두시기를 간청하옵니다."

태후가 이르시기를,

"내 황상과 의논할 것이니 지나치게 사양하지 말라."

하시고 난양공주를 불러 정소저를 보게 하시니, 공주가 위의(威儀)와 장복(章服)을 갖춰 나왔다. 태후가 말씀하기를,

"공주가 정소저와 더불어 형제 되기를 원하더니 이제는 참 형제가 되었으니 네 뜻에 어떠하냐?"

하시고 정소저를 양녀 삼음을 이르니 공주가 기뻐하며 사례하기를,

"낭랑의 처분이 지극히 마땅하시옵니다."

태후가 정소저에게 술을 내리시고, 조용히 문장과 서사(書史)를 의논하시다가 이에 정소저에게 이르기를,

"내 일찍이 너의 재주를 난양에게 들었도다. 이제 궁중에 일이 없고 봄날이 한가하니 한번 채필(彩筆)을 들어 나의 기쁜 마음을 도우라. 옛 사람 중에 일곱 걸음에 글을 지은 자가 있었는데 너 또한 능히 하겠느냐?"

소저가 대답하기를,

"낭랑이 명하시니 신첩이 감히 하찮은 재주를 가졌지만 까마귀라도 그려 한 번 웃으심을 돕고자 하옵니다."

태후가 크게 기뻐하면서 궁녀 중에 발이 작고 걸음이 빠른 사람을 골라내어 전각 앞에 세우고 시제(詩題)를 내어 시험하고자 하니, 공주가 아뢰기를,

"시를 홀로 짓게 하는 것은 마땅하지 않으니, 소녀도 저저와 더불어 한

가지로 짓겠나이다."

태후가 더욱 기뻐하시며,

"여아가 짓겠다고 하면 더욱 좋도다. 다만 시제를 전에 없던 것을 낼 것이다."

이때 늦봄이 되어 전각 앞에 벽도화(碧桃花)가 만발하였는데 갑자기 까치가 날아와 가지에 앉으며 기쁘게 우짖으니 태후가 기뻐하며 말씀하시기를,

"내가 너희 두 사람의 혼사를 정하자 까치가 꽃 위에서 기쁨을 알리며 우니 이는 분명 길조라. 시제를 '벽도화 위의 까치의 울음소리'로 하여 칠언절구 한 수를 짓되, 글 속에 반드시 정혼하는 뜻을 넣어라."

문방사우를 각각 앞에 벌여 놓고 두 사람이 붓을 잡자 전각 앞에 서 있던 궁녀가 이미 걸음을 옮기고 있었는데, 속마음에 혹시 일곱 걸음 안에 두 사람이 미처 글을 짓지 못할까 하여 붓 두르는 것을 보며 다음 발뒤축 들기를 천천히 하나, 두 사람의 필세가 풍우 같아 한 번에 써서 바치니 궁녀가 겨우 다섯 걸음을 걸은 후였다.

태후가 정소저가 쓴 글을 보시니, 그 글에,

紫禁春光醉碧桃　궁궐 봄볕이 벽도화를 취하게 하니
何來好鳥語咬咬　어디서 온 좋은 새는 교교히 말을 하는가.
樓頭御妓傳新曲　누 위에 대궐 계집이 새 곡조를 전하니
南國禯華與鵲巢　남국의 농화가 까치와 더불어 깃들이더라.

또 공주의 글을 보시니, 그 글에,

春深禁掖百花繁　봄이 궁궐에 깊어 백화가 번성하니
靈鵲飛來報喜言　신령스러운 까치가 날아와 기쁜 말을 아뢰더라.
銀浦作橋須努力　은하수에 다리를 놓으니 모름지기 노력하여

一時齊渡兩天孫　일시에 두 천손이 나란히 건너가더라.

태후가 크게 기뻐하며 이르시기를,

“나의 두 딸은 여자 중에 이백(李白)과 조식(曹植)이로다. 만약 조정에서 과거로 여자를 뽑는다면 장원과 탐화를 차지할 것이다.”

두 글을 난양공주와 정소저에게 서로 보이자 두 사람이 각기 탄복하였다.

공주가 태후께 사뢰기를,

“소저가 요행 한 편의 글을 완성하긴 하였으나 소녀의 글 뜻이야 누가 능히 생각하지 못하겠습니까? 저저의 글은 완곡(宛曲)하여 소녀가 미칠 바가 아니옵니다.”

태후가 말씀하시기를,

“그러나 진실로 공주의 글도 영혜하니 사랑스럽도다.”

이때 선조(先朝)의 늙은 궁인이 태후를 모시고 있다가 태후께 사뢰기를,

“저의 천성이 둔박하여 어렸을 때 글을 배웠으나 시의 깊은 뜻을 알지 못하니 낭랑이 이 두 글 뜻의 의미를 풀이하여 하교해 주시기를 바라나이다. 좌우의 시위도 듣고자 하나이다.”

태후가 웃고 이르기를,

“이 두 글이 다 뜻이 있으니, 정소저의 글은 도화로 난양을 비유하였다. 『모시(毛詩)』 소남(召南)에 왕희(王姬)가 하가하는 시에 이르기를, ‘빛나기가 복숭아와 오얏 같다’ 하였고 제후의 딸이 서방 맞는 글에 이르기를, ‘까치에게 집이 있다’ 하였다. 이 두 글을 풍류 곡조로 정하면, 두 사람의 혼사가 자연 시 가운데에 있다. 옛 사람의 글에 ‘대궐 계집이 곡조를 지작루(鳷鵲樓)에 전한다’ 하였으니 이 글을 인하여 쓰면서, 까치 작자(鵲字)를 감추었으되 정묘하고 완곡하여 그 덕성을 보는 듯하니, 난양이 탄

복할 만하다. 난양의 시에는 까치더러 경계하는 말이 '은하수 다리를 힘써 만들어, 옛날에는 한 명의 직녀 건너갔으나 이제는 두 직녀가 건너리라' 하여 공주의 혼인을 오작교를 건너는 것으로 비유하니 이는 예사로 있는 것이다 그러나, 과인이 정소저를 양녀 삼으니 감당할 수 없다 하여 『모시』를 인용하여 스스로 제후의 딸로 자처했거늘, 난양의 시에서는 정소저와 같이 한가지로 천손이라 하였으니, 이는 진실로 내 뜻을 아는 것이라. 어찌 영매(英邁)하지 않겠느냐?"

노상궁이 크게 탄복하며 제인으로 더불어 만세를 불렀다.

제12회

양상서(楊尙書)는 꿈에 상계(上界)에 노닐고 가춘운(賈春雲)은 유언(遺言)을 속여 전하다

이때 천자가 태후께 낮 문안을 오시니, 태후가 공주를 명하여 정소저를 데리고 잠간 협실에 피하게 하시고 상께 이르시기를,

"난양의 혼사를 위하여 양소유의 예폐를 거두는 것은 생각해 보니 풍화(風化)에 해로운 듯하오. 그런데 정녀를 공주와 나란히 양소유의 부인을 삼으려 한즉 정사도가 감히 따르지 않을 것이요, 정녀를 양소유의 첩이 되게 하는 일도 더욱 마땅한 처사가 아닌 듯합니다. 내 오늘 정녀를 불러 보니 그 재모가 난양으로 더불어 형제가 될 만하여 이미 양녀를 삼았나이다. 후일 공주와 함께 양소유에게 주어 돌아가게 하고자 하는데 나의 처치가 어떠하오?"

상이 매우 기뻐하며 하례하시되,

"낭랑의 공평하심이 천지 같으니, 예로부터 어떤 후비(后妃)도 미칠 이 없나이다."

태후가 정녀를 불러 상께 조현하라 하시니, 상이 명하여 전에 오르라 하시고 태후께 사뢰시되,

"정씨가 이제는 누이가 되었거늘 아직도 평복을 하고 있음은 어찌된 일이옵니까?"

태후가 이르시기를,

"상께 고하지 못하였고 명이 없다 하여 군이 장복을 사양하더이다."

상이 여중서에게 명하시어 직금(織金) 난봉문(鸞鳳紋)이 놓인 고명(誥命) 한 축을 가져오라 하셨다. 진채봉이 그것을 받들어 올리자, 상이 붓을 들어 쓰려 하시다가 태후께 묻기를,

"정녀를 이미 공주로 봉하였으니 마땅히 나라의 성을 줄까 하나이다."

태후가 말씀하시기를,

"나도 그 생각이 있었으나 다시 생각해 보니. 정녀의 부모가 늙고 다른 자식이 없다 하니 과인이 차마 그 본성을 빼앗지 못하겠으니 성은 고치지 마소서."

상이 어필로 쓰시고 이르시되,

"황태후 성지를 받들어 양녀 정씨를 영양공주(榮陽公主)로 봉하노라." 하시고 중서로 하여금 양궁(兩宮)의 어보(御寶)를 찍어 소저에게 주시고, 궁녀에게 분부하여 공주의 관복을 받들어 입히도록 하였다. 정씨가 사은하고 올라와 난양공주로 더불어 좌차를 정하려 하니, 정소저의 나이가 일년이 많았지만 감히 위에 앉지 못하였다.

이에 태후가 이르시되,

"영양공주는 이제 나의 딸이거늘 어찌 형제지간에 외대(外待)하기를 이렇듯이 하여 서로 겸양하느냐?"

소저가 머리를 조아리며 사양하되,

"오늘의 좌차는 곧 후일의 차서(次序)가 될 것이오니 어찌 감히 처음에 어지럽게 하겠습니까?"

난양공주가 말하기를,

"춘추시대에 진문공(晉文公)의 딸은 조최(趙衰)의 아내가 되었으나 그 위(位)를 먼저 얻은 적(狄) 땅의 여자에게 사양하였거늘, 하물며 저저는 곧 소매의 형이니 다시 무슨 의심이 있겠습니까?"

소저가 오랫동안 사양하자 태후가 명하기를,

"형제는 차례로 앉아라."

하시니 이 후로 온 궁중에서 정소저를 영양공주라 일컬었다.

태후가 두 공주가 지은 시를 상께 보이시자 상이 칭찬하시며 말하기를,

"두 글이 다 절묘하나, 영양의 시는 『모시(毛詩)』를 인용하여 후비(后妃)의 덕화(德化)로 돌려보냈으니 더욱 득체(得體)하였나이다"

태후가 옳다고 하시었다. 상이 조용히 태후께 사뢰되,

"태후께서 영양을 사랑하심이 실로 전에 없던 바이옵니다. 신이 또한 태후께 청할 일이 있나이다."

드디어 진중서(秦中書)의 전후 사실을 자세히 아뢰기를,

"진채봉의 아비가 비록 죄를 지어 죽었사오나 대대로 조정의 신하였사옵니다. 이제 그 정원(情願)을 이루어주어 영양공주의 종가(從嫁)하는 잉첩(媵妾)을 삼고자 하나니 어떠하옵니까?"

태후가 난양을 돌아보시자 난양이 아뢰기를,

"진씨가 일찍이 이 일로 소녀에게 말한 적이 있나이다. 소녀가 진씨로 더불어 정분이 친밀하여 서로 떠나고 싶지 않나이다."

태후가 진채봉을 불러 하교하시되,

"난양이 너를 떠나고 싶지 않다고 하기에 특별히 너를 양상서의 잉첩을 삼노라. 너의 소원을 이뤘으니 난양을 더욱 정성으로 섬기도록 하여라."

진씨가 눈물을 비처럼 흘리고 머리를 조아리며 사은하였다.

태후가 진씨에게 하교하기를,

"두 공주의 혼사를 정하니 홀연 까치가 와서 길조를 알리기에 이에 두 공주가 시를 지었느니라. 이제 중서가 또한 돌아갈 곳이 있으니 능히 한 수를 지으라."

진씨가 명을 좇아 즉시 글을 지어 드리니, 그 글에,

喜鵲査査繞紫宮　까치가 울며 붉은 대궐을 빙 도니
夭桃花上起春風　복숭아꽃 위에 춘풍이 일어나는구나.
安巢不待南飛去　편한 보금자리 정하여 남으로 날아가기 기다리지 않고
三五星稀正在東　셋 다섯 별이 드문드문. 바로 동녘에 있더라.

태후가 상과 함께 보시고 이르시기를,

"사도온(謝道韞)이라도 이를 따르지는 못할 것이다. 이 글 속에『모시(毛詩)』를 인용하여 처첩의 직분을 잘 지켰으니 이것이 더욱 아름답도다."

난양이 이르기를,

"희작시(喜鵲詩)에 쓸 재료가 본디 많지 않고 이미 우리 형제가 먼저 글을 지었으니 인용할 글이 더 없었고, 또한 조조(曹操)의 글은 본디 길한 말이 아니라서 그 구절을 끌어 쓰기가 매우 어렵거늘, 이 글에서 조조의 시와 두보의 시와『모시(毛詩)』글귀를 섞어 인용하여 한 구를 지었으되 혼연(渾然)하니, 실로 옛사람들이 진씨를 위하여 먼저 글을 지은 듯하니 이런 재주는 예전에도 있기 어려울까 하옵니다."

태후가 옳다 하시고 또 이르시기를,

"예로부터 여자로서 시를 잘 지은 자는 오직 반첩여(班婕妤)·탁문군(卓文君)·채문희(蔡文姬)·사도온(謝道韞)·소혜(蘇惠) 이 다섯 뿐이라. 이제 시에 재주 있는 여자 셋이 모였으니 가히 보기 드문 일이라 하겠구나."

공주가 또 말하기를,

“영양 저저의 시녀 가춘운의 글재주 또한 가히 보암직하나이다.”

태후가 묻기를,

“가춘운을 한 번 만나보고 싶구나.”

두 공주가 함께 자고 다음날 일어나 태후께 문안하였다. 영양이 집에 돌아가기를 청하기를,

“첩이 궁중으로 들어올 때 필연 부모가 놀랐을 것이오니, 집으로 돌아가 태후낭랑의 은덕과 첩의 영화를 부모님께 말씀드리고자 하나이다.”

태후가 타이르시기를,

“여아가 이제 어찌 궁중을 마음대로 떠날 수 있겠느냐? 내 또한 최부인과 의논할 말이 있도다.”

하고 즉시 전교를 내려 최부인에게 입궐하라 하시었다.

이때 정사도 내외는 소저가 데려간 시비가 먼저 와 전하는 말을 듣고 놀란 마음을 겨우 진정하였다. 최부인이 명을 좇아 태후께 조현하자 태후가 이르시기를,

“내가 영양공주를 처음에 입궐하게 한 것은 얼굴을 보고자 함이 아니라 실로 난양공주의 혼인을 위함이었다. 그러나 정소저의 얼굴을 한번 본 후 사랑하는 마음이 생겨, 난양과 비교하여 그 재모에 차이가 없어 마음속으로 생각하기를, 영양공주가 과인의 전생 딸인데 금생에는 부인 집에 탄생한 것이 아닌가 하였다. 영양이 이미 공주가 되었으니 마땅히 국성(國姓)을 줄 것이로되 부인의 외로움을 불쌍히 생각하여 성을 고치지 아니하였으니, 부인은 과인의 지극한 뜻을 알지어다.”

최부인이 다만 황공해 하며 감격할 따름이었다.

태후가 또 이르기를,

“영양이 이제는 내 딸이 되었으니 다시 찾지 마시오.”

부인이 아뢰기를,

“어찌 감히 다시 찾겠습니까? 그러나 신첩의 여아가 공주가 된 후 첩

의 부부가 나이가 많으니 다시 보지 못할까 하여 슬퍼하나이다."

태후가 웃으며 말하기를,

"불과 혼인 전이니 혼인 후에는 난양까지도 부인께 의탁하리이다."

인하여 난양을 부르니 최부인이 전날의 무례함을 사죄하였다.

태후가 말하기를,

"내가 들으니 부인 집에 가춘운이라는 여자가 있다 하니 내가 한 번 보기를 원하노라."

부인이 승명하여 가춘운을 부르니 춘운이 뜨락 아래에서 머리를 조아리고 뵈오니, 태후가 이르기를,

"난양의 말을 들으니 네가 시를 잘 짓는다 하니 내 앞에서 능히 지어 보겠느냐?"

"시험 삼아 시제를 듣고자 하나이다."

태후가 세 사람의 희작시를 보이며 이르기를,

"네 또한 능히 지을 수 있겠느냐? 두렵건대 재목(材木)이 없을까 하노라."

춘운이 필연을 청하여 즉시 지어 올렸다.

報喜微誠只自知　기쁨을 알리는 작은 정성을 다만 스스로 알지니
虞庭幸逐鳳來儀　순(舜)임금 뜰에 다행히 봉황을 따라왔노라.
秦樓春色花千樹　진(秦) 땅 누각엔 봄빛이 천 그루의 꽃나무에 있으니
三繞寧無借一枝　세 번 둘러 날되 어찌 한 가지를 빌릴 수 없는가?

태후가 두 공주에게 그 글을 보이며 이르시기를,

"가녀의 글재주가 이렇듯 뛰어난 줄은 짐작하지 못하였구나."

난양공주가 여쭈기를,

"이 글에서 까치로써 자신의 몸을 견주고 봉황으로써 저저를 견주었사오니 가장 득체(得體)하였고, 끝 구에는 혹여 소녀가 저를 허락지 아니할

까 걱정하여 같은 가지에 깃들임을 빌고자 하였으되, 고인의 글귀를 모아 지었으니 뜻이 절묘하나이다. 옛말에 이르기를, '나는 새가 사람에게 의지하면 사람이 스스로 그 새를 사랑한다' 하였으니, 이 말은 가녀를 일컫는 말이라 하겠사옵니다."

인하여 난양공주가 춘운을 데리고 물러나와 진씨와 서로 보게 하여 이르기를,

"이 여중서는 화음현의 진씨 여자인데, 춘랑과 더불어 백 년을 함께할 사람이라."

춘랑이 묻기를,

"그러하면 「양류사」를 지은 낭자이옵니까?"

진씨가 놀라 묻되,

"춘랑이 누구로부터 「양류사」를 들었습니까?"

춘운이 대답하되,

"양상서께서 말씀해 주셨습니다."

진씨가 슬픔을 이기지 못하여 말하기를,

"양상서께서 오히려 첩을 기억하고 계셨군요."

춘랑이 말하기를,

"낭자가 어찌 그런 말을 하십니까? 양상서가 항상 낭자의 「양류사」를 몸에 지니어 잠시도 놓지 않으시고 낭자의 말을 하시며 눈물을 흘리셨나이다. 어찌 낭자가 상서의 정을 알지 못하시옵니까?"

진씨가 대답하기를,

"상서가 이렇듯 첩을 잊지 않으셨다면 첩이 죽어도 한이 없습니다."

인하여 환선시(紈扇詩) 짓던 이야기를 하니 춘운이 웃으며 말하기를,

"첩의 몸의 차천수식(釵釧首飾)과 지환(指環)이 모두 그 날 얻은 것이옵니다."

문득 궁인이 들어와 알리기를,

“정사도 부인께서 댁으로 돌아가시려 합니다.”

두 공주가 태후를 모셔 앉아 있고 태후가 부인에게 이르시되,

“양상서가 오래지 않아 환조할 것이니 전날의 예폐는 도로 보내겠으나 내가 생각하니 보냈던 예폐를 도로 받음이 몹시 구차하도다. 이제 정소저가 공주가 되었으니 두 혼례를 같은 날 함께 거행하고자 하니 부인 생각은 어떠시오?”

부인이 대답하기를,

“오직 태후낭랑의 명대로만 하겠나이다.”

태후가 웃으며 이르기를,

“양상서가 영양을 위하여 나라의 처분에 세 번 항거하였으니 이 몸 또한 그를 한 번 속이고자 하오. 사람들 하는 말에, ‘흉하면 곧 길하다’라고 하였으니 상서가 환조하거든 정소저가 병을 얻어 세상을 떠났다고 하시오. 상서가 스스로 말하기를 정녀를 직접 보았다 하였으니 과연 상서가 그 모습을 아는지 시험해 봅시다.”

부인이 대답하기를,

“명대로 하겠사옵니다.”

하고 하직하고 집으로 돌아가니, 영양이 전문 밖에 나와 부인을 배웅하고 춘운을 불러 상서에게 이를 말을 일러주었다.

이 무렵 상서는 백룡담 물을 군마에게 먹이고 사기가 예전과 같아져 대군을 지휘하여 북을 치면서 진군하였다. 이때 토번 찬보가 마침 요연이 보낸 진주를 받은 후라서 양원수의 군사가 이미 반사곡을 지났단 말을 듣고 크게 두려워하며 아무것도 할 줄을 몰랐다. 모든 장수가 찬보를 사로잡아 양원수 진에 끌고 와 항복하니, 양원수는 군용을 정제하여 토번 도읍에 들어가 백성을 보살피고 곤륜산(崑崙山)에 올라 비(碑)를 세워 당나라 공덕을 기록한 후 개가를 부르면서 경사로 향하였다.

진주(眞州) 땅에 이르자 이미 가을이 되어 산천이 소슬하고 기러기 소

리는 객창의 외로움을 더욱 간절케 하였다. 원수가 객관에서 밤이 늦도록 고향을 생각하면서 잠을 이루지 못하며,

"집 떠난 지 삼 년이니 노친은 평안하신가? 나라의 일로 분주하여 아직도 아내를 두지 못하였으니 정소저와의 인연은 과연 어떻게 될 것인가? 내 이제 오천 리의 잃어버린 땅을 회복하고 만승의 강적을 평정하였으니 공이 적지 않은지라. 천자가 반드시 제후에 봉하시는 상을 내리실 것이니 내가 만일 벼슬을 도로 바치고 정소저와의 혼사를 청하면 천자가 내 청을 들어주실 수도 있으리라."

이처럼 생각하니 마음이 조금 편하여 베개를 베고 잠시 조는데, 꿈속에서 천상에 올라갔다. 하늘의 칠보 궁궐에 오운이 어리어 있었다. 두 사람의 시녀가 양상서에게 아뢰기를,

"정소저께서 원수를 청하나이다."

상서가 시녀를 따라 들어가니 넓은 뜰에는 신선의 꽃이 만발하였고 누각 위에 선녀 세 사람이 어깨를 나란히 하고 앉아 있었다. 선녀들이 갖춘 복색은 마치 후비 같고 푸른 눈썹과 맑은 눈이 눈부셨다. 그들은 난간에 의지하여 시녀가 장방 던지는 것을 보다가 원수를 보고 일어나 인사하고 빈주의 자리를 나누어 앉았다. 위쪽에 앉은 선녀가 묻기를,

"군자께서는 저와 이별한 후 무양하시옵니까?"

상서가 자세히 살펴보니 지난날 거문고 곡조를 의논하던 정소저였다. 상서가 반갑기도 하고 한편으로는 슬퍼하여 말을 못하자 소저가 이르기를,

"첩이 이제는 인간 세계를 떠나 천궁에 올라왔습니다. 옛일을 생각하니 어찌 한갓 약수(弱水)가 가렸을 뿐이리오? 비록 군자가 첩의 부모를 보시더라도 첩의 소식을 듣지는 못하실 것입니다."

인하여 두 선녀를 가리키며 이르기를,

"이는 직녀성군(織女星君)이요, 저분은 피향옥녀(披香玉女)이옵니다. 군

자로 더불어 전생 인연이오니 첩은 생각하지 마소서. 원수가 이들과 좋은 인연을 이루면 첩이 또한 의탁할 일이 있을 것입니다.”

상서가 두 선녀를 보니 말석에 앉은 자의 얼굴이 익은 듯하였으나 능히 기억할 수 없었다. 문득 원문(轅門)에서 북 치고 주라(朱喇) 부는 소리에 잠을 깨어 꿈속 일을 돌이켜 생각해 보니 하나같이 길조가 아니므로 마음이 심란하고 의심이 커갔다.

얼마 지나지 않아서 앞서 가던 군대는 경사에 이르렀고 천자께서 친히 위교(渭橋)에 나와 원수를 맞이하셨다. 원수가 봉시자금회(鳳翅紫金盔)를 쓰고 황금쇄자갑(黃金鏁子甲)을 입고 천리대완마(千里大宛馬)를 타고, 천자가 하사하신 백모황월(白旄黃鉞)과 용봉을 그린 깃발로 전후에 옹위하고, 찬보는 함거에 싣고, 서역 삼십육 군장이 각각 조공하는 보물을 가지고 뒤를 따르니, 그 군용의 거룩함이 천고에 드문 일이었다. 구경하는 사람들이 길을 메우고 백여 리까지 이어졌으니 장안 성이 다 비었다.

천자가 양원수의 나랏일로 근로함을 위로하시고 공을 의논하여 곽분양(郭汾陽)의 고사로 왕을 봉하려 하니 상서가 머리를 조아리며 지성으로 사양하였다. 천자가 그 충성된 뜻을 좇아 조서를 내려 양소유로 대승상 위국공(魏國公)에 봉하여 식읍(食邑) 삼만 호를 주시고 더하여 상사하신 황금이 일만 근이요, 백금이 십만 근이요, 촉금(蜀錦)이 십만 필이요, 준마가 일천 필이요, 이 밖에 가지각색의 진보(珍寶)는 낱낱이 기록하지 못할 정도였다.

양승상이 이에 절하여 사은하자, 천자가 태평연(太平宴)을 배설하여 군신이 함께 즐기고, 양승상의 얼굴을 능연각(凌煙閣)에 그리라고 명하시었다.

승상이 대궐에서 물러나와 정사도 집에 이르자, 정부의 자질(子姪)들이 외당에 모여 있다가 승상을 맞이하여 성공을 하례하였다. 승상이 정사도와 부인의 안부를 물으니 정십삼랑이 대답하기를,

"숙부모는 비록 목숨은 겨우 보전하셨으나 누이의 상척(喪慽)을 당하신 후로는 너무 애통하여 병이 나시어 기력이 작년과 다르옵니다. 승상이 오셨으나 외당에 나와서 맞이하지 못하니 소생과 함께 내당으로 들어가시는 것이 어떠하십니까?"

승상이 이 말을 듣고 어안이 벙벙하여 오랫동안 말을 못하다가 묻기를,

"누구의 상척을 당하셨다는 말인가?"

정십삼랑이 대답하기를,

"숙부모는 아들도 없이 오직 딸 하나뿐이거늘 이같은 상척을 당하니 어찌 비통하지 않겠습니까? 승상은 숙부모를 보시거든 절대 슬퍼하는 말을 삼가십시오."

승상이 눈물이 흐르는 것을 알지 못한 채 슬퍼하니 십삼랑이 위로하며 말하기를,

"승상이 종매(從妹)로 더불어 혼인 언약이 비록 범상치 않았으나 대사를 이미 그르쳤으니, 마땅히 예와 의를 돌아보아 이렇듯 울지 말고 숙부모를 힘써 위로하십시오."

승상이 사례하고 눈물을 거두어 십삼랑과 더불어 내당으로 들어가서 정사도 내외를 뵈니 오직 승상의 성공함을 하례할 뿐이요, 각별 소저의 요절한 이야기는 한마디도 하지 않았다.

승상이 사도 내외에게 이르기를,

"소서가 조정의 위덕을 힘입어 외람된 봉작을 받았으니 바야흐로 벼슬을 반납하고 정을 베풀어 전날 맺은 언약을 이루고자 하였습니다. 그런데 인간의 일이 이렇듯 앞을 알 수 없으니 참혹한 심정을 이기지 못하겠나이다."

정사도가 말하기를,

"만사가 다 하늘에 달린 것이니, 어찌 인력으로 할 수 있으리오? 오늘은 승상에게 크게 기쁜 날이니 무슨 다른 말을 하리오?"

십삼랑이 자꾸 승상에게 눈짓을 하므로 말을 끝맺고 일어나 화원으로 들어갔다. 춘운이 승상을 맞아 머리를 숙여 반갑게 맞으니 승상이 춘운을 보자 더욱 슬퍼함을 참지 못하여 눈물을 흘려 옷이 젖었다. 춘운이 위로하기를,

"승상이시여. 오늘이 승상께서 슬퍼하시는 날이옵니까? 눈물을 거두시고 춘운의 말을 들으소서. 우리 낭자는 본래 천선(天仙)이 적강하여 태어났는지라, 다시 천상으로 가시던 날 첩에게 이르시기를, '네가 양상서를 하직하고 나를 따랐으나 이제 내가 티끌세상을 버렸으니 너는 모름지기 다시 양상서를 뫼시어라. 상서가 돌아오면 필연 나를 생각하고 슬퍼하실 것이니 네가 내 뜻을 상서께 전하여라. 이미 예폐를 물렸으니 이제는 길에서 만난 사람과 다름이 없고, 전일 거문고를 들은 혐의가 있다 하여 지나치게 상서께서 슬퍼하시면 이는 황상의 명을 거역하고 죽은 사람에게까지 누를 끼치는 것이라고 전하여라. 또한 제사를 지내거나 무덤에 곡을 하시면 이는 나를 음분(淫奔)한 여자로 대접하시는 것이니 어찌 내가 편안히 눈을 감겠는가? 또 상서가 돌아오면 필연 황상이 공주의 혼사를 다시 의논하실 것이니, 내가 들으니 공주의 유한정정(幽閑貞正)함이 군자의 배필이 될 만하니 부디 황명을 순종함을 원한다고 전하여라.' 하시었나이다."

승상이 이 말을 듣고 더욱 슬퍼하며 이르기를,

"소저의 유언이 비록 그와 같으나 어찌 슬픔을 참을 수 있겠느냐? 하물며 소저가 죽기에 임박하여도 오히려 나를 이렇듯 걱정하니 열 번 죽어도 소저의 은혜는 다 갚기 어려울 것이다."

인하여 객관에서 있었던 꿈 이야기를 하자 춘운이 말하기를,

"소저는 분명 천상에 계실 것이옵니다. 모든 일이 다 정해진 이치이니 승상은 너무 슬퍼하지 마십시오."

승상이 묻기를,

"이 밖에 소저의 다른 말씀이 없었느냐?"

춘운이 대답하기를,

"다른 말씀이 있으셨으나 차마 아뢰기 어렵사옵니다."

승상이 놀라 묻기를,

"네가 들은 바를 감추지 말고 낱낱이 아뢰어라."

"소저가 이르시기를, '내가 춘운과 더불어 한 몸이니 상서가 나를 잊지 아니하신다면, 춘랑을 버리지 마소서.'라고 하시었나이다."

승상이 더욱 슬퍼하며 말하기를,

"내 어찌 춘랑을 버릴 수 있겠느냐? 하물며 소저의 유언이 있으니 비록 직녀(織女)로 처를 삼고 복비(宓妃)로 첩을 삼을지라도, 결코 춘랑을 저버리지는 않을 것이다."

하였다.

제13회

혼례 자리에서 두 공주가 빛을 발하고 헌수연(獻壽宴)에서 적경홍과 계섬월이 뛰어나다

이튿날 천자가 양승상을 불러들여 보시고 하교하시기를,

"지난번에 누이의 혼사로 인하여 태후낭랑이 엄한 처분을 내리시어 짐의 마음이 또한 편하지 않았다. 그러나 이제 들으니 정소저가 죽었다 하니, 경이 환조함을 기다려 공주의 혼례를 거행하려 하였다. 비록 경이 정소저를 잊지 못하는 것을 알지만 어찌하겠는가? 다만 경이 아직 소년이요 대부인이 계시는데 승상 부중에 여군(女君)이 없을 수 없고 위국공(魏國公)으로서 부인이 술잔을 올리는 아헌(亞獻)을 빠뜨릴 수 없을 것이니, 짐이 이미 승상부와 공주궁을 한곳에 짓고 기다리고 있으니, 아직도 공주와의 혼인을 허락하지 않겠는가?"

승상이 머리를 조아리며 아뢰기를,

"신이 여러 차례 상의 명을 거역한 죄는 죽어 마땅하옵니다. 이렇듯 거듭 하교하시니 황공하여 죽을 듯하나이다. 신이 전일 천명을 순종하지 못함은 실로 인륜에 거리낌이 있어 마지못한 일이나 이제 정녀가 이미 없으니 다시 무슨 말을 하오리까? 다만 미천한 가문과 용렬한 기질이 부마로서 합당치 않을까 두렵사옵니다."

상이 크게 기뻐하며 흠천감(欽天監)에 길일을 물으시니, 그 날짜가 구월 십이 일로 정해지니 겨우 여러 날이 남아 있을 따름이었다. 상이 승상에게 하교하시기를,

"전일은 혼사를 완전히 정하지 못한 고로 경에게 미처 말하지 못한 일이 있다. 실은 짐에게 누이가 두 사람이 있으니 둘 다 현숙한 여인이로다. 이제 경에게 두 누이를 하가하니 사양하지 말라."

승상이 전일 객사에서 꾼 꿈을 생각하고 이상하게 여겨 사뢰기를,

"신이 부마에 간택된 것도 외람되거늘 하물며 두 공주를 한 사람 몸에 하사코자 하시오니 이는 나라가 생긴 이후로 처음이니 신이 어찌 감당할 수 있겠나이까?"

상이 이르기를,

"경이 이룬 공이 지극히 중한 고로 이로써 그 공로를 갚으려는 것이요, 또한 누이 두 사람이 서로 우애가 깊어 떨어지지 않기를 원하는 고로 한 사람에게 하가하도록 태후낭랑의 특명이 계셨으니 경은 모름지기 사양하지 말라. 또 궁인 진씨는 본래 사족이요, 자색과 문장이 뛰어나서 공주가 사랑하는 고로 하가할 때 잉첩을 삼고자 하니 아울러 경에게 알려 주노라."

승상이 머리를 조아리며 사은할 뿐이었다.

이 무렵 영양이 궁중에 머무른 지 여러 달이 되었다. 태후를 정성으로

섬기고 난양공주와 진씨로 더불어 한 형제처럼 지내니 태후가 더욱 사랑하시었다. 가을의 혼례일이 이미 다가오니, 영양이 조용히 태후께 사뢰되,

"당초에 난양과 더불어 좌차를 정하였는데 상좌에 앉음이 실로 외람하였습니다. 끝까지 사양하면 낭랑의 자애하신 은덕을 외대(外待)하는 듯싶어 억지로 따랐으나 제 본심은 아니었사옵니다. 이제 양승상께로 돌아가서도 난양이 제일위를 사양하면 이는 천고에 없는 일이 될 것이니, 낭랑과 성상이 위차를 바로 정하심을 바라나이다."

난양공주가 이르기를,

"소녀가 전일 조희(趙姬)의 고사를 인용한 것은 이 일을 생각하고 말한 것입니다. 저저의 덕성과 재학이 다 소녀에게 미칠 바가 아니며 비록 정씨 문중에 있었을지라도 소녀가 마땅히 조녀가 위를 사양했던 것과 같이 할 터인데, 이제 형제 된 후에야 어찌 존비(尊卑)의 분별이 있겠습니까? 소녀는 비록 둘째 부인이 되어도 왕희의 존귀함은 잃지 아니할 것입니다. 만일 소녀가 제일위에 있게 되면 낭랑이 저저를 양육하시는 뜻이 어디 있겠습니까? 저저가 소녀에게 정위를 사양하면 진정으로 양승상에게 돌아감을 원하지 않사옵니다."

태후가 상께 물으시니 상이 대답하시되,

"난양공주가 이렇게 사양함은 천고에 없는 일이니, 청컨대 태후낭랑께서는 난양공주의 아름다운 뜻을 이루도록 하소서."

태후가 옳다 하시고, 하교하여 영양공주로 위국공 좌부인(左夫人)으로 삼으시고, 난양공주로 우부인(右夫人)으를 봉하시고, 진씨는 본래 사대부가의 여자이므로 숙인(淑人)으로 삼으셨다. 예로부터 공주의 혼례는 궐문 밖에서 거행하는 것이 전례였으나 이번에는 태후의 명으로 특별히 궁중내에서 행례하였다. 길일이 다다르니 승상이 인포옥대(麟袍玉帶)를 입고 두 공주와 더불어 행례하니 위의의 화려함이 산 같으며 물 같으니 말로 다 이르지 못할 것이다. 예식이 끝나고 모두 자리에 앉으니 진숙인이 또

한 예를 갖추어 승상을 뵙고 난양공주 곁에 서니 승상이 자리를 내어 주었다.

이날 하늘에서 내려 온 천선(天仙)이 한곳에 모이니 광채가 동방(洞房)에 가득하고 오색 빛이 찬란하여 승상이 눈이 현란하고 정신이 진탕하여 꿈인가 의심하였다.

이날 승상이 영양공주와 더불어 밤을 보내고 다음날 태후께 조현하였다. 태후가 승상을 위하여 잔치를 베풀어, 상과 월왕이 태후를 모시고 하루 종일 즐거워하였다. 승상은 이날 난양공주와 더불어 밤을 지내고 다음날 또 잔치를 열고, 삼일 째 되는 날에는 승상이 진숙인 방으로 가 금장(錦帳)을 지우고 은촛대를 내려 하는데 숙인이 문득 눈물을 흘리는 것이었다. 승상이 깜짝 놀라 묻기를,

"오늘은 즐거운 날이나 숙인이 슬퍼하니 무슨 숨은 회포가 있음직하니 사실을 말하여라."

숙인이 말하기를,

"승상이 첩을 몰라보시니 첩을 잊어버리셨음을 알겠나이다."

승상이 홀연 깨달아 손을 잡고 이르기를,

"그대가 화주 진낭자로구나."

채봉이 목이 메어 소리가 입에서 나지 못하므로 승상이 품속에서 「양류사」를 내어놓으니 채봉도 또한 양생의 글을 내어 보였다. 두 사람이 슬픔을 이기지 못하여 오랫동안 서로 반기니 채봉이 말하기를,

"승상은 다만 「양류사」로 맺은 언약만 아시고 환선시(紈扇詩)로써 오늘의 인연이 이루어진 것은 알지 못하시나이다."

하고 상자를 열어 글 쓴 부채를 내어 보이며 처음부터 끝까지 자세히 말하였다.

"이는 모두 태후낭랑과 만세야야와 공주낭랑의 은덕이옵니다."

승상이 이르기를,

"그때 화음현에서 난병에 헤어진 후 그대의 생존을 알지 못하여 다시 혼사를 의논하나 이룰 수가 없었소. 화산(華山)과 위수(渭水)를 지날 때면 그대가 생각나서 목에 가시가 걸린 듯하더이다. 오늘 옛 언약을 이루게 된 것은 하늘이 사람의 소원을 이루어 주신 것이라. 다만 경을 첩으로 삼음이 못내 부끄럽소."

채봉이 대답하기를,

"첩이 명박한 줄은 스스로 잘 알고 있사옵니다. 그때 처음 승상께 유모를 객점으로 보낼 때 만일 군자가 정혼한 곳이 있으면 스스로 소실이 되려고 하였습니다. 이제 왕희의 다음 가는 자리에 있사오니 어찌 원망하겠습니까?"

이러므로 이날 밤에는 옛 정이 새로워 전날 두 밤에 견주어 더욱 친밀하였다.

이튿날 승상은 난양공주와 더불어 영양공주의 방에 모여 같이 조용히 술을 마셨다. 이때 영양공주가 소리를 낮추어 시녀를 불러 진숙인을 청하는데, 승상이 그 목소리를 듣고 홀연 마음이 구슬퍼졌다. 이는 전날 승상이 여복을 입고 정사도 집에 들어가 거문고 소리를 평하는 소저의 목소리를 들었고 또한 얼굴도 눈에 익었는데, 이날 영양공주의 음성과 얼굴이 정소저와 같았기 때문이다. 마음에 생각하기를, '세상에 같은 사람도 있도다. 내가 정소저로 더불어 정혼할 적에 사생을 함께하고자 하였더니, 이제 나는 항려(伉儷)의 즐거움이 있는데 정소저의 외로운 무덤은 어느 곳에 의탁하였는고?'라고 하였다.

이리 생각하니 안색이 참연하였다. 영양공주는 혜힐한 여자로 어찌 그 뜻을 모르리오? 옷깃을 여미고 승상에게 묻기를,

"첩이 들으니, '임금이 근심하면 신하가 근심한다' 하니, 여인이 군자를 섬기는 것도 군신과 같다고 하였사옵니다. 상공이 술을 대하여 슬픈 빛이 보이니 감히 그 연고를 알고자 합니다."

승상이 스스로 그릇되었음을 깨닫고 달리 말하기 어려워 바로 대답하되,

"내 귀주를 어찌 속이리오? 소유가 지난날 정사도 집에 정혼하여 슬쩍 정소저를 보았더니 영양공주의 용모와 성음이 정소저와 흡사한 고로 옛일을 생각하니, 얼굴에 나타남을 깨닫지 못하여 부인께 의심을 얻으니 마음이 편안치 못합니다."

영양공주가 이 말을 듣고 얼굴을 붉히더니 내전으로 들어가고 나오지 않았다. 승상이 시녀를 시켜 영양공주를 청하였으나 시녀 또한 나오지 않았다. 난양이 이르기를,

"저저는 태후낭랑이 총애하시는지라 성품이 교오(驕傲)하여 첩과 같지 않사옵니다. 아마도 상공께서 저저를 정녀에게 견주시니 마음이 불편한 듯싶습니다."

승상이 다시 진숙인을 보내어 사죄하기를,

"소유가 취중에 망발하였으니 귀주가 곧 나오시면 소유는 마땅히 진문공(晉文公)을 본받아 스스로 갇히겠나이다."

진씨가 들어갔다가 한참 만에 돌아와 말을 전하지 않거늘, 승상이 묻기를,

"귀주가 무슨 말씀을 하시더냐?"

진씨가 대답하기를,

"귀주께서 노여움이 크시와 말씀이 과하시기에 감히 전하지 못하겠나이다."

승상이 이르기를,

"귀주의 말씀이 숙인의 허물이 아니니 자세히 전하라."

진씨가 마지못하여 대답하기를,

"영양공주의 말씀이, '첩이 비록 누추하나 태후낭랑이 사랑하는 딸이요, 정녀가 비록 고우나 불과 여염집의 미천한 여자입니다. 예법에 이르기를,

'임금이 타시는 말을 보고 굽힌다' 하였으니, 이는 말을 공경함이 아니라 말에 타신 임금을 공경함이옵니다. 상공께서 만일 조정을 공경하신다면 어찌 첩을 정녀에게 견주겠습니까? 하물며 정녀가 일찍이 혼인 전의 남녀가 언어로 수작하는 혐의를 생각하지 않고 안색을 자랑하며 거문고 곡조를 논하였으니, 아무래도 몸가짐이 옳지 못한 것이옵니다. 또 스스로 혼사가 지체됨을 한탄하여 병을 얻어 젊은 나이에 죽으니 그 박명함이 이렇듯 하거늘, 첩이 비록 용렬하나 상공이 저를 정녀에 견주시니 부끄럽사옵니다. 옛날에 노(魯)나라 추호(秋胡)가 황금으로 뽕 따는 계집을 희롱하자 추호의 아내가 물에 빠져 죽었다고 하니, 진실로 행실 없는 사람과 짝하기를 부끄러워하나이다. 상공께서 아직도 정녀의 성음과 용모를 기억하니 이 필연 거문고를 타면서 향을 도둑질한 것과 같으니 행실의 낮음이 추호보다 더 심하신지라, 첩이 비록 옛 사람이 물에 빠진 것을 본받지 못하나 맹세코 궁 밖으로 나가지 않고 늙으려 하옵니다. 난양공주가 성품이 유순하니 백년해로하심을 바라나이다.'라고 하시더이다."

승상이 마음에 크게 노하여 이르기를,

'천가(天家)의 여자가 세(勢) 쓰기를 이렇듯이 하니 부마 되기 과연 어렵도다.'

난양공주에게 이르기를,

"내가 정녀와 더불어 서로 얼굴을 본 곡절이 있는데 이제 영양공주가 도리어 음분(淫奔)으로 욕하니, 나는 상관없으나 죽은 사람에게 욕이 미치니 한탄할 일이오."

난양이 이르기를,

"첩이 들어가 저저를 개유해 보겠나이다."

하고 들어가더니 날이 저물도록 난양 또한 나오지 않고, 방안에 이미 등촉을 밝혔다. 난양이 시녀를 시켜 말을 전하기를,

"첩이 저저를 백단으로 개유하나 저저가 마음을 돌리지 아니합니다. 첩

이 당초 저저와 더불어 사생고락을 같이하자고 언약하여 만일 저저가 심궁에서 늙으면 첩 또한 심궁에서 늙고자 하옵니다. 청컨대 상공은 숙인의 방에 가시어 편히 쉬소서.”

승상이 노기가 뱃속에 가득하나 차마 나타내지 못하였다. 빈 방에 있기가 크게 무료하여 진씨를 보니 진씨가 촛불을 들고 승상을 인도하여 제 방으로 가 금로에 향을 피우고 상아상(象牙牀)에 비단 금침을 펴고 승상께 아뢰기를,

“첩이 비록 천한 사람이나 일찍이 『예기(禮記)』의 글을 들으니 ‘처가 없을 때 밤에 첩이 모심은 당치 못하다.’ 하였으니, 상공은 스스로 평안히 하소서. 첩은 물러가나이다.”

하고 천연히 일어나서 가니, 승상이 비록 만류하지는 않았으나 이 밤의 경상이 자못 쓸쓸하였다.

마음속으로 생각하기를, ‘이 무리들이 결당하여 장부를 조롱하니 내 어찌 저들에게 애걸할 것이냐? 내 전일 정사도 집 화원에 있을 때, 낮이면 정십삼랑과 더불어 주루에서 취하고 밤이면 춘랑과 더불어 술을 마시니 하루도 쾌하지 않은 날이 없었거늘, 이제 부마된 지 삼일 만에 사람의 절제를 받으니 마음이 매우 괴롭구나.’

마음이 번뇌하여 창을 열고 보니 은하수가 금렴(金簾)에 드리웠고 달빛은 뜰에 가득하기에 신을 끌고 옥계 위에서 배회하다가 멀리 영양의 방을 바라보니 사창에 불빛이 번득번득하였다. 승상이 마음속으로 생각하되, ‘궁인들이 아직까지 잠을 자지 않는구나. 영양이 나를 속여 이리 보내고 다시 왔는가.’

발자국 소리를 죽이며 가만히 창 밖에 다가서자, 방안에서 두 공주의 담소와 쌍륙(雙六) 치는 소리가 새어 나왔다. 승상이 가만히 창틈으로 엿보니 진숙인이 두 공주 앞에서 한 여자와 함께 쌍륙판을 대하고 홍을 빌며 백을 부르는 중에, 그 여자가 몸을 돌이켜 촛불을 집거늘 자세히 보니

가춘운이었다. 원래 춘운이 공주들의 대례를 올리던 날 관광하러 들어온 지 여러 날에, 몸을 감추어 일부러 승상을 보지 아니하였던 것이다. 승상이 놀라 생각하되, '춘랑은 어찌 여기에 왔는가? 필연 공주가 춘운을 보려고 불러왔을 것이로다.'

갑자기 채봉이 쌍륙판을 던지며 말하기를,

"그저 치기만 하기가 흥이 없으니 춘낭자로 더불어 내기를 해야겠네.'

춘운이 대답하기를,

"춘운은 궁한 사람이라. 내기에 이겨 한 잔 술과 한 그릇 음식을 얻으면 다행이지만, 숙인은 귀주를 모셔 궁중에 거처하니 금수(錦繡)에 싫증이 나고 팔진(八珍)이 물릴 만큼 풍족하실 터인데 춘랑한테 무슨 물건을 내기에 걸라고 하십니까?"

채봉이 대답하기를,

"내가 지면 몸에 찬 의상 수식을 춘랑이 원하는 대로 줄 것이요, 낭자가 지면 내가 청하는 바를 들어 주면 되네. 이 일은 낭자에게는 전혀 헛일이 아닐 것이네."

춘운이 묻되,

"청하고자 하는 일은 무엇입니까?"

채봉이 말하기를,

"지난번에 두 공주님께서 하시는 말씀을 들으니, 춘랑이 귀신이 되어 승상을 속였다 하는데、내가 곡절을 알지 못하니, 낭자가 지면 옛이야기 삼아 자세히 들려주게."

춘운이 쌍륙판을 밀치고 영양공주를 돌아보며 여쭈기를,

"소저여. 우리 소저께서 춘운을 사랑하시더니 이런 이야기를 공주께 들려주시어 진숙인이 들었다 하니 누가 듣지 않았겠습니까? 첩이 이제 남볼 낯이 없나이다."

채봉이 웃으며 말하기를,

“춘랑자야, 어찌 영양공주가 춘랑자의 소저가 되느냐? 우리 영양공주는 승상 부인이시고 위국공 소군(小君)이시니 나이가 아무리 젊으시더라도 춘랑의 소저가 되겠는가?”

춘랑이 이르기를,

“십 년이나 익은 입을 불시에 고칠 수 있겠습니까? 꽃가지를 가지고자 서로 싸우던 일이 완연히 어제 같으니 내가 공주 부인을 두려워하지 않습니다.”

난양이 웃고 정부인에게 묻기를,

“춘랑의 말을 자세히 듣지 못하였으니 승상이 과연 속았습니까?”

영양이 말하기를,

“어찌 속지 않았으리오? 다만 승상께서 겁내고 두려워하는 모습을 보려고 하였으나 너무 어두워서 귀신을 미워할 줄조차 모르더이다. 호색하는 사람을 색중아귀(色中餓鬼)라 하는 옛 말이 틀린 말이 아님을 알았습니다. 귀신이 어찌 귀신을 두려워하겠습니까?”

이 말을 듣고 모두 크게 웃었다. 승상이 마침내 영양공주가 정소저인 것을 알고 옛일을 생각하니 반가움을 이기지 못하여 창을 열고 들어가고자 하였으나 홀연 생각하되, ‘영양공주가 나를 속이려 하니 나 또한 저를 속이리라.’ 하고 가만히 진씨 방에 돌아가 자더니 다음날 진씨가 와서 시녀에게 묻기를,

“승상께서 일어나셨느냐?”

“아직 일어나지 않으셨나이다.”

진씨가 휘장 밖에서 오래 대령하였으나 해가 높도록 승상이 일어나지 않았다. 이따금 신음하는 소리가 들리니 진씨가 방에 들어가 승상께 묻기를,

“상공께서 기운이 편치 않으십니까?”

승상이 짐짓 눈은 높이 떴으나 사람을 몰라보고 간간이 헛말을 하니,

진씨가 묻기를,

"상공이 어찌 헛말을 하십니까?"

승상이 오래 어지러워하다가 진씨를 알아보고 이르되,

"밤새도록 귀신으로 더불어 말하니 기운이 어찌 편하겠느냐?"

진씨가 다시 물었으나 대답하지 않고 돌아눕자 진씨가 매우 민망하여 시녀를 보내어 공주와 부인께 아뢰기를,

"승상이 기운이 편치 않으시니 속히 와 보소서."

영양공주가 이르기를,

"어제 건강하던 사람이 무슨 병이 있겠느냐? 아무래도 우리들로 하여금 나와 보도록 하려는 것이다."

이윽고 진씨가 와서 급히 이르되,

"승상이 정신이 혼미하시어 사람을 몰라보고 어두운 곳을 향하여 헛말을 자꾸 하시니 성상께 아뢰옵고 태의(太醫)를 불러 보게 하는 것이 좋을 듯합니다."

태후가 들으시고 공주를 불러 나무라시기를,

"너희들이 승상을 속여 희롱하고 병이 있음을 듣고도 가 보지 않으니 이게 무슨 도리냐? 급히 문병하고 만일 증세가 중하거든 태의를 불러 치료케 하여라."

영양공주가 마지못하여 공주로 더불어 승상이 있는 곳에 가자, 영양공주는 당상에 머물고 난양공주와 진씨를 먼저 들여보내니 승상이 난양공주를 오랫동안 보다가 깨치는 거동을 하며 탄식하며 말하기를,

"내 목숨이 장차 다할 것 같은데 이제 서로 영결하려 하거늘, 영양은 어디 있습니까?"

난양공주가 대답하기를,

"상공은 병이 없으시니 어찌 이런 말을 하시나이까?"

승상이 말하기를,

"내가 지난밤에 사몽비몽간에 정녀가 내게 와서 언약을 저버렸다고 하여 노여워하며 진주를 움키어 주기에 그것을 받아먹었으니 이는 흉한 징조요. 눈을 감으면 정녀가 내 앞에 서 있으니 내 목숨이 오래지 아니할 것이니 영양공주를 보고자 하나이다."

승상은 미처 말을 마치지 못하고 또 혼곤한 거동을 하며 어두운 곳을 향하여 헛말을 하니 난양이 걱정이 되어 영양에게 이르기를,

"승상의 병이 아무래도 의심으로 인해 발병했으니 저저가 아니면 고칠 사람이 없습니다."

하고 승상의 말을 이르거늘, 영양공주가 반신반의하여 머뭇거리니 난양공주가 이끌어 방에 들어가니 승상이 아직도 헛말을 하고 있었다. 이 모든 말이 다 정소저로 더불어 하는 말이니 난양공주가 소리쳐 이르기를,

"영양 저저가 왔으니 승상은 눈을 떠 보십시오."

승상이 손을 들어 일어나고자 하니 진씨가 나아가 붙들어 앉히자, 승상이 두 공주에게 이르기를,

"소유가 황은을 입어 두 공주와 더불어 백년해로를 원하였으나 나를 데려가려고 재촉하는 사람이 있으니 오래 머물지 못하겠소."

영양공주가 말하기를,

"승상은 이치를 아는 군지이신데, 어찌 이런 허망한 말씀을 하십니까? 설사 정녀의 흩어진 영혼이 남아 있을지라도 구중궁궐은 백신(百神)이 호위하였으니 정녀의 혼이 어찌 들이와 침노할 수 있겠습니까?"

승상이 소리치기를,

"정녀가 지금 내 곁에 서 있거늘 어찌 들어오지 못한다 말하시오?"

난양공주가 참지 못하고 이르기를,

"옛 사람이 활 그림자를 보고 뱀이라고 했다더니, 승상의 병이 또한 그러하십니다. 승상이 정소저의 귀신을 보셨다고 하시니 살아 있는 정씨를 보시면 어찌하시겠습니까?"

승상이 다만 머리를 흔드니 정부인이 말하기를,

"승상이 살아 있는 정녀를 보고자 하신다면 첩이 곧 정씨 경패입니다."

승상이 믿지 못하는 체하면서 말하기를,

"어찌 그럴 수 있단 말이오?"

난양공주가 말하기를,

"우리 태후낭랑께서 정씨를 사랑하시어 양녀로 삼으시고 영양공주로 봉하시어 첩과 함께 군자를 섬기게 하셨나이다. 참말이오니 그렇지 않다면 저저의 음용(音容)이 저렇듯 정씨와 같겠습니까?"

승상이 대답하지 않고 그 말을 듣고 오랜 후에 이르기를,

"정사도 집에 있을 때 정소저의 비자 춘운이 나의 수종을 들었으니 불러서 묻고자 하는 말이 있도다."

난양공주가 말하기를,

"춘운이 영양 저저를 뵙고자 지금 궁중에 들어와 있나이다."

춘운이 밖에서 대령하였다가 들어와 뵈고 여쭈기를,

"상공의 귀체가 어떠하시옵니까?"

승상이 말하기를,

"춘운만 남아 있고 모두 잠깐 나가시오."

두 공주가 숙인으로 더불어 밖에서 기다렸다. 춘운만 남자 승상이 소세하고 의관을 정제히 한 다음 춘운을 시켜 세 사람을 다시 불러들였다. 춘운이 웃음을 머금고 나와 두 공주와 숙인에게 이르기를,

"상공께서 뵙기를 청하시나이다."

함께 들어가자 승상이 머리에 화양건(華陽巾)을 쓰고 몸에 궁금포(宮錦袍)를 입고 손에 백옥여의(白玉如意)를 쥐고 안석에 의지하여 앉아 있었는데, 그 기상이 춘풍(春風) 같고 정신이 추수(秋水) 같으니 조금도 병색이 없었다. 영양공주가 비로소 속은 줄 알고 웃으며 머리를 숙여 인사하고 묻기를,

"상공은 병후가 어떠하시옵니까?"

승상이 정색하며 말하기를,

"소유가 본래 병이 없었으며 요사이 풍속이 그릇되어 부녀자들이 결당하여 지아비를 방자히 속이니, 이 일로 병이 생겼더이다."

난양공주와 숙인이 웃으며 아무런 말을 하지 않았다. 영양공주가 말하기를,

"이 일은 첩 등이 알 바가 아닌 듯하오니 상공이 병을 고치고자 하시면 태후낭랑께 여쭈어 보십시오."

승상이 참지 못하여 크게 웃고 영양공주에게 이르기를,

"소유가 부인을 후생에 만나기를 점복하였는데, 이렇게 만나니 이는 꿈일까 하노라."

영양공주가 대답하기를,

"이 모두가 다 태후낭랑과 황상의 은혜이며 난양공주의 은혜이옵니다."
하고 영양공주가 난양과 함께 승상께 조현하여 난양공주가 위차를 사양하던 말을 이르니 승상이 난양에게 사례하기를,

"공주의 성덕은 고인도 미치지 못할 것이오. 소유가 그 성덕을 갚을 길이 없으니 오직 백년해로함을 원하나이다."

난양공주가 사례하며 말하기를,

"이 모두가 다 영양 저저의 성덕이 천심을 감동하게 한 것이니 첩이 무슨 공이 있겠습니까?"

이때 태후가 궁인을 불러 승상을 문병하니 숙인이 태후께 승상의 말을 아뢰니, 태후가 웃으며 말하기를,

"내가 원래 의심하였도다."
하시고 승상을 불러 보시니 승상이 두 공주로 더불어 태후께 문안하니 태후가 말하기를,

"내가 들으니 승상이 옛날 정녀와의 인연을 다시 이루었다 하니 매우

기쁜 일이로다."

승상이 아뢰기를,

"성은이 호탕하시어 천지조화와 다름이 없으니, 신이 몸을 버려도 갚기 어려운 줄로 아뢰옵니다."

태후가 이르시기를,

"다만 그대를 희롱했을 따름인데 무슨 은혜라 하겠소? 승상이 영양공주를 버리지 않는다면 은혜를 갚은 것이니라."

승상이 머리를 조아리며 명을 받았다.

이날 천자가 선정전(宣政殿)에서 조회를 받으니 군신이 사뢰기를,

"요사이 경성(景星)이 보이고 감로(甘露)가 내리며 황하(黃河)가 맑고 풍년이 들고 또 삼진 절도사가 땅을 드리고 들어와 조회하니, 이는 모두 성덕으로 이룬 것이옵니다."

상이 겸양하며 모든 공을 신하들에게 돌리었다.

모든 군신들이 사뢰기를,

"양소유가 부마가 되어 퉁소를 불어 봉황을 길들이느라 진루(秦樓)에서 내려오지 않으니 조정의 정사가 많이 지체된 줄로 아뢰오."

상이 크게 웃으시고 이르시기를,

"태후낭랑께서 연일 불러보시는 고로 승상이 감히 나오지 못하는 것이니, 이제 낭랑께서 내어보내실 것이오."

이튿날 승상이 조당에 나아가 국사를 다스렸다. 승상은 드디어 상소하여 휴가를 얻어 그 모친을 모셔 옴을 청하니, 상이 허락하시고 빨리 갔다가 옴을 당부하셨다. 양소유가 십육 세에 집을 떠나 삼사 년간에 승상 위의와 위국공 인수를 가지고 고향에 돌아가 모친을 뵈니 유부인이 너무 기뻐 눈물을 흘렸다.

승상이 부인을 모셔 경사로 향하니 제도방백(諸道方伯)과 자사현령(刺史縣令)이 분주하게 배행하고 영화 광채가 비할 곳이 없었다. 승상이 낙

양을 지날 때 섬월과 경홍을 찾으니 이르기를,

“두 낭자가 이미 동행하여 경사로 떠난 지 오래되었다 하옵니다.”

승상이 길이 서로 어긋난 것을 차탄하고 여러 날 행하여 경사에 도착하였다. 승상이 대궐에 가서 숙배(肅拜)하니 양궁(兩宮)이 인견하시고 금은채단을 열 수레를 상으로 내리시고 이를 대부인께 헌수(獻壽)하라고 하셨다.

승상이 택일하여 유부인을 모셔 나라에서 상으로 내리신 새 집으로 옮겼다. 영양공주와 난양공부가 진숙인을 거느려 폐백을 받들어 신부의 예를 행하니, 위의의 거룩함과 부인의 기쁨은 말로 형용할 수 없었다.

승상이 양궁에서 주신 금은으로 삼일 동안 잔치를 배설하자, 황상이 악공들을 보내시고 내외빈객은 조정을 기우릴 지경이었다. 승상이 채의를 입고 두 공주로 더불어 백옥배(白玉盃)를 받들어 유부인께 헌수하니 부인이 크게 즐거워하고 온 자리가 칭하하였다.

문지기가 들어와 아뢰기를,

“문 밖에 두 여자가 섬월과 경홍이라 하고, 태후낭랑과 두 공주께 문안드리나이다.”

승상이 이르기를,

“경홍과 섬월 두 사람이 왔구나.”

두 사람이 온 것을 유부인께 아뢰고 들어오라 하니, 두 사람이 당하에서 머리를 조아리니 모든 빈객이 이르기를,

“낙양의 계섬월과 하북의 적경홍의 이름을 들은 지 오래되었는데 이제 보니 과연 절색이로다. 양승상의 풍류가 아니면 어찌 능히 여기 오게 할 수 있겠는가?”

하였다.

경홍과 섬월이 쌍으로 진주 신을 신고 비단 자리에 올라 긴 소매를 날리며 예상무(霓裳舞)를 추니 떨어지는 꽃과 나부끼는 가지는 봄바람에 떠

다니며, 구름 그림자는 당중에 들어 한궁(漢宮) 조비연(趙飛燕)이 세상에 다시 나타난 듯하였고, 녹주(綠珠)가 죽지 않고 살아 있는 듯하였다. 유부인과 두 공주가 금주채단으로 경홍과 섬월에게 상을 내리고 진숙인은 섬월과 함께 아는 사이라 옛일을 말하며 쌓였던 회포를 풀었다. 영양공주는 몸소 옥잔을 부어 계랑한테 권하며 양소유와의 중매를 사례하였다. 유부인이 승상에게 이르기를,

"너희들이 섬월에게는 사례하면서 나의 표매인 두련사를 잊으니 어찌 은혜를 갚는다 하겠느냐?"

하고 즉시 사람을 자청관으로 보냈다. 그러나 두련사가 자청관을 나가 뜬 구름처럼 떠돈 지 삼 년이 되었으나 아직 돌아오지 않았다고 하니 유부인이 한탄해 마지않았다.

제14회

낙유원(樂遊原)에 모여 사냥하며 춘색(春色)을 다투고 꽃수레를 타고 노닐며 풍광(風光)을 살피다

경홍과 섬월이 들어온 후 승상 모신 사람이 점점 많아진지라, 승상이 각각 거처하는 곳을 정하니, 정당 명호는 경복당(慶福堂)이니 유부인이 계시고, 그 앞은 연희당(燕喜堂)이니 좌부인 영양공주가 머무르고, 경복당 서쪽은 봉소궁(鳳簫宮)이니 우부인 난양공주가 머무르게 하였다. 연희당 앞의 응향각(凝香閣)과 청하루(淸霞樓)는 승상이 거처하며 때때로 궁중 잔치를 베푸는 곳이요, 그 누각 앞은 태사당(太史堂)과 예현당(禮賢堂)이니 승상이 빈객을 보며 공사하는 집이요, 봉소궁 남쪽의 진원(秦院)은 숙인 진채봉이 거처하는 곳이요, 연희당 동남의 영춘합(迎春閤)은 가춘운이 거처하는 곳이요, 청하루 동쪽과 서쪽에 각각 작은 누각이 딸렸으니

녹창(綠窓)과 주란(朱欄)이 극히 화려하고 행각(行閣)을 지어 청하루와 응향각을 접하였는데 동쪽은 화산루(花山樓)요 서쪽은 대월루(待月樓)니 각각 계섬월과 적경홍이 거처하는 곳이었다.

궁중의 풍류하는 여기(女妓) 팔백여 인의 재주와 자색을 좌우부로 나누어, 좌부 사백 인은 섬월이 이끌고 우부 사백 인은 경홍이 이끌어, 가무와 관현을 가르쳐 매월 청하루에 세 번씩 모여 양부의 재주를 비교하였다. 이따금 승상과 두 공주가 대부인을 모시고 친히 등급을 매겨 양부의 교사에게 상벌을 내렸다. 이기는 자는 석 잔 술을 상으로 주고 머리에 꽃 한 가지씩을 꽂고, 지는 자에게는 냉수 한 잔을 벌로 먹이고 이마에 먹 한 점을 찍었다. 이러므로 모든 기생들의 재주가 점점 정숙(精熟)하여 위부(魏府)와 월궁(越宮)의 여악(女樂)이 천하에 유명하고 비록 황제의 이원제자(梨園弟子)라도 미치지 못하였다.

하루는 두 공주가 모든 낭자들과 더불어 말을 하고 있었는데, 승상이 손에 한 편지를 가지고 들어와 난양공주에게 주면서 이르기를,

"이것은 곧 월왕의 편지라오."

난양공주가 그 편지를 펴서 보니,

"지난날 국가가 다사하고 공사에 겨를이 없어 낙유원(樂遊原)과 곤명지(昆明池)에 풍류를 즐기는 사람이 끊어져 가무하는 땅이 오히려 거친 풀밭이 되었을 따름입니다. 이제 성상의 위덕과 승상의 근로함을 힘입어 천하가 태평하고 백성이 안락하니 점차 천보(天寶) 시대의 태평성대를 회복할 것이옵니다. 또 봄빛이 늦지 아니하였고 꽃과 버들이 정히 아름다우니 원컨대 승상과 더불어 낙유원에 모여 사냥하면서 태평기상을 돋우고자 하오니 승상이 만일 합당하거든 곧 날짜를 정하여 회답을 주소서."

난양공주가 웃으며 승상에게 여쭈기를,

"상공께서는 월왕이 보낸 편지의 뜻을 아시겠습니까?"

승상이 대답하기를,

“무슨 깊은 뜻이 있겠는가? 불과 화류 시절에 놀고자 함이니 귀공자의 예삿일이오.”

난양공주가 다시 여쭈기를,

“승상께서는 모르시는 것이 있사옵니다. 월왕이 좋아하는 것은 오직 미색과 풍악이옵니다. 원래 월왕의 궁중에 절세가인이 한 둘이 아니오며 요즈음 새로이 총희를 얻으니 무창(武昌) 사람으로 이름은 옥연(玉燕)이라 합니다. 첩이 비록 보지 못했으나 얼굴과 재주가 천하에 독보하다 하니, 저의 생각으로는 월왕이 우리 궁중에 미인이 많다는 말을 듣고 왕개 (王愷)와 석숭(石崇)의 겨루기를 본받고자 하는 것이옵니다.”

승상이 웃으며 이르기를,

“나는 범연히 보았거늘 공주가 먼저 월왕의 뜻을 알아 차렸소.”

영양공주가 말하기를,

“이것이 비록 놀이이기는 하나, 어찌 남에게 지겠습니까?”

경홍과 섬월에게 눈짓하며 이르기를,

“군사를 기르기는 십 년이나 그 군사를 쓰는 것은 하루아침에 있는 법이네. 이번 놀이의 승부는 오직 그대 두 사람에게 달렸으니 모름지기 힘쓰기를 바라네.”

섬월이 대답하기를,

“천첩은 감히 대적할 재주가 없을 것 같아 염려되나이다. 월궁의 풍악은 천하에 유명하고 무창의 옥연은 그 이름을 듣지 못한 자가 없을 정도로 그 명성이 자자합니다. 첩이 남에게 부끄러움을 당하는 것은 상관없으나 실로 승상부를 욕 먹일까 두렵나이다.”

승상이 말하기를,

“내가 낙양에서 섬랑을 처음 봤을 때 강남 만옥연이 청루삼절이란 말은 들었으니, 옥연은 바로 그 사람을 말함이라. 비록 그러하나 청루삼절 중에 복룡(伏龍)과 봉추(鳳雛)를 얻었으니 항우에게 있는 범증(范增) 한 사람을 두려워하겠느냐?"

공주가 말하기를,

"월왕의 희첩 중에 미색이 많으니, 또한 옥연만 있는 것이 아니옵니다."

섬월이 말하기를,

"첩은 실로 이길 수 있다고 장담할 수 없으니 홍랑에게 물어보소서. 첩은 담약한 사람이라 이 말을 들으니 목이 가닐가닐하여 노래를 부르지 못하겠고, 얼굴이 따끈따끈하여 분가시가 돋는 것 같습니다."

경홍이 분연하여 말하기를,

"낭자야, 그 말이 거짓이냐, 진실이냐? 우리 두 사람이 관동 칠십 고을을 돌아다니며 이름난 미색과 풍류를 가진 사람을 보지 않은 이가 없고 겨루어 남에게 진 적이 없었는데 어찌 옥연에게 첫 자리를 사양하겠느냐? 세상에 경성경국(傾城傾國)하는 이부인(李夫人)과 운우(雲雨)로 변하는 신녀(神女)가 있으면 내가 일분을 사양하겠으나, 그렇지 아니하면 내 어찌 만옥연 같은 이를 두려워하겠느냐?"

섬월이 다시 말하기를,

"낭자는 말을 어찌 그리 쉽게 하느냐? 우리가 관동에 있을 때에는 불과 태수(太守)나 방백(方伯)의 잔치에만 다녔으므로 강한 적을 만나지 못하였기로 남에게 첫째 자리를 빼앗기지 않았었다. 이제 월왕 전하는 천상에서 생장하여 눈 높기가 산 같으며 옥연이 또한 그 이름처럼 뛰어나니 어찌 우습게 여기겠느냐?"

인하여 승상께 사뢰되,

"홍랑이 스스로 우쭐거리니 첩이 홍랑의 단처를 아뢰겠나이다. 홍랑이 처음 승상을 따를 때 연왕의 천리마를 도적질하고 한단 소년인 체하여 승상을 속였으니, 설마 선연(嬋娟) 요나(嫋娜)한 태도이면 상공께서 남자로 속았겠사옵니까? 또한 홍랑이 처음 승상을 모시던 날 밤에 어둠을 타 첩의 몸을 대신하였으니, 이는 바로 남의 힘으로 소원을 이룬 것이라 할 것입니다. 이제 도리어 첩을 향하여 큰소리를 하니 어찌 우습지 않겠사옵니까?"

경홍이 웃으며 대답하되,

"진실로 사람의 마음을 측량하지 못하겠나이다. 천첩이 승상을 따르기 전에는 섬랑이 저를 천상인(天上人)처럼 칭찬하더니, 이제 와서는 섬랑이 저를 나무라기를 한 푼어치도 안 되는 듯이 합니다. 그러나 승상께서 첩을 더럽다 아니하시니 섬랑이 전총(專寵)을 못하여 투기하는가 싶습니다."

모든 낭자들이 크게 웃었다. 영양공주가 말하기를,

"홍랑의 태도가 섬약함이 부족한 것이 아니라 승상의 한 쌍 눈이 본래 청명하지 못하신 것이니, 이 일로 홍랑의 아름다움이 떨어지지는 아니할 것이네. 그러나 섬랑의 말도 옳도다. 여자가 남복을 입고 사람을 속이는 자는 필연 부녀자의 자태가 부족함이요, 남자가 여장을 하고 사람을 속이는 자는 필연 장부의 기골이 없는 것이다."

승상이 웃으며 말하기를,

"부인은 나를 기롱하나 부인 또한 여복을 입은 남자를 분별하지 못하였으니 이 또한 한 쌍 눈이 청명하지 못한 것이라. 또 부인은 내 얼굴을 잔망하다고 나무라나 능연각에 새겨진 양원수의 화상을 보는 자는 외모의 웅장함을 보고 나무라지 아니하더이다."

모든 사람들이 한바탕 크게 웃었다.

섬랑이 다시 말하기를,

"강적과 대진하여 해학만 하고 있으리까? 우리 두 사람만 믿기는 어렵사오니 가유인을 데려감이 어떠할까 하옵니다. 또한 월왕이 바깥 사람이 아니시니, 숙인을 데려간들 무슨 거리낌이 있겠나이까?"

진씨가 대답하기를,

"계랑과 적랑 두 낭자가 만일 과거장에라도 들어가는 것이라면 마땅히 적은 힘이나마 도우려니와, 가무하는 곳에 첩을 데려다가 어디에 쓰겠소?"

춘운이 또한 이르기를,

"가무를 못하여 남에게 비웃음을 받을 뿐이면, 큰 잔치에 가서 관광할 마음이 없겠습니까마는, 첩이 따라가게 되면 승상께 비웃음을 끼치고 두 공주께 근심을 끼칠 것이니 춘운은 결단코 가지 않겠나이다."

영양공주가 웃으며 말하기를,

"춘랑이 가는 것으로 어찌 상공께서 비웃음을 받으며 또 어찌 나의 근심이 되겠느냐?"

춘운이 대답하되,

"비단 행보석(行步席)을 펼치고 구름 장막을 높이 걷으며, '양승상의 총첩 가유인이 나온다.'라고 모두들 구경하다가, 봉두구면(蓬頭垢面)으로 사람들을 놀라게 하면, 우리 양승상에게 등도자(登徒子)의 병이 있다고 아니하리이까? 월왕 전하는 하늘 사람이시니 일생 누추한 것을 보지 못하셨을 터이니 첩을 보시면 속이 언짢아 토하시면 이 역시 공주께 근심을 끼쳐 드리는 것이옵니다."

난양공주가 나무라기를,

"춘랑의 겸사가 너무 심하구나. 춘랑이 예전에는 사람으로 귀신인 척하더니 이제는 서시(西施) 같은 미녀를 추녀인 무염(無鹽)이라고 하니 춘랑의 말은 아무래도 믿지 못하겠구나."

승상에게 묻기를,

"어느 날로 기약을 하여 회답하시겠습니까?"

"내일 만나자 하더이다."

경홍과 섬월이 이에 놀라 이르기를,

"동서 양부의 교방에 미리 영을 내리시옵소서."

영이 한번 내리니 팔백 명의 기생이 얼굴 치장을 하며 풍류도 연습하고 거문고 줄도 고쳐 치마허리를 각별이 동여 매어 남에게 지지 않고자 하였다.

이튿날 승상이 일찍 일어나 융복(戎服)을 입고 좌우에 궁시(弓矢)를 차고 눈빛 같은 천리숙상마를 타고 사냥할 군사 삼천을 조발하여 성남으로 향하였다. 섬월과 경홍이 결속을 신선 같이 하고 비룡 같은 말을 타고 수를 놓은 신발을 은동자(銀鐙子) 위에 편히 디디고 옥 같은 손으로 진주고삐를 가볍게 잡고 승상의 뒤를 가까이 따랐다. 팔백 명의 기생들은 단장을 극히 아름답게 하고 뒤를 따르고 있었다. 중로에서 월왕을 만나니, 월궁 군용(軍容)의 성함과 여악(女樂)의 번화함은 이루 다 형용할 수 없었다.

월왕이 승상과 더불어 말머리를 가지런히 하여 나아가며 승상에게 묻기를,

"승상이 타신 말은 어느 나라의 종자입니까?"

승상이 대답하되,

"대완국(大宛國)에서 났습니다. 대왕께서 타신 말도 완마(宛馬)인 듯합니다."

월왕이 이에 대답하기를,

"그러하옵니다. 이 말 이름은 천리부운총(千里浮雲驄)이라 합니다. 작년 가을에 천자를 모시고 상림원(上林苑)에서 사냥할 때 만여 필 말이 모두 바람 같이 빨랐으나 이 말을 능히 따르는 것이 없었습니다. 장부마(張駙馬)의 도화총(桃花驄)과 이장군의 오추마(烏騅馬)를 세상에 없는 명마라고 하나 이 말에게는 이길 수가 없나이다."

승상이 말하기를,

"작년에 번국을 칠 때 험한 길과 깊은 구렁이라 사람이 발을 붙이지 못하였으나, 이 말은 그곳을 평지 같이 지나니 소유가 이룬 공은 모두 이 말

의 힘이옵니다. 소유가 번국에서 돌아온 후에 벼슬이 불의에 높아져 날마다 편한 교자로 천천히 조정에 나아가니 사람과 말이 오랫동안 한가하여 병이 나려 하였습니다. 청컨대 왕과 더불어 한번 채찍을 휘둘러 명마의 걸음을 시험해 보는 것이 어떠하겠습니까?"

월왕이 크게 기뻐하며 말하기를,

"내 생각 역시 그러하오."

시종에게 분부하여 두 집의 빈객과 여악은 미리 막차에 가서 기다리게 한 다음, 채찍을 들어 말을 치려 할 때, 마침 사슴 한 마리가 군병에게 쫓겨 월왕 곁으로 지나갔다. 월왕이 장사를 시켜 쏘라 하니 여러 장사들이 활을 쏘았으나 맞히지 못하므로, 월왕이 노하여 말에서 내려 하나의 화살로 사슴의 겨드랑을 맞히니 사슴이 쓰러졌다. 모든 군사들이 천세를 부르고, 승상이 칭찬하기를,

"대왕의 신전(神箭)은 여양왕(汝陽王)과 다름이 없습니다."

월왕이 이르기를,

"어찌 그토록 칭찬하십니까? 내 또한 승상의 사법(射法)을 보고자 합니다."

이때에 구름 사이로 천아(天鵝) 한 쌍이 급히 날아오르자, 모든 군사들이 말하기를,

"저 새는 잡기 어려우니 마땅히 송골매를 풀어 놓는 것이 좋을 듯하옵니다."

그러나 승상이 웃으며 말하기를,

"아직 기다려라."

하고 허리 사이에서 천자가 주신 보궁(寶弓)과 금비전(金飛箭)을 빼어 몸을 솟구쳐 하나의 화살로 천아의 머리를 맞혀 말 아래로 떨어지게 하였다. 왕이 크게 칭찬하여 말하기를,

"승상의 신묘한 솜씨는 범상한 사람이 미칠 바가 아니옵니다."

두 사람이 산호백옥편(珊瑚白玉鞭)을 들어 함께 떨치니, 두 말이 별이 흐르듯, 번개가 치듯, 순식간에 큰 들을 지나 높은 언덕에 다다라 풍경을 바라보며 활과 칼 쓰는 법에 대하여 의논하였다. 그때서야 비로소 시종이 땀을 흘리고 따라와 손수 잡은 고기를 구워 은반에 담아드렸다. 두 사람이 말에서 내려와 풀밭에 앉아 찬 칼을 빼어 고기를 베어 두어 잔의 술을 기울였다. 이때 멀리 바라보니 붉은 옷을 입은 관원이 여러 사람을 데리고 성중으로부터 이쪽으로 바삐 오니 종자가 아뢰기를,

"양궁(兩宮)에서 술을 내리셨나이다."

두 사람이 천천히 장막에 가서 기다리니 양궁 태감이 황봉어주(黃封御酒)를 부어 권하고, 이어서 천자께서 어제시(御題詩)를 내리셨거늘, 두 사람이 머리를 조아려 네 번 절하고 술을 먹은 후 각각 화답하는 시를 지어 태감을 주어 보냈다.

이윽고 두 집의 빈객이 차례로 앉아 주찬을 받으니, 낙타의 신기한 맛과 성성(猩猩)의 입술은 푸른 가마에서 나오고, 남월(南越)의 여지(荔枝)와 영가(永嘉)의 황감(黃柑)은 옥반에 벌여 있으니, 서왕모의 요지(瑤池) 잔치가 아니면 인간 진찬에는 없는 음식들이었다. 두 집안의 여악 이천인이 주위를 둘렀으니 기녀들의 아름다움은 일천 나무의 버들과 꽃의 고운 빛을 빼앗고 풍류 소리는 곡강(曲江)의 물을 끓어오르게 하며 종남산을 움직이게 하였다. 술이 반쯤 취하니 월왕이 승상에게 이르기를,

"승상의 사랑을 입었으나 구구한 정을 표할 것이 없어 소첩 수인을 데려왔으니 승상께 헌수하겠나이다."

승상이 사례하기를,

"소유가 본디 당치 못할 듯하오나, 혼인으로 인해 맺어진 대왕과의 친함으로 또한 사양치 못하니, 또한 소유의 첩이 관광하러 따라왔으니 대왕께 보이고 답례하려 하옵니다."

경홍과 섬월과 월궁의 네 미녀가 명을 받고 나와 머리를 조아려 뵈었

다. 승상이 각각 자리를 주고 이르기를,

"옛 영왕(寧王)에게 한 미인이 있었는데 이태백이 간청하였으나 겨우 노래 소리만 듣고 얼굴은 보지 못하였는데, 이제 소유는 일일이 네 명의 신선을 보니 그 얻는 것이 이태백보다 열 배는 더합니다. 모든 미인의 꽃다운 성명은 무엇이라 하느뇨?"

네 미인이 일어나 대답하기를,

"첩 등은 금릉(金陵)의 두운선(杜雲仙)과 진류(陳留)의 설교오(薛嬌五)와 무창(武昌)의 만옥연(萬玉燕)과 장안(長安)의 해연연(海燕燕)이옵니다."

승상이 왕에게 묻기를,

"소유가 지난날 선비의 몸으로 낙양과 장안 사이를 다닐 적에 옥연 낭자의 이름을 들었는데, 곧 하늘 사람 같다고 들었나이다. 이제 그 용모를 보니 이름보다도 더 아름답습니다."

월왕이 또한 경홍과 섬월의 이름을 묻고 이르기를,

"온 천하가 두 사람을 추앙하더니 이제 승상을 따르니 가히 임자를 잘 만난 것이로다. 승상은 어느 땅에서 이 미인들을 얻었습니까?"

승상이 대답하기를,

"계녀는 소유가 과거 보러 낙양을 지날 때 저를 따르기를 원했고, 적녀는 연국 궁중에 들어갔나가 소유가 사신으로 연나라에 갈 때에 궁에서 빠져나와 길에서 소유를 만난 후 따랐습니다."

월왕이 손뼉을 치며 웃기를,

"적낭자의 협기는 홍불기(紅佛妓)에 견줄 바 아니로다. 그러나 적낭자가 승상을 만날 때는 한림학사로 옥절을 잡았으니 봉황과 기린을 쉽게 알아보았기에 따랐겠지만, 계낭자는 승상이 한낱 서생이었을 때 따랐으니 더욱 기특하도다. 승상은 어찌하여 계낭자를 만났습니까?"

승상이 웃으면서 대답하기를,

"소유가 그때 일을 생각하니 실로 가소롭습니다. 나귀 탄 원방 서생이 촌점의 탁주를 과히 먹고 천진 주루를 지나는데 낙양의 제자 수십 인이 누상에서 창악을 끼고 글을 지으며 술을 먹고 있었사옵니다. 소유가 헌 베옷과 비 맞은 두건으로 술의 힘을 빌려 좌상에 나아가니 제생을 보필하는 종도 소유처럼 초라한 이가 없었사옵니다. 소유가 취중이라 주눅도 들지 않고 황잡한 글귀를 지었는데, 계랑이 모든 글 중에 제 글을 뽑아 노래 부르니 이미 제인의 언약이 있는 고로 감히 섬월을 다투지 못하더이다. 이 또한 인연인가 하옵니다."

상이 크게 웃고 말하기를,

"승상이 지난날 과거에 장원한 것이 천하에 쾌한 일이라 하였더니 이날 쾌하기는 장원을 한 것보다 더 쾌하였겠소. 그 글이 필연 오묘했을 터이니 가히 들을 수 있겠습니까?"

승상이 대답하기를,

"취중에 무심히 지은 것이므로 잊은 지 오래입니다."

월왕이 섬월에게 묻기를,

"승상이 비록 잊었으나 혹시 낭자는 기억할 수 있겠는가?"

섬월이 여쭈기를,

"천첩은 아직도 기억하고 있사옵니다. 지필로 써서 드리오리까, 노래로 아뢰오리까?"

월왕이 크게 기뻐하여 가로되,

"만일 옥인의 노래를 겸하여 들으면 더욱 기쁘겠구나."

섬월이 옥을 가는 듯한 소리로 삼장시를 차례로 외우니 만좌가 모두 놀랐다. 왕이 차탄하여 가로되,

"승상의 시와 계랑의 노래는 진실로 삼절 중의 하나입니다. 그 글 가운데, '꽃가지가 미인의 단장을 부끄러워하니, 섬세한 노래를 부르지 않아도 입의 기운이 향기롭도다.' 하는 구절은 완연히 섬월의 자색을 그려냈으니 승상은 이태백과 같은 시인입니다. 낙양의 범상한 무리가 어찌 감히 이를

따르리오?"

금종(金鐘)에 술을 부어 섬월에게 상을 내렸다.

경홍과 섬월이 월궁 네 미인으로 더불어 맑은 노래와 묘한 춤으로 빈주에게 헌수(獻壽)하니 봉황(鳳凰)이 쌍쌍이 울고 청난(靑鸞)이 춤을 추는 듯하여 참으로 적수가 될 만하였다. 조금도 어긋남이 없었고, 옥연의 재색이 경홍과 섬월로 함께 유명하니, 옥연을 제외한 삼인이 비록 옥연만 못하나 세상에 드문 자색을 지니고 있었다. 피차가 서로 공경하고 월왕이 승상부에 지지 않음을 마음속으로 기뻐하였다.

술이 반쯤 취하니 순배를 그치라 하고 모든 빈객으로 더불어 장막 밖으로 나가 무사가 짐승을 활로 쏘는 모습을 보다가 월왕이 이르기를,

"미인이 기사(騎射)하는 모습은 볼만한 일이지요. 우리 궁중의 여기(女妓) 중 궁마(弓馬)에 익숙한 자가 수십 인이 있습니다. 승상 부중에도 북방 여자도 있다고 들었으니 각각 불러내어 꿩을 쏘게 함이 어떠합니까?"

승상이 매우 기뻐하며 활을 잘 쏘는 이십 인을 골라 재주를 겨루게 하였다. 이에 적경홍이 몸을 일으켜 승상께 사뢰되,

"첩이 비록 활쏘기를 익히지 않았으나 일찍 다른 사람이 하는 것을 보았으니 시험하고자 합니다."

승상이 허리에서 활을 끌러 주자, 경홍이 돌아보면서 제인에게 이르기를,

"비록 맞히지 못할시라노 모든 낭자들은 웃지 마시기를 청하옵니다." 하고 나는 듯이 말에 올라 장막 앞을 달리더니, 마침 꿩 한 마리가 개에게 쫓겨 높이 솟아올랐다. 경홍이 잠깐 가는 허리를 젖혀 활시위를 당기자 꿩은 오색 깃을 펼친 채로 공중에서 떨어졌다. 이 모습을 지켜 본 승상과 월왕이 크게 즐거워하였다. 경홍이 도로 달려 장막 앞에서 말에서 내려 남자의 예법으로 절을 하였다. 활을 도로 승상께 드리고 조용히 자리에 앉으니 모든 낭자가 칭찬하였다.

이때 사냥하여 얻은 것이 구름같이 쌓이고, 여자 기사(騎射) 중에도 꿩과 토끼를 많이 잡으니, 왕과 승상이 각각 공에 등급을 매겨 금백(金帛)을 상으로 주었다. 도로 장막 안으로 나아가 풍류를 그치고 자리에 앉아 여섯 미인으로 하여금 줄풍류를 타라 하고 잔을 돌렸다.

섬월이 생각하되, '우리 두 사람이 비록 월왕궁의 기녀들에게 지지 않으나 저들은 네 사람인데 우리는 한 쌍이라 심히 외롭구나. 춘랑을 데려오지 못한 것이 매우 한스럽도다. 춘랑이 비록 노래와 춤이 장기는 아니나, 그 고운 용모와 아름다운 말씨가 어찌 저들 네 사람을 누르지 못하겠는가?'

이때 건너편 길 어귀에서 두 사람이 낙화방초(落花芳草) 사이로 수레를 몰아 점점 가까이 다가오고 있었다. 문 지키는 군사가 물으니 수레를 끄는 종이 대답하기를,

"양승상의 소실이시니, 마침 일이 있어 처음에 함께 오시지 못하였습니다."

군사가 승상께 아뢰니 승상이 생각하되, '필시 춘운이 잔치를 구경하고자 온 것이로다. 어찌 행색이 이토록 간략한가?'

"불러들이라."

하니, 수레가 장막 앞에 이르러 주렴을 걷고 두 낭자가 내리는데 앞은 심요연이요, 뒤에는 꿈속에서 만났던 동정 용녀 백능파였다. 두 사람이 승상 앞에 나아가 머리를 조아려 뵈니 승상이 월왕을 가리키며 이르기를,

"이는 월왕 전하시니 예로써 뵙도록 하라."

이에 두 미인이 예로써 뵈자, 승상이 자리를 주어 경홍과 섬월과 같이 앉게 하고는 월왕께 말하기를,

"저 두 여인은 토번을 정발할 때 얻은 첩이옵니다. 미처 집에 데려오지 못하였더니 제가 대왕을 모시고 놀이한다는 것을 듣고 찾아온 듯합니다."

월왕이 두 미인을 보니 용모의 수려함이 경홍과 섬월로 더불어 고하가

없으나, 마음속으로 표묘한 기상은 더욱 뛰어나다고 생각하였다. 왕이 크게 기특히 여겼고 또한 월궁 미인들도 이 둘을 대하고 너무 아름다워 정신이 혼미하여 기운이 빠지는 듯하였다. 왕이 묻기를,

"낭자들의 성명은 무엇이며 어느 땅 사람인가?"

대답하기를,

"첩은 심요연이라 하오며 서량주(西凉州) 사람입니다."

"첩은 백능파라 합니다. 집은 동정(洞庭) 사이에 있으나 불행히 환난을 만나 부득이 서역 변방에서 살다가 양승상을 좇아 왔나이다."

월왕이 다시 묻기를,

"두 낭자는 기질이 천인(天人)이라. 그대들이 풍류를 할 줄 아느냐?"

요연이 대답하기를,

"첩은 변방 사람이라, 일찍부터 사죽관현(絲竹管絃)을 듣지 못하였으니 무엇으로 대왕을 즐겁게 할 수 있겠나이까? 다만 어렸을 적부터 검무를 배웠으나 이는 군중에서의 희롱이니, 귀인이 보실 만한 것이 아닐까 하옵니다."

월왕이 크게 기뻐하며 승상에게 말하기를,

"현종조(玄宗朝)의 공손대랑(公孫大娘)의 칼춤이 천하에 이름을 떨쳤으나 그 후로는 곡조가 세상에 전하여지지 못하였으니 내가 매양 두보(杜甫)의 시를 읊으면서 그 칼춤을 보지 못한 것을 한스러이 여겼습니다. 이제 이 낭자가 검무를 안다 하니 매우 즐거운 일이옵니다."

월왕이 승상과 더불어 각각 허리에 찬 보검을 끌러 주니 요연이 소매를 걷고 띠를 풀어놓고 금정(錦筵) 위에서 곡조에 맞춰 춤을 추었다. 붉은 단장과 칼의 흰 날이 서로 눈이 부셔 삼월에 눈이 복숭아꽃 위에 뿌려지는 것 같았다. 이윽고 점점 높이 추니 칼 빛이 장막 안에 가득하나 심요연의 몸은 보이지 않았다.

이윽고 흰 무지개가 하늘에 쏘이며 찬바람이 장막을 찢으니 좌중 사람

들이 뼈가 차고 머리털이 솟구쳤다. 왕이 비로소 정신을 가다듬어 요연에게 묻기를,

"인간의 검무가 어찌 이럴 수 있단 말인가? 내가 들으니 예부터 신선 가운데 검무에 능한 자가 많다 하던데, 낭자가 바로 그 사람이 아닌가?"

요연이 이르기를,

"서방 풍속이 본래 병기(兵器) 놀음을 좋아하는지라, 어렸을 적에 보아 익혔을 뿐이옵니다. 어찌 신선의 도술이 있사오리까?"

월왕이 말하기를,

"내가 궁으로 돌아가면 희첩 중에서 몸이 가볍고 춤을 잘 추며 혜힐한 여자를 뽑아 보낼 것이니 낭자는 그 가르치는 수고를 아끼지 말도록 하라."

요연이 대답하기를,

"그러하겠습니다."

월왕이 또 능파에게 묻기를,

"낭자는 무슨 재주를 가졌느냐?"

능파가 대답하기를,

"첩의 집은 옛 아황(娥皇)과 여영(女英)이 놀던 땅입니다. 바람이 맑고 달이 밝은 밤이면 풍류 소리가 아직도 구름 사이로 흐릅니다. 첩이 어려서부터 그 소리를 모방하여 때때로 비파를 타며 스스로 즐길 따름이오니, 대왕이 들으심 직하지 않을까 하옵니다."

왕이 가로되,

"과인이 비록 서책에서 아황과 여영이 비파를 낸 것을 알기는 하나 그 곡조가 세상에 전한 것은 듣지 못하였다. 이제 낭자가 그 곡조를 연주하면 백아(伯牙)나 사광(師曠)을 어찌 족히 이르리오?"

능파가 수레에서 비파 이십오 현을 꺼내 한 곡조를 타자 그 소리가 애원하고 청절하여 삼협(三峽)의 물이 떨어지고 구추(九秋)에 기러기 부르

짖는 것 같아 사람들이 갑자기 처량하여 슬픈 빛을 띠었다. 이윽고 일천 수풀이 움직여 삽삽한 가을 소리가 나며 병든 잎이 떨어지니 왕이 크게 기이히 여겨 가로되,

"인간의 곡조가 능히 천지조화를 부릴 수 있다는 말을 믿지 아니하였는데 낭자는 인간이 아니로다. 이 곡조를 범인이 능히 쉽게 배울 수 있으랴?"

능파가 대답하기를,

"첩은 다만 옛 소리를 전하였을 뿐이옵니다. 무슨 신묘한 술법이 있으며 어찌 다른 사람이 배우지 못하겠습니까?"

이때 만옥연이 왕께 아뢰기를,

"첩이 비록 재주가 없사오나 첩이 익힌 풍류로 백낭자(白娘子)의 상령곡(湘靈曲)을 시험 삼아 아뢰겠나이다."

옥연이 진쟁(秦箏)을 안고 열세 시울로 이십오 현 소리를 일일이 옮겨오니, 손 놀리는 법이 정절(精切)하고 유동(流動)하여 조금도 틀림이 없으니 능파가 놀라 이르기를,

"옥연 낭자의 총명은 채문희(蔡文姬)라도 미치지 못하겠나이다."

승상을 비롯하여 경홍과 섬월이 모두 극찬하고 월왕 또한 기꺼워하였다.

제15회

부마(駙馬)가 벌로 금술잔의 술을 마시고 성주(聖主)가 은혜로 취미궁(翠微宮)을 빌려주다

이날 낙유원 잔치에 심요연과 백능파 두 사람이 와서 빈주의 즐거움을 돋우니 즐거운 홍은 아직 남았으나 날이 이미 저물어 갔다. 잔치를 파하고 승상과 월왕이 각각 금은채단으로 전두(纏頭)를 내리니 진주(珍珠)가

섬을 이루고 비단이 자각봉만큼 가득하였다.

승상이 월왕과 함께 말에 올라 달빛을 받으며 성문으로 들어가는데 양가(兩家)의 여악이 길을 다투어 패옥 소리가 흐르는 물 같고 향기로운 바람이 십 리에 가득하였다. 떨어진 비녀와 구슬은 길 가에 깔려 말이 지나갈 때마다 말굽 아래 밟혀 바작바작한 소리가 들려왔다. 장안의 백성들이 모두 집에서 나와 길에 가득 메였으니 백 세 노옹이 눈물을 흘리며 하는 말이,

“어렸을 때 현종(玄宗)황제가 화청궁(華淸宮)에 거동하시는 것을 보았는데, 그 위의(威儀)가 바로 이와 같았다. 뜻밖에도 늙어서 태평경상을 못 볼 줄 알았는데 이제 다시 보는구나.”

이때 두 공주는 가녀와 함께 대부인을 모시고 승상이 돌아오기를 기다리고 있었다. 승상이 심요연과 백능파를 이끌고 유부인께 뵈오니 영양공주가 이르되,

“승상께서 늘 하시는 말씀이 두 낭자가 승상의 위태함을 구하여 국가에 공이 많다고 하셨으니 나도 늘 그대들을 만나 보기를 원했도다. 두 낭자는 어찌 늦게 찾아왔느냐?”

심요연과 백능파가 대답하기를,

“첩 등은 먼 시골의 천한 사람이라. 승상께서 한 번 돌아보시는 은혜를 입었으나 오직 두 공주께서 그릇 여기실까 하여 오랫동안 주저하였나이다. 그러나 경사에 이르러 모든 사람이 하는 말을 들으니 두 공주의 덕을 관저(關雎) 규목(樛木) 같다고 칭송하지 않는 사람이 없어 비로소 문하에 찾아와 뵙고자 하더니, 마침 승상께서 교외에 계셔서 놀이에 참석하여 다행히 승상을 뵈었습니다.”

난양공주가 승상을 보면서 웃고 아뢰기를,

“우리 궁중에 바야흐로 화색(花色)이 가득하니 승상은 승상의 풍류 때문이라고 생각하겠지만 이는 다 우리 형제들이 세운 공인 줄 아소서.”

승상이 크게 웃으며 말하기를,

"귀인이 칭찬을 좋아한다는 말이 맞는 것 같소. 저 두 사람이 처음으로 궁중에 들어와 공주의 위엄을 두려워하여 아첨하는 것이오."

하니 모든 사람들이 웃었다.

영양공주가 경홍과 섬월에게 묻기를,

"오늘 잔치에서 승부가 어찌 되었소?"

섬월이 대답하기를,

"겨우 승상부의 욕은 면한 것 같나이다."

경홍이 이르기를,

"계랑이 천첩에게 큰소리친다고 하였으나 첩이 화살 하나로 월왕궁 사람들을 놀라게 하였으니 첩의 말이 허언인가 섬랑에게 물으소서."

섬월이 가로되,

"적랑의 궁마 재주는 참으로 신묘하다고 할 수 있겠으나, 월왕궁 사람들이 놀란 이유는 새로 온 두 낭자의 신선 같은 모습과 재주에 탄복한 것이니 어찌 적랑의 공이 되겠는가? 첩이 적랑에게 옛말을 이르겠노라. 춘추시절에 가대부(賈大夫)의 외모가 매우 추하여 장가든 지 삼 년이 되었으나 그 아내가 한 번도 웃지 아니하였는데, 하루는 가대부가 그의 아내와 더불어 들에 나갔다가 마침 꿩 한 마리를 쏘아 잡으니 그 아내가 비로소 웃었다 하거늘, 이제 오늘 잔치에서 적랑이 꿩을 쏘아 얻은 것이 또한 이와 같을 것이다."

경홍이 대꾸하기를,

"가대부의 누추한 외모로도 궁시의 재주로 말미암아 그 아내를 웃게 하였으니, 만일 그의 용모가 수려하고도 활로 꿩을 쏘아 맞히면 어찌 사람들로 하여금 더욱 사랑하지 않게 하겠는가?"

섬월이 말하기를,

"적랑이 갈수록 자신을 자랑하니 이는 오로지 승상이 적랑을 너무 총애하시어 그 마음이 교만한 탓이로소이다."

승상이 웃으며 이르기를,

"계랑이 재주가 많은 것은 오래 전에 알고 있었으나 경술(經術)이 있는 줄은 몰랐도다. 『춘추좌씨전(春秋左氏傳)』을 언제 보았느냐?"

섬월이 대답하기를,

"한가할 때에 희진원에 가서 듣사옵니다."

이튿날 승상이 조회 후 집에 돌아오려는데, 태후낭랑이 승상과 월왕을 함께 부르셨다. 두 사람이 들어가 보니 두 공주가 이미 와 있었다. 태후가 월왕에게 묻기를,

"내가 듣기로 어제 승상과 더불어 춘색을 겨뤘다 하니 승부가 어떤가?"

월왕이 웃으며 대답하기를,

"매부의 타고난 복은 사람이 대적할 바가 아니었나이다. 다만 그 복이 누이에게도 복이 되는지 아닌지 승상에게 물어보소서."

승상이 아뢰기를,

"월왕이 신을 이기지 못한다고 하는 것은 이백(李白)이 최호(崔顥)에게 놀라 기세가 꺾였다 하는 것과 같사옵니다. 공주에게 복이 되고 아니 되는 것은 공주에게 물으소서."

태후가 두 공주를 돌아보시고 묻자 난양공주가 대답하기를,

"부부는 한 몸이라 하오니 영욕과 고락이 다를 수 없나이다. 승상에게 복이 되면 또한 여아 등에게도 복이 되옵니다."

월왕이 이르기를,

"누이의 말이 비록 옳으나 진심은 아니옵니다. 자고로 부마가 된 사람들 중에 양승상 같이 방탕한 자는 없었사옵니다. 이는 나라의 기강이 바로 서지 못한 탓이오니, 청컨대 태후낭랑께서는 양소유를 유사(有司)에 내리시어 조정을 두려워하지 않은 죄를 다스리소서."

태후가 웃으며 이르시기를,

"양부마가 진실로 죄가 잇지만 만일 이를 법으로 다스리면 딸아이의 근심이 될 것이니 부득이 왕법을 굽히겠노라."

월왕이 아뢰기를,

"비록 정상은 그러하오나 양소유를 어전에서 죄를 물으시어 양소유가 대답하는 바에 따라 처결하심이 옳은 줄로 아뢰나이다."

태후가 그 말을 좇아 추문(推問)하기를,

"예로부터 부마 된 자는 감히 희첩을 두지 못하는 것이니 이는 조정을 공경하여서이다. 하물며 영양공주와 난양공주는 용모와 재덕이 천인(天人) 같은데 양소유는 두 공주를 공경하여 받들기를 생각하지 않고 미인 모으기에만 몰두하니 인신(人臣)의 도리에 극히 어긋나도다. 숨기지 말고 바로 아뢰어라."

하시니 승상이 관을 벗고 이르기를,

"소신 소유가 국은을 입어 벼슬이 삼태(三台)에 이르렀으나 나이가 아직 젊어 황공무지로소이다. 비록 그러하나 가만히 국가 법령을 살피건대, 사건이 법령 이전에 일어난 것이면 분간하게 되어 있으니, 소신이 집에 비록 여러 시첩을 가졌사오나 숙인 진씨는 황상께서 사혼하신 사람이니 논단할 바 아니옵고, 첩 계씨는 신이 미천하던 선비 시절에 얻은 사람이며, 첩 가씨·적씨·백씨·심씨 이 네 사람도 부마가 되기 전에 신을 따른 자들이옵니다. 후에 첩을 집에 두는 것은 공주의 의사를 따른 것이니, 신이 모두 독단으로 한 것이 아니옵니다."

태후가 분간(分揀)하라 하시니 월왕이 사뢰기를,

"공주가 비록 승상이 희첩을 두는 것에 대하여 권한 바가 있으나 양소유의 도리에는 마땅하지 않으니 다시 문초하심이 옳은 줄 아뢰나이다."

승상이 두려워하여 급히 머리를 두드려 사죄하여 아뢰기를,

"신의 죄는 일만 번 죽어도 마땅하오나 예로부터 죄를 저지른 사람이

라도 공을 의논하는 규구(規矩)가 있사옵니다. 신이 황상의 부르심을 받아 동으로 삼진을 항복시키고 서로 토번을 삭평하여 그 공로가 적지 않으니 이로써 속죄를 바라나이다."

태후가 웃으며 말하기를,

"양승상은 진실로 사직지신(社稷之臣)이니 어찌 사위로서만 대접하겠는가?"

하시고 다시 사모(紗帽)를 쓰라고 하셨다. 월왕이 이르기를,

"승상이 비록 나라에 공이 중하여 죄를 면하였으나 아주 물시(勿施)는 못할 것이니 술로써 벌을 주려 하나이다."

태후가 웃고 이를 허락하시니 궁녀가 옥배를 받들어 왔다. 월왕이 말하기를,

"승상의 주량이 고래 같으니 어찌 작은 잔으로 벌하리오?"

하고 손수 분부하여 한 말들이 금굴치(金屈巵)에 술을 가득 부어 승상에게 주었다. 승상이 네 번 절하고 한 번에 다 마시고 잇따라 두어 말을 마시니 주량이 크지만 어찌 취하지 않겠는가?

승상이 머리를 조아리며 아뢰기를,

"견우는 직녀를 너무 사랑하다가 장인이 그를 귀양 보냈다 하더니, 이제 소유는 집안에 희첩을 둠으로써 장모가 벌하시니 천가(天家)의 사위 되기는 진실로 어려운 노릇이옵니다. 신이 이제는 대취하였으니 물러감을 청하나이다."

하고 일어나다가 쓰러졌다. 태후가 크게 웃으시고 궁녀를 시켜 붙들어 밖으로 내보내셨다. 두 공주에게 이르기를,

"승상이 대취하여 기운이 편치 못할 것이니 너희들은 함께 뒤따라가 옷을 벗는데 도와주고 차를 들게 하라."

두 공주가 대답하기를,

"소녀 등이 아니어도 옷을 벗기고 차를 들게 할 사람은 많사옵니다."

태후가 이르기를,

"비록 그러하나 부녀의 도리를 차리지 않을 수는 없도다."

하시니 공주가 승상을 따라갔다.

유부인이 당상에 촛불을 켜 놓고 승상이 돌아오기를 기다리다가 승상이 대취한 것을 보고 묻기를,

"오늘은 어찌 이토록 취하였느냐?"

승상이 취한 눈으로 오랫동안 공주를 바라보다가 유부인께 이르기를,

"공주의 오라비 월왕이 태후께 소자의 죄를 억지로 만들어내 사뢰니 태후가 진노하여 일을 측량할 수 없더니, 다행히 소자가 말을 잘하여 벌을 모면하기는 하였사오나 월왕이 기어이 죄를 씌우고자 태후를 북돋워 독주로써 벌을 받으니 거의 죽을 뻔 하였나이다. 이는 월왕이 어제 낙유원에서 미색을 겨뤄 이기지 못한 것을 분하게 여겨 보복하고자 함이오나, 또 난양이 희첩을 투기하여 월왕과 동모하여 나를 괴롭히려는 것이니 평소의 어진 체 하던 말을 아무래도 믿지 못하겠사옵니다. 모친께서는 난양공주에게 벌주 한 잔을 내리시어 소자를 위하여 설분하여 주소서."

유부인이 웃으며 말하기를,

"난양공주의 죄가 분명하지 않고 본래 술을 한 모금도 못 먹으니 어찌 먹이겠느냐? 네가 나를 시켜 벌을 주고자 하니 차로써 술을 대신하는 것이 좋겠구나."

승상이 아뢰기를,

"부디 벌주를 하고자 하나이다."

유부인이 난양공주에게 이르기를,

"공주가 만일 벌주를 먹지 않으면 취객의 마음이 풀리지 아니할 것이다."

하고 시녀를 불러 벌주를 난양공주에게 보내었다. 공주가 이를 받아 마시려고 하자 승상이 의심하여 잔을 빼앗아 맛보고자 하기에 난양공주가 급

히 잔을 땅에 버렸다. 승상이 잔 밑에 남은 술이 있어 찍어서 먹어 보니 이는 사탕물이었다. 승상이 시녀에게 좋은 술을 가져오라고 하여 손수 한 잔을 가득 부어 난양공주에게 보내니 난양공주가 마지못하여 받아 마셨다. 승상이 유부인께 사뢰되,

"소자가 벌을 받은 것이 비록 난양공주의 계책 때문이기는 하나 영양공주도 참여함이 없지 아니한 고로 태후 앞에서 소자가 괴로워하는 것을 보고 난양공주와 더불어 눈짓하며 서로 웃었으니, 소자는 그 마음을 헤아리지 못하겠나이다. 청컨대 모친께서는 영양공주 역시 벌하여 주시옵소서."

유부인이 웃고 또 한 잔을 영양공주에게 보내니 자리를 옮겨 이를 다 받아 마시고 잔을 도로 주었다. 부인이 이에 이르기를,

"태후낭랑께서 소유를 벌하신 것은 희첩이 있어서이다. 이 일로 두 공주가 벌주를 마셨으니 희첩이 어찌 마음이 편하겠느냐? 경홍·섬월·요연·능파는 모두 한 잔씩 벌주를 받으라."

네 사람이 모두 꿇어 한 잔씩 받아먹었다. 섬월과 경홍이 부인께 사뢰되,

"태후낭랑께서 승상을 벌하심은 희첩 있으심을 책하심이요, 결코 낙유원 잔치에서 이긴 것 때문만이 아니오니, 심요연과 백능파 이 두 사람은 아직도 승상과 이부자리를 하지 않았거늘 첩 등과 한가지로 벌주를 마셨으니 억울하지 아니하겠나이까? 또한 가유인은 승상 모심이 저렇듯 전일하오나 낙유원 모임에 가지 않은 이유만으로 벌을 면하였으니 공평치 않사옵니다."

부인이 옳다 하시고 큰 잔으로 춘운을 벌하니 춘랑이 웃음을 머금고 벌주를 받아 마셨다.

이때 모든 부인들이 두루 벌주를 하여 자못 분분한 가운데 난양공주는 술에 보채어 견디지 못하고 있었다. 그런데 오직 진숙인이 단정히 앉아 말도 아니하고 웃지도 아니하니 승상이 가로되,

"진씨가 홀로 취하지 아니하여 취객들의 흉만 보고 있으니 벌하지 않

을 수 없다."
하고 한 잔을 보내니 진씨가 웃으며 먹었다. 유부인이 이르기를,

"공주는 기운이 어떠하냐?"

"머리가 많이 아프옵니다."

유부인이 진씨를 시켜 공주를 부축하여 침방으로 돌아가게 하였다. 이어서 춘운을 시켜 술을 부어 오라 하셨다. 유부인이 술잔을 잡고 이르기를,

"나의 두 며느리는 천상의 신선이다. 내가 매양 복을 해칠까 두려워하였는데, 이제 소유가 주정이 심하여 난양공주의 몸을 편하지 못하게 하니 태후낭랑께서 들으시면 필연 근심이 크실 것이다. 이는 신하가 되어 군부에게 근심을 끼친 중한 죄이다. 이것이 다 늙은 이 몸이 아들을 가르치지 못함이라. 이 잔을 들어 스스로 벌을 하겠노라."
하고 다 마시니 승상이 황공하여 꿇어 가로되,

"모친께서 스스로 벌하시니 소자의 죄가 깊사옵니다."

경홍을 시켜 큰 그릇에 술을 가득 붓게 하고 일어나 절하고 가로되,

"소자가 모친의 교령을 순종하지 못하였나니 벌주를 하겠나이다."
하고 한 번에 다 마시고 대취하여 앉지를 못하였다. 승상이 응향각으로 가려고 하여 영양공주가 춘운에게 명하여 부축하여 가게 하였다. 춘운이 아뢰기를,

"천첩은 못 가겠나이다. 계낭자와 적낭자가 꾸짖더이다."

이에 유부인이 경홍과 섬월 두 사람에게 승상을 부축하도록 명하였다. 섬월이 말하기를,

"춘운 낭자가 우리 두 낭자의 말을 트집 잡아 가지 않겠다 하니 첩은 더욱 마음에 거리끼나이다."

이에 경홍이 웃으며 일어나 승상을 부축하여 응향각으로 가니 모든 낭자들이 각각 흩어졌다.

승상은 심요연과 백능파 두 여인이 산과 물을 좋아한다 하여 화원 가

운데에 있는 연못에 거처를 정하였는데 그 연못이 맑고 넓기가 강과 같았다. 그 못 가운데 정자가 있으니 이름은 영일루(迎日樓)로 능파를 이곳에 거처하게 하였다. 또한 연못 북쪽에 가산(假山)이 있으니 일만 옥(玉)이 높고 험하며 늙은 소나무와 여윈 대나무의 그늘이 섞여 드리워져 있는데 그 사이에 정자 하나가 있으니 이름은 빙설헌(氷雪軒)으로 이곳에 요연을 거처하게 하였다. 모든 부인과 여러 낭자들이 화원에 놀 때면 이 두 사람이 이곳의 주인이 되었다.

모든 부인들이 조용히 용녀에게 묻기를,

"낭자의 신통한 변화를 가히 구경할 수 있겠느냐?"

능파가 대답하기를,

"이는 첩이 사람의 몸으로 변하기 전의 몸으로 하던 일이옵니다. 이제는 첩이 천지조화를 힘입어 사람의 몸을 얻어 벗은 껍질과 비늘이 산같이 쌓였습니다. 참새가 변하여 조개가 된 후에 어찌 두 날개가 남아 있어 날아다니겠습니까?"

또한 요연도 비록 때때로 부인과 승상 앞에서 검무를 추지만 자주 하지는 않았다. 요연이 이르기를,

"처음 검술이 인연이 되어 승상을 만났을지언정 살벌(殺伐)하는 일이 자주 볼 것이 못 되나이다."

이후로 두 공주를 비롯하여 여섯 낭자들이 서로 친애함이 수족(手足) 같고 승상의 은정이 피차에 서로 균일하니 이는 제인의 덕성이 아름다운 탓도 있지만 당초에 남악에서 이들 아홉 사람의 발원(發願)이 이러하였다.

하루는 두 공주가 서로 의논하기를,

"옛 사람은 여러 자매가 같은 서방을 맞아 처도 되고 첩도 되니, 이제 우리도 이처와 육첩이 비록 각각 성은 다르나 마땅히 형제 되어 자매로 지내리라."

여섯 낭자가 이 말을 듣고 다들 사양하는 중에 춘운과 경홍·섬월은

더욱 고사하였다. 영양공주가 타이르기를,

"유비(劉備)와 관우(關羽)와 장비(張飛)는 서로 군신 사이이나 형제의 의를 폐하지 아니하였거늘, 나는 춘운과 더불어 본디 규중의 붕우이니 어찌 형제 되지 못하리오? 야수부인(耶輸夫人)은 석가세존의 아내요 등가여자(登伽女子)는 음란한 창녀였지만 한가지로 부처의 제자가 되어 마침내 정과(正果)를 얻었으니, 처음의 미천함 때문에 어찌 스스로 꺼리리오?"

두 공주가 여섯 낭자를 거느리고 관음화상에 나아가 분향하고 아뢰기를,

"유(維) 연월일에 제자 정경패·이소화·진채봉·가춘운·계섬월·적경홍·심요연·백능파는 삼가 남해대사께 아뢰나이다. 제자 팔 인이 비록 각각 집에서 나서 자랐으나 한 사람의 낭군을 섬겨 어느덧 지기(志氣)가 서로 합하여 비유컨대 한 나무 꽃이 바람에 흔들려서 혹 구중궁궐에 떨어지고 혹 규합에 떨어지며 혹 촌가에 떨어지고 혹 맥상(陌上)에 떨어지고 혹 변방에 떨어지고 혹 강호에 떨어지나 근본을 찾으면 어찌 다름이 있으리오? 오늘부터 맹세하여 형제 되어 사생고락을 함께하려고 하니 이 가운데서 혹시 다른 마음을 지니고서 맹세한 말을 저버리는 사람이 있으면 천지가 용납하지 아니할 것입니다. 엎드려 바라건대 대사는 복을 내리오고 재앙을 덜어 백 년 후에 함께 극락세계로 가게 하소서."

이후 여섯 낭자는 스스로 명분을 지키어 감히 형제 칭호를 하지 못하였으나 두 공주는 항상 자매라 부르고 은애가 더욱 극진하였다. 여덟 사람이 각각 아이를 낳으니, 두 공주와 춘운·경홍·섬월·요연은 남자 아이를 낳았고, 채봉과 능파는 여자 아이를 낳았다. 이들은 모두 한 명의 아이를 낳은 후 다시는 잉태하지 않으니 이 또한 범인과 달랐다.

이 무렵 천하가 태평하여 조정에 일이 없으니 승상이 나아가면 천자를 모셔 상림원(上林苑)에서 사냥하고 들어오면 대부인을 받들어 북당(北堂)에서 잔치를 베풀었다. 춤추는 소매는 세월을 날려 보내고 풍류하는 소매

는 시간을 재촉하니, 승상이 상위(相位)에 있은 지 여러 십 년이 지났다.

유부인이 정사도 부부와 더불어 나이가 상수(上壽)에 오른 후 세상을 이별하고, 승상의 모든 아들이 이미 조정에 참예하니, 육남 이녀가 다 부모의 풍채를 닮아 옥수지란(玉樹芝蘭)이 문정(門庭)을 비추니 맏아들 대경(大卿)은 정부인 소생인데 예부상서(禮部尙書)에 오르고, 둘째아들 차경(次卿)은 적경홍의 소생으로 경조윤(京兆尹)의 벼슬을 하였고, 셋째아들 숙경(叔卿)은 가춘운의 소생으로 어사중승(御史中丞)의 벼슬을 하였고, 넷째아들 계경(季卿)은 난양공주의 소생인데 병부시랑(吏部侍郞)의 벼슬을 하였고, 다섯째아들 유경(庾卿)은 계섬월의 소생인데 한림학사(翰林學士)의 벼슬을 하였고, 여섯째아들 치경(致卿)은 심요연의 소생인데 다섯 살에 용력이 남보다 뛰어나 천자가 사랑하여 금오상장군(金吾上將軍)을 삼아 경영군(京營軍) 십만을 거느려 대궐을 호위하게 하셨다. 맏딸 정난은 진채봉의 소생으로 월왕의 아들 낭야왕의 부인이 되고, 차녀 역락은 백능파의 소생인데 황태자의 첩이 되어 양제(良娣)를 봉하였다.

승상이 일개 서생으로 지기의 임금을 만나고 화란(禍亂)을 평정하고 가문은 태평을 이루어 공명부귀가 곽분양으로 더불어 명성이 같으니, 곽분양은 육십의 나이에 장상(將相)을 하였지만 양소유는 이십의 나이로 승상을 하여 전후 상위(相位)의 부귀 누림이 곽분양의 이십사고(二十四考)보다 더하였다. 군신이 한가지로 태평을 누리니 복록의 완전함이 진실로 천고에 없는 모습이었다.

승상이 상위에 있은 지 오래고 너무 성만하다고 생각하여 상소하여 벼슬에서 물러나고자 하니 상께서 비답(批答)하기를,

“경이 이룬 훈업이 세상을 덮었고 경의 덕택이 백성에게 두터이 덮였으니 국가의 주석이요 과인이 우러르는 사람이로다. 옛 태공(太公)과 소공(召公)이 나이가 백세가 되었지만 오히려 성왕(成王)을 도왔으니 이제 경은 쇠로할 나이가 아니로다. 하물며 경은 장자방(張子房)의 두골로서

범인과 다르고, 소안기골(韶顏奇骨)이 옥당(玉堂)에서 조서 지을 때와 같으며, 정신은 위교(渭橋)의 도적을 치던 때와 같으니, 모름지기 기산(箕山)의 높은 뜻을 돌이켜 요순(堯舜)의 선정을 이룰 것이니, 상소에서 청한 말을 허락지 않을 것이다."

승상은 본래 불문(佛門)의 제자요, 제 낭자는 남악 선녀였다. 승상의 품기(稟氣)가 신령하고 또한 남전산(藍田山) 도인의 선방(仙方)을 받았는지라, 춘추가 높으나 승상의 용모가 더욱 젊으니 사람들이 신선인가 의심하였고 황상께서도 조서에 그리하신 것이다.

승상이 상소를 여러 번 올려 간절히 청하니, 상이 불러 보시고 말씀하시기를,

"경의 뜻이 그러하니 짐이 어찌 높은 뜻을 이뤄주지 못하겠소. 다만 경이 봉한 나라로 가면 경사에서 천 리 밖이라 국가 대사를 상의하기 어렵고, 황태후가 기세하신 후 난양공주와 떨어지는 것이 어려우니, 성남(城南) 사십 리 땅에 한 이궁(離宮)이 있으니 이름은 취미궁(翠微宮)이라. 옛 현종(玄宗)이 시간을 내어 피서하던 곳이라, 이 궁이 우유(優遊)하기에 가장 마땅하니 이제 경을 주어 거처하게 하겠노라."

상께서 조서를 내리시어 위국공에 태사(太師)를 더하시고 식읍 오천 호를 더 내리시며 승상 인수를 도로 올리라 하시었다.

제16회

양승상(楊丞相)이 높은 데 올라 멀리 바라보고 성진(性眞) 상인(上人)은 원래의 곳으로 돌아가다

양승상이 성은에 감격하여 머리를 조아려 사은하고 가솔을 거느려 취미궁으로 거처를 옮겼다. 이 궁은 종남산 가운데에 있으니 누대의 장려함

과 경개의 절승함이 완연히 봉래(蓬萊) 선경이었다. 왕유(王維)의 시에 이르기를, '신선의 집도 이보다 더 낫지 못할 것이니, 무슨 일로 퉁소를 불며 푸른 하늘로 향하리오' 하니, 이 한 글귀로도 가히 그 경개를 알 수 있다.

승상이 정전(正殿)을 비워 조서(詔書)와 어제시문(御製詩文)을 봉안하고, 그 밖의 누각에는 모든 낭자들이 나누어 들어 날마다 승상을 모셔 물가에 나아가고 매화를 찾고 시를 지어 구름 낀 바위에 쓰며 거문고를 타 솔바람에 화답하니, 청한(淸閑)한 복이 사람들로 하여금 부러움을 사게 하였다.

승상이 한가한 곳에 나아간 지 또한 여러 해가 지났다. 팔월 스무날께는 승상의 생일이라, 모든 자녀들이 다 모여 십일 동안 잔치를 베푸니 그 번화성만함이 예로부터 듣지 못한 것이었다. 잔치를 파한 후 모든 자녀들은 각각 집으로 돌아갔다. 어느덧 가을이 되니 국화 꽃봉오리가 누르고 수유 열매는 붉었으니 정히 등고(登高)할 때였다. 취미궁 서쪽에 높은 대가 있어 그 위에 오르면 팔백 리 진천(秦川)을 손바닥 눈금 보듯이 하여 가로막힌 것이 없어 승상이 가장 사랑하는 땅이었다.

이날 두 부인과 여섯 낭자를 데리고 대에 올라 머리에 국화를 꽂고 가을 풍경을 희롱하니, 입에 온갖 맛있는 음식이 싫고 귀에 관현 소리가 듣기 싫었다. 다만 춘운에게 과합(果盒)을 잡게 하고 섬월에게 옥호(玉壺)를 이끌게 해, 국화주를 가득 부어 처첩이 차례로 헌수하니, 이윽고 지는 해는 곤명지(昆明池)에 떨어지고 구름 그림자가 진천(秦川)에 드리웠다. 눈을 들어 한번 보니, 가을빛이 아득히 펼쳐졌다. 승상이 스스로 옥소(玉簫)를 꺼내어 한 곡조를 부는데 그 소리가 오오열열(嗚嗚咽咽)하여 원망하는 듯하고 우는 듯하니, 형가(荊軻)가 역수(易水)를 건널 때 고점리(高漸離)와 이별하는 듯, 패왕(霸王)이 장막 안에서 우희(虞姬)를 돌아보는 듯하니, 모든 미인이 쓸쓸하여 구슬픈 빛이 얼굴에 나타났다. 두 부인이 옷깃을 여미고 묻기를,

"상공께서 공을 일찍 이루고 부귀가 극하여 세상 사람들이 상공을 부러워하니 이는 천고에 듣지 못한 것이옵니다. 오늘처럼 좋은 날을 당하여 아름다운 풍경을 희롱하며 국화주가 잔에 가득하고 사랑하는 사람이 곁에 있는데 이 역시 인생의 즐거운 일이거늘, 부는 퉁소 소리가 너무도 처량하니 오늘의 퉁소 소리가 지난날의 퉁소 소리가 아니옵니다."

승상이 옥소를 던지고 부인과 낭자들을 불러 난간에 기대어 손을 들어 두루 가리키며 가로되,

"북으로 바라보니 평평한 들과 무너진 언덕에 석양이 쇠한 풀에 비치고 있는 그곳은 진시황의 아방궁(阿房宮)이요, 서로 바라보니 슬픈 바람이 찬 수풀에 불고 저무는 구름이 빈 산을 덮고 있는 그곳은 한(漢) 무제(武帝)의 무릉(茂陵)이요, 동으로 바라보니 분칠한 성이 청산을 둘렀고 붉은 박공(牔栱)이 반공에 숨었는데 명월은 오락가락하되 옥난간에 의지할 사람이 없으니 이는 현종(玄宗)황제가 태진비(太眞妃)로 더불어 놀던 화청궁(華淸宮)이라. 이 세 임금은 천고의 영웅이라, 사해(四海)로 집을 삼고 억조(億兆)로 신첩을 삼아 호화부귀를 백 년을 누렸는데 이제 다 어디 있느냐?

소유는 본디 하남의 베옷을 입은 미천한 선비로, 성천자의 은혜를 입어 벼슬이 장상(將相)에 이르렀으며 낭자들과의 은정이 백 년이 하루 같으니, 만일 모두 전생 숙연으로 모였다가 인연이 다하여 각각 돌아감은 천지에 떳떳한 일이라. 우리가 돌아간 백 년 후에 높은 대가 무너지고 굽은 연못이 메워지며 가무하던 땅이 변하여 거친 산과 쇠한 풀이 되면 초부와 목동이 그곳을 오르내리며 탄식하여 가로되, '여기는 옛날 양승상이 여러 낭자로 더불어 놀던 곳이라. 승상의 부귀풍류와 여러 낭자의 옥용화태는 이제 어디 갔느냐?' 하리니 어찌 인생이 덧없지 아니한가?

내가 생각하니 천하에 유도(儒道)·선도(仙道)·불도(佛道)가 가장 높으니 이를 삼교(三敎)라고 이른다. 유도는 생전(生前)의 사업과 신후(身後)에 이름을 전할 뿐이요, 신선은 예로부터 구하여 얻은 자가 드무니 진시

황·한무제·현종황제를 보면 알 수 있다. 내가 벼슬에서 물러난 후로부터 밤에 잠이 들면 꿈속에서 매양 포단 위에서 참선하는 모습을 보니 이는 필연 불가와의 인연이 있는 것이라. 내가 장차 장자방이 적송자(赤松子)를 따른 것을 본받아 집을 버리고 스승을 구하여 남해를 건너 관세음보살을 찾고, 오대(五臺)에 올라 문수보살(文殊菩薩)께 예를 하여 불생불멸(不生不滅)의 도를 얻어 진세 고락을 벗고자 하되, 그대들과 반평생을 해로하다가 갑자기 이별하려 하니 슬픈 마음이 자연스레 곡조에 나타난 것이오."

모든 낭자들이 다 전생에 근본이 있는 사람이라, 또한 세속 인연이 다할 때니 이 말을 듣고 자연히 감동하여 이르되,

"상공께서 부귀번화를 누리는 가운데도 이렇듯 청정한 마음을 가지셨으니 상공에게 어찌 장자방을 견주리오? 우리 자매 팔 인은 마땅히 깊은 규중에서 분향 예불하여 상공께서 돌아오시기를 기다릴 것이옵니다. 상공께서 이번에 가시면 반드시 밝은 스승과 어진 벗을 만나 큰 도를 얻으시리니, 득도한 후에 부디 첩 등을 먼저 제도(濟度)해 주소서."

승상이 몹시 기뻐하며 말하기를,

"우리 아홉 사람의 뜻이 같으니 쾌사라. 과인은 내일 떠날 것이니, 오늘은 모든 낭자들과 더불어 취하도록 술을 마시리라."

모든 낭자들이 말하기를,

"첩들이 각각 한 잔씩 받들어 상공을 전송하오리다."

잔을 씻어 다시 부으려 하는데, 홀연 막대 던지는 소리가 났다. 모든 사람들이 의아히 여기며 생각하기를, '어떤 사람이 올라오는가?' 하였다. 한 호승(胡僧)이 눈썹이 길고 눈이 맑고 얼굴이 괴이하였다.

엄연히 좌상에 이르러 승상에게 예를 하며 말하기를,

"산야(山野) 사람이 대승상을 뵈옵니다."

태사가 이인(異人)인 줄 알고 황망히 답례하기를,

"사부는 어느 곳으로부터 오셨나이까?"

호승이 웃으며 대답하기를,

"평생 고인을 몰라보시니 일찍이, '귀인은 잊기를 잘한다'라는 말이 옳소이다."

승상이 자세히 보니 과연 얼굴이 익은 듯하였다. 문득 깨달아 능파낭자를 돌아보며 말하기를,

"내가 지난날 토번을 정벌할 때 꿈에 동정 용궁의 잔치에 참석하고 돌아오는 길에, 한 화상이 법좌(法座)에 앉아서 경을 강론하는 것을 보았는데 노승이 바로 그 노화상이냐?"

호승이 박장대소하고 가로되,

"옳도다, 옳도다. 비록 그 말이 옳으나 꿈속에서 잠깐 만난 일은 기억하고 십 년 동안 같이 살았던 것은 기억하지 못하니 누가 양장원을 총명하다 하였는가?"

승상이 망연자실하여 말하기를,

"소유는 십오륙 세 이전에는 부모의 슬하를 떠난 적이 없고, 십육 세에 급제하여 곧바로 직명을 받아 관직에 있었으니, 동으로 연나라에 사신으로 가고 토번을 정벌하러 떠난 것 외에는 일찍이 경사를 떠나지 아니하였거늘, 언제 사부와 함께 십 년을 상종하였으리오?"

노승이 웃으며 말하기를,

"상공이 아직도 춘몽을 깨지 못하였도다."

승상이 말하기를,

"사부는 어찌하면 소유로 하여금 춘몽을 깨게 하실 수 있나이까?"

노승이 이르기를,

"이는 어렵지 않도다."

하고 손에 잡고 있던 석장(錫杖)을 들어 돌난간을 두어 번 두드렸다. 갑자기 네 골짜기에서 구름이 일어나 누대(樓臺) 위를 뒤덮어 지척을 분변하지 못하였다. 승상이 정신이 아득하여 마치 취몽 가운데에 있는 듯하여

한참만에 소리를 질러 말하기를,

“사부는 어찌하여 정도(正道)로 소유를 인도하지 아니하고 환술(幻術)로써 희롱하시나이까?”

승상이 말을 마치지 못하여 구름이 걷히는데 노승은 간 곳이 없고 좌우를 돌아보니 팔낭자도 간 곳이 없었다. 승상이 매우 놀라 어찌할 바를 모르는 중에 높은 대와 많은 집들이 한순간에 없어지고 자기의 몸은 작은 암자의 포단 위에 앉았는데, 향로에 불은 이미 사라지고 지는 달이 창가에 비치고 있었다.

자신의 몸을 보니 백팔 염주가 걸려 있고 머리를 손으로 만져보니 갓 깎은 머리털이 가칠가칠하였으니 완연히 소화상의 몸이요 전혀 대승상의 위의가 아니니, 정신이 황홀하여 오랜 후에야 비로소 제 몸이 연화도량의 성진행자(性眞行者)임을 깨달았다.

그리고 생각하기를, ‘처음에 스승에게 책망을 듣고 풍도옥으로 가서 인간 세상에 환도하여 양가의 아들이 되었다. 그리고 장원급제를 하여 한림학사를 한 후 출장입상(出將入相), 공명신퇴(功名身退)하여 두 공주와 여섯 낭자로 더불어 즐기던 것이 다 하룻밤 꿈이로다. 이는 필연 사부가 나의 생각이 그릇됨을 알고 나로 하여금 이런 꿈을 꾸게 하시어 인간 부귀와 남녀 정욕이 다 허무한 일임을 알게 한 것이로다.’

성진이 서둘러 세수하고 의관을 정제히 하여 방장에 나아가니, 다른 제자들이 이미 다 모여 있었다. 대사가 큰소리로 묻기를,

“성진아, 인간 부귀를 겪어보니 과연 어떠하더냐?”

성진이 머리를 조아리고 눈물을 흘리며 하는 말이,

“성진이 이미 깨달았나이다. 제자가 불초하여 생각을 그릇되게 하여 죄를 지었으니 마땅히 인간 세상에 윤회하는 벌을 받아야 하거늘, 사부께서 자비하시어 하룻밤 꿈으로 제자의 마음을 깨닫게 하시니, 사부의 은혜는 천만 겁이 지나도 갚기 어렵나이다.”

대사가 말하기를,

"네가 흥을 타고 갔다가 흥이 다하여 돌아왔으니 내가 무슨 간여할 바가 있겠느냐? 또 네가 말하기를, '인간 세상에 윤회한 것을 꿈을 꾸었다.'라고 하니, 이는 꿈과 세상을 다르다고 하는 것이니, 네가 아직도 꿈을 깨지 못하였도다. 옛말에 '장주(莊周)가 꿈에서 나비가 되었다가 다시 나비가 장주가 되었다.'라고 하니, 어느 것이 거짓 것이고, 어느 것이 참된 것인지 분변하지 못하나니, 이제 성진과 소유에 있어 어느 것이 참이며 어느 것이 꿈이냐?"

성진이 이에 대답하기를,

"제자 성진은 아득하여 꿈과 참을 분별하지 못하겠사오니, 사부는 설법을 베풀어 제자로 하여금 깨닫게 하소서."

대사가 응낙하여 이르기를,

"이제 마땅히『금강경』큰 법을 베풀어 너의 마음을 깨닫게 할 것이다. 잠시 후에 새로 들어 올 제자들이 있을 것이니 너는 잠깐 기다리라."

이때 문지기 도인이 들어와 아뢰기를,

"어제 왔던 위부인의 시녀 팔선녀가 또 와서 사부께 뵙기를 청하나이다."

대사가 들어오라 하니, 팔선녀가 대사 앞에 나아와 합장 고두하고 사뢰기를,

"제자들이 비록 위부인을 모시고 있으나 실로 배운 것이 없어 세속 정욕을 잊지 못하였는데, 대사의 자비하심을 입어 하룻밤 꿈을 꾸어 크게 깨달았나이다. 이제 제자들이 위부인께 하직하고 불문(佛門)에 돌아왔사오니 사부의 밝은 가르침을 바라나이다."

대사가 말하기를,

"여선들의 뜻이 비록 아름다우나 불법이 깊고도 머니, 큰 역량과 큰 발원이 없으면 쉽게 이르지 못할 것이니, 그대들은 모름지기 스스로 헤아려서 하라."

팔선녀가 물러나와 얼굴에 칠한 연지분을 씻어버리고 각각 소매에서 금전도(金剪刀)를 내어 흑운 같은 머리를 깎아 버렸다. 그리고 다시 들어와 대사께 사뢰기를,

"제자들이 이미 얼굴을 고쳤사오니, 맹세코 사부의 가르침과 분부를 게을리하지 않겠나이다."

대사가 이르기를,

"좋도다, 좋도다. 너희 팔 인이 능히 이렇듯 하니 진실로 좋은 일이로다."

드디어 대사가 법좌에 올라 경문을 강론하니 백호(白毫) 빛이 세계에 쏘이고 하늘의 꽃이 비같이 내렸다.

대사가 설법함을 마치자 네 구의 진언을 읊으니,

一切有爲法　모든 유위(有爲)의 법은
如夢幻泡影　꿈·환상·물거품·그림자 같으며
如露亦如電　이슬 같고 또 번개 같으니
應作如是觀　마땅히 이와 같이 볼지어다.

대사가 이렇듯이 이르니, 성진과 여덟 니고(尼姑)가 일시에 깨달아 불생불멸하는 정과(正果)를 얻었다. 대사가 성진의 계행이 높고 순숙(純熟)함을 보고 이에 대중을 모아놓고 이르기를,

"내 본래 불법의 전도를 위하여 중국에 들어왔는데 이제 정법(淨法)을 전할 사람이 있으니 나는 돌아가겠다."

하고 염주와 바리때와 정병(淨甁)과 석장(錫杖)과 『금강경』 한 권을 성진에게 주고 서천(西天)으로 떠나갔다.

그 후로 성진이 연화도량의 대중을 거느려 크게 교화를 베푸니. 신선과 용신(龍神)과 사람과 귀신이 모두 한결같이 존경하기를 육관대사와 같이 하고, 여덟 니고(尼姑)가 성진을 스승으로 섬겨 깊이 보살대도를 얻어, 아홉 사람이 함께 극락세계로 갔다.

찾아보기

㉠

㉡

지은이 장효현

서울 출생
고려대 문과대 국어국문학과 졸업
고려대 대학원 문학석사 · 문학박사
호서대 국어국문학과 교수
미국 스토니브룩뉴욕주립대 방문연구교수
영국 런던대 SOAS 방문연구교수
현재 고려대 문과대 국어국문학과 교수
수상 : 도남국문학상(1991), 성산학술상(2003)
저서 : 서유영문학의 연구(1988), 육미당기(역주, 1996),
한국고전소설사연구(2002)

감 수 이상구(순천대 교수)

100대 한글 문화유산 83
구 운 몽

초판 1쇄 발행 2008년 3월 30일

지은이 장효현
펴낸이 이재선
펴낸곳 신구문화사
출판등록 1968년 6월 10일

주소 경기도 성남시 중원구 금광2동 2661번지
전화 031-741-3055~6
팩스 031-741-3054
e-mail kkk33@korea.com

ISBN 978-89-7668-145-4 93710
ISBN 978-89-7668-120-1(세트)

값 25,000원
*지은이와의 협의에 따라 인지는 생략합니다.
*잘못된 책은 바꾸어 드립니다.
*이 책은 국립국어원으로부터 국고보조금을 지원 받은
'100대 한글 문화유산 정비 사업'의 결과물로 이루어졌습니다.